目　录

"十三五"江苏省高等学校重点教材　　编号：2018－2－198

CHUANBO JIEGOU YU HUOYUN

船舶结构与货运

吴汉才　张海峰　主编

王锦法　主审

大连海事大学出版社

图书在版编目(CIP)数据

船舶结构与货运 / 吴汉才，张海峰主编. — 大连 ：
大连海事大学出版社，2020.8
"十三五"江苏省高等学校重点教材
ISBN 978-7-5632-3928-3

Ⅰ. ①船… Ⅱ. ①吴… ②张… Ⅲ. ①船舶结构—高
等学校—教材②水路运输—货物运输—高等学校—教材
Ⅳ. ①U663②U695.2

中国版本图书馆 CIP 数据核字(2020)第 011928 号

大连海事大学出版社出版

地址：大连市凌海路1号   邮编：116026   电话：0411-84728394   传真：0411-84727996
http://press.dlmu.edu.cn   E-mail：dmupress@ dlmu.edu.cn

大连永盛印业有限公司印装   大连海事大学出版社发行

2020 年 8 月第 1 版   2020 年 8 月第 1 次印刷
幅面尺寸：184 mm×260 mm   印张：33
字数：817 千   印数：1~2000 册
出版人：余锡荣

责任编辑：王 琴   责任校对：董洪英
封面设计：解瑶瑶   版式设计：解瑶瑶

ISBN 978-7-5632-3928-3   定价：86.00 元

前　言

　　《船舶结构与货运》是根据国际海事组织《1978 年海员培训、发证和值班标准国际公约》（以下简称《国际公约》）和交通运输部海事局《海船船员培训大纲（2016 年版）》（以下简称《大纲》）等法规文件要求组织编写的，相关课程是高职航海技术专业学生所必修的一门重要的专业核心课程，也是学生参加海船船员适任证书国家考试的必考课程之一。按照新的《国际公约》《大纲》要求，新编的《船舶结构与货运》教材能够体现航运业发展的新知识、新技术、新工艺和新方法，与当前海员职业标准和岗位需求对接，体现航运业对船舶驾驶员船舶货物运输能力素质等方面的普遍要求。

　　书稿编写时，依照"项目—任务—知识点"三级确定编写框架，内容完全符合职业需求，层次清晰，便于学生学习。同时，伴随着网络信息技术的飞速发展，数字化在线学习风起云涌，新编的教材突破了传统纸质载体的限制，在其中注入数字信息资源，利用视频、微课、动画、仿真软件、电子挂图、电子文本等多种形式的素材资源，使教材更加生活化、情景化、动态化和形象化，能激发学生的阅读兴趣，满足学生个性化学习需求。

　　本书中插入的二维码可用手机扫描，提供碎片化的资源，方便学生随时随地利用零散时间学习，学生还可以登录课程的在线学习平台，进行网络在线学习。二维码采用活码技术生成，可以根据资源的更新，及时更新二维码对应的内容。

　　本书由江苏海事职业技术学院吴汉才、张海峰共同主编，代其兵、熊丁担任副主编，李二喜、谢保峰、陶肆、蒋勇开、张斗胜、邵军、陈留远参与了教材的编写。全书共十五个项目，其中项目一、二、三由代其兵编写，项目八、十一由熊丁编写，项目九由张海峰编写，项目十三由张斗胜、张海峰编写，项目七、十由李二喜编写，项目四由谢保峰编写，项目五由邵军、代其兵编写，项目六由蒋勇开编写，项目十二由吴汉才编写，项目十四由陶肆编写，项目十五由陈留远、李二喜编写。全书由吴汉才统稿。

　　对于本书错误和不当之处，敬请广大读者批评指正。

编　者
2019 年 11 月

|项目一|
船舶常识

学习目标

1. 了解船舶的基本组成、主要标志。
2. 了解船舶尺度、船体形状特征。
3. 了解船舶的种类与特点。

船舶是一种重要的水上运输工具,从事船舶管理与驾驶的人员必须了解和掌握其基本组成、主要标志、船体形状、种类与特性等,以便达到安全营运的目的。

任务一　船舶基本组成与主要标志

一、船舶的基本组成

船舶由主船体(Hull)、上层建筑(Superstructure)和其他各种配套设备(Equipment)所组成。图 1-1 所示为一艘杂货船的基本组成。

(一)主船体

主船体系指由上甲板(Upper Deck)、船底(Bottom)、舷侧(Broadside)及艏艉(Fore and Aft)、舱壁(Bulkhead)等所组成的水密(Watertight)空心结构。内部由下甲板、纵横舱壁分隔成若干不同用途的舱室。

1. 主船体各部分名称

(1)上甲板:主船体的最高一层全通(艏艉统长)甲板,又称上层连续甲板。该层

甲板通常为强力甲板。

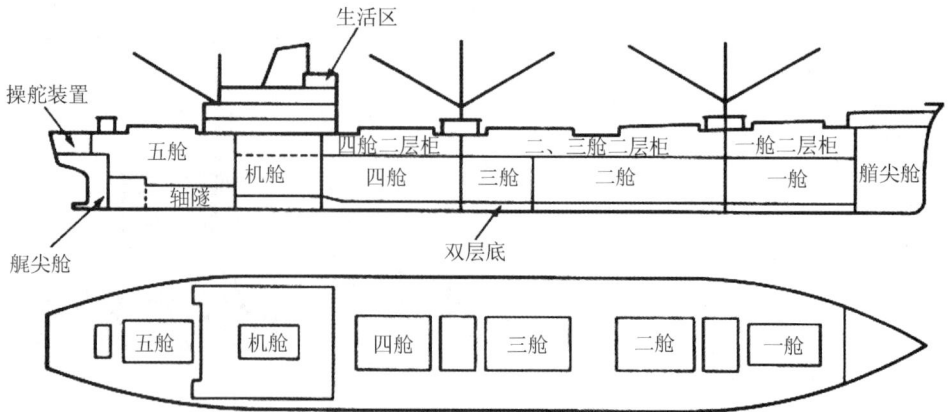

图 1-1   杂货船的基本组成

上甲板以下的甲板统称为下甲板(Lower Deck),按自上而下位置的不同,依次为二层甲板(第二甲板,Second Deck),三层甲板(第三甲板,Third Deck)等。若某船仅有上甲板而无下甲板,则称其为单甲板船。强力甲板以下沿船长方向布置并不计入船体总纵强度的不连续甲板称为平台甲板(Platform Deck),如舵机间甲板。

(2)船底:主船体的底部结构。其横向两侧以圆弧形式(称其为舭部,Bilge)逐渐向上过渡至舷侧。

(3)舷侧:主船体两侧的直立部分。两舷舷侧在过渡至近船舶前、后两端时,逐渐成线形弯曲接近并最终会拢(该两会拢段部分分别称船首和船尾)。其中,前部的线形弯曲部分称艏舷(又称艏部,Bow),后部的线形弯曲部分称艉舷(又称艉部,Quarter)。主船体长度的一半(中间)处称船中(Midship)。

构成船底、舷侧及艏部外壳的板,称船舶外板,俗称船壳板。位于船底中心线的船底板叫平板龙骨(Flat Plate Keel)。

(4)舱壁:主船体内垂向上布置的结构,有横舱壁(Transverse Bulkhead)和纵舱壁两种。

2. 主船体内舱室名称

(1)机舱(Engine Room):用于安装主机、辅机及其配套设备的舱室,为船舶的动力中心。商船一般只设置一个机舱,机舱要求与货舱必须分开,因此,其前后端均设有水密横舱壁。

(2)货舱(Cargo Hold):用于载货的舱室,根据船舶种类的不同,有干货舱、液货舱及液化气体货舱等。货舱的排列是从船首向船尾,通常每一个货舱只设一个舱口,但有些船设有纵向舱壁,则在横向并排设置2~3个货舱口,如油船、集装箱船等。

(3)压载舱(Ballast Tank):专用于压载的舱室,如货舱下部的双层底舱(Double Bottom Tank,位于内底板、船体外板之间的水密舱),船舶的艏尖舱(Fore Peak Tank,位于船首防撞舱壁之前、舱壁甲板之下的船舱)和艉尖舱(Aft Peak Tank,位于船尾最后一道水密横舱壁之后、舱壁甲板或平台甲板之下的船舱)及边舱等。

(4)隔离空舱(Caisson):用于隔开油舱与淡水舱、油船的货油舱与机舱的专用舱室。隔离空舱一般是一个仅有一个肋骨间距的狭窄空舱,设有供进出检修的人孔,俗称干隔舱,其作用是防火、防爆、防渗漏。

（5）其他舱室

除上述主要舱室外,还有燃油舱（Fuel Oil Tank,用于贮存主、辅机所用燃油）,滑油舱（Lubricating Oil Tank,用于贮存主、辅机所用润滑油）,污油水舱（Slop Tank,用于贮存污油）,淡水舱（Fresh Water Tank,用于贮存饮用与生活用水）。

（二）上层建筑和甲板室

上层连续甲板上,由一舷伸至另一舷的或其侧壁板离船壳板向内不大于4%船宽 B 的围蔽建筑称为上层建筑,包括艏楼（Forecastle）、桥楼（Bridge）和艉楼（Poop）。其他的围蔽建筑称为甲板室（Deck House）。

1.艏楼

艏楼系指位于船首的上层建筑,一般只设一层。其作用是减轻船首部上浪,改善船舶航行条件,也可作为贮藏室（如灯具间、油漆间、缆绳库和索具间）等。

2.桥楼

桥楼系指用来布置驾驶室及船员居住与活动处所的上层建筑。根据船舶种类、大小的不同,桥楼具有的甲板层数及命名方法也有所不同,如有的船舶是从其下部的第一层甲板开始向上按 A,B,C,D……方式命名;有的船舶则是按照各层甲板的使用性质不同命名,如罗经甲板（Compass Deck）、驾驶甲板（Bridge Deck）、艇甲板（Boat Deck）、船员甲板（Crew Deck）等。

（1）罗经甲板:船舶最高一层露天甲板,位于驾驶台顶部,其上设有桅桁及信号灯架、各种天线、探照灯和标准罗经等。

（2）驾驶甲板:布置船舶驾驶台的一层甲板,位于船舶最高位置,操舵室、海图室、报务室、引航员房间和电罗经室一般布置在该层甲板上。电罗经室布置在船舶摇摆中心附近。

（3）艇甲板:放置救生艇和救助艇的甲板,要求该层甲板位置较高,艇的周围要有一定的空旷区域,以便在紧急情况下集合人员,并便于迅速登艇。船长室、轮机长室、会议室、接待室、空调室、应急发电机室、蓄电池室等一般布置在该层甲板上。

（4）起居甲板（Accommodation Deck）:布置船员住舱及生活服务的辅助舱室的一层甲板,大部分船员房间及公共场所一般布置在该层甲板上。

3.艉楼

艉楼系指位于艉部的上层建筑。艉楼在减轻船尾上浪的同时,其内的舱室也可用作船员居住舱室或其他用途。现代船舶基本都为艉机型或舯艉机型船,桥楼直接设在近船尾处,故无艉楼。

4.甲板室

甲板室系指宽度与船宽相差较大的围壁建筑物。常见的甲板室是围在桅柱周围的围蔽建筑,称为桅室或桅屋。对于大型船舶,由于甲板的面积大,因此布置船员房间等并不困难,在上甲板的舯部或艉部可只设甲板室。甲板室两侧外面的甲板是露

微课:
上层建筑

天的,所以有利于甲板上的操作和便于前后行走。

各层露天甲板(系指在上方并至少有两侧完全露天的甲板)之间,都设有斜梯相通,一般是艏艉向布置。

二、船舶的主要标志

船舶根据使用需要,在其船体外壳板上、烟囱及罗经甲板两侧均勘划着各种标志(Mark),现就一些主要标志简述如下。

(一)吃水标志

在船舶的艏、舯、艉左、右两舷船壳板的六处,均勘划有吃水标志(Draft Mark),俗称六面水尺,用以度量船舶吃水(指水线面下船体的深度)。

其标记方法有两种,如图1-2所示:一种是公制,用阿拉伯数字表示,其数字的高度规定为10 cm,上、下相邻两数字间的距离也是10 cm;另一种是英制,用阿拉伯数字或罗马数字表示,每个数字的高度为6 in,上、下相邻两数字间的距离也是6 in。

吃水的读取方法是以水面与吃水标志相切处按比例读取吃水,当水面与数字的下端相切时,该数字即表示此时该船的吃水。有波浪时应至少分别读取波峰和波谷面与吃水标志相切处的读数各3次,以所求得的平均值作为该船当时的吃水。

(二)甲板线

甲板线(Deck Line)为一长300 mm、宽25 mm的水平线,勘划于船中处的每侧,其上边缘一般应经过干舷甲板(Freeboard Deck)上表面向外延伸与船壳板外表面之交点,如图1-3所示。如果干舷甲板经过相应的修正,则甲板线也可以参照船上某一固定点来划定。参考点的定位和干舷甲板的标定,在任何情况下均应在国际船舶载重线上标写清楚。

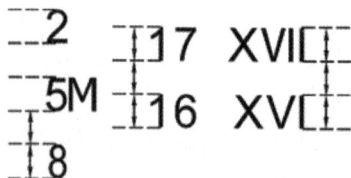

图1-2 吃水标志   图1-3 甲板线

(三)载重线标志

船级社根据船舶的尺度和结构强度,为每艘船勘定了船舶在不同航行区带、区域和季节期应具备的最小干舷,以载重线标志(Load Line Mark)的形式勘划在船中的两舷外侧,以限制船舶的装载量,保证船舶具有足够的储备浮力和航行安全。

图1-4所示为不装载木材甲板货船舶的右舷载重线标志,由甲板线、载重线圈与水平线、各载重线组成。载重线圈由一外径为300 mm、宽为25 mm的圆圈与长为

450 mm、宽为 25 mm 的过圆圈的中心的水平线相交组成,圆圈中心位于船舶两舷船中处。图中所勘划的载重线的各线段,均为长 230 mm、宽 25 mm 的水平线段,为不同区带、区域和季节期的最大吃水限制线,度量时应以载重线的上边缘为准。

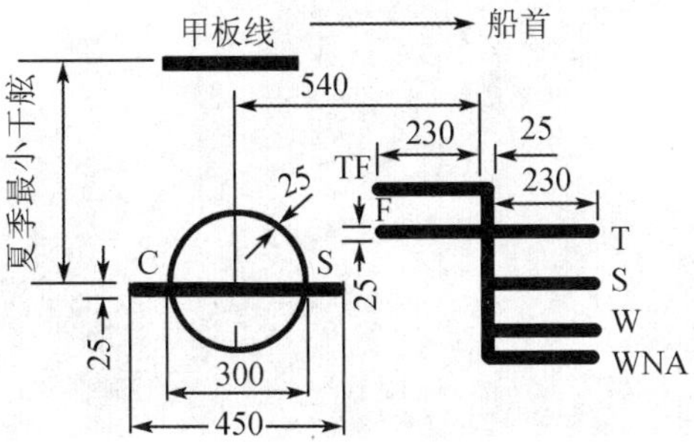

图 1-4　不装载木材甲板货船舶的右舷载重线标志及各线段(单位:mm)

所用字母与各载重线的含义如下:

(1) CS(China Classification Society)表示中国船级社;

(2) TF(Tropical Fresh Water Loadline)表示热带淡水载重线;

(3) F(Fresh Water Loadline)表示夏季淡水载重线;

(4) T(Tropical Loadline)表示热带载重线;

(5) S(Summer Loadline)表示夏季载重线,其上边缘通过圆圈中心;

(6) W(Winter Loadline)表示冬季载重线;

(7) WNA(Winter North Atlantic Loadline)表示北大西洋冬季载重线。

　　另外,还有木材船载重线标志、客货船载重线标志及仅勘划淡水载重线的全季节载重线标志。

(四)其他标志

1.球鼻艏和艏侧推器标志

　　如图 1-5 所示,球鼻艏标志(Bulbous Bow Mark,BB Mark)为球鼻型艏船舶的一种特有标志,主要用以表明在其设计水线以下艏部前端有球鼻型突出体,并勘划于船首左、右两舷重载水线以上的艏部处。

　　对艏部装设有艏侧推装置的船舶,均需用艏侧推器标志(Bow Thruster Mark,BT Mark)加以表明,以引起靠近船舶的注意。该标志勘划于船首左、右两舷重载水线以上的艏部处,并位于球鼻艏标志的后面。若船舶装设有艉侧推器,则艉侧推器标志(Stern Thruster Mark)勘划于该侧推器所在船尾左、右两舷的正上方,并与球鼻艏标志处于同一水平位置。

课件:
其他标志

图 1-5　球鼻艏和艏侧推器标志

2.船名和船籍港标志

船名和船籍港标志(Ships Name and Port of Registry Mark)系指船首左、右两侧明显位置处勘划船名。船尾(艉封板或艉部两舷)明显处自上而下勘划船名、船籍港,中国籍船尚加注船名汉语拼音及船籍港汉语拼音。其中船名字高比船首低 10% ~ 20% ,船籍港字高为艉船名字高的 60% ~ 70% 。另外,有的船舶尚在驾驶台顶罗经甲板的两舷舷侧勘划船名。

3.分舱与顶推位置标志

在货舱与货舱、压载舱与压载舱或压载舱与其他舱室之间舱壁所在位置的两舷舷侧外板满载水线以上和/或以下通常勘划有表示各舱位置的分舱标志、货舱分舱位置标志(Subdivision and Push Location Mark),如图 1-6(a)所示。

此外,为避免因拖船盲目顶推而造成船壳板凹陷甚至损坏,在两舷艏、舯、艉舷侧外板满载水线以上的适当位置(该位置不仅能最大限度地发挥拖船的作用,也是船体骨架所在的位置,具有足够的强度)勘划有拖船的顶推位置标志,大型船舶尚在上述相应位置的正下方(满载水线以下)勘划同一标志。顶推位置标志主要有两种,一种为正向的 T 形标志,另一种为将"TUG"置于垂直向下箭头正上方的组合标志,如图 1-6(b)所示。

4.引航员登、离船位置标志

为确保引航员登、离船安全,SOLAS 公约规定,大型船舶在其平行船体长度范围内(一般在船中半船长范围内)的两舷舷侧满载水线附近或稍低位置处勘划引航员登、离船位置标志(Pilot Transfer Location Mark)。该标志颜色与国际信号规则规定相同,为上白下红,如图 1-7 所示。

（a）货舱分舱位置标志　　　　　　　（b）顶推拉置标志

图1-6　货舱分舱位置与顶推位置标志

5. 船舶识别号（IMO 编号）

按国际海事组织的规定，100 总吨（GT）及以上的所有客船和 300 总吨及以上的所有货船均应有一个符合国际海事组织通过的 IMO 船舶编号体系的识别号，即船舶识别号（Ship Identification Number），用于识别船舶身份。该识别号除应按规定载入相应证书中外，尚应在船舶适当位置勘划，如船尾船籍港标志的下方、桥楼正前方的上部及机舱明显处，但较普遍的勘划位置是船尾船籍港的下方，如图 1-8 所示。

图1-7　引航员登、离船位置标志　　　　**图1-8　船舶识别号**

6. 公司名称标志

公司名称标志（Company Name Mark）勘划于船舶左、右两舷满载水线以上，一种是公司名称的全称，另一种是公司英文名称的缩写，如图 1-9 所示。

7. 液化气船标志（Liquefied Gas Carrier Mark）

液化天然气和液化石油气两类船舶，为特别强调其种类和危险性，在主船体两舷侧满载水线以上的显眼处分别用"LNG"和"LPG"表示，以提醒他船注意。

8. 可变螺距螺旋桨标志

一些具有可变螺距螺旋桨的船舶，包括双车船，往往在其螺旋桨正上方的船尾两侧满载水线以上明显处用车叶状的标志来表示，并加上文字或缩写（如 CP, Controllable Pitch Propeller Mark），以引起对水下螺旋桨的注意。

9. 烟囱标志

烟囱标志（Funnel Mark）用于表示船舶所属公司，勘划于烟囱左、右两侧的高处。

烟囱标志由各航运公司自行规定其颜色和图案(同一公司所属船舶船体的油漆颜色往往也是统一的),以便识别,如图1-10所示。

图1-9　公司名称标志

图1-10　烟囱标志

任务二　船舶尺度与船体形状

一、船舶尺度

船舶尺度(Ship Dimension)是表示船体外形的大小的尺度,即船舶的长、宽、深和吃水等。根据各种船舶规范和船舶在营运中使用上的要求定义,其主要可分为最大尺度、船型尺度和登记尺度三种,如图1-11所示。

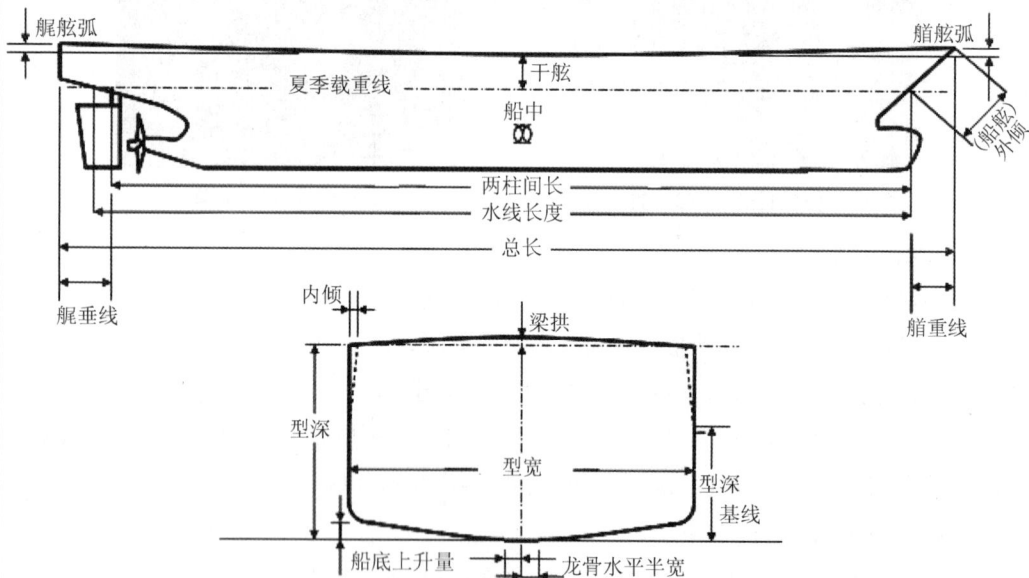

图1-11　船舶尺度

(一)最大尺度

最大尺度(Overall Dimension)又称全部尺度或周界尺度,是船舶靠离码头、系离

浮筒、进出港、过桥梁或架空电缆、进出船闸或船坞以及狭水道航行时安全操纵或避让的依据。最大尺度包括:

1. 最大长度

最大长度(Length Overall, L_{OA})又称全长或总长,系指从船首最前端至船尾最后端(包括外板和两端永久性固定突出物)的水平距离。

2. 最大宽度

最大宽度(Extreme Breadth)又叫全宽,系指包括船舶外板和永久性固定突出物在内并垂直于纵中线面的最大横向水平距离。

3. 最大高度

最大高度(Maximum Height)系指自平板龙骨下缘至船舶最高桅顶间的垂直距离。最大高度减去吃水即得到船舶在水面以上的高度,称净空高度(Air Draught)。

(二)船型尺度

船型尺度(Moulded Dimension)是《钢质海船入级规范》中定义的尺度,又称型尺度或主尺度。在一些主要的船舶图纸上均使用和标注这种尺度,且用于计算船舶稳性、吃水差、干舷高度、水对船舶的阻力和船体系数等,故又称为计算尺度、理论尺度。

1. 垂线间长 L_{BP}

垂线间长 L_{BP}(Length between Perpendiculars)又称船长、型长,指沿夏季载重线,由艏柱前缘量至舵柱后缘的长度;对无舵柱的船舶,则是指由艏柱前缘量至舵杆中心线的长度,但均不得小于夏季载重线总长的96%,且不必大于97%。

艏垂线是通过艏柱的前缘和设计夏季载重线的交点所作的垂线,艉垂线是沿着舵柱的后缘或舵杆中心线所作的垂线。

2. 型宽 B

型宽 B(Moulded Breadth)又称船宽,指在船舶的最宽处,由一舷的肋骨外缘量至另一舷的肋骨外缘的横向水平距离。

3. 型深 D

型深 D(Moulded Depth)指在船长中点处,沿船舷由平板龙骨上缘量至上层连续甲板(上甲板)横梁上缘的垂直距离;对甲板转角为圆弧形的船舶,则由平板龙骨上缘量至横梁上缘延伸线与肋骨外缘延伸线的交点。在船长中点处,由平板龙骨上缘量至夏季载重线的垂直距离称为型吃水 d(Moulded Draft)。

(三)登记尺度

登记尺度(Register Dimension)为《1969年国际船舶吨位丈量公约》中定义的尺度,是主管机关登记船舶、丈量和计算船舶总吨位及净吨位时所用的尺度,它载明于船舶的吨位证书中。

1. 登记长度

登记长度(Register Length)指量自龙骨板上缘的最小型深85%处水线总长的

96%,或沿该水线从艏柱前缘量至上舵杆中心线的长度,两者取大值。

2.登记宽度

登记宽度(Register Breadth)系指船舶的最大宽度,对金属壳板船,其宽度是从船长中点处量到两舷的肋骨型线;对其他材料壳板船,其宽度是从船长中点处量到船体外面。

3.登记深度

登记深度(Register Depth)系指从龙骨上缘量至船舷处上甲板下缘的垂直距离。对具有圆弧形舷边的船舶,则量至甲板型线与船舷外板型线的交点。对阶梯形上甲板,则应量至平行于甲板升高部分的甲板较低部分的延伸虚线。

二、船体形状参数

(一)船舶主尺度比

船舶主尺度比(Dimension Ratio)是船体几何形状特征的重要参数,其大小与船舶的各种性能关系密切。

1.船长型宽比 L/B

船长型宽比 L/B(Length Breadth Ratio)为垂线间长与型宽的比值,其大小与快速性和航向稳定性有关。其比值越大,船体越瘦长,其快速性和航向稳定性越好,但港内操纵不灵活。

2.船长型深比 L/D

船长型深比 L/D(Length Depth Ratio)为垂线间长与型深的比值,其大小主要与船体强度有关。其比值越大,船体形状越扁而长平,它的抗挠强度越弱,对船体纵向强度不利。规范规定:一般干货船的 $L/D \leq 17$。

3.船长型吃水比 L/d

船长型吃水比 L/d(Length Draft Ratio)为垂线间长与型吃水的比值,主要与船舶的操纵性有关。其比值大,则船舶的操纵回转性能差。操纵性系指船舶能根据驾驶者的意图保持或改变航向、航速和位置的性能。

4.型宽型吃水比 B/d

型宽型吃水比 B/d(Breadth Draft Ratio)与稳性、横摇周期、耐波性、快速性等因素有关。其比值大,则船体宽度大,稳性好,但横摇周期小,耐波性差,航行阻力大。

5.型深型吃水比 D/d

型深型吃水比 D/d(Depth Draft Ratio)主要与稳性、抗沉性等因素有关。其比值大,则干舷高,储备浮力大,抗沉性好,但船舱容积大,重心高。

(二)船型系数

它是粗略表征船体形状的特征参数,随船舶吃水而变化。

1. 水线面系数

如图 1-12 所示，水线面系数（Waterplane Coefficient）C_w 是水线面面积 A_w 与船长 L_{BP} 和型宽 B 确定的矩形面积之比，即

$$C_w = \frac{A_w}{L_{BP} \times B} \tag{1-1}$$

C_w 值的大小表示水线面形状的肥瘦程度。

2. 中横剖面系数

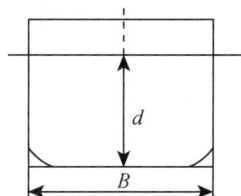

如图 1-13 所示，中横剖面系数（Midship Section Coefficient）C_m 是在 $L_{BP}/2$ 处水线下横剖面（中横剖面）面积 A_m 与型宽 B 和吃水确定的矩形面积之比，即

$$C_m = \frac{A_m}{B \times d} \tag{1-2}$$

C_m 值的大小表示中横剖面形状的肥瘦程度。

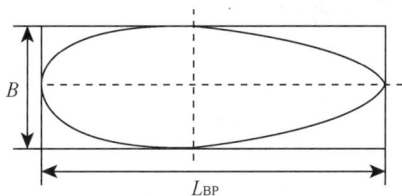

图 1-12　水线面系数　　　图 1-13　中横剖面系数

3. 方形系数

如图 1-14 所示，方形系数（Block Coefficient）C_b 是船体的排水体积 V 与由船长 L_{BP}、型宽 B 和型吃水 d 确定的长方体体积之比，即

$$C_b = \frac{V}{L_{BP} \times B \times d} \tag{1-3}$$

方形系数又称排水量系数，其值大小表示水线下船体形状的肥瘦程度。

4. 棱形系数

如图 1-15 所示，棱形系数（Longitudinal/Prismatic Coefficient）C_p 是船体的排水体积 V 与船长 L_{BP} 和中横剖面面积 A_m 之积的比值，即

$$C_p = \frac{V}{L_{BP} \times A_m} \tag{1-4}$$

棱形系数又称为纵向棱形系数，其值大小表示水线下船体形状沿纵向分布的情况。

5. 垂向棱形系数

如图 1-16 所示，垂向棱形系数（Vertical Prismatic Coefficient）C_{vp} 是船体的排水体积 V 与吃水 d 和水线面面积 A_w 之积的比值，即

$$C_{vp} = \frac{V}{d \times A_w} \tag{1-5}$$

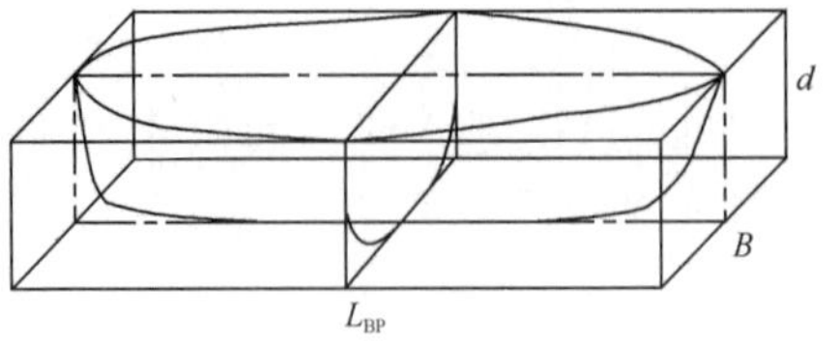

图 1-14 方形系数

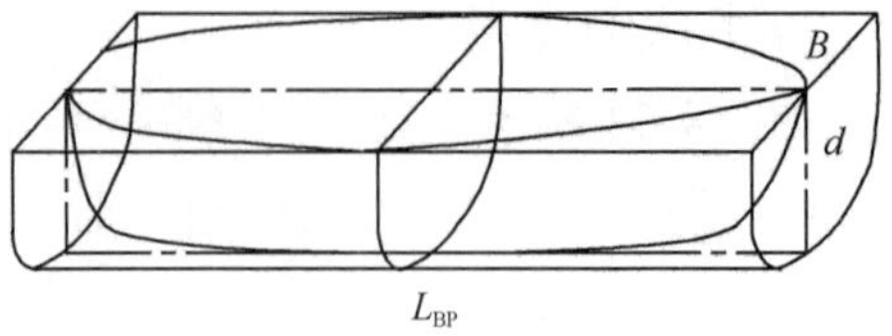

图 1-15 棱形系数

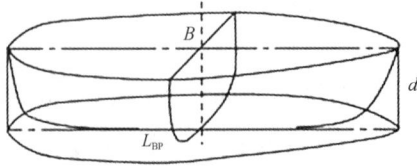

图 1-16 垂向棱形系数

任务三 船舶种类与特点

船舶的数目庞大,种类繁多,通常有以下几种分类方式:

按行驶方式(有无动力)可分为自航船(机动船)和非自航船(非机动船,无动力,需依靠他船或风帆、桨行驶);按船体材料可分为钢质、木质、铝合金、玻璃钢、钢丝网水泥、橡皮艇、混合结构船和塑料船等,其中钢质船是主流;按推进方式可分为螺旋桨船、喷水推进船、喷气推进船、明轮船、平旋推进船和风帆助航船等;按推进动力装置可分为蒸汽机船、内燃机船、燃气轮机船、电力推进船和核动力船等,其中内燃机船是主流船;按航行区域可分为远洋船(无限航区,距岸 200 n mile 及以上)、近海船(距岸不大于 200 n mile)、沿海船(距岸不大于 20 n mile)、内河船(江、河、湖泊)及港作船等;按航行状态分为排水型船(靠排水而浮于水面)、水翼船(靠水翼升力浮于水面)及气垫船(靠排出气流将船体托出水面)等。

船舶按用途可分为民用船舶(包括客船、客货船、货船、冷藏船、推船、驳船、渔船、工程船、港口作业船等)和军用船舶(包括航空母舰、驱逐舰等)。本任务主要认识民用船舶。

一、客船

根据 SOLAS 公约的规定,凡载客超过 12 人者均应视为客船(Passenger Ship)。乘客系指除船长和船员,或在船上以任何职位从事或参加该船业务的人员以外的其他人员,包括一周岁以下的婴儿。

客船按载客性质的不同,分为以下几种。

(一)全客船

全客船主要分为两类。一类系指专门用于运送旅客及其可携带行李和邮件的船舶。这类船舶的生活设施仅满足一般旅行需要,一般设计为"二舱或三舱不沉制",

多为定期定线(也称为客班轮)航行,有的采用双车,船速一般可达 20 kn 及以上。另一类是用于休闲、旅游的豪华游船(也称邮轮,在洲际航空广泛发展之前,国际邮政业务主要靠远洋客船承担),这类船舶主船体以上甲板层数多、抗沉性能好、航行与操纵性能良好、乘坐舒适平稳、设计美观、吨位较大、消防救生设备充足、生活设施豪华、通信导航设备先进,一般为非定期定线航行,如图 1-17 所示。

图 1-17　豪华游船

(二)客货船

客货船(Passenger-cargo Vessel)系指在运送旅客的同时,还载运相当数量的货物,并以载客为主、载货为辅。客货船通常设计为"二舱不沉制",并为定期定线航行。图 1-18 所示为"苏州号"客货船。

图 1-18　"苏州号"客货船

(三)滚装客船

滚装客船(Ro-Ro Passenger Ship)系指具有滚装装货处所或特种处所的客船。其结构特点与滚装船类似(详见滚装船部分)。图 1-19 所示为"崇明岛号"客滚船。该种船舶具有航速快、操纵性能好、定班定线的特点,往返于海峡两岸的滚装客船又可称为车客渡船。目前,高速双体滚装客船已经投入使用。

图 1-19　"崇明岛号"客滚船

（四）火车客渡船

火车客渡船（Train Passenger Ferry）系指安装有火车轨道，主要从事火车跨海峡运输，同时载运旅客的客船。我国的琼州海峡与渤海海峡目前正在由该类客船从事火车与旅客运输。该种船舶自动化程度高，具有双主机、双舵、艏艉三台侧推装置（艏部两台、艉部一台）。主机、舵机和全部侧推装置可由安装在驾驶室的一个联合控制装置（单手柄操作控制系统）来完成所有操作。其操作简便、灵活、精度高、适应能力强。图 1-20 所示为"粤海铁 1 号"火车客渡船。

图 1-20　"粤海铁 1 号"火车客渡船

（五）高速客船

高速客船（High-speed Passenger Ship）系指在沿海、海峡、江河湖泊等水域从事短途旅客运输的船舶，具有吨位小、主机马力大、航速快等特点。高速客船主要有以下几种：

1.水翼船

水翼船（Hydrofoil Craft）系指在船体底部前、后各安装有一对浸没在水中的水翼

的船舶。有浮航和翼航两种航行状态，低速时处于浮航状态；当高速航行时，船体能被水翼产生的水动升力支承在水面以上，转为翼航状态，从而将船体所受的全部或大部分水阻力转换为空气阻力，进而显著提高船速，可达 45 kn 以上，最快为 70 ～ 80 kn。水翼的制造工艺复杂，控制系统也很复杂。按照水翼的控制方式，水翼船可分为割划式水翼船、全浸式水翼船和浅浸式水翼船，如图 1-21 所示。

（a）割划式水翼船　　　　（b）全浸式水翼船　　　　（c）浅浸式水翼船

图 1-21　水翼船

2. 气垫船

气垫船（Air-cushion Craft）系指船舶不论在静止或运动时，其重量的全部或绝大部分能被连续产生的气垫所支承的船舶，这种船气垫的有效程度取决于该船航行时船底离水面的高度。按航行状态的不同，气垫船可分为全垫升式气垫船和侧壁式气垫船两种。

（1）全垫升式气垫船（Air-cushion Vehicle）：借助在船底四周安装的柔性围裙，约束空气而形成高压气垫，并借助气垫将整个船体托离水面高速航行的船舶，如图 1-22（a）所示，具有良好的两栖性能，可以在平坦的地面、冰雪和沼泽中行驶。推进器使用空气螺旋桨，用空气舵控制方向。

（2）侧壁式气垫船（Side-wall Hovercraft）：侧壁式气垫船的船底两侧是刚性侧壁，在艏、艉部分安装有柔性围裙，航行时利用专门的升力风机向船底充气，形成气垫把船体托离水面，两侧侧壁的下半部分仍然浸没在水中，如图 1-22（b）所示。它常选用轻型柴油机或燃气轮机作为主动力装置，用水螺旋桨或喷水推进，具有良好的操纵性和航向稳定性，航速可达 50 kn。侧壁式气垫船气腔中的空气不易流失，垫升效率较高，所需的垫升功率比同等规模的全垫升式气垫船要小，但高速性能通常不如全垫升式气垫船，也没有两栖能力，较适合吨位较大、经济性能要求较高的应用场合。现代侧壁式气垫船的刚性侧壁已发展为细长的两个船体，兼有高速双体船的优点，又称气垫双体船或表面效应船（SES），是一种发展非常迅速的船型。

（a）全垫升式气垫船　　　　　　　（b）侧壁式气垫船

图 1-22　气垫船

3. 双体船

双体船(Twin-hull Craft)系指具有两个瘦长片体的船舶。它具有大宽长比、小水线面面积、高速时兴波阻力小、横稳性和操纵性明显优于单体船的典型特点。其航速较高,一般可达 35~45 kn,且具有承受较大风浪的能力。

双体船的典型代表是穿浪双体船,该种船是近年来发展较快的一种新型双体船,如图 1-23 所示。其最大特征是两个片体的艏部封闭成类似刀尖的穿浪艏,航行时允许穿浪而过,这样就显著减少了恶劣海况时的船舶纵摇,而船中部设置了一个平时在满载水线之上的浮力艏(楔形结构),在恶劣海况时触及波浪,可以提供额外的浮力,减少埋艏。这种设计,使穿浪双体船的适航性能大大提高,耐波性能更加优良,恶劣海况时的适应能力显著优于一般双体船。

4. 滑行船

滑行船(Hydroplane)又称滑行艇,是一种依靠航行时艇体对水产生的流体动压力,来支承大部分艇体重量的高速船,如图 1-24 所示。其外形较常规排水型艇短而宽,底部较平坦。通常艇底和舷侧交接处呈尖角,形成尖舭,也称尖舭艇。当高速航行时,艇体被托起,舷部离水,艇首微抬,底面贴水滑行,航行阻力远小于普通排水型船,但其耐波性差的典型特点在很大程度上限制了滑行艇的发展。

图 1-23　穿浪双体船

图 1-24　滑行船

5. 地效翼船

地效翼船(Ground-effect Wing Ship)又称地效船或地效飞行器,是一种高速时能在水面低空飞行的新型交通运输工具,如图 1-25 所示。它在形状上类似水上飞机,主要利用其与水面或地面之间的"表面效应"获得升力而脱离表面一定高度飞行。地效飞行器在距水面 1~6 m 的高度飞行,一旦出现紧急情况,可以随时在水面降落;其建造费用比飞机低,售价为同级飞机的 50%~60%;在水面起降,不占用土地资源,运营成本明显低于飞机;速度可达 120~550 km/h;在水面飞行,不受海浪冲击,颠簸程度比船舶小得多,舒适性好,不受空中管制的限制,出航方便,可以到达一般船舶和飞机难以到达的岛屿和水域。除了水面之外,地效翼船还可以在平坦的冰雪原、草原、滩涂、沼泽上飞行。

图 1-25　地效翼船

二、干货船

干货船(Dry Cargo Ship)一般系指运输固体形态货物的船舶,按用途及承运货物的种类进行分类。

(一)杂货船

杂货船(General Cargo Ship)又称普通货船,是最早出现的一种干货船,如图 1-26 所示,主要运输成包、成箱、成捆、成扎和桶装等普通件杂货。为了便于分隔货物及避免货物堆装过高而压损,货舱是多层甲板(通常 2~3 层)结构;各货舱的舱口尺寸较大,以便于装卸;货舱口之间配备有吊杆或起重机,专门装卸重大件的吊杆负荷可达百吨以上,故对货物种类和码头条件的适应性较强;其抗沉性一般满足"一舱不沉制"。

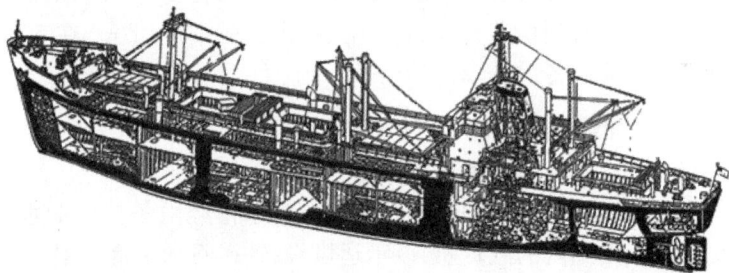

图 1-26　杂货船

(二)集装箱船

集装箱船(Container Ship)又称货柜船或货箱船,指以装运集装箱货物为主的船舶,如图 1-27 所示。其货舱和甲板均能装载集装箱,货舱盖强度大;为了防止货箱移动和使集装箱堆放稳固,货舱内设有箱格导轨系统(Cellguide System),甲板上设有固定集装箱的专用设备;单层甲板结构,舱口总宽度可达 0.7~0.8 倍船宽,一般设置 2~3 排舱口,舱口总长度可达 0.75~0.80 倍船长;为保证船体强度和提高抗扭强度,船体设计为双层底和双层舷侧结构,并在双层舷侧的顶部设置抗扭箱结构,或在保证船体强度的前提下,采用双层底和具有抗扭箱或其他等效结构的单层壳舷侧结构代替;在货舱内集装箱角座下方的双层底内设置有纵横向的加强结构,水密横舱壁的顶部和底部一般设置为箱形结构;主机功率大,船速较快,方形系数 C_b 小于 0.6,为了使货舱尽可能方整及便于在甲板上堆放集装箱,一般是艉机型或舯艉机型船。一般船上不设起重设备,而是利用码头上的专用设备装卸,装卸效率高,货损货差少,经济效益高。

图 1-27　集装箱船

(三)散货船

散货船(Bulk Carrier)系指专用于载运如散粮(Bulk Grain)、煤炭(Coal)、糖(Sugar)、矿砂(Ore)、盐(Salt)等大宗散货的船舶。由于货种单一,不怕挤压,货舱通常为单甲板;船体结构强,适应集中载荷要求;为适应舱内作业和提高装卸效率,采用大舱口;通常采用艉机型,船型肥大,航速在 $14 \sim 15$ kn,一般设有艏楼和艉甲板室,有利于货舱和起货设备的布置;常为单程运输,设有较大容积的压载水舱,以保证稳性;为了适应航运市场的需要,有的散货船上配有克令吊,总载重量(DW)在 $50\,000$ 吨以上的,船上一般不设起重设备。

1. 根据船型和吨位分类

根据船型和吨位,散货船通常可以分为:

(1)大湖型(Lakesize):载重吨在 3 万吨左右,系指经由圣劳伦斯水道航行于美国、加拿大交界处五大湖区的散货船,以承运煤炭、铁矿石和粮食为主。

(2)灵便型(Handysize):载重吨在 2 万 ~5 万吨,分大灵便型和小灵便型,大灵便型散货船(Handymax Bulk Carrier)载重量为 4 万 ~5 万吨。

(3)巴拿马型(Panama):载重吨一般在 6 万 ~8 万吨。该型船系指在满载情况下可以通过巴拿马运河的最大型散货船,其总长、型宽、最大的允许吃水受运河船闸尺寸的限制。

(4)T-MAX 型(Terminalmax):载重吨在 8 万 ~12 万吨。该种散货船主要是为了弥补好望角型和巴拿马型散货船之间无标准型散货船而出现的。

(5)好望角型(Capsize):也叫海岬型散货船,载重吨在 12 万 ~20 万吨,以运输矿砂船为主,由于尺度限制不可能通过苏伊士运河和巴拿马运河,需要绕行好望角和合恩角。自 2008 年始,由于苏伊士运河当局已放宽通过运河船舶的吃水限制,该型船多可满载通过该运河。

（6）VLOC 型（Very Large Ore Carrier）：载重吨在 20 万～30 万吨，为大型矿砂船。

（7）ULOC 型（Ultra Large Ore Carrier）：载重吨在 30 万吨以上，为超大型矿砂船。

2. 根据货种和船舶结构分类

由于谷物、煤炭等（1.2～1.6 m^3/t）和矿砂（0.42～0.50 m^3/t）的积载因数（每吨货物所占的体积）相差很大，所要求的货舱容积的大小、船体的结构、布置和设备等许多方面都有所不同。一般习惯上把装载粮食、煤等货物积载因数相近的船舶，称为通用型散货船，即散货船；把装载矿砂等货物积载因数较小的船舶称为矿砂船。此外，还有特殊类型的船舶，如自卸式散货船、兼用船等。

（1）通用型散货船

通用型散货船（General Bulk Carrier）系指装运散装谷物、煤炭等密度较小散货的船舶。其中专运散装谷物的称为散粮船（Bulk Grain Carrier），专运煤炭的称为运煤船（Coal Carrier）。散货船采用单层或双层船壳结构，船型肥大，一般单向运输，如图 1-28（a）所示。其特点是货舱为单层甲板，舱口较宽大且舱口围板（Hatch Coaming）高大。由于该类船舶货舱两舷侧设置有顶边舱（上边舱，Upper Side Tank）和底边舱（下边舱，Lower Side Tank），故其货舱横剖面（Cross-section）成菱形，上、下边舱在用作压载舱（Ballast Tank），达到调节船舶吃水和稳性高度的同时，上边舱又可起到便于装满货舱、减少平舱工作及防止货物移动而危及船舶稳性的作用，下边舱的设置又十分便于卸货，如图 1-28（b）所示。

图 1-28　散货船及其货舱横剖面结构

（2）矿砂船

矿砂船是专门设计用于载运散装矿砂的船舶，为单向运输船。这种船的货舱为单层甲板，舱口较宽大，且一般由两道纵舱壁将整个装货区域分隔成中间舱和两侧边舱，在中间舱下部设置双层底，中间舱装载矿货，两侧边舱作压载舱使用。由于矿石的密度大，积载因数小，故所占舱容小，这样会导致船舶的重心过低，在航行中产生剧烈摇摆。为增加重心高度，矿砂船的双层底舱设计得特别高，有的矿砂船货舱横剖面设计成漏斗形（Infundibuliform），这样既可提高船舶的重心高度又便于清舱。同时，矿砂船货舱两侧的压载边舱（Side Ballast Tank）也比散装货船大得多。图 1-29 为矿砂船实图及其货舱横剖面结构示意图。

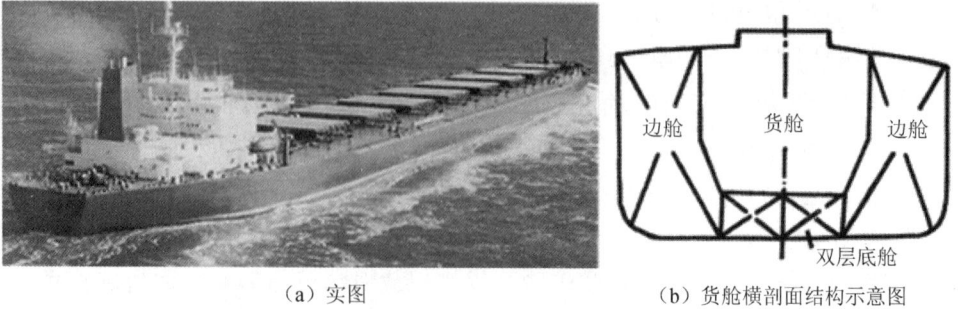

（a）实图　　　　　　　　　　　（b）货舱横剖面结构示意图

图 1-29　矿砂船实图及其货舱横剖面结构示意图

矿砂船均为艉机型船,航速较低。为适应所载货物的特点,一般采用高强度钢,且内底板(Inner Bottom Plating)等构件均采取加厚的措施,有的则直接对货舱采取重货加强措施。

（3）自卸式散货船

自卸式散货船(Self-discharging Bulk Carrier)是一种货舱采用自卸系统的散货船,如图 1-30 所示。其特点是货舱底部横向呈 W 形,并在 W 形的尖顶部位设有两行水密门的自卸装置,同时配有纵向传送机、横向传送机、倾斜提升传送机及水力振动器等。卸货时,只需要打开水密门,使舱内货物漏至其下面的纵向传动皮带上,再经横向传送机、垂直提升机和悬壁运输皮带输送到码头上。这种船不仅显著地缩短了停港时间,而且对码头要求不高,对需要中转的航线,也可避免码头的再装卸。

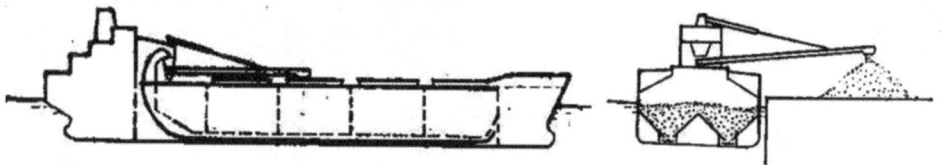

图 1-30　自卸式散货船

（四）兼用船

兼用船(Combination Carrier)一般为既可装载油类又可装载散装干货,但不同时装载的船舶(存有油类的污油水舱例外),且为肥大船型,方形系数 C_b 一般大于 0.8。主要有两种类型:

1. 矿砂/石油两用船

矿砂/石油两用船(Ore/Oil Carrier)又称 O/O 船,由两道纵舱壁将整个装货区域分隔成中间舱(占整个货舱舱容的 40% ~ 50%)和左、右两侧边舱,双层底舱设于中间舱下部且没有矿砂船那样高。船的全部或大部分中间舱用于装载矿货,边舱和部分中间舱装载货油,即单运矿砂时装在中间舱,运油时则载于两侧边舱和部分中间舱。图 1-31(a)为矿砂/石油两用船货舱横剖面示意图。

2. 矿砂/散货/石油三用船

矿砂/散货/石油三用船(Ore/Bulk/Oil Carrier)又称OBO船,其货舱横剖面形状与散货船类似呈菱形,但一般为双层船壳并具有双层底舱和上、下边舱。其中间舱(占整个货舱舱容的70%~75%)的全部或大部分用来装载散货或矿石,两侧边舱、上边舱和部分中间舱用来装载货油,下边舱为压载舱。图1-30(b)为矿砂/散货/石油三用船货舱横剖面结构示意图。

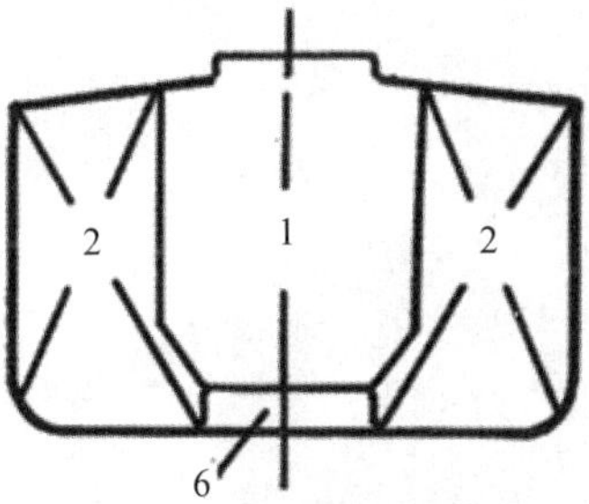

（a）矿砂/石油两用船 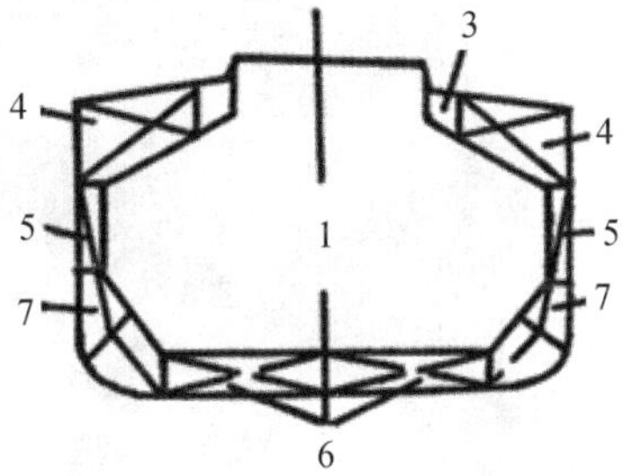　　　　　（b）矿砂/散货/石油三用船

图 1-31　货舱横剖面结构示意图
1—货舱;2—货油舱;3—通道;4—上边舱;5—边舱;6—双层底舱;7—下边舱

（五）滚装船

滚装船(Roll On/Roll Off Ship,Ro/Ro Ship)是一种设计和制造成能装载车辆或装载固放在车辆上的集装箱或托盘货物的专用船舶,如图1-32所示。因其将传统的船舶垂直上下装卸改成水平方向滚动方式装卸,故有人又将其称作"带轮"作业。

为便于车辆上下,通常在滚装船的艉部或舷侧或艏部设有供车辆上下的跳板。为保证航行安全,在滚装船跳板的外侧船壳处设置艉门或舷门或艏门,并在其内侧布置内门。但除艏跳板处必须设置艏门与内门外,艉跳板与舷侧跳板处有时仅设内门。滚装船的艏门有罩壳式和边铰链式(图1-32所示为滚装船边铰链式艏门及跳板)两种形式,且位于干舷甲板之上。滚装船多数在艉部开口,即艉门,艉门跳板靠机械或电动液压机构进行开闭,并保证水密,艉跳板分艉直和艉斜跳板。为了保证装卸作业的安全,艉直跳板工作坡度(跳板与水平面夹角)不大于8°,通常为4°~5°;艉斜跳板可向船的一舷方向偏斜(跳板与水平面夹角)30°~40°。另外,还有艉旋转跳板、舷侧跳板和艏门跳板,因其结构不同,工况也有差异;装卸货时要求船舶吃水在装卸过程中变化不能太大,船舶横倾角小于4°时,跳板对码头的负荷一般不超过2~3 t/m²。因此,必须用压载水调节吃水、纵横倾和稳性等。

滚装船的结构较特殊,上甲板平整无舷弧和梁拱,露天甲板上无起重设备。上层建筑高大,并具有多层甲板和双层底结构,有的同时在下甲板以下设置左、右边舱(双层船壳结构)。其强力甲板和船底一般采用纵骨架式结构。为了便于拖车开进开出,货舱区域内不设横舱壁,为弥补横舱壁道数不够的缺陷,通常在舱内设置局部横舱壁或强肋骨和强横梁,以保证船体的横向强度。舱内设有活动斜坡道或升降平台,车辆通过它可在上下层间移动。该种船舱内支柱极少,甲板为纵通甲板,抗沉性相对较差。其空船重量大,压载量大,舱容利用率较低,造价也较高。大多数装有艏侧推装置,以改善靠离码头的操纵性,对码头要求不高;装卸效率高(高于集装箱船,可达普通货船的10倍);方形系数C_b不大于0.6,船速较高;主要用于短途运输,航程不超过800 n mile。

图1-32 滚装船

(六)木材船

木材船(Lumber Carrier)系指专运各种木材的船舶,如图1-33所示。为便于装卸和堆放,货舱区域为单甲板,货舱要求长而大,舱口大,且舱内无支柱等障碍物。由于木材的比重小,体积大,有一部分要装在甲板上,故甲板强度要求高;同时,为防止甲板木材滚落舷外,在甲板的两舷侧设有立柱或立柱底脚,而且舷墙较高。为了不影响货物堆放和人员操作,起货机均安装在桅楼平台上。其干舷比一般货船低,船舷两侧排水口大且多。

图1-33 木材船

(七)冷藏船

冷藏船(Refrigerated Ship)系指专用于运输鱼、肉、水果、蛋品之类等易腐鲜货的船舶。其特点是具有良好的隔热设施与制冷设备,货舱口小,货舱甲板层数较多(一般为3~4层),船速较快而吨位较小。随着冷藏集装箱的发展,冷藏船的部分运输功能被取代。

(八)多用途船

多用途船(Multi-purpose Ship)系指既可单独用于载运普通件杂货、木材、重大件货、袋装货或散装货,又可用于载运集装箱或其他干货,或同时载运多种货物的船舶,如集装箱/杂货船、杂货/袋装货/散装货船、杂货/特种重大件货/集装箱船及木材/散货船等,如图1-34所示。

图1-34　多用途船

该类船舶的货舱均经特别设计,能满足载运多种货物的需求。其货舱口一般较宽大,有的船舶设有二层甲板结构,具有起重设备(以起重机为主)。

(九)特殊用途船

1. 特种甲板运输船

特种甲板运输船(Special Deck Transport Carrier)是专门设计建造或改装成在其甲板上装载特定货物(如港口起重设备、其他普通货舱无法装载且无法分隔的超大型船体设备及重大件货等)的船舶,如图1-35所示。对于该类船舶,其甲板是唯一的载货处所,甲板经特别加强,有自航和非自航两类,并具有多而大的压载舱,以便调整船舶吃水便于装货。

图1-35　特种甲板运输船

2. 半潜船

半潜船(Semi-submersible Carrier)又称半潜式母船,是专门设计建造成在其甲板上装载特定货物(如沉箱、驳船、游艇、舰船、钻井平台及其他普通货船无法装载且无法分隔的超大型整体设备和重大件货等)的船舶。对于该类船舶,其甲板是唯一的载货处所,有自航和非自航两类,其中自航式半潜船为前驾驶艉机型,如图1-36所示;非自航式半潜船设有发电设备,甲板经特别加强,并具有多而大的压载舱。装货时,先向压载舱内注水,使装货甲板潜入水中,并低于特定待装货物的最大吃水时停止,在待装货从指定位置利用自身动力或拖曳方式浮入半潜船装货甲板的指定位置后,再排出压载水,使船体上浮至正常吃水,最后将货物系固好。

图1-36 自航式半潜船

三、液货船

液货船(Liquid Cargo Ship)系指建造或改建成用于运输散装易燃液体货物的船舶,主要包括油船、液体化学品船、液化气船。

(一)油船

油船(Oil Tanker)系指载运石油及石油产品的船舶,有原油油船(见图1-37)、成品油油船及原油/成品油兼运船等几种。

图1-37 原油油船

其特点为：

（1）为防止油船因海损事故而污染海洋，新建中型以上油船均采用双层底及双层船壳结构。

（2）货油舱在甲板上无起货设备和大舱口，仅有圆形或椭圆形小舱口，并用油泵、管路及各种控制阀配合完成装卸油作业。

（3）油船一般采用纵骨架式结构，以保证纵向强度和减轻船体重量。

（4）为减少自由液面对稳性的影响和提高船舶的总纵强度，设有纵向水密舱壁，把油舱划分为并列的两列或三列油舱（对 $L > 90$ m 的油船，要求在其货油舱区域内设置两道纵向连续的水密舱壁）。

（5）油船的 L/B 较小，B/d 及方形系数 C_b 较大，属肥胖型船，干舷亦小。

（6）为使货油舱连接成一个整体，增加货舱容积和防火防爆，其机舱、锅炉舱均布置在船尾，为艉机型船。

（7）为防止油类的渗漏和防火防爆，在货油舱区域的前、后两端设置隔离空舱，亦有用泵舱、污油水舱或压载舱等兼作隔离空舱的。

（8）设置多道横舱壁和大型肋骨框架，用以增加横向强度和适装不同品种的油类。

（9）设有专用压载舱或清洁压载舱，并设有污油水舱（Slop Tank）。

设置专用压载舱可从根本上解决含油压载水排放引起的海洋污染问题，减轻货油舱因装压载水而对舱内结构的腐蚀，提高船体的结构强度和抗沉性，可在装卸油的同时排出或灌入压载水，从而缩短了停港时间。其缺点是减少了油船的有效载货舱容，船体重量及造价均有所增加。

设置清洁压载舱可避免含油压载水的排放污染，但减少了油船的有效载货舱容，且压载系统未独立。

（二）液体化学品船

液体化学品船（Liquid Chemical Tanker）系指建造或改装成用于载运各种散装有毒、易燃、易挥发或有腐蚀性化学液体，包括《国际散装运输危险化学品船舶构造与设备规则》第 17 章中所列的任何液体化学品货物的船舶。

液体化学品多数为有毒、易燃、腐蚀性强的液体货物，且品种繁多。因此，液体化学品船（见图 1-38）货舱的设计与油船相比表现为多而小，舱壁多采用耐腐蚀的不锈钢制成。这种船为防止船体破损后造成化学液体外溢而发生污染，一般均设计成双层底与双层壳结构。配载时，应将有毒物品装于中间货舱内。舱内除槽形舱壁有曲折外，其他均表现为光滑内表面，骨架均设置在双层底与双层壳内及甲板上表面。

该类船的液货装卸是利用单独设置在每个液舱的舱底泵来完成的。货泵的种类主要有安装在甲板上的液压马达或安全型电动机驱动的深井泵及液压传动的潜水液货泵两种。

图 1-38　液体化学品船

(三)液化气船

1. 液化天然气船

液化天然气的主要成分是甲烷,为便于运输,通常采用在常压下极低温(-165 ℃)冷冻的方法使其液化。在这样的低温下,普通的船用钢材会变脆,因此,液舱要求有严格的隔热结构,采用昂贵的特殊镍合金或铝合金制造,要求能保证液舱恒定低温,又避免低温对船体结构造成脆性破坏。这种船设备复杂,技术要求高,与体积和载重吨位相同的油船相比较大,造价高。

常见的液舱形状有球形和矩形两种,但也有少数船舶将液舱设计成棱柱形或圆筒形。图 1-39 所示分别为货舱为球形和棱柱形的液化天然气船(Liquefied Natural Gas Carrier,LNG Carrier)。

(a)货舱为球形的液化天然气船　　　　(b)货舱为棱柱形的液化天然气船

图 1-39　液化天然气船货舱形状示意图

2. 液化石油气船

液化石油气船(Liquefied Petroleum Gas Carrier,LPG Carrier)始建于 20 世纪 30 年代。石油气的主要成分是丙烷和丁烷的石油碳氢化合物或两者的混合气体,包括丙烯和丁烯,可在常温下加压液化,也可在常压下冷冻液化。LPG 船按其运输方式可分为全压式、全冷式和半冷半压式三种。

四、工程船、工作船

(一)工程船

工程船(Engineering Ship)是指从事港口、航道、海洋、水利工程的船舶,主要有挖

泥船(Dredger)、起重船(Floating Crane)、敷缆船(Cable Ship)、航标船(Navigation Mark Ship)、救捞船(Salvage Ship)、浮油回收船(Oil Recovery Ship)、浮船坞(Floating Dock)、打桩船(Pile Driving Barge)等。

1. 挖泥船

挖泥船系指专门用来挖掘水底泥、沙、石块,清理水底污杂物,疏浚航道及锚地或开掘运河的工程船,如图1-40所示,按其工作原理分为抓斗式、链斗式、铲扬式、吸扬式、耙吸式和绞吸式等。目前,巨型吸扬式挖泥船排水量已达3万吨。

图1-40 挖泥船

2. 起重船

起重船系指专门从事水面吊装作业的船舶,也称为浮吊,如图1-41所示。

图1-41 起重船

3. 敷缆船

敷缆船系指敷设海底电缆的专用船,亦可兼作电缆维修船,如图1-42所示。其艏部形状较特殊,设有几个大直径的导缆滑轮。船中部设有大型的电缆舱,并设有大容积压载水舱,在电缆敷设后用海水压载。海底敷缆由于耗资巨大,部分将被卫星通信取代。

图 1-42　敷缆船

4. 航标船

航标船专门从事在航道上的暗礁、浅滩、险滩和岩石等处布设和维修航标,可兼作起重、航道测量或海洋水文地质调查等用途,如图 1-43 所示。

图 1-43　航标船

5. 救捞船

救捞船系指对沉船、遇难船舶进行施救和打捞沉船的专用工程船,如图 1-44 所示。救捞船有较高的自航速度,工作时用锚定位,主要工作机械有起重机、绞车和空气压缩机等。它与驳船、拖船和浮筒等救捞设备配合进行救捞工作。

6. 浮油回收船

浮油回收船专门从事港口和海上油田等发生溢油而造成浮油大面积污染时进行浮油回收和消除污染工作,如图 1-45 所示。船上设有吸入设备将浮油和水吸入回收舱内,并设多级沉淀舱将油水分离。

7. 浮船坞

浮船坞系指为船舶提供坞修的水上船坞,如图 1-46 所示。它实际为一浮动的作业平台,装有大型排水泵,可在较短时间内将坞内水排出使船坐墩。设计有大型的坞底水舱,通过灌排水,可以调节坞的沉浮。通常浮船坞有箱形的坞底和左右对称的箱形坞墙,其上设有起重设备。

图 1-44 救捞船

图 1-45 浮油回收船

图 1-46 浮船坞

8．打桩船

打桩船系指将码头、水面建筑的桩柱打入水底作业的船舶,如图1-47所示。船体为一浮于水面的平台,其上竖立打桩机的直立桩架,并备有悬臂吊车。它可分为桩架固定式和桩架回转式,前者只能在船首进行打桩作业,后者既可以在船首进行打桩作业,也可以在左、右舷进行打桩作业。

图1-47 打桩船

(二)工作船

工作船(Working Ship)系指为航行船舶提供服务性或专业性工作的专用船舶。主要有:拖船(Tug)、供应船(Supply Boat)、海难救助船(Rescue Ship)、消防船(Fire Boat)、破冰船(Icebreaker)、交通船(Crew Boat)等。但为最大限度地发挥工作船的作用与提高经济效益,多用途工作船业已得到了迅猛发展。

1．拖船

拖船按用途分为运输拖船、港作拖船和救助拖船;按航区分为海洋拖船和内河拖船,海洋拖船又可分为远洋拖船和沿海拖船,如图1-48所示。它具有完善的拖带设备、较大的功率和灵活的操纵性能,用于协助大船靠离泊、掉头、进出船坞等。大功率的海洋拖船可用于拖带海上无动力的船舶。

2．供应船

供应船系指专门向船舶和海上设施运送供应物质(包括燃油、淡水和食品)的船舶,如图1-49所示。

3．海难救助船

海难救助船系指专用于救援难船的工作船,如图1-50所示。其外形与大型拖船相似,但航速较快,具有良好的适航性能,并配有各种救助设备。

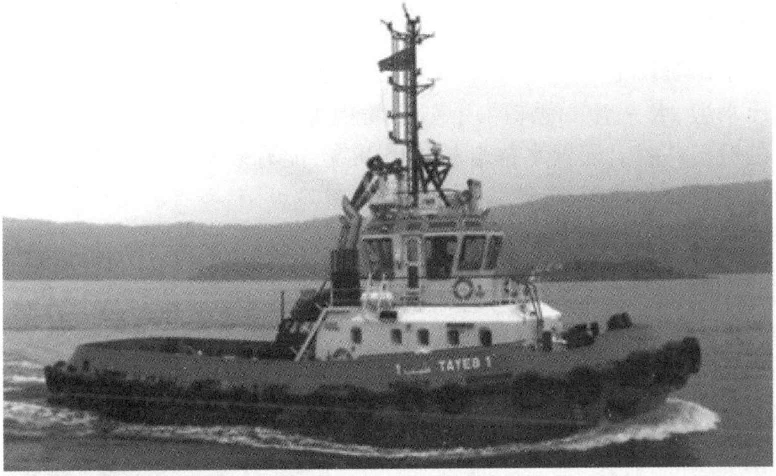

图 1-48　拖船

图 1-49　供应船

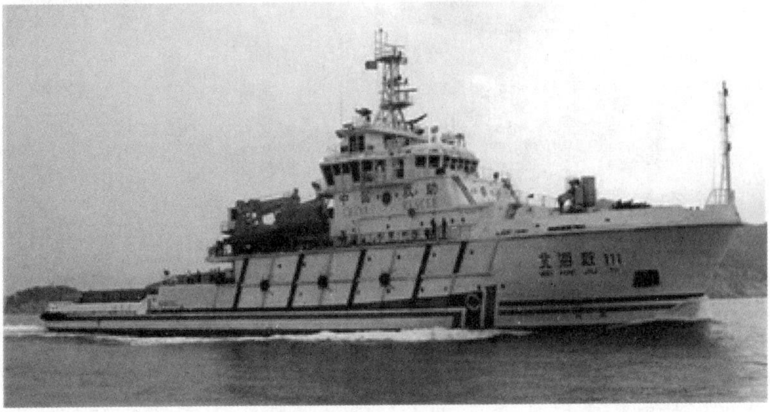

图 1-50　海难救助船

4. 消防船

消防船系指对发生火灾的船舶提供灭火和救援的专用船舶,如图 1-51 所示。一般设有高压水炮、水－空气泡沫两用炮、干粉炮等和大功率消防泵,以及装载灭火专用化学品的舱柜。船上配置水幕自救喷射系统,能有效降低热辐射对自身的影响。多用途消防船常兼作拖带、浮油回收和清除港口垃圾用。

图 1-51　消防船

5. 破冰船

破冰船系指用于为其他船破冰开辟航路和救助冰困船的专用船,如图 1-52 所示。其结构坚固,功率大,船首呈倾斜式并予以特别加强,艏、艉及左、右均有大的压载水舱。破冰时使船首冲上冰层,再将艉压载水打到艏压载舱,靠重力或船身左右晃动将冰压碎。

图 1-52　破冰船

6. 交通船

交通船系指为港区内船舶和海上作业平台运送工作人员的专用船舶,如图 1-53 所示。此类船舶的航程离岸基较近,船上一般不设炉灶、生活舱室和其他生活设施。

图 1-53 交通船

五、其他船舶

（一）渔船

渔船是用以捕捞和采收水生动植物的船舶,也包括现代捕捞生产的一些辅助船只,如进行水产品加工、运输、养殖、资源调查、渔业指导和训练以及执行渔政任务的船舶。

渔船按作业水域分为海洋渔船和淡水渔船,海洋渔船又分沿岸、近海、远洋渔船;按船体材料分为木质、钢质、玻璃钢质、铝合金、钢丝网水泥渔船以及各种混合结构渔船;按推进方式分为机动、风帆、手动渔船;按所担负的任务可分为捕捞渔船和渔业辅助船两大类。

（二）渡船

渡船(Ferry)又称渡轮,是航行于江河、湖泊、海峡及岛屿之间的运输船舶,主要用于载运旅客、货物、车辆和列车渡过江河、湖泊、海峡。

渡船具有船体结构简单、船上设备简单的特点,尤其是江河里过渡用的渡船,船体轻巧,生活设备很少。其他特点:有宽大的舱室和甲板,便于多载客,多装货;有良好的操纵性,一般有两套动力装置,用双螺旋桨推进,操纵性好,可以方便地停靠码头,上下旅客,装卸货物;具有良好的稳性,船体宽大,稳性好,有的渡船采用双体船船型,航行时平稳。

渡船有多种类型,如汽车渡船、旅客渡船、列车渡船和新型的铁路联络船。

项目二
船体结构

学习目标

1. 了解船体结构的基本组成形式。
2. 掌握主船体结构中构件的布置形式和作用等。
3. 掌握船体相关结构图和船舶总布置图的识读和用途。

为了使船舶能够在恶劣天气条件下承受各种外力对船体的冲击和作用,实现船舶安全营运,船舶必须按照《钢质海船入级规范》的技术要求进行建造,并需要经主管机关授权的船级社按照规范检验合格后方可投入营运。作为船舶驾驶人员,应掌握船体结构的基础知识,这在船舶操纵、配载和维修保养工作中都是必不可少的。

任务一　船体结构的形式

船体结构是组成主船体、上层建筑、甲板室等的各种具体构件的总称。如图 2-1 所示,如果船体结构仅用钢板组成,需要用增加钢板的厚度来达到强度要求,就会使船体重量增大。在钢板上装设骨架支撑,就会大大增加结构的强度和刚性,使钢板厚度减小到最低限度,节省钢材,减小了结构重量。

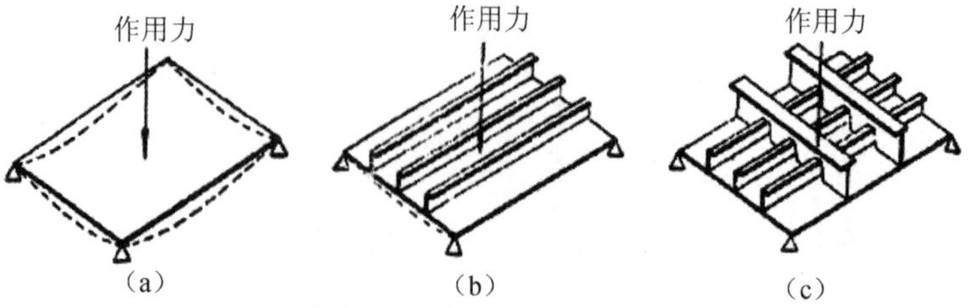

图 2-1　受力作用的板架

船体结构由钢板和和纵横交叉的骨材和桁材组成,钢板是船体结构的主要组成部分,占 60% ~65%,如船壳板、甲板板及舱壁板等。骨架系指支承外板、甲板、舱壁、内底板等的一切桁材与型材(骨材)的统称,较小的骨材数目多而间距小,如扁钢(Flat Bar)、球角钢(Bulb Bar)、角钢(Angle Bar-A/B)等;较大的桁材(由腹板与面板组成的大型组合件)数目少而间距大,如 T 型材、折边板、工字钢(I-bar)、T 型钢(T-bar)及槽钢(Channel Bar)等。

不同种类和航区的船舶在船体结构的设计和建造方面均应做到:

(1)具有足够的强度(Strength)、刚度(Rigidity)和稳定性(Stability),保持可靠的水密性,并能满足营运上的要求。

(2)构件本身应具有良好的连续性,避免产生应力集中(Stress Concentration),同时应能保证安装在其上的机械设备具有良好的工作性能。

(3)应有合理的施工工艺,以提高劳动生产率,减轻劳动强度,缩短船台(Building Berth)建造周期,降低成本。

(4)充分考虑整个船体的美观和今后维修、保养的方便性。

一、船体构件名称

构件是板与骨架的统称,即船体结构中每一个加工单元(如一块钢板、一根角钢)。若从相互之间的支撑作用来划分,则构件可分为主要构件(Primary Members)和次要构件(Secondary Members);若从所承担的不同强度作用来划分,则构件可分为纵向构件(Longitudinal Member)和横向构件(Transverse Member)。

1. 主要构件

船体的主要支撑构件称为主要构件,即支持多根小骨架并(或)支持其他大型骨架的构件,如强肋骨、舷侧纵桁、强横梁、甲板纵桁、实肋板、船底桁材、舱壁桁材等。

2. 次要构件

次要构件一般系指板的扶强构件,即支持板载荷的小型骨架,如肋骨、纵骨、横梁、舱壁扶强材、组合肋板的骨材等。

3. 纵向构件

纵向构件系指这类构件参与总纵弯曲,即承担着总纵弯曲强度的构件,如甲板板、甲板纵桁、甲板纵骨、船底纵桁、船底纵骨、内底板、纵向舱壁、船体外板等。在结构上这些构件必须符合:(1)布置在船中部 $0.4L$ 船长区域内;(2)纵向是连续的;(3)构件的横向接缝是牢固的。在船中部 $0.4L$ 船长区域内的纵向构件,特别是位于甲板舷边和舱口角隅等部件不允许存在有任何的裂纹。

4. 横向构件

横向构件系指能承担船体横向强度的构件,如横舱壁、横梁、强横梁、肋板、横梁肘板、舭肘板等。

二、船体结构的形式

根据船体板架中构件排列形式的不同,可将船体结构分为横骨架式、纵骨架式和

纵横混合骨架式三种。同一主船体的各个组成部分可以是横骨架式或纵骨架式结构,整个主船体也可以是横骨架式或纵骨架式结构,但纵横混合骨架式结构仅是针对同一主船体而言的,离开此前提条件是不成立的。

1. 横骨架式船体结构

横骨架式船体结构(Transverse Framing System)系指主船体中的横向构件排列间距小、尺寸小,纵向构件排列间距大、尺寸大,如图 2-2 所示。

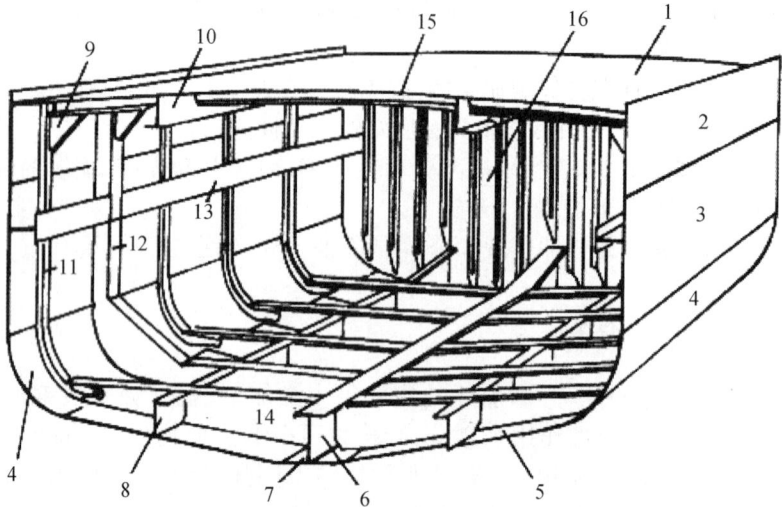

图 2-2　横骨架式船体结构

1—甲板板;2—舷顶列板;3—舷侧板;4—舭列板;5—船底板;6—中内龙骨;7—平板龙骨;8—旁内龙骨;9—梁肘板;10—甲板纵桁;11—肋骨;12—强肋骨;13—舷侧纵桁;14—肋板;15—横梁;16—横舱壁板

其优点是结构简单,多数骨材横向布置,横向强度和局部强度好,施工比较方便,建造成本低;因横向构件数目多,肋骨和横梁尺寸较小,故占据舱内空间较小,舱容的利用率高且便于装卸。其缺点是由于纵向构件数目少,在同样受力情况下,船体总纵强度主要靠增加外板、甲板板的厚度来保证,从而增加了船舶的自重。对总纵强度要求不高的一些中小型船舶和内河船多采用这种结构。

2. 纵骨架式船体结构

纵骨架式船体结构(Longitudinal Framing System)系指主船体中的纵向构件排列间距小、尺寸小,横向构件排列间距大、尺寸大,如图 2-3 所示。

其优点是多数骨材纵向布置,骨材参与船梁抵抗纵向弯曲的有效面积,提高了船梁的纵向抗弯能力,增加了船体的总纵强度。此外,由于纵向骨材布置较密,可以提高板对总纵弯曲压缩力作用时的稳定性,因而相应地,船壳板和甲板板可以选用较薄的板材,使船舶自重减轻。其缺点是小尺寸纵向构件数目多,焊接工作量大,施工比较麻烦,这也使船舶造价相对于同规模其他骨架形式的船舶较高。船体结构的横向强度主要靠少数横向构件来保证,因而尺寸很大,占据舱内空间较多,装卸也不便。这种形式的船体结构通常在大型油船和矿砂船上采用。

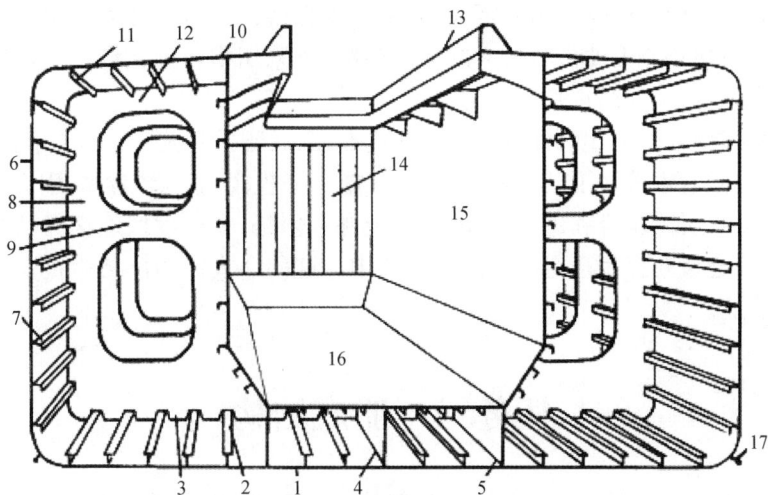

图 2-3　纵骨架式船体结构

1—船底板；2—船底纵骨；3—肋板；4—中桁材；5—旁桁材；6—舷顶列板；7—舷侧纵骨；8—强肋骨；9—撑材；10—甲板；11—甲板纵骨；12—强横梁；13—舱口围板；14—横舱壁；15—纵舱壁；16—内底板；17—舭龙骨

3. 纵横混合骨架式船体结构

纵横混合骨架式船体结构（Combined Framing System）系指主船体中的一部分结构采用纵骨架式，另一部分结构则采用横骨架式，如图 2-4 所示。通常船中部位的强

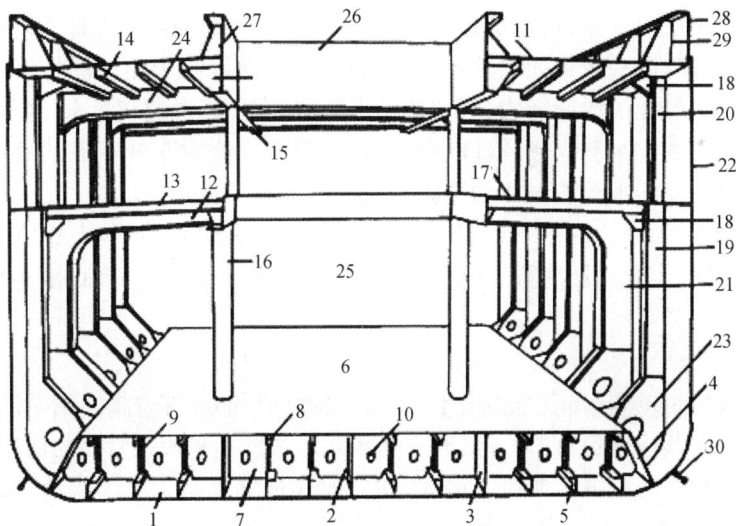

图 2-4　纵横混合骨架式船体结构

1—船底板；2—中桁材；3—旁桁材；4—内底边板；5—船底纵骨；6—内底板；7—实肋板；8—内底纵骨；9—加强筋；10—人孔；11—上甲板；12—舱口端梁；13—横梁；14—甲板纵骨；15—甲板纵桁；16—支柱；17—二层甲板；18—梁肘板；19—船舱肋骨；20—甲板间肋骨；21—强肋骨；22—舷侧列板；23—舭肘板；24—舱口端横梁；25—横舱壁；26—舱口围板；27—防倾肘板；28—舷墙板；29—舷墙扶强材；30—舭龙骨

力甲板和船底结构因所受总纵弯矩大,故采用纵骨架,下甲板、舷侧受总纵弯矩较小及建造施工不便和波浪冲击力较大的艏、艉部位则采用横骨架式结构。从船体各部位受力特点来看,这种结构是合理的。

该骨架式综合了上述两种骨架形式的优点,既保证了总纵强度的要求,又有较好的横向强度;同时也减轻了结构重量,简化了施工工艺,建造也较容易;因为舱内突出的大型构件少,所以舱容利用率较高、方便装卸。但是,在纵横构件交界处结构的连续性不太好,连接处容易产生较大的应力集中。这种形式的船体结构主要应用于大中型干散货船。

任务二　船底结构

船底结构(Bottom Construction)位于船体的最下部,承受总纵弯曲拉压应力、船底部水压力、液舱内水压力、机械设备和货物的负载及船舶进坞时龙骨墩的反力等局部横向载荷,以及搁浅或航行于浅水航道时船底可能与河床摩擦等偶然载荷。它是保证船体总纵强度、横向强度和船底局部强度的重要结构。船底结构主要有双层底结构和单层底结构两种,按其骨架形式可分为横骨架式和纵骨架式。

一、双层底结构

双层底系指船底、内底两者之间结构的总称,或船底、内底间的空间。它除了船底板外,还有一层内底板,可以加强船体的总纵强度、横向强度和船底的局部强度;万一船底外板破损,内底板仍能阻止海水进入舱内,从而提高了船舶的抗沉性;对液货船,它还提高了船体抗泄漏能力;可用作油水舱装载燃油、滑油和淡水,也作为压载水舱,以调整船舶的吃水和纵倾、横倾、稳性,进而提高空载时车叶和舵的效率,改善船舶的航海性能;还能承受舱内货物和机器设备的负载。

双层底按骨架结构的不同,分为横骨架式(见图 2-5)和纵骨架式(见图 2-6)两种。双层底结构主要由船底板、肋板、舭肘板、桁材、纵骨、内底板及内底边板等组成。

(一)船底板

船底板(Bottom Plating)系指由平板龙骨至舭列板的底部外板。由于船底板各部受力不同,因此其板厚也有所不同,其中平板龙骨最厚。平板龙骨是船底中线处的一列纵向外板,承受的总纵弯曲应力最大,并在船底最低处易于积水腐蚀。规范规定,其厚度不得小于船底板厚度加 2 mm,且均应不小于相邻船底板的厚度,其宽度在整个船长范围内应保持不变,但其宽度不必大于 1 800 mm。船中部由于受总纵弯矩大,因此规范规定在船中部 $0.4L$ 区域内的船底板厚度不得小于端部船底板厚度,并使船中部 $0.4L$ 区域以外的船底板厚度逐渐向端部船底板厚度过渡。

图 2-5　横骨架式双层底结构

1—内底板;2—旁桁材;3—实肋板;4—加强筋;5—肘板;6—组合肋板;7—扶强材;
8—船底横骨;9—中桁材;10—流水孔;11—内底边板;12—透气孔;13—减轻孔;
14—切口;15—内底横骨;16—人孔

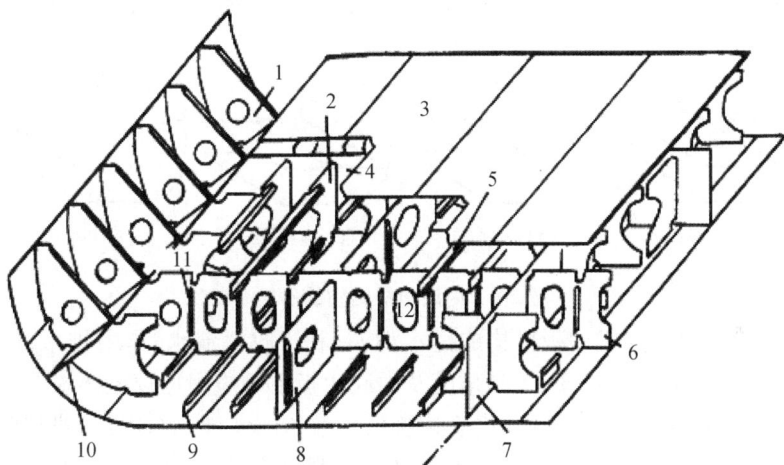

图 2-6　纵骨架式双层底结构

1—舭肘板;2—肘板;3—内底板;4—水密肋板;5—内底纵骨;6—实肋板;7—中桁材;
8—旁桁材;9—船底纵骨;10—内底边板;11—加强筋;12—人孔

(二)内底板

内底板(Inner Bottom Plating)是双层底的水密顶板,与船体外板相交的内底边缘列板称为内底边板(Margin Plate)。钢板的长边沿船长方向布置。为了便于人员进入双层进行施工、清舱和检修,并从有利于通风的角度出发,在每一个双层底舱的内底板上至少开设两个呈对角线布置的椭圆形或圆形人孔,其上配有水密的人孔盖,封盖时应对角来回逐渐拧紧螺母,如图 2-7 所示。

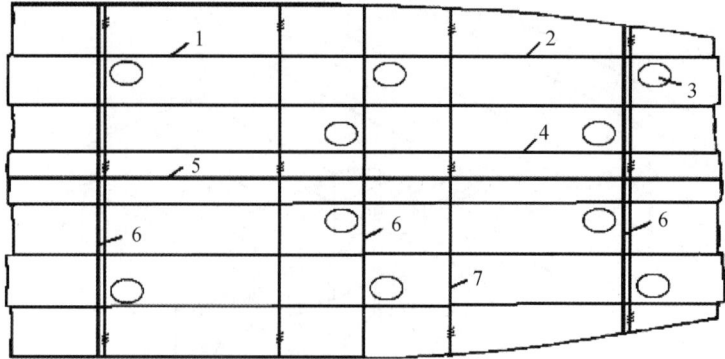

图 2-7　内底板的布置

1—边接缝;2—内底边板;3—人孔;4—内底板;5—中桁材;6—水密肋板;7—端接缝

　　内底板的厚度分布特点与船底板相似,但中内底板因与中桁材相接,受力较大,故其稍厚。内底边板受力较复杂,且易积水、腐蚀,故比内底板厚些。还应考虑到锈蚀和磨损裕度,如货舱舱口下未铺设木铺板,则应将舱口下内底板至少增厚 2 mm;如采用抓斗或其他类似机械卸货而又未铺设木铺板,则内底板至少应增厚 5 mm。

　　内底边板结构有下倾式、上倾式、水平式和折曲式四种,如图 2-8 所示。

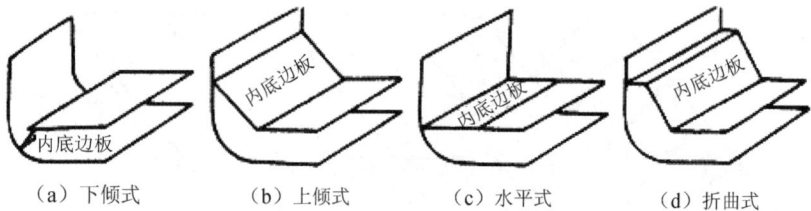

（a）下倾式　　　　（b）上倾式　　　　（c）水平式　　　　（d）折曲式

图 2-8　内底边板结构的形式

　　下倾式内底边板与舭列板可构成污水沟,有利于收集流水,集中排水,但不利于装货且易腐蚀,破损高度较低,下倾角度及内底边板下缘应根据规范要求有一定的高度,普通干货船较多采用。上倾式内底边板便于散货的装卸,故散装货船与矿砂船较多采用。水平式内底边板施工方便,舱内平坦且强度高,有利安全,但是容易在内底板上积聚污水,一般客船、集装箱船、油船的油舱区域、一些干货船的货舱区域及其他船舶近艏艉区域较多采用。折曲式内底边板则因能与舭部外板形成一个有效的双层空间,故可提高船舶的抗沉性,主要用于经常航行在复杂水域的船舶,安全性好,但多占货舱容积,结构复杂,施工不便。除下倾式内底边板外,其他三种均只能在舭部设置用以聚集和排出舱底水的污水井。

（三）纵向构件

1. 中桁材

　　中桁材(Center Girder)又称中底桁,是双层底中线处的纵向桁材,由一系列垂直的钢板和其加强筋组成。它与平板龙骨、中内底板组成工字形纵向强力构件,俗称龙骨(Keel)。

规范规定,在船中 0.75L 区域内须保持水密,不得有任何开孔,其他区域(舱壁前后 1 个肋距内除外)上可以开孔,但开孔的高度应不大于该处中桁材高度的 40%。中桁材应尽量向艏、艉柱延伸,且与之牢固连接,并规定其厚度在船端 0.075L 区域内可比船中部 0.4L 区域内少 2 mm,炉舱内应较船中部 0.4L 区域内厚 2.5 mm。

中桁材上设纵向加强筋,以提高中底桁在总纵弯曲时抗失稳的能力。在纵骨架式双层底结构中,两肋板之间的中底桁的跨距较大,在其两侧应设置一对肘板来加强它的刚性,肘板的高度与中底相同,宽度延伸到相邻的第一根纵骨上,并与之焊接,水密的中底桁在肘板与肋板之间还应设置垂直的加强筋。

2. 旁桁材

双层中,除中桁材以外的其他由船底直达内底的纵向桁材,称为旁底桁(Side Girder)或旁龙骨。其上开有人孔、减轻孔、透气孔和流水孔,一般在实肋板处间断。椭圆形人孔的长轴是垂直布置的,开孔面积不小于 320 mm × 450 mm,应使人体能通过,人孔或减轻孔的高度不超过旁桁材高度的 50%,人孔间设置有加强筋。其厚度可比中桁材厚度少 3 mm,水密旁桁材应较旁桁材厚 2 mm,但均应不小于相应的肋板厚度。

旁桁材的数量根据船宽而定,对于横骨架式双层底,当船宽大于 10 m 时,中桁材两侧至少各设 1 道旁桁材;当船宽大于 18 m 时,中桁材两侧至少各设 2 道旁桁材,桁材的间距一般不大于 4 m,距艏垂线 0.2L 以前区域,旁桁材间距应不大于 3 个肋距。对于纵骨架式双层底,当船宽大于 12 m 但不大于 20 m 时,中桁材两侧至少各设 1 道旁桁材;当船宽大于 20 m 时,中桁材两侧至少各设 2 道旁桁材,桁材的间距一般不大于 5 m,但距艏垂线 0.2L 以前区域,旁桁材设置间距应不大于 4 个纵骨间距。

3. 箱形中桁材

箱形中桁材系指由与船底中线平行的两道水密底纵桁与中内底板、平板龙骨组成的箱形结构,又称箱形中底桁(Duck Keel)或箱形龙骨,如图 2-9 所示。在机舱舱壁与防撞舱壁之间双层底内构成一条狭长的水密通道,在起到中桁材所起作用的同时,还能用于集中布置各种管路和电气线路,以便于维护和维修这些设备,避免管路穿过货舱而妨碍装卸货,又称管隧。

水密纵桁的厚度应与水密肋板相同,为了在进坞时布置墩木,两水密纵桁的间距一般应不大于 2 m,故要占去一部分双层底舱容。箱形中桁材内不设肋板,在每个肋位上应设置船底骨材和内底骨材,并在内外底板上设置间断的纵骨。水密纵桁外侧每一肋位(指无肋板处)应设置与实肋板等厚的肘板,并与船底和内底纵骨连接。

箱形中桁材在机舱前端壁设有水密的人孔,便于人员进入检查,此外,还应设有通向露天甲板的应急出口,其出口的关闭装置能两面操纵,围壁结构与水密舱壁要求相同。

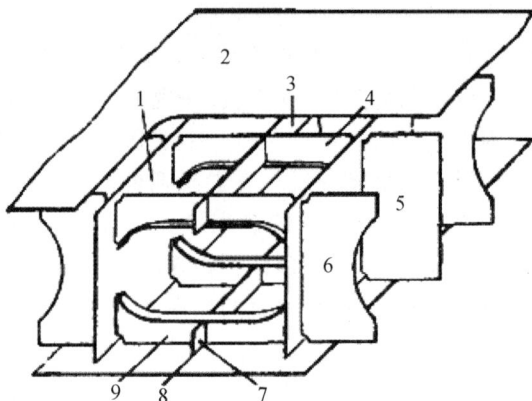

图 2-9　箱形中桁材

1—水密纵桁;2—内底板;3—内底纵骨;4—内底横骨;5—主肋板;6—肘板;
7—船底纵骨;8—船底中心线;9—船底横骨

4.纵骨

纵骨(Longitudinal)是仅在纵骨架式结构中设置的纵向构件,一般由尺寸较小的不等边角钢(Angle Bar)或球扁钢(Bulb Plate)制成,大型船舶也有用 T 型钢制成的。船底板上面的纵骨叫船底纵骨(Bottom Longitudinal),内底板下面的纵骨叫内底纵骨(Inner Bottom Longitudinal),内底纵骨的剖面模数为船底纵骨剖面模数的 85%,且船底纵骨的最大间距应不大于 1 m。它们上下对应设置,是保证船体总纵强度的重要构件。习惯上将纵骨型材的凸缘朝向中线面,但是邻近中底桁的那根纵骨应背向中线面,以便安装中底桁两侧的肘板。

为了保证纵向连续性,通常在实肋板上开切口让纵骨穿过。切口的大小和形状与所用的骨材有关,开口的尺寸在有关标准中有具体的规定。当船长超过 200 m 或底纵骨采用了高强度钢时,船底纵骨应穿过水密肋板,也可以用相应的结构替代。

(四)横向构件

位于船底肋位上并连接内底板和船底板的横向构件称为肋板(Floor),用以支撑纵骨,支持船底板和内底板,同时与舷侧及甲板横向构件组成坚固的横向框架,是保证船体横向强度和船底局部强度的重要构件。肋板按结构与用途的不同分为以下几类。

1.实肋板

实肋板(Solid Floor)是船底横向竖立板材,又称主肋板,间断于中底桁并焊接在其上,其结构如图 2-10 所示。为了减轻结构重量、便于人员进出及舱室之间空气和油水的流动,其上开有减轻孔、气孔和流水孔,有些减轻孔专门设计成便于人员通过的人孔,人孔的高度应不大于该处双层底高度的 50%,且其位置在船长方向上应尽量按直线排列,方便人员出入。在两个人孔之间设置垂直加强筋,以保证实肋板的刚性。加强筋由扁钢制成,为便于装配将其端部削斜。

对横骨架式双层底结构而言,在货舱区域至少每隔 4 个肋距设置实肋板,且间距不大于3.2 m,机舱、锅炉座下、推力轴承座下应在每个肋位上设置实肋板,横舱壁及支柱下应设置实肋板,距艏垂线0.2L以前区域应在每个肋位上设置实肋板。

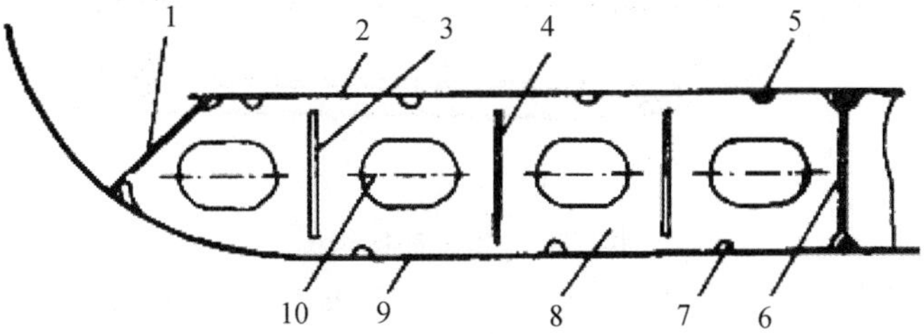

图2-10　实肋板结构

1—内底边板;2—内底板;3—加强筋;4—旁桁材;5—透气孔;6—中桁材;7—流水孔;

8—实肋板;9—船底板;10—减轻孔(人孔)

对纵骨架式双层底结构而言,应在机舱区域至少每隔1个肋位上设置实肋板,主机座、锅炉座、推力轴承座下的每个肋位处均应设置实肋板。横舱壁下和支柱下应设置实肋板,距艏垂线0.2L以前区域应在每隔1个肋位上设置实肋板,其余区域实肋板间距应不大于3.6 m。

2. 水密肋板

水密肋板(Watertight Floor)系指能在规定水压力下,保持不渗水的横向竖立板材,其结构如图2-11所示。它与水密底纵桁一起将双层底舱分隔成若干互不相通的舱室,一般在水密横舱壁下均设有水密肋板。它可能会受单面局部液体压力,其厚度比实肋板厚度增加1~2 mm,但一般不必大于15 mm。水密肋板的高度大于0.9 m而不超过2 m时,应设置间距不大于900 mm的垂直加强筋,加强筋两端应削斜。

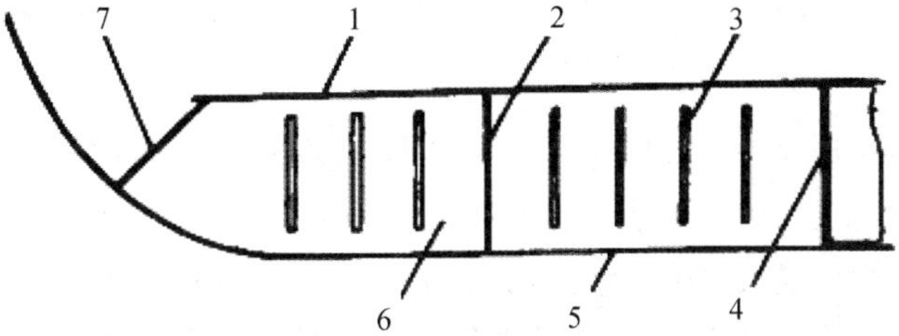

图2-11　水密肋板结构

1—内底板;2—旁桁材;3—加强筋;4—中桁材;5—船底板;6—水密肋板;7—内底边板

3. 组合肋板

组合肋板(Bracket Floor)系指由内底横骨、船底横骨和肘板等组成的船底横向组合桁架,又称框架肋板,其结构如图2-12所示。船底横骨是组合肋板下缘与外板连接的横向骨架,内底横骨是组合肋板上缘与内底板连接的横向骨架,一般用不等边角钢制成,并用肘板与中桁材及内底边板连接。在旁桁材的一侧设置与内底横骨尺寸相同的扶强材,它同时起着内外底骨的支撑作用。内底横骨剖面尺寸略小于船底横骨剖面尺寸,多见于横骨架式双层底不设置实肋板的肋位上,可以节省钢材,但由于其装配、加工、焊接、校正变形等工作量相比实肋板大大增加,为了简化工艺,目前已较少采用。

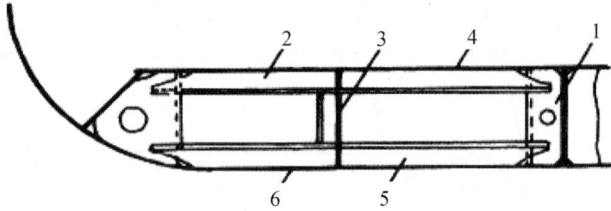

图 2-12　组合肋板结构

1—肘板;2—内底横骨;3—旁桁材;4—内底板;5—船底横骨;6—船底板

4.轻型肋板

轻型肋板(Lightened Floor)系指厚度和高度都与实肋板相同,但具有较大开孔的肋板,其结构如图 2-13 所示。横骨架式双层底在不设置实肋板的肋位上,可用轻型肋板代替组合肋板。该肋板腹板厚度应不小于所在区域实肋板厚度,但允许有较大的减轻孔,减轻孔的长度和高度分别可达 1.2 倍和 0.6 倍中桁材的高度。与组合肋板相比,轻型肋板施工方便。

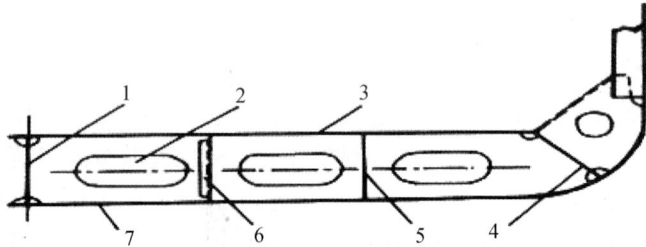

图 2-13　轻型肋板结构

1—中桁材;2—减轻孔;3—内底板;4—内底边板;5—旁桁材;6—加强筋;7—船底板

5.舭肘板

舭肘板(Bilge Bracket)系指连接各种肋板与各种肋骨的舭部大肘板(肘板是主要用于连接骨架的,近似三角形或其他性质的板),俗称污水沟三角板,应在每个肋位上设置。其宽度与高度相同,厚度与实肋板相同。其上有面板或折边(面板或折边的宽度一般为其厚度的 10 倍)以增强其刚度。其上开有圆形的减轻孔和污水孔,但孔缘任何地方的板宽均不小于舭肘板宽度的 1/3。舭肘板可保证舭部的局部强度和船体的横向强度。

二、单层底结构

单层底结构(Single Bottom Construction)是没有内底的单层船底。其结构简单,施工方便,但抗沉性和防泄漏能力差。单层底按骨架形式又可分为横骨架式(见图2-14)与纵骨架式(见图 2-15)两种。

横骨架式单层底结构用于拖船、渔船、老式油船及内河船等小型船舶上。纵骨架式单层底结构常见于小型船舶及大中型船舶双层底区域以外的底部结构。

单层底结构主要由船底板、中内龙骨(Center Keelson)、旁内龙骨(Side Keelson)、船底纵骨和肋板等组成。中内龙骨是单层底中线处的纵向桁材。旁内龙骨是单层底结构中除中内龙骨以外的其他纵向桁材。

图 2-14　横骨架式单层底结构

1—舭列板；2—舭肘板；3—肋骨；4—折板；5—面板；6—焊缝；7—流水孔；8—中内龙骨；
9—平板龙骨；10—焊缝切口；11—旁内龙骨

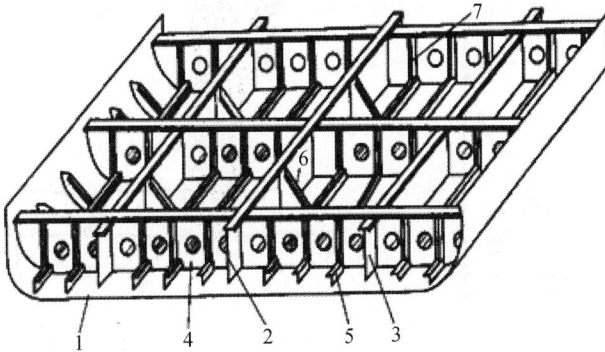

图 2-15　纵骨架式单层底结构

1—船底板；2—中内龙骨；3—旁内龙骨；4—肋板；5—船底纵骨；6—肘板；7—加强筋

三、舭龙骨和船底塞

1. 舭龙骨

舭龙骨是装设在船中舭部外侧，近似垂直于舭列板的条状减摇构件，长度为 1/4 ~ 1/3 船长，宽度一般在 200 ~ 1 200 mm。它用来减轻船舶横摇（能增大横摇阻力，减小摆幅 20% ~ 25%，特别是当船在波中谐摇时能有效地减摇），故又称减摇龙骨。

在横剖面方向，舭龙骨近似垂直于舭列板，其外缘不能超过船底型线和舷侧型线所围成的区域，如图 2-16 所示，以免靠离码头时碰损。舭龙骨不参与船体总纵弯曲，仅承受船舶横摇时的水动压力。为避免因各种原因造成舭龙骨损坏时引起舭部外板受损，一般将舭龙骨连接在一根连续的扁钢上，此扁钢焊接在舭列板上，舭龙骨上的端接缝、扁钢上的端接缝与外板上的端接缝都应相互错开。舭龙骨和扁钢不能突然中断,应逐渐减小,且在端点处的船体内应设有适当的内部支持。舭龙骨的结构主要有两种:一种为连续式,优点是结构简单,其上往往开有减轻孔,适用于航速不是很高的船舶;另一种为间断式,优点是对船舶的航行阻力较小,而对外侧的横摇阻力较大。对于冰区加强型船舶,一般将舭龙骨设计成分段的非连续构件,其目的是避免造成连续损坏。

除舭龙骨外,减摇鳍、减摇水舱也能起减摇作用,但由于它们结构的最大共同缺点是需要设置专门的自动控制系统且价格高,减摇水舱尚要使船舶明显损失一部分载货能力。因此,减摇鳍和减摇水舱除豪华邮轮(或游艇)采用外,普通货船几乎不用。

2. 船底塞

为了便于在坞修时排出舱内积水,一般在双层底舱,艏、艉尖舱及其他紧靠船底的每个水舱内至少设置有一个船底塞(Docking Plug),如图 2-17 所示。通常它设置在每一水舱后部的水密肋板前一挡肋距处,且在平板龙骨的两侧,并离开舱壁一段距离,以免进坞时被坞墩堵塞而无法拆装。由于船底塞开孔不大,故一般在外板上不予加强。船底塞一般用黄铜或不锈钢制成,其外圈为一环形锻造钢底座板,直接与外底焊接,内圈有螺纹,配以锰铜钢制成的柱塞。为了防止海水腐蚀及脱落,在拆装完成后出坞前,应在船底塞外面用水泥涂封成一个半球形的水泥包。

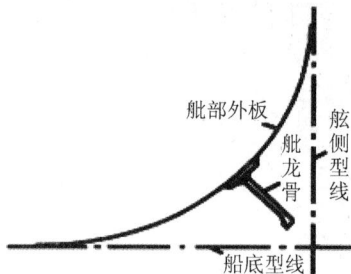

图 2-16　舭龙骨

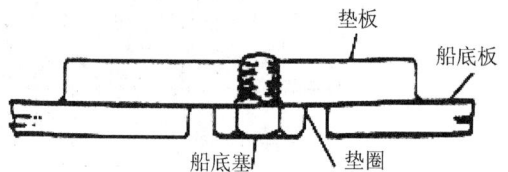

图 2-17　船底塞

任务三　舷侧结构

舷侧结构(Side Shell Construction)系指连接船底和甲板的侧壁部分,它要承受水压力、波浪冲击力、碰撞力、冰块的冲击和挤压力、甲板负荷、舱内负荷、总纵弯曲应力和剪切应力等外力的作用,是保证船体的纵向强度、横向强度,保持船体几何形状和侧壁水密的重要结构。

只有一层舷侧外板称为单层舷侧,适用于一般船舶。单层舷侧结构按骨架排列形式的不同有横骨架式[见图 2-18(a)]和纵骨架式[见图 2-18(b)]两种。横骨架式单层舷侧结构制造方便,横向强度高,适用于内河船和一般货船。纵骨架式单层舷侧结构的优点是骨架形式与船底和甲板一致,有利于保证船体总纵强度和外板的稳定性,还可以使外板的厚度减小,从而减小结构质量,适用于军舰、老式油船和一些矿砂船。除了单层舷侧外板,还有一层内壳板的称为双层壳舷侧,这种形式用于甲板开口大的船舶(如集装箱船)及现代大型油船上。双层舷侧结构按骨架排列形式不同有横骨架式和纵骨架式两种。横骨架式双层舷侧结构由舷侧外板、纵舱壁(内壳板)、横隔板和平台组成,其中顶边舱部分是纵骨架式,每隔3～6个肋位设一道横向桁板(或称横框架)加强。纵骨架式双层舷侧结构由舷侧外板、纵舱壁(内壳板)、横隔板、平台和纵骨组成,纵骨分为舷侧纵骨和内壳板纵骨。

(a) 横骨架式 (b) 纵骨架式

图 2-18 单层舷侧结构

(a)1—上甲板;2—下甲板;3—横舱壁;4—强肋骨;5—普通肋骨;6—舷侧纵桁;7—舷侧外板
(b)1—甲板;2—舷侧纵骨;3—舷侧纵桁;4—舷侧外板;5—强肋骨;6—横舱壁

一、主要构件

舷侧结构主要由肋骨、强肋骨、舷侧纵桁、舷侧纵骨、舷边等组成。

(一)舷侧外板

舷侧外板(Side Plating)是舭列板以上的外板。舷侧外板在船中部较厚,向两端渐薄,靠近舭列板附近的要比上面的厚一些,同时在靠近艏艉局部受力大的部位和艉轴附近的包板等加厚,对航行于冰区的船舶应根据规范的规定对它进行加厚。

与强力甲板边板连接的一列舷侧外板称为舷顶列板,它是受总纵弯矩最大的一列板,规范规定其宽度不得小于 $0.1D$,且规定在船中部 $0.4L$ 区域内,其板厚在任何情况下不得小于强力甲板边板厚度的 0.8 倍,也不得小于相邻舷侧列板的厚度。

(二)横向构件

从肋板、舭肘板向上延伸的横向构件统称为肋骨,如图 2-19 所示。它用于支承舷侧外板,保证舷侧的强度和刚性,与梁肘板和横梁组成船体的横向框架可以保证船体的横向强度,防止船舶在摇摆和横倾时产生横向变形。横向构件按其所在位置和尺寸大小可以分为以下几类。

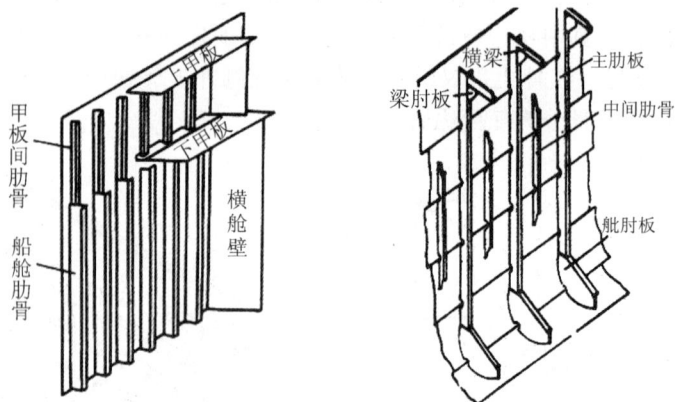

图 2-19　肋骨

1. 主肋骨

主肋骨(Main Frame)系指位于防撞舱壁与艉尖舱舱壁之间,在最下层甲板以下船舱内的截面尺寸相同,数量最多的肋骨,又称船舱肋骨。它通常由不等边角钢或球缘扁钢制成,大型船舶的主肋骨也有采用焊接 T 型材的。肋骨型钢腹板垂直于中线面,型钢凸缘一般都朝向船中横剖面。

2. 甲板间肋骨

甲板间肋骨(Tweendeck Frame)系指甲板与甲板之间,或甲板与平台之间的肋骨,又称间舱肋骨,通常由不等边角钢制成。由于舷侧上部水压力比下部小且跨距较小,所以其剖面尺寸也比主肋骨小。

3. 中间肋骨

中间肋骨(Intermediate Frame)系指为局部加强而设在肋距中点位置的肋骨。对某些需要进行局部加强(如冰区加强)的船舶,在位于水线附近每一肋距中间增设短肋骨,增强舷侧外板,以抵抗浮冰的撞击和冰块的挤压。

4. 尖舱肋骨

尖舱肋骨(Peak Frame)系指艏、艉尖舱中的肋骨。

5. 强肋骨

强肋骨(Web Frame)又称宽板肋骨,用于局部加强或支持舷侧纵骨的加大尺寸的肋骨,通常由尺寸较大的 T 型组合材或折边钢板制成。

在横骨架式舷侧结构中,一般每隔不大于 4 个肋位设一强肋骨,通常与甲板的强横梁及底部的主肋板组成高腹板的横向框架,起着支持舷侧纵桁、承受由舷侧纵桁传递的集中载荷的作用,保证局部强度,如机舱、货舱的舱口端梁处等。

在纵骨架式舷侧结构中,强肋骨是唯一的横向构件,结构与横骨架式的强肋骨基本相同,用组合 T 型材制成,支持舷侧纵骨的同时,还起着保证船体横向强度的作用。

在修造船时,为便于指示肋骨位置及在海损事故后准确地报告船体受损部位,必须对肋骨进行编号。习惯上以舵杆中心线为 0 号(无论有无舵柱),向艏依次为 1,2,3,…,n,向艉依次为 -1,-2,-3,…,$-n$;少数有舵柱的船舶以舵柱后缘为 0 号,向艏排列取正号,向艉排列取负号。相邻两肋骨型线平面之间的距离称为肋距。规范规定,肋骨的最大间距不大于 1 m;艏、艉尖舱内不大于 600 mm;防撞舱壁距艏垂线 0.2L 区域内不大于 700 mm;艉尖舱舱壁距艉垂线 0.15L 区域内不大于 850 mm。

(三)纵向构件

1. 舷侧纵桁

舷侧纵桁(Side Stringer)是与肋骨相交并连接的舷侧外板上的纵向桁材,如图 2-20 所示。在横骨架式舷侧结构中,它是沿船长方向设置的唯一的纵向构件,通常由 T 型组合材或折边板制成,其腹板宽度大于主肋骨宽度,腹板高度与强肋骨腹板高度相同。舷侧纵桁用来支承主肋骨,增加船舶总纵强度和舷部刚性,并将一部分载荷传递给强肋骨及横舱壁。在舷侧纵桁与强肋骨的连接处,舷侧纵桁间断以保证强肋骨连续,但应使舷侧纵桁的面板或折边具有足够的连续性;舷侧纵桁遇到主肋骨时,舷侧纵桁腹板上开切口让主肋骨穿过。

2. 舷侧纵骨

舷侧纵骨(Side Longitudinal)是舷侧外板上的纵骨,如图 2-21 所示。它是纵骨架式舷侧结构中的纵向连续构件,由尺寸较小的不等边角钢、小尺寸 T 型钢或球扁钢制成,用来支持外板并承受侧水压力,以保证总纵强度和外板的稳定性。在遇到强肋骨时穿过强肋骨的腹板保持连续,但在水密横舱壁处截断,其间距一般为 600 ~ 900 mm,最大不超过 1 000 mm。

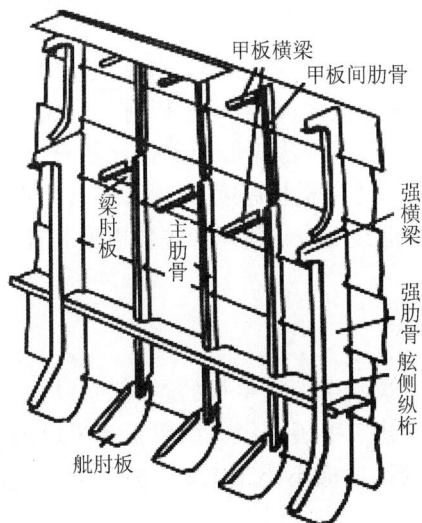

图 2-20　舷侧纵桁与肋骨的连接

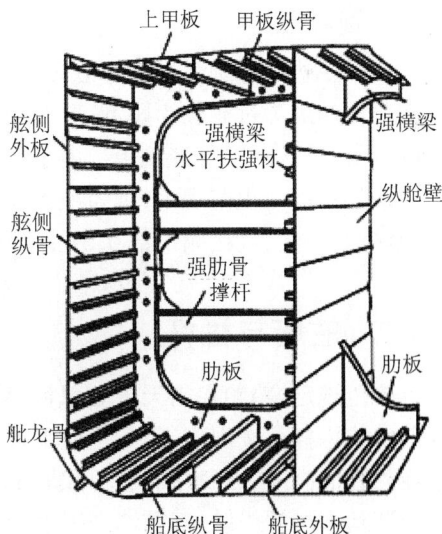

图 2-21　舷侧纵骨

（四）舷边

舷边（Gunwale）系指甲板边板与舷顶列板的连接部位。它处于高应力区域，受力大，其连接强度对于船体承受总纵弯曲的能力具有重要作用，因此有其特殊的连接方法。根据外观的不同，目前常用的舷边形式有直角舷边、圆弧舷边连接两种，如图2-22所示。

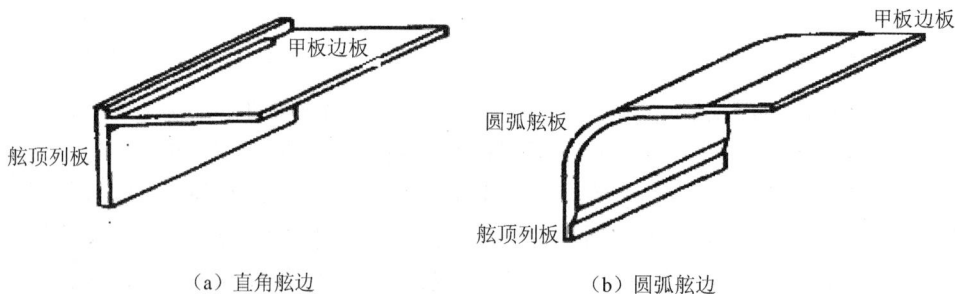

（a）直角舷边　　　　　　　　　　（b）圆弧舷边

图2-22　舷边形式

1. 直角舷边

直角舷边将舷顶列板和甲板边板直接连接起来，其特点是建造方便，但舷边应力较大，易产生裂缝，目前多用于中小型船舶和一些有加强措施的船舶，如集装箱船（双层船壳）、散货船（顶边水舱）等。当舷顶列板与甲板边板直接焊接时，舷顶列板上缘应平整，必须保证焊接质量。在船中及上层建筑端部，高出甲板边板的舷顶列板上不准许开流水孔。

2. 圆弧舷边

圆弧舷边通过圆弧舷板使舷顶列板和甲板边板连成一个整体。其优点是能使甲板和舷侧的应力过渡较为顺利、分布均匀，结构刚性较大；缺点是甲板有效利用面积减少，甲板排水易弄脏舷侧板。由于线型变化问题，该方法对船中部位比较合适，如大型油船中部。规范规定，圆弧舷板厚度至少应等于甲板板厚度，其圆弧半径不得小于板厚的15倍，且在船中部0.5L区域内的圆弧舷板上应尽量避免焊接甲板装置。

二、舷墙与栏杆

规范规定，船舶在露天干舷甲板以及上层建筑和甲板室甲板的露天部分均应设置舷墙或栏杆。按规定，露天干舷甲板以及上层建筑甲板和第一层甲板室甲板的舷墙或栏杆的高度除经特别同意可适当降低外，其高度应不小于1 m。但对甲板上设计成装运木材的船舶，其舷墙高度至少应为1 m。

1. 舷墙

舷墙（Bulwark）是安装在露天甲板舷边的纵向垂直板材。其作用是保障人员安全，减少甲板上浪，防止甲板物品滚落海中。它主要由舷墙板、支撑肘板和扶手等组成，如图2-23所示。

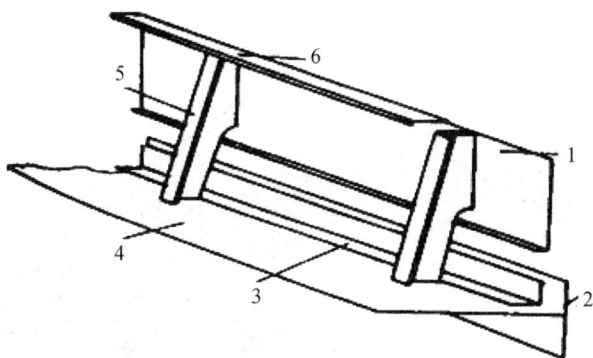

图 2-23　舷墙的结构

1—舷墙板;2—舷顶列板;3—舷边角钢;4—甲板边板;5—支撑肘板;6—扶手

舷墙不参与总纵弯曲,除艏艉端外,舷墙板一般不和舷顶列板焊接,而是由带有折边或面板的扶强肘板支撑在甲板边板上,其下端与舷顶列板上端间留有一定空隙以利于排水,上端用扁钢或型钢做成扶手。对船长等于或大于 65 m 的船舶,干舷甲板上的舷墙板厚度应不小于 6 mm。船舶管理人员要注意舷墙面板、腹板有无变形、锈穿,舷墙支柱的焊趾处、角撑板有无裂纹、边缘的刀状锈蚀等。

2. 栏杆

油船干舷低,上甲板易上浪,常在干舷较低的货油舱区域采用栏杆代替舷墙。其作用是保障人员安全,防止甲板上的物品滚落海中。规范规定,栏杆的最低一根横杆距甲板应不超过 230 mm,其他横杆的间距应不超过 380 mm。对于圆弧舷边,栏杆支座应设置在甲板的平坦部位。

任务四　甲板结构

甲板结构(Deck Construction)须承受总纵弯曲应力,货物的负载和波浪的冲击力等外力的作用,是保证船体总纵强度、横向强度,保持船体几何形状及保证船体上部水密的重要结构。

甲板大部分是单层板架结构,按骨架结构的不同,可分成横骨架式(见图 2-24)和纵骨架式(见图 2-25)两种。横骨架式甲板结构的横向强度高,制造方便,适用于小型船舶、内河船舶的甲板和大中型船舶的下甲板、平台甲板、上甲板的艏艉端等。纵骨架式甲板结构的纵向强度高,但装配施工比较麻烦,适用于总纵强度要求较高的大中型船舶的上甲板。

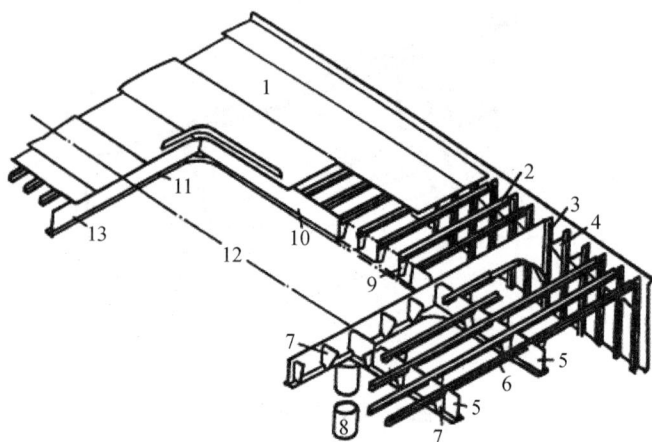

图 2-24　横骨架式甲板结构（下甲板）

1—下甲板；2—半梁；3—主肋骨；4—梁肘板；5—甲板纵桁；6—横梁；7—防倾肘板；8—支柱；9—肘板；10—舱口纵桁；11—圆钢；12—甲板纵中线；13—舱口端梁

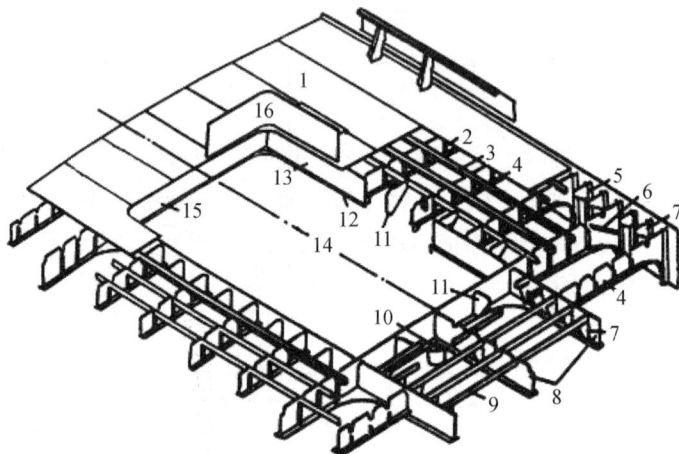

图 2-25　纵骨架式甲板结构（上甲板）

1—上甲板；2—加强筋；3—甲板纵骨；4—强横梁；5—主肋骨；6—斜置加强筋；7—肘板；8—甲板纵桁；9—横梁；10—管形支柱；11—防倾肘板；12—圆钢；13—舱口纵桁；14—甲板纵中线；15—舱口端梁；16—舱口围板

一、主要构件

甲板结构主要由甲板、横梁、甲板纵桁、甲板纵骨、舱口围板及支柱等组成。

（一）甲板

甲板是形成船内空间的顶盖，或将空间分隔为若干层，由板与骨架组成的结构。按其作用可分成：

（1）强力甲板（Strength Deck）：船体受总纵弯曲应力最大的一层甲板，如上甲板及在船中部 $0.5L$ 区域内长度不小于 $0.15L$ 的上层建筑甲板和此上层建筑区域以外

的上层连续甲板均为强力甲板。

(2)舱壁甲板(Bulkhead Deck):水密横舱壁上伸到达的连续甲板。

(3)干舷甲板(Freeboard Deck):按《1966 年国际载重线公约》量计干舷高度的甲板,对除滚装船及客滚船外的其他货船而言,该甲板通常是上甲板。

(4)量吨甲板(Tonnage Deck):按《1969 年国际船舶吨位丈量公约》丈量船舶吨位时的基准甲板,对除滚装船及客滚船外的其他货船而言,该甲板通常也是上甲板。

规范要求,上甲板是各层甲板中最厚的一层,在船中部 0.4L 区域内强力甲板的厚度应保持相同,并逐渐向端部甲板厚度过渡,强力甲板(包括端部甲板)的最小厚度应不小于 6 mm。甲板边板(与舷顶列板连接的强力甲板边缘的一列板)是上甲板受力最大的,且容易被甲板积水腐蚀,因此必须连续,厚度也是上甲板中最厚的一列板。在船中部 0.4L 区域内的甲板比艏、艉两端和大开口线以内区域的甲板厚。为防止甲板开口角隅处因应力集中而产生裂缝,该处应为抛物线形、椭圆形或圆形,并应采取加强措施。

(二)横向构件

甲板结构中支承甲板的横向构件统称为横梁。它起着承受甲板货、机器设备和甲板上浪时的水压力作用,同时还可支撑舷侧,保证船体的横向强度。横梁按其设置位置和剖面尺寸大小的不同可以分为:

(1)普通横梁(Deck Beam):仅在横骨架式结构中采用,一般用尺寸较小的不等边角钢或小尺寸的 T 型钢制成,并装设在每一肋位上用梁肘板(连接横梁与肋骨的肘板)与肋骨连接。

(2)舱口端梁(Hatch End Beam):位于货舱口前、后两端横围板下的横向桁材,采用剖面尺寸较大的 T 型组合材制成,与舱口围板下半部做成一个整体,其主要作用是增加舱口处的强度。

(3)半横梁(Half Beam):舷侧至舱边的横梁,半横梁的尺寸与横梁相同,它一端由梁肘板与肋骨连接,另一端由肘板与舱口纵桁连接。

(4)强横梁(Web Beam):由尺寸较大的 T 型组合材或折边钢板制成。在纵骨架式结构中,一般每隔 3~5 挡肋位装一强横梁,作为甲板纵骨的横向中型骨架,在其上开切口让甲板纵骨穿过,但切口高度不能大于腹板高度的 60% ,否则应采用非水密的补板加以补强。在机舱和艉尖舱区域内,强横梁应设置在舷侧强肋骨的肋位上,以便组成强框架结构。

(三)纵向构件

1. 甲板纵桁

甲板纵桁系指支承横梁、半梁或强横梁,并与甲板连接的纵向桁材。舱口两边的甲板纵桁称为舱口纵桁,可增加舱口处的强度,为了避免装卸货物时磨损吊货索,舱口纵桁不可采用 T 型材,纵桁面板应偏向舷侧一边,在腹板和面板的交角上焊一圆钢。在横骨架式结构中,甲板纵桁用尺寸较大的 T 型组合材制成,主要用来支撑横梁。

2.甲板纵骨

甲板纵骨系指支承甲板的纵向小型骨架,一般用不等边角钢或小尺寸的 T 型钢制成。它是纵骨架式甲板结构中的重要构件,其间距与船底纵骨相同,主要用来保证总纵强度。此外,还有主要用来支撑横梁的甲板纵桁。

(四)舱口围板

舱口围板系指设置于露天甲板(上甲板)货舱开口四周的纵向和横向并直接与甲板垂直相连的一列竖板。其作用是保证工作人员的安全,防止海水灌入舱内,增加甲板开口处的强度。

舱口围板在干舷甲板上的高度是依据《国际航行海船法定检验技术规则》及《1966 年国际载重线公约》附则 I 的有关要求来确定的。当舱口在(位置 1)露天的干舷甲板和后升高甲板,以及位于从艏垂线起 0.25L 以前的露天上层建筑甲板时,舱口围板的最小高度应为 600 mm;当舱口是在(位置 2)位于从艏垂线起 0.25L 以后,且在干舷甲板以上至少一个标准上层建筑高度的露天上层建筑甲板上,以及在位于艏垂线起 0.25L 以前,且在干舷甲板以上至少两个标准上层建筑高度的露天上层建筑甲板上时,舱口围板的最小高度应为 450 mm。

舱口围板上缘一般用半圆钢加强,还可以减轻装卸货时吊杆的钢丝绳与围板上缘的摩擦,如图 2-26 所示。围板的外侧还有水平加强筋和防倾肘板,肘板的间距应为肋距的 1.5 倍,并应尽可能与甲板下面的舱口纵桁和舱口端横梁的防倾肘板装置在同一平面内,以增加围板的刚性和防倾。纵向围板的下部与甲板纵桁处于同一直线上,兼作甲板纵桁的一部分。当舱口围板高出甲板 600 mm 以上时,必须加装水平加强筋。

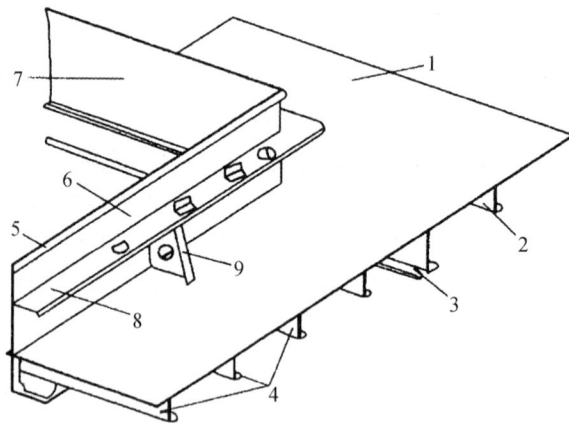

图 2-26　露天货舱口围板结构

1—露天甲板;2—横梁;3—舱口端梁;4—半梁;5—半圆钢;6—纵向围板;
7—横向围板;8—水平加强筋;9—垂直加强筋

由于甲板货舱口四周都为圆角，因此舱口角隅处结构连接比较复杂。舱口角隅处的加强方法有两种：一种是将舱口围板下伸超过甲板；另一种是将围板分成两块，分别焊在甲板开口边缘的上、下面，在下面用菱形面板加强，如图2-27所示。

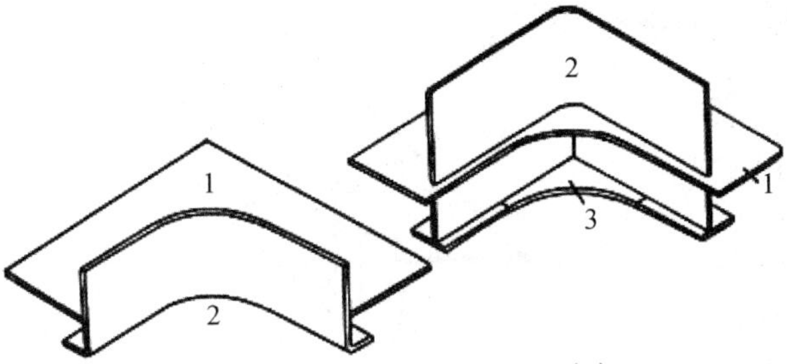

图2-27 舱口角隅的加强方法
1—甲板；2—舱口围板；3—菱形面板

（五）支柱和悬臂梁

支柱是舱内的竖向构件，由钢管或工字钢等制成。其作用是支撑甲板骨架，承受轴向压缩力，保持船体竖向形状。

货舱内支柱的数目应尽可能少，以免妨碍装卸货物。通常用四根设置在舱口的四角或用两根设置在舱口端梁的中点。为了有效地支持甲板骨架，实现力的传递，支柱的上端应位于甲板纵桁和横梁的交叉节点处，下端应在船底纵桁与肋板的交叉节点处，如图2-28（a）所示。如果有多层甲板，则上、下支柱应处于同一条垂线上，以便把甲板上的载荷通过支柱一直传到船底。

对需要装运超长、特大或特重货物的货船，货舱舱口宽度可达船宽的0.6～0.8倍，或者是货舱舱口长度达到货舱长度的0.7～0.8倍。为了不妨碍装卸货，通常采用悬臂梁（Cantilever Beam）结构代替支柱，如图2-28（b）所示。它是从舷侧悬伸至舱口的强横梁，与强肋骨的连接采用半径较大的圆弧过渡。

二、梁拱和舷弧

大部分船舶的上甲板是不平整的，它有横向和纵向的曲度，横向的曲度为梁拱（Camber），纵向的曲度为舷弧（Sheer）。

1. 梁拱

梁拱系指甲板在两舷与舷顶列板交点的连线与纵中剖面线的交点，至纵中剖面中线与甲板交点的垂直距离，如图2-29（a）所示。梁拱可增加甲板的强度，便于排泄甲板积水和增加储备浮力。

梁拱一般取船宽（B）的1/100～1/50，干货船的梁拱通常取$B/50$，客船的梁拱通常取$B/80$。

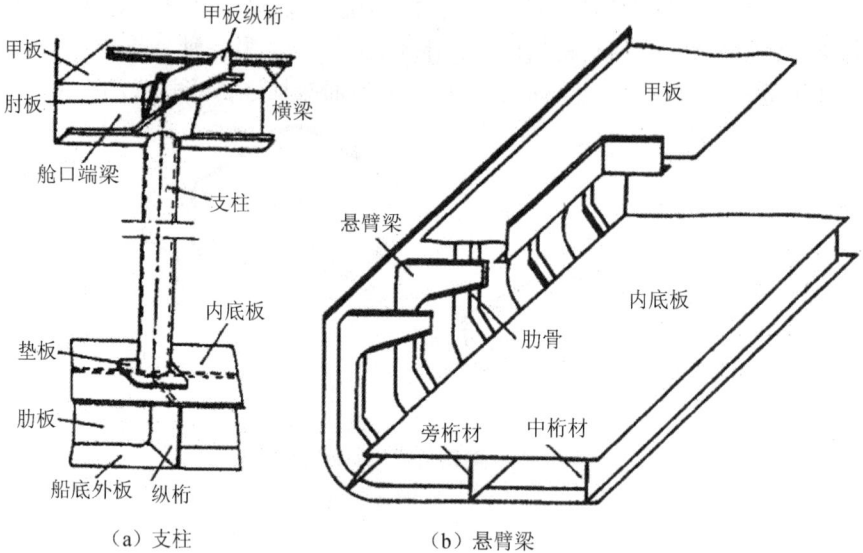

（a）支柱　　　　　　　　（b）悬臂梁

图 2-28　支柱和悬臂梁

2. 舷弧

在甲板的纵向上,艏艉高而中间低所形成的曲线叫舷弧线(Sheer Curve)。在船长中点处舷弧线最低,从该点画一条与基线(Base Line)平行的直线,则舷弧线上任一点量至该线的垂直距离就称为该点的舷弧,如图 2-29(b)所示。舷弧可增加储备浮力,便于甲板排水,减少甲板上浪,使船体外形更美观。

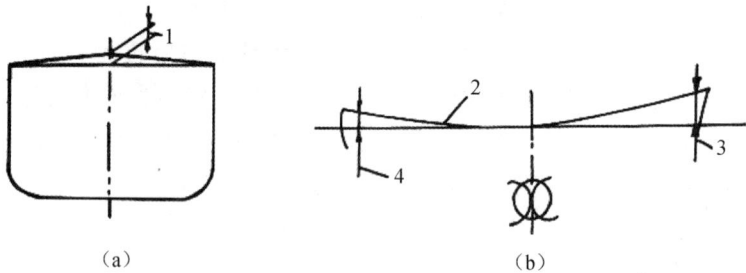

（a）　　　　　　　　　　　（b）

图 2-29　梁拱和舷弧

1—梁拱;2—舷弧线;3—艏舷弧;4—艉舷弧

舷弧的数值如表 2-1 所示,其中位于艏垂线处的舷弧叫艏舷弧,位于艉垂线处的舷弧叫艉舷弧,艏舷弧是艉舷弧的 2 倍。

表 2-1　舷弧的数值

位置	舷弧值/mm	位置	舷弧值/mm
艏垂线	$50(L/3+10)$	距艉垂线 $L/3$	$2.8(L/3+10)$
距艏垂线 $L/6$	$22.2(L/3+10)$	距艉垂线 $L/6$	$11.1(L/3+10)$
距艏垂线 $L/3$	$5.6(L/3+10)$	艉垂线	$25(L/3+10)$
船中	0		

注:表中 L 为船长,单位为 m。

任务五 舱壁结构

一、舱壁的作用

主船体(Main Hull)在设计和建造时按要求设置了若干的横向和纵向舱壁,这些舱壁所起的作用归纳起来有以下几个方面:

(1)将船体内部分隔成若干个舱室,以便安装各种机械设备及装载货物、燃油、淡水、备品和压载水等。

(2)横舱壁(Transverse Bulkhead)对保证船体的横向强度和刚性起很大作用,它是船底、舷侧和甲板等结构的支座,可使船体各部位构件之间的作用力相互传递,其中水密横舱壁(Watertight Transverse Bulkhead)是保证船舶抗沉性能的重要结构。

(3)纵舱壁(Longitudinal Bulkhead)可减少自由液面对船舶稳性的影响,较长的纵舱壁还可增强船舶的总纵强度(Longitudinal Strength)。

(4)某些舱壁采用了防火结构,可在一定时间内防止火灾蔓延。

二、舱壁的种类

(一)按作用分类

舱壁按其作用来分,可分为水密舱壁、防火舱壁、液体舱壁和制荡舱壁四类。

1. 水密舱壁

水密舱壁(Watertight Bulkhead)一般系指自船底(船底板或内底板)至舱壁甲板的主舱壁(Main Bulkhead),它将船体分隔成若干个水密舱室。水密舱壁主要有以下两种:

(1)水密横舱壁(Watertight Transverse Bulkhead):这种舱壁能保证船体因海损事故造成某舱破损进水时不会蔓延至其他相邻舱室,使船舶仍有一定的浮力和稳性,从而提高船舶的抗沉性能。水密横舱壁依据船长和船型的不同,设置的总数应不少于表2-2所示的规定,对于船长大于190 m的船舶,可直接计算确定。万吨级船按规定需设置6~7道,其中位于艏尖舱与货舱之间的艏尖舱舱壁即船舶最前的一道水密横舱壁又称防撞舱壁,也是最重要的一道水密横舱壁,其上不得开设任何门孔、人孔、通风管道或任何其他开口,并应通至干舷甲板。位于船尾的最后一道水密横舱壁即艉尖舱舱壁,水密艉尖舱舱壁应通至舱壁甲板,但当艉尖舱水密平台甲板在水线以上时,可仅通至水密平台甲板为止。

(2)水密纵舱壁(Watertight Longitudinal Bulkhead):一般仅见于液货船。

表2-2 船舶应设置的水密横舱壁数目 （单位:道）

船长/m 类型	$L \leqslant 60$	$60 < L \leqslant 85$	$85 < L \leqslant 105$	$105 < L \leqslant 125$	$125 < L \leqslant 145$	$145 < L \leqslant 165$	$165 < L \leqslant 190$
舯机型	4	4	5	6	7	8	9
舰机型	3	4	5	6	6	7	8

2. 防火舱壁

防火舱壁(Fireproof Bulkhead)系指根据规范对船舶防水结构的要求而设置的具有一定隔热能力并能在一定时间内防止火灾蔓延的舱壁。按规定,机舱和客船起居处所的舱壁应采用防火舱壁。

3. 液体舱壁

液体舱壁(Liquid Bulkhead)系指液舱(油舱、水舱等)的界壁。这种舱壁与水密舱壁不同,它经常承受液体压力与振荡冲击等作用力,故其强度要求较高,舱壁板较厚且其上的骨架尺寸较大,并要求保证水密或油密(Oil Tight)。

4. 制荡舱壁

制荡舱壁(Wash Bulkhead)系指设于液舱(如艏、艉尖舱)内的舱壁,用来减小自由液面的影响。多为纵向设置,一些较长的液舱里也有横向设置的。其上开有气孔、油水孔和减轻孔,水可以从中流过。

(二)按结构分类

舱壁按其结构来分,可分成平面舱壁、对称槽形舱壁及双层板舱壁三类。

1. 平面舱壁

平面舱壁(Plane Bulkhead)由舱壁板(Bulkhead Plate)和其上的垂直与水平骨架组成,如图2-30所示。舱壁板是由许多块钢板并排焊接而成的。大型船舶舱壁板的钢板长边沿水平方向布置,其厚度由下向上逐渐减薄。为了承受横向的水压力和机舱壁平面内的压缩力,且保证舱壁结构的刚性,在舱壁板上须由骨架加强。其上骨架竖向排列的称为扶强材,水平方向排列的称为水平桁。

2. 对称槽形舱壁

对称槽形舱壁(Symmetrical Corrugated Bulkhead)由钢板压制而成,以其槽形折曲来代替扶强材的作用。其剖面形状有三角形、矩形、梯形和弧形几种,如图2-31所示。其中梯形和弧形用得较为广泛,图2-32(a)和图2-32(b)所示分别为无底凳和有底凳对称梯形舱壁。

对称槽形舱壁的优点是在保证具有同等强度的条件下,可减轻结构的重量,节约钢材,减少装配与焊接的工作量,便于清舱工作。其缺点是所占舱容较大,不利于舱容的有效利用。它一般用于油船、散装货船及矿砂船。

同平面舱壁的扶强材布置一样,对称槽形舱壁的槽形体的方向也有垂直布置和水平布置两种。横舱壁的槽形体通常采用垂直布置,但考虑到装配工艺和水平方向的承压能力,故在靠近舷侧处保留一部分平面舱壁,其上设垂直扶强材,另一面设斜置的加强筋,或在槽形舱壁四周加装平面框架。纵舱壁的槽体方向常为水平布置,因为较长的纵舱壁要承受总纵弯曲力矩。

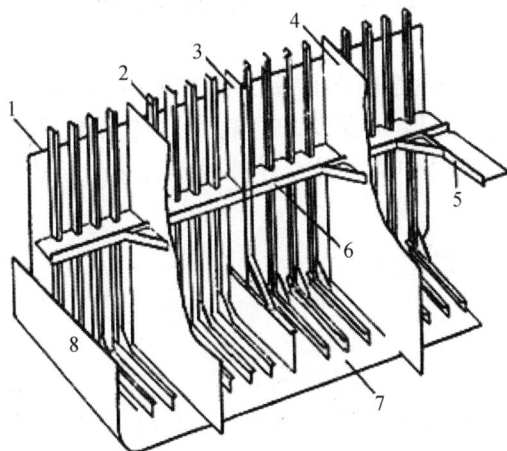

图 2-30　平面舱壁

1—横舱壁;2—垂直扶强材;3—垂直桁;4—纵舱壁;5—舷侧纵桁;6—水平桁;
7—船底板;8—舷侧列板

（a）三角形　　　　（b）矩形　　　　（c）梯形　　　　（d）弧形

图 2-31　对称槽形舱壁的剖面形状

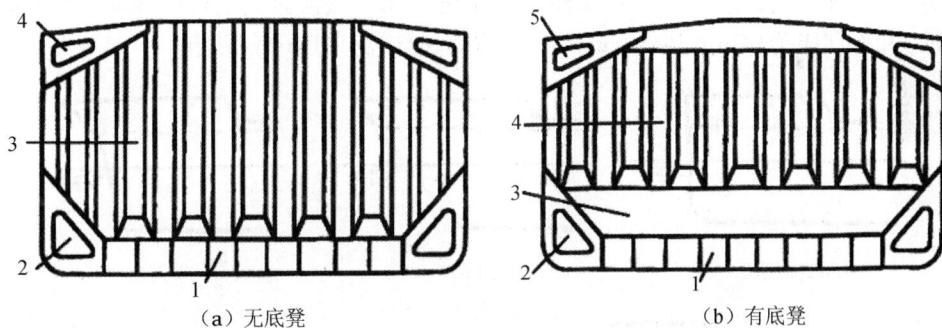

（a）无底凳　　　　　　　　　　　　（b）有底凳

图 2-32　对称梯形舱壁

（a）1—双层底;2—底边舱;3—对称梯形舱壁;4—顶边舱
（b）1—双层底;2—底边舱;3—底凳;4—对称梯形舱壁;5—顶边舱

3.双层板舱壁

双层板舱壁是由双层平舱壁板和一定数量的内部隔板组成的舱壁。

任务六　艏艉结构

船舶艏、艉部位于船舶的最前端和最后端,艏艉线型变化复杂,受总纵弯曲作用力较小,而受局部作用力较大,如艏部的碰撞力、拍底力,艉部的转舵力、螺旋桨振动力等,因此,艏艉结构与船体中部有很大不同,多采用横骨架式结构,并做特别加强。

一、艏、艉端的形状

1. 艏端形状

艏端形状如图2-33所示,一般有五种形状:

(1)直立形艏(Straight Bow):艏柱(Stem)呈直线形,与基线基本垂直,多见于驳船(Barge)和特种船。

(2)前倾形艏(Raked Bow):艏柱呈直线前倾或微带曲线前倾,倾斜角度为10°～20°,这种型式艏部不易上浪,万一发生碰撞,船首水线以下部分也不易受损。

(3)飞剪形艏(Clipper Bow):设计水线以上艏柱呈凹形曲线,向前悬伸一段较大的长度。有较大的艏楼甲板(Forecastle Deck),有利于锚和系泊设备的布置,船首也不易上浪。

(4)破冰形艏(Ice Resistant Bow):设计水线以下艏柱呈倾斜状,与基线构成30°夹角,便于冲上冰层,一般多见于破冰船(Ice Breaker)。

(5)球鼻形艏(Bulbous Bow):设计水线以下艏部前端有球鼻形突出体,其形式有水滴形、撞角形、圆筒形、S-V形几种。其作用是减少兴波阻力(Wave Making Resistance)和形状阻力(Form Resistance)。目前,海船广泛采用球鼻形艏。

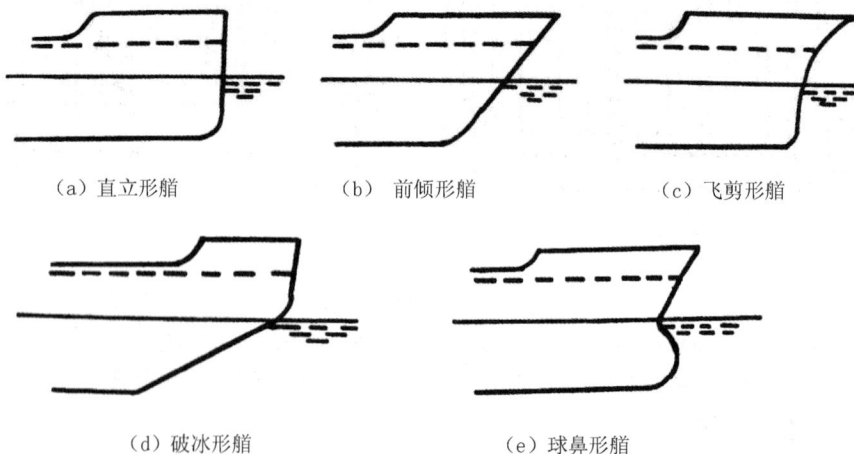

(a) 直立形艏　　　　(b) 前倾形艏　　　　(c) 飞剪形艏

(d) 破冰形艏　　　　(e) 球鼻形艏

图2-33　艏端形状

2. 艉端形状

艉端形状如图2-34所示,一般有三种:

（1）椭圆形艉（Elliptical Stern）：船尾有短的艉伸部，折角线以上呈椭圆形向上扩展。

（2）巡洋舰形艉（Cruiser Stern）：有光顺曲面的艉伸部，水平面呈半卵形，有利于减少阻力，保护车叶与舵叶。

（3）方形艉（Transom Stern）：艉端有横向的艉封板（Stern Transom Plate），以往多用于军舰，现在商船也采用，如集装箱船等。

（a）椭圆形艉　　　（b）巡洋舰形艉　　　（c）方形艉

图 2-34　艉端形状

二、船首结构的加强

船首结构通常系指从艏部船底平坦部分起向船首部分（即指距艏垂线 $0.20L \sim 0.25L$ 处向船首的部分）的船体结构。艏部要受波浪、冰块的冲击和水阻力的作用，一旦发生碰撞，应有足够的强度保证船舶的安全，同时船壳外板在此汇拢，其外形应尽可能减少水阻力。为此，需对组成船首结构的部分进行加强。

1. 艏柱

艏柱位于船体最前端，是汇拢船首外板、保持船首形状及保证船首局部强度的强力构件。船首柱有钢板焊接、铸钢和混合型三种：

（1）钢板焊接船首柱：由厚钢板弯曲焊接而成，其内侧设有水平的和竖向的扶强材，以增加刚性。其特点是制作方便，重量小，成本低，碰撞时仅局部变形，容易修理。

（2）铸钢船首柱：为钢水浇铸而成，它的刚性大，但韧性差些，可制成较复杂的断面形状。

（3）混合型船首柱：常被现代大中型船舶采用，即在夏季载重水线之上 0.5 m 处以下区域采用铸钢式，在该处以上区域采用钢板焊接式。图 2-35 所示为混合型船首柱。

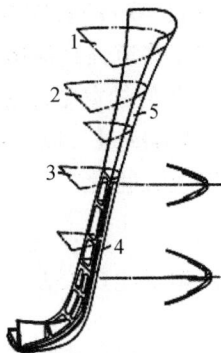

微课：
船首结构的加强

图 2-35　混合型船首柱

1—艏楼甲板；2—上甲板；3—下甲板；4—铸钢艏柱；5—钢板焊接艏柱

2. 艏尖舱内的加强

艏尖舱(Forepeak Tank)内采用下列几种方法加强,如图 2-36 所示。

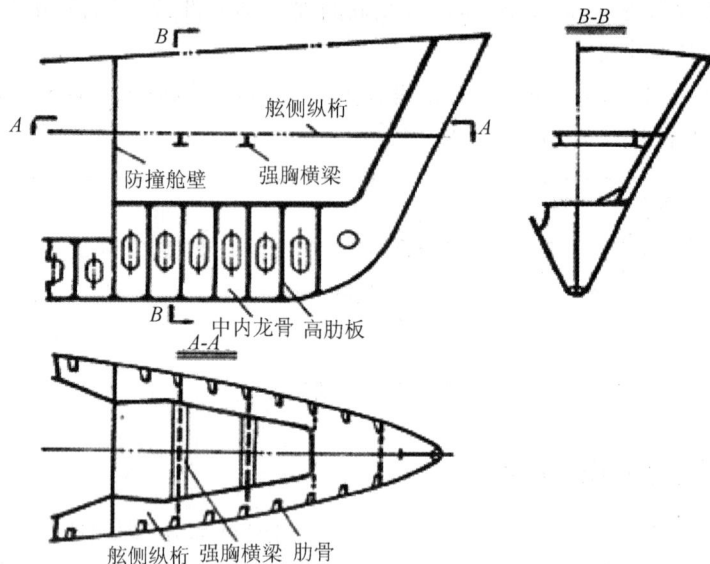

图 2-36　艏尖舱

(1)在每挡肋位处设置实肋板,因其高度向船首逐渐升高,故又称为升高肋板(Raised Floor)。

(2)在中纵剖面处设置与升高肋板等高、等厚和具有同样面板的中内龙骨,并延伸至与艏柱牢固连接。

(3)当舷侧为横骨架式时,应在每隔一挡肋位处从肋板的上缘至最下层甲板间垂向设置垂向间距不大于 2 m 的强胸横梁(Panting Beam),且至少应达到满载水线以上 1 m 处,在每道强胸横梁处还应设置具有折边或面板的舷侧纵桁,并用肘板与肋骨连接。当用开孔平台(Trepanned Platform)结构代替强胸横梁和舷侧纵桁时,开孔平台的垂向间距应不大于 2.5 m,设置范围为从肋板的上缘至不低于满载水线以上 1.0 m,且每一开孔平台的开孔面积应不小于总面积的 10%。

(4)当舷侧为纵骨架式且舱深超过 10 m 时,应在适当位置设置一层或多层开孔平台,或者在每根强肋骨处设置一道或多道强胸横梁,并用肘板与强肋骨连接。

(5)当艏尖舱被用作液舱且其最宽处的宽度超过 0.5B 时,应在中纵剖面处设置有效的支撑构件或制荡舱壁(Wash Bulkhead),以支持强胸横梁。当舱长超过 10 m 时,尚应在舱内设置横向的制荡舱壁或强肋骨。

3. 艏尖舱外的舷侧加强

当舷侧为横骨架式时,对于从距艏垂线 0.15L 至防撞舱壁区域内的舷侧结构,如图 2-37 所示。按下列要求加强:

(1)当主肋骨跨距不超过 9 m 时,应沿艏尖舱内的舷侧纵桁或开孔平台的延伸线设置间断的舷侧纵桁,其腹板高度可与肋骨高度相同,但应将间断舷侧纵桁的腹板在距防撞舱壁不少于 2 挡肋距的长度内向防撞舱壁处逐渐升高,使其在防撞舱壁处的高度与艏尖舱内舷侧的腹板高度相同。

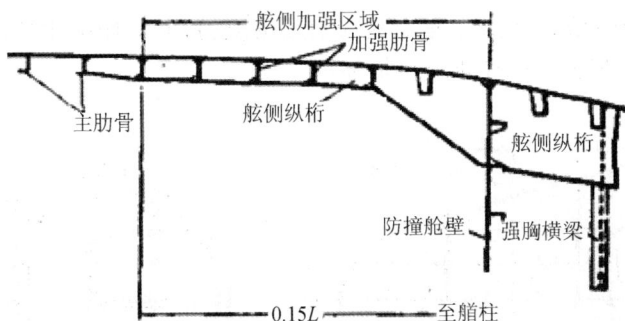

图2-37　防撞舱壁后的舷侧纵桁

（2）当主肋骨跨距不超过9 m且未设置间断舷侧纵桁时，对于该区域的外板，则应按要求予以加厚。

（3）当主肋骨跨距超过9 m时，应沿艏尖舱内的舷侧纵桁或开孔平台的延伸线设置间断的舷侧纵桁，并应将其延伸至距艏垂线0.2L处。

（4）当下甲板间肋骨跨距超过2.6 m或上甲板间肋骨跨距超过3 m时，应设置间断舷侧纵桁；若不设舷侧纵桁，则应将舷侧外板按要求进行增厚。

4. 船首底部的加强

为了抵抗船舶空载时波浪对船底的拍击，当船长等于或大于65 m，且航行中最小艏吃水小于0.04L时，应对其从艏垂线向后的船底平坦部分进行加强，如图2-38所示。

（1）对于横骨架式的双层底骨架，应在每挡肋位处设置实肋板，并应设置间距不大于3挡肋骨间距的旁桁材，该旁桁材应尽量向船首延伸。

（2）对于纵骨架式的双层底骨架，应在每隔一挡肋位处设置实肋板，同时应设置间距不大于3倍纵骨间距并尽量向船首延伸的旁桁材。船底纵骨剖面模数（Section Modulus）应比中部大10%。

（3）对于单层底骨架，应设置间距不大于3挡肋骨间距且尽可能地向船首延伸的旁内龙骨。

（4）船底板适当加厚。

图2-38　船首底部的加强结构

1—内底板；2—平板龙骨；3—船底纵骨；4—旁桁材；5—实肋板

5.球鼻艏

设有球鼻艏的船舶,其球鼻艏结构应有足够支持,并与艏尖舱构成一个整体,如图 2-39 所示。一般按下列要求进行加强:

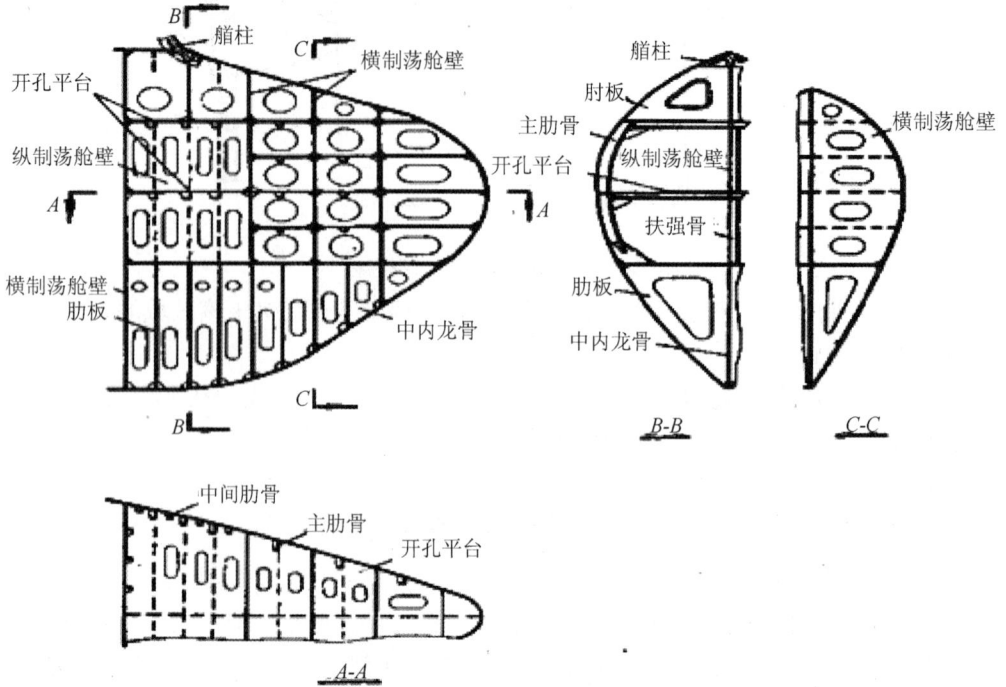

图 2-39　球鼻艏结构

(1)在球鼻艏前端应设置间隔约 1 m 的水平隔板,并与中纵桁连接。

(2)由艏尖舱肋骨到球鼻艏肋骨的过渡区域应装设横向垂直隔板。

(3)对长球鼻艏一般应设置横向制荡舱壁做附加加强,或每隔 5 个肋距设置强肋骨。

(4)对宽球鼻艏一般应在中纵剖面处设置制荡舱壁做附加加强。

(5)球鼻艏前端及易受锚和锚链碰损部位的外板应予增厚,加厚板的厚度可取为钢板艏柱的厚度。

三、船尾结构的加强

船尾结构通常系指艉尖舱舱壁以后上甲板以下的区域。该区域需承受水压力、车叶转动时的振动力和水动力、舵的水动力及车叶与舵叶的荷重等作用,因此,必须对组成船尾结构的各部分进行加强。

1.艉柱

艉柱是船尾结构中的强力构件,它位于船尾结构下部的最后端,用来汇拢两侧外板,并支撑和保护车叶与舵,同时承受它们工作时的振动力和水动力。因此,艉柱可增强船尾的结构强度。

舵柱的上端应与舵肋板或舱壁连接,底骨应向船首方向延伸至少 3 个肋距并与平板龙骨连接。

舵柱的形状比较复杂,一般采用铸造件,大型船舶的舵柱可先分段铸造后再焊接装配,如图 2-40 所示。

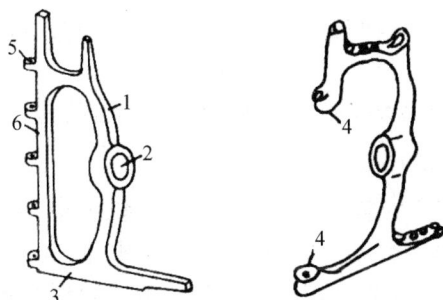

图 2-40　舵柱的形状
1—推进器柱;2—轴毂;3—舵柱底骨;4,5—舵钮;6—舵柱

2. 艉尖舱舱内的加强

对艉尖舱舱内的加强(见图 2-41)措施有:

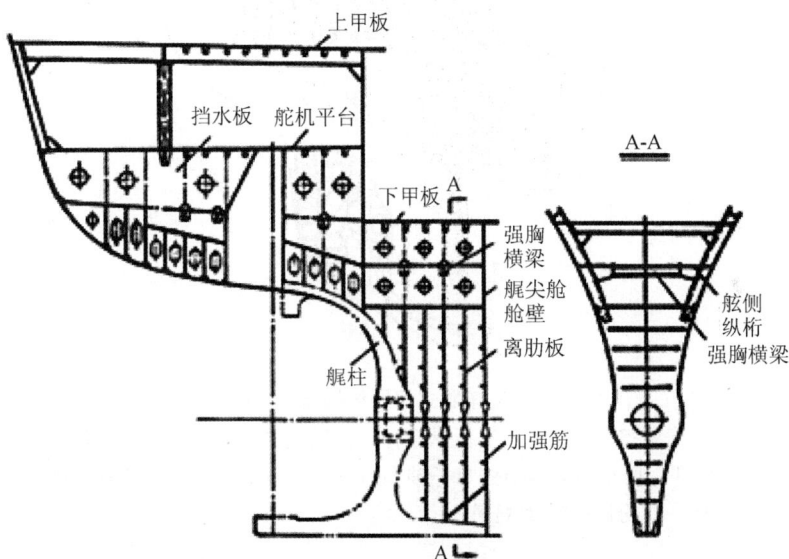

图 2-41　艉尖舱内加强

(1)在每挡肋位处设置实肋板,其厚度较艉尖舱肋板厚 1.5 mm。对单螺旋桨船,其肋板应升高至艉轴管以上足够高度。在推进器、艉轴架和挂舵臂处,一般应将肋板伸至舱顶并增加其厚度。

(2)当舷侧为横骨架式时,在肋板以上设置垂向间距不大于 2.5 m 的强胸横梁和舷侧纵桁或开孔平台;当为纵骨架式时,应在舱顶设置适当数量的强胸横梁。

(3)在艉尖舱上部和艉突出体或巡洋舰艉的纵中剖面处加设制荡舱壁。但当艉部悬伸特别宽大时,可要求在其左、右舷另外设置纵向制荡舱壁。

3. 艉尖舱上面的舷侧加强

（1）当艉尖舱上面的甲板间舱的舷侧为横骨架式，且甲板间舱高度大于 3 m 时，应设抗拍击的间断舷侧纵桁，其腹板高度与肋骨相同，如不设间断舷侧纵桁，则应按要求增加该区域的外板厚度。

（2）当艉尖舱上面的甲板间舱的舷侧为横骨架式时，应设置不大于 4 挡肋骨间距的强肋骨。

（3）当艉尖舱上面的甲板间舱的舷侧为纵骨架式时，应设置支持纵骨的强肋骨。

4. 艉突出体（Counter）

为扩大艉部甲板面积，安装舵机，保护车叶和舵，并改善航行性能。在船尾设计时，有意将艉尖舱以上向后突出一部分，称为艉突出体，其大部分在设计水线以上。图 2-42 所示为采用扇形斜肋骨和斜横梁的巡洋舰式船尾结构与艉突出体。在船尾突出体内设有舵机舱，作为加强措施，每隔一定间距设置强肋骨。在船尾突出体后端，肋骨和横梁成放射布置，称为扇形斜肋骨和斜横梁。

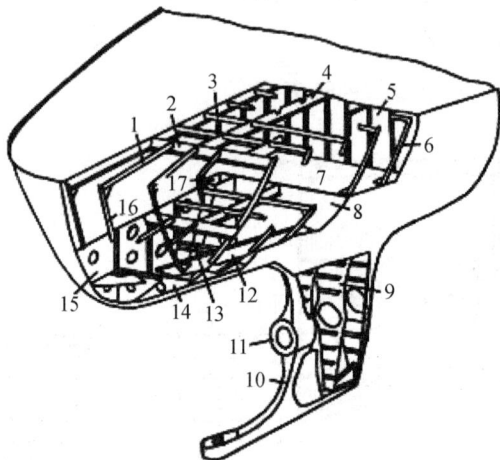

图 2-42　巡洋舰式船尾结构与艉突出体

1—斜横梁；2—强横梁；3—横梁；4—甲板纵桁；5—横舱壁；6—肋骨；7—舵机舱平台；8—艉尖舱舱壁；9—艉升高肋板；10—艉柱；11—轴毂；12—舷侧纵桁；13—强胸横梁；14—肋板；15—制荡舱壁；16—斜肋骨；17—舵杆管

四、轴隧、艉轴管和挂舵臂

1. 轴隧

轴隧（Shaft Tunnel）是设置于机舱和船尾之间的水密通道，如图 2-43 所示。其作用是保护推进器轴，并防止海水从艉轴管进入船舱内，同时也可作为机舱至艉室的通道，便于工作人员对艉轴和轴承进行检查和维修。

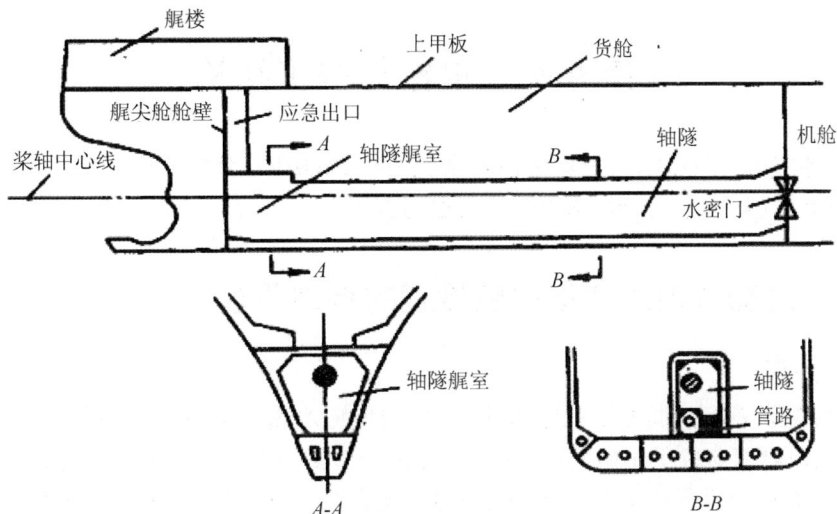

图 2-43　轴隧

　　轴隧有拱顶和平顶两种形式,前者强度较好,后者便于装货。轴隧的宽度为 1 200 ~ 1 800 mm,高度约为 2 000 mm,但在轴的上方要有 500 ~ 1 000 mm 的空当,以便吊轴检修。在单桨船上,轴隧的中心线偏离船舶中心线的一侧,一般偏向右舷,即在轴的右侧留有通道可供人员通行,其宽度大约为 600 mm。双桨船的轴隧,对称于船体中纵剖面左、右各设置一个轴隧,两轴隧间设有通道。轴隧的艉端将其尺寸加大,做成一个轴隧艉室,用来存放备用艉轴和便于检修工作。在轴隧或艉室的顶部或侧壁上设有可拆卸的水密开口,以便于在检修时能抽出桨轴。在轴隧的前端即机舱的后壁上,设有一扇通往机舱的水密门,该门通常为动力滑动式,门的两侧还备有手动装置可在门两侧操纵,并在舱壁甲板上方可到达之处用转动手轮,通过齿轮和连杆传动使水密门开启或关闭,并设有水密门开关状态的指示器。

　　在轴隧末端靠近艉尖舱舱壁处,设有应急围井并向上通至露天甲板,作为轴隧和机舱的应急出口,亦称应急通道或逃生孔。其平时作为轴隧的通风口,围井内不许乱放杂物,应急出口盖不能加锁。在货舱口下的轴隧顶板应加厚 2 mm,否则应加木铺板。

2. 艉轴管

　　艉轴在穿过艉尖舱时,装在艉轴管内,它一端固定焊接在桨柱上轴毂的前端,另一端固定在艉尖舱舱壁上,用来支承艉轴或螺旋桨轴,并使其能可靠地通出船外,不使舷外水大量漏入船内,同时亦不使润滑油外泄。两端均设有水密填料函,以保证水密。

3. 挂舵臂

　　挂舵臂用于支承半悬挂舵。它采用钢板焊接或铸钢,应伸入船体,并与加强的主体结构牢固地连接。

任务七　水密与抗沉结构

船体水密与抗沉结构主要包括水密横舱壁、双层底、双层舷侧(壳)及各种开口的水密装置(如水密门、窗、水密舱盖与道门盖等)。

一、对船体内水密横舱壁设置的特别要求

1.客船

(1)应设置有尖舱舱壁或防撞舱壁,该舱壁应水密延伸到舱壁甲板。除有特别说明外,该舱壁应位于距艏垂线不小于船长的5%而不大于3 m加船长的5%处。

(2)客船应设置艉尖舱舱壁和机器处所与前后客、货处所隔开的水密舱壁,这些舱壁应水密延伸至舱壁甲板。

2.货船

(1)应设置防撞舱壁,该舱壁应水密延伸至干舷甲板。除有特别说明外,该舱壁与艏垂线间的距离应不小于船长的5%或10 m,取较小者,但经主管机关允许,可不大于船长的8%或5%加3 m,取较大者。

(2)应设置舱壁将机器处所与前后客、货处所隔开,这些舱壁应水密延伸至干舷甲板。

二、对船体内双层底设置的要求

根据《钢质海船入级规范》的要求,除液货船外,双层底的设置,在适应船舶设计和船舶正常作业的情况下,应尽可能从防撞舱壁延伸到艉尖舱舱壁。一旦船底破损,内底可制止海水浸入舱内,保证船舶、人员和货物的安全,增加船舶的抗沉性。其高度应符合有关规定的要求。其内底应延伸至船舷两侧,以保护船底至艉部弯曲部位。对设于双层底内且与货舱排水装置相连的小井,其深度也应符合规范的要求。

对客船双层底的设置要求如下:

(1)船长为50～61 m的船舶,应至少自机器处所至艉尖舱舱壁或尽可能接近该处之间设置双层底。

(2)船长为61～76 m的船舶,应至少在机器处所外设置双层底,并应延伸至艏、艉尖舱舱壁,或尽可能接近该处。

(3)船长为76 m以上的船舶,应在船中部设置双层底,并应延伸至艏、艉尖舱舱壁,或尽可能接近该处。

三、船体上开口的关闭设备

（一）水密舱壁上开口的关闭设备

1. 防撞舱壁

防撞舱壁上不准开任何门或人孔、通风管道或任何其他开口。凡穿过防撞舱壁的管子都设有在舱壁甲板能控制的闸阀。这个闸阀设在艏尖舱内侧的舱壁上，以便在艏部破损时能立即将它关闭。

2. 水密舱壁上的水密门

任何动力滑动水密门的操纵装置，无论是动力式还是手动式，均应能在船舶向任一舷横倾至15°的情况下将门关闭。

任何滑动水密门都能从驾驶室遥控关闭，也能从舱壁的每一边就地操纵。在控制位置应装设显示门是开启或关闭的指示器，并且在门关闭时发出声响报警。在主动力失灵时，动力、控制和指示器应能工作，每一个动力操纵的滑动水密门应有一个独立的手动机械操纵装置，该装置应能从门的任一边用手开启和关闭该门。

除所规定的航行中可以开启的门外，所有水密门在航行中应保持关闭。此类门在港内开启的时间和船舶离港前关闭的时间应记入航海日志。

3. 对客船水密舱壁上的水密门

（1）水密门应为符合有关要求的动力滑动门，当船舶在正浮位置时，应能从驾驶室的总控制台于不超过60 s内同时关闭这些门。

（2）所有动力滑动水密门的遥控操纵位置只能设在符合要求的驾驶室内和符合要求的舱壁甲板以上的手动操纵处。

（3）每一动力滑动水密门，应为竖动式或横动式，其动力系统应和任何其他动力系统分开，其最大净开口宽度一般还应限制为1.2 m。其独立的手动机械装置应能从门的任何一侧用手开启和关闭，还能在舱壁甲板上可到达之处用全周旋摇传动或认可的具有同样安全程度的其他动作关闭该门。在船舶正浮时，手动操纵装置将门完全关闭的时间应不超过90 s。应设置从门的两侧用动力开启和关闭该门的控制装置，还应在驾驶室设置从总控制台动力关闭该门的控制装置。应设置一个与该区域内其他警报器不同的声响警报器。当该门用动力遥控关闭时，这种警报器应在门开始移动前至少5 s但不超过10 s内发出声响，且连续发声报警直至该门完全关闭，在手动遥控操纵的情况下，当门移动时声响警报器能发出声响。此外，在乘客区域和高噪声环境区域，可以对门上的声响报警器增配一个间歇发光信号器。在船舶正浮时，从门开始移动至门完全关闭的时间，在任何情况下应不小于20 s或不大于40 s。

（4）驾驶室内的集控台应设有标明每扇门位置的图，并附有发光指示器，以显示出每扇门的开启或关闭状态。红灯表示一扇门完全开启，绿灯表示一扇门完全关闭。当遥控关闭门时，红灯应闪烁以表示门处于关闭过程中。

（5）在甲板处所之间分隔货舱的水密舱壁上装设的水密门可为铰链式、滚动式或滑动式,但不应是遥控的。它们应装在最高处并尽可能远离外板。其关闭时间不必符合60 s内关闭的要求。

4.对货船上的水密门和舱盖

(1)用于保证内部开口的水密完整性且通常在航行时关闭的出入门和舱盖,应在该处和驾驶室装设显示这些门或舱盖是否开启的设施。这类门或舱盖的使用应经值班驾驶员批准。

(2)可以装设结构良好的水密门用作大型货物处所的内部分隔,这些门可以是铰链的、滚动的或滑动的门,但不应是遥控操纵的。此类门在开航前关妥,并应在航行中保持关闭。此类门在港内开启的时间和船舶离港前关闭的时间应记入航海日志中。

(二)船壳板上的关闭设备

在限界线以下的船壳板上的开口越少越好,并应根据用途和位置设置相应的关闭设备。

(1)在干舷甲板以下处所或封闭的上层建筑处所的舷窗,应装设铰链式可靠的内侧舷窗,其装置应能有效地关闭和保证水密。

限界线以下的舷窗都采用水密性和抗风浪性强的圆形舷窗。根据其在重载水线上的不同高度有不同的关闭要求:一种是永久性关闭;另一种是离港前关闭,到港后方可开启。启闭时间应记入航海日志。还有一种是航行中由船长决定是否关闭的。

(2)船壳板上的排水孔都有防止海水意外进入船内的装置。从舱壁甲板以下通到船壳板外的排水孔都配有自动止回阀,并在舱壁甲板上设有可以强制关闭的装置,或者设两个止回阀,其中一个的高度能使其随时可以检查并且是经常关闭的。

(3)与机器连通的海水进水孔及排水孔,在管系与船壳板间或管系与附着在船壳板的闸箱间装有随时可以接近的旋塞或阀门。

(三)舱壁甲板以上的水密设施

舱壁甲板以上也需采取水密措施来保证限界线以上水密的完整性。

(1)舱壁甲板和舱壁甲板的上一层甲板均不透风雨。露天甲板上的所有开口都可以关闭。

(2)舱壁甲板以上、第一层甲板以下的所有舷窗都有舷窗盖,可以有效地关闭,以保证水密。

(3)露天甲板上设有排水口或排水孔,可以在任何情况下将水迅速排出舷外。

任务八 典型船的船体结构

本任务将就油船、集装箱船、散装货船及矿砂船这些专用船的船体结构特点结合相关规定做简要介绍。

一、油船

这里仅介绍双壳油船(Double Skin Oil Tanker)。双壳油船是指具有双层底、双壳,机舱位于艉部,并从事原油或石油产品运输的专用船。其特殊结构特点主要表现在以下几方面。

1. 货油舱的布置

货油舱(Cargo Oil Tank)由双层底、双壳、隔离空舱(Caisson)和甲板围成,双层底及双壳内不允许装货油和燃油。典型双壳油船货油舱中横剖面如图 2-44 所示。

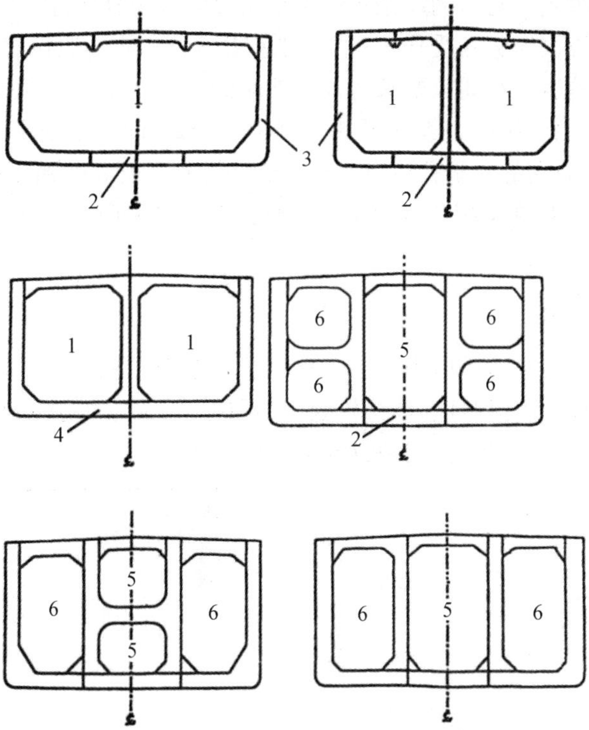

图 2-44　典型双壳油船货油舱中横剖面示意图
1—油舱;2—双层底;3—双层舷侧;4—双层壳;5—中间舱;6—边舱

货油舱区域的甲板、船底和内底均为纵骨架式,当船长大于 190 m 时,舷侧、内壳和纵舱壁一般也为纵骨架式结构。为便于与机炉舱、干货舱及居住舱室等隔离,在货油舱区前、后两端设有隔离空舱。隔离空舱可遮隔全部货油舱端部舱壁面积,且其舱壁间的距离不小于 760 mm。泵舱、压载舱、燃油舱可兼作隔离空舱。与货油舱相邻的舱室,包括穿过或邻接货油舱的通道和管隧,其出入口均直通露天甲板。

2. 双层底

为保证双层底的完整性,货油舱的舱底(内底板)上无人孔(机舱内双层底相同),进入双层底的出入口直通至露天甲板。箱形中桁材或管隧与机舱隔离,并具有在水平方向上相距最大距离的通向开敞甲板的至少两个出口。

3. 舱壁

舱壁的型式主要有：平面油密横舱壁与纵舱壁、槽形油密横舱壁与纵舱壁及非油密舱壁和制荡舱壁等。槽形油密纵、横舱壁一般设有底凳和顶凳。船长为 190 m 及以上的油船一般不采用槽形纵舱壁。横向非油密舱壁或制荡舱壁的开孔面积不小于舱壁总面积的 10%，且设有不小于 600 mm × 800 mm 的通道开口。

4. 货油舱舱口

当同一货油舱由一个或几个制荡舱壁（或非油密舱壁）隔开时，至少设有两个相互远离的舱口，并不在同一肋距内。舱口的形状为圆形或椭圆形，其中椭圆形舱口的长轴沿船长方向布置。舱口的尺寸和位置是在考虑对油舱进行维护保养及戴呼吸器具人员的出入和失去知觉的受伤人员（可能在担架上）从油舱撤出确定的。基本原则是在满足合理的通道和通风要求的条件下保持最小尺寸。舱口围板的高度不小于 600 mm，厚度不小于 10 mm，盖板的厚度不小于 12 mm。舱盖上具有直径不小于 150 mm 且能保证油密的测量孔与观察孔。舱口设有至舱底的钢质固定扶梯，扶梯的倾斜度不大于 70°，且在实际长度大于 9 m 时设有休息平台。

二、集装箱船

集装箱船船体的基本结构为双层底和双层壳舷侧结构，且在双层壳舷侧的顶部设置有抗扭箱结构，或在保证船体结构强度的前提下，采用双层底和具有抗扭箱或其他等效结构的单层壳舷侧结构代替，如图 2-45 所示。

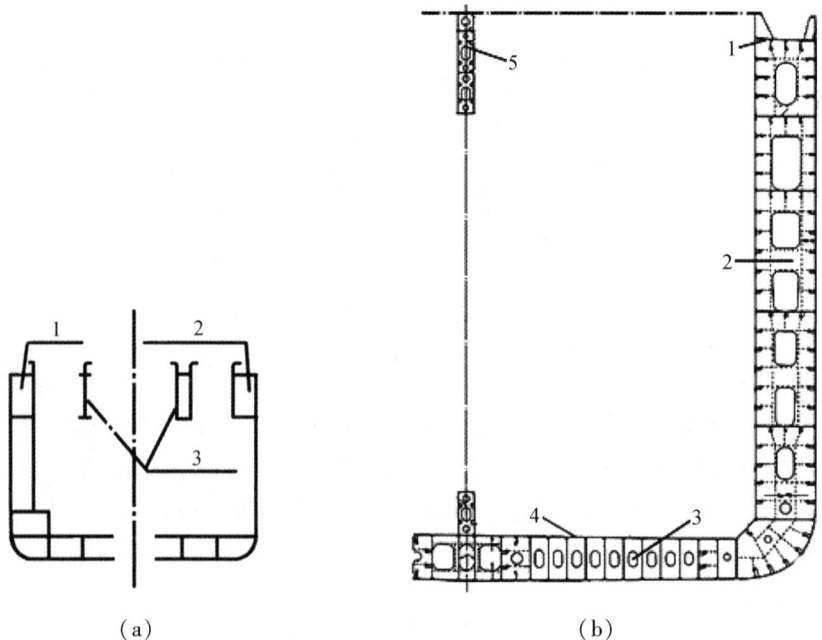

图 2-45 集装箱船货舱结构

(a)1—抗扭箱;2—抗扭箱或其他等效结构;3—甲板下纵桁

(b)1—上甲板;2—双层壳;3—双层底;4—内底板;5—甲板下纵桁

舷侧顶部采用纵骨架式结构,且在船长大于 100 m 时,其双层底内也采用纵骨架式结构。货舱区域内的强力甲板为纵骨架式结构,且在货舱区域内的强力甲板构件尺寸保持不变。在单层壳舷侧采用纵骨架式结构时,其强肋骨、双层底内的实肋板和抗扭箱的横框架布置在同一剖面上并最终构成整体框架,以保证船舶的横向强度。在舱内集装箱角座下方的双层底内设置有旁桁材。在纵骨架式双层底内的横舱壁下面及在舱长中点处和距横舱壁 1/4 舱长处的支持结构下面均设置有实肋板。水密横舱壁的顶部和底部一般设置为箱形结构。船首部自艏垂线起至向后 0.1L 与夏季载重线以上区域的舷侧结构采取了加强措施。

三、散货船

散货船系指机舱在艉部、货舱区域设有底边舱(下边舱)和顶边舱(上边舱),且开口线外强力甲板和双层底为纵骨架式的单甲板船。有单壳与双壳结构两种散货船,图 2-46 所示为单层壳结构散货船货舱横剖面。

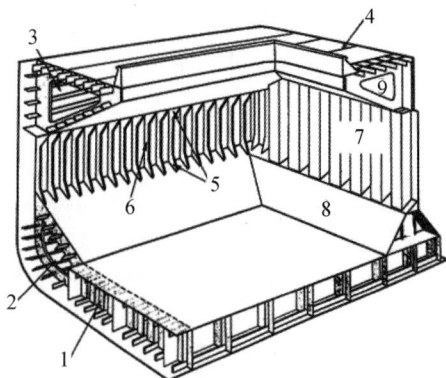

图 2-46　单层壳结构散货船货舱横剖面
1—双层底;2—底边舱;3—顶边舱;4—甲板;5—肘板;
6—舷侧肋骨;7—槽形横舱壁;8—底凳;9—顶凳

这类船舶的特殊结构特点:纵骨架式底边舱在货舱水密舱壁处设置有水密隔壁或制荡舱壁。顶边舱在货舱的水密舱壁处设置有水密隔壁或制荡舱壁。舱口垂向列板及顶边舱斜板的顶列板厚度不小于开口线外甲板厚度的 60%。船长 190 m 及以上的单壳散货船货舱区的主肋骨与其上、下肘板为整体式结构,且为对称横剖面。横舱壁的上、下部通常设有顶凳及底凳。

四、矿砂船

矿砂船系指专门设计用于装载矿砂的船舶,为具有双层底及设有两道纵舱壁的艉机型单甲板船。其货舱区域的船底和货舱开口线外的强力甲板均为纵骨架式结构。为保证横向强度,边舱内的水密横舱壁与中舱内的水密横舱壁位置一致。在内底板与纵舱壁折角处的双层底内设有旁桁材。边舱内在纵舱壁的折角处设有开孔的水平隔板或水平框架,以保证纵舱壁的横向抗压能力。其双层底采用重货加强的结构,即满足实肋板间距不大于 2.5 m、桁材间距不大于 3.6 m 等要求。纵舱壁的最下列斜壁板与内底板等厚,并向上逐渐减薄。

项目三
船舶货运设备和系统

学习目标

1. 了解干货船主要管系的作用、构成及布置形式。
2. 了解船舶起重设备的使用操作和维护保养。
3. 熟悉货舱、舱盖和压载舱的检查与保养。

任务一　干货船主要管系

　　船舶管系（Piping）系指保证船舶航行性能和安全，以及满足船舶正常运行和人员生活需要的管路系统，包括管子及其附件、机械、器具和仪表所组成的整体。船上的管路纵横交错，遍布全船，现代大型船舶上有多达数十种管系，但概括起来，可分为以下两大类：

　　（1）动力管系：又称动力系统，系指为船舶动力装置服务的管路系统，如燃油、润滑油、冷却水、压缩空气、蒸气和排气系统等。

　　（2）船舶通用管系：又称船舶系统，系指为保证船舶的正常航行和安全以及船员、旅客生活所必需而设置的管路系统，如压载水、舱底水、通风管系统、消防水、日用海淡水等。

一、舱底水管系

　　舱底水管系（Bilge System）俗称污水管系，用于排出因船舶舱口盖水密装置的老化渗漏、清洗舱室水及湿空气冷凝水、艉轴与舵杆套筒填料函的老化渗漏、机器与管路的渗漏等最终积聚于货舱与机舱底部而形成的污水。此外，在船舶发生海损事故而使舱室进水时，舱底水管系也可用来作辅助排水设备进行排水，以便争取时间堵漏。货船与客船上均设置有舱底水管系。

为能抽除及排干任何水密舱室中的水,所有船舶除固定用来装载淡水、压载水、燃油或液体货物以及设有在所有实际可能情况下能够使用的其他有效抽除设施的舱室外,其他水密舱室均设有有效的舱底水管系。

如图 3-1 所示,舱底水管系由下列几部分组成。

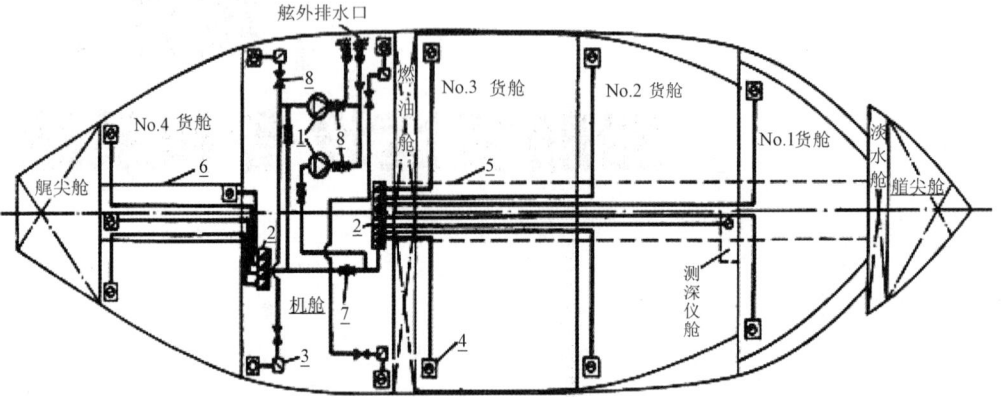

图 3-1 舱底水管系

1—舱底水泵;2—阀箱;3—泥箱;4—吸口;5—管隧;6—轴隧;7—截止阀;8—截止止回阀

1．污水沟与污水井

污水沟或污水井用来积聚舱内污水。污水沟位于舱内舷部,由下倾式内底边板和舭列板围成。在其他形式的内底边板结构上,由于无法形成沟而在船舶内底板上设置凹入双层底的污水井以便积聚污水,规范规定污水井的容积应不小于 0.15 m³。污水井通常由肋板将其分成前后相通的两部分,且容积前大后小,前后容积比一般为3:1,这样可最大限度地减少污物进入吸口所在的污水井后部区域,减少堵塞污水管路的可能性。此外,对装载散装干货的货舱,尚应在装货前将污水井盖用麻布包好,以免散货颗粒掉进污水井。

2．舱底水管路与吸口

舱底水管路(Bilge Pipe)和吸口(Suction)用于排出污水。规范规定,每舷的污水沟或污水井内均应设置一个吸口,但对内底板两舷升高及艏、艉端狭窄的货舱,则在中纵剖面处设置一个吸口,对仅有一个货舱且该舱长度大于 35 m 时,则在舱的前、后端均设置一个吸口。任何舱室或水密区域内的积水,均能通过至少一个吸口排出。由于船舶多处于艉倾状态,故吸口均布置在各舱后部的最低处。为了防止污物堵塞舱底水管路,吸口处设有过滤器(Filtrator),俗称黄蜂巢。过滤器(滤网箱)的网孔直径不大于 10 mm,且滤网箱的通流面积不小于舱底水吸入管截面积的 2 倍。

舱底水管路一般布置在双层底内,也有布置在污水沟内的。对于具有管隧的大型船舶,其总管布置在管隧内。为防止水密舱室间、水密舱室与货舱和机器处所间、干燥舱室与海水或舱柜间发生污水倒灌及各舱间相互流通的可能性,下列附件上应装设截止止回阀:

（1）舱底水分配阀箱或舱底水支管；

（2）舱底泵或舱底水总管上舱底水吸入软管的接管；

（3）直通舱底泵吸入管；

（4）舱底泵与舱底水总管之间的连接管。

舱底水管路的布置应能满足船舶在正浮或向任何一舷横倾小于5°时，均能排干污水。除轴隧舱底水支管（内径一般应不小于 65 mm）外，一般舱底水支管内径应不小于 50 mm。直通舱底泵的舱底水管内径应不小于该船舱底水总管的内径，且在任何情况下，舱底水总管的内径应不小于最大舱底水支管的内径。连接舱底水总管和分配阀箱的连接管的截面积，应不小于连接该阀箱的两个最大舱底水支管的规定截面积的总和，也不必大于所规定的舱底水总管的截面积。所有舱底水吸入管路，直至与舱底泵吸入阀箱连接之前，不应与其他管路有任何连接。

3. 舱底泵

当客船业务衡准数不小于 30 时，至少应配备四台动力舱底泵（Bilge Pump），其中三台应为独立动力泵，另一台可由主机带动或仍为独立动力泵；当客船业务衡准数小于 30 时，至少应配备三台动力舱底泵，其中两台应为独立动力泵，另一台可由主机带动或仍为独立动力泵。除客船外的船舶，当船长大于 91.5 m 时，至少应配备两台独立的动力舱底泵；当船长不大于 91.5 m 时，至少应配备两台动力舱底泵，但其中一台可由主机带动或仍为独立动力泵。

所有的动力舱底泵均应为自吸式泵或带自吸装置的泵。每台动力舱底泵应能使流经所需的舱底水总管的水流速度不小于 2 m/s。若独立动力的卫生泵、压载泵及总用泵的排量足够且为自吸式泵或带自吸装置的泵并与舱底水管系有适当的连接，也可作为独立动力的舱底泵。

舱底泵与舱底水管系的连接，应确保当其他舱底泵在拆开检修时，至少有一台泵仍能继续工作，且泵及其管路的布置，应能使所连接的任何泵的工作不受同时工作的其他泵的影响。

4. 阀箱

为便于在机舱集中控制与简化管路，在机舱里设置若干阀箱（Valve Casing），当需要将某舱污水排出时，只要将该舱所属的阀门（具有止回作用）打开，舱底泵工作就能将污水经舷侧排水阀（为截止止回阀）排出。

5. 泥箱和油水分离器

在机器处所和轴隧等处舱底水总管和支管，均应设有泥箱（Mud Box）过滤污水，使污泥和杂质沉积在泥箱里，以免污泥被吸入管路产生堵塞或损坏泵阀。此外，机舱舱底污水必须经过油水分离器（Oil-water Separator）分离出污水中的残油，以防污物排出时带出残油而污染海域，必须达到排放标准后方可排出舷外。

6. 测量管

各舱的污水沟或污水井内均设有一根直通舱壁甲板以上用来测量其水位的测量管（Sounding Pipe），又称测深管。该管的上口设有旋塞（Faucet）或螺纹盖（Thread Cap），以防污物进入管内，盖上标明所属舱室。下口位于水位最深处（吸口处），管口有开式和闭式两种形式,如图 3-2 所示。若管口为开式,为避免测量尺下端的重锤(或棒)对船底板频繁撞击而损伤船底板,在下口处的船底板上焊有一圆形垫板,称防击板(Striking Plate)。

图 3-2　测量管

1—测深管;2—螺纹管接头;3—螺纹盖;4—舱底圆垫板;5—甲板;6—船底板;7—封闭塞

布置在机舱和轴遂下面的压载舱、淡水舱的测量管,其上端管口只伸到机舱铺板、轴隧铺板(花钢板)以上高度约 1 m,为避免注入水从测量管溢出,在管口设有自动关闭阀。图 3-3 所示是一种重锤式自动关闭装置,重锤的重量使锤杆处于铅垂位置,自闭阀处于关闭状态,测量时只有将锤杆提至水平位置,阀口与管口对直,方可伸入测深棒。燃油舱、滑油舱的测深管的上端管口,必须伸至露天甲板,防止油气泄漏于舱内。饮用水的淡水舱的测量管的上端管口,要高出甲板面 400 mm 以上,以防止污物落入管内。测深管在穿过货舱时,应设有保护装置,以防碰撞。

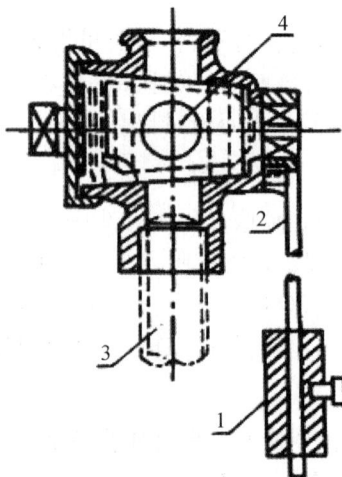

图 3-3　重锤式自动关闭装置

1—重锤;2—锤杆;3—测量管;4—阀口

除舱底水管外,船上所有的液舱、隔离空舱及管隧等均设置有测量管,以便测量液位。测量管的内径应不小于 32 mm;重燃油舱柜测量管的内径应不小于 50 mm;当测量管通过温度为 0 ℃ 及以下的舱室时,其内径应不小于 65 mm。目前,一些船上设机械或电子测量装置,但人工测量用的测量管仍必须设置。

二、压载管系

压载管系(Ballast System)用于将压载水注入双层底舱、艏艉尖舱、深舱及边舱等压载舱或从压载舱内排出舷外,也称为压载水管系。必要时还可把某一压载舱内的水调驳到其他压载舱内,以调整船舶的纵倾、横倾、吃水差和稳性等航海性能。船舶发生海损事故造成破损进水的部位为压载舱所在区域时,压载管系可用于排出进水,对不对称进水也可以利用压载水管系消除横倾。特殊船舶(如破冰船)可利用压载水管系实施破冰作业,半潜船及潜水船可利用其实现沉、浮作业。

压载水管系由压载舱、压载管路、吸口压载泵、调驳阀箱、空气管和测量管等组成,如图3-4所示。

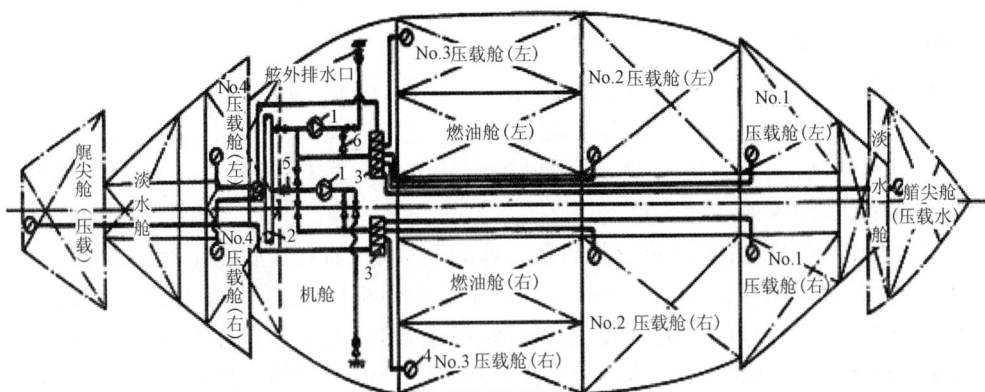

图3-4　压载水管系布置图
1—压载泵;2—压载总管;3—调驳阀箱;4—吸口;5—闸阀;6—截止阀

1.压载舱

压载舱系指专用于压载的舱室,可以用作压载舱的有艏、艉尖舱,双层底舱,深舱,散货船的边舱、顶凳和底凳等。货船的压载水量一般占船舶载货量的50% ~ 70%,油船压载占40% ~60%。

2.压载管路和吸口

压载管路用来输送压载水,通向各用于压载的舱室。压载管的布置和各压载舱吸口的数量,应能满足船舶在正常营运条件下处于正浮或倾斜位置时均能将压载水注入或排出各压载舱,即在机舱前的各压载支管,应布置在内底板以下双层底内或管隧(箱型中桁材)内,机舱里的压载支管应布置在内底板上,机舱以后的压载支管应布置在轴隧里,同时为便于集中控制,压载总管布置于机舱内。吸口设在各压载舱的后部,但当某压载舱长度超过 35 m 时,则应在前、后端均设置吸口,吸口处还应设过滤器。

一般船上压载水管系的布置方式大致有独立式、单总管式、环形总管式、分组形总管式及重力排水式五种。其中散装货船及矿砂船多采用单总管式,散装货船也采用重力排水式。

3. 压载泵

压载泵一般布置 2 台,通常为离心泵。压载泵可以兼作主海水泵,也可兼作舱底水泵。但压载管系不可兼作舱底管系。压载泵的排量要满足 2.0 ~ 2.5 h 内能将最大的一个压载舱灌满或排空,在 6 ~ 8 h 内将全船所有的压载舱灌满或排空。

4. 调驳阀箱

为便于集中控制,调驳阀箱设在机舱内,与各压载支管、总管和压载泵相连接。阀门主要有:各压载支管的截止阀,排出舷外的舷侧排水阀(为截止止回阀,以防海水倒灌),海底阀(或称通海阀,Sea Suction Valve,为截止阀)。

调驳阀箱用来控制将舷外海水通过海底阀注入所需的压载舱,或将压载舱内的压载水通过舷侧排水阀(Overboard Discharge Valve)排出舷外,以及在各压载舱之间实现调驳。

5. 空气管和测量管

规范规定,除污水沟(井)外,所有的液舱(水舱、油舱)均应装设空气管,以便液舱在注入或排出液体时,空气能自由地被排出或进入液舱。空气管一般由空气管头和空气管筒体两部分通过法兰连接组成,空气管头的形式有浮筒(浮子)式、浮球式、帽式、鹅颈式及测深兼透气式等。

空气管的下口应置于各液舱前部最高处的顶板下,如双层底舱空气管的下口应置于各舱前部角落的内底板下,上口应升高至舱壁甲板以上。上口一般应升高至干舷甲板以上的露天地点(如上甲板、上层建筑甲板等)或舱壁甲板以上或机器处所内较小的舱室空气管终止于机器处所内,其中双层底舱空气管的上口应升高至舱壁甲板以上。在燃油和货油舱柜空气管的管端,装设有耐腐蚀且便于更换的金属防火网。

空气管在干舷甲板上离甲板的高度应不小于 760 mm,在上层建筑甲板上的高度应不小于 450 mm。对无法实现独立布置空气管的船舶(如客船),则可将贮存同类液体的各舱柜空气管引至舱壁甲板以上后,与空气总管连接,并将该总管引至露天甲板以上,但空气总管的布置一般要有 5°左右的斜度,以免管内积存液体。

一般空气管的内径不得小于 50 mm(轴隧与管隧的空气管内径不小于 75 mm,油船空气管内径不小于 100 mm),且不得兼作测量管。

各压载舱均设有测量管,其设置要求同舱底水管系。

三、通风管系

通风管系用于对货舱、机舱、客舱、船员起居处所和厨房等舱室进行通风,排出废气,补充新鲜空气,调节舱内的温度和湿度,防止承运的货物变质或自燃,改善旅客和船员的居住与工作条件。

（一）通风方式

船上常见的通风方式有自然通风、机械通风和空气调节三种。

1.自然通风

自然通风是利用空气流动时通风筒内外的压力差，使空气经通风筒排出舱外或进入舱内，或把通风筒对着风向使外界的空气经通风筒进入舱内通风的系统。常用的通风筒有下列几种：

（1）烟斗式通风筒

图 3-5 所示为烟斗式通风筒，图中风斗套在座管上，风斗上的把手用来转动或取下风斗。这种通风筒主要用于向舱内送入新鲜空气，排出废气的效果不如排风筒。烟斗式通风筒在小型船舶的货舱和机舱用得较多，且在大风浪天气时需将风斗取下，用木盖盖住座管口并套上帆布罩扎紧，以防海水浸入舱室。

（2）排风筒

图 3-6 所示为排风筒，风斗呈喇叭形，风从小口吹入，气流在座管上方加速而使其压力降低，舱内空气则经座管从大口处排出。该种通风筒在小型船舶靠近两舷的舱室用得较多。

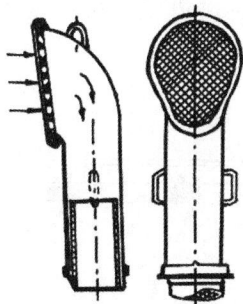

图 3-5　烟斗式通风筒　　图 3-6　排风筒

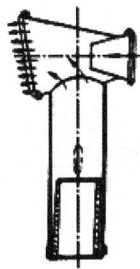

（3）菌形通风筒

图 3-7 所示为菌形（又称蘑菇形）通风筒，它是在座管上设置一形如菌帽的圆盖。有些船则利用起重柱作为座管，在其上加设固定的菌形帽盖来构成货舱的通风筒。用于厨房和起居舱室的通风筒则装有可调节螺杆，只需在室内旋转调节手轮就可达调节开口大小的目的。

为了保证通风筒所在舱室发生火灾事故后能在外部将其关闭，菌形通风筒均在菌形帽盖的顶部设置操作手轮或在筒体侧面设置操作手轮或手柄，如图 3-8 所示，以用于紧急情况时手动操作关闭通风筒。该类通风筒有的同时配有风机和金属防火网。

图 3-7　菌形通风筒示意图

图 3-8　菌形通风筒实图

（4）鹅颈式通风筒

鹅颈式通风筒有圆形、矩形和扁圆形三种形式。该种通风筒主要用于船舶物料间、储物间、水柜或油柜上及类似舱室。筒口除设有铰链式盖板外，还设有防鼠网、滤网，有的则设计成防浪形。

2.机械通风

机械通风是用风机和管道把新鲜空气鼓入舱内或把舱内空气抽出，以达到通风的目的，主要用于起居舱室和货舱。图 3-9 为机械通风管系布置示意图。

为避免在恶劣或潮湿天气下因通风导致湿空气进入货舱而引起货物潮湿，甚至发霉变质造成货损，可在普通机械通风机上加置除湿机或除湿剂，从而使输入舱内的新鲜空气变干燥。

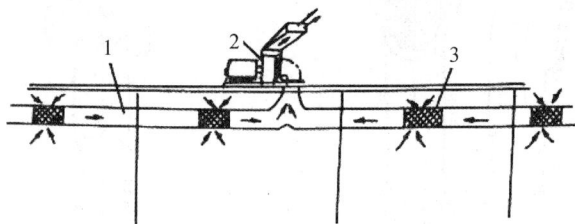

图 3-9　机械通风管系布置示意图
1—管路；2—风机；3—吸口空气滤器

3.空气调节

空气调节系统是对外界空气进行过滤、加热（或冷却）和加湿（或去湿），并把处理后的空气送至各舱室，如图 3-10 所示。其作用是调节舱室内的温度和湿度，制造人工小气候，并最终改善船员和旅客的生活居住条件。

船用空调系统一般有下述三种设置形式：

（1）中央集中式空调装置：中央集中式是在船上设置一个中央空调器，集中处理空气，然后利用通风管路将处理过的空气送至各舱室以达到调节舱内温度和湿度的目的。这种形式多见于货船。

（2）分组集中式空调装置：分组集中式是在船上设置几个中央空调器，分别负担部分舱室。这种形式多见于客船。

（3）独立式空调装置：独立式是安装在所需舱室的小型空调器，仅对所设置的舱室起空气调节作用。

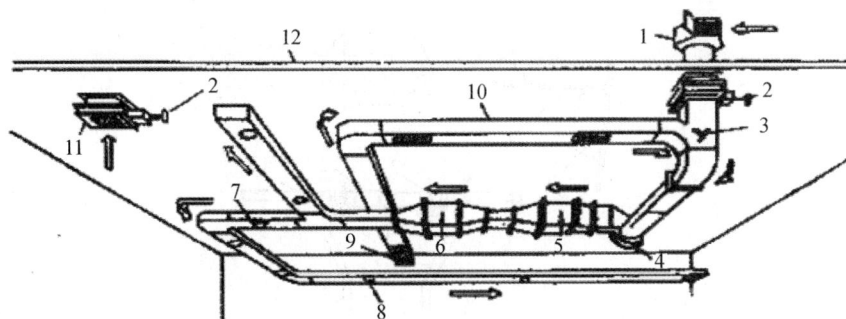

图 3-10　空气调节系统

1—通风筒；2—水密滑阀；3—可调挡板；4—风机；5—冷却器；6—加热器；7—供气管道；
8—吹风口；9—格栅；10—循环管道；11—自然排气装置；12—露天甲板

（二）通风管系的布置要求

通风管系的布置要求如下：

（1）通风帽（筒口）应设在开敞甲板上，并尽量远离排气管口、天窗及升降口等处。

（2）依据《国际航行海船法定检验技术规则》及《1966 年国际载重线公约》附则Ⅰ的有关规定。

①当通风筒在（位置 1）露天的干舷甲板和后升高甲板上，以及位于从艏垂线起 $0.25L$ 以前的露天上层建筑甲板上时，其在甲板以上的围板高度应不小于 900 mm，如高度超过上述甲板 4 500 mm，则可不设封闭装置。

②当通风筒在（位置 2）位于从艏垂线起向后 $0.25L$ 以后，且在干舷甲板以上至少一个标准上层建筑高度的露天上层建筑甲板上，以及在位于从艏垂线起 $0.25L$ 以前，且在干舷甲板以上至少两个标准上层建筑高度的露天上层建筑甲板时，其在甲板以上的围板高度应不小于 760 mm，如高度超过上述甲板 2 300 mm，则可不设封闭装置。

（3）通风管不得穿过舱壁甲板以下的水密舱壁。

（4）应设有能在外部关闭通风筒的有效装置，以便火灾时能利用其迅速关闭通风筒控制火势。

（5）必要时通风筒口应设风雨密装置。

四、其他管系

1.甲板排水管系

甲板排水管系（Deck Scupper System）是用于排出甲板或地板积水的系统，如图 3-11 所示，主要由甲板排水器和排水管组成。

为防止污物进入排水口而堵塞排水管，在排水口处设有多孔的盖板。同时，为防止海水倒灌，在所有开口排至舷外的排水管下口处设有止回装置，即起源于非封闭处所的任何水平面上的泄水孔和排水管，不论是在干舷甲板以下大于 450 mm 处或在夏季载重线以上小于 600 mm 处穿过外板，均应在外板处设置止回阀（满足有关要求者可省略）。

视频：
甲板排水管系

图片：
甲板排水管系

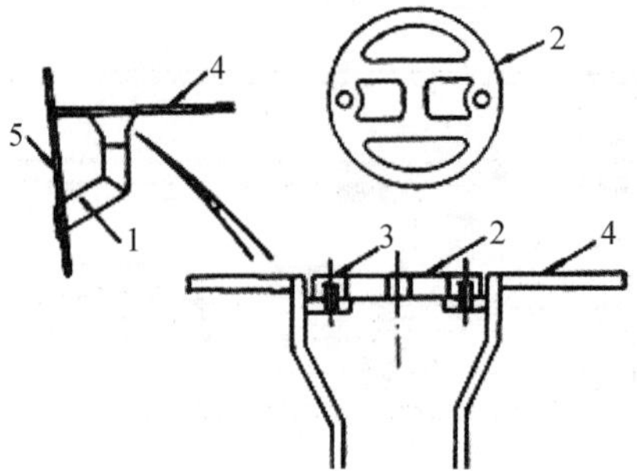

图 3-11　甲板排水管系

1—排水管;2—盖板;3—螺钉;4—甲板;5—外板

非封闭的上层建筑和甲板室的排水管和泄水管应引至舷外。排水孔应避免开在救生艇及舷梯的吊放区域内,否则必须设置挡水罩或其他有效装置。穿过外板的排水管和泄水管管壁必须加厚。

2. 消防管系

消防管系(Fire Extinguishing System)系指船舶按规范规定设置的各种固定式灭火系统(Fixed Fire Extinguishing System)。船上常用的固定式灭火系统有:水灭火系统(Water Fire Extinguishing System)、气体灭火系统(Gas Fire Extinguishing System)、泡沫灭火系统(Foam Fire Extinguishing System)、水雾灭火系统(Water Fog Fire Extinguishing System)、自动喷水系统(Automatic Sprinkling Fire Extinguishing System)及惰性气体保护系统(Inert Gas System)等,有关规范对上述灭火系统均做了非常严格和明确的规定。水灭火系统的甲板管系除主要用于灭火外,平时还可用于冲洗甲板、起锚时冲洗锚链和锚、向顶边舱灌装压载水及与手提式泡沫枪装置配套使用等。

3. 日用水管系

日用水管系(Domestic Water Supply System)用于供应船舶管理和船员生活用水,主要有日用淡水系统(Domestic Fresh Water System)、日用热水系统(Domestic Warm Water System)及饮用水系统(Potable Water System)等。一般有重力水柜(Gravity Tank)、压力水柜(Pressure Tank)、循环泵(Circulating Pump)三种供水法。

4. 卫生排泄系统

卫生排泄系统(Sanitary Water System)是船上冲洗卫生设备的系统。为防止造成海洋污染,必须先经粪便处理系统处理后,方可排放入海。

任务二　船舶起重设备

根据《船舶与海上设施起重设备规范》的定义,起重设备系指安装于船上或海上设施上的吊杆装置、起重机以及升降机和跳板,用以吊运或载运货物、设备、物品及人员等。

现代货船上比较普遍使用吊杆装置和起重机。吊杆装置是一般货船上传统的装卸设备,其结构简单可靠、成本低、维修方便,是早期货船上广泛使用的一种货物装卸设备。起重机装置紧凑,操作方便,具有良好的定点着放能力,20世纪60年代以后在船上得到广泛应用。本任务将就这两种设备做重点介绍。

一、轻型吊杆

轻型吊杆(Light Derrick)系指安全工作负荷等于或小于98 kN的吊杆装置和吊杆式起重机。起重设备的安全工作负荷(Safe Working Load,S. W. L)系指经正确安装的起重设备在设计作业工况下证明能吊运的最大静载荷。吊杆式起重机系指具有双千斤索的吊杆装置,能在带载情况下由1人即可进行回转和变幅操作。

(一)轻型吊杆的组成及布置

轻型吊杆主要由起重柱,吊杆、绳索与索具,以及起重设备动力机械三大部分组成。轻型吊杆的详细结构、各部分名称及布置如图3-12所示。图中3-12(a)为单吊杆操作的布置情况,3-12(b)为双吊杆操作的布置情况。

1.起重柱(桅)

起重柱(桅)(Derrick Post)是起重设备中主要组件之一,其作用是在柱的下部设置吊杆承座,以支持吊杆旋转和承受吊杆在作业时的受力。在柱的上部设置千斤索眼板座,以承受吊杆作业时千斤索的拉力。起重柱(桅)一般为空心圆柱体或圆锥体,由钢管组成或钢板卷弯而成。起重柱(桅)在千斤索眼板处的外径一般不小于其根部外径的85%,起重柱(桅)的最小壁厚应不小于6 mm,如兼作通风筒时最小壁厚应不小于7 mm。在起重柱(桅)的根部,穿过甲板处以及桅肩、吊杆承座、千斤索眼板座、桅支索眼板的固定区域等应力集中部位,均应用加厚板的方法加强。起重柱(桅)应至少有两层甲板作为支点,并与船体主结构做有效连接,如甲板室具有足够强度,则可考虑将其作为一个支点。连接处的船体结构或甲板室甲板应做加强。装有巨大起重能力吊杆的起重柱(桅),通常要穿入舱内,直至双层底处,并尽可能支撑在船舶骨架连接处。

起重柱(桅)的结构较多,常见的有单桅起重柱(Samson Post)、门式起重柱(Goal Post)、人字桅(Bipod Mast)和V形起重柱(V-type Derrick Post)。

2.吊杆、绳索与索具

(1)吊杆通常是钢质的,用以支撑吊货滑车。吊杆的结构尺寸可按其所承受的轴向压力和长度从有关标准中选取。其结构有等截面杆件和变截面杆件两种形式。变截面吊货杆的中段直径应至少保持1/3吊货杆长度不变,而后向两端逐渐减少至中段直径的70%。钢质吊货杆的壁厚应不小于吊货杆中段外径的1/50,亦不必大于1/30,但任何情况下不得小于4 mm。在千斤索眼板、吊货滑车眼板、保险稳索眼板等部位应做适当的加强或增加其厚度。其头部设有吊杆环眼箍或焊有眼板,用以连接千斤索、吊货索和稳索。其根部以叉头状眼板通过吊杆转轴(俗称鹅颈头)与固定在起重柱或吊杆台上的吊杆承座相连,使吊杆既可左右回转,又可上下变幅。

微课:
轻型吊杆的组成

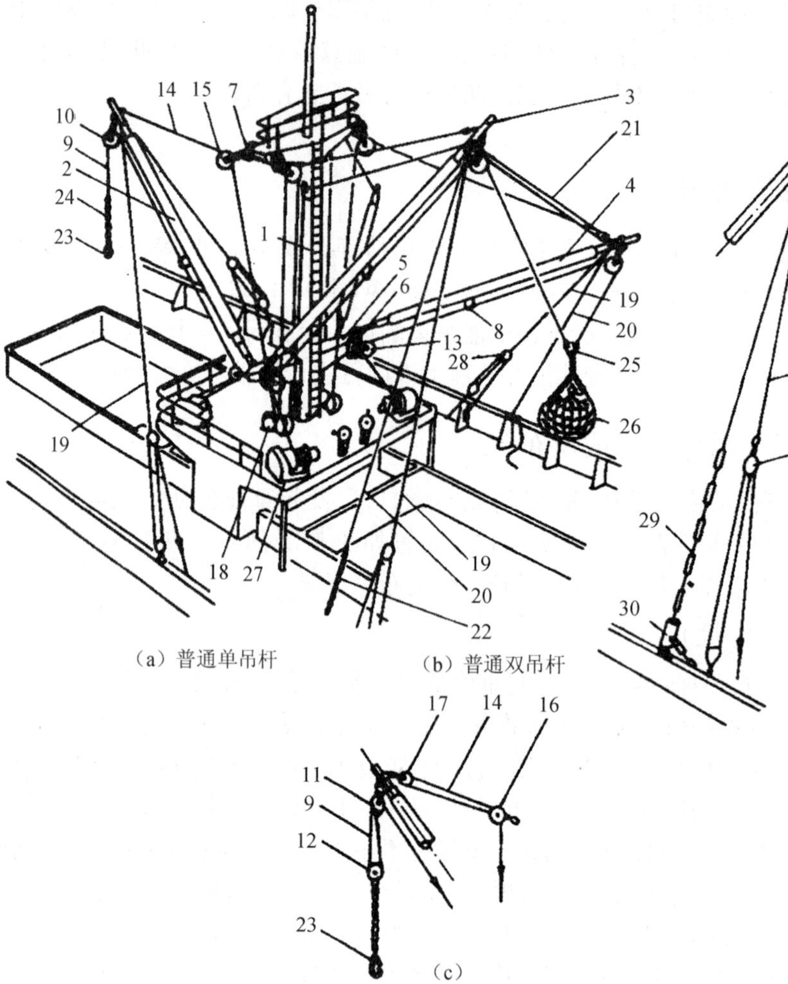

图 3-12 轻型吊杆装置

1—桅;2—吊杆;3—舷内吊杆;4—舷外吊杆;5—吊杆台;6—吊杆座;7—千斤座;8—护索环;9—吊货索;10—吊货滑车;11—上吊货滑车;12—下吊货滑车;13—吊杆座滑车;14—千斤索;15—千斤滑车;16—上千斤滑车;17—下千斤滑车;18—千斤索卷车;19—摆动稳索;20—保险稳索;21—吊杆间牵索;22—保险稳索链;23—吊货钩;24—吊货短链;25—三角眼板;26—吊货网兜;27—起货绞车;28—稳索滑车;29—有节定位索;30—有节定位索夹头

（2）绳索（Rope）与索具（Rigging）

①千斤索

千斤索（Topping Lift）系指承受吊杆载荷,并用来调整吊杆仰角的钢索。千斤索一端系在吊杆环眼箍或眼板处,另一端则穿过千斤索眼板座处的千斤索滑车垂直向下通至千斤索绞车上,利用千斤索绞车的收放控制千斤索的长度、调整吊杆的仰角。

②稳索

稳索（Guy）系指用来调整和固定吊杆的偏转角度（吊杆的水平投影与船体纵剖面的夹角）的钢索或纤维索。稳索的一端通常装在吊杆头部的两侧,另一端系在甲板地令或稳索绞车上。在单吊杆作业时,左右摆动稳索（又称牵索）一收一放,即可使吊杆回转。在双吊杆作业时,每根吊杆的外侧有两根稳索,其中一根称为调整稳索,仅用于吊杆的布置与调整;另一根称为保险稳索(Preventer Guy),用于固定吊杆工作时的位置,并承受吊货时吊货索的水平张力。两根吊杆的内侧有一吊杆间牵索(Midship Guy),又称为中稳索,用于防止吊杆外张及吊杆晃动。

③吊货索

吊货索(Cargo Wire,Cargo Fall)系指直接用于吊放货物的索具。吊货索的一端装有吊钩装置,另一端经吊杆头部的吊货滑车引至起货绞车。吊钩装置通常设有平衡装置,以使空钩时吊钩易下落且不致使吊货索相互绞缠,通常加一吊货短链或平衡锤。在吊钩与吊货短链之间应设有转环或使用转钩。转环应能自由旋转并能防止松脱。在双吊杆作业时,通常用三角眼板或圆环将两根吊货索与吊钩相连,并在短链与吊钩之间设有转环。使用卸扣横销的端部应带有螺纹,横销一般应设有防止松脱的装置。用于连接吊具系统零件的卸扣应带有半埋头的横销。

3. 起重设备动力机械

起重设备动力机械(起货机)为布置起重设备与装卸货物的动力源。

(1)起货机的分类与特点

目前,船上主要使用的起货机分为电动起货机(Electric Cargo Winch)和液压起货机(Hydraulic Cargo Winch)两种。电动起货机虽然线路较复杂、管理维修水平要求较高,但其具有操作简单、运转平稳等特点,在船上得到广泛的应用。液压起货机重量小、体积小、操作轻便、工作平稳,具有良好的制动性能,但制造安装较复杂、维护管理要求高,若使用不当则易造成漏油。但随着液压技术的发展,船上液压起货机已得到广泛的应用,并日益显示其优越性。

(2)起货机的一般性能要求

起货机的离合器和刹车应灵活可靠。绞车制动器的有效制动力矩应不小于绞车额定值的1.5倍。在电动机电源中断或管路失压时,应设有防止货物落下的制动装置。起货机应设有过载保护装置。操纵手柄的动作方向应与吊货钩的运动方向一致。

(3)起货机操作注意事项

①电动起货机的操作注意事项如下:

通知机舱供电,接通控制箱上的电源开关。使用前应顺车、倒车空转片刻,检查电磁刹车是否可靠。扳动手柄在相应的位置,即可控制相应的转动方向和回转速度。在增减运转速度时,应从低挡逐渐加到高挡,以防烧毁电机。当顺倒换挡时,应在零位(空挡)略停片刻,随后才可变换操纵方向。起货机在装卸作业时,副卷筒也转动,但严禁同时使用以防过载而发生事故。如电动机升温过高或减速箱内的油温超过规定值,则应立即停止工作并请轮机人员检查。起货机使用完毕后通知机舱停止供电。

②液压起货机的操作注意事项如下:

通知机舱供电,接通电动机电源,开启高压油泵阀门。检查高压油泵的压力是否正常,如不正常,须调节至适当的压力。启动操纵控制室内油泵开关时,应先按辅助油泵开关,过1 min后再按主油泵开关,并注意压力表指示是否正常。扳动手柄在相应的位置,即可控制相应的转动方向和回转速度。操纵时应缓慢加大油压,否则,压力突增会使油管接头破裂而造成漏油。使用完毕后,应先关主油泵后关辅助油泵,并通知机舱停止供电,关闭油泵阀。

(二)轻型单吊杆

船用轻型单吊杆种类较多,使用操作也不尽相同,但有一共同特点:其作业方式是吊杆移动带动货物移动。

1.使用操作

(1)单千斤索轻型单吊杆

图 3-12(a)所示为具有两根摆动稳索的单千斤索轻型单吊杆(General Derrick)。使用操作时,应调整好摆动稳索、千斤索,使吊杆置于某一合适的位置,吊货索也处于可用状态。当卸货时,使吊杆处于舱口上方,吊杆仰角的大小由千斤索收放来控制,松放吊货索即入舱吊货。当绞收吊货索把货物吊至超过舱口上沿后,松出吊杆转向相反一侧的摆动稳索,同时收入同向一侧的摆动稳索,在两根摆动稳索松放过程中,吊杆慢慢地转向卸货地点,到达合适的位置停下,松下吊货索将货物卸到指定的位置上。装货过程则相反。

(2)双千斤索轻型单吊杆

双千斤索轻型单吊杆(Twin Span Derrick)无摆动稳索(牵索),由左右分开的两套千斤索具来操纵吊杆,主要有两种形式。一种是维列式,如图 3-13(a)所示。它的两台千斤索绞车均为双卷筒式。其中一台控制变幅,即将两根千斤索的一端按相同方向绕进一对卷筒,绞车转动时,两根千斤索同时收进或放出,使吊杆变幅;另一台绞车控制吊杆回转,即将两根千斤索的另一端按相反方向绕在卷筒上,绞车转动时,两根千斤索一收一放,使吊杆回转。另一种为哈伦式,如图 3-13(b)所示。它的两根千斤索分别卷入各自的千斤索绞车。当两台千斤索绞车同步旋转时,吊杆就变幅。当两台绞车反向放置或转速不同时,吊杆就回转或既变幅又回转。哈伦式对轻型吊杆和重型吊杆都适用。装卸 20 ~ 40 t 重的集装箱时,常用双千斤索吊杆,这比使用翻转重吊更为方便。

2.单千斤索轻型单杆的受力分析

吊杆受力分析不仅是设计起货设备有关零部件、选取规格尺寸和进行强度核算时的依据,也是吊杆布置、调整和安全使用及分析事故原因的依据之一。受力分析的方法有图解法、解析法等,其中图解法简明、直观、实用。

单千斤索轻型单吊杆操作时,其整个装置中各构件所受之力都作用在由吊杆和千斤索所组成的垂直平面(以下简称吊杆平面)内,为简化起见,可假定这些力分别集中于吊杆头部、根部及千斤索眼板三处。

作用在吊杆头部的受力有:(1)作用在吊杆头部的载荷 $Q = W_s$(安全工作负荷) $+ \triangle W_s$(吊钩、滑车组的重力),为计算方便,通常 $\triangle W_s$ 这一项取 W_s 的 2% 即可。(2)吊杆头部还受到千斤索张力 T、吊杆轴向压力 R、吊货索张力 Q' 及吊杆自重的一半 $G/2$ 的作用(通常假定吊杆自重 G 的一半由千斤索支持,另一半通过吊杆承座作用在桅杆上)。在吊杆头部主动力的作用下,引起吊杆根部(吊货索导向滑车处)的受力为

视频:
单千斤索轻型单吊杆
装卸货作业

吊货索张力的反作用力 Q' 和通向绞车卷筒上的拉力。在吊杆头部主动力的作用下,引起千斤索眼板处的受力为千斤索张力的反作用力和通向绞车卷筒上的拉力。

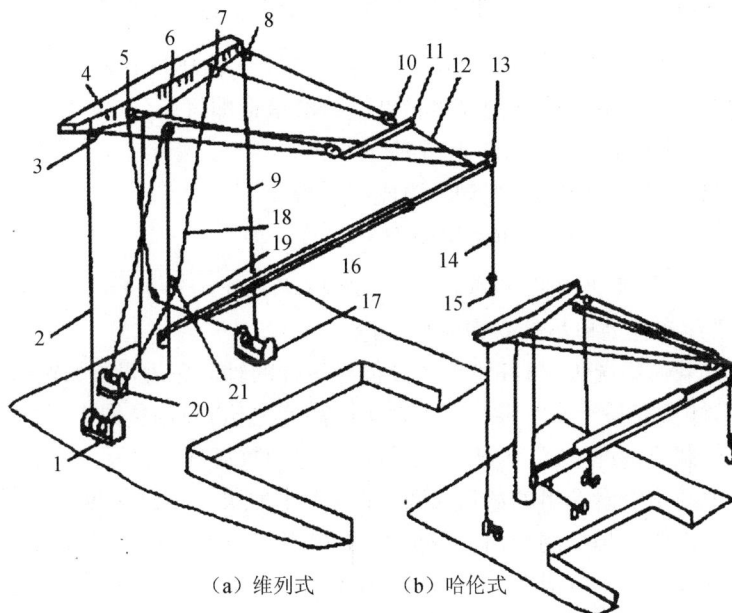

（a）维列式　　（b）哈伦式

图 3-13　双千斤索轻型单吊杆装置

1,17—千斤索绞车;2,9,18,19—千斤索动端;3,5,7,8—千斤索上导向滑车;4—桅肩;6—吊货索导向滑车;10—千斤索横担滑车;11—横担;12—横担牵索;13—嵌入式吊货滑车;14—吊货索;15—吊货钩;16—吊杆;20—起货绞车;21—千斤索下导向滑车

（1）利用图解法分析吊杆头部的各个力的步骤,如图 3-14 所示。

选取两个比例尺,即重量比例尺和长度比例尺,如 1 cm 相当于 1 m、1 cm 相当于 1 t。

根据吊杆的仰角(或垂直角)、吊杆长度 L 和千斤索眼板至吊杆承座高度 H,按所选的长度比例尺绘出侧视图。

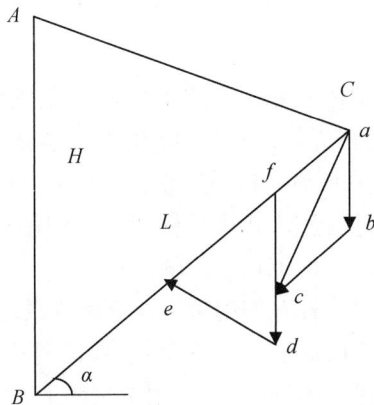

图 3-14　单杆作业时各构件受力图解

过吊杆的头部 C 点作铅垂线 ab，矢量 $\overrightarrow{ab} = \boldsymbol{Q}$；过 b 点作 bc 平行于 BC，$bc = Q' = (1 + u)Q$；连接 ac，则 ac 的长度即为吊货滑车的受力。过 c 点作铅垂线 cd，矢量 $\overrightarrow{cd} = 1/2\boldsymbol{G}$；过 d 点作 AC 的平行线 de 交 BC 于 e 点，矢量 $\overrightarrow{de}$ 则为千斤索的受力 $\boldsymbol{T}$。矢量 ae 则为吊杆的轴向压力 $\boldsymbol{R}$。按比例尺将长度换算成重量即可。

（2）解析法求解各个力，如图 3-14 所示。

根据 $\triangle ABC$ 与 $\triangle def$ 相似，其对应边成比例得：

$$R = L/H(Q + G/2) + Q'$$

$$T = (Q + G/2)\sqrt{(L/H)^2 - 2(L/H)\cos(90° - \alpha) + 1}$$

（3）单千斤索轻型单吊杆受力分析结论

①在同样载荷情况下，吊杆位置的高低对吊杆的轴向压力没有影响，而其大小取决于 L/H（吊杆长度与千斤索眼板至吊杆承座高度之比）及吊货滑车组的数目。

②在同样载荷情况下，L/H 越大，吊货滑车组的数目越少，吊杆的轴向压力越大；千斤索的张力与吊货滑车组的数目无关，而其大小取决于吊杆长度与千斤索眼板至吊杆承座高度之比及吊杆的仰角。L/H 越大，吊杆的仰角越小，千斤索的张力越大。

③除吊杆头部的吊货滑车外，吊杆各部在吊杆高位时的受力均小于低位，故吊杆在高位时能吊较重的货物，因此吊杆的仰角不能无限小。一般轻型吊杆的仰角在 $15° \sim 75°$。吊货滑车组的使用，可以使起货机负荷成倍减少。千斤索使用滑车组时，可使千斤索绞车的受力大大减少，且使起落吊杆的操作更趋缓慢、平稳。斜拉货物时会使吊杆的受力改变，因此在操作时应避免拖关、游关、摔关。在作业时，起货量不允许超过吊杆所核准的负荷，即不允许超关。

④单杆作业时的稳索只是起克服吊杆承座处的摩擦力和船舶倾斜时货物摆动的惯性力的作用，因此，稳索受力较小，可按载荷的 20% 来估算。

（三）轻型双吊杆

轻型双吊杆除了在起重柱结构上与轻型单吊杆有所区别外，其他大致相同。

1. 使用操作

轻型双吊杆在作业时，其作业方式是吊杆不动，吊货索移动带动货物移动。其装卸过程以单千斤索轻型双吊杆为例，如图 3-15 所示，每根吊杆只有一根千斤索，其中一根吊杆放在舷外（称为小关），另一根吊杆放在舱口上方（称为大关）。在两吊杆之间用吊杆间牵索（中稳索）4 接起来，并用吊杆两舷侧的吊杆稳索 7 将吊杆系固在舷侧眼环上，这样就可以把双吊杆固定在所需的位置上。

在卸货时，可利用货舱口吊杆 6 的起货机绞进吊货索，把货物从舱内吊出舱口一定高度之后，再用舷外吊杆 2 的起货机绞进吊货索，同时松出货舱口吊杆的吊货索，使货物吊至舷外，然后两根吊货索同时松出，把货物卸下。装货时的操作顺序与卸货时相反。

与轻型双吊杆相比，轻型单吊杆作业的优点是：承吊重量大，吊杆和属具少，作业时可随时回转和变幅，有利于装卸舱内各部位的货物。其缺点是：装卸速度较慢，常常需要三台起货机。

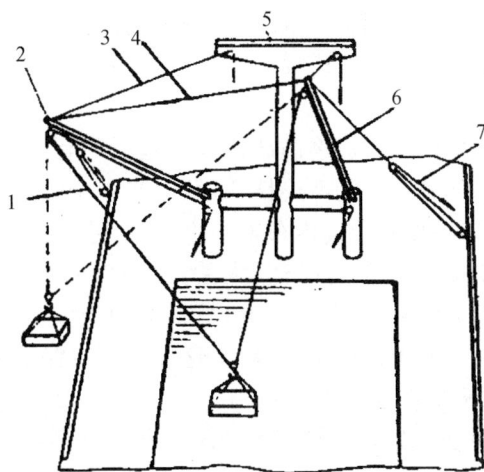

图 3-15　轻型双吊杆

1—吊货索;2—舷外吊杆;3—千斤索;4—吊杆间牵索;5—桅肩;6—货舱口吊杆;7—吊杆稳索

2. 受力分析

对于双吊杆操作系统,当舷内、外吊杆处于同一实际工作中的最小仰角时,吊货杆的工作范围与长度应满足以下要求:

(1)舷外吊杆的舷外跨距应不小于舯部船宽舷外 3.5 m,或船舶所有人要求的舷外跨距。

(2)舷内吊货杆头部在货舱口内的投影位置应位于:

①当货舱口配有 1 对吊杆时,离货舱口对边距离不大于 $L/5$(L 为货舱口长度);

②当货舱口配有 2 对吊杆时,离货舱口对边距离不大于 $L/3$;

③离货舱口对边距离为 1.5 m。

(3)当起货索夹角为 120°时,其连接点(三角眼板)距舷墙或货舱口围板上缘的高度 H 应为:

$$H \geqslant 5 \text{ m, 当 } SWL \leqslant 19.6 \text{ kN 时}$$

$$H \geqslant 6 \text{ m, 当 } SWL > 19.6 \text{ kN 时}$$

式中:SWL——双杆安全工作负荷(kN)。

(4)当起货索间的夹角取 120°时,连接两吊货索的三角眼板位于最低位置。

(5)双吊杆操作的吊杆,应使吊货杆在任何工作位置不发生倾翻情况。为满足此要求,一般应使千斤索上受力的减轻量(起货索和保险稳索水平分力的合力)乘以吊杆仰角的正切所得之值不大于起货索和保险稳索垂直分力之和。

(6)双吊杆系统中连接两根吊杆头部的内牵索(中稳索)工作负荷应取双杆系统安全工作负荷的 20%,但不小于 9.8 kN。

双吊杆作业时的起重量较单吊杆作业时的起重量小,仅为单吊杆作业时起重量的40%～60%。

3. 布局要领

单吊杆作业布置比较简单,也无须做充分的时间准备;双吊杆作业布置比较复杂,往往在装卸货之前需近 1 h 的时间进行整理准备,同时在装卸货物过程中,还要根据货物的堆垛情况进行适当调整。双吊杆作业布置的正确与否,直接关系到装卸货物的安全和避免事故的发生。值班驾驶人员必须知晓这方面的知识,以便指导水手和装卸工人的操作。

双吊杆作业的布置形式随着货物吊放位置的远近而有所不同。设计使用时,考虑到双杆的稳定性和各部分受力的牵连性,必须确定一个许用范围,许用范围的上、下限称为极限位置,只要在极限位置内布置作业,正常情况下不会出现问题。

(1)吊杆的仰角与水平角:舷内吊杆(大关)的最大仰角应小于75°。舷外吊杆(小关)头的投影点(舷外跨距)应在 3.5 m 以上,仰角应大于15°,仰角最好为45°。吊杆与船中线的水平投影夹角宜在45°~65°,这样既可以保证吊杆在舷外有一定的距离,又可以防止两吊杆头部的距离过大。

(2)舷内吊杆保险稳索略向前,使其水平投影与吊杆的水平投影尽可能成90°。

(3)舷外吊杆保险稳索尽量向后但不超过后面的起货机,稳索布置高且远,舷外吊杆与保险稳索的水平投影夹角大于20°。

(4)中稳索防止吊杆晃动,调整稳索不受力,保险稳索受力。

4.起落吊杆的操作及注意事项

船舶吊杆的起落与调整是一项复杂细致的工作,必须在熟悉起货机性能、吊杆装置的结构及其操作方法的基础上进行。吊杆的起落操作应在水手长或值班驾驶员的指挥下进行。操作前,应将操作要点及注意事项交代清楚,并试验起货机。轻型单吊杆的起落操作比较简单。现就轻型双吊杆的起落操作分述如下:

(1)起吊杆

先打开吊杆支架的铁箍,并将稳索、吊货索、千斤索整理清楚,检查各个卸扣插销、细丝有无松动、脱落现象,再将吊货索松出,将吊钩从地令脱出。将调整稳索的活端扣结在舷边眼环上,再将辘绳在羊角上挽一道,握住艄端,起吊杆时适当溜出,使吊杆不左右摆动,同时由一人适当收放中稳索。操纵千斤索升降机使吊杆升起,同时松出调整稳索。当吊杆起至需要高度时,按制动开关使升降机停住,插上保险销子。调整好吊杆位置,将调整稳索收紧挽住,然后将保险稳索系妥,收紧扣住。

(2)落吊杆

解开保险稳索,松调整稳索,收紧中稳索,将舷外吊杆拉入舷内。拔出千斤索升降机的保险销,脱开制动铁舌,启动升降机反转,松落吊杆。在吊杆接近支架时,必须特别缓慢细心地操作,以免发生事故。支架受力后,扣上铁箍,将稳索、吊货索整理清楚,检查保险销、制动铁舌是否放好。将吊货钩钩在吊杆支架下方的地令上并收紧固定吊杆。

(3)起落吊杆时的注意事项

操作人员要集中精力,注意指挥者的指挥,不要左顾右盼。指挥者应站在适当的地点,既保证自身的安全,又使作业人员能清楚地看到指挥动作,以便正确执行。起落吊杆时吊杆下不准站人。应配备足够的作业人员。如果人员不足,则应一根一根地起落。双杆同时起落时,操纵起货机者应互相配合好。在起落过程中,如发现滑车或起货机的转动有不正常的声音,则应暂时停止工作并进行详细检查,以防发生事故。一切绳索必须整理清楚,以免在吊杆的起落过程中有攀住或钩住他物的现象发生。

5.双吊杆作业时操作注意事项

严禁超关、拖关、摔关和游关。货物不应吊起太高(以过舱口围板和舷墙为准),防止两吊货索张角大于120°,以免吊货索张力剧增而导致严重后果。装卸货时应避免突然的转向或急刹车。在作业中发现有异常情况或异常声响应立即停止工作,待检查并消除故障后再进行工作。吊杆的布置应由水手长或值班驾驶员负责,不能让装卸工人任意改变布置状态。在装卸货物的过程中,吊杆下严禁站人。暂不工作时,吊货索应收绞起来,使货钩不碰到人头,吊货索不应盘在甲板上。

二、重型吊杆

重型吊杆(Heavy Derrick)系指安全工作负荷大于98 kN 的吊杆装置和吊杆式起重机。

(一)普通重吊

为了满足装运大件货物的需要,有些杂货船除了配备轻型吊杆外,还在中间货舱口或重点货舱口设置重型吊杆。由于其起重超过了10 t,它的结构装置与轻型吊杆有所不同,主要表现在吊杆的根部、头部和绳索与索具三方面。船上常用的摆动式重型吊杆如图3-16 所示。

图3-16　摆动式重型吊杆

1.结构装置

(1)吊杆根部的承座通常不设在桅或起重柱下部,而是直接安装在甲板或专用平台上,来承受巨大的吊杆轴向压力,以减轻桅的受力。

(2)吊杆头部不用吊杆环眼箍,而采用如图3-16 所示的嵌入滑轮来承受吊货绞辘和千斤绞辘的负荷。吊货索的力端从吊货滑车组动滑车引出,经过吊杆头部所设的嵌入滑轮和桅杆上的导向滑车导向重吊专用的起货机,以达到减少吊杆轴向压力和千斤索张力的目的。千斤索的力端应由吊杆头部的千斤滑车引出,穿过桅杆上端的导向滑车引至千斤索绞车。稳索则通过甲板上的导向滑车,由相邻货舱口上的起货机来操纵。

(3)吊货索和千斤索均采用滑车组(绞辘),以减轻起货机的负荷。

2. 使用操作

重吊装卸货过程一般用四部起货绞车来操纵,一部操纵千斤索,一部操纵吊货索,还有两部操纵左、右稳索。操纵卷缠千斤索的起货绞车,即可控制吊杆的起升与降落。操纵卷缠左、右稳索的两部起货绞车,即可控制吊杆的调整稳索,其中一台绞进,另一台松出,便可把吊杆从舱口转至舷外,或从舷外转至舱口上方。操纵卷缠吊货索的起货绞车,即可控制吊货索的收放,进行货物装卸。

3. 受力分析

重型吊杆都是单吊杆作业方式,除双千斤索重型吊杆外,其受力情况和单吊杆类似。

通常重型吊杆装置的吊货索和千斤索都采用滑车组。为了简化起见,忽略吊货索的嵌入滑轮与吊杆头之间的距离及千斤索眼板座与导向滑车座之间的距离,即仍假定作用在吊杆头处及桅杆的千斤索眼板处的力系为共点力系。此外,还假定经过嵌入滑轮后吊货索与千斤索方向一致。同单吊杆一样进行受力分析(见图3-17)可知

吊杆轴向压力 $R = L/H(Q + G/2)$;

千斤索的受力 $T = (Q + G/2)\sqrt{(L/H)^2 - 2(L/H)\cos(90° - \alpha) + 1} - Q'$。

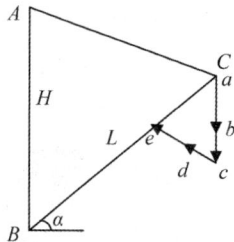

图3-17　普通重型吊杆受力分析

由受力分析可得出以下结论:

(1)重型吊杆由于吊杆采用了嵌入滑轮,改变了吊货索牵引力的方向,与轻型单杆相比,在同样载荷情况下可使吊杆与千斤索受力均减小。

(2)采用吊货索滑车组,在轻型吊杆装置的情况下,对吊杆轴向压力有影响,而对千斤索的张力没有影响。但是在重型吊杆装置的情况下,则相反(见解析式子)。

(3)吊货索与千斤索在到达绞车之前均要经过若干导向滑车。因滑轮摩擦力的作用使其张力逐渐增大,故应按最后的末端张力来选取吊货索及千斤索的强度。

(4)重型吊杆稳索受力与轻型单杆类同,但要充分估计到因吊举重大物件引起船舶横倾所产生的惯性力及吊杆支承转轴转动时的摩擦力。

4. 使用注意事项

除按轻型单吊杆操作方法以外,还必须注意以下各点:

(1)增加桅和起重柱的强度:根据各船重吊的布置特点,若要配临时桅支索,则吊货前应先将桅支索装好,防止摇晃。

(2)清理好索具:一切索具要整理清楚。对滑车及转动部件事先要进行检查并加油。选用的索具应有足够的强度。

（3）切实掌握船舶稳性：在装卸重货以前，操作人员要对船舶的稳性做到心中有数。如果船舶的稳性不能确定，则在重货吊运过程中应停止数次，以便观测船舶的倾侧情况。

（4）增大稳性力矩：为满足重大件的装卸，重型吊杆需要较大的舷外跨距。当装卸货物达到舷外最大跨距时，倾侧力矩大大增加，重心也有所提高，致使稳性力矩减弱。因此，装卸时，船身力求正浮，不要有横倾及纵倾现象存在。压载舱要注满，油水柜不应有自由液面存在。如果不可能的话，旋转操作必须断续进行，使液体有时间跟随船舶流动。待船舶静止后确定其横倾角，一般情况下不宜超过 8°。

（5）重吊作业的仰角一般应在 25°～75°，回转角不大于 80°。

（6）正确指挥操作：大副、水手长要亲自在现场检查并指挥操作。起货机操纵应力求平稳，货物吊起后应仔细检查吊杆及属具情况，认为确实可靠后再继续吊起。货物离甲板不宜过高，吊杆旋转要慢，在旋转过程中还得停下几次，仔细观察稳性状态，尤其是向舷外旋转更应缓慢，以免随着吊杆向外旋转而使船的横倾加大。

（7）为了防止吊货滑车组扭结及货物的悠荡，应在货物两端系上牵索。

（二）V 形重吊

V 形重吊又称施特尔根（Stulken）重吊，它不但改善了一般重型吊杆的操纵使用性能，而且其起重能力大大增加，有的可达 500 t 或以上，为船舶的运输带来很大的方便。目前，V 形重吊根据吊杆顶部对吊货滑车组的翻转方式不同可分为叉式、单摆式或双摆式三种类型，船上多用双摆式。现仅就双摆式做以下介绍。

1. 结构、布置及特点

图 3-18 所示为 V 形双摆式翻转型重吊结构布置。它主要由两根 V 形布置的起重柱，一根重型吊杆，两台起货绞车，两台千斤索绞车，左、右两套千斤索索具及适用于前、后两舱的吊货索索具等部件组成。起重柱头部装有轴承套管及顶索转环。顶索部分能灵活地旋转，在吊杆顶部装有摆式滑轮。其起重量大、无稳索、维护简便、操作灵活，无须做任何准备工作，整套机构一人即能操作。由于不设桅支架、吊杆稳索和牵索，操作更加安全。吊杆可翻转兼顾前后舱的装卸货任务。当重吊在一舱工作时，安装在起重柱上的轻型吊杆亦可同时在另一舱工作。

2. 使用操作

使用千斤索滑车组控制吊杆的旋转与变幅：双千斤索重型吊杆无稳索装置，吊杆头部由两副千斤索滑车组引导，每一副滑车组由一个起货机带动，吊杆的旋转与变幅依靠绞收或松放两根千斤索来进行，同时绞收或松放千斤索可使吊杆仰起或俯下。单独绞收一舷的千斤索，将使吊杆向同一舷旋转并慢慢仰起；单独松放一舷的千斤索，将使吊杆向另一舷旋转并慢慢俯下。如果以同一速度绞收一舷的千斤索并松放另一舷的千斤索，则将使吊杆以大约同样的高度向绞收一舷旋转。

使用吊货滑车组控制货物的升降：吊货滑车组采用无端法穿引，由两个上部吊货滑车和两个下部吊货滑车组合。滑车组钢丝绳的每一端先引向对应的转动头的滑车支座上的导向滑轮，再行至吊货绞车。

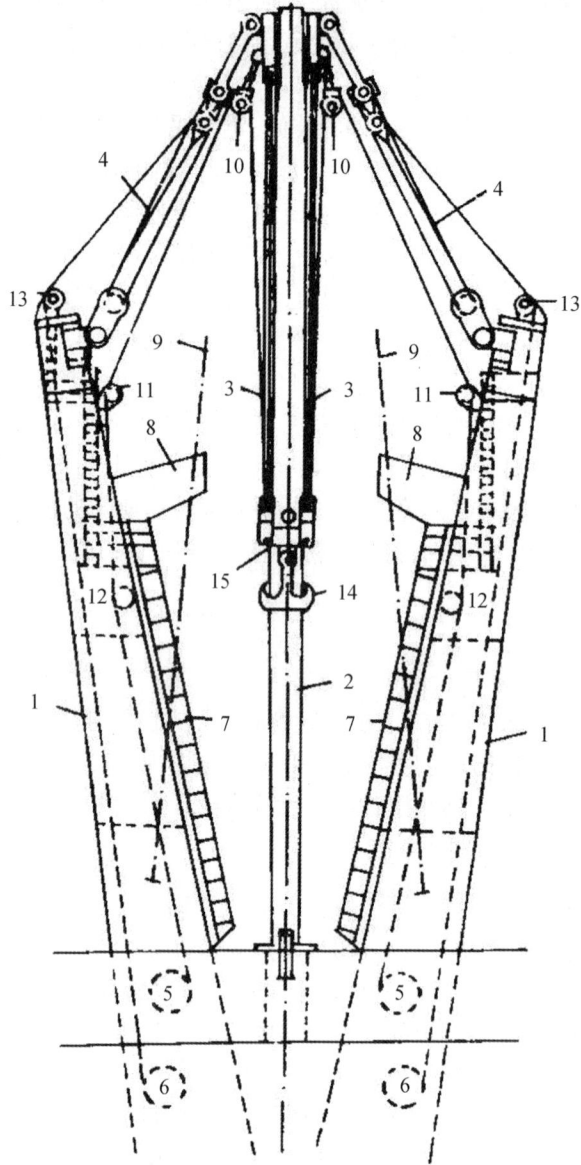

图 3-18   V 形双摆式翻转型重吊

1—起重柱;2—重型吊杆;3—吊货索滑车组;4—千斤索滑车组;5—起货绞车;6—千斤索绞车;7—梯;8—控制台;9—轻型吊杆;10,11,12—吊货索导向滑车;13—千斤索导向滑车;14—山字吊货钩;15—连接横杆

    吊货滑车组由两部绞车来绞动。如果只开动一部绞车,则吊货钩升降速度减半。使用双吊货滑车组时,两个下部吊货滑车并接于一个连接横杆、山字钩,能吊全部安全负荷。如果用单吊货滑车组,则不需要连接横杆,由山字钩与作业的滑车组相连接,只能吊到1/2 的安全负荷。

3.使用注意事项

    除普通重吊操作注意事项外,还应注意:

（1）控制吊杆的回转角不超过60°。当吊有重物时,吊杆的稳定依靠两根千斤索的同时受力。如果回转角太大,则致使摆出舷的千斤索松弛,而另一舷千斤索受力加大,加上船舶的晃动或横倾,很可能使松弛一舷的千斤索不受力,全部受力集中于另一舷千斤索上,这样吊杆将失去稳定性,有倒下来的危险。当发现摆出舷的千斤索有松弛现象(即受力为零)时,应立即停止继续摆出,并同时将另一舷千斤索绞入,直到摆出舷千斤索重新受力。

（2）掌握吊杆的仰角:一般控制在25°～75°。在这一范围内,吊杆可以摆动;超过此范围,吊杆不能做摆动,以防止意外。

（3）掌握吊杆负重时船的横倾角:在吊重旋转中,当吊杆头未超过船舷时,横倾角不得大于8°;超过船舷时,一般不得超过12°。另外,在吊重摆向舷外时,速度应缓慢,并做几次停歇,以观察船体横倾情况,防止摆出太快造成船体横倾角突然增大而影响船的动稳性。

4. 倒换舱口操作

当一舱装卸完毕需要装卸另一舱时,V形重吊还得进行倒换舱口的操作。倒换舱口的操作应特别谨慎小心。尤其是当船舶纵倾较大,由低的一端向高的一端倒换时,在设备说明书上写明倒换舱口时的最大纵倾的限度。如实际超过此限度,则应先调整纵倾后,再进行倒换操作。倒换舱口有两种操作方法:

（1）依靠吊货滑车组来操作

将两根千斤索同时以同样速度绞紧,使吊杆仰角达86°～88°。这时应特别注意,因吊杆与水平面接近垂直,若不注意,继续猛绞,则会使千斤索眼板、滑车受到向下的拉力越来越大,以致把吊杆索具损坏。

将吊货钩及连接梁从下滑车拆下,其中一个滑车系在吊杆根部的固定眼板上,如图3-19所示。另一个滑车装上吊货钩,并把连接横杆系在吊货钩上,再用一绳索把吊货钩系在甲板的眼板上。因为吊货索采用无端法穿引,所以用起货机绞进吊货索,就能把吊杆倒换到另一个舱口上。

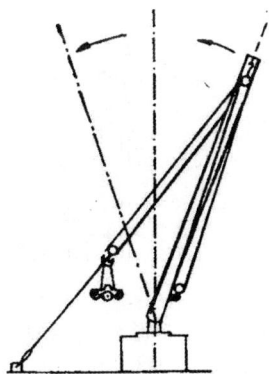

图3-19　滑车系在吊杆根部的固定眼板上

（2）利用拉索绞换来操作

其操作过程如图3-20所示,首先用同样的速度绞紧两副千斤索滑车组,使吊杆缓慢上升至仰角约85°为止。这时不能再绞,然后用拉索缠在绞车上,将吊杆拉过死点(仰角为90°)。千斤索配合绞紧或放松,以免吊杆拉过死点时产生晃动。不可操之过急,以免拉坏索具。当吊杆越过死点后,利用吊杆重力即可倒换过去,而无须再用拉索来收绞。

图 3-20 利用拉索绞换来倒换舱口

1—吊杆;2—起重柱;3,4—吊货滑车组;5—拉索;6—吊货索;7—吊杆端部叉头;8—山字吊货钩

5.V 形重吊的固定

重型吊杆用毕还得进行固定,以免在航行途中因风浪及船舶的摇摆而引起重吊的晃动,从而影响船舶的航行安全和损坏吊杆索具。其固定方法如下:

以同样的速度绞进两副千斤索滑车组,使吊杆竖起并与垂线夹角约成8°,如图3-21 所示。

拆下吊货钩并放妥在专用的槽架中,连接横梁不必拆下,而把它拴牢在支架上绞紧吊货索滑车组和千斤索滑车组,就能把吊杆固定好。如果航行时间长,还得加上两副系紧滑车组,利用轻型起货机把它们绞紧。

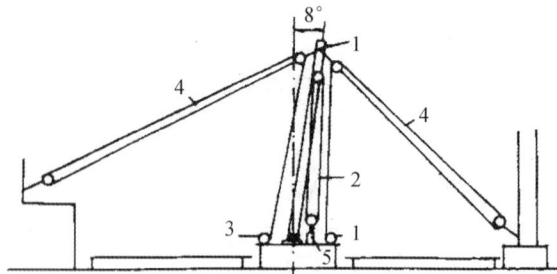

图 3-21 V 形重吊的固定

1—重型吊杆;2—吊货索滑车组;3—轻型起货机;4—系紧滑车组;5—连接横杆支架

(三)哈列恩式重吊

哈列恩式(Hallen)重型吊杆与双千斤索轻型吊杆的结构大致相同。其主要特点是在左、右桅肩上各设有一个水平臂杆,水平臂杆设垂向和外侧牵索各一根,以确保

臂杆与桅肩垂直,并可在横向上从与桅肩垂直状态各自向外侧转动90°。千斤索滑车组的定滑车系在臂杆上,千斤索的力端经导向滑车后引向千斤索绞车。这样,吊杆无论向哪一舷回转至最大角度时,两根千斤索均能维持一定的夹角并受力,从而确保了吊杆的稳定并可随时被转回至舷内。吊货索采用滑车组,其力端经吊杆头部的嵌入滑车和桅肩上的导向滑车后引向起货机。共有三台起货机,吊杆装卸货的所有动作均由双千斤索完成,即当双千斤索以同一速度松放或绞收时,吊杆仅做仰角改变;当双千斤索以同一速度一送一放时,吊杆仅做左右旋转。

三、起重机

起重机俗称克令吊(Crane),于20世纪60年代开始在船上使用。它具有工作面积大,机动灵活,操作方便,在装卸作业前后没有烦琐准备和收检索具等工作,并且重量小,占地少,装卸效率高等优点。其缺点是结构复杂,投资高,出了故障修复难度比较大。按其动力源的不同,起重机可分为电动式和液压式两种。液压式使用比较广泛。按其使用方式的不同,起重机又可分为回转式、悬臂式和组合式三种。

微课:
甲板起重机的种类

(一)甲板起重机种类、组成与操作

1. 回转式甲板起重机

(1)基本结构

回转式甲板起重机(Deck Crane)的基本结构如图3-22所示。回转式甲板起重机由基座、回转塔架、吊臂、操纵室、操纵装置等组成。基座固定在甲板上,并有旋转支承装置(即上坐圈、下坐圈、外围支承板)和旋转机构(即电动机、小齿轮、大齿轮)。回转塔架支承在基座上,包括上、下两层,上层为操纵室,下层装有三部电机(即供吊货索起升、吊臂的变幅和塔架的旋转)。吊臂根部固定在回转塔架底部,可绕根部支点上下俯仰,其头部装有两套滑轮组供吊货索和千斤索用。

(2)基本参数

起重机的基本参数亦随起重机的使用方式不同而不同。例如,上海船厂制造的电动式甲板起重机,其基本参数如下:

起重量	5 t
起升速度	18.9/36.0/73.0 m/min
旋转速度	1.10/0.53/0.28 r/min
变幅时间	109 s
工作幅度	3.5~16.0 m
回转角度	360°
船舶倾角	横倾5°,纵倾2°,超过时应以实际情况计算

(3)操作主令

在起重机操纵室内,座椅两侧分别装有三部电机运转控制器。

起升为单主令:控制吊货索的起升,通常由操作人员的右手控制,手柄向前,吊钩下降;手柄向后,吊钩上升。

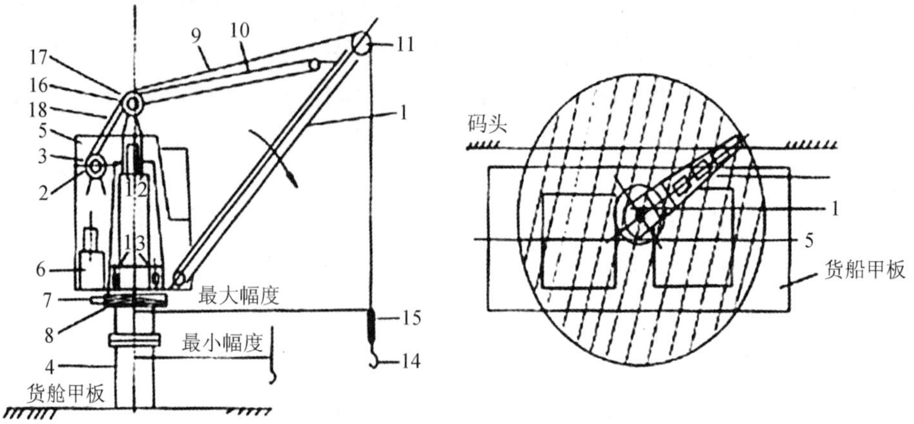

图 3-22　回转式甲板起重机

1—吊臂;2—起货绞车;3—定柱;4—变幅绞车;5—机房;6—旋转机构;7—小齿轮;8—大齿轮;
9—吊货索;10—千斤索滑车组;11—吊货索导向滑车;12—上支承;13—下支承;14—吊货钩;
15—转环;16—吊货索导向滑车;17—千斤索导向滑车;18—千斤索

旋转和变幅为双主令:控制吊臂变幅和塔架旋转,通常由操作人员的左手控制,手柄向前,幅度变大;手柄向后,幅度变小;手柄向左,起重机左转;手柄向右,起重机右转;旋转手柄在"0"挡时,刹车合上,定子断电,电子转子为自由状态;"0"挡左右有一空当,此时刹车松开,定子断电,电子转子为自由状态。以上三个动作可单独进行,也可两两组合进行,甚至可以三个动作同时进行。

(4)操作注意事项

①使用准备

打开水密门以便检查或通风,天热时须启动轴流风机。检查卷筒上的钢丝排列是否正常。将吊臂升起,仰角应大于27°。检查安全装置和刹车。

②运转要点

绝对不允许横向斜拉货物。注意吊钩的位置,在吊钩着地后不得再松钢丝绳,也不能在地上拖吊钩。在传动失灵时,可以将货物放到地上和将吊臂放下,将电机的刹车小心地、慢慢地松开。发生危急情况时,按紧急开关,使各动作停止。起升钢丝绳切忌在舱口摩擦,平时应加强检查。在船舶倾角较大(接近5°)或刮大风时,避免在最大幅度时旋转。在吊着货物时,操作者不能离开。

③放置

装卸作业结束后,首先将吊臂转到支架上方,再把旋转手柄放在空挡,然后脚踏转换开关,将吊臂落到支架上,再将旋转手柄回到"0"挡。此时变幅钢丝绳稍有收紧,切忌很紧或很松,以免钢丝绳在卷筒上松脱或乱绕,然后关闭各门窗。

2.悬臂式起重机

悬臂式起重机是一种新型的甲板起重机,主要用于集装箱装卸,它利用伸出舷外的水平悬臂和在悬臂上行走的滑车组小车来完成装卸货作业。其基本工作原理如下:

(1)起重机可沿甲板上的轨道前后移动,悬臂可向两舷伸出,如图3-23(a)所示。

（2）在起重柱子上设水平悬臂代替吊杆，利用悬臂牵索把悬臂拉出舷外，而滑车组可沿着悬臂前后移动，如图 3-23（b）所示。水平悬臂可从舷门伸出，如图 3-23（c）所示。

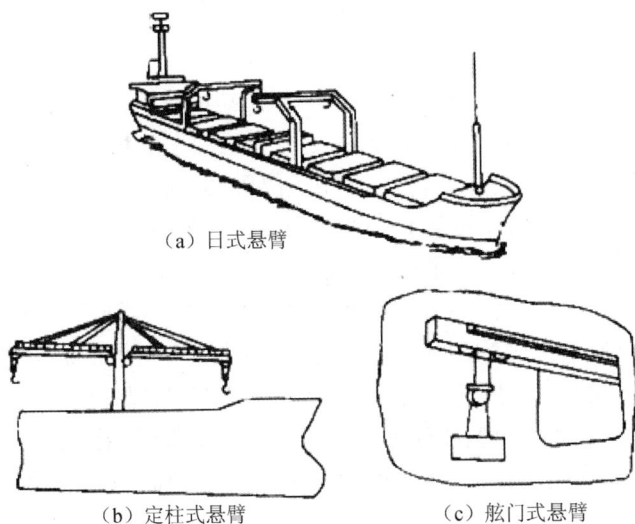

（a）日式悬臂

（b）定柱式悬臂　　　　　（c）舷门式悬臂

图 3-23　悬臂式起重机

3. 组合式起重机

组合式起重机又称为双联回转式起重机，它是近年来随着船舶运输货物的多样化，起货设备的多用途、大吨位发展而出现的。它由两个单回转式起重机同装在一个转动平台上组合而成。两台单回转式起重机可以各自单独作业，也可以并联在一起，用以起吊重量大的货物，如组合体货、大件货等，如图 3-24 所示。一般情况下合并使用时的起重量为单独使用时的两倍，如果一台起重机的起重能力为25 t，则两台并联工作时，就可以起吊 50 t。组合式起重机主要设置在集装箱船或可装载集装箱的多用途船上。

图 3-24　组合式起重机

当两台起重机单独作业时，应将操纵室内的转换开关置于"单吊"位置，此时安装在公用大转盘上的两台起重机就互相脱开，可以绕各自的小转盘旋转。但最大旋转角度要受到限制,一般为220°左右(各自在相反的方向上起算),这样若两台起重机同时作业于相邻的两个舱,应该注意到两吊都能够回转进入干涉区。为此,为了有效防止两台起重机相互碰撞,设置了相应的安全装置,即在140°范围内设置相应的极限开关(回转角度限位器),当一台起重机进入干涉区时,极限开关起作用,使另一台不能超出140°的范围。

当需要起吊重量超出单台起重机安全工作负荷的货物时,可将两台起重机的吊货钩与一吊货横梁连接起来,并有主、副吊之分,主、副吊的吊货钢索分别连接于横梁的两端。将操纵室内的转换开关转到"双吊"位置,此时两台起重机就互相组合,一起绕公用大转盘旋转,旋转角度正反360°无限制,并由主吊操纵控制室内的控制手柄进行主、副吊的合吊操作。为了保证吊运货物的平稳和安全,主、副吊上装有起升同步装置。当主吊的起升高度大时,操纵室内的偏角指示器偏转,指示出主、副吊卷筒的转角差,并通过电磁阀控制使主吊降速,以保持主、副吊的起升同步。同样,在主、副吊的两吊杆间产生角度偏差时,也有同步装置控制,以保证变幅同步。

新型船舶已开始使用微型计算机来控制多用途双联(组合)起重机,使并机起吊实现三个自由度上的同步作业,整个操纵只需一人在控制室内进行,也可实现遥控操纵。

(二)起重机的控制与安全(保安)装置

1.起重机的控制装置

起重机应设有起升、回转、变幅与行走(如适用时)机构的控制系统,能够有效控制速度、运转方向与停止运转,以确保作业安全。

2.起重机安全(保安)装置

(1)起重机的保险限位装置

①起升高度限位器:限制吊钩组合进入吊臂头部是由差动型限位装置来限制的,不管吊臂在什么位置,当吊钩组合向吊臂头部接近约剩2 m时,起升的上升方向与变幅的下降方向自动停止,但吊钩能放下,吊臂能上仰。

②最大与最小臂幅限位器:起重机工作幅度都设计有一定的范围,相应的吊臂仰角也应有设计的最小和最大角度范围(如27°~79°),其角度的限制由装在塔架转台侧面、受吊臂脚撞触的限位开关来保证。当吊臂仰角大于设计最大角度时,塔架头上装有两个缓冲器顶住吊臂的横挡。如起重机某机构需要越过限位器所限制的位置(如将吊臂架放平于支架),则设有可停止限位器动作的越控开关,此开关应适当保护,以防止发生意外动作。吊臂需要放置于支架上时,脚踏转换开关,就能落下。

③回转角度限位器:适用于回转角度有限制的起重机。

④行程限位器:适用于行走式起重机(如悬臂式起重机)与桥式起重机的行走吊车。行走式吊车在行程限位器后还应设有缓冲器与缓冲挡座。

上述限位器动作后,应发出报警、切断运转动力并应能将吊运的载荷与起重机保持在限位器动作时的位置上,辅助起重机(如食品吊等)除外。

（2）起重机的超负荷保护或负荷指示器

起重机应设有超负荷保护或负荷指示器,超负荷保护应调整在不超过110%安全工作负荷和动作。具有不同安全工作负荷、相应不同臂幅的起重机,应设有臂幅指示器和在给定臂幅时能自动显示最大安全工作负荷的载荷指示,并在载荷达到95%安全工作负荷时应发出警报,达到110%安全工作负荷时能自动切断运转动力。

（3）起重机的制动器

起重机的各机构应设有制动器,起升与变幅机构的制动器应为常闭式,并应具有应急释放的装置以使任何载荷能下降与就位,制动器的安全系数（制动力矩与额定力矩的比值）应不小于1.5。

（4）行走式起重机的夹轨装置

行走式起重机应装有夹轨装置,以防止起重机在风力或船倾作用下自动滑行。行走式起重机还应装有锚定装置,以供起重机停用时予以固定。

（5）起重机的声光信号装置

起重机应设有声光信号装置,行走式起重机在轨道上行走时,应同时发出声光信号。

（6）紧急按钮

在双主令上装有紧急按钮,按此按钮可使起重机的三个动作立即停止。另外,吊臂最高、最低位置的限制系由起升卷筒旁边的限位装置保证,同时防止钢丝绳松脱。吊钩放到最低位置（碰舱底板边角）时,卷筒上留有钢丝绳不少于3圈;吊钩升到最高位置时,卷筒上留出空槽约1圈,绞车卷筒凸缘应高于最上层钢丝绳不少于2.5倍钢丝绳直径。

四、滑车、绞辘与索具

配合绳索使用的配件统称为甲板索具。目前,船上常用的甲板索具有:滑车、卸扣、钩、眼板、眼环、紧索夹、心环、索头环、松紧螺旋扣等。

1. 滑车与绞辘

滑车与绞辘是起货设备中不可或缺的甲板索具之一,它可以改变力的方向,亦可达到省力的目的。

（1）滑车

船上常用的滑车有铁质和木质两种,滑车按其滑轮数目的不同,又可分为单轮滑车、双轮滑车和多轮滑车。不同种类的滑车结构基本上是相同的。滑车由滑车壳、滑轮、轮轴、滑车带、颊板及索槽组成,如图3-25所示。

滑车的挂头形式很多,有钩子、眼环、旋转环和卸扣等,可根据工作需要来选用。它的强度代表滑车的强度。

车壳用铁板或木头制成,用以保护滑轮和防止绳索滑脱。多轮滑车的滑轮之间则用隔板隔开。

车带直接连在车壳上,轮轴上的力由车带来承受,然后传递到挂头上。

微课:
滑车与绞辘

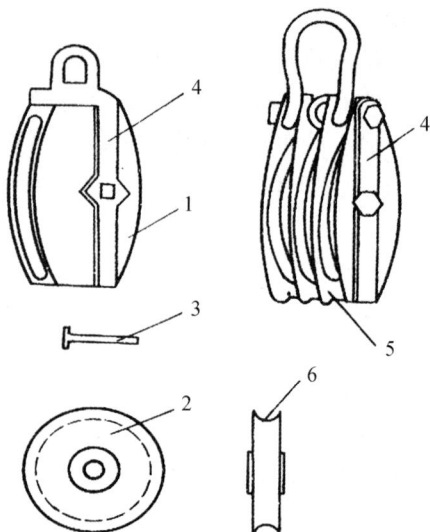

图 3-25　滑车各部件的名称

1—滑车壳;2—滑轮;3—轮轴;4—滑车带;5—颊板;6—索槽

　　滑轴用钢制成,它穿过滑轮后固定在车带上。其固定的方法有单头螺丝、双头螺丝和压板三种,受力大的滑车的轴都应采用压板固定法。

　　铁滑车的滑轮是用钢铁制成的,木滑车的滑轮是用铁、铜或硬木制成的。滑轮的中心为一轴承,由铜、合金钢或滚珠制成。轮轴穿过轴承,滑轮在轮轴上能自由转动。轮轴通过轴承支撑滑轮转动,分滑动轴承和滚动轴承两种,当钢索通过滑车或滑轮时,应考虑滑轮的摩擦系数和钢索的僵性损失,滑动轴承的系数为 5%,滚动轴承的系数为 2%。

　　滑车的大小规格以量自索槽底的滑轮直径来表示,单位为 mm。起货设备上的滑车规格还以它的起重量表示,单位为 t。对木滑车有时以车壳长度来表示,单位为 in。滑车的强度以其挂头的强度为准。

　　在吊杆装置中,铁滑车配用钢索作为动索时,滑轮直径不小于钢索直径的 13 倍;作为静索时,滑轮直径不小于钢索直径的 8 倍;在配用纤维绳时,滑轮直径不小于绳索直径的 6 倍。在起重机装置中,铁滑车配用钢索作为动索时,滑轮直径不小于钢索直径的 19 倍;作为静索时,滑轮直径不小于钢索直径的 8 倍;木滑车如以长度计,则应不小于绳索周长的 3 倍。

　　(2)绞辘

　　滑车配上绳索使用叫绞辘。绞辘各部分的名称(见图 3-26)如下:

　　辘绳:贯穿在滑车上的绳索;根端:辘绳固定在滑车上的一端;力端:辘绳用力拉的一端;定滑车:固定在某处不动的滑车;动滑车:钩吊重物,能上下移动的滑车。

　　单绞辘由一个单滑车和一根辘绳组成,如图 3-27(a)所示。

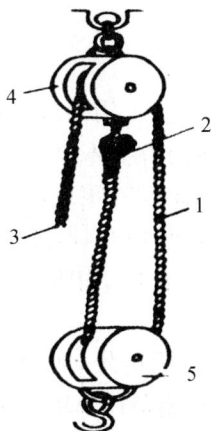

图 3-26 绞辘各部分的名称

1—辘绳;2—根端;3—力端;4—定滑车;5—动滑车

复绞辘由一个定滑车、一个动滑车和辘绳组成,又称为滑车组。其命名方法是根据定滑轮和动滑轮的滑轮数量而定的。习惯上称为 1-1 绞辘、1-2 绞辘、2-2 绞辘等,前一位数是定滑轮的数量,后一位数是动滑轮的数量,如图 3-27(b)、(c)、(d)所示。当动、定滑轮数量不一致时,一般以滑轮数多的滑车作为定滑轮。

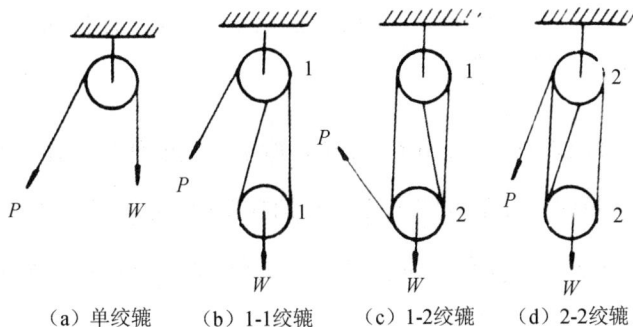

（a）单绞辘　　（b）1-1绞辘　　（c）1-2绞辘　　（d）2-2绞辘

图 3-27 绞辘

使用绞辘可以获得一定的机械利益,其省力倍数等于它动滑车上的绳子数。其拉力的近似计算可用

$$P = \frac{W(1 + f \times n)}{m} \times 9.8$$

式中:P——绞辘力端的拉力(N);

W——吊货重量(kg);

n——辘绳穿过的滑轮数;

m——动滑车上的绳子数;

f——摩擦系数,对滑动轴承为5%,滚动轴承为2%,木滑车为10%。

2.其他甲板索具

(1)卸扣

卸扣是船上最广泛使用的索具之一,用来连接各种绳头眼环和链索的可拆卸的环形金属构件,如图 3-28 所示。卸扣由本体和横销两部分组成,横销有直插销和螺丝销两种,横销插入本体后,要用细钢丝扎牢或用开口销锁住,以防横销脱落。按照本体形状,卸扣有直形卸扣(D Shackle)和圆形卸扣(Harp Shackle)两种。其大小以其本体的直径来表示,并在本体上标有其使用负荷。如没有使用负荷的标注,则按下式估算

$$直形卸扣许用负荷 = 44.1D^2 \quad (N)$$
$$圆形卸扣许用负荷 = 36.26D^2 \quad (N)$$

式中:D——卸扣本体直径(mm)。

图 3-28 卸扣

卸扣使用时要注意它的受力情况,如不能横向受力、不许超负荷。带螺纹的横栓。螺栓不得碰损,以免无法拆装,不用时要在螺纹上涂油保持润滑,使用完毕后横销要在本体中插好,以防失散。

(2)钩

钩也是船上常用索具之一,如图 3-29(a)所示。钩的使用方便,但它的强度比卸扣小,钩的强度仅是同尺寸的卸口的$\frac{1}{5}$。长期挂重时,可用绳子扎在钩尖和钩把之间,如图 3-29(b)所示。在本体上标有其使用负荷,如没有使用负荷的标注,则按下式估算

$$许用负荷 = 9.8D^2 \quad (N)$$

式中:D——圆背钩钩背直径(mm)。

钩使用时,应使钩背受力,以防拉直或变形。钩尖开口部分的间距如超过原尺寸的 15%,则不能使用。钩斜钩在甲板、舷墙等处的活动眼环上时,应使钩尖朝上以防钩受力滑动使钩尖滑脱,如图 3-29(c)所示。

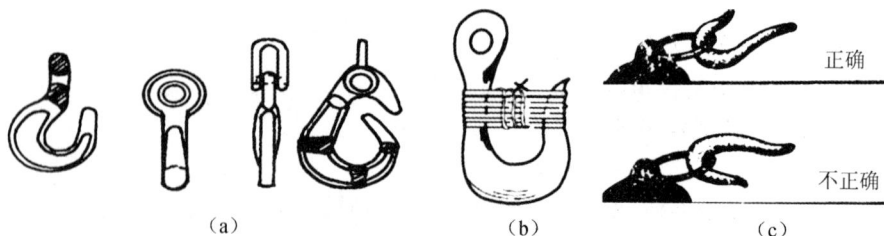

正确

不正确

(a)　　　　　　　　　(b)　　　　　　　　　(c)

图 3-29 钩

（3）眼板

眼板是一块带眼的钢板,如图 3-30 所示。三角眼板供拴系吊货索及钩子;甲板眼板焊接在舷墙或甲板上,供拴系支索或稳索用。使用负荷按下式估算

$$许用负荷 = 75.46D^2 \quad （N）$$

式中:D——眼板厚度(mm)。

眼板应定期检查、测量磨损情况,如有脱焊、变形,或磨损、锈蚀超过原板厚的 1/10 时,应及时修复或换新。

（4）眼环

眼环是由 U 形或环形圆钢焊在钢板上的构件,如图 3-31 所示。有单一固定眼环和由一个固定的眼环与一个活动眼环组成的两种。它用于连接调整稳索或拴系其他绳索等。其强度小于眼板。使用负荷按下式估算

$$许用负荷 = 29.4D^2 \quad （N）$$

式中:D——活动眼环直径(mm)。

眼环应定期检查、测量磨损情况,如有脱焊、变形,或磨损、锈蚀超过原尺寸的 1/10 时,应及时修复或换新。

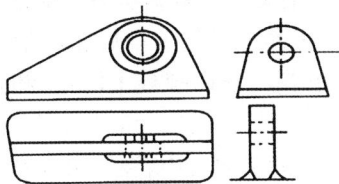
图 3-30　眼板

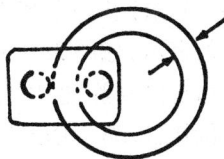
图 3-31　眼环

（5）嵌环

嵌环又称为套环、心环,它是一种外缘带凹槽的金属环,用于嵌在索眼中防止绳索过度弯曲和减少内缘的磨损,如图 3-32 所示。心环的大小是其内圆的直径,配绳时应使心环的槽宽比绳索的直径大 0.5 ~ 2.0 mm。常见的嵌环有圆形和心形两种。圆形嵌环用于纤维绳;心形嵌环多用于钢丝绳,也可用于纤维绳。较大的心形嵌环上铸有表示型号和强度的标志,可根据绳索的使用要求选用。

（6）紧索夹

紧索夹又称为钢丝夹头或钢丝绳头卸扣。使用紧索夹可以不用插接方法制作一钢丝绳琵琶头,或将两根钢丝绳连接在一起。紧索夹由一 U 形螺栓和底座构成,其大小以 U 形螺栓的开挡来衡量,单位为 mm,并适用同样大小的钢丝绳。紧索夹使用的数量至少为三个,钢丝绳越粗,则使用个数越多,每个间隔约为钢丝绳直径的六倍。使用时,其圆头应朝向绳头活端,如图 3-33 所示。使用紧索夹易使钢索变形。其使用不太方便,因此一般只是临时连接使用。

使用时 U 形环上两只螺帽应逐渐交替拧紧,以防夹座倾斜而损伤螺纹。平时螺纹要加油润滑,以防生锈咬死;U 形环要防止压损变形,以免无法拆装。

| 图 3-32 嵌环 | 图 3-33 紧索夹 |

（7）索头环

索头环有叉头和环头两种，如图 3-34 所示。环的下面是一个上大下小的锥形孔，将钢丝绳绳头由小孔穿入，绳头散开将铅锌金属溶液注入，使绳头与环连成一体，小孔的内径与钢丝绳直径一致。其强度以环或横销的强度来衡量。

标记为 $A_{6CSC5-59}$、$B_{2.1CSC5-59}$ 的国产索头环，其中"A""B"分别表示叉头索头环和环形索头环，常用于桅支索等强度要求大的静索上。

（8）松紧螺旋扣

松紧螺旋扣又称为松紧螺丝、花篮螺丝，是用于收紧钢丝绳和链索或拉杆的专用索具，主要由两根螺杆和一个螺旋套组成。其大小以整个螺旋扣的最大与最小长度和螺杆的直径来表示，如图 3-35 所示。使用时，一般以螺杆上的钩、卸扣或环的强度为依据。螺旋扣要经常涂油，以保证转动灵活，防止生锈。露天静索上的螺旋扣应先涂油再用帆布包扎，以防生锈或堵塞。振动可能引起自由转动，可在螺旋套及螺杆间嵌入制止块，或采用有制止自由转动装置的闭式螺丝扣。松紧螺旋扣的构造应能防止螺栓松动，两端眼环应与螺栓锻成整体，带钩的松紧螺旋扣不得用于起重设备系统。

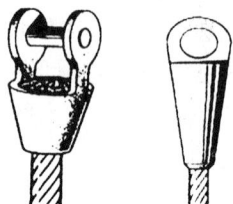

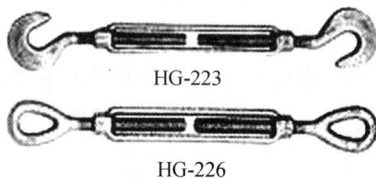

HG-223

HG-226

| 图 3-34 索头环 | 图 3-35 松紧螺旋扣 |

五、起重设备的试验、检查和保养

（一）起重设备的检查和保养

在检验期间应对起货设备定期进行检查和保养。

1. 航次检查

（1）对与吊杆顶箍相连的卸扣、环、滑车等进行外部验视，用小锤轻敲，听听是否有碎声。

（2）要特别注意绑扎卸扣销子的细钢丝，如已锈断，则要及时换新。

（3）吊货滑车、导向滑车、夹制品、卸扣及长环等应加油。

（4）在对吊货钢丝绳进行磨损情况检查及加油时，发现有断丝的钢索则每月应至少检查一次。

2.季度检查

（1）对吊货滑车、导向滑车进行拆装、清洁加油时，应记录有关磨损情况。

（2）检查吊杆顶箍的螺栓。

（3）检查稳索的眼板（环）及和它们相连的转环、卸扣、眼环、吊货钩等的磨损情况。

3.半年检查

（1）千斤索滑车拆下检查、加油时，记录几个受力部分的磨损程度，如滑车车轴、衬套及旋环等。

（2）检查千斤索攀头竖销、横销的磨损情况。

（3）保证千斤索清洁，并除锈加油，查看有无断丝。此外，还需检查千斤索及保险索眼环插接处的锈蚀情况。

（4）检查稳索及稳索上的滑车，并保证其清洁。

（5）把鹅颈头拆下后检查，并保证其清洁，测量颈径及颈座内径，检查垫片的磨损情况。

（6）检查吊杆承座横销磨损情况。

在各阶段的检查中，如发现有不允许存在的缺陷，则应立即换新或停止使用，以免发生事故。

此外，还应注意到保险稳索在甲板或舷墙上固结的眼板。其位置系设计部门经过计算后确定的，除非经过核算证明，否则不应随意变动。

4.各零部件蚀耗标准

对起货设备的零部件不允许存在下列缺陷：

（1）吊杆、臂架、桅柱等金属结构件的焊缝表面应均匀，不得有裂纹、焊瘤、咬口、气孔、夹渣及未填满的凹陷存在。

（2）吊杆轴线挠度不应超过其长度的 $1/1\ 500$，臂架轴线挠度不应超过其长度的 $1/1\ 000$。

（3）起货设备固定及活动零部件的最大磨损超过原尺寸的 10%（销轴最大磨损超过原尺寸的 6%）或发生裂纹或有显著变形者均不得使用。

（4）吊货钩有裂纹或钩尖开口部分的伸长超过原有间距的 15% 时必须换新。

（5）钢丝绳在其 10 倍直径的长度内，发现有 5% 钢丝断裂或整股断裂或钢丝绳有过度磨损、腐蚀及其他显著损坏，则必须换新。

（6）对于转环或转钩，当在其环栓上发现有显著变形或不能保证转动时，则不许继续使用。

（7）滑车的滑轮衬套或轮毂有显著磨损、轮缘折断或裂纹、滑车轴及耳环弯曲或显著磨损（大于 10%）时，不能继续使用。

（8）对起货设备的制动装置，当发现制动衬垫有显著磨损且露出铆钉时，必须换新。

（9）起货机的齿轮上有损坏的牙齿或弯折的轮缘或轮毂及车壳上有裂纹时,则不许继续使用。少数牙齿损坏时,进行修补后仍可以继续使用。

5. 几种装置的拆装或调换

（1）鹅颈头的拆装

先将带铁链滑车用钢丝绳扣在桅肩上,下面一端再用另一根小钢丝绳扣住吊杆根部,用绳索或铁箍将吊杆的头部固定住。

用一根直径 20 mm 的纤维绳在吊杆根部绑一道后,将绳的两端拉开作为临时张索。将带铁链滑车的张索收紧一些,使吊杆根部离开鹅颈头,收紧程度应使横销可以拔出为好。横销拔出后,将吊杆根部再拉高一些。用临时张索将吊杆拉到一边并将其绑牢,以防晃动。

将鹅颈头下面的销子打出,拔出鹅颈头,进行检查。用煤油擦洗干净,测量记录磨损情况后,抹上牛油,复原装妥,销牢销子,再将吊杆按原样装复。这时吊杆根部的眼孔可能由于吊杆的滑动而对不准,需调整。

调整眼孔可以用打入木楔的方法,亦可用松紧螺丝扣,一头连接在吊杆台上,另一端连接在吊杆上,调整螺丝扣到对准为止。插上横销,上好螺母,再插上开口销子,并将销子两脚掰开即可。

安装时注意不要漏装垫片,装妥后应检查一次。

（2）千斤滑车的拆装

准备好索具、工具。必要时准备座板。

用一双饼滑车组挂在千斤索眼板座的栏杆上或千斤滑车上方的专用吊臂上。

用一根细钢丝绳（绳套）穿过千斤滑车,用卸扣扣在双饼滑车组的动滑轮上,稍松千斤索。

辘绳力端由甲板上几个人拉住,当千斤滑车拉至千斤索眼板不受力时,将辘绳挽在羊角上。

在千斤索眼板座由一水手先将横销的开口销打出,旋下螺母,拔出横销（注意垫片以免掉下伤人）将滑车推离千斤座。

甲板上人员听从千斤眼板座上的指挥,将挽在羊角上的辘绳松开,将千斤索滑车放到甲板上。

拆开滑车,用煤油清洗,测量检查磨损情况,敲击轮子判断声音是否清脆,并做记录,在加妥滑油与牛油后,装妥复原。

绞收辘绳将滑车拉至千斤索眼板座处,使横销眼对准,放入垫片,装入横销并将开口销插入销眼,掰开两脚,解掉辘绳即可。

（3）吊货钢丝绳长度的估算及吊货钢丝绳的调换

吊货钢丝绳长度的估算:吊杆的仰角升到正常使用的最高位置,吊货索一端在起货滚筒上绕 5 道以上并固定在滚筒上,另一端伸到货舱底最远处。

吊货钢丝绳的调换:将新钢丝绳的一端索环敲压,以便穿过滑车。用一段细铁丝将新、旧钢丝绳的索环顶头绑牢。绞进旧吊货钢丝绳,引导新吊货钢丝绳穿过各滑车至起货机滚筒边为止,绞进时吊杆下不能站人,以免有人员伤亡。解开细铁丝,将新吊货钢丝绳索环套在羊角上。使起货机倒转,将旧吊货钢丝绳退出,把新吊货钢丝绳用卸扣扣在起货机滚筒上,绞进即可。

(二)试验和发证

1. 试验

起重设备在首次使用前应进行试验。起重设备在投入使用后应定期进行重复试验。起重设备在投入使用后,如有影响强度的部件进行更换或修理,应按规定进行重复试验。可卸零部件在首次使用前或更换或修理影响强度的部件,应按规定进行验证试验。

起货设备由很多零部件组成。装配成整体后,在装卸货物过程中,任何一处损坏都会造成事故,所以零部件在交付使用前、发生重大事故后及换证检验(四年度全面检验)时必须进行强度试验。

(1)可卸零部件的试验

可卸零部件系指非永久性附连于起重设备上的零部件,如链条、三角眼板、吊钩、滑车、卸扣、转环、钢索索节、有节定位索和松紧螺旋扣等。吊梁、吊架、吊框和类似设备亦称为可卸零部件。

每个可卸零部件应进行验证试验,验证负荷应符合表3-1及附注的要求。

表 3-1　可卸零部件的安全工作负荷和验证负荷

零件名称	安全工作负荷 SWL/kN	验证负荷/kN
卸扣、吊钩、环、转环、三角眼板、有节定位索、松紧螺丝扣、链条	$SWL \leqslant 245$	$2 \times SWL$
	$SWL > 245$	$1.22 \times SWL + 196$
吊梁、吊架、吊框和类似设备	$SWL \leqslant 98$	$2 \times SWL$
	$98 < SWL \leqslant 1\ 568$	$1.04 \times SWL + 94$
	$SWL > 1\ 568$	$1.1 \times SWL$
单饼滑车(SWL 应取吊环上载荷的1/2)		$4 \times SWL$
多饼滑车(SWL 应取吊环载荷)	$SWL \leqslant 245$	$2 \times SWL$
	$245 < SWL \leqslant 1\ 568$	$0.933 \times SWL + 265$
	$SWL > 1\ 568$	$1.1 \times SWL$

注:①单饼滑车的安全工作负荷应取吊环上载荷的一半;
　②多饼滑车的安全工作负荷应取吊环载荷。

可卸零部件的安全工作负荷系指可卸零部件经设计和试验证明能承受的最大载荷。此最大载荷应不小于起重设备在安全工作负荷下,可卸零部件会受到的最大负荷。

进行可卸零部件的试验时,验证负荷可用试验机或悬重法进行,应保持试验负荷不少于5 min,经试验后的零部件不允许产生变形、裂纹等缺陷。对能转动的部件,应检查是否能自由转动。对链条除应进行验证试验外,还应进行破断试验,一般每55 m长度割取5个环试验,其破断负荷应不小于4倍链条的安全工作负荷。

可卸零部件经验证试验后进行配套安装,并进行试验。

（2）吊杆装置的试验

每根吊杆应按表3-2规定的试验负荷进行试验,试验程序应经同意。试验时,吊货杆应放置在经审查批准的设计图纸所规定的仰角位置(轻型吊杆为15°,重型吊杆为25°;特殊情况下,轻型不大于30°、重型不大于45°)。如果吊杆不可能在该仰角下工作,则取实际工作的最小仰角。

试验应使用具有质量证明的重物悬挂于吊钩或吊具上进行。将已称重的试验负荷(重物)吊离甲板,保持悬挂时间不少于5 min。在悬挂时间内,仔细观察起货设备构件的受力情况。

表3-2 安全工作负荷和试验负荷

安全工作负荷 SWL/kN	试验负荷/kN
$SWL \leqslant 196$	$SWL \times 1.25$
$196 < SWL \leqslant 490$	$SWL + 49$
$SWL > 490$	$SW \times 1.1$

保持悬挂试验认为合格后,尚应进行慢速升降重物,并进行绞车的制动试验;吊杆应向左、右两舷摆动,并尽可能使摆幅增大。

吊杆装置或吊杆式起重机有负荷指示器或超负荷保护器时,应进行校核或动作试验。对绞车做紧急制动试验时,检查重物是否能保持在原来的位置。

需做双杆操作的吊杆装置经规定试验后,应进行双杆试验。试验时应检查两根起货索连接点的净空高度、起货索夹角与保险稳索位置是否符合经批准的图纸要求。

吊杆式起重机尚应连同试验负荷进行慢速变幅试验与回转试验。变幅角度按设计的工作角度,回转试验应在最低设计变幅角度下进行,回转极限角度按批准的设计图纸规定。

吊杆装置或吊杆式起重机按规定试验完毕后,应进行全面检查,核实是否有变形或其他缺陷存在。

（3）起重机的试验

每台起重机应按表3-2规定的试验负荷进行试验,试验程序应经同意。臂架应放置在经审查批准的设计图纸所规定的最大臂幅位置。试验应使用具有质量证明的重物悬挂于吊钩或吊具上进行,重物吊离甲板,保持悬挂时间不少于5 min。

负荷试验前,应在空载状态下对起重机的变幅,回转,制动,上、下仰角的限位和可行走的起重机行走功能进行试验,以检验系统是否处于有效的工作状态。然后在试验负荷下进行慢速起升、回转与变幅试验,同时应进行起升、回转与变幅机构的制动试验。可行走的起重机应在试验负荷下进行慢速全程行走试验。

对具有不同臂幅和不同臂幅对应不同安全工作负荷的起重机,应在不同臂幅对应的试验负荷下进行试验,但对于要求减少中间臂幅试验负荷的试验,应予以特别考虑。

对超负荷保护装置、超力矩保护装置应进行动作试验。

如液压起重机起升全部试验负荷不现实,可减少试验负荷进行试验,但在任何情况下所采取的试验负荷,应不少于1.1倍安全工作负荷。

起重机经超负荷试验后,应进行安全工作负荷下的操作试验,试验起升、回转与变幅的各挡运转速度以表明运转情况、超负荷效能、负荷指示器与限位器等均处于良好工作状态。

起重设备试验后应进行全面检查,核实是否有变形或其他缺陷存在。

经过修理的可卸零部件在使用前必须重新进行试验。

2. 发证

(1)签发证书的种类

①起重和起货设备检验簿;

②起重设备试验和检验证书;

③双杆试验和检验证书;

④可卸零部件试验和检验证书;

⑤铁制可卸零部件热处理证书;

⑥钢索试验和检验证书;

⑦起重设备检验报告;

⑧起重设备入级附加标志。

(2)起重和起货设备检验簿的签发和签署

起重设备经初次检验发证的全部要求都圆满地完成,应签发起重和起货设备检验簿和起重设备试验和检验证书及相应的主管当局格式的证书(如适用时)。各类可卸零部件、绳索和设备的试验证书应附在起重和起货设备检验簿上。

起重和起货设备检验簿第一部分:适用于吊杆装置的换证试验(即四年度全面检验)和年度检验完成后的签署。

起重和起货设备检验簿第二部分:适用于吊杆装置的绞车和起重机的年度全面检验完成后的签署。起重机每隔四年一次的负荷试验完成后也在此栏签署。

起重和起货设备检验簿第三部分:适用于钢制可卸零部件的年度全面检验完成后的签署。

起重和起货设备检验簿第四部分:适用于铁制可卸零部件的热处理完成后的签署。

由船东申请停止起重设备时,应在起重和起货设备检验簿第一部分或第二部分备注栏内说明停用的设备的位置和编号,并做签署。

在检验中,如发现某些结构、设备和布置影响起重设备安全工作,则应在起重和起货设备检验簿相应部分的备注栏内简要写出建议和要求,并做签署。

(3)船舶应备的起重设备资料和证书

为了对船舶起重设备进行检验和维修,船舶应配备以下资料和证书:

①全船起货设备布置图;

②起货设备主要金属结构图;

③起货设备计算说明书;

④起重机总图和机构图;

⑤起重和起货设备检验簿。

任务三 货舱、舱口盖及压载舱

一、舱内设施

(一)散货船舱内水位探测系统

500总吨(GT)及以上国际航行的所有散货船,均应在货舱、压载舱和干燥处所安装符合规定要求和型式认可的水位探测器。

(1)每一货舱内安装的水位探测器,均应能在该舱水位到达或高出货舱内底0.5 m时发出一个听觉和视觉报警,并在水位高度达到不小于货舱深度15%但不超过2 m时发出一个听觉和视觉报警。

(2)对于用作水压载的货舱,可安装一个报警越控设备。

(3)视觉报警器应能将每一货舱中探测到的两种不同的水位明显区分开。

(4)防撞舱壁前方的任一压载舱中,当舱内的液位不超过舱容的10%时应发出一个听觉和视觉报警。应安装一个报警越控设备,以便当使用该舱时实现其水位报警。

(5)除锚链舱外,任何干燥处所或空舱,延伸至船首货舱前方的任何部分,在水位高出甲板0.1 m时发出一个听觉和视觉报警。

(6)听觉和视觉报警器应安装在驾驶室。

(7)水位探测系统的供电由两个独立的电源供电,并有故障报警指示。

(8)对水位探测器的安装要求:

①传感器应安装在货舱后部尽可能靠近中心线或在货舱的左、右舷有保护的位置上,该位置能使传感器测出的水位代表货舱的实际水位。

②探测器的安装不应阻碍任何探测管或其他用于测量货舱或其他舱室水位测量器具的使用。

③传感器和设备应安装在便于对其进行检验、维护和修理的地方。

④探测器设有的任何过滤器部件均应能在装货之前予以清洗。

⑤应防护安装在货舱内的电缆和任何相关联的设备,如装在结构牢固的管道内或有类似防护的位置上,以免其被货物或与散货操作相关的装卸机械损坏。

(二)杂货船舱内木铺板与护舷板

在装卸货物时,为了保护货舱内的内底板和船壳板不被碰撞,以及防止因船体出汗造成紧贴钢板的货物湿损,一般在杂货船的货舱内装有舱底木铺板和舷侧护舷木条(板)。

1.木铺板

木铺板是在双层底顶板横向焊上一排排的角钢或铺上垫板,再在角钢或垫板上

纵向铺一层木板并固定住,且在木板间用麻絮予以嵌缝。为了便于检查污水沟及双层底,在舭部及人孔处,做成活动铺板及盖板。活动铺板间及与舱底板之间的缝隙应塞严密,每次装货前,尤其装谷物时,应检查缝隙情况,以免堵塞污水管的过滤网。舱底板仅仅设置于底舱。规范规定:

(1)在单层底船的肋板、舭肘板上以及双层底船的舭部污水沟上,应铺设遮蔽板并设有局部的活动铺板,以便掀开进行检查。

(2)如果在货舱口下方的内底板上铺设木铺板,则木铺板下面应垫木条,该木条的厚度至少应为30 mm。如双层底柜内不装燃油,则可直接铺设在事先涂好一层沥青化合物或其他有效敷料的内底板上。

(3)不论单层底船或双层底船,如果在货舱内铺设木铺板,其厚度应根据船长 L 按下述规定选取:

①$L \leqslant 60$ m:木铺板厚度应不小于50 mm;

②60 m $< L \leqslant 90$ m:木铺板厚度应不小于55 mm;

③$L > 90$ m:木铺板厚度应不小于60 mm。

(4)位于货舱口下方的内底板或轴隧顶板如增厚2 mm,可免予铺设木铺板。

(5)如使用抓斗或其他类似机械进行装卸,则在货舱口下方的内底板上铺设双层木铺板,如内底板已增厚5 mm,可免予铺设木铺板。

(6)如货舱舱壁的另一侧为深油舱且具有加热设备,则应在货舱一侧铺设木铺板或敷设绝缘材料。若铺设木铺板,则其厚度应符合以上规定。

(7)货舱内的人孔盖及其附件,应尽量不高出内底板或木铺板,如高出内底板,则对每一人孔应先加钢镶框,再加上木铺板或钢盖板,使其逐渐过渡。

(8)铺设木铺板的双层底柜顶板或轴隧顶板的外表面,应涂刷沥青溶液或其他有效的涂料;不铺设木铺板的双层底柜顶板或轴隧顶板则应涂刷油漆。

2. 护舷木条(板)

护舷木条(板)是架在焊有铁钩的肋骨上的木板条。规范规定:装运杂货的处所,应沿船舷内侧装设护舷木条,其边缘的间距应不超过300 mm,其宽度与厚度应根据船长 L 按下列规定选取:

①$L \leqslant 60$ m:护舷木条的宽度应不小于100 mm,厚度应不小于30 mm;

②60 m $< L \leqslant 90$ m:护舷木条的宽度应不小于120 mm,厚度应不小于40 mm;

③$L > 90$ m:护舷木条的宽度应不小于150 mm,厚度应不小于50 mm。

舱底板及护舷木条常常会在装卸货时被碰断,舱底板被水浸湿后易腐烂,因此舱内应保持干燥,发现腐烂或折断的木板,应及时更新。

图片:
护舷板

二、舱口盖

舱口是传统的货物垂直装卸作业的通道,舱口盖是船舶用以封闭货舱口、保证船舶货物安全并使之保证船体水密的一种封闭设备,同时还应具有一定的抵抗大件货压力的能力。舱口盖开启与关闭的机械化、自动化程度高低,直接关系到船舶货物的装卸效率与质量、船员的劳动强度和船舶的停港时间。

　　舱口盖的形式很多,按制造材料可分木质、钢质、铝质及玻璃钢四种。木质舱口盖制造简单、重量小,但启、闭费时,劳动强度大,所以目前仅在内河较小的货船上还时有见到。铝质和玻璃钢舱口盖具有重量小、耐腐蚀的优点。但铝质舱口盖制造复杂,造价高。玻璃钢舱口盖的刚度差,容易老化剥蚀,目前只用作某些小船的轻型舱口盖。较大的船舶普遍采用钢质舱口盖。按启、闭动力不同,舱口盖可分机械牵引式和液压启闭式两种。按结构或启、闭方式不同,舱口盖主要可分滚动式、折叠式或提升(吊移)式三种。

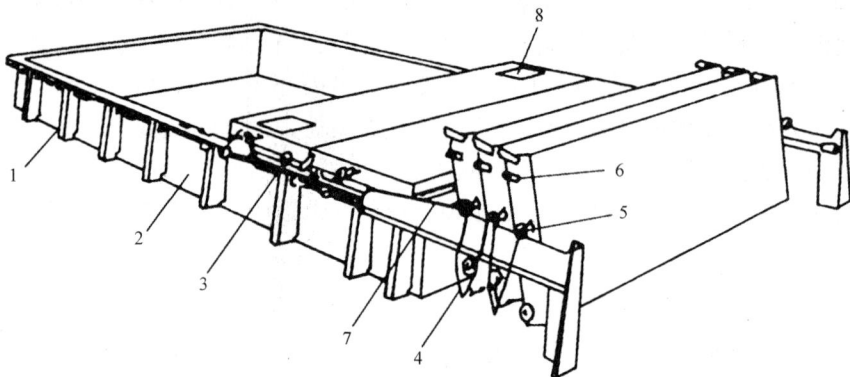

(一)滚动式舱口盖

　　滚动式舱口盖又可分为滚翻式(Rolling Type)、滚移式和滚卷式三种(此处只介绍前两种)。

1. 滚翻式舱口盖

　　滚翻式舱口盖由盖板、水密装置、滚轮装置、导向曳行装置和压紧装置五部分组成,如图 3-36 所示。各盖板之间用链条连接,每一块盖板上都有一对行走滚轮(偏心轮),可沿舱口围板两边的面板行走,还有一个平衡轮,它不设置在板宽的中点处。当盖板进入舱口端的收藏坡道时,在重力作用下盖板便翻转成直立状态存放,舱口较长时可将全部盖板分成两半,开启后,分别存放在舱口的两端。

图 3-36　滚翻式舱口盖

1—舱口围板扶强材;2—舱口围板;3—偏心轮;4—连接链条;5—上滚轮;6—压紧楔;
7—上升轨;8—导装面板

　　相比其他类型的机械舱口盖,滚翻式舱口盖的最大优点是结构比较简单。它价格低廉,便于(分块)维修,在尺度、布置和用途上限制较少,因而在各种类型的船上获得最为广泛的应用。它的不足之处是所需的存放空间较大,提升及压紧作业所需的时间也较长。

　　(1)机械牵引式滚翻式舱口盖开关操作

　　开关舱操作人员由水手长或值班驾驶员调配,指定一人操纵起货机,并按操作规程使起货机处于使用状态。

　　①开舱操作

　　将压紧装置(舱口盖上的压紧楔和舱口周围的压紧器)打开。操纵两侧液压千斤顶将舱口盖顶起,使滚轮顶板与轨道齐平,或用撬杠顶起使偏心轮轴处于中心位置。将曳舱口盖钢丝绳穿过导向滑车后缠绕在起货机的卷筒上或挂在吊货钩上。操作人员在水手长或值班驾驶员的指挥下,操纵起货机绞收曳舱口盖钢丝绳,拽动艏端盖板及拉动其他盖板向后移动,使盖板全部滚至导板上,最后直立在舱口一端的舱口盖收藏处。扣住舱口盖制动索,整理好索具。

②关舱操作

关舱操作步骤和开舱操作相反,将曳舱口盖钢丝绳穿过导向滑车后缠绕在起货机的卷筒上或挂在起货钩上,解脱舱口盖制动索。在水手长或值班驾驶员的指挥下,操作人员操纵起货机绞收曳舱口盖钢丝绳,拽动艏端盖板及拉动其他盖板沿轨道滚动,直至艏端盖板与制动器相触为止。舱口盖板合拢后,用千斤顶使偏心滚轮轴处于偏心位置,盖板便压在舱口上。将两侧的压紧器压紧,盖板上的压紧楔插牢。整理好索具。

(2)液压启闭式滚翻式舱口盖开关操作

①开舱操作

启动油泵,空载运行5~10 min,使油温升高到正常工作温度。特别是在冬季,因油温低,油的黏度较大,急于操作会使油泵的排出压力过高,发生事故。打开压紧器,打开导轨制动锁。拔出制动销,扳动控制箱内的换向控制阀右移,将导轨升起。将换向阀回到中间位置,并将制动销插到制动板孔中。按下动力控制箱中"开启"按钮,开动驱动机开启舱口盖。开舱后将导轨落下,以防装卸货时碰损。开舱完毕后关闭油泵停车,再扳动手动旁通阀使管路释压。扣牢舱盖制动链。

②关舱操作

启动油泵,空载运行5~10 min,使油温升高到正常工作温度。解脱舱口盖制动链。拔出制动销,扳动控制箱内的换向控制阀右移,将导轨升起。将换向阀回到中间位置。按下动力控制箱中"开启"按钮,开动驱动机关闭舱口盖。将导轨放下,将各压紧器压紧。当舱内装压载水或矿、油多用船舱内装油时,应使用螺旋压紧装置。关舱完毕后关闭油泵停车,再扳动手动旁通阀使管路释压。

(3)开关舱注意事项

操作者要听从指挥,集中精力。舱口两侧的压紧器拆下后,必须放置在一定位置,以免阻碍滚轮,开舱前必须仔细检查,轨道上不能有障碍物。开、关舱前,必须检查盖板顶部压紧楔,并使其全部处于拆开位置,用铁销插牢,操作中使插销不能自动脱出。如在操作中发现有插销脱出,操作人员不得上舱口盖调整,应将舱口盖板平置于舱口后再上去调整,并用铁销插牢。操纵起货机要缓、稳,要特别注意艏部盖板,曳行速度要慢。如操作不当,则艏部盖板易脱轨而影响开、关舱。盖板之间相连的铁链应保持两面对称,否则两侧拉力不对称,会使舱盖板脱轨。船舶纵倾时,关舱要注意防止盖板向下倾方向自由滑动。如船舶横倾较大,则要特别注意防止舱口盖板脱轨。必要时应用压载水调整后再进行开、关舱操作。开舱后,必须用固定钩或链条将盖板固定,防止滑脱。开、关舱操作中如发生盖板脱轨,可利用吊杆或机械差动绞辘,将盖板吊起调整好位置,重新放在舱口上,移正后便可继续操作。在开、关舱时,所有操作人员要注意安全操作,禁止站立在舱口盖上,开舱时桅屋放舱口盖板处应无人,防止发生事故。

2. 滚移式舱口盖

滚移式舱口盖主要有横移式(又称侧移式)和背载式两大类型。

(1)横移式舱口盖

横移式舱口盖通常由两块舱盖板组成,舱口较小的船舶则用一块盖板制成,围舱口四周的盖板边缘设有规定数量的盖板压紧装置。每块舱盖板的四角都装有行走滚轮。用液压动力驱动。按盖板数量不同,横移式舱口盖又分为单侧横移式和两侧横移式两种。

开启时舱口盖板分别向舱口两侧或两端平移,并存放在存放轨道上,存放轨道通常是可拆的。这种舱口盖不需要翻转,亦不需要折叠,结构及操作是最简单的一种,并便于维修。但人员行走不便,需要较大的存放空间,因而对舱口尺度有所限制,盖板存放在两舷时,舱口宽度不得超过船宽的一半。盖板存放在两端,舱口长度将进一步受到限制,所以侧移式舱口盖多采用侧置式。

侧移式舱口盖主要用于大型散货船或油矿两用船上,其舱口盖的尺度较大,一般均采用液压提升装置。

(2)背载式舱口盖

背载式舱口盖与侧移式舱口盖相似,其特点是两块盖板中有一块带有动力滚轮。开舱时,先利用安装在舱口围板上的四个液压顶杆将不带动力的盖板顶到足够的高度,以便带有动力的盖板滚到其下面,将不带动力的盖板放置在带有动力的盖板之上,两块板便可一起移向存放处。如不需要将舱口完全打开,则可将盖板存放在舱口围板的一端,这样不必占用甲板作为存放空间。

(二)折叠式舱口盖

折叠式舱口盖(或称铰链式舱口盖),与滚动式舱口盖装置类似,由成对的互相铰接在一起的盖板组成。舱口盖开启后,借助固定钩或止动器使舱口盖板以直立状态存放。按其驱动方式不同,折叠式舱口盖可分为液压驱动式(用液压)、直接拉动式(用船上起重机或吊杆)、钢索驱动式(用绞车)。

1. 液压驱动式折叠舱口盖

(1)两页液压铰链式舱口盖

图 3-37 所示为两页液压铰链式舱口盖,开启时,油缸柱塞伸长,使铰接点上升,两块盖板便翻转折合起来。其中靠近舱口端的盖板较短,因为它与铰接臂相连,所以它的转轴离舱口有一定的距离。

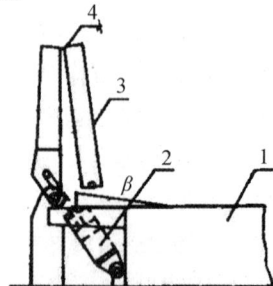

图 3-37　两页液压铰链式舱口盖

1—舱口围板;2—液压千斤顶;3—舱口盖;4—铰链

舱口较长时,可分成两端收藏,也可采用多页液压铰链式舱口盖。

(2)四页液压铰链式舱口盖

图3-38所示为四页液压铰链式舱口盖。

①开启过程

第二组盖板(No.3 + No.4)开始起升,同时拖动第一组盖板(No.1 + No.2)。第二组盖板起升结束,第一组盖板才开始起升,直至全部开启完毕。当舱口盖开启到贮存位置时,收藏钩自动落下,扣住舱口盖,达到完好固定。

图3-38　四页液压铰链式舱盖

②关闭过程

第一组盖板下滑完毕,第二组盖板开始下滑,同时推动第一组盖板;第二组盖板下滑结束,全部关闭完毕。处于收藏位置时两盖板间的张角 α 大小应适当,使盖板易于滑下又不致倾倒。

2. 直接拉动式折叠舱口盖

它由三块铰接的盖板组成,利用船上的起货机械将盖板收藏于舱口端部。钢索穿过铰接于端板上的滑车,再与中间盖板相连接,拉紧(或放松)钢索可开启(闭)舱口。图3-39中铰接滑车、拖曳眼板置于板宽之中点,其余构件成对地安装在盖板的两边。

直接拉动式折叠舱口盖便于采用自动压紧装置,使压紧的操作与关闭舱口的过程同时进行,因而与滚翻式相比操作更为简便,而与液压驱动式相比价格又较低廉,但是需利用船上的吊杆(或起重机)相互配合。

3. 钢索驱动式折叠舱口盖

钢索驱动式折叠舱口盖在操作时,其相应的构件动作与液压驱动式完全相同,但由于穿导钢索比较麻烦,因而启、闭舱口所需时间长。船舶已较少采用。

4. 三种折叠式舱口盖的开、关舱操作与注意事项

(1)钢索驱动式、直接拉动式折叠舱口盖的开关操作

①开舱操作

操纵专用绞车(如用起货机,须先将曳索和吊货钩连接),将舱口盖缓缓拉起。当舱口盖开启到贮存位置时,将固定钩或制动器扣在盖板上,使盖板保持直立状态。

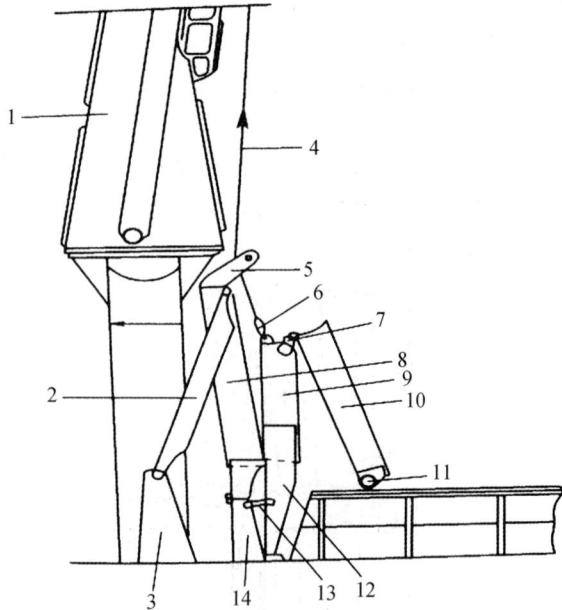

图 3-39　直接拉动式折叠舱口盖

1—起货机;2—存放臂;3—存放臂基座;4—钢索;5—铰接滑车;6—拖曳眼板;7—铰链;8,9,10—板;11—滚轮;12—关闭臂;13—固定钩;14—关闭臂基座

②关舱操作

关舱步骤与开舱步骤相反。脱开固定钩后放松曳索,滚轮在有斜度的导轨上滑动,借助连接铰链起导向定位作用,盖板在本身重力作用下自行关闭。

(2)液压驱动式折叠舱口盖开关舱操作

液压驱动式折叠舱口盖开关舱操作是通过手柄控制换向阀来完成的。将手柄置于各个相应位置时,就使舱口盖板处于开启、停止或关闭状态。手柄移动距离的大小起到调速作用。启动油泵,空载运行 5~10 min 做"无压循环",使油温升高到正常工作温度。

①停止

当舱口盖处于开启或关闭状态时,将手柄放在停止位置,并用固定板将手柄固牢。

②开启

开启前,必须拆开舱口盖板上的全部压紧装置,用液压千斤顶将盖板顶起,使滚轮与轨道齐平,并检查、清除轨道上的障碍物。将手柄置于开启位置,舱口盖板便缓缓开启。当滚轮接近斜轨时,应减慢速度,防止盖板碰撞以致活塞杆压弯。舱口盖板开启后用固定钩固牢,使舱口盖板于收藏处保持直立。将手柄回到停止位置,并用固定板将手柄固牢。

③关闭

关舱前须检查轨道确无障碍物后才能开始操作。将手柄置于开启位置,先将舱盖板稍微开启一点,以便打开固定钩。固定钩脱开后,再将手柄置于关闭位置,舱口盖板便慢慢闭合。当舱口盖板将要闭合时,应放慢速度,关闭妥当后将手柄置于停止位置,用固定板固牢。操纵千斤顶将滚轮放入槽内,舱口盖板便压紧在舱口上,将压紧器压紧。

如油压系统发生故障而不能利用它开、关舱,则可暂时拆除油缸活塞杆上的铰接链销,装置导向滑车和曳索,利用起货机开、关舱。

(三)吊移式舱口盖

吊移式舱口盖又称箱形舱口盖。它是由箱形骨架与面板焊接组合而成的,其盖板平面内设有若干埋置吊环,可根据所配备的船舶种类特征配备同类型的吊放装置(如集装箱船,该舱口盖则配备配套的底座),如图 3-40 所示。吊移式舱口盖本身不带专门的驱动机构,由船上或港口的起货机械来吊移。开舱时,可将舱口盖板堆放在甲板上、码头边,如设计成水密结构,还可将其存放在舷边的水中,但是绝大多数船都将盖板堆放在码头边。

吊移式舱口盖具有结构简单、操作方便、结构强度大及可满足在盖板上堆放大量货物等优点,而且可获得最大的甲板开口面积,因而最适用于集装箱船。箱形舱口盖的尺度一般都比较大,设计时应注意使箱形舱口盖不超过起货设备的起重能力。

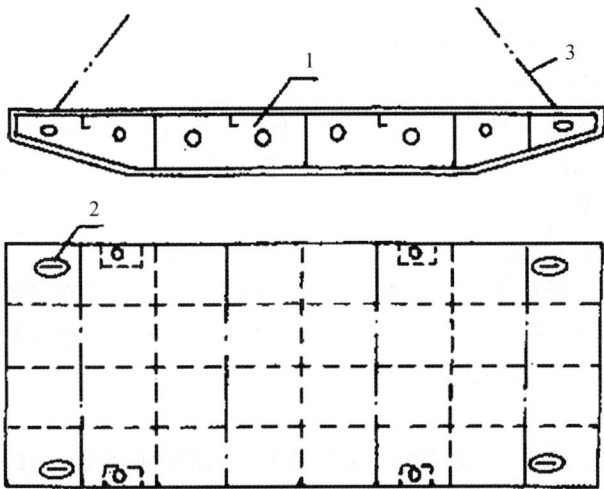

图 3-40　箱形舱口盖
1—舱盖桁材;2—埋置吊环;3—钢索

三、货舱、舱口盖和压载舱的检查、评估及保养

随着港口国监督(PSC)在世界各地的发展和普及,以及监督标准的提高,检查程序更加严格、范围更广、频度更高。为应对 PSC 检查,对船舶的货舱、舱口盖及压载舱进行有效的检查、评估和报告是十分必要的。

(一)货舱、舱口盖及压载舱的 PSC 检查现状

1. 涉及船体结构方面的缺陷

(1)压载舱和货舱内结构

压载舱和货舱内的构件,经常会出现因腐蚀、应力集中等引发的断裂、严重减薄(形状如刀片)等严重缺陷,这主要由船舶厂修、维护保养不到位所致。压载舱内经常发现缺陷的构件有甲板纵骨、舷侧纵骨、环型框架、加强筋、三角肘板等,货舱内经常发现缺陷的构件有舱盖内框架、舷侧肋骨下肘板、内底板等。

(2)船壳板、甲板及舱壁结构

在 PSC 检查中,经常因船壳板、甲板、舱壁方面的严重缺陷而导致船舶滞留。在这方面较多的缺陷主要有因锈蚀或损坏导致舱壁、甲板等穿孔或开裂,如顶边舱横舱壁、双层底舱横舱壁、上层建筑和甲板室围壁、CO_2 间围壁,或甲板、主甲板、舱口间甲板等。

需要注意,若因操作不当或天气原因致使船体损坏,存在影响船舶安全航行的缺陷,而船舶和公司又未能及时报告给船级社和港口国当局,则 PSCO 将滞留船舶。一个原因是船舶确实存在缺陷,另一个原因是船舶没有按照安全管理体系的要求及时处理。

2. 涉及载重线方面的缺陷

(1)舱口盖和舱口围

舱口盖严重锈蚀或洞穿,锁紧装置(夹扣、螺栓)损坏,密封胶条老化或损坏,链条和钢丝绳状况不好等,致使无法保证舱口盖水密。舱口围及其加强结构锈蚀严重、破损以及舱口变形。

(2)通风筒和空气管

通风筒和空气管是船舶发生滞留的高发项目。通风筒或空气管不能正常关闭或其关闭装置丢失,通风筒或空气管的管壁锈蚀穿孔或损坏,通风筒或空气管高度不够,空气管的管头严重锈蚀等。

(3)风雨密门

其缺陷主要有两类:一类是艏楼和主甲板上门的门槛高度不够;另一类是部分水密门或风雨密门因变形、门边缘严重锈蚀或胶条老化等,无法保证风雨密或水密。

(4)栏杆、通道

部分运输大型桥吊的船舶,因装卸货需要,在装卸货时把栏杆去除,但在装卸货完成后未能及时把栏杆焊接回去,造成船舶两舷没有栏杆;船舶栏杆损坏严重或生活区的楼梯没有护栏,楼梯踏板严重锈蚀,影响到船员的安全。

(5)除货舱舱口外的各种开口

舷窗风暴盖丢失或缺少锁紧螺栓,舷窗玻璃破损,窗户边框翘曲等,这多与船员日常维护工作不到位有直接关系;舷侧排水孔因杂物堵塞,甲板上测深孔没有盖子或者盖子不是螺纹盖等;人孔围板高度不够,人孔或小舱口围壁过度锈蚀甚至锈穿;另外,人孔或小舱口盖的螺栓状况不好或者丢失也很常见。

（6）载重线标志

船舶缺乏必要的保养，使载重线标志不清楚，以致无法识别，也是 PSC 检查中常发现的缺陷。

（二）货舱、舱口盖和压载舱状态的自查与报告

针对货舱、舱口盖和压载舱的 PSC 检查，船舶应有的自查是必需的。船体和甲板基本养护状况的优劣程度是 PSCO 对船体结构好坏认定的第一印象，尤其是船壳板、舱口盖及舱口、梯道、栏杆和管路盖板的锈蚀程度与损坏情况将直接影响到 PSCO 是否需要进行"更详细检查"的重要依据。因此，良好的保养状态、船容船貌是顺利通过船体结构检查的首要因素。按船舶抵港前关于货舱、舱口盖与压载舱部分 PSC 自查项目表（见表 3-3）进行自查，也是有效的手段之一。

表 3-3　船舶抵港前关于货舱、舱口盖与压载舱部分 PSC 自查项目表

类别	检查项目	检查要求	自查结果
文件	维护计划	船舶结构与设备的维护保养已按计划进行，状况良好，无明显缺陷或缺陷已经按照程序要求上报公司	
与载重线有关的结构与设备	通风筒	通风筒的围壁、支撑结构状况良好，无明显锈迹及破损洞穿或其他临时性修理措施；通风挡板完整、活络、无破损洞穿；风雨密关闭装置结构完好，开关活络，能有效开启和关闭，"开、关"方向机舱名标志清晰	
	空气管	空气管及管头结构良好，无明显锈迹和破损洞穿，浮球活络水密，工作正常，防火网无破损	
	载重线标志	甲板线、所有载重线标志清晰、准确且与背景颜色反差明显	
	货舱口	舱口盖、舱口围板及附连的肘板结构良好，无明显锈蚀、裂纹、破损洞穿及变形；舱口盖关闭正常，橡胶条完整且有弹性，表面无油漆，无明显漏水痕迹；开关装置的滚轮、导轨、铰链状态正常，无过度腐蚀，液压管路无泄漏，系固螺栓完好且无过度腐蚀，舱口盖上的卡扣、舱口围下的止回泄水阀状态良好	
	干舷甲板上除货舱舱口外的各种开口	盖板、围板及附连的加强结构良好，无明显锈迹、破损洞穿及变形；盖板关闭正常，橡皮胶条完整且有弹性，表面无油漆，无明显渗水痕迹；各种人孔、小导门、测量管结构良好，无明显锈迹、破损洞穿及变形；各种标志清楚	

续表

类别	检查项目	检查要求	自查结果
船体结构	船壳板	水线上船壳板无开裂、洞穿、严重变形,无漏水现象	
	压制舱	压制舱液位无异常变化,其周围处所无进水发生,压载舱导门状况良好,无严重锈蚀、螺栓丢失;压载舱内构件无严重腐蚀、裂纹或洞穿	
	货舱	货舱污水井液位无异常变化,具有条件时进入货舱对货舱内部构件进行目视检查,无明显锈蚀、洞穿、裂纹及严重变形,无明显渗水痕迹	
	水密门	水密门结构状况良好,能有效关闭,就地及遥控开关正常,声光报警正常,液压系统无渗漏痕迹	
	甲板	主甲板结构良好,无明显破损、洞穿、裂纹及严重变形,无明显渗水痕迹	
其他	散货船舱内水位探测系统	散货船货舱、压载舱、干隔舱进水报警系统试验正常	

(三)货舱、舱口盖和压载舱的保养

1. 每次货物装卸后进行的维护保养措施

(1)清扫舱口围板顶部并移除任何的残渣或设备;

(2)清除排水孔及阀的货物残渣;

(3)排水阀盖应用链条连接,但不能拧紧,必须准备好一旦在货舱失火或进行熏蒸作业,能立即进行操作;

(4)清扫舱口围时,检查围板的损坏及磨损情况,特别是压杆、降落垫、轮轨和任何开槽的围板顶部,尽可能将严重的或需将来修理的损坏做好记录;

(5)如果货物是细颗粒状,注意检查及清扫密封胶条的表面,并对其进行特别保护;

(6)卸完货后,检查梯子、测量管、支架和舱口围板内表面等货舱内部结构的机械损坏情况;

(7)确认测量管清爽且没有损坏;

(8)检查液压系统的渗漏情况,特别是接头、阀箱、管子及软管,必要时进行维修;

(9)检查由抓斗或货物引起的舱口围板焊缝的损坏情况,并视情况对其进行修理;

(10)检查舱口围板内侧有无条状锈迹,若有,则表明舱盖有渗漏,应采取措施进行修理并清除锈迹和污渍。

2. 每三个月进行一次的维护保养措施

(1) 各种机械装置

对轮轴、导索滑车轴、铰链轴等加油润滑,对液压钢瓶加装保护套;检查铰链轴的损坏情况,必要时进行修理。损坏的铰链轴会导致盖板侧滑及盖板横接缝密封失效;对栓楔、驱动链轮、齿条及液压钢瓶的球形轴承加润滑油;检查并校正驱动及牵引链器;确保舱口盖连杆销套及链条没有过度磨损或失调;舱口盖板间的牵引链条应经常调校或成对换新,绝不可使链环扭曲而变长,也不得减少或增加链环;从制造商提供的使用手册中可查得精确的牵引链条的长度尺寸,如果使用手册中没有此数据,则牵引链条中间部位的下沉量与拉直状态相比约等于一个拳头的宽度是合适的;应注意的是,过度压紧舱口盖板并不能增加舱口盖的防水能力。

(2) 密封胶条

检查密封胶条是否老化,是否有机械损伤或永久变形;当压力过大导致密封胶条厚度减少 12 ~ 16 mm 时,舱口盖钢板与舱口围板钢板会直接接触,注意查看制造商提供的使用手册或联系制造商得到准确的压力值;当舱口盖完全打开时,密封胶条应恢复到初始的状态,当然,新胶条在初次使用后会出现 1 ~ 2 mm 的永久变形。一旦密封胶条的永久凹陷达到其承受设计压力时形态的 70% ,将会导致舱口盖发生渗漏现象;除非船舶即将进入极寒的环境,否则不得将橡胶密封垫或密封胶条等涂润滑油。甘油基润滑油可用于压杆的润滑,以防与保护套的粘接;油漆舱口盖板时,确保密封胶条不得涂刷油漆,以防密封胶条表面发生油漆粘接;更换密封胶条时,检查并确保所有钢制部件处于良好的状况,胶条与钢制部件间的缝隙不超过允许的公差,密封胶条固定槽及压杆应笔直无弯曲且无锈迹;对于新安装的密封胶条,应注意,如果忽略对钢制部件与钢制部件或橡胶部件与钢制部件连接处接触部件的检查,则可能导致过度挤压、变形及撕裂情况发生。更换密封胶条时,需清扫胶条固定槽,并用对胶条无损的防腐油漆涂刷,且应使用制造商提供的特殊胶黏剂粘贴;胶条一旦需要更换,通常是整体更换,比如整个舱口盖板横接缝或整根边条。如果在紧急情况下只更换部分长度,则在接头处加入一由硬橡胶做的楔形嵌接头,将嵌接头以认可的方式嵌入旧胶条中,使接头处旧胶条的表面抬高与新胶条表面一致,且这个长度在任何情况下都不得超过 1 m。如果没有备用密封胶条,作为短期的修理,则可以使用 5 mm 或 10 mm 的衬垫橡胶包裹在原胶条的外部以恢复胶条的压力;通常情况下,宁可修理密封胶条也不要使用舱口封胶带,经常性的使用舱口封胶带会从根本上导致局部严重的腐蚀甚至发生严重的水密性问题。

(3) 液压系统

检查顶油箱油位,需要时加满;检查所有液压阀,看是否有泄漏迹象;检查液压钢瓶阀门的平衡状态,不正确的平衡会导致舱口盖板扭曲或坠落舱内。每五年或在大的修理后冲洗液压系统,此操作需由专业人员执行。

(4) 结构方面

检查舱口盖牵引装置面板、容器托架周围的钢结构、系固点及夹具支架等,以防因焊接或锈蚀导致裂纹;特别注意液压钢瓶托架、附属装置及舱口围板支撑构件的任何过度磨损、变形或裂纹迹象;检查舱口盖板横接缝及侧板上的钢制部件与钢制部件接触表面的状况,盖板横接缝的泄漏是货舱进水的主要原因,因此,在此处适当的钢制部件与钢制部件连接措施和准确的压力维护是必要的。橡胶密封垫损坏的最常见原因是钢制部件与钢制部件连接处的不良保养,最初建造时,相邻面板的顶钢板处于同一平面上,在钢制部件与钢制部件连接处的顶钢板间有任何的高低不平偏差时,必须对其加以修正;检查梯子及扶手的焊接情况;检查将要开启的通风机状况,其密封应是完整的;检查所有将要开启的防火挡板,打开所有关闭的销轴并加润滑油使之处于良好状态;检查货舱道门的锁紧机构、门封及背面锁紧机构;检查空气管及测量管的关闭面板。

3. 每九个月进行一次的维护保养措施

这一次的维护保养措施须在已经进行了前两次的维护保养之后进行。

(1)检查船上所携带备用品的数量和状况,使之处于良好状态。

(2)注意橡胶密封垫和橡胶黏合剂都有使用期限,所以在从制造商处购买时应注意其生产日期。

(3)通过分析来检查系统中液压油的状况。

(4)检查安全锁紧装置和液压系统的保险开关,在运转中对其进行试验。

(5)检查所有甲板上的测量管、注入管和空气管的焊接状况。

(6)检查货舱梯子的拉索及其附属焊接装置,有任何缺陷进行修复。

(7)注意任何部位与上一次报告的变化及任何需要关注的缺陷,或者在下一个维修周期需要永久修复的部位。

4. 平时维护保养和自查时的注意事项

(1)船体结构因锈蚀或受损而造成的穿孔、裂口、裂纹等应进行永久性修复。

(2)舱口盖、通风筒、水密门、货舱道门都要保持良好的水密性能与封闭功能。

(3)测量孔盖齐全有效。

(4)压载舱空气管透气正常。

(5)载重线标志、水尺标志、船名、船籍港名清晰可见。

(6)积载应符合船体局部强度和总纵强度要求,不能超载且要达到适航的稳性值和浮态。

(7)散装货舱要特别注意各横舱壁、上边舱的纵桁、横框架、斜底板等处是否有扭曲变形。

项目四
船舶货运性能及水运货物

学习目标

1. 熟悉船舶重量和容积性能。
2. 熟悉船体形状参数、船舶浮态,并掌握船舶各种浮态下平均吃水的计算方法。
3. 掌握船舶静水力曲线图、载重表尺、静水力参数表的内容及查取方法。
4. 掌握船舶的载重线标志,载重线海图以及载重线标志的勘绘和使用。
5. 熟悉船舶载货能力的核算方法,掌握提高和充分利用船舶载货能力的措施。
6. 熟悉水运货物性质特点,掌握货物的计量方法、交接方式、亏舱和积载因数。

任务一　船舶容重性能

一、船舶重量性能

船舶在最大允许吃水范围内,反映吃水与船舶载重关系的性能,称为船舶重量性能。船舶重量性能的某些指标是决定装载货物重量能力的主要因素。船舶重量性能包括排水量和载重量,计量单位为 t。

(一)排水量

排水量系指船舶自由漂浮于静水中保持静态平衡时,船体水线下体积所排开水的重量。按船舶装载状态不同,排水量可分为空船排水量、满载排水量和装载排水量。按照阿基米德定律,其计算公式为

$$\Delta = \rho \cdot V \tag{4-1}$$

式中:Δ——船舶排水量(t);

ρ——舷外水密度(g/cm^3);

V——船舶排水体积(m^3)。

1. 空船排水量 Δ_L

空船排水量系指船舶装备齐全但无载重时的排水量,包括船体、机器及设备、可供试车用的但无航行所需的锅炉中的燃料和水、冷凝器中的淡水等重量的总和。空船重量是一定值,指新船出厂时的空船排水量,其值可从船舶资料中查得。

2. 满载排水量 Δ_S

满载排水量系指船舶装载到规定满载水线时的排水量,通常指夏季满载排水量。满载排水量等于在满载状态下船舶的总重量,包括空船重量加上全部可变载荷(货物,航次所需的燃料、淡水、压载水、食物,船员和行李,其他供应品和备品,以及船舶常数)重量。

对于具体船舶,夏季满载排水量为一定值,相应的船舶吃水为夏季满载吃水,其值均可在船舶资料中查得。夏季满载排水量是表征船舶重量性能的指标,夏季满载吃水则是限定船舶装载吃水以保证船舶浮性的指标。

3. 装载排水量 Δ

装载排水量系指船舶装载后实际排开水的重量,通常介于空船排水量与满载排水量之间,其值为该装载状态下空船重量、货物重量、航次储备量、压载水重量和船舶常数等重量的总和。

(二)载重量

船舶所能装载的载荷重量称为载重量。依据载荷种类不同,载重量分为总载重量和净载重量。

1. 总载重量 DW

总载重量系指船舶在任意吃水状况下所装载的最大重量。它包括在该吃水条件下船上所能装载货物重量、航次储备量、压载水重量及其他重量的总和,其值为

$$DW = \Delta - \Delta_L \tag{4-2}$$

总载重量的大小可根据给定的船舶装载状态按其构成成分叠加获得,也可根据船舶吃水从相关船舶静水力资料中获取相应排水量后由式(4-2)确定。

总载重量的大小是随着船舶排水量的变化而变化的,与航行区域、航行季节和港口航道的水深等有关。在船舶资料中,总载重量系指船舶夏季满载排水量与船舶空船排水量之差,其值为定值,是船舶载重能力的重要指标,即

$$DW_S = \Delta_S - \Delta_L \tag{4-3}$$

DW_S作为船舶载重能力大小的重要指标,通常用来表征船舶大小和统计船舶拥有量,作为签订租船合同及航线配船、定舱配载、船舶配载的依据。

2. 净载重量 NDW

净载重量系指船舶具体航次中所能装载货物重量的最大能力,其值等于具体航

次中所允许使用的最大总载重量与航次储备量及船舶常数的差值,即

$$NDW = DW - \sum G - C \qquad (4-4)$$

式中:$\sum G$——航次储备量(t);

$\qquad C$——船舶常数(t)。

船舶净载重量因航次的航线、航程等因素的不同而变化,主要作为确定航次货运量的依据。

(三)航次储备量

船舶具体航次中为维持正常航行及停泊需要所储备的消耗物质重量总和,即为航次储备量,按其构成可分为固定储备量和可变储备量两类。

1.固定储备量 G_1

固定储备量 G_1 包括船员、行李、粮食、供应品及船用备品。由于构成 G_1 的各部分在航次储备量中所占比例很小,因此,无论航次时间长短,在计算时可将 G_1 取为一定值,故称其为固定储备量。

2.可变储备量 G_2

可变储备量 G_2 系指航次储备量中随航次时间长短及补给方案不同而变化的那部分物质的重量,包括燃料、润料和淡水等。

(四)船舶常数 C

船舶参加营运后的空船重量与新船出厂时的空船重量之差称为船舶常数。船舶常数通常包括以下几部分重量:

(1)船舶定期修理和局部改装引起的空船重量改变量;

(2)货舱内货物、衬垫物料及垃圾的残留重量;

(3)液体舱柜、污水井内油、水的残留物或沉淀物;

(4)船上库存的废旧机件、器材及物料;

(5)为改善船舶性能而设置的固定压载物;

(6)船体外附着的海生物重量与其所受浮力的差值。

二、船舶容积性能

船舶所具有的容纳各类载荷体积的能力称为船舶容积性能,用来表征船舶容积性能的指标包括舱室容积、舱容系数、登记吨位。

(一)舱室容积

1.散装容积

散装容积系指货舱内能够被无包装且呈颗粒、粉末、小块、球团等状的固体散货所利用的最大空间体积。其大小为两舷侧板内缘、前后横舱壁内缘、内底板或舱底板

上缘至甲板下缘所围体积与舱口围板、舱口盖板下缘所围体积之和,并扣除舱内骨架、支柱、货舱护条、通风筒等所占空间体积。

2. 包装容积

包装容积系指货舱内能为包装货物或具有一定尺度的裸装货物所利用的最大空间体积。其大小为包括舱口围板所围体积,量自两舷侧肋骨或纵桁内缘、前后横舱壁骨架的自由翼缘、内底板或舱底板上缘至甲板横梁或纵骨下缘所围空间体积,并扣除舱内支柱、通风筒等舱内设备所占体积。一般货舱的包装容积比散装容积少5% ~ 10%。在件杂货运输时,均使用包装舱容。

3. 液货舱容积

液货舱容积系指货舱装载液体散装货物时可利用的最大空间容积。其大小为甲板下缘所围体积扣除舱内骨架及有关设施等所占空间体积。

4. 液舱柜容积

液舱柜容积系指船舶能够为燃料、润料、淡水、压载水所利用的专用舱柜的最大容积。

船舶资料中均包括总布置图、货舱容积表和液舱柜容积表,提供了各货舱和液体舱柜的位置、形状、尺寸、容积及几何中心位置,是驾驶人员工作中的必备资料。

当各舱室未装至最大容积时,可根据实际装舱深度查取相应舱室的舱容曲线或舱容表,从而确定实际装舱容积及重心位置。

5. 甲板货位

对于某些种类的船舶,允许或适合在上甲板装载一定数量的货物,如集装箱船、木材运输船、杂货船,而允许利用的甲板货位受到船舶稳性、安全瞭望、货物系固、甲板强度等方面的限制。集装箱船甲板可用货位与舱内容积之比为 $1:2 \sim 1:1$,而木材船甲板可用货位与舱内容积之比也基本接近此比。

(二)舱容系数 μ

舱容系数系指全船货舱总容积与船舶净载重量之比,即每一净载重吨所占有的货舱容积。

$$\mu = \frac{\sum V_{ch}}{NDW} \tag{4-5}$$

式中:μ——舱容系数(m^3/t);

　　　$\sum V_{ch}$——全船货舱总容积(m^3),取包装容积或散装容积。

由于各具体航次 NDW 不同,因此相应的舱容系数也不同。船舶资料中的舱容系数是船舶在满载吃水状态下保持最大续航能力时的数值。

船舶舱容系数是表征船舶对轻货或重货适装能力的指标。舱容系数较大的船,适合装载轻货,若装载重货,则货舱容积未得到充分应用;相反,舱容系数较小的船,适合装载重货,若装载轻货,则载重量未得到充分应用。一般杂货船的舱容系数为 $1.5 \sim 2.1\ m^3/t$。

（三）登记吨位

船舶登记吨位系指船舶为登记注册及便利海上运输的需要,按有关国家主管机关指定的丈量规范的规定丈量的船舶内部容积,以吨位表示其大小。凡船长不小于24 m 的在我国海上航行的船舶,根据中华人民共和国海事局《船舶与海上设施法定检验规则》(以下简称《法定规则》)中关于吨位丈量的规定丈量并核算船舶登记吨,其数值记入船舶必备的"吨位证书"中。我国政府已参加了 IMO《1969 年国际船舶吨位丈量公约》,《法定规则》中有关国际航行船舶的吨位丈量方法与该国际公约一致。

根据船舶丈量的范围和用途不同,登记吨位可分为总吨、净吨和运河吨。

1. 总吨 GT

根据国家主管机关规定的吨位丈量规范规定,丈量船舶所有围蔽处所总容积后所核算的专门吨位为船舶总吨(Gross Tonnage)。

船舶总吨的用途主要有:

(1)表征船舶建造规模大小,作为船舶拥有量的统计单位;

(2)船舶建造、买卖、租赁费用及海损事故赔偿费的计算基准;

(3)国际公约、船舶规范中划分船舶等级、提出技术管理和设备要求的基准;

(4)作为船舶登记、检验、丈量、登记等计费的依据;

(5)作为一些港口使费的计算基准;

(6)作为计算净吨的基础。

2. 净吨 NT

根据国家主管机关指定的吨位丈量规范丈量确定的船舶有效容积所核算的专门吨位为船舶净吨(Net Tonnage)。有效容积可理解为船舶用于载货和载客处所的容积。对于货船,净吨除与船舶有效容积有关外,还与船舶型深和型吃水有关。

净吨主要作为计收各种港口使费(如港务费、引航费、码头费、灯塔费等)和税金(吨税)的依据。各国港口规定不同,其中也有按总吨、吃水等收取港口使费的。

3. 运河吨 CT

苏伊士运河当局和巴拿马运河当局为维护各自国家的经济利益,均制定了相应的吨位丈量规范,运河吨(Canal Tonnage)就是按运河当局制定的丈量方法丈量后确定的登记吨位。运河当局颁布运河吨位丈量规则,授权世界上一些主要船级社对船舶进行丈量,并签发运河吨位证书,它分为总吨和净吨两种。船舶在通过运河时,运河当局按运河净吨大小交纳运河通过费,通常使用运河净吨位作为计费依据,但巴拿马运河当局后来对此做了部分更改,如对集装箱船按其载货能力计费。凡航经运河的船舶,必须具备运河当局主管部门核定的运河吨位证书。"Y"轮登记吨位表如表4-1 所示。

表 4-1　"Y"轮登记吨位表

按公约丈量的登记吨位		苏伊士运河吨		巴拿马运河吨	
GRT(GT)	NRT(NT)	GRT(GT)	NRT(NT)	GRT(GT)	NRT(NT)
10 456	6 407	10 663	8 467	11 451	8 781

任务二　船舶浮态及平均吃水

一、船舶浮态

(一)船舶平衡条件

船舶在装载情况下,漂浮于水面(或浸没于水中)一定位置时,是一个处于平衡状态的浮体。这时,作用在船上的力,有船舶本身的重力以及静水压力所形成的浮力。作用在船上的重力由船舶本身各部分的重量所组成,如船体构件、机电设备、货物、人员及行李等的重量,军舰还有武备、弹药等。这些重量形成一个垂直向下的合力,此合力就是船舶的重力,其作用中心称为船舶的重心,用 G 表示。浮力为作用于船舶水线下静水压力的合力,等于船体所排开同体积水的质量与重力加速度的乘积,而船舶排水质量为水线下排水体积与舷外水密度的乘积。浮力垂直于水面向上,其作用中心称为浮心,用 B 表示。重力通过重心 G 垂直向下作用,而浮力通过浮心 B 垂直向上作用。当通过 G 的重力作用线与通过 B 的浮力作用线重合时(见图4-1),也就是说重心 G 和浮心 B 处于同一垂线上时,船舶所受合力为零。

(二)船用坐标系

为了确切地表达重心和浮心的位置,便于进行船舶性能计算,通常采用如图4-2所示的 $Oxyz$ 直角坐标系。

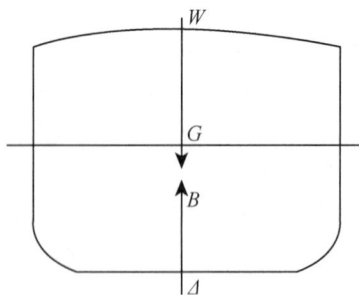

(a)船中坐标系

(b)船尾坐标系

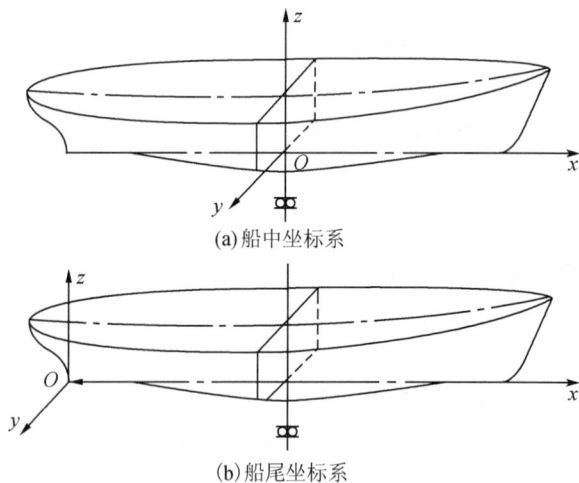

图4-1　船舶平衡条件　　　　　　图4-2　船用坐标系

1.坐标原点 O

坐标原点 O 通常取在中纵剖面、中横剖面和龙骨基线平面的交点处(船中坐标系)或取在中纵剖面、艉垂线剖面和龙骨基线平面的交点处(船尾坐标系),但有的船舶资料中原点则取在中纵剖面、艏垂线剖面和龙骨基线平面的交点处(船首坐标系)。根据坐标原点的不同位置,通常将船用坐标系分为船中、船尾和船首坐标系三种。

2.纵坐标 x 轴

中纵剖面与龙骨基线平面的交线为 x 轴,是沿船长方向的坐标轴,亦称纵轴,x 轴上的值则称为纵向坐标。x 坐标通常规定船中前为" + ",船中后为" - ",但也有与其相反者,如日本等国。对于船尾坐标系,其 x 轴坐标首向为" + ";对于船首坐标系,其 x 轴坐标首向为" - "。

3.横坐标 y 轴

对于船中坐标系,y 轴为中横剖面与龙骨基线平面的交线,y 轴亦称为横轴,y 轴上的值称为横向坐标。对于船尾(船首)坐标系,则 y 轴为艉(艏)垂线横剖面和龙骨基线平面的交线。

4.垂向坐标 z 轴

对于船中坐标系,中纵剖面和中横剖面的交线为 z 轴,z 轴也称为垂向轴,z 轴上的值称为垂向坐标。对于船尾(船首)坐标系,则 z 轴为中纵剖面和艉(艏)垂线处横剖面的交线。

按我国规范建造的船舶,通常采用船中坐标系且船首方向规定为正向。

(三)船舶浮态

船舶浮于静水的平衡状态称为浮态。通常可分为:正浮、横倾、纵倾、任意浮态。

1.正浮

正浮状态(见图4-3)是船舶中纵剖面和中横剖面均垂直于静止水面时的浮态。船舶重心 G 与浮心 B 的纵坐标和横坐标均对应相同,艏、舯、艉六面吃水相等。

在正浮状态下,船舶的平衡条件可表示为

$$\begin{cases} W = \Delta = \rho \nabla \\ x_g = x_b \\ y_g = y_b = 0 \end{cases} \tag{4-6}$$

式中:W——船舶重力(9.81 kN);

Δ——船舶浮力,即船舶排水量(9.81 kN);

ρ——舷外水密度(g/cm^3);

∇——船舶排水体积(m^3);

x_g——船舶重心纵坐标(m);

x_b——船舶浮心纵坐标(m);

y_g——船舶重心横坐标(m);

y_b——船舶浮心横坐标(m)。

2.横倾

船舶重心 G 与浮心 B 的横坐标不同,船舶左、右舷吃水不相同,该漂浮状态称为

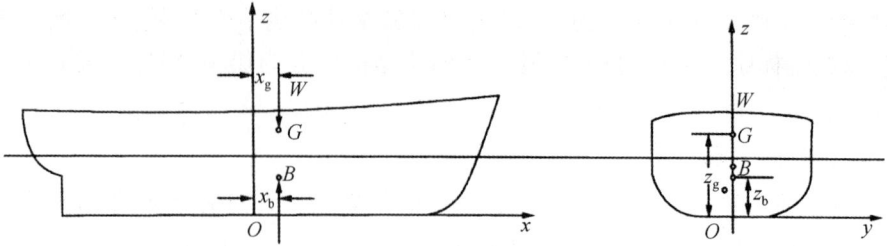

图4-3 船舶正浮状态

横倾。横倾状态(见图4-4)是船舶中横剖面垂直于静止水面,但中纵剖面与铅垂平面成一横倾角时的浮态。当重心 G 偏离中纵剖面,即 $y_g \neq 0$ 时,则重心 G 和正浮时浮心 B 不再共垂线,重力和浮力所产生的力矩作用,将迫使船舶横向倾斜,船舶倾斜后,浮心移至 B_1,重心 G 和浮心 B_1 位于同一垂线上,达到新的平衡,船舶出现横倾角 θ。

船舶横倾时的平衡条件可表述为

$$\begin{cases} W = \Delta = \rho \nabla \\ x_g = x_b \\ y_g \neq y_b = 0 \end{cases} \tag{4-7}$$

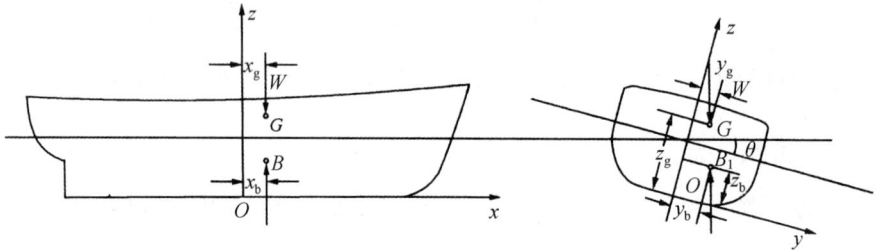

图4-4 船舶横倾状态

3. 纵倾

船舶的艏、艉吃水不相同对应的浮态称为纵倾。纵倾状态(见图4-5)是船舶中纵剖面垂直于静止水面,但中横剖面与铅垂平面成一纵倾角 θ 时的浮态。纵倾角 θ 通常以向艏部倾斜(艏倾)为正,向艉部倾斜(艉倾)为负。当重心 G 和正浮时的浮心 B 不在同一垂线上,重力和浮力形成的力矩将迫使船舶纵倾,纵倾后达到新的平衡,船舶出现纵横倾角 φ。

船舶纵倾时的平衡条件可表示为

$$\begin{cases} W = \Delta = \rho \nabla \\ x_g \neq x_b \\ y_g = y_b = 0 \end{cases} \tag{4-8}$$

4. 任意浮态

任意浮态(见图4-6)是船舶既有横倾又有纵倾时的浮态,即船舶的中纵剖面与铅垂平面有一横倾角,同时中横剖面与铅垂平面也有一纵倾角。船舶任意倾斜状态实际上是横倾与纵倾叠加后的结果,船舶六面吃水均不对应相等,因此,其判断条件为

$$\begin{cases} W = \Delta = \rho \nabla \\ x_g \neq x_b \\ y_g \neq y_b = 0 \end{cases} \qquad (4-9)$$

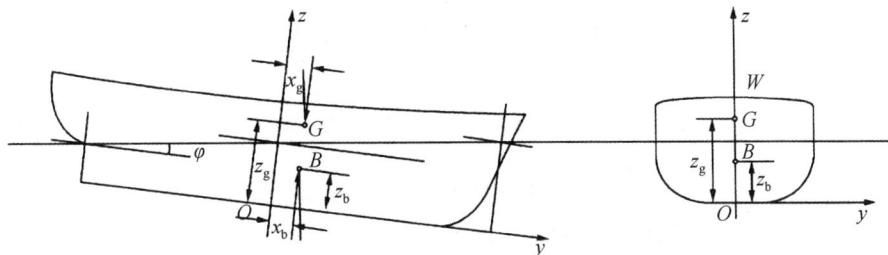

图 4-5　船舶纵倾状态

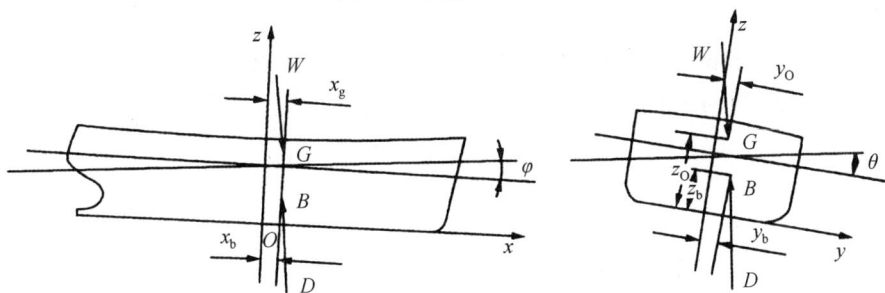

图 4-6　船舶任意浮态

二、船舶平均吃水

（一）船舶平均吃水的概念

船舶装载后排水量为某一数值,当船舶存在纵倾或横倾时,艏、舯、艉处的左、右舷吃水是不同的。平均吃水系指在该排水量条件下对应船舶正浮状态时的吃水。

在小角度横倾和纵倾条件下,某一平均吃水必然有一确定的船舶排水量或排水体积与其对应,无论船舶纵倾或横倾状态怎样改变,仅影响排水体积的形状,而不影响排水体积的大小,因此,平均吃水亦称等容吃水。

（二）船舶平均吃水的计算

由于船舶装载后的浮态不同,其平均吃水的计算方法也有所不同。

1. 正浮

船舶装载后为正浮状态时,船体各处吃水相等,该吃水值根据定义即为平均吃水。

$$d_M = d_F = d_{\bowtie} = d_A \qquad (4-10)$$

式中：d_M——船舶的平均吃水（m）;

　　　d_F——船舶的艏吃水（m）;

　　　d_A——船舶的艉吃水（m）;

$d_\otimes$——船中吃水（m）。

2. 仅横倾

当船舶处于横倾状态时，左、右舷吃水不相等，其平均吃水为

$$d_M = \frac{d_{FP} + d_{FS}}{2} + \frac{d_{\otimes P} + d_{\otimes S}}{2} + \frac{d_{AP} + d_{AS}}{2} \tag{4-11}$$

$$t = \frac{d_{FP} + d_{FS}}{2} - \frac{d_{AP} + d_{AS}}{2} \tag{4-12}$$

式中：d_{FP}，d_{FS}——船首左、右舷吃水（m）；

d_{AP}，d_{AS}——船尾左、右舷吃水（m）；

$d_{\otimes P}$，$d_{\otimes S}$——船中左、右舷吃水（m）。

3. 仅纵倾

当船舶仅处于纵倾状态时，艏、艉吃水不相等，两者差值称吃水差。船舶平均吃水和吃水差的计算可表示为

$$d_M = \frac{d_F + d_A}{2} + \frac{t \cdot x_f}{L_{BP}} \tag{4-13}$$

$$t = d_F - d_A \tag{4-14}$$

式中：t——船舶吃水差（m）；

x_f——正浮水线漂心纵坐标（m）；

L_{BP}——船舶型长（m），通常称船长；

$\frac{t \cdot x_f}{L_{BP}}$——船舶平均吃水的漂心修正量（m），或称纵倾修正。

若船舶吃水差较小（$|t| < 0.30$ m），漂心修正可忽略，则船舶平均吃水为

$$d_M = \frac{d_F + d_A}{2} \tag{4-15}$$

4. 任意倾斜

当船舶同时存在纵倾和横倾时，六面吃水均不相等，该浮态对应的平均吃水可按下式算出

$$d_M = \frac{d_{FP} + d_{FS} + d_{\otimes P} + d_{\otimes S} + d_{AP} + d_{AS}}{6} + \frac{t \cdot x_f}{L_{BP}} \tag{4-16}$$

式中，吃水差 t 为

$$t = \frac{d_{FP} + d_{FS}}{2} - \frac{d_{AP} + d_{AS}}{2} \tag{4-17}$$

5. 船体有拱垂变形时平均吃水的计算

以上求取船舶平均吃水时均将船体视为刚体，而实际上船体为一弹性体。因此，船舶在某一浮态下会存在一定纵向弯曲变形，引起船舶吃水的改变。

船体纵向弯曲变形后，在船中处测得船中吃水为 $d_\otimes$，与弯曲变形前平均吃水 d_M 有一差值 $\delta d_\otimes$。在船中下垂（中垂）情况下，$\delta d_\otimes$ 为正值；而在船中上拱（中拱）情况下，$\delta d_\otimes$ 为负值。由此可见，当船舶存在拱垂变形时，按上述方法求得的平均吃水与

实际平均吃水相比,存在一定误差,应予以修正。考虑拱垂变形影响后,船舶平均吃水可按下式计算

$$d_{M} = \frac{d_{F} + 6d_{\otimes} + d_{A}}{8} + \frac{t \cdot x_{f}}{L_{BP}} \tag{4-18}$$

式(4-18)的实质是,船舶中部的排水体积较大,在计算平均吃水时船中吃水取较大权数。应该指出,当货物交接是以水尺检量方法确定的货物重量为准时,尚应对上述方法求得的平均吃水再加以修正,以达到更高的精度要求。

(三)舷外水密度改变对吃水的修正

船舶航行于不同水域之间,舷外水的密度也时常发生变化。在船舶总重量不变的情况下,舷外水密度的变化导致船舶排水体积改变,为保持重力与浮力的平衡,船舶吃水必然发生改变。

1. 舷外水密度改变对吃水修正的基本公式

设舷外水密度由 ρ_1 变为 ρ_2,且船舶排水量 Δ 保持不变,根据船舶在标准海水密度中的 TPC 与 A_W 的关系式,可得到船舶进出不同水密度水域时平均吃水变化量为

$$\delta d_{\rho} = \frac{\Delta}{100TPC} \times \left(\frac{\rho_s}{\rho_2} - \frac{\rho_s}{\rho_1} \right) \tag{4-19}$$

式中:ρ_1——原水域舷外水密度(g/cm^3);

ρ_2——新水域舷外水密度(g/cm^3);

ρ_s——标准海水密度(g/cm^3),取 $\rho_s = 1.025 \ g/cm^3$;

TPC——标准海水中的每厘米吃水吨数(t/cm)。

2. 淡水水尺超额量和半淡水水尺超额量

船舶由标准海水密度($\rho_s = 1.025 \ g/cm^3$)水域进入标准淡水密度($\rho_s' = 1.000 \ g/cm^3$)水域时,平均吃水的增加量称为淡水水尺超额量(Fresh Water Allowance,FWA)。

$$FWA = \frac{\Delta}{4\,000TPC}(m) = \frac{\Delta}{40TPC}(cm) \tag{4-20}$$

船舶由标准海水密度水域进入水密度为 $1.000 \ g/cm^3 < \rho < 1.025 \ g/cm^3$ 的水域时,平均吃水增加量称为半淡水水尺超额量,可按以下公式求取

$$\delta d_{\rho} = (41 - 40\rho)FWA$$

或

$$\delta d_{\rho} = 40FWA \times (1.025 - \rho) \tag{4-21}$$

3. 新水域船舶平均吃水的近似计算

设船舶在原水域的水密度为 ρ_1,平均吃水为 d_1;进入新水域时水密度为 ρ_2,平均吃水为 d_2,则船舶进入新水域近似平均吃水为

$$d_1\rho_1 = d_2\rho_2 \tag{4-22}$$

在对吃水计算精度要求不高的情况下,应用式(4-22)可免去查表及烦琐计算。在实际工作中,可根据具体情况选取不同的计算公式,区别对待。

任务三　船舶静水力资料

一、静水力曲线图

静水力曲线图表示船舶在静止正浮时的浮性参数、稳性参数和船型系数与船舶型吃水关系的一组曲线。

（一）浮性参数曲线

1.排水体积曲线

排水体积曲线表示船舶排水体积随吃水变化而变化的关系曲线。由于在静水力曲线图中排水体积是根据船体型线图计算所得的，并未包括水线以下部分船壳及附体（螺旋桨、舵、舭龙骨等）的体积，因此称为型排水体积，而实际排水体积应为型排水体积与水线下船壳及附体体积之和。

为方便计算，一般是将型排水体积乘以一个大于 1 的系数 k，该系数称为船壳系数

$$V = k \cdot V_{\mathrm{M}} \tag{4-23}$$

式中：V_{M}——型排水体积（m^3）；

V——实际排水体积（m^3）。

通常船壳系数 k 一般在 1.006～1.030。对于不同船舶，小船 k 值一般较大，大船 k 值一般较小；对于同一船舶，吃水较小时 k 取大些，吃水较大时 k 取小些。新船 k 值可在船舶资料中查取。

2.排水量曲线

排水量曲线表示船舶排水量随吃水变化而变化的关系曲线，通常包括标准海水排水量和标准淡水排水量两条曲线。

通常船型在船舶吃水较小时，排水量随吃水变化较慢，而在船舶吃水较大时排水量随吃水变化较快，因此排水体积曲线和排水量曲线呈上凸趋势。

3.浮心距基线高度曲线

浮心距基线高度曲线，简称 Z_{b} 或 KB 曲线，表示浮心的垂向坐标随吃水变化而变化的关系曲线。

4.浮心距船中距离曲线

浮心距船中距离曲线，简称 X 曲线，表示浮心纵坐标随吃水变化而变化的关系曲线。在船中坐标系中，我国规定：浮心在船中前，X_{b} 为正值；浮心在船中后，X_{b} 为负值。

5.水线面面积曲线

船舶漂浮于水面上，水面与船体相交的平面即为水线面。船舶水线面面积曲线，

简称 A_W 曲线,表示未包括船壳板厚度在内的水线面面积随吃水变化而变化的关系曲线。由水线面面积可计算出船舶在不同水密度水域中的每厘米吃水吨数 TPC 值。

6. 漂心距船中距离曲线

船舶水线面的几何中心称为漂心 f。漂心距船中距离曲线,简称 X_f 曲线,表示漂心纵坐标随吃水变化而变化的关系曲线。在船中坐标系中,我国规定:漂心在船中前,X_f 为正值;漂心在船中后,X_f 为负值。

漂心位置以 X_f 和 Y_f 表示。由于水线面形状左右对称于中纵剖面,故 $Y_f = 0$。水线面形状一般都不对称于中横剖面,故 X_f 通常不为零,而在船中附近。

7. 每厘米吃水吨数曲线

每厘米吃水吨数曲线,简称 TPC 曲线,指船舶平均吃水变化 1 cm 时对应排水量的改变量,用 TPC 来表示。设船舶平均吃水变化 1 cm 时排水体积改变 δV,其大小为

$$\delta V = 0.01 A_W \tag{4-24}$$

则排水量的改变量 $\delta \Delta$ 为

$$\delta \Delta = 0.01 \rho \cdot A_W \tag{4-25}$$

于是,可得每厘米吃水吨数表达式为

$$TPC = 0.01 \rho \cdot A_W \tag{4-26}$$

TPC 曲线是表示船舶在不同吃水时每厘米吃水吨数变化规律的曲线。静水力曲线图中各吃水时的 TPC 值一般为在海水中的数值。对于普通船舶,由于吃水不同时水线面积亦不同,且通常随吃水增大而增大,因此,每厘米吃水吨数 TPC 和水线面积随吃水变化的趋势是一致的。对于箱形驳船,其水线面积不随吃水而变化,故每厘米吃水吨数 TPC 为一定值。

(二)稳性参数曲线

稳性参数曲线包括:

(1)横稳心距基线高度曲线,简称 KM 曲线:表示船舶不同吃水时横稳心距基线高度变化规律的曲线。

(2)纵稳心距基线高度曲线,简称 KM_L 曲线:表示船舶不同吃水时纵稳心距基线高度变化规律的曲线。

(3)每厘米纵倾力矩曲线,简称 MTC 曲线:反映吃水差变化 1 cm 所需要的纵倾力矩随吃水变化而变化的关系曲线。

(三)船型系数曲线

船型系数主要用来表示型船体的几何特征,在一定程度上反映船舶性能的优劣。静水力曲线图中的船型系数曲线是表示船型系数随平均吃水变化的关系曲线。

船型系数曲线包括:方形系数曲线、水线面系数曲线、中横剖面系数曲线、棱形系数曲线和垂向棱形系数曲线。

(四)静水力曲线图的查取方法及使用

静水力曲线图的垂向坐标代表船舶平均型吃水,横坐标代表船舶不同参数,以厘

米数表示,各参数与厘米数的比例标于图中。各曲线厘米数的起算点可分为三种情况。

(1)坐标系原点,适用于除 X_b 曲线和 X_f 曲线以外的其他浮性参数和稳性参数曲线;

(2)以符号⊗表示的船中,适用于 X_b 曲线和 X_f 曲线;

(3)在不同的厘米数处直接标出小于1的小数,适用于船型系数曲线。

图4-7 为"T"轮静水力曲线图。其查取方法是:作船舶装载状态下平均型吃水的水平线,与所查曲线相交,读取交点对应横坐标上的厘米数,并按所查参数与厘米数比例换算成实际参数值。

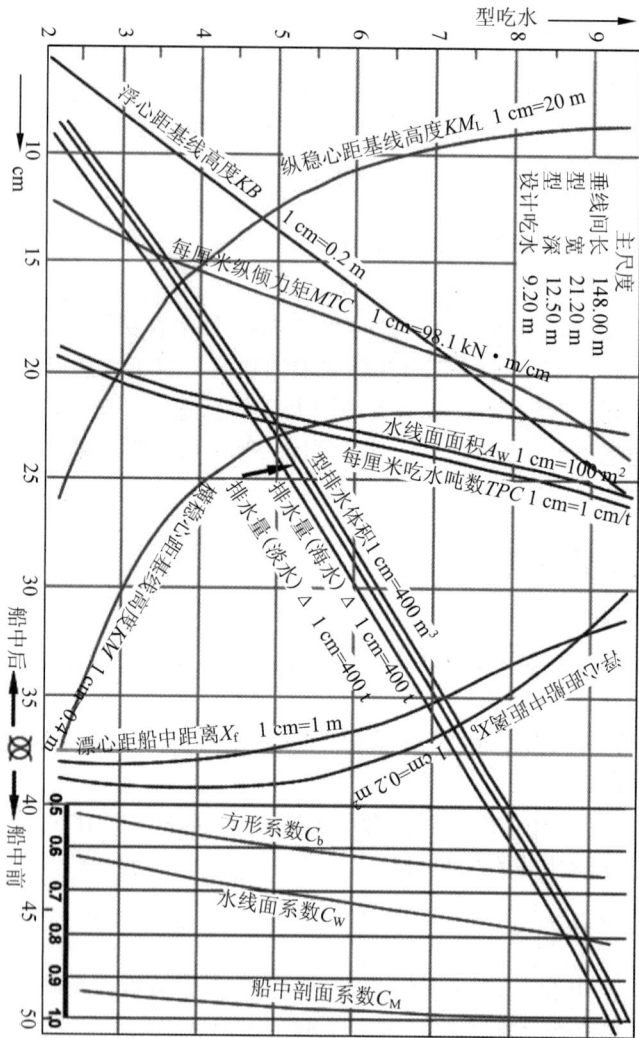

图4-7 "T"轮静水力曲线图

二、载重表尺

1. 载重表尺的内容

载重表尺系指船舶在静止、正浮状态时常用浮性和稳性参数随吃水变化而变化的关系图表。载重表尺中给出了不同吃水时的海水中、淡水中和半淡水中的排水量 Δ、总载重量 DW、每厘米吃水吨数 TPC 以及每厘米纵倾力矩 MTC、横稳心距基线高度 KM、浮心距船中距离 X_b、漂心距船中距离 X_f 等值。在提供给船上的载重表尺中，其所列参数种类也不尽相同，如图 4-8 所示。

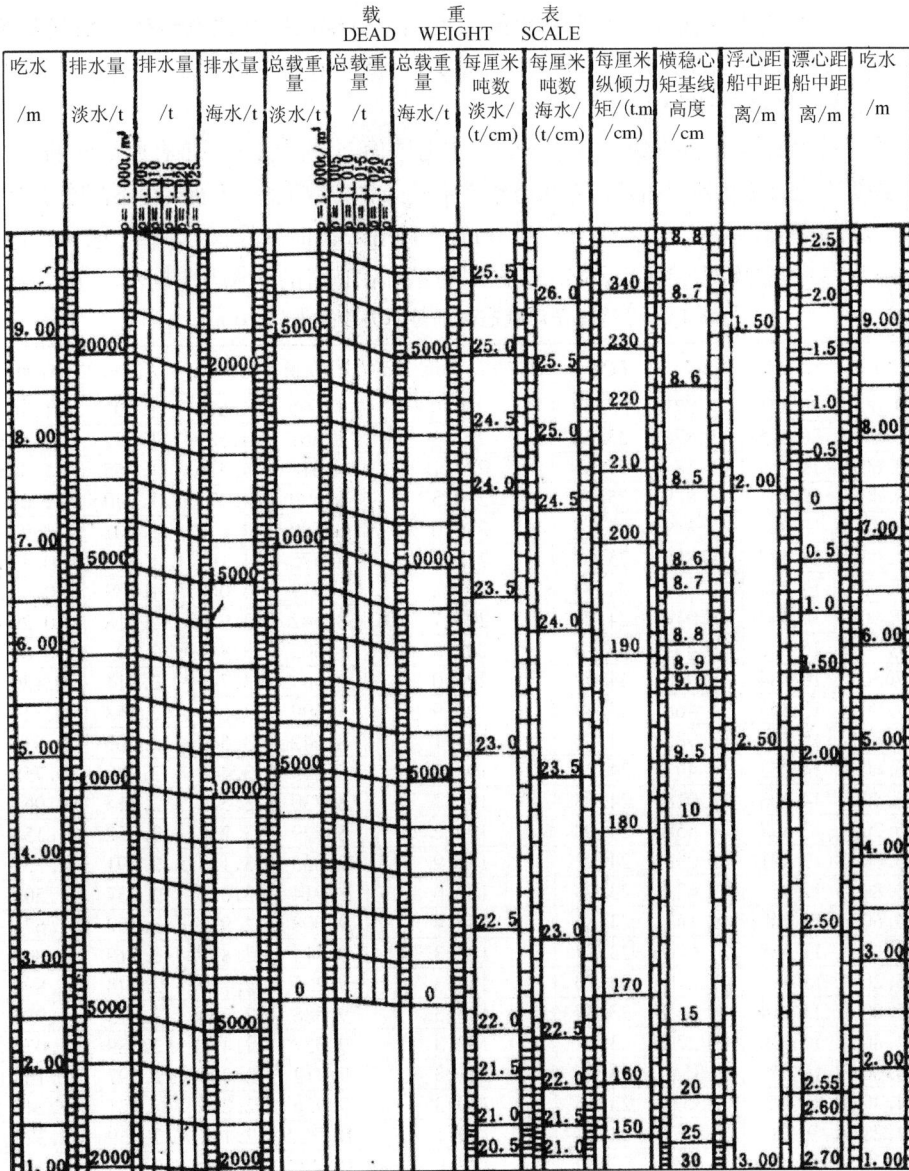

图 4-8　载重表尺

2. 载重表尺的查取方法及使用

载重表尺比静水力曲线图更方便、实用,其查取方法为:根据装载状态下的实际平均吃水作一水平线,该线与所查参数栏刻度相交,直接读出刻度对应数值即为所查参数值。

三、静水力参数表

1. 静水力参数表的内容

静水力参数表是以数值表的形式给出了船舶各性能参数与吃水的数值关系。与上两种形式的图表比较,静水力参数表具有简便、可靠的特点,它根据船舶平均型吃水或船中平均吃水直接读出所查参数值而无须进行辅助线和比例转换。根据船舶的大小,静水力参数表的吃水间距分为 1 cm、2 cm、5 cm、10 cm 不等。因此,为减少查表误差,建议尽量使用静水力参数表。

应该指出的是,船舶在纵倾状态下的静水力数值与正浮状态下是有所不同的。因此大多数新造的船舶除列出船舶正浮状态条件下的静水力数值外,还列出在不同吃水差(如 t 为 2.0 m、1.0 m、−1.0 m、−2.0 m、−3.0 m、−4.0 m 等)时的静水力数值。表4-2 为"T"轮正浮状态时的静水力参数表,表4-3 为"T"轮纵倾状态时的静水力参数表。

表 4-2 "T"轮正浮状态时的静水力参数表($t = 0$ m)

d/m	Δ_S/t	Δ_F/t	TPC/t	MTC/(t·m/cm)	KM/m	KB/m	X_b/m	X_f/m
9.00	20 881	20 371	25.75	230.9	8.690	4.696	1.492	−1.767
8.80	20 375	19 878	25.60	227.1	8.661	4.581	1.572	−1.543
8.60	19 869	19 384	25.45	223.1	8.618	4.416	1.655	−1.305
8.40	19 361	18 889	25.32	219.5	8.599	4.371	1.730	−1.099
8.20	18 849	18 389	25.15	216.0	8.589	4.270	1.801	−0.917
8.00	18 334	17 886	25.02	212.4	8.575	4.167	1.873	−0.715
7.80	17 836	17 401	24.93	209.2	8.529	4.060	1.939	−0.502
7.60	17 337	16 914	24.86	205.7	8.542	3.950	2.018	−0.290
7.40	16 842	16 431	24.74	202.8	8.563	3.846	2.072	−0.083
7.20	16 384	15 949	24.57	200.0	8.584	3.745	2.111	0.120
7.00	15 855	15 468	24.39	196.9	8.599	3.642	2.153	0.323
6.80	15 375	14 982	24.31	195.1	8.642	3.542	2.209	0.539
6.60	14 853	14 491	24.22	193.3	8.683	3.445	2.268	0.758
6.40	14 368	14 018	24.15	191.7	8.730	3.342	2.314	0.961
6.20	13 897	13 558	24.08	190.2	8.779	3.232	2.352	1.158
6.00	13 421	13 093	24.02	188.9	8.833	3.123	2.391	1.355
5.80	12 937	12 621	23.93	187.6	8.914	3.027	2.437	1.506
5.60	12 448	12 144	23.84	186.4	9.008	2.939	2.482	1.671
5.40	11 968	11 676	23.77	185.3	9.114	2.833	2.519	1.800
5.20	11 491	11 210	23.70	184.3	9.255	2.719	2.548	1.890
5.00	11 014	10 745	23.64	183.3	9.388	2.606	2.573	1.980
4.80	10 636	10 279	23.57	182.5	9.557	2.492	2.589	2.071
4.60	10 059	9 814	23.51	181.5	9.712	2.380	2.597	2.162
4.40	9 587	9 353	23.46	180.3	9.936	2.275	2.621	2.247
4.20	9 120	8 897	23.24	179.1	10.222	2.186	2.659	2.329
4.00	8 653	8 441	23.39	177.9	10.482	2.090	2.695	2.404
3.80	8 185	7 985	23.27	176.7	10.813	1.980	2.702	2.449
…	…	…	…	…	…	…	…	…

表4-3　"T"轮纵倾状态时的静水力参数表($t = -2.0$ m)

d/m	Δ/t	V/m^3	TPC/t	MTC/(t·m/cm)	KM/m	KB/m	X_b/m	X_f/m
2.50	8 203	7 979	35.99	326.4	25.61	1.31	−2.18	4.01
2.60	8 562	8 328	36.10	329.1	24.65	1.36	−1.89	4.03
…	…	…	…	…	…	…	…	…
5.50	19 767	19 227	37.76	370.22	13.67	2.89	8.97	4.24
5.60	20 144	19 594	37.81	371.48	13.54	2.94	8.88	4.12
5.70	20 523	19 962	37.86	372.75	13.41	3.00	8.79	4.00
5.80	20 901	20 331	37.91	374.02	13.29	3.05	8.70	3.87
5.90	21 280	20 699	37.96	375.30	13.18	3.10	8.61	3.74
6.00	21 660	21 068	38.01	376.59	13.08	3.15	8.53	3.59
6.10	22 040	21 438	38.06	377.91	12.99	3.20	8.44	3.44
6.20	22 421	21 809	38.11	379.31	12.90	3.25	8.36	3.29
6.30	22 802	22 180	38.17	380.77	12.81	3.30	8.27	3.13
6.40	23 184	22 551	38.23	382.29	12.73	3.35	8.19	2.98
6.50	23 567	22 923	38.29	383.87	12.64	3.40	8.10	2.82
…	…	…	…	…	…	…	…	…
8.00	29 391	28 588	39.5	417.3	11.89	4.17	6.83	0.54
8.10	29 786	28 972	39.6	420.4	11.87	4.22	6.74	0.39
8.20	30 182	29 358	39.7	423.7	11.84	4.27	6.66	0.23
8.30	30 579	29 744	39.9	427.1	11.82	4.32	6.57	0.08
8.40	30 978	30 132	39.9	430.6	11.80	4.38	6.49	−0.18
8.50	31 377	30 520	40.1	434.4	11.78	4.43	6.40	−0.24
8.60	31 778	30 910	40.1	438.3	11.76	4.48	6.32	−0.43
8.70	32 179	31 300	40.3	442.3	11.74	4.53	6.23	−0.57
8.80	32 582	31 692	40.4	446.2	11.73	4.58	6.15	−0.73
8.90	32 986	32 086	40.6	450.2	11.71	4.64	6.06	−0.90
9.00	33 392	32 481	40.8	454.3	11.70	4.74	5.89	−1.06
…	…	…	…	…	…	…	…	…

　　正浮状态时的静水力参数表根据船舶平均型吃水查取相应数值。纵倾状态时的静水力参数表提供了在已知浮态条件下,吃水和吃水差与船舶性能参数的关系,该表以船平均吃水及吃水差查取相关参数。它可用于在装载浮态已知条件下查取相应的初稳心高度KM,从而计算船舶初稳性GM;也可用于已知装载浮态时排水量及装货量的计算。

2.静水力参数表查取方法及使用

　　利用静水力参数表,驾驶人员可方便地对船舶装载问题进行计算,即求算船舶吃水与装载之间相互的数值关系。另外,在通常装载情况下船舶稳性及浮态的计算,可利用本表查取如KM、MTC、X_b、X_f等相关计算参数。

　　同时需要注意的是,一般船舶静水力参数表中仅提供海水排水量(对应标准水密度$\rho = 1.025$ g/cm^3)和淡水排水量(对应标准水密度$\rho = 1.000$ g/cm^3)。当船舶处

于非标准水密度水域中时,应对利用所读取的吃水查取的船舶排水量进行水密度修正,修正方法如下:

设实际测得的港水密度为 ρ',则经水密度修正后的排水量 Δ_d 为

$$\Delta_d = \rho'\Delta/1.025 \tag{4-27}$$

例 4-1:"T"轮在始发港开航时 $d_M = 8.9 \text{ m}$,航行中及停泊中油水消耗 750 t,并计划在该中途港卸下 1 800 t 货后再加装 1 600 t 货物,试求该船驶离中途港时的平均吃水。

解:

方法 1:

(1)查取始发港开航时的排水量 Δ_1

由 $d_M = 8.9 \text{ m}$ 查取静水力参数表,得 $\Delta_1 = 20\ 628 \text{ t}$

(2)计算驶离中途港时的排水量 Δ_2

$$\Delta_2 = 20\ 628 - 750 - 1\ 800 + 1\ 600 = 19\ 678 \text{ t}$$

(3)根据 Δ_2 查取驶离中途港时的平均吃水 d_{M2}

由 $\Delta_2 = 19\ 678 \text{ t}$ 查静水力参数表,得 $d_{M2} = 8.53 \text{ m}$

方法 2:

(1)由 d_M 查取每厘米吃水吨数 TPC

$$d_M = 8.9 \text{ m 时}, TPC = 25.67 \text{ t/m}$$

(2)计算油水消耗和中途港装卸货后平均吃水改变量 δd

$$\delta d = \frac{\sum p_i}{100 TPC} = \frac{-750 - 1\ 800 + 1\ 600}{100 \times 25.67} \approx -0.37 \text{ m}$$

计算驶离中途港时平均吃水 d_{M2}

$$d_{M2} = d_{M1} + \delta d \approx 8.90 - 0.37 = 8.53 \text{ m}$$

三种形式静水力资料的比较:三种形式的静水力资料查表引数不同,适用条件也不同,特点也有差异。静水力曲线图和静水力参数表的查表引数为船舶的型吃水,而载重表尺查表引数为船舶的实际吃水;静水力曲线图和载重表尺适用于船舶平吃水时查取,而静水力参数表适用于船舶不同的吃水差;静水力曲线图数据最完整,但查取不方便,误差较大,而静水力参数表精度最高,然后是载重表尺,但静水力参数表查取时有些数值表内没有体现,需要内插计算。

任务四　载重线及载重线海图

一、船舶载重线

船舶载重线决定了船舶在不同时期、不同区域时的最小干舷,而船舶干舷的大小决定了储备浮力的大小。

视频:
船舶载重线

(一)储备浮力

船舶能够漂浮于水面上,必须具备浮力与重力相等的平衡条件。当船舶在波浪中或冰区航行时,甲板上浪和水线以上船体结冰、船体破损使舱内进水等均会使船舶重量增加。为了保证船舶浮性,需要在满载水线以上储备一定的水密船体容积,以适应临时性载荷增加而使船体提供相应浮力的需要。满载水线以上船体水密空间所具有的浮力称为储备浮力。

储备浮力是船舶适航性的重要指标,它包括满载水线至干舷甲板间水密空间及满足强度要求的舱壁和水密封闭装置的上层建筑内部的空间容积所提供的浮力。储备浮力的大小与船舶尺度、类型、航区和航行季节等因素有关,海船的储备浮力为排水量的25%～40%,河船的储备浮力为排水量的10%～15%。

(二)船舶干舷

船舶干舷 F 系指在船中处从干甲板上边缘向下量到载重线上边缘(或满载水线)的垂直距离。干舷甲板系指用于计算干舷的甲板,通常指最高一层露天全通甲板。

船舶干舷 F 与型深 D、型吃水 d 的关系为

$$F = D + \varepsilon - d \approx D - d \tag{4-28}$$

式中: ε ——干舷甲板边板厚度(m)。

显然,干舷可以作为衡量储备浮力大小的尺度。干舷越大,储备浮力也越大。干舷大小与船舶装载及航行安全有着密切关系。一艘船载重越多,吃水越大,干舷就越小,储备浮力越小。为了保障船舶安全并使船舶具有尽可能大的装载能力,公约和规则规定了船舶在任何装载情况下应具有的最小干舷值。

应该清楚,公约和规则中规定的最小干舷值,是根据船舶形状、类型,航区及航行季节等因素所需具有的储备浮力大小而确定的,但是以强度、稳性、抗沉性均符合有关法规的要求为前提条件。当由储备浮力确定的最小干舷与强度、稳性及分舱等要求所决定的干舷不一致时,应取其大者。

船舶干舷分为夏季、热带、冬季、北大西洋冬季和淡水干舷,其中夏季干舷是确定其他干舷的基准。夏季干舷是由船舶主尺度、丰满度、船舶类型、上层建筑、舷弧等因素所决定的。根据公约,夏季干舷计算时分为"A"型船舶和"B"型船舶,其中"A"型船舶系指专为载运散装液体货物而设计的船舶,"B"型船舶系指除"A"型船舶外的其他船舶,此外"B"型船舶中还有"B-60"和"B-100"型两种。

(三)船舶载重线标志

1.除木材甲板货运输船以外的国际航行船舶的载重线标志

除木材甲板货运输船以外的国际航行船舶的载重线标志由三部分组成:甲板线、载重线圈及各载重线。

(1)甲板线

甲板线系指长为300 mm、宽为25 mm的水平线。该线勘绘于船中的左、右舷,

用以表明干舷甲板位置,作为量取最小干舷的基准线,如图4-9所示。其上边缘一般应经过干舷甲板的上表面向外延伸与船壳板外表面的交点。如按此勘绘有困难,甲板线也可勘绘在船中每舷的某一适当位置,但应对干舷做相应的修正,并在船舶载重线证书中标明。

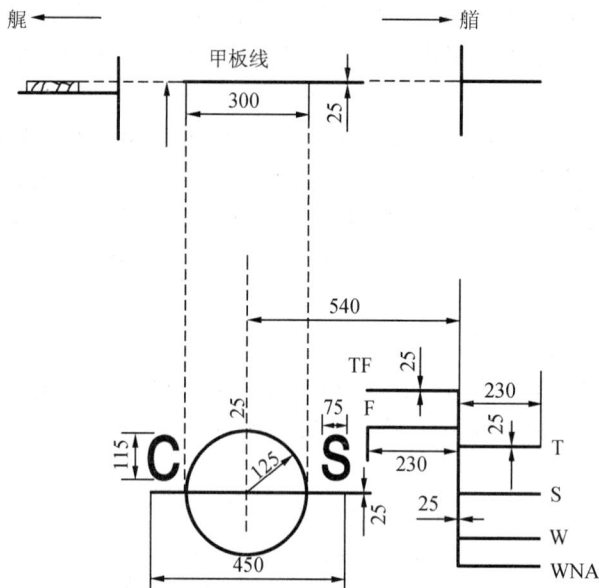

图4-9 甲板线和载重线标志(单位:mm)

(2)载重线圈

载重线圈标志由一圆环和一水平线相交组成,其圆环的中心在船中处,圆环两侧各标有一字母代表船级社名称,如字母 CS 为中国船级社缩写,LR 为英国劳氏船级社,BV 为法国船级社。水平线上边缘通过圆环中心。圆环的中心至甲板线上边缘的垂直距离为夏季干舷。

(3)载重线

位于载重线标志船首方向的若干水平线表示不同种类的载重线,由甲板线上边缘至各载重线上边缘的垂直距离即为相应干舷大小。载重线共有以下6种:

①夏季载重线:其高度与载重线圈中的水平线一致,标有缩写字母"S"。通常所说的船舶满载吃水系指龙骨基线至夏季载重线上边缘的垂直距离,称夏季吃水。

②热带载重线:标有缩写字母"T",热带最小干舷较夏季最小干舷小 1/48 的夏季吃水。

③冬季载重线:标有缩写字母"W",冬季最小干舷较夏季最小干舷大 1/48 的夏季吃水。

④夏季淡水载重线:较夏季载重线高 $\Delta s/40TPC$(cm)或夏季吃水的 1/48,标有缩写字母"F"。

⑤热带淡水载重线:较热带载重线高 $\Delta s/40TPC$(cm)或 1/48 的夏季吃水,标有缩写字母"TF"。

对于船长不大于 100 m 的船舶,尚应加绘北大西洋冬季载重线,较冬季干舷大

50 mm,标有字母"WNA"。

表 4-4 为"Q"轮在不同载重线时对应的船舶吃水、干舷、排水量和总载重量值。

表 4-4   "Q"轮在不同载重线时对应的船舶参数

载重线	实际吃水/m	干舷/m	排水量/t		总载重量/t	
			淡水	海水	淡水	海水
空船	2.642	9.680	5 371		0	
夏季	9.022	3.322		20 881		15 510
冬季	8.835	3.510		20 405		15 034
热带	9.210	3.135		21 367		15 996
夏季淡水	9.224	3.120	20 881		15 510	
热带淡水	9.412	2.933	21 367		15 996	

2. 国际航行木材甲板货船载重线标志

公约和规则规定,对于在干舷甲板或上层建筑的露天部分装载木材货物,且船舶结构、设备和装载均满足公约和规则要求的木材甲板货船,可勘绘和使用木材载重线。由于木材甲板货给船舶提供了一定的附加浮力,增加了抗御海浪的能力,因而木材甲板货船最小干舷比相应的其他船舶最小干舷小些。木材甲板货船载重线在通常载重线以外另行勘绘,位于载重线标志后方一定距离处。各载重线一端在规定字母前加标"L",LT载重线对应的干舷较 LS 载重线对应的干舷小 1/48 的夏季木材甲板货船吃水,LW 载重线对应的干舷较 LS 载重线对应的干舷大 1/36 的夏季木材甲板货船吃水,LWNA 载重线对应的干舷与 WNA 载重线对应的干舷相同,对于淡水木材干舷的规定同其他货船。国际航行木材甲板货船载重线标志如图 4-10 所示。

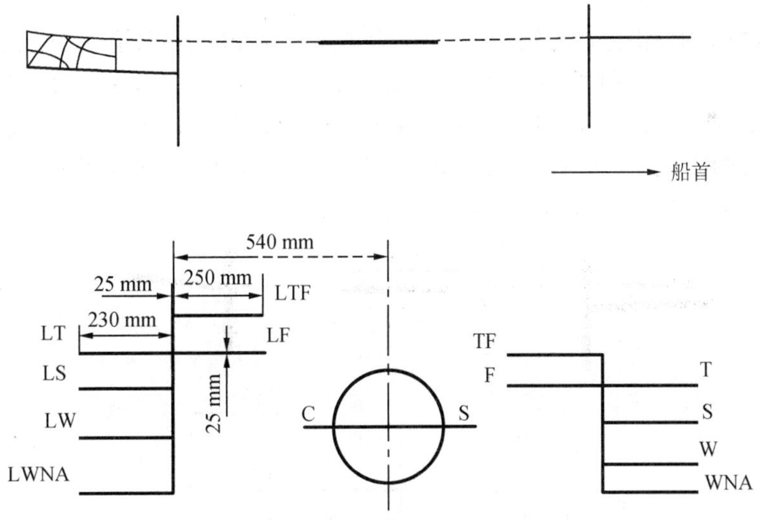

图 4-10   国际航行木材甲板货船载重线标志

3. 国际航行客货船载重线标志

国际航行客货船除绘有通常的货船载重线标志外,根据海船分舱与破损稳性规则的规定,为了保持所要求的分舱程度,应在船舶两舷勘绘相当于所核准的分舱吃水的载重线标志。分舱载重线是用于决定船舶分舱的水线,与通常的载重线标志勘绘在一起,位于垂直线的船尾方向并与之垂直,如图 4-11 所示,C1 为客船分舱载重线,C2 为交替运载客货分舱载重线。C1 说明主要载客时要保留的最小干舷;C2 说明交替使用的舱室作为客运舱室时要保留的最小干舷。

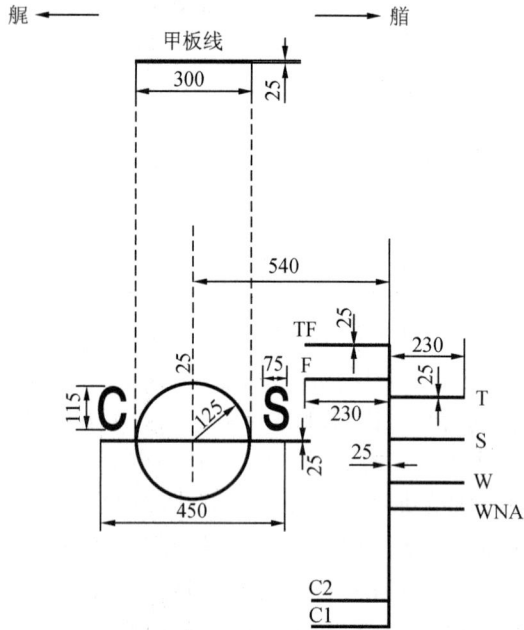

图 4-11 国际航行客货船载重线标志(单位:mm)

4. 国内航行船舶载重线标志

对于我国国内沿海航行的船舶,由于沿岸海面风浪较小,对稳性、强度、抗沉性等的要求可低于国际航行船舶,储备浮力也可相应减小,因此,根据《法定规则》的规定,其干舷可降低要求。国内航行船舶载重线标志如图 4-12 所示,载重线下半圈与标志同色,两侧标以字母"ZC",共有夏季、热带、淡水和热带淡水 4 条载重线,并在各载重线一端分别标有 X、R、Q、RQ 汉语拼音缩写。

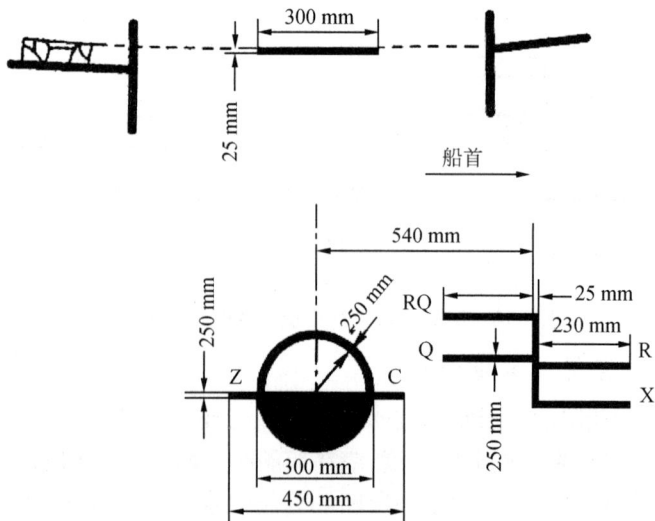

图 4-12 国内航行船舶载重线标志

二、载重线海图

船舶航行于不同海区和季节，可能遭遇的风浪大小也不同，公约和规则要求在不同的风浪条件下使用不同的载重线以确定所允许装载的最大吃水。根据世界各海区在不同季节期的风浪状况，公约和规则中的《商船用区带、区域和季节期海图》(简称《载重线海图》)将其划分成不同的区带和季节区域。

(一)世界海区划分的标准

《1966 年国际载重线公约》规定世界海区划分的标准是：

夏季——蒲氏 8 级及以上风力不超过 10%；

热带——蒲氏 8 级及以上风力不超过 1%，并且 10 年内任一单独日历月份在 5°平方米区域内热带风暴不多于一次；

冬季——其余风力情况。

(二)世界海区划分的种类

根据长期观测和积累的全球不同海区在不同季节内风浪的大小和频率的资料，将世界海区划分为：

1. 区带

区带系指一年各季节中风浪变化不大，因此允许船舶全年使用同一载重线的海区。区带可分为：

(1)夏季区带：允许全年使用夏季载重线的海区，该海区出现大风的频率较热带区带高些。

(2)热带区带：允许全年使用热带载重线的海区。

2. 季节区域(带)

季节区域(带)系指一年各季节期风浪变化较大，因而船舶在不同季节期内允许使用不同载重线的海区。季节区域(带)可分为：

(1)热带季节区域(带)：在该区域内航行的船舶，当处于规定的热带季节期时，允许使用热带载重线；当处于规定的夏季季节期时，则允许使用夏季载重线。

(2)冬季季节区域(带)：在该区域内航行的船舶，当处于规定的冬季季节期时，允许使用冬季载重线；当处于规定的夏季季节期时，则允许使用夏季载重线。

对于船长不大于 100 m 的船舶，航行于北大西洋冬季季节区带 I 的全部和 II 中位于 15°W 和 50°W 两子午线之间的部分且处于冬季季节期内时，应使用北大西洋冬季载重线。

各季节区域(带)中不同季节期的起讫日期见载重线海图。

（三）我国沿海海区的划分

1. 国际航行船舶

根据公约规定,我国沿海海区分别属于夏季区带和热带季节区域。我国政府在加入《1966 年国际载重线公约》时,就该公约对我国沿海海区划分的规定声明保留。我国政府规定,我国沿海海区分为南、北两个热带季节区域,即:

（1）香港—苏阿尔恒向线以北:夏季季节期自 10 月 1 日至来年 4 月 15 日;热带季节期自 4 月 16 日至 9 月 30 日。

（2）香港—苏阿尔恒向线以南:夏季季节期自 10 月 1 日至来年 1 月 20 日;热带季节期自 1 月 21 日至 9 月 30 日,比公约规定延长了 5 个月。

国际航行的中国籍船舶可按上述规定执行,而悬挂缔约国国旗的外国籍船舶仍可执行公约的规定。

2. 国内航行船舶

《法定规则》中对国内航行船舶的季节区域和季节期的划分也做了以下规定。

（1）汕头以北的中国沿海

季节期:热带,自 4 月 16 日至 10 月 31 日;夏季,自 11 月 1 日至来年 4 月 15 日。

（2）汕头以南的中国沿海

季节期:热带,自 2 月 16 日至 10 月 31 日;夏季,自 11 月 1 日至来年 2 月 15 日。

三、载重线标志的勘绘和使用

1. 载重线标志的勘绘和国际船舶载重线证书

依据公约和规则所核定的船舶干舷,由船级社或其委托指定机关负责勘绘船舶载重线标志,并发给国际船舶载重线证书。载重线标志应永久性地勘绘在船舷两侧,对标圈、线段和字母,当船舷为暗色底时,应漆成白色或黄色;当船舷为浅色底时,应漆成黑色。这些标志应能清晰可见,必要时应为此做出专门的安排。在认定这些标志正确地和永久性地勘划在船舷两侧之前,不应颁发国际船舶载重线证书。对远洋客船所勘绘的分舱载重线也应载入国际船舶载重线证书。

国际船舶载重线证书有效期为 5 年,在证书签发每周年前后 3 个月进行年度检验,以保证船体和上层建筑无实质性改变,使有关装置和设备处于有效状态。每五年至少有一次定期检验,以保证船体结构、设备、布置、材料和构件尺寸符合公约和规则要求。

2. 载重线标志的使用

船舶在营运期间使用载重线标志时,应注意以下事项:

（1）船舶所勘绘的载重线位置与证书所载相符。

（2）保持载重线标志清晰可见。

（3）保持证书在有效期内,展期不超过 5 个月。

（4）保证船体和上层建筑,有关装置和设备无实质性变动。

（5）封闭的上层建筑所有出入口关闭设备应当能够保持风雨密,其出入口的门槛高度应至少为 380 mm。

（6）船舶载重量应受到限制以保证船舶无论在出港时、航行中还是到港时，由区带或区域、季节期所确定的载重线不被水线淹没。

（7）如船舶处于载重线海图中的区带或区域分界线港口装货且驶向使用较高载重线的海区，则适用较高载重线；反之，则适用较低载重线。

（8）当船舶处于密度为 1.000 g/cm^3 的淡水中时，应根据水域位置及季节期使用淡水或热带淡水载重线。若密度大于 1.000 g/cm^3，则此宽限量应以 1.025 g/cm^3 和实际密度的差值按比例决定。

（9）船舶从江河或内陆水域的港口驶出时，准许超载量至多相当于从出发港至海口间所需油水及其他物料的重量。

（10）对于船舶由于气候恶劣或其他不可抗力而发生绕航或延滞的情况，可背离公约中的有关规定。

任务五　水运货物

一、货物的分类与性质

海上运输的货物品种繁多，包装、规格、特性、装运方式等各不相同，因而货物分类的方法也不尽相同，不同的分类方法只能表征货物某一方面的特点。从便利货物运输角度考虑，可采用以下几种方法进行分类。

文本：
货物性质

（一）货物的分类

1.按货物形态和装运方式分类

（1）杂货

杂货系指具有一定形式的包装货物、同包装货物一起运输的散装货物、裸装货物和货物单元及需专门运输的特殊货物。散装货物包括非整船运输的固体散装货物（如矿石、煤炭、盐、生铁块等）。裸装货物系指卷、盘、捆、张、个等形式的无包装货物，如盘圆、筒纸、钢棒、型钢等。货物单元系指由于其重量、尺寸或特殊性质需对其积载、系固进行特别处理的货物，如车辆、成套设备、可移动罐柜、托盘、货物组件等。

需专门运输的特殊货物系指由于其性质或运输要求的限制需专门运输或可以专门运输的某些货物，如木材、各种钢材、冷藏货物等。

（2）固体散装货物

固体散装货物系指直接装船而不需包装和标志的大批量投入运输的块、粒、粉、末等形状的货物，如化肥、矿石、粮谷、煤炭、水泥等。固体散装货物一般用专用固体散货船运输。

（3）液体散装货物

液体散装货物系指直接装船而不需包装和标志的大批量液体货物，如石油及其产品、液化气体、液体散装化学品等液体散装货物，一般用专用液体散货船运输。

（4）集装化货物

集装化货物系指将若干包件或若干数量组成一个搬运单位且需专门船舶运输的货物，如集装箱、托盘货、载驳船上的方驳等。

2. 按货物特性分类

（1）危险货物

危险货物系指具有燃烧、爆炸、腐蚀、毒害、放射射线等性质，在装卸、贮存或运输中如处理不当，可能会引起人身伤亡、财产毁损或造成海洋污染的物质和物品，如爆炸品、压缩气体、酸、碱等。危险货物有包装危险货物、固体散装危险货物和液体散装危险货物 3 种形式，应按照相应的国际规则谨慎装运，防止事故的发生。

（2）特殊货物

特殊货物系指除危险货物外，性质特殊、在运输过程中易影响其他货物或易被其他货物及环境所影响的货物，如气味货、扬尘污染货、冷藏货、吸湿货等。

（3）一般货物

一般货物系指其性质对运输无特殊要求的货物。特殊货物和一般货物的划分并无明确界限，在某些运输条件下为特殊货物，而在某些运输条件转化后应视为一般货物。

货物在装运过程中，由于自身的自然属性、化学组成和结构等不同，当受到温度、湿度、微生物等不利环境因素的影响以及装卸作业中的外力影响时，都可能引起货物在质量和数量上的变化，造成货物使用价值的降低或丧失及数量上的减小。货物发生质量和数量变化的现象，主要是其物理、化学、生物和机械性质引起的。为避免产生货运事故，应了解各种货物所具有的相关特性。

（二）货物的性质

1. 物理特性

货物的物理特质系指货物受外界因素影响而发生物理变化的性质，主要包括吸湿、散湿、冻结、熔化、吸附、胀缩、挥发、物理爆炸、放射等性质。

（1）吸湿和散湿性

货物的吸湿和散湿性系指货物具有吸附或散发水蒸气或水分的性质。影响其大小的主要因素一是货物的成分与结构，在货物成分中含有亲水基团以及货物结构疏松多孔，如棉、麻、茶等物品。二是货物本身的水汽压与周围空气中的水汽压关系，当货物表面水汽压小于空气中水汽压时，货物就吸湿；反之，货物就散湿。

在运输中，货物含水量过多，会造成货物潮解、溶化、分解、生霉等变质现象。含水量过少，会使货物损耗、发脆、开裂等。为防止货物吸湿变质，需熟悉各种货物的安全含水量，加强温、湿度控制和采取防潮措施。

（2）挥发性

货物挥发性系指液体货物表面能迅速气化变成气体向周围空间散发,如汽油、酒精、原油等物品。液体货物挥发的原因是液货表面的分子运动比其内部分子更为活泼,它的表面蒸汽压大于空气压力,故不断向空气中扩散。一般说来,货物温度高、物质沸点低、空气流动快、液货表面积大、气压低时,挥发速度就快。

在运输中,货物的挥发使货物重量减少、质量降低,还会产生有毒、腐蚀、易燃等危险性气体,使船舶处于潜在危险状态。控制液体货物挥发的主要措施是降低货物温度,使用坚固、完好和封口严密的包装。

（3）热变性

货物热变性系指货物因温度变化而引起形态变化的性质。有些散装货物如煤炭、矿砂等,如果水分含量较高,在低温条件下将冻结成块。某些低熔点货物在超过一定温度范围后,在形态上发生变化,如软化、变形、粘连、熔化等,此类货物有松香、橡胶、石蜡等。货物热变后,虽在成分上未发生质的变化,但容易造成货损、倒垛、沾染其他货物、影响装卸作业等后果。

货物热变与含水量、熔点、外界温度等因素有关,在运输中应采取控制货物含水量、低熔点货物装载于阴凉低温舱位、适当控制温度等措施。

（4）胀缩性与物理爆炸性

液体货物具有热胀冷缩的特性,如处置不当,当温度上升后会引起体积膨胀而溢出舱内,导致水域污染。桶装油类遇高温会使油桶鼓起甚至破裂漏油,装于钢瓶内的压缩气体遇高温可引起内部气压急剧上升,当超过容器耐压值时,会引起物理爆炸。

（5）放射性

货物放射性系指放射性物质的原子核能自发地、不断地放出无形射线的性质。这些射线如无合格的防护屏蔽会杀伤细胞、破坏人体组织,从而引起对人身的伤害。

放射性物质放出的射线分为 α、β、γ 和快中子流射线。对人体的危害是通过射线的内辐射和外辐射实现的。内辐射系指放射性物质进入人体(吞食或吸入),在体内形成辐射源而放射射线;外辐射系指由放射性物质放出的射线,在一定距离内对人体形成照射。对放射性物质外辐射的防护包括有效屏蔽、控制接近的时间和距离。内辐射的防护主要是防止放射源由消化道、呼吸道和皮肤 3 个途径进入体内。

2. 化学性质

货物的化学性质系指货物在光、氧、水、酸、碱等作用下,发生改变物质本质的化学变化的性质。货物发生了化学变化,意味着货物质量改变,轻者货物受损,重者还会殃及其他货物和发生危及船舶及人员安全的严重事故。与海上运输有关的货物化学性质有氧化、腐蚀、自热、自燃、爆炸等性质。

（1）氧化性

氧化性系指货物与空气中的氧或放出氧的物质间所发生的化学变化。易于氧化的物质很多,如金属类、油脂类、易自燃货物等。

一般情况下,氧化过程是十分缓慢的。如果氧化产生的热量不易散发而积聚,就会导致货物内部温度升高而产生自热现象。当温度超过其自燃点时,如有足够的氧气便会在无外界火源条件下发生自燃现象,如煤炭、鱼粉、金属粉末等。对一些发热量较大、燃点较低的货物,如黄磷、赛璐珞制品等,应特别注意防止自燃事故。金属锈蚀也是一种氧化现象。金属及其制品表面在接触水、空气或酸、碱、盐时发生氧化反应而生成氧化物。橡胶的老化、茶叶的陈化也是在氧化作用下产生的现象。

(2)腐蚀性

腐蚀性系指某些货物能对其他物质发生破坏性作用的化学性质。引起腐蚀的原因在于货物的酸性、碱性、氧化性和吸水性。例如,钢铁与盐、酸作用,使钢铁制品遭到破坏;烧碱和油脂作用,会灼伤人的皮肤;浓硫酸能吸收动植物水分,使之碳化变黑;漂白粉的氧化性能破坏有机物。常见的腐蚀性货物主要为酸类、碱类物质。

(3)燃烧和化学爆炸性

燃烧系指物质相互化合而产生光和热的过程,一般指物质与氧的化合。某些物质易于被外部火源点燃并持续燃烧,如铝粉、棉、硫等。

化学爆炸性系指货物在外界高温、高压或机械冲击等外因作用下所产生的剧烈化学反应。爆炸反应的主要特点是反应速度极快,并放出大量的热和气体,产生冲击破坏力。爆炸和燃烧的主要区别在于反应速度。

3. 货物机械性质

货物机械性质系指货物的形态、结构在外力作用下发生机械变化的性质。货物的机械变化取决于货物的质量、形态和包装强度。

在运输中,货物所受外力大致分为堆码压力、振动冲击力、翻倒冲击力及跌落冲击力,货物和包装的耐压强度,是最常用的机械性指标。由于货物在运输中受力是不可避免的,因此要求货物和包装具有抵抗外界压力和机械冲击力、避免变形或结构破坏的能力。货物发生机械变化的形式主要有破碎、变形、渗漏、结块、散捆等。

4. 货物的生物性质

货物的生物性质系指有生命的有机体货物及寄生在货物上的生物体,在外界条件影响下为维持生命而发生生物变化的性质。生物变化的表现形式有酶、呼吸、微生物及虫害作用。

(1)酶的催化作用

一切生物体内的物质分解与合成都需要酶的催化来完成,它是生物新陈代谢的内在基础,因此酶的催化作用在生物变化中占有重要的地位,如粮谷的呼吸、后熟、发芽、发酵、陈化等都是酶作用的结果。影响酶催化作用的因素有温度、pH 值、水分等。

(2)呼吸作用

呼吸作用是有机体货物在生命活动过程中,为获取热能维持生命而进行的新陈代谢现象。呼吸可分为有氧呼吸和缺氧呼吸。有氧呼吸是有机体货物内在葡萄糖或脂肪、蛋白质等和充足氧气条件下受氧化酶的催化,进行氧化反应,产生二氧化碳和水,并释放出热量。缺氧呼吸是在无氧条件下,有机体货物利用分子内的氧进行呼吸。葡萄糖在酶的催化下转化为酒精和二氧化碳,并释放出少量热量。这种缺氧呼吸实质上是一种发酵作用。

旺盛的有氧呼吸可造成有机体中营养成分大量消耗并产生自热、散湿现象,而严重的缺氧呼吸所产生的酒精积累过多会使有机体内细胞中毒死亡。影响呼吸强弱的因素有温度、含水量、氧的浓度等。为保证货物安全运输,应控制有关因素,使货物处于微弱的有氧呼吸中。

（3）微生物作用

微生物作用是微生物吸取货物中的营养物质,进行生长及繁殖的生理活动过程。有机体货物在微生物作用下,会引起生霉、腐败和发酵发热等质量变化现象。易受微生物作用的货物主要有肉类、鱼类、乳制品、蛋类及果菜类。另外,谷物、纸张、丝棉织品、橡胶等货物因内部含有淀粉、糖分、纤维素及少量蛋白质等而易受霉菌作用。

常见危害货物的微生物有细菌、霉菌和酵母菌等。微生物作用的主要影响因素有货物含水量及环境温度和湿度。为此,控制货物含水量和环境的温、湿度是防止微生物危害的主要措施。

（4）虫害作用

虫害作用系指鼠、蚁等对有机体货物的蛀食作用。常见易受虫害作用的货物主要有粮谷类、果菜类、毛皮制品等。

二、货物的包装与标志

为使件杂货物能方便地装运、堆垛、储藏和交接,从而确保货物的运输数量和质量,货物必须具有合格的包装和标志。为保证货物完整和便于货物的运输和保管,对货物加以包裹和捆扎所用的包皮或捆扎物称为货物的包装。

（一）包装的作用

包装的作用主要体现在：
（1）防止货物水湿、破损、污染、机械损伤等,保证货物运输质量;
（2）防止货物撒漏、脱落、丢失、短缺等,保持货物数量完整;
（3）防止货物本身的危害及危险性的扩散,保证人身、财产及环境安全;
（4）便于货物搬运、堆垛、装卸及理货。

（二）包装的形式

根据货物性质需要,某些货物包装为外包装和内包装的组合。外包装的作用主要是防止货物受外界机械力量的冲、挤压或跌落等造成破损或残缺,货物散落、撒漏及便于装卸。内包装的作用是防止货物受外部环境变化而受损、污染和变质,具有防潮、防振、防异味感染和气味散失等作用。应注意的是,缓冲填塞材料也是内包装的重要组成部分。

常见的货物包装种类如表4-5所列。

文本:
货物包装

课件:
货物标志

表 4-5　货物包装种类表

包装名称		缩写		适装货类
		单数	复数	
箱装	箱装(Case)	C/ −	C/S,Cs	箱的总称
	木箱(Box)	Bx	Bxs	小箱,适装五金等
	木箱(Chest)	Cst	Csts	小型轻便箱,适装茶叶等
	明格箱(Skeleton Case)	C/ −	C/S,Cs	土豆、红葱等
	胶合板箱(Veneer)			
	夹板箱(Plywood Box)			
	席包箱(Matted)	M/Bx	M/Bxs	
	柳条箱(Willow Case)			
	亮格(Crate Case)	Crt	Crts	自行车、玻璃、机械等
	纸板箱(Cardboard Case)			
	纸箱(Carton)	Ctn	Ctns	易碎品、香烟、日用品等
包捆装	包、捆(Bale)	B,Bl	Bs,Bls	纺织品等
	机包(Pressed Bale)	Bl	Bls	棉花、棉布、纸张等
	席包、蒲包(Mat)			
	布包(Burlap)	Blp	Blps	砂糖、籽棉等
	麻布包(Jute Cloth)			
袋装	袋(Bag)	Bg	Bgs	袋装总称,粮食、水泥等
	麻袋(Gunny Bag)	Bg	Bgs	大米、豆类、砂糖等
	草袋(Straw Bag)	Bg	Bgs	谷物、食盐等
	布袋(Cloth Bag)	Bg	Bgs	面粉、滑石粉、淀粉等
	布袋(Sack)	Sk,Sx	Sks,Sxs	
	聚乙烯袋(Polyethy-lene Bag)	Bg	Bgs	化肥、氯化氨等
	牛皮纸袋(Paper Bag,Kraft Bag)	Bg	Bgs	水泥、石灰、化肥等
桶装	鼓形桶(Barrel)	Brl	Brls	油类、肠衣、松脂等
	桶(Keg)	Kg	Kgs	小五金、油漆等
	桶(Cask)	Csk	Csks	水泥、碱性材料等
	罐头桶(Can)	Cn	Cns	油漆等
	听(Tin)			猪油、油漆、药品等
	铁桶(Drum)	Drm	Drms	酒类、燃料、药品等
	桶(Tub)			酱、酱油等
	手提桶(Pail)			油漆等
	桶(Butt)			酒等
	大木桶(Hogshead)	Hghd	Hghds	烟叶、酒类等

续表

包装名称		缩写		适装货类
		单数	复数	
特殊包装	瓶（Bottle）	Botl	Botls	酒类、化学药品等
	柳筐瓶（Demijohn）	Dmjn	Dmjns	酸类等
	坛（Jar）			榨菜、咸蛋、酸类等
	钢瓶（Cylinder）			液化气体、压缩气体
	细颈瓶（Flask）			化学药品等
	笼（Cage）	Cg	Cgs	鸟类容器等
	篓、篮（Basket）	Bkt	Bkts	水果、蔬菜等
	包裹（Parcel）			样品、赠品、行李等
裸装	裸装（Unpacked）			汽车、挖掘机等
	盘（Coil）	Cl	Cls	盘圆、铁丝、绳索等
	卷（Roll）	Rl	Rls	卷席、筒纸、油毡等
	卷（Reel）			电线、电缆铁丝等
	捆、扎（Bundle）	Bdl	Bdls	铜棒、铁筋、藤条等
	大捆（Skid）			马口铁、废铁片等
	管（Pipe/Tube）			钢管、铁管等
	块（Ingot/Slab/Castwheel）			铸铁块、铅块、豆饼块等
	棒（Bar）			铁棒、铁条、角铁等
	张（Sheet）	Sht	Shts	铁皮、铜板等
	个、件（Package）	Pkg	Pkgs	个数的总称
	个、件（Piece）	Pc	Pcs	铁条、型钢等
	对（Pair）	Pr	Prs	成套的车轮等
	组（Set）			成套的轮胎等
	头、匹（Head）	Hd	Hds	牛、马等

在贸易合同中，通常对有关货物包装形式、材料及包装方法等具有特定要求，货物托运人应负责对货物予以妥善包装。货物在装载时，应根据包装形式选择相应的适当舱位，并监督货物外表面状态良好，以确保货物运输质量并顺利交付。

（三）货物标志

在按件托运的货物上或包装上，为了便于货物的运输，由发货人涂刷、印染、拴挂、粘贴一定的文字、代号和图案，它们统称为货物标志。

货物标志的作用是便于工作人员在运输的每个环节中识别和区分货物，以利于货物的分票、理货和交接；同时，显示出货物重量、尺码、性质及注意事项等，在装运中启示工作人员正确操作，以保证货物的完整和人身及船舶安全。

货物标志要求简要、清晰、准确、完整、牢固和耐久。标志位于货物或包装的两面或两端部位明显处，尺寸大小适当，使用的材料应牢固、耐久，使用的颜料应具有耐温、耐晒、耐磨损和不溶于水的特性，应保证在船舶抵达目的港前清晰可辨。标志不应对货物质量产生不利影响，货物标志应符合国际和国家的有关规定。

目前，在国际贸易中已形成了较为统一和完整的货物标志模式。根据货物标志的地位和作用不同,其一般可分为主标志、副标志、原产国标志、指示标志和危险货物标志五种。

1. 主标志

主标志是货物运输标志的主体,又称发货标志。主标志通常以简单的几何图形(如三角形、圆形、菱形等)配以文字表示,包括收货人名称、贸易合同编号或信用证编号及发货符号。货物主标志在有关货运证如装货单(Shipping Order)、提单(Bill of Lading)、舱单(载货清单,Manifest)等中均应全部记载。

2. 副标志

副标志是主标志的补充,货物副标志的内容在有关货运单证中根据需要抄录全部或部分。其内容一般包括:

(1)货物名称

货物名称一般系指具体标准运输名称,应以英文和生产国文字书写,文字高度不低于 5 cm。

(2)目的港

目的港需用文字直接写出到达港的全名,不得使用简称、缩写和代号,没有目的港的货物,海关一般不予放行。

(3)件号

件号是将同一主标志中的货物分成若干组,再将每组按顺序在货物或外包装上编印顺序号。件号用来辅助主标志区分货组和计算包件数量。

货物件号的编制形式通常有以下几种:

①按顺序号逐件编制,如 No. 1,No. 2……

②按货组编制统号。对货件品质、规格相同的大批量货物,可以分组,每组均使用相同的批组编号,如 No. 201/300 或 No. 201-300 表示品质、规格完全相同的、序号为 201 ~ 300 一组货件中的某一件。

③按货组编制组合号。为了方便运输过程中的理货和交接,可将件号、总件号和批号组合编制,如 No. 8/20-5 表示该票货物系第 5 批,该批货物共有 20 件,此件为第 8 件。

④成套设备可编制套号,如 SET. C/No. (2)-2/3,表示第 2 套成套设备共有 3 箱,此箱为第 2 箱。

(4)重量和尺码

货件尺码系指外包装或裸装货件的外形尺寸,重量通常标明总重和净重。货件的重量和尺码是用来计收运费、积载和装卸工作的依据。

3. 原产国标志

原产国是国际贸易中特殊需要的一种出口标志,一般以英文和生产国文字表示。对无原产国标志的商品,许多国家规定禁止进口,大多数国家则处以罚款。规定必须具备此种标志的原因是:对不同国家的进口货物,规定不同的关税税率或限制进口数量;维护国内产业,防止与本国货物混淆。

4. 指示标志

指示标志又称保护标志,根据货物特性提醒有关人员在装卸、保管、开启等过程中应注意的事项,以确保货物质量。在外贸运输中,国际上已形成了普遍通用的图案作为标记的指示标志,现在执行的国际标准是 ISO 780—1997《包装 – 搬运图示标志》。我国制定有《包装储运图示标志》(GB 191—2008)。两个标准在标志图形、颜色、尺寸以及标志的使用方法上是等效的,如表 4-6 所示。

表 4-6 常见指示标志表

序号 No.	标志名称 Instruction	标志图形 Symbol	含义 Meaning
1	易碎物品 FRAGILE		运输包装件内装易碎品,因此搬运时应小心轻放 Contents of the transport package are fragile, therefore it shall be handled with care
2	禁用手钩 USE NO HAND HOOKS		搬运运输包装件时禁用手钩 Hooks are prohibited for handling the transport package
3	向上 THIS WAY UP		运输包装件的正确位置是竖直向上 Indicates correct upright position of the transport package
4	怕晒 KEEP AWAY FROM SUNLIGHT		表明运输包装件不能直接照晒 Transport package shall not be exposed to sunlight
5	怕辐射 PROTECT FROM RADIOACTIVE SOURCES		包装物品一旦受辐射便会完全变质或损坏 Contents of the package may deteriorate or may be rendered totally unusable by penetrating radiation
6	怕雨 KEEP AWAY FROM RAIN		包装件怕雨淋 Transport package shall be kept away from rain

续表

序号 No.	标志名称 Instruction	标志图形 Symbol	含义 Meaning
7	重心 CENTRE OF GRAVITY		表明一个单元货物的重心 Indicates the centre of gravity of the transport package which will be handled as a single unit
8	禁止翻滚 DO NOT ROLL		不能翻滚运输包装 Transport package shall not be rolled
9	此面禁用手推车 DO NOT USE HAND TRUCK HERE		搬运货物时此面禁放手推车 Hand trucks shall not be placed on this side when handling the transport package
10	禁用叉车 USE NO FORKS		不能用升降叉车搬运的包装件 Transport package should not be handled by forklift trucks
11	由此夹起 CLAMP AS INDICATED		装运货物时夹钳放置的位置 Clamps shall be placed on the sides indicated for handling the transport package
12	此处不能卡夹 DO NOT CLAMP AS INDICATED		装卸货物时此处不能用夹钳夹持 Transport package should not be handled by the clamps on the sides indicated
13	堆码重量极限 STACKING LIMIT BY MASS	kg	表明该运输包装件所能承受的最大重量极限 Indicates the maximum stacking load permitted on the transport package
14	堆码层数极限 STACKING LIMIT BY NUMBER	n	相同包装的最大堆码层数,n 表示层数极限 Maximum number of identical package which may be stacked on one another, where "n" is the limiting number

续表

序号 No.	标志名称 Instruction	标志图形 Symbol	含义 Meaning
15	禁止堆码 DO NOT STACK		该包装件不能堆码并且其上不能放置其他负载 Stacking of the transport package is not allowed and no load should be placed on the transport package
16	由此吊起 SLING HERE		起吊货物时挂链条的位置 Slings shall be placed where indicated for lifting the transport package
17	温度极限 TEMPERATURE LIMITS		表明运输包装件应该保持的温度极限 Indicates temperature limits within which the transport package shall be stored and handled

5.危险货物标志

危险货物标志通常系指危险货物包装标志,主要起警示作用。

图 4-13 所示为某一箱装货物标志。

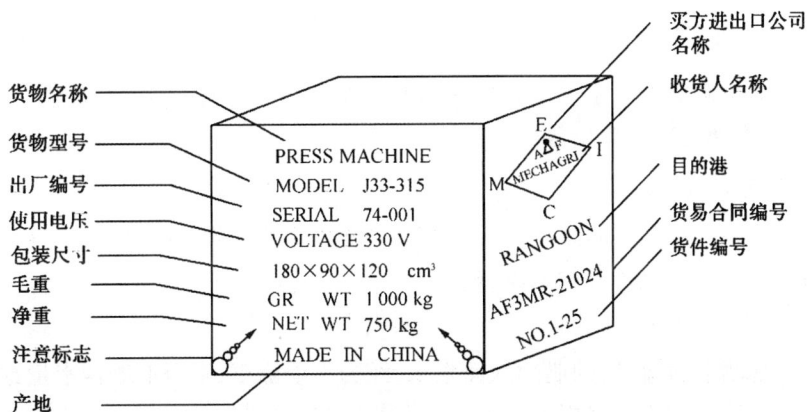

图 4-13　货物标志

三、货物的重量与体积

货物的重量、体积和件数是货物交接、积载、计收运费及承运人货物赔偿的重要依据。因此,船舶驾驶人员应清楚它们的实际含义及计算方法。

文本:
货物重量

（一）货物重量的概念

1. 包装货物的重量

对于件杂货物、集装化货物及特殊货物，货物重量可分为总重、净重及皮重。在海运生产中，货物的重量一般系指货物总重量，它用于船舶装载量、稳性、强度、吃水计算及货物运费的计收。

2. 散装货物的重量

固体散装货物和液体散装货物的重量可分成装船重量（Loaded Weight）和卸船重量（Discharged Weight），二者一般并不相等，其原因是在装船和卸船时货物衡重存在的误差、货物运输中可能发生的损耗，运输合同应事先列明这类货物的运费按何种重量计收。

货物重量单位常用吨（Ton，t）和千克（kg），但某些国家仍沿用长吨（Long Ton，L/T）和短吨（Short Ton，S/T）等非标准重量单位，应注意它们的换算。

（二）货物的计重方法

货物的计重方法主要有以下几种。

1. 定量包装法

对品质、规格相同且定量一致的包装货物，可选出一定数量的代表性包件进行衡量，用求得的平均重量来推算出整批货物的总重量，该重量与填报重量的误差应不大于2%。

2. 衡重法

利用各种衡器及电子仪器对货物称重。该方法一般用于港方对货物装卸数量的估计，而不作为货物的交接数值。

3. 液货计量法

通过观测液舱内液面高度及货温和货物密度来计算舱内液体重量。该方法主要用于确定散装液体货物的装载重量。

4. 水尺检量法

通过观测装卸前、后的船舶六面吃水，经若干项修正，查得船舶排水量，进而求得货物重量。这种方法主要用于确定固体散装货物的装载重量。

（三）货物的自然减量

货物在运输保管过程中，因其自身性质、自然条件和运输技术条件的限制产生的重量上不可避免的减少量称为自然减量或自然损耗。

引起自然减量的基本形式主要有：干耗、散失和流失。

1. 干耗

含水分较多的货物（如水果、蔬菜等）或液体货物（如石油类产品），由于运输途中货物周围温度升高或湿度降低和长时间暴露于空气中，必然使货物中的水分自然蒸发或一些液体货物挥发而造成重量减小。

2. 散失

粉末、颗粒状货物(如矿粉、水泥、粮谷)在装卸运输中因飞扬及通过包装缝隙的散落而引起重量减小。

3. 流失

液体货物通过包装的非人为渗透或粘贴在装载容器(如液舱)内的残液而形成货物损耗。

货物自然减量的大小通常以自然损耗率来表示,它系指货物自然减量与接收货物时总重量之比。货物自然损耗率与货物种类、装卸方式和次数、包装形式、气候条件和运输时间等因素有关。贸易合同中可制定损耗限度条款。依据国际航运习惯,一些货物公认的自然损耗率如表4-7所示。

表4-7　一些货物公认的自然损耗率表

货物种类		自然损耗率
谷物(散装及包装)	运程小于540 n mile	0.10%
	运程为540~1 080 n mile	0.15%
	运程大于1 080 n mile	0.20%
煤炭		0.11%~0.15%
水泥		0.70%
矿石		0.12%~0.13%
盐(散装)		0.85%~3.00%
盐(袋装)		0.30%
蔬菜类		0.34%~3.40%
水果类		0.21%~2.55%
肉类		0.34%~2.55%
鱼类		0.21%~1.70%
蛋类		0.51%
酒类		0.08%~0.34%
糖		0.06%~0.85%

当货物在运输中的非事故性减量在公认的自然损耗率或贸易合同中规定的损耗限度内时,船方不承担赔偿责任。但如果是由于装运过程中船方货物管理失责,则可能会引起赔偿纠纷。

(四)货物体积

件杂货物、固体散装货物及特殊货物的体积系指其所占空间的大小,在生产中常采用满尺丈量法求得。其丈量方法是:取若干件或若干数量的货物,堆积成规则形状,丈量其体积;求取单件或单位重量货物的平均体积,从而计算出整票货物的总体积。对于件杂货物,常取 12 ~ 20 件;对于固体散装货物,常取 1 ~ 5 t;对于特殊货物,常取 8 ~ 24 件。

固体散装货物进行满尺丈量时,可利用特制的盒子,将一定重量的货物装于盒中,整平货物表面并量出体积。对形状过于特殊的货物,在量得最大体积后可做适当扣减,如可将突出的基脚、把手、固定眼环等长度的一半免量,也可视情况采用分割丈量方法。液体散装货物可利用某种仪器测算出在标准温度下的密度,并根据货物重量来确定相应体积。货物的体积单位常用 m^3,但一些国家仍沿用英制单位 ft^3(cft),应注意它们之间的换算。

(五)货物的件数

货物可以单独计数的一个包装称为一件。件是可数货物的一个计量单位,船舶在装货过程中应对货物的件数予以核实,避免产生货差事故。

货物件数的计算方法为:

(1)对于普通包装货物,每一包装的货物作为一件。

(2)对于集装箱、托盘等类似装运器具集装的货物,若提单载明了在此类装运器具中的货物件数,则以提单中所列明的件数为准;若提单中未载明,则每一装运器具视为一件。

(3)如果集装箱、托盘或类似包装器具非由承运人所提供,则应作为一件货物对待。

(4)特殊包装的货物应特别对待。

(六)货物数量的交接

货物数量涉及运费、赔偿及船舶装运等诸多方面,因此,货物数量正确合理交接在船舶营运中尤为重要。

1.托运人的责任

托运人托运货物时,应当妥善包装,并向承运人保证货物装船时所提供的货物品名、标志、包数或件数、重量或体积的正确性。由于货物数量不正确而对承运人造成的损失,托运人应负责赔偿。如果托运人提供的货物数量与实际不符,不仅造成计费差错,而且承运人按托运人所提供的错误数字配舱并装船可能导致舱容短缺或溢余,致使船方和港方临时修改装载计划,造成装卸待时、作业混乱、杂货退关、计量收费等后果。

2.船舶对货物数量的核对

在装货港或卸货港,如果船方对托运人申报的货物数量有所怀疑,则可要求进行检查。经核查属货名及货物数量不实,承运人将向货方收取一定数量的违约赔偿金。货方应对所申报的货物名称、数量或内容因与实际装载不符而导致的船舶或货物灭失、损坏负责赔偿。

3.船方对货物数量的责任

船方应对不能免除赔偿责任的货物数量短缺负责赔偿。船方对货物数量的责任一般限为重量、体积或件数之一,根据不同货种确定。对包装件杂货,船方只对件数负责;对于固体散货,船方只对重量负责;对木材等货物,船方只对体积负责。

4.承运人对货物灭失或损坏的赔偿限额的计取方法

承运人对货物灭失或损坏的赔偿限额,按货物件数、总重或其他货运单位计算。

(七)货物运费的计算标准

按航运业务惯例,除贵重或高价货物、特殊货物以外,其他一般货物均按其重量或体积计收运费,即把货物分成计重货物和容积货物两类。

1.计重货物

计重货物系指按货物总重计算运费的货物。在运价表中以符号"W"表示,其运费计费单位为重量吨,如吨、长吨等。

2.容积货物

容积货物系指按货物量尺体积计算运费的货物。在运价表中以符号"M"标注,其运费计费单位为容积吨,或称尺码吨。一容积吨(尺码吨)为 40 ft³(1.132 8 m³)。

若重量为 1 t 的货物的体积约为 40 ft³,在运价表中标注有"W/M",表示重量吨和容积吨中按较高者计收运费。

国际上通常将每吨货物体积小于 40 ft³ 者列为计重货物,大于 40 ft³ 者列入容积货物。

四、货物亏舱与积载因数

(一)货物亏舱

货物在舱内堆装时所占舱容一般均大于按满尺丈量法所得体积,也就是说,货舱的部分空间在堆放货物时未被货物充分利用。货物在舱内所占体积与量尺体积的差值称为亏舱,即

$$\delta V = V_{ch} - V_c \tag{4-29}$$

式中:δV——亏舱(m³);

$\quad V_{ch}$——货物所占货舱容积(m³);

$\quad V_c$——货物量尺体积(m³)。

造成亏舱的原因主要有:

(1)货物包装与货舱周界间存在的空间容积,货物的包装形式与货舱形状不相适应、货舱内有碍堆装货物的设备和构件等均使货物包装与舷侧、舱壁、甲板间形成一定未利用空间;

(2)货舱在某一方向上尺度不等于在相应堆垛方向上货件尺度的整倍数,遗留空间无法被利用;

(3)货物系固所用容积;

(4)货物衬垫物及隔票物所占容积;

文本:
货物亏舱

课件:
货物积载因数

文本:
货物积载因数

（5）为给货物留出通风道而造成的容积损失；

（6）货物装舱时留出的必要空当所具有的空间容积；

（7）货物装载时不可能充满整个货舱空间而在甲板下存在一定空间，该空间所具有的货舱容积；

（8）因货物堆垛不紧密，货件间空隙过大而造成的容积损失。

为充分利用货舱容积，在装货时应尽量减少亏舱。各类货物的亏舱大小通常以亏舱率为衡量指标。亏舱率系指货物装载亏舱与所占货舱容积的比值，以 C_{bs} 表示，即

$$C_{bs} = \frac{\delta V}{V_{ch}} = \frac{V_{ch} - V_c}{V_{ch}} \tag{4-30}$$

亏舱率大小与许多因素有关，如货物种类和性质，包装大小与形状，货舱大小、形状及舱内设备布置，货物堆垛方式和质量，配载技术等。各种包装形式及常运固体散货的亏舱率如表4-8所示。

表4-8　各种包装形式及常运固体散货的亏舱率表

货物的包装形式	亏舱率	货物的包装形式	亏舱率
各种包装杂货（General Cargo）	10%～20%	规格统一的铁桶货（Drum）	8%～25%
规格统一的箱装货（Case）	4%～20%	大木桶（Hogshead）	17%～30%
规格统一的袋装货（Bag）	0%～20%	散装货:煤炭（Coal）	0%～10%
规格统一的小袋货（Sack）	0%～12%	谷类（Grain）	2%～10%
规格统一的捆杂货（Bale）	5%～20%	盐（Salt）	0%～10%
规格统一的鼓形桶货（Barrel）	15%～30%	矿砂（Ore）	0%～20%

（二）货物积载因数

货物积载因数系指每吨货物的量尺体积或所占舱容。它具有两种形式，即不包括亏舱积载因数和包括亏舱积载因数，也可称为量尺积载因数和装舱积载因数，其单位为 m^3/t。

1. 不包括亏舱（量尺）积载因数 SF_0

不包括亏舱（量尺）积载因数系指每吨货物的量尺体积，即

$$SF_0 = \frac{V_c}{p} \tag{4-31}$$

式中: p ——货物重量（t）；

V_c —— p 吨货物的量尺体积（ m^3 ）。

2. 包括亏舱（装舱）积载因数 SF_1

包括亏舱（装舱）积载因数系指每吨货物所占货舱容积，即

$$SF_1 = \frac{V_{ch}}{p} \tag{4-32}$$

式中: V_{ch} —— p 吨货物所占货舱容积（ m^3 ）。

根据亏舱率 C_{bs} 和积载因数的定义,上述两种货物积载因数之间存在以下关系

$$SF_1 = \frac{SF_0}{1 - C_{bs}} \tag{4-33}$$

货物积载因数是件杂货物、固体散装货物及特殊货物运输中经常使用的概念。不包括亏舱积载因数是货物自身的一个特征,货物运输资料中列出的积载因数、货主申报的积载因数、装货清单列明的积载因数一般均属此种;包括亏舱积载因数实际上已不单纯是货物自身特征,其大小还与船舶、装载等非货物因素有关。货运主管人员应根据实际经验积累,尽量准确地确定装舱积载因数值,以便减小货物的容积占有量的估算误差。

(三)积载因数的应用

积载因数主要用于船舶配载计划制定时区分货物轻重、确定舱内配货重量或计算货物舱容占有量及判别船舶装载状态。

1.区分货物轻重

从船舶配载角度,货物轻重是由货物积载因数与船舶舱容系数的相对关系确立的。当货物积载因数小于船舶舱容系数时,该货物可视为重货;反之,则视为轻货;两者相近时,则为中等货。

2.舱内配货重量及舱容计算

已知某货舱容积或配装数种货物后所剩余容积为 V_{ch},则舱内可配装积载因数为 SF_0 或 SF_1 的货物吨数 p 为

$$\begin{cases} p = \dfrac{V_{ch}}{SF_1} \\ p = \dfrac{V_{ch}(1 - C_{bs})}{SF_0} \end{cases} \tag{4-34}$$

3.舱内配货后所占容积的计算

已知某货物配装数票积载因数为 SF_{0i} 或 SF_{1i} 的货物,则货物所占货舱容积为

$$\begin{cases} V_{ch} = \sum p_i \cdot SF_{1i} \\ V_{ch} = \sum \dfrac{p_i \cdot SF_{0i}}{1 - C_{bsi}} \end{cases} \tag{4-35}$$

4.判别船舶装载状态

通过对航次所装货物的平均积载因数与船舶舱容系数进行比较,可以对船舶的装载状态做出判断。货物的平均积载因数系指包括亏舱在内的航次所装货物总体积与航次货运量的比值,即平均每吨货物所占货舱容积数。

在货源充裕的条件下,当货物平均积载因数小于船舶舱容系数时,船舶满载但未满舱;当货物平均积载因数大于船舶舱容系数时,船舶满舱但未满载;当货物平均积载因数等于船舶舱容系数时,船舶既满载又满舱。

任务六　船舶载货能力

一、船舶载货能力

（一）载货能力的基本概念

船舶的载货能力系指在具体航次中船舶所能装运货物的种类和数量的最大限值。货物数量系指货物的重量、体积或件数。船舶的载货能力包括载货重量能力、载货容量能力和特殊载货能力。

1.载货重量能力

载货重量能力系指在具体航次中船舶能够装运货物重量的最大限值，即船舶的航次净载重量。其大小受到船舶航经海区所允许使用的载重线、航线上的限制水深、航程长短、油水及其他储备品的装载及补给计划、船舶强度及稳性、船舶常数等因素的限制。对于船龄较长的旧船，载货重量能力尚应考虑船体强度因素。

2.载货容量能力

载货容量能力系指具体航次中船舶装载的货物所允许使用的最大载货处所容积或容量。各种不同的船舶，其载货容量能力有所不同。

（1）杂货船

对于杂货船，在装载件杂货时载货容量能力一般系指船舶货舱的包装容积。但在某些航次中所运载的部分货物允许装于上甲板，此时载货容量能力尚需计及上甲板载货空间。

（2）固体散装货船

对于固体散装货船，由于通常运载固体散装货物，因此，载货容量能力一般系指船舶货舱散装容积。但在运输件杂货时，应使用包装容积。

（3）液体散装货船

液体散装货船的载货容量能力应为适当扣减膨胀余量后的液舱容积。

（4）木材甲板货船

木材甲板货船除在舱内装载木材外，还需在甲板上装运数量较大的木材甲板货，对于所装载的具体木材货种，在满足船舶性能的前提下，甲板货的装货容积应具体分析和计算。因此，木材甲板货船的载货容量能力应包括货舱容积和所能装载甲板木材的上甲板空间容积。

（5）集装箱船

对于集装箱船，其载货容量能力一般以换算箱容量来衡量。换算箱容量系指能够承载集装箱的最大限额，通常系指标准箱（TEU）容量，可作为集装箱船大小的重要标准。

3.特殊载货能力

特殊载货能力系指船舶结构和设备所具有的装载某些特殊货物的能力。例如，船舶货舱及甲板强度、吊杆起吊能力、系固设备等可以表征船舶承运重大件货的能力；船舶货舱的电器及电缆设备、通风装置及消防设备合理，污水井处于良好状态；集装箱船所设置的外接电源和插座位置决定了船舶载运冷藏集装箱的能力；某些杂货船具有深舱容量或冷藏舱大小和制冷压缩机性能，决定了该船装载某些动植物油或冷藏货物的能力。

(二)船舶载货能力的核算

充分利用船舶载货能力是取得良好营运效益的基本要求之一，而在拟订货物装载计划时，首先要对船舶载货能力予以核算。

1.核算目的

载货能力的核算目的是比较航次货运任务与船舶载货能力是否相适应，以便判明船舶能否接受该航次装货清单中所列的货物品种和数量，如出现船舶的载货重量能力和容量能力均未得到充分利用，即亏载、亏舱过多，应及时联系，尽量争取追加货载，以免造成运力浪费。若货物数量过多，在重量、体积、件数及特殊要求等方面有一项或数项超出船舶相应能力，致使货物不能全部装船，则应及早退掉部分货载，以免影响货主备货、货物报关及船舶装载和开航。

2.核算方法

不同种类的船舶，其载货能力的核算方法也不尽相同，一般核算方法如下：

(1)计算航次最大货运量

根据本航次的具体航行情况，如港口及航道的水深情况、船舶航经的海区和所处的季节期航程长短及所装载货物的积载因数等因素，通过计算确定航次最大货运量。

(2)确定船舶的载货容量能力

按预计所装货物种类确定船舶允许使用的载货空间容积。对于无甲板货装载情况，则船舶载货容量仅限于货舱容积；对于甲板上装载情况，应考虑货物在甲板上的可用位置，以及该位置上装载时可堆高度和可装位置受到船舶结构和设备、船舶稳性和操纵性等方面的约束。

(3)了解船舶特殊载货能力

针对本航次装货清单中所列具有特殊装运要求的货物品种，详细查阅船舶资料及有关档案，了解船舶相关的特殊载货能力。

总之，本航次计划所运载的货物能否被船舶全部接受，应满足以下条件

$$\sum Q \leqslant NDW$$
$$\sum V'_c \leqslant \sum V_{ch} + \sum V_d \tag{4-36}$$

式中：$\sum Q$——航次货运量(t)；

　　　NDW——航次净载重量(t)；

　　　$\sum V'_c$——包括亏舱的航次货物体积(m^3)；

$$\sum V_{ch} \text{——货舱总容积}(m^3);$$

$$V_d \text{——甲板可用载货空间容积}(m^3)。$$

如有特殊货物,则对船舶结构、设备等方面的要求应得到满足。

二、船舶总载重量的确定

船舶具体航次所允许使用的最大总载重量(或排水量)受到 3 个方面的影响,即航经航道或港口泊位水深的限制、载重线海图对船舶吃水的限制及船舶性能的限制。

(一)吃水受限下的总载重量 DW_{max1}

当船舶航经的港口及水道水深受限时,应在考虑航线上浅水域位置、水深、水密度等因素影响后,合理确定所允许使用的最大总载重量或排水量,具体方法如下。

1. 确定航线最浅水深处的船舶限制吃水 d_L

最浅水深处船舶限制吃水为

$$d_L = D_d + H_w - D_a \tag{4-37}$$

式中:d_L——航线最浅水深处的船舶限制吃水(m);

   D_d——航线最浅水深处的基准水深(m);

   H_w——过浅时可利用的潮高(m);

   D_a——航线最浅水深处船底富余水深(m)。

若船舶过浅时有纵倾,还应考虑船舶吃水差的影响。

航线最浅处船底富余水深与船舶吨位、航速、航道底质、船载货物性质等因素有关,显然,当船舶吨位较大、航速较快、航道底质坚实、船舶装运具有某种危险特性的货物时,则富余水深应大些;否则,可适当小些。对于港口要求的富余水深一般各港口当局均有规定。

2. 计算过浅时船舶所允许的最大排水量 Δ_1'

根据过浅时的限制吃水 d_L 查取静水力资料,可得相应的海水排水量 Δ_1''。若过浅水域水密度为 ρ,则经水密度修正后的船舶排水量 Δ_1' 为

$$\Delta_1' = \frac{\Delta_1'' \cdot \rho}{1.025} \tag{4-38}$$

3. 计算由始发港至航线最浅水深处的油水消耗量 δG

设船舶由始发港航至水深受限处所需时间为 $t_s(d)$,航行每天消耗油水为 g_s(t/d),则

$$\delta G = t_s \cdot g_s \tag{4-39}$$

4. 计算船舶在始发港所允许的最大总载重量(或排水量)

$$\begin{cases} \Delta_{max1} = \Delta_1' + \delta G \\ DW_{max1} = \Delta_{max1} - \Delta_L \end{cases} \tag{4-40}$$

式中:Δ_L——出厂时船舶空船重量(t)。

（二）载重线海图限制下的总载重量 DW_{max2}

根据本航次船舶航经的海区及所处的季节期，从载重线海图中确定该船应使用的载重线，据此可以求得载重线海图限制下的总载重量 DW_{max2}。

由于不同航线上航经的海区种类不同，因而载重线限制下的总载重量确定方法也不相同，大体上可分为以下几种情况：

（1）船舶整个航次在使用同一载重线的海区航行

船舶整个航次在同一区带航行，或在不同区带和季节区域航行，但所处季节期相同，则允许使用同一载重线。此种情况下，按相应的载重线确定总载重量。

（2）船舶由使用较低载重线海区航行至使用较高载重线海区

船舶由使用较低载重线海区驶入使用较高载重线海区，为满足船舶在始发港载重线要求，则只能允许使用较低载重线，此种情况下，应按较低载重线确定总载重量。例如，船舶由使用夏季载重线海区驶入使用热带载重线海区，则应按夏季载重线确定总载重量。

（3）船舶由使用较高载重线海区航行至使用较低载重线海区

船舶由使用高载重线海区驶入使用低载重线海区，应视其高载重线海区段油水消耗量情况来确定船舶总载重量，此时总载重量的确定应按下列方式进行计算

$$A \xrightarrow[\text{航程(n mile)}]{\text{高载重线}} B \xrightarrow[\text{航程(n mile)}]{\text{低载重线}} C$$

① 当 $\delta G_{A\sim B} \geqslant \delta\Delta_{H\sim L}$ 时，$DW_{max2} = DW_H$

若船舶在高载重线海区航行中油水等储备品消耗量 $\delta G_{A\sim B}$ 大于船舶高载重线与低载重线对应的排水量之差 $\delta\Delta_{H\sim L}$，则在始发港可允许使用高载重线对应的总载重量 DW_H。

② 当 $\delta G_{A\sim B} < \delta\Delta_{H\sim L}$ 时，$DW_{max2} = DW_L + \delta G_{A\sim B}$

若船舶在高载重线海区航行中油水等储备品消耗量 $\delta G_{A\sim B}$ 小于船舶高、低载重线对应的排水量之差 $\delta\Delta_{H\sim L}$，则在始发港允许使用的总载重量 DW_2 为低载重线对应的总载重量与高载重线航段油水等储备品消耗量之和，即高、低载重线之间的某一水线。

（4）船舶在多次改变载重线海区航行

船舶在航程中多次改变使用载重线时，可根据下述方法，合理确定所允许使用的总载重量或排水量：

$$A \xrightarrow[\text{航程(n mile)}]{T} B \xrightarrow[\text{航程(n mile)}]{S} C \xrightarrow[\text{航程(n mile)}]{W} D$$

由于船舶进入每一航段前在考虑油水消耗后其实际水线均与所允许使用的载重线一致，从整个航程要求，船舶本航次允许使用的排水量为

$$\Delta_{max2} = \min\{\Delta_W + \delta G_{A\sim C}, \Delta_S + \delta G_{A\sim B}, \Delta_T + \delta G_A\} \tag{4-41}$$

船舶所允许使用的总载重量为

$$DW_{max2} = \Delta_{max2} - \Delta_L$$

三、船舶航次储备量

船舶航次储备量 $\sum G$ 由固定储备量 G_1 和可变储备量 G_2 构成,即

$$\sum G = G_1 + G_2 \tag{4-42}$$

(一)固定储备量 G_1

固定储备量 G_1 包括船员和行李、粮食和供应品及船舶备品等。由于构成 G_1 的各部分在航次储备中所占比例很小,因此,在计算航次净载重量时,可将 G_1 视为定值,不按航次时间长短具体计算,其大小可按船舶资料中数值计。

(二)可变储备量 G_2

可变储备量 G_2 包括燃润料、淡水,其大小按航行时间、补给方案及航次储备天数确定。

1. 在始发港装满油水

由于航线较长、始发港油价较低且所运货物运费较低及途中无挂靠港口等,船舶所有人或租船人要求船舶在始发港加满油水舱柜。此值可认为是一定值,从船舶资料中查取。

2. 按航次需要及补给方案确定

按航次需要及补给方案可由下式确定可变储备量

$$G_2 = (t_s + t_r) \cdot g_s + t_b \cdot g_b \tag{4-43}$$

式中:t_s——船舶航行天数(d);

$\quad\quad t_r$——航次储备天数(d);

$\quad\quad t_b$——预计停泊天数(d);

$\quad\quad g_s$——航行中油水消耗定额(t/d);

$\quad\quad g_b$——停泊时油水消耗定额(t/d)。

(1)船舶航行天数 t_s

船舶航行天数 t_s 是航程与平均航速的比值。航速(n mile/d)通常取无风流时的实际平均航速。对于航程,应在设计航线上按转向点分段计算,其取值方法为:当航次储备在始发港一次性加足时,应为整个航线对应的航程;当航次储备在中途港补加时,应为始发港至油水补给港间的距离与油水补给港至最后目的港间的距离中较大者。不同航段应分别计算。

(2)航次储备天数 t_r

航次储备天数 t_r 应根据航线长短及其海况、船况、船舶吨位、油水补给方案等因素确定。显然,当航线较长、船舶主机状况不佳、吨位较大时,航次储备天数应适当增加。

(3)预计停泊天数 t_b

预计停泊天数 t_b 为到达下一次油水补给港前总的停泊时间。如果在到达第一油水补给港前无挂靠港,则可取 t_b 为两天,因为一般情况下到达油水补给港后两天内可以加装油水。如果在到达第一油水补给港之前有若干停靠港,则可按预计装卸速度和货物装卸数量估算停泊时间。

（4）航行中油水消耗定额 g_s。

航行中每天燃料、润料消耗量按平均航速确定。在计算淡水消耗量时,对于有制淡设备的船舶,可在考虑船员生活用水消耗量的基础上,适量增加淡水消耗定额。

（5）停泊时油水消耗定额 g_b。

停泊期间油水每天消耗量对使用还是不使用船上装卸设备的情况略有差别。

（三）船舶必须配备足量的航次储备

配备足量的航次储备是船舶适航的必要条件之一,是保证船舶适航时应尽的责任,即油水等储备量不足时船舶应负不适航的责任。配备足量的航次储备应遵循以下原则:

（1）一般情况下装载的航次储备品按正常消耗应有 20% 的富余量;

（2）在没有可预见风险的情况下,在东南亚各国间航线上取航次储备天数为 3 天,在印度洋和澳洲航线上取航次储备天数为 5 天,在非洲、欧洲及美洲航线上取航次储备天数为 7 天;

（3）在有可预见风险的情况下,如冬季、台风季节或其他恶劣天气易发生季节,航次储备天数可取上述数据的两倍或更大;

（4）根据航程、船况、货物等因素,可适当增加 3~5 天的航次储备天数;

（5）油水补给港口的选择按习惯性、便利性、经济性等来确定;

（6）考虑到船舶所有人或承租人的利益,船舶不得装载过多的航次储备品;

（7）配备足量航次储备品的责任在船舶,无论该费用是否由船舶所有人支付。

四、船舶常数

营运中船舶的船舶常数总是不断变化的,因此需对其大小予以测定。一般船舶在进行年度修理后都要重新测定船舶常数。

船舶常数的测定应在船舶空载时,选择平静的水面进行,具体步骤如下:

（1）观测船舶六面吃水,测定舷外水密度;

（2）计算船舶平均吃水;

（3）测算船舶油水及其他备品和物料 $\sum G$ 及压载水 BW;

（4）由平均吃水查得当时的排水量 Δ;

（5）计算测定船舶常数时的空船重量 Δ'_L;

$$\Delta'_L = \Delta - \sum G - BW \qquad (4\text{-}44)$$

（6）求取船舶常数 C

$$C = \Delta'_L - \Delta_L \qquad (4\text{-}45)$$

例 4-2：Q 船 2 月 15 日由大连开往新加坡,大连至香港航程 1 181 n mile,香港至新加坡 1 438 n mile,航速 13 kn。燃料及淡水每天消耗 33.7 t,固定储备量 26 t,船舶常数 219 t,航行储备天数为 3 天,如 Q 船抵达新加坡后即返回,试求该船往返两个航

次的净载重量。

解:

(1)大连至新加坡航次净载重量计算

①根据载重线海图,大连至香港海区,2月15日属于夏季区带,而香港至新加坡海区,2月份属于热带季节期。本航次船舶从使用夏季载重线海区航至使用热带载重线海区,因此总载重量为

$$DW_{max} = DW_s = 15\ 510\ t$$

②航次储备量 $\sum G$ 为

$$\sum G = (\frac{2\ 619}{13 \times 24} + 3) \times 33.7 + 26 \approx 410\ t$$

③该航次净载重量为

$$NDW \approx 15\ 510 - 410 - 219 = 14\ 881\ t$$

(2)新加坡回航大连航次净载重量计算

①根据载重线海图,船舶由使用热带载重线的海区航行至使用夏季载重线的海区。

②新加坡至香港的油水消耗量 $\delta G_{A \sim B}$ 为

$$\delta G_H = \frac{1\ 438}{13 \times 24} \times 33.7 \approx 155\ t$$

③该船热带与夏季载重线对应的排水量之差 $\delta \Delta_{H \sim L}$ 为

$$\delta \Delta_{H \sim L} = 21\ 367 - 20\ 881 = 486\ t$$

(3)由于 $\delta G_{A \sim B} < \delta \Delta_{H \sim L}$,因此本航次允许使用的 DW 为

$$DW \approx 15\ 510 + 155 = 15\ 665\ t$$

(4)该航次净载重量为

$$NDW = 15\ 665 - 410 - 219 = 15\ 036\ t$$

五、充分利用船舶载货能力

充分利用船舶载货能力是提高船舶营运效益的重要措施之一。当货源充足时,应根据航次货载特点,合理使用和挖掘船舶载货能力,尽可能多地装载拟运货物,以取得更好的经济效益。

(一)提高船舶的载重能力

当货源充足且航次货载以重货为主时,充分利用船舶载货能力的关键在于能否提高船舶的载重能力,即能否在保证安全的前提下增加船舶的总载重量,同时尽可能减少航次储备量和减小船舶常数,具体可采取以下几项措施来提高船舶的载重能力:

(1)根据航线上的限制水深或航次所应使用的载重线正确确定船舶的最大装载吃水。

(2)根据航线具体情况(如气候、油价等)合理确定燃料、淡水补给方案,尽可能减少不必要的航次储备量。

（3）清除船上的垃圾、废料和杂物，排净不需要的压载舱内残留的压载水，定时进坞清除舷外船体附着的海生物，以减少船舶常数。

（4）合理编制配载计划，尽量避免或减少为调整船舶浮态、船舶稳性、船体受力而打入的压载水。

（5）散装液货船满载时，应尽量清除舱内的底脚和垫水。

（6）吃水受限时，各舱货物的重量分配应保证过浅时平吃水且无初始横倾。

（二）充分利用船舶的容量能力

当货源充足但航次装载主要是轻货时，船舶的载货能力主要取决于其容量能力。此时，可从以下几个方面出发，充分挖掘船舶容量能力的潜力。

（1）确保货舱及其他载货处所结构及设备完好，保证其适货性，使所有载货处所处于可用状态。

（2）对于杂货船，应对不同包装的件杂货选择合适的舱位。大包装、硬包装的货物配置在舱容较大、形状规则的船中部舱室，小包装、软包装的货物配置在舱容狭小、形状不够规则的艏、艉舱室，同时留出一些小件货物来填充其他货物无法装载利用的空位。另外，还应督促装卸工人提高装货质量，做到紧密堆码，减少货物的亏舱。

（3）固体散装货物装载时应做好平舱工作，最大限度地提高舱容利用率。

（4）对于集装箱船，应着重提高配载计划的编制水平，使所有的箱位能够充分利用，如统筹安排 20 ft 箱、40 ft 箱和特殊箱的箱位，使计划装载的所有集装箱都得到合适的装舱位置。稳性不足时，应保证重箱在下、轻箱在上，并适当采取压载措施。

（5）装载轻质液体货的液体散装货船，根据航线油温变化合理确定膨胀余量。

（三）充分利用船舶的特殊载货能力

当航次货载中的特殊货物或忌装货物较多时，船舶的特殊载货能力就可能出现不足。为了能尽可能多地承运特殊货物或忌装货物，可以从以下两个方面加以考虑。

（1）保证与承运特殊货物有关的船舶结构和设备处于完好状态，如与冷藏货物装载有关的制冷设备性能和冷藏舱舱容、与重大件货物装载有关的船舶重型吊杆和船体局部结构、与危险货物有关的舱室防火隔离结构等保持与货物装载要求相适应的技术状况。

（2）对于忌装货物或相互具有隔离要求的危险品集装箱，除了保证舱室有关结构和设备完好外，通过合理配载，使较多的忌装货物或危险货物集装箱配装于船上。

（四）轻重货物合理搭配

对于杂货船，如果货源充足且航次货载有较大的选择余地，应使船舶的载重能力与容量能力能同时得到充分利用，达到满舱满载。

1. 船舶整体计算

公司货运部门在为船舶分配航次货载时，应注意轻重货物合理搭配，尽量使船舶满舱满载，即航次货运量等于航次的净载重量、航次货载的总体积等于船舶的总舱容。配载时，往往是多种货物的品种与数量已经确定，而待选的货物品种及数量是其中的若干种,此时,在待选的货物中选择一票重货和一票轻货,通过求解以下方程组求得所选的重货重量 p_H 和轻货重量 p_L:

$$\begin{cases} p_H + p_L = NDW - \sum p \\ p_L \cdot SF_L + p_H \cdot SF_H = \sum V_{ch} - \sum V_c \end{cases} \tag{4-46}$$

式中: SF_L, SF_H ——轻货及重货包括亏舱的积载因数(m^3/t);

$\sum p$ ——已选货物的总重量(t);

$\sum V_{ch}$ ——货舱总容积(m^3);

$\sum V_c$ ——已选货物所需的舱容(m^3)。

2. 单一货舱计算

编制航次配载计划时,为了满足吃水差及纵向强度的要求,各货舱拟装货物重量往往已经确定,此时,同样需要按轻重搭配的原则,在满足各舱装货重量要求的同时,使各个货舱都达到满舱。通过求解以下方程组,可得到各货舱所选定的重货重量 p_H 和轻货重量 p_L。

$$\begin{cases} p_H + p_L = p - \sum p' \\ p_L \cdot SF_L + p_H \cdot SF_H = V_{ch} - \sum V'_c \end{cases} \tag{4-47}$$

式中: p ——单一货舱所确定的装货重量(t);

V_{ch} ——单一货舱容积(m^3);

$\sum p'$ ——单一货舱内已选物的总重量(t);

$\sum V'_c$ ——单一货舱内已选货物所需的舱容(m^3)。

例 4-3:某船满载排水量 $\Delta_s = 20\ 881$ t,空船排水量 $\Delta_L = 5\ 371$ t,航次储备量 $\sum G = 1\ 928$ t,船舶常数 $C = 200$ t,货舱总容积 $\sum V_{ch} = 21\ 090$ m^3。本航次拟配装铜块($SF_1 = 0.37$ m^3/t)、棉花($SF_2 = 2.83$ m^3/t)、沥青($SF_3 = 1.36$ m^3/t)和亚麻($SF_4 = 2.80$ m^3/t)四种货物。现计划装载铜块 5 200 t、棉花 1 000 t,问应再装沥青和亚麻各多少吨才可达到满舱满载(四种货物的亏舱率 C_{bs} 均取10%)。

解:

(1)求航次净载重量 NDW

$$NDW = DW - \sum G - C = 20\ 881 - 5\ 371 - 1\ 928 - 200 = 13\ 382 \text{ t}$$

(2)求扣除亏舱后的货舱总容积 $\sum V'_{ch}$

$$\sum V'_{ch} = \sum V_{ch} \times (1 - C_{bs}) = 21\ 090 \times (1 - 10\%) = 18\ 981 \text{ m}^3$$

(3)求沥青重量 p_3 和亚麻重量 p_4

$$\begin{cases} p_3 + p_4 = NDW - (p_1 + p_2) \\ p_3 \times SF_3 + p_4 \times SF_4 = \sum V'_{ch} - (p_1 \times SF_1 + p_2 \times SF_2) \end{cases}$$

将已知数据代入以上公式,有

$$\begin{cases} p_3 + p_4 = 7\ 182\ \text{t} \\ 1.36p_3 + 2.8p_4 = 14\ 227\ \text{m}^3 \end{cases}$$

解方程组,得

$$\begin{cases} p_3 \approx 4\ 085\ \text{t} \\ p_4 \approx 3\ 097\ \text{t} \end{cases}$$

由以上计算可知,船舶应再装沥青约 4 085 t 和亚麻约 3 097 t 才能达到满舱满载。

项目五
船舶稳性

学习目标

1. 掌握船舶稳性(初稳性、大倾角稳性和动稳性)的表示和核算方法。
2. 掌握船舶稳性的衡准要求。
3. 掌握船舶稳性的检验和调整方法。

船舶在外力矩作用下偏离其初始平衡位置而倾斜,船舶具有抵抗外力并当外力矩消失后船体能自行恢复到初始平衡状态的能力称为船舶稳性。为了保证船舶营运安全,船舶必须具有适当的稳性,以抵御船舶在装卸、靠泊及航行中所受到的外力矩而不致倾覆。

任务一　船舶稳性基本概念

一、船舶平衡的三种状态及其判别

(一)船舶的平衡状态及其判定

船舶漂浮于水面上,其重力为 W,浮力为 Δ,G 为船舶重心,B 为船舶初始位置的浮心。在某一性质的外力矩作用下船舶发生倾斜,由于倾斜后水线下排水体积的几何形状改变,浮心由 B 移至 B_1 点,当外力矩消失后船舶能否恢复到初始平衡位置,取决于它处在何种平衡状态(见图5-1)。

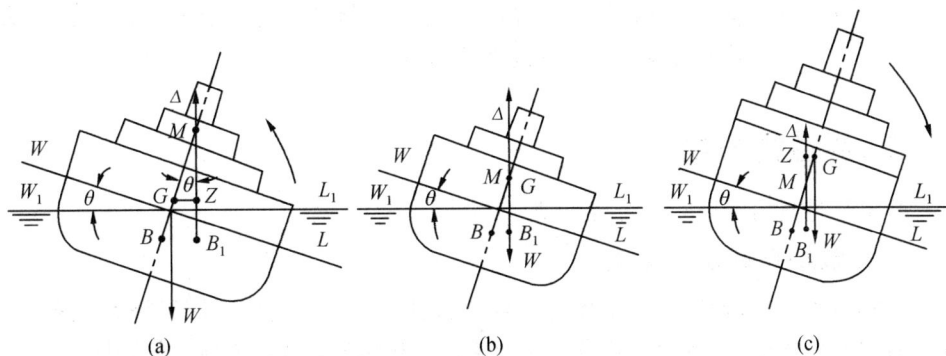

图 5-1　船舶平衡状态

1. 稳定平衡

如图 5-1(a)所示,船舶倾斜后在重力 W 和浮力 Δ 作用下产生一稳性力矩,在此力矩作用下,船舶将会恢复到初始平衡位置,称该种船舶初始平衡状态为稳定平衡状态。

2. 随遇平衡

如图 5-1(b)所示,船舶倾斜后重力 W 和浮力 Δ 仍然作用在同一垂线上而不产生力矩,因而船舶不能恢复到初始平衡位置,则称该种船舶初始平衡状态为随遇平衡状态。

3. 不稳定平衡

如图 5-1(c)所示,船舶倾斜后在重力 W 和浮力 Δ 作用下产生一倾覆力矩,在此力矩作用下船舶将继续倾斜,称该种船舶初始平衡状态为不稳定平衡状态。

(二)船舶平衡状态的判别

为对船舶的平衡状态进行判别,将船舶正浮时浮力作用线和倾斜后浮力作用线的交点定义为稳心,以 M 表示。由于船舶倾斜后的浮心位置或浮力作用线与船舶吃水(或排水量)、船舶倾角有关,稳心位置也随船舶吃水(或排水量)、船舶倾角不同而变化。

进一步分析表明,船舶处于何种平衡状态与重心 G 和稳心 M 的相对位置有关。船舶稳定平衡时,重心 G 位于稳心 M 之下;船舶不稳定平衡时,重心 G 位于稳心 M 之上;船舶随遇平衡时,重心 G 与稳心 M 重合。因此,为了使船舶在受到一外力矩作用下具有一定的复原能力从而保证船舶安全,船舶重心必须在相应倾角时的稳心之下。

处于稳定平衡状态的船舶,其复原能力的大小取决于倾斜后产生的稳性力矩或复原力矩的大小。由图 5-1(a)可见,该稳性力矩大小为

$$M_s = \Delta \cdot GZ \tag{5-1}$$

式中:M_s——静稳性力矩(9.81 kN·m);

　　Δ——船舶排水量(t);

　　GZ——静稳性力臂(m),是船舶重心 *G* 至倾斜后浮力作用线的垂直距离,通常简称稳性力臂或复原力臂。

二、稳性的分类

船舶稳性通常可按以下方法分类。

1. 按船舶倾斜方向分类

按船舶不同的倾斜方向,船舶稳性可分为横稳性和纵稳性。横稳性系指船舶绕纵向轴(*x* 轴)横倾时的稳性,纵稳性系指船舶绕横向轴(*y* 轴)纵倾时的稳性。

由于纵稳性力矩远大于横稳性力矩,故实际营运中不可能因纵稳性不足而导致船舶倾覆。

2. 按倾角大小分类

按船舶倾角大小,船舶稳性可分为初稳性和大倾角稳性。初稳性系指船舶微倾时所具有的稳性(小倾角稳性),微倾在实际营运中将倾斜角扩大至 10°~15°;大倾角稳性系指当倾角大于 10°~15°时的稳性。

3. 按作用力矩的性质分类

按其作用力矩的性质不同,船舶稳性可分为静稳性和动稳性。静稳性系指船舶在倾斜过程中不计及角加速度和惯性矩时的稳性;动稳性系指船舶在倾斜过程中计及角加速度和惯性矩时的稳性。

4. 按船舱是否进水分类

按船舶是否破舱进水,船舶稳性可分为完整稳性和破舱稳性。船体在完整状态时的稳性称为完整稳性,船体破舱进水后所具有的稳性则称为破舱稳性。

任务二　船舶初稳性

　　理论证明:船舶在微倾条件下,倾斜轴过初始水线面的面积中心即初始漂心 *F*;过初始漂心 *F* 微倾后船舶排水体积不变;当排水量一定时,船舶的稳心 *M* 点为一定点。船舶初稳性是以上述结论为前提进行研究和表述的。

一、船舶初稳性的基本标志

船舶在小倾角条件下,静稳性力矩 M_s 可表示为

$$M_s = \Delta GM\sin\theta \tag{5-2}$$

$$GZ = GM\sin\theta \tag{5-3}$$

式中:*GM*——船舶重心与稳心间的垂直距离,称为初稳性高度(m);

　　　　θ——船舶横倾角。

由上式可见,在排水量及倾角一定的情况下,静稳性力矩的大小取决于重心和稳

心的相对位置,即取决于 GM 大小。当 M 点在 G 点之上时,GM 为正值,此时船舶具有稳性力矩且与 GM 值成正比;当 M 点在 G 点之下时,GM 为负值,此时船舶具有倾覆力矩且与 GM 值成正比;当 M 点和 G 点重合时,GM 为零,此时稳性力矩为零。

由此分析可知,GM 可以作为衡量船舶初稳性大小的基本标志。欲使船舶具有稳性,必须使 $GM > 0$。

由式(5-2)可见,静稳性力矩 M_s 与排水量成正比。在排水量较小的装载状态下,欲保持一定量的静稳性力矩,则必须增大船舶的初稳性高度。

二、初稳性高度 GM 的表达式

由图 5-2 可见,初稳性高度可表示为

$$GM = KB + BM - KG = KM - KG \tag{5-4}$$

或表示为

$$h = z_b + r - z_g = z_m - z_g \tag{5-5}$$

式中:KB,z_b——浮心距基线高度,简称浮心高度(m);

BM,r——横稳心半径(m);

KM,z_m——横稳心距基线高度(m);

KG,z_g——船舶重心距基线高度,简称重心高度(m)。

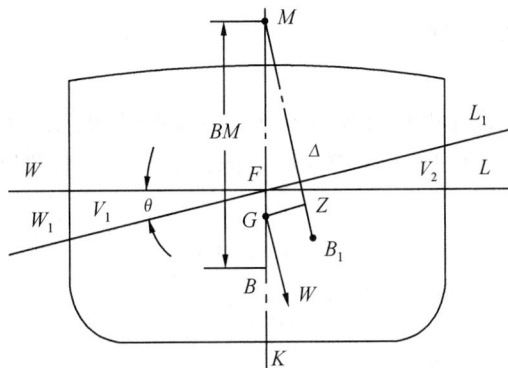

图 5-2 船舶初稳性高度

横稳心半径 r 是浮心 B 与稳心 M 间的垂向距离。计算表明,在微倾条件下船舶浮心移动的轨迹是以 M 为圆心、r 为半径的一段圆弧。

z_m 为 z_b 与 r 两者之和,其值仅与船舶装载吃水 d 有关。

三、初稳性高度的求取

设未考虑自由液面影响的船舶重心高度为 KG_0,则在装载后初稳性高度可由式(5-4)求取,即

$$GM_0 = KM - KG_0$$

（一）KM 的查取

根据船舶装载后的平均吃水查取静水力曲线图、静水力参数表或载重表，即可得到相应平均吃水时的 KM 值。

（二）KG_0 的计算

根据合力矩定理，KG_0 可按下式求得

$$KG_0 = \frac{\sum p_i z_i}{\Delta} \tag{5-6}$$

式中：p_i——构成排水量的第 i 项载荷重量（t），包括空船重量 Δ_L、船舶常数 C、各货舱货物重量、各液舱柜油水重量、船员及其供应品、船用备品等；

z_i——第 i 项载荷重量 p_i 的重心高度（m）；

$\sum p_i z_i$——全船垂向重量力矩（9.81 kN·m）。

1. 空船重量及其重心高度的查取

对于某一船舶，空船重量 Δ_L 及其重心高度 z_L 为定值，它们可在船舶稳性计算资料中查找。

2. 货物重心高度的确定

（1）计算法

对于某一货舱内装载积载因数差异较大的多种货物，用计算法确定各层货物的重心高度，有利于减小船舶重心高度 KG 值的计算误差。各层货物的重心高度可按下式求出

$$z_i = \varepsilon_c h_{ci} + h_b \tag{5-7}$$

式中：h_b——货层底面距基线高（m）；

ε_c——货层重心系数，舯部货舱 ε_c 取 0.50，艏、艉部货舱 ε_c 取 0.54 ~ 0.58；

h_{ci}——第 i 货层高度（m），可由下式求得

$$h_{ci} = \frac{V_{ci}}{V_{ch}} \cdot H_c \tag{5-8}$$

式中：V_{ci}——第 i 层货物体积（m³）；

V_{ch}——该货舱舱容（m³）；

H_c——该货舱舱高（m）。

例 5-1：某船在 No.3 底舱装载小五金 1 500 t（$SF_1 = 0.60$ m³/t）、棉织品 100 t（$SF_2 = 4.50$ m³/t）、日用品 120 t（$SF_3 = 4.60$ m³/t）及草制品 70 t（$SF_4 = 7.20$ m³/t），货物舱内配置如图 5-3 所示，试计算各货物重心高度 z_i 及该舱货物总重心高度 z_h。已知该舱舱容 $V_{ch} = 2\ 710$ m³，舱高 $H_c = 7.2$ m，双层底高为 1.5 m。

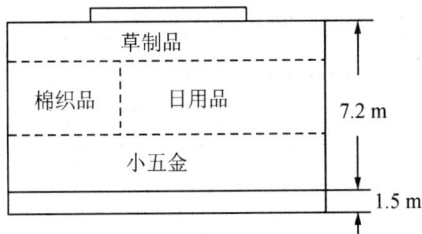

图 5-3　货物舱内配置图

解：

①列表计算货物重心高度 z_i（见表 5-1）

表 5-1　货物重心高度计算表

货名	p_i/t	SF_i/(m^3/t)	V_{ci}/m^3	h_{ci}/m	z_i/m
五金	1 500	0.6	900	2.39	$1.50 + 2.39/2 \approx 2.70$
棉织品	100	4.5	450	2.66	$1.50 + 2.39 + 2.66/2 = 5.22$
日用品	120	4.6	552		
草制品	70	7.2	504	1.34	$1.50 + 2.39 + 2.66 + 1.34/2 = 7.22$

②求货物总重心高度 z_h

$$z_h = \frac{\sum p_i z_i}{\sum p_i} \approx \frac{1\,500 \times 2.70 + 220 \times 5.22 + 70 \times 7.22}{1\,500 + 220 + 70} \approx 3.19 \text{ m}$$

在实际工作中,为简化计算,无论货舱内装载多少种货物及积载因数是否相差较大,均以舱内所装货物总体积中心作为该舱货物计算重心;如货物基本满舱,则取舱容中心作为该舱货物计算重心。由此简化计算所得货物重心高度与实际值显然有一定出入,但其计算方法简单,且求算的 GM 值比实际 GM 偏小,因而偏于安全。

（2）舱容曲线（或舱容表）查取法

对于装载单一货种的某些散货船或杂货船,船舶资料中提供了各货舱舱容曲线或舱容表,使用时直接由货物总体积查出货物装舱后的重心高度。图 5-4 所示为某船某一货舱的舱容曲线。

根据所装货物的体积,在下方横坐标轴上找到相应位置点,由该点向上作横坐标轴的垂线,交舱容曲线于 A 点,过 A 点作横坐标轴平行线交容积中心距基线高度曲线于 B 点,再由 B 点向上作横轴垂线交于上方横坐标轴 C 点,C 点对应数值即为该舱货物重心高度。

3. 油水重量及其重心高度的确定

各油水舱的油水重量及其重心高度可根据量尺深度查相应液舱舱容曲线或舱容表。液舱舱容曲线或舱容表的形式及查取方法与货舱相同。

例 5-2： 某船某航次在大连港计划装载如表 5-2 所列。试求开航时船舶初稳性高度 GM_0 值。

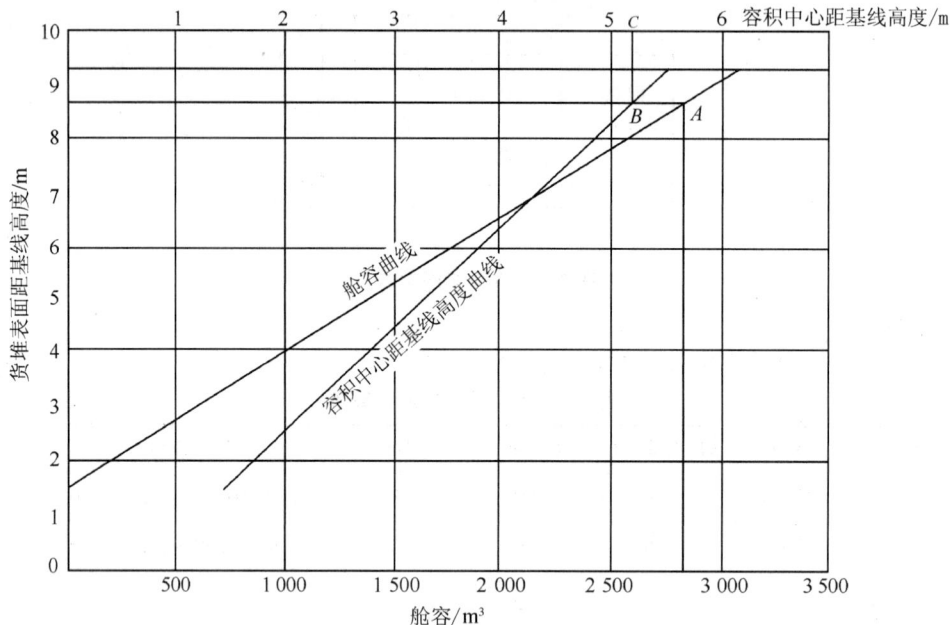

图 5-4　某船某一货舱的舱容曲线

解：

（1）列表计算 Δ 和 $\sum p_i z_i$（见表 5-2）

（2）计算船舶重心高度 KG_0

$$KG_0 = \frac{\sum p_i z_i}{\Delta} = \frac{153\ 548}{20\ 587} \approx 7.46\ \mathrm{m}$$

（3）由 $\Delta = 20\ 587$ t 查取静水力资料，得 $KM = 8.67$ m。

（4）计算 GM_0

$$GM_0 = KM - KG_0 \approx 8.67 - 7.46 = 1.21\ \mathrm{m}$$

表 5-2　某船某航次在大连港计划装载表

舱别		载荷重量/t	重心距基线高度/m	垂向重量力矩/（×9.81 kN·m）
货物	No. 1 二层舱	900	11.27	10 143
	底舱	805	5.85	4 709
	No. 2 二层舱	882	11.05	9 746
	底舱	1 612	5.18	8 350
	No. 3 二层舱	942	10.87	10 240
	底舱	1 537	5.15	7 916
	No. 4 二层舱	1 387	10.90	14 564
	底舱	2 401	5.15	12 365
	No. 5 二层舱	1 161	10.90	12 655
	底舱	1 482	5.24	7 766
	合计	13 109		98 454

续表

舱别		载荷重量/t	重心距基线高度/m	垂向重量力矩/(×9.81 kN·m)
燃油	No.1 燃油舱（左）	107	0.74	79
	No.1 燃油舱（右）	102	0.74	75
	No.2 燃油舱（左）	107	0.74	79
	No.2 燃油舱（右）	107	0.74	79
	No.3 燃油舱（左）	148	0.74	110
	No.3 燃油舱（右）	148	0.74	110
	No.4 燃油舱（左）	107	0.74	79
	No.4 燃油舱（右）	107	0.74	79
	燃油日用舱	20	10.80	216
	燃油沉淀舱	22	10.80	238
	合计	975		1 144
柴油	No.1 重柴油舱（左）	230	1.44	331
	No.1 重柴油舱（右）	213	1.51	322
	重柴油日用舱	10	10.78	108
	重柴油沉淀舱	10	10.78	108
	轻柴油舱	22	0.98	22
	轻柴油日用舱	6	10.74	64
	合计	491		955
滑油	滑油净油舱	12	5.95	71
	滑油贮存舱	15	5.95	89
	滑油循环舱	16	1.15	18
	No.1 气缸油贮存舱	4	10.75	43
	No.2 气缸油贮存舱	9	10.79	97
	合计	56		318
淡水	饮水舱（左）	49	11.31	554
	饮水舱（右）	49	11.31	554
	艉尖舱（淡水）	153	7.91	1210
	淡水舱	37	0.94	35
	蒸馏水舱	22	0.89	20
	合计	310		2 373
其他	船员及行李	6	18.00	108
	供应品	20	13.50	270
	备品	30	11.50	345
	常数	219	8.34	1 827
	合计	228		2 550
空船重量		5 371	8.89	47 754
总计		20 587	7.46	153 548

四、自由液面对初稳性高度的影响

船上各液体舱柜在液体未充满整个舱内空间时随船舶横倾而向倾斜一侧移动，该自由流动的液体表面称为自由液面。当船舶倾斜时，舱柜内液体随之流动，使液体的重心向倾斜一方移动，产生了一与稳性力矩方向相反的倾斜力矩，从而减少了原有的稳性力矩，即降低了船舶初稳性高度。

（一）自由液面对初稳性高度修正值表达式

如图 5-5 所示，当船内液体舱柜内重为 p 的液体重心位于 q_1 点时，船舶重心位于 G 点，则静稳性力矩为

$$M_s = \Delta GM_0 \sin\theta$$

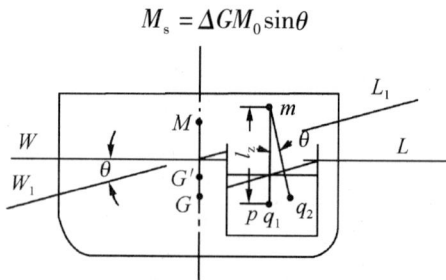

图 5-5　液体舱柜自由液面

当船舶横倾 θ 角时，液体移动后重心也随之由 q_1 点移至 q_2 点，产生了一横倾力矩 $p\overline{q_1q_2}$，使原有的稳性力矩减少为

$$M_{s1} = \Delta GM_0 \sin\theta - p\overline{q_1q_2}$$

而

$$p\overline{q_1q_2} = l_z\sin\theta$$

故

$$M_{s1} = \Delta\left(GM_0 - \frac{pl_z}{\Delta}\right)\sin\theta \tag{5-9}$$

式中：l_z——液体重心 q_1 到 m 点距离（m），m 点是液体移动前、后两重力作用线的交点。

由于液体重心就是液体体积的几何中心，将液舱柜情况与整个船舶情况加以比较：液舱横倾→船舶横倾；液舱内液体重心由 q_1 到 q_2→船舶浮心由 B 移至 B_1；微倾前、后液舱两重力作用线交于 m 点→船舶微倾前、后两浮力作用线交于稳心 M；液体表面→船舶水线面；液体重心 q_1 到点 m 的距离 l_z→船舶稳心半径 r。根据相似原理，于是得

$$l_z = \frac{i_x}{v}$$

式中：v——液舱柜内液体体积（m^3）；

i_x——液舱柜内自由液面对液面中心轴的面积惯性矩（m^4）。

令 ρ 为舱柜内液体密度，则 $p = \rho v$，将 $\overline{q_1q_2}$、l_z 及 p 的表达式代入式(5-9)，得

$$M_{s1} = \Delta \left(GM_0 - \frac{\rho i_x}{\Delta} \right) \sin\theta \qquad (5\text{-}10)$$

对比 M_s 和 M_{s1} 表达式可知,由于自由液面影响而使初稳性高度减小,其减小值 δGM_f 可表示为

$$\delta GM_f = \frac{\rho i_x}{\Delta} \qquad (5\text{-}11)$$

当存在多个自由液面时,δGM_f 为

$$\delta GM_f = \frac{\sum \rho i_x}{\Delta} \qquad (5\text{-}12)$$

(二)自由液面惯性矩 i_x 的确定

1. 查船舶资料

通常船舶稳性计算资料或液舱柜容积表中提供了各液舱自由液面惯性矩 i_x 表或各液舱自由液面对初稳性高度修正值表,使用时前者直接由液舱柜名称查取,后者则由液舱柜名称及装载排水量查取。表 5-3 为某船各液舱自由液面对初稳性高度修正值表。

表 5-3　某船各液舱自由液面对初稳性高度修正表

项目 舱别	i_x/m^4	排水量/t					
		9 829	12 207	14 619	17 078	19 598	20 881
No.1 燃料油舱(左/右)	103	0.010	0.008	0.007	0.006	0.005	0.005
No.2 燃料油舱(左/右)	103	0.010	0.008	0.007	0.006	0.005	0.005
No.3 燃料油舱(左/右)	141	0.014	0.011	0.009	0.008	0.007	0.007
No.4 燃料油舱(左/右)	103	0.010	0.008	0.007	0.006	0.005	0.005
燃料油日用舱	22	0.002	0.002	0.001	0.001	0.001	0.001
燃料油沉淀舱	25	0.002	0.002	0.001	0.001	0.001	0.001
燃料溢油舱	14	0.001	0.001	0.001	0.001	0.001	0.001
柴油舱(左/右)	148	0.014	0.011	0.009	0.008	0.007	0.007
柴油日用舱	12	0.001	0.001	0.001	0.001	0.001	0.001
滑油贮存舱(左/右)	23	0.002	0.002	0.001	0.001	0.001	0.001
饮水舱(左/右)	33	0.003	0.003	0.002	0.002	0.002	0.002
艉尖舱(淡水)	301	0.031	0.025	0.021	0.018	0.015	0.014
淡水舱	65	0.007	0.005	0.004	0.004	0.003	0.003
艏尖舱	93	0.010	0.008	0.007	0.006	0.005	0.005
No.1 压载水舱(左/右)	32	0.003	0.003	0.002	0.002	0.002	0.002
No.2 压载水舱(左/右)	191	0.020	0.016	0.013	0.011	0.010	0.009
No.3 压载水舱(左/右)	276	0.029	0.023	0.019	0.017	0.014	0.014
No.4 压载水舱(左/右)	371	0.039	0.031	0.026	0.022	0.019	0.018
No.5 压载水舱(左/右)	98	0.010	0.008	0.007	0.006	0.005	0.005

注:(1) i_x 根据装载 50% 舱容时计算;

　　(2) i_x 小于 10 m^4 者未列入上表;

（3）各种液体密度：燃料油 $\rho = 0.97$ g/cm³；重柴油 $\rho = 0.92$ g/cm³；轻柴油 $\rho = 0.84$ g/cm³；

滑油 $\rho = 0.91$ g/cm³；淡水 $\rho = 1.00$ g/cm³；压载水 $\rho = 1.025$ g/cm³。

2. 公式计算法

普通货船液体舱（柜）液面形状呈矩形、三角形和梯形，i_x 可按下述公式求算。

（1）矩形液面

$$i_x = \frac{1}{12} l b^3 \tag{5-13}$$

式中：l——液面长度（m）；

　　　b——液面宽度（m）。

（2）等腰三角形液面

$$i_x = \frac{1}{48} l b^3 \tag{5-14}$$

（3）等腰梯形液面

$$i_x = \frac{1}{48} l (b_1 + b_2)(b_1^2 + b_2^2) \tag{5-15}$$

式中：b_1, b_2——液面前、后两端宽度（m）。

（4）直角三角形液面

$$i_x = \frac{1}{36} l b^3 \tag{5-16}$$

（5）直角梯形液面

$$i_x = \frac{1}{36} l (b_1 + b_2)(b_1^2 + b_2^2) \tag{5-17}$$

一般船中附近舱柜多为矩形液面，艏艉附近舱柜多近似于梯形或三角形液面，计算 i_x 时应区别对待。

图5-6为船舶各种液体舱柜液面形状示意图。

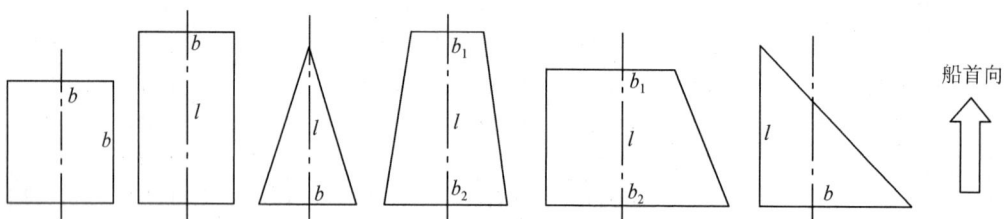

图5-6　各种液体舱柜液面形状

（三）自由液面修正后的初稳性高度表达式

当液舱（柜）内液体未装满时，初稳性高度应进行自由液面修正，经自由液面修正后的初稳性高度 GM 可表示为

$$GM = KM - KG_0 - \delta GM_f \tag{5-18}$$

例5-3：某船装货后 $\Delta = 18\,500$ t，全船垂向重量力矩 $\sum p_i z_i = 143\,375 \times 9.81$ kN·m，查得 $KM = 8.58$ m，现有 No.1 燃油舱（左）（$l = 11.00$ m，$b = 4.00$ m，$\rho = 0.97$ g/cm³）和艉尖

舱($l = 11.00$ m, $b_1 = 11.50$ m, $b_2 = 3.40$ m)未满,艉尖舱为淡水舱,试计算经自由液面修正后的初稳性高度 GM。

解:

(1)求 KG_0

$$KG_0 = \frac{\sum p_i z_i}{\Delta} = \frac{143\ 375}{18\ 500} \approx 7.75 \text{ m}$$

(2)计算 i_x 和 δGM_f

NO.1 燃油舱: $i_{x1} = \frac{1}{12} lb^3 = \frac{1}{12} \times 11.00 \times 4.00^3 \approx 58.67 \text{ m}^4$

艉尖舱: $i_{x2} = \frac{1}{48} l(b_1 + b_2)(b_1^2 + b_2^2)$

$$= \frac{1}{48} \times 11.00 \times (11.50 + 3.40) \times (11.50^2 + 3.40^2)$$

$$\approx 491.05 \text{ m}^4$$

$$\delta GM_f = \frac{\sum \rho i_x}{\Delta} \approx \frac{0.97 \times 58.67 + 1.00 \times 491.05}{18\ 500} \approx 0.03 \text{ m}$$

(3)计算 GM

$$GM = KM - KG_0 - \delta GM_f \approx 8.58 - 7.75 - 0.03 = 0.80 \text{ m}$$

(四)减小自由液面影响的措施

船舶在建造和营运中,应尽量减小自由液面对稳性的影响,其具体措施包括:

1. 减小液舱(柜)宽度

液体散装货船因装载大量液体货,其自由液面对稳性影响较大,为此船舶在设计时,通常都设置一道或两道纵向舱壁,将液舱宽度减小。对于普通货船的双层底内,其左、右也是水密分隔成两个液柜。

可以证明,矩形液面的液舱内设置一道纵向舱壁将其宽度二等分, i_x 将减至原来的1/4;设置两道纵向舱壁将其宽度三等分, i_x 将减至原来的1/9。对于等腰梯形或等腰三角形液面的液舱,若中间设置一道纵向舱壁,将其左、右宽度等分, i_x 则会减至原来的1/3。增设横舱壁则不会减小自由液面对稳性的影响。

2. 液舱(柜)应尽可能装满或空舱

对于液体散装货船,各液体货舱在考虑适当的膨胀余量后应尽量装满,若舱容有剩余,则可保留若干空舱,以减少具有自由液面的舱数。

对于普通货船的油水舱,应逐舱装载和左、右舷舱对称使用,这样可保持在航行中船舶未满液柜数最少。

3. 保持甲板排水孔畅通

在开航前应认真检查上甲板两舷排水孔是否畅通,并防止航行过程中堵塞,以确保甲板上浪后能迅速排出,缩短因上浪而在上甲板形成自由液面的作用时间。航行中如遇严重甲板上浪,应适当采取改向或减速措施,并注意排出排水孔排水障碍物。

4. 注意纵向水密分隔是否有漏水连通现象及是否有不必要的积水

液舱(柜)内纵向隔壁因锈蚀、不适当受力或建造缺陷,致使漏水连通而形成较大自由液面。另外,船舶在营运中各污水舱内会积聚一定污水,应及时测量并排出。

5. 重视液舱内自由液面对稳性的不利影响

在排水量较小时,更应重视液舱内自由液面对稳性的不利影响。

任务三　载荷变动对稳性的影响及计算

船上载荷变动包括载荷移动、重量增减和货物悬挂,它们对船舶稳性的影响是不同的。

一、载荷移动

船舶在营运中,经常遇到船内重物的移动问题,如在航行中舱内货物因船舶横摇剧烈而移动,配载时为调整船舶稳性而将舱内货物垂向移动等。

(一)船内重物水平横移

船内重物水平横移,将使船舶产生横倾角;船在海上航行由于横摇导致重物横移时,同样使船横倾。

如图 5-7 所示,船舶排水量为 Δ,重心位于 G 点,浮心位于 B 点,此时船舶重力和浮力通过 G 点和 B 点构成初始平衡力系,平衡于正浮水线 WL。现将船内重物 p 自 q_1 水平横移至 q_2 处,其水平横移距离为 y。根据平行力移动原理,船舶重心将随之由 G 水平横移至 G_1,并有

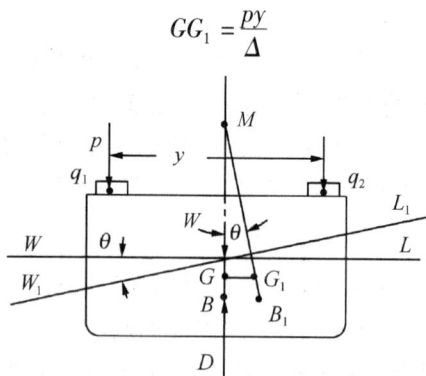

$$GG_1 = \frac{py}{\Delta}$$

图 5-7　重物横移

此时,由于浮力和重力不再作用于同一垂线上而形成力偶,该力偶矩将迫使船舶向重物移动方向的一侧横倾。在船舶横倾过程中,由于水线下排水体积形状的改变,浮心将随之向横倾一侧移动。当浮心移至 B_1 时,B_1 与 G_1 又重新作用于同一垂线上,构成重力和浮力新的平衡力系,船舶将不再继续倾斜,并停留于该横倾位置上,此时

的平衡水线为 W_1L_1。初始水线 WL 与横倾后的水线 W_1L_1 之间的夹角 θ 即为船舶横倾角。考虑直角三角形 MGG_1，并有

$$\tan\theta = \frac{GG_1}{GM}$$

将 GG_1 表达式代入，则得

$$\tan\theta = \frac{py}{\Delta GM} \tag{5-19}$$

（二）船内重物垂移

船内重物垂向移动，将引起船舶重心的垂向改变，从而导致初稳性高度的变化。

如图 5-8 所示，设船舶排水量为 Δ，船舶重心位于 G 点，现将船内重量为 p 的重物由 g_1 垂向移至 g_2 处，即重物 p 的重心高度由 z_1 变为 z_2，其垂向移动距离 Z 为

$$Z = |z_2 - z_1|$$

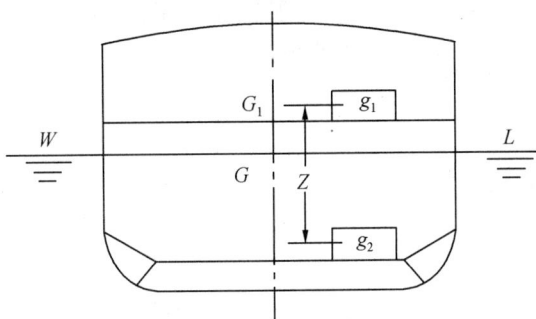

图 5-8　重物垂移

因而重物垂移引起的初稳性高度改变量 δGM 在数值上等于船舶重心的垂移量 GG_1，即

$$\delta GM = \pm\frac{pZ}{\Delta} \tag{5-20}$$

由上可知，船内重物上移，船舶重心上移，GG_1 取 $+$，δGM 减小，δGM 为 $-$；船内重物下移，船舶重心下移，GG_1 取 $-$，GM 增大，δGM 为 $+$。重物移动后的初稳性高度 GM_1 可表示为

$$GM_1 = GM + \delta GM \tag{5-21}$$

二、重量增减

船舶运营中，中途港货物的装卸、油水的补给和消耗、压载水的注入和排放、船舶在海上遭遇危险而抛弃货、船舶破舱进水、船体结冰及甲板上浪等均可视为重量增减。船上重量增减后其排水量变化，船舶重心 G 及稳心 M 位置也发生改变，从而引起初稳性高度改变。

根据重量增减的不同数量及求取初稳性高度改变量的不同方法，可分成大量增减和少量增减两种情况。若船舶初始排水量为 Δ，重量增减量为 $\sum p_i$，则一般认为

当 $\sum p_i > 10\% \Delta$ 时为重量大量增减,当 $\sum p_i < 10\% \Delta$ 时为重量少量增减。

(一)重量大量增减

设船舶重量增减前排水量为 Δ,KG 为重量增减前船舶重心高度,$\sum p_i$ 为重量增减量,z_i 为各重量的重心高度,则重量增减后船舶重心高度为

$$KG_1 = \frac{\Delta \cdot KG + \sum p_i z_i}{\Delta + \sum p_i} \qquad (5\text{-}22)$$

按上式计算时,重量增加 p_i 取 + ;重量减少 p_i 取 − 。

根据重量增减后船舶新的排水量 $\Delta_1 = \Delta + \sum p_i$ 查取静水力资料,可得重量增减后的初稳心距基线高 KM_1,于是重量增减后船舶新的初稳性高度为

$$GM_1 = KM_1 - KG_1 \qquad (5\text{-}23)$$

应当清楚,上述方法对于重量少量增减同样适用,只是为了使计算更方便,可用下述方法计算重量少量增减时初稳性高度改变量。

(二)重量少量增减

如图5-9所示,已知船舶初始排水量为 Δ,重心位于 G 点,重心高度为 KG,现在船上 q 处加载重量为 p 的重物,已知 p 的重心高度为 KP,则加载后船舶新的重心高度 KG_1 为

$$KG_1 = \frac{\Delta \cdot KG + p \cdot KP}{\Delta + p}$$

由于加载前船舶初稳性高度为 $GM = KM - KG$,现假设加载后初稳心 M 点位置不变,则加载后船舶初稳性高度 $GM_1 = KM - KG_1$,于是可以得出加载前、后初稳性高度改变量为

$$\delta GM = \frac{p(KG - KP)}{\Delta + p} \qquad (5\text{-}24)$$

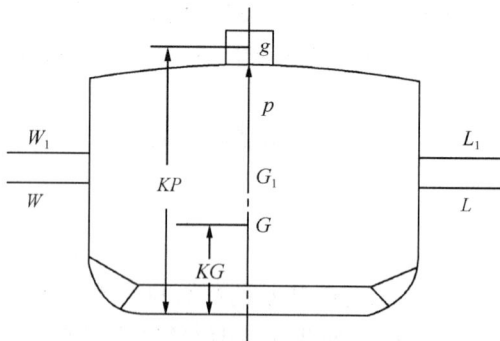

图5-9　重量少量增减

式(5-24)即重量少量增减时初稳性高度改变量近似计算公式。按此式计算时,规定:加载时 p 为 + ,卸载时 p 为 − 。

当多个载荷增减时,可将上式改写成

$$\delta GM = \frac{\sum p_i (KG - KP_i)}{\Delta + \sum p_i} \tag{5-25}$$

应该指出的是,船上载荷变更后,相应排水量改变,而排水量改变后对 KM 的影响在某些装载状态下可以忽略不计,在另外某些装载状态下则因变化较大而不能忽略。一般情况下,在排水量较小时,尽管载荷增减量较小,也会引起 KM 值的较大变化。因此,在应用式(5-24)和式(5-25)计算 δGM 时,应充分考虑不同装载状态下 KM 曲线的变化率,以减小 δGM 的计算误差。通常,船舶在排水量较小时,KM 变化较快;在排水量较大时,KM 变化较慢。

当在某些装载状态下 KM 值随 Δ 变化较快即 KM 曲线斜率较大时,为提高 δGM 的计算精度,建议将载荷增减后所引起的 KM 变化量予以考虑,即

$$\delta KM = KM_1 - KM$$

式中:KM——载荷增减前的初稳心距基线高(m),由 Δ 确定;

KM_1——载荷增减后的初稳心距基线高(m),由 Δ_1 确定。

于是,载荷增减后初稳性高度改变重量为

$$\delta GM = \delta KM + \frac{\sum p_i (KG - KP_i)}{\Delta + \sum p_i} \tag{5-26}$$

船舶载荷增减后的初稳性高度 GM_1 为

$$GM_1 = GM + \delta GM \tag{5-27}$$

三、货物悬挂

如图5-5所示,设船舶排水量为 Δ,重心位于 G 点,船内重量为 p 的悬挂货物其重心位于 q_1 点且悬挂于 m 点时,当船舶横倾 θ 角时,p 在其重力作用下将由 q_1 点移到 q_2 点。由此悬挂货物对船舶产生横倾力矩 $p \cdot \overline{q_1 q_2}$,从而减少了原有的稳性力矩,则稳性力矩 M_{s1} 变为

$$M_{s1} = \Delta \left(GM\sin\theta - \frac{pl_z}{\Delta} \right) \sin\theta$$

所以,当船上存在悬挂货物时,船舶的初稳性高度将会减小,其值为

$$\delta GM = \frac{pl_z}{\Delta} \tag{5-28}$$

考虑货物悬挂后的初稳性高度为

$$GM_1 = GM - \frac{pl_z}{\Delta} \tag{5-29}$$

对照式(5-21)和式(5-29),显而易见,悬挂货物对初稳性的影响相当于把货物自重心 q_1 点垂直上移到悬挂点 m 处,从而使船舶重心 G 点上移,致使初稳性高度减小了如式(5-28)所示数值。可以把它的重心理解为在悬挂点 m 处,m 点称为悬挂重物的虚重心。

任务四　船舶大倾角静稳性

船舶在海上航行中,由于风浪的作用,船舶横倾角超过 10°～15°,这时船舶的稳性就称为大倾角静稳性。对此,船舶驾驶人员应引起足够重视,以确保船舶安全。

一、大倾角静稳性基本概念

(一)大倾角稳性和初稳性的区别

首先,两者对应的船舶横倾角不同。船舶横倾角 θ 小于 10°～15°时对应的稳性为初稳性,而横倾角大于 10°时对应的稳性为大倾角稳性。

其次,船舶在大倾角横倾时相邻两浮力作用线交点不再为定点 M。从图 5-10 可以看到,横倾角增大时两浮力作用线交点偏离 M_1 点而交于 $M_2,M_3,\cdots,M_n$ 上。实际上,在小倾角范围内倾斜前、后相邻两浮力作用线交点是在稳心 M 点附近,因为非常靠近,所以在讨论初稳性时作为定点处理。初稳心为定点的假设虽有一定误差,但误差极小,可以忽略不计,从而使初稳性问题得以简化。

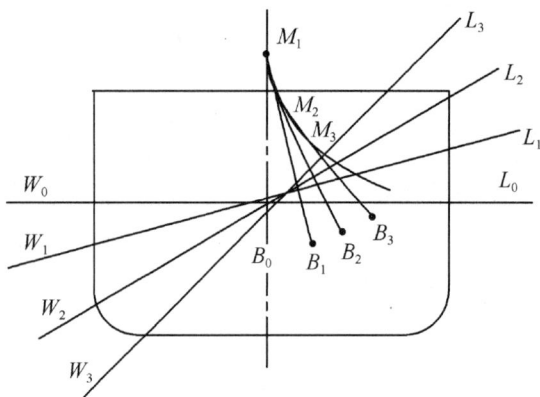

图 5-10　船舶大倾角横倾

再次,船舶大倾角横倾时倾斜轴不再过初始水线面漂心。船舶倾角较大时,当倾斜水线超出上甲板边缘后,其形状发生突变,若过初始水线面漂心作倾斜水线,则倾斜前、后排水体积不相等,这与等体积倾斜条件相矛盾。

最后,船舶大倾角稳性不能用 GM 作为基本标志来衡量。由于稳心 M 不为定点,在不同倾角下稳心 M 具有不同位置,因而不能以 GM 来衡量大倾角静稳性的大小。

(二)大倾角静稳性的基本标志

船舶在外力矩作用下发生大倾角横倾,当外力矩消失后,船舶重力和浮力仍然形成力偶,其力矩即为静稳性力矩,表达式同前,即

$$M_s = \Delta \cdot GZ$$

船舶在排水量一定的条件下,稳性力矩 M_s 的大小取决于船舶重心 G 到倾斜后浮力作用线的垂直距离,即取决于静稳性力臂 GZ,并与 GZ 成正比,因此,静稳性力臂 GZ 可以作为衡量大倾角静稳性的基本标志。

二、静稳性力臂的计算

由于不同的船舶可能给出不同形式的稳性交叉曲线,因此,静稳性力臂表达式也不同。目前,船舶资料中提供的稳性交叉曲线归纳起来常用的有基点法、假定重心法、初稳心点法、初始浮心法四种(本处只讨论前三种)。

(一)静稳性力臂表达式

1.基点法

设未考虑自由液面影响的船舶静稳性力臂为 GZ_0,如图 5-11 所示,选定基点 K 作为量取力臂的参考点,则 GZ_0 可表示为

$$GZ_0 = KN - KH \tag{5-30}$$

式中:KN——形状稳性力臂,龙骨基线中点(坐标原点)到倾斜后浮力作用线的垂直距离(m);

$\quad\quad KH$——重量稳性力臂,龙骨基 K(坐标原点)到倾斜后重力作用线的垂直距离(m)。

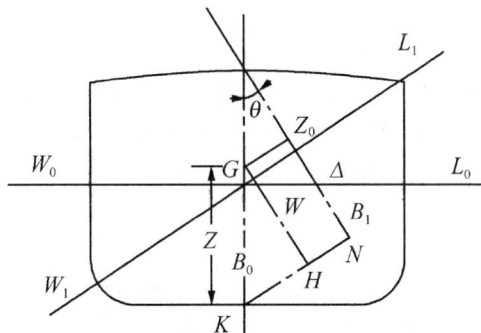

图 5-11　基点法静稳性力臂

图中表明,形状稳性力臂 KN 与水线下船体形状有关,船舶在不同排水量、不同横倾角时水线下船体形状也不同,相应的 KN 值也不同。KN 值由船舶装载排水体积 V(或排水量 Δ)及横倾角 θ 查稳性交叉曲线(见图 5-12)或稳性交叉数值表得出。由图中可以看出,重量稳性力臂 KH 仅与船舶重心垂向位置有关,其值为 $KH = KG\sin\theta$。

综上可知,基点法的静稳性力臂可表示为

$$GZ_0 = KN - KG_0\sin\theta \tag{5-31}$$

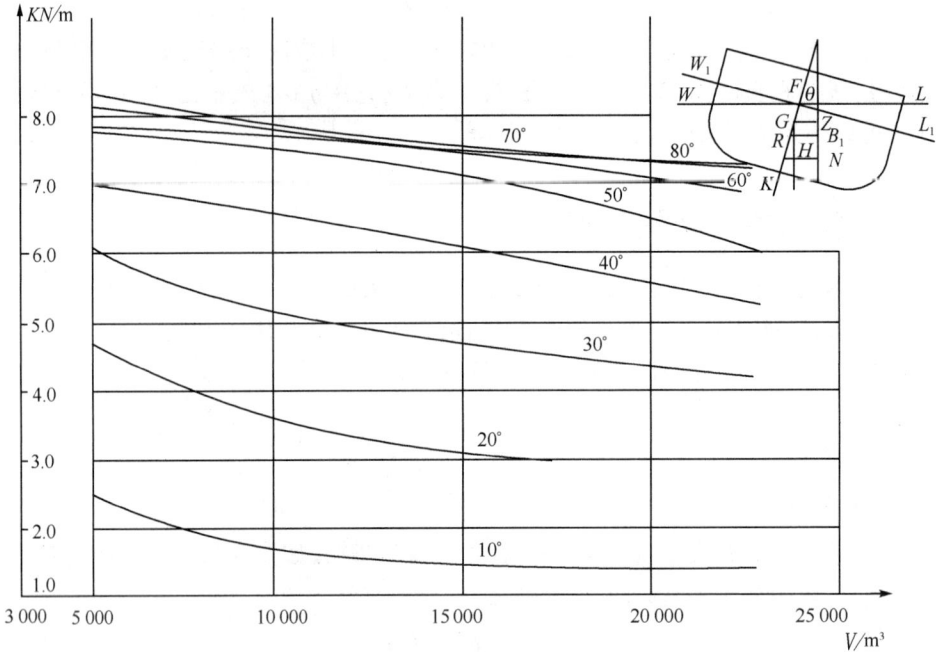

图 5-12 基点法稳性交叉曲线

2. 假定重心法

现选定假定重心点 G_A 作为量取力臂的参考点,如图 5-13 所示,静稳性力臂可由下式表示

$$GZ_0 = G_A Z_A + G_0 G_A \sin\theta \tag{5-32}$$

式中:$G_A Z_A$——形状稳性力臂,G 点到倾斜后浮力作用线的距离(m);

$G_0 G_A \sin\theta$——重量稳性力臂(m)。由于 G_A 为定点,因此重量稳性力臂值仅与船舶装载重心位置有关。

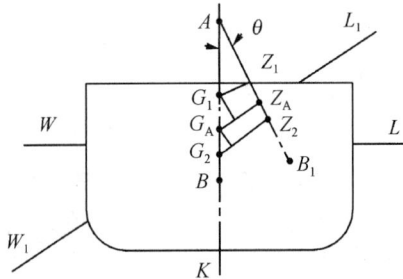

图 5-13 假定重心法静稳性力臂

图中表明,假定重心法的形状稳性力臂 $G_A Z_A$ 的大小仅与船体水线下形状有关,船舶在不同排水量、不同横倾角时的 $G_A Z_A$ 值也不同。$G_A Z_A$ 曲线如图 5-14 所示,查取方法与 KN 相同。

假定重心高度与实际重心高度的差值可用下式确定

$$G_0 G_A = KG_A - KG_0 \tag{5-33}$$

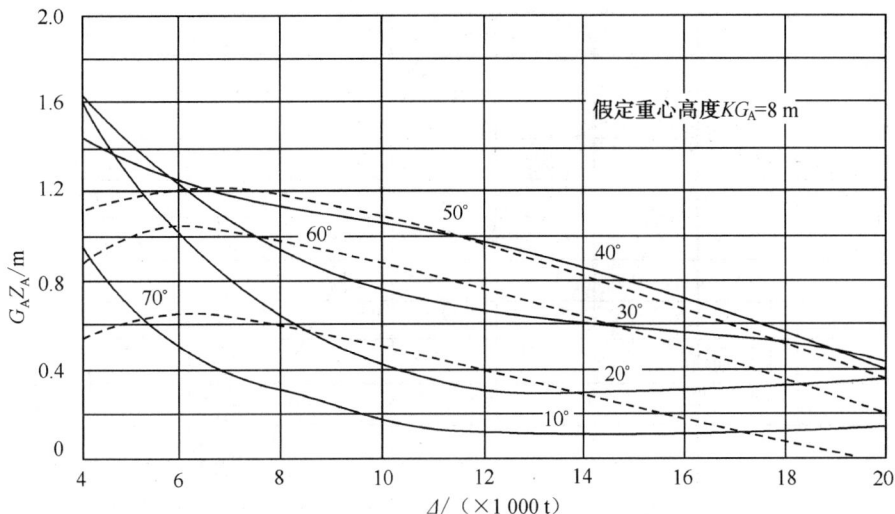

图 5-14　假定重心法稳性交叉曲线

3. 初稳心点法

初稳心点法选定初稳心点 M 作为量取力臂的参考点,由于初稳心点 M 随船舶吃水(或排水量)改变,故其参考点不像基点 K、假定重心 G_A 那样固定不变。

如图 5-15 所示,静稳性力臂可由下式确定

$$GZ_0 = MS + GM_0\sin\theta \qquad (5-34)$$

式中:MS——形状稳性力臂,初稳心 M 点到倾斜后浮力作用线的垂直距离(m);

　　　$GM_0\sin\theta$——重量稳性力臂(m)。船舶在吃水一定时,初稳心 M 为一定点,故重量稳性力臂仅与船舶重心位置有关。

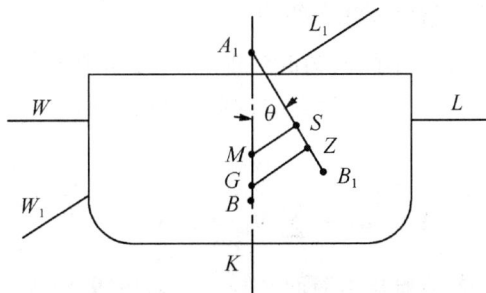

图 5-15　初稳心点法静稳性力臂

图中表明,初稳心点法的形状稳性力臂 MS 仅与排水体积形状有关,船舶在不同排水量、不同横倾角时的 MS 值也不同。初稳心点法稳性交叉曲线如图 5-16 所示,根据船舶吃水与横倾角查取。

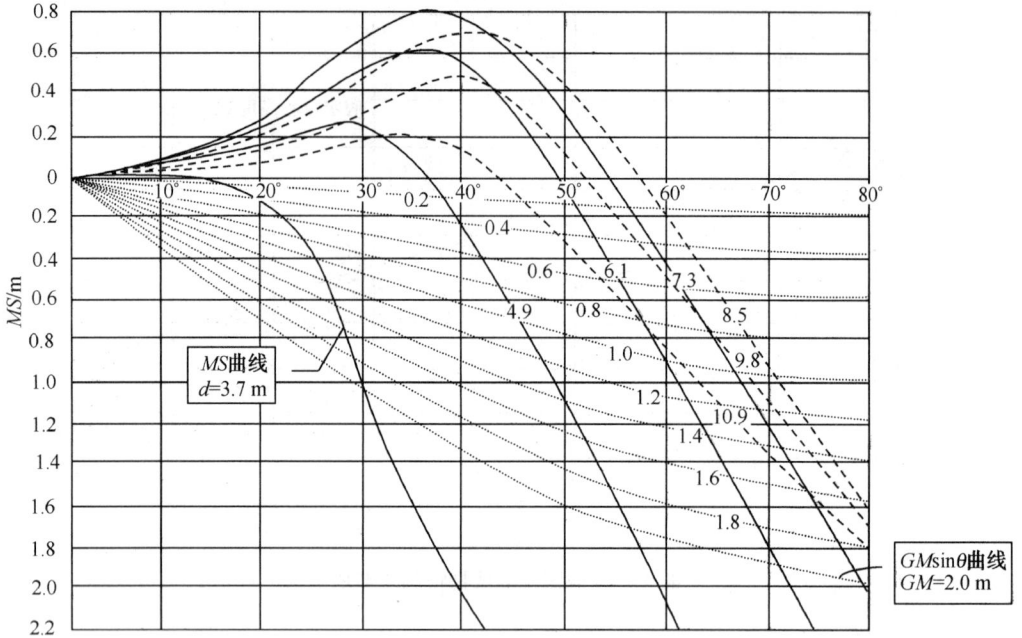

图 5-16　初稳心点法稳性交叉曲线

(二)静稳性力臂的计算

在计算各倾角时的静稳性力臂值时,如同 GM 计算一样,也需进行自由液面修正,即液舱内自由液面使静稳性力臂减小。液舱内的液体随船舶倾角的增大而引起自由液面较大变化,从而引起自由液面力矩的较大变化。

自由液面对静稳性力臂的修正可由下述两种方法完成。

1.查取液舱自由液面倾侧力矩表

某些船舶资料中提供了不同倾角时液舱自由液面倾侧力矩表(见表5-4),使用时根据具体舱柜名称及不同横倾角查取,则经自由液面倾侧力矩修正后的静稳性力矩

$$M_s = \Delta \cdot GZ_0 - \sum M_{fi} = \Delta \left(GZ_0 - \frac{\sum M_{fi}}{\Delta} \right) \tag{5-35}$$

式中: $\sum M_{fi}$ ——各液舱自由液面倾侧力矩总和(9.81 kN · m)。

由上式可得经自由液面修正后的静稳性力臂 GZ 为

$$GZ = GZ_0 - \frac{\sum M_{fi}}{\Delta} \tag{5-36}$$

表 5-4　液舱自由液面倾侧力矩表

舱名	l/m	b/m	h/m	V/m³	$\rho/$ $(\text{g} \cdot \text{cm}^{-3})$	自由液面倾侧力矩（×9.81 kN·m）					
						10°	20°	30°	40°	50°	60°
FWT(P/S)	5.58	6.15	0.85	25.28	1.000	14.4	16.8	16.4	15.2	13.3	11.1
No.1 FOT(P/S)	10.97	8.73	1.00	32.63	0.92	21.4	23.7	23.0	21.9	18.8	15.6
No.2 FOT(P/S)	11.78	9.04	1.00	47.34	0.92	28.4	30.9	29.7	27.1	23.6	19.4
DOT(P/S)	4.96	5.45	1.00	17.75	0.84	5.3	7.4	7.5	7.0	6.3	5.3
No.1 WBT(P/S)	22.94	6.40	0.85	83.04	1.025	45.0	51.8	50.4	46.4	40.8	33.8
No.2 WBT(P/S)	8.68	6.40	0.85	42.64	1.025	26.9	31.0	30.1	27.8	24.4	20.2
No.3 WBT(P/S)	5.58	6.40	0.85	26.40	1.025	16.4	18.8	18.3	16.9	14.8	12.3
…	…	…	…	…	…	…	…	…	…	…	…

2. 重心高度修正法

为计算方便,船舶大倾角横倾时自由液面对稳性的影响可采用修正重心高度的方法来计及。也就是说,将自由液面对初稳性高度的减小值 δGM_f 视为船舶重心高度的增大,从而使静稳性力矩 M_s 和静稳性力臂相应减小。

设经自由液面修正后的船舶重心高度为 KG,则

$$KG = KG_0 + \delta GM_f \tag{5-37}$$

于是,经自由液面修正后的静稳性力臂可表示为

$$GZ = KN - KG\sin\theta \tag{5-38}$$

应该指出的是,上述自由液面对 GZ 的两种修正方法的结果并不完全相同。一般说来,当横倾角较大且液面受到约束时,重心高度修正法求得的 GZ 修正值偏大。

例 5-4: 已知某船 $\Delta = 20\,881$ t,$KG_0 = 7.40$ m,$\delta GM_f = 0.10$ m,试求不同倾角时的 GZ 值。

解:

(1)采用重心高度修正法;

(2)根据 $\Delta = 20\,881$t,由稳性交叉曲线查取不同倾角时 KN 值,见表 5-5;

(3)计算 $KG = 7.40 + 0.10 = 7.50$ m;

(4)计算不同倾角时的 $KH = KG\sin\theta$,见表 5-5;

(5)求取各倾角时的 $GZ = KN - KG\sin\theta$,见表 5-5。

表 5-5　静稳性力臂计算表(a)

θ	10°	20°	30°	40°	50°	60°	70°	80°
KN/m	1.52	3.06	4.40	5.52	6.38	6.91	7.30	7.28
$KG\sin\theta$	1.30	2.57	3.75	4.82	5.75	6.50	7.05	7.39
GZ/m	0.22	0.49	0.65	0.70	0.63	0.41	0.25	-0.11

3. 液舱自由液面倾侧力矩表修正法

(1)根据 $\Delta = 20\,881$ t,由稳性交叉曲线查取不同倾角时 KN 值,见表 5-6;

（2）由液舱自由液面倾侧力矩表查取不同横倾角时的各未满液舱的自由液面倾侧力矩值并求和,并计算自由液面对静稳性力臂修正量 δGZ_f,见表5-6;

（3）计算不同倾角时的 $KH = KG_0\sin\theta$,见表5-6;

（4）求取各倾角时的 $GZ = KN - KG_0\sin\theta - \delta GZ_f$,见表5-6。

表5-6　静稳性力臂计算表（b）

θ	10°	20°	30°	40°	50°	60°	70°	80
KN/m	1.52	3.06	4.40	5.52	6.38	6.91	7.30	7.28
$\sum M_{fs}$	417	837	1 049	1 040	1 028	912	823	651
δGZ_f	0.02	0.04	0.05	0.05	0.05	0.04	0.04	0.03
$KG_0\sin\theta/\text{m}$	1.28	2.53	3.70	4.76	5.67	6.41	6.95	7.29
GZ_0/m	0.22	0.49	0.65	0.71	0.66	0.46	0.31	-0.04

三、静稳性曲线

为完整反映静稳性力矩 M_s 或静稳性力臂 GZ 随横倾角 θ 的变化规律,将 M_s 或 GZ 与 θ 的关系绘制成一条曲线,该曲线称为静稳性曲线。

（一）静稳性曲线的绘制

（1）以表5-5 和表5-6形式,分别计算出不同横倾角 θ 时的 GZ（或 M_s）;

（2）在以 GZ（或 M_s）为纵坐标、θ 为横坐标的直角坐标系内标出相应点（θ_i, GZ_i）或（θ_i, M_{si}）;

（3）将各点连接成一光滑曲线即为静稳性曲线（见图5-17）。

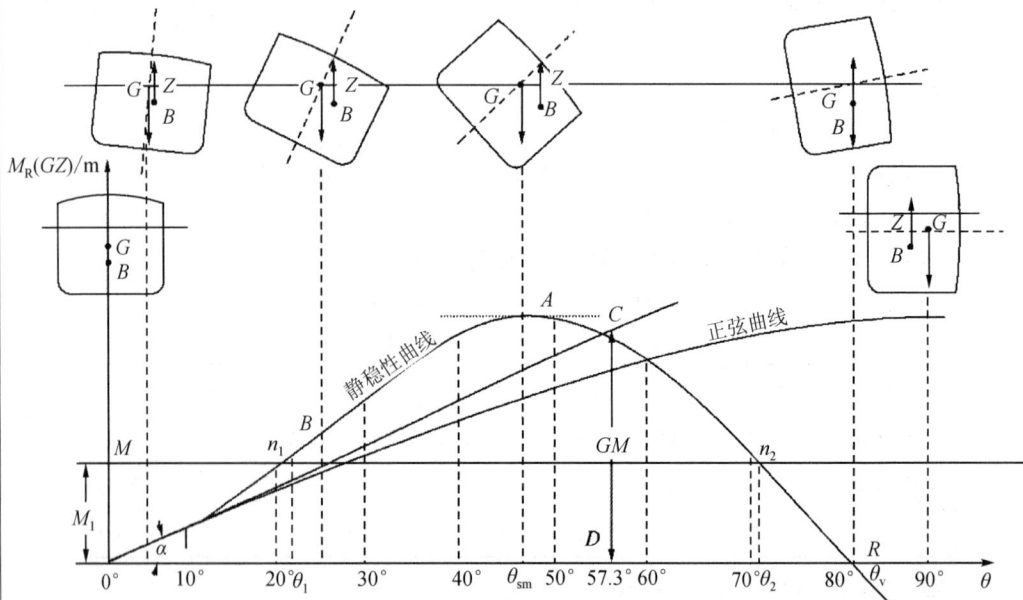

图5-17　静稳性曲线

（二）静稳性曲线的主要特征

静稳性曲线全面反映了静稳性力矩 M_s 或静稳性力臂 GZ 随横倾角 θ 增大而变化的趋势及任一横倾角时的 M_s 或 GZ 的大小，观察该曲线的形状以及表征船舶稳性状态的若干参数，可以得出静稳性曲线的以下特征。

1.静稳性曲线在原点处的斜率

可以证明，静稳性曲线在原点处的斜率等于初稳性高度 GM。若将 $GZ = GM\sin\theta$ 曲线绘制在静稳性曲线图上，该曲线为一正弦曲线。通过比较该正弦曲线与静稳性曲线可以发现，在横倾角较小时，两条曲线重合。随着横倾角增大两条曲线逐渐分离，这说明在小倾角条件下 GZ 可以用 $GM\sin\theta$ 表示其大小，即 GM 可以表征船舶初稳性的大小，而大倾角时 GZ 不能再以 $GM\sin\theta$ 来表示，即 GM 不能表征大倾角稳性的大小。

2.静稳性曲线上的反曲点

当横倾角增大至甲板浸水角（Angle of Deck Immersion）时，静稳性曲线上升段出现一反曲点。在该点以前，曲线上升较快；在该点之后，曲线上升趋势减缓。反曲点处曲线斜率最大，这是因为船舶横倾至甲板浸水角前、后浮心位置改变最大。

3.静稳性曲线上的极值点

当横倾角增大至某一角度时，静稳性曲线取得极值点，它标明了曲线最高点的位置，反映出船舶在横倾中所具有的最大静稳性力矩（臂），以及取得静稳性力矩（臂）最大值时船舶的倾斜状态。极值点对应的横倾角一般在 $35° \sim 45°$。

4.稳性消失点

静稳性曲线过极值点后呈下降趋势，即随着横倾角的增大，M_s（或 GZ）逐渐减小。当横倾角达到某一角度时，M_s 或 GZ 等于零，此时稳性消失，表现在静稳性曲线图上则为曲线与横坐标轴的交点即为稳性消失点，对应的横倾角称为稳性消失角 θ_v（Angel of Vanishing Stability），自 O 到 θ_v 称稳性范围（Range of Stability）。船舶横倾角超过 θ_v 时，M_s（或 GZ）出现负值，即船舶产生倾覆力矩。对于一般装载状态下的货船而言，θ_v 为 $70° \sim 80°$。

（三）静稳性曲线的用途

1.求取甲板浸水角

在静稳性曲线图上，量取曲线反曲点对应的横坐标即可得到该装载状态下的甲板浸水角。

2.求取初稳性高度 GM

由于静稳性曲线在原点处的斜率即为 GM，因此通常在曲线图上求取 GM 的方法是：先过原点作 GZ 曲线的切线，然后在 $\theta = 57.3°$ 处量取的该切线纵坐标值即为 GM。

3.求取横倾角为 $30°$ 时的静稳性力臂 $GZ_{30°}$

民用船舶在大风浪中横摇时所出现的最大横倾角通常不小于 $30°$，因此在该倾

角时的静稳性力臂 GZ 可以表征船舶大倾角静稳性大小。

4. 求取最大静稳性力臂对应的横倾角 θ_{smax}

静稳性曲线极值点对应的横倾角即为 θ_{smax}，又称极限静倾角。船舶在大风浪中航行，为保证船舶安全，足够大的 θ_{smax} 是必需的。

5. 求取稳性消失角 θ_v

静稳性曲线作出后，量取曲线与坐标轴的第二个交点，其对应的横倾角即为稳性消失角 θ_v。海上航行船舶应有足够大的 θ_v 值，以确保船舶安全。

6. 确定船舶静平衡位置

设有一静态外力矩 M_h 缓慢作用于船上使船横倾，当倾角达到某一角度时船舶不再继续倾斜，此时船舶处于静平衡状态，其静平衡条件为

$$M_h = M_s \tag{5-39}$$

即静态外力矩与稳性力矩相等，方向相反，其合力矩为零。

通常假定静态外力矩 M_h 为一常量，它不随横倾角 θ 变化，据此在静稳性图上可画出纵坐标为 M_h 且平行于横轴的直线，M_s 曲线和 M_h 直线的第一个交点满足式(5-39)静平衡条件，所对应的横倾角即为静平衡角或称静倾角 θ_s（Angel of Statical Inclination）。

由作图法求 θ_s 可知，当静态外力矩 M_h 增大时，船舶静倾角 θ_s 也随之增大。当 M_h 增至与最大静稳性力矩 M_{sm} 相等即 M_h 直线与 M_s 曲线相切时，船舶静倾角达到最大值，该静倾角为船舶满足静平衡条件的极限位置，因而称为极限静倾角 θ_{sm}；当静态外力矩 M_h 继续增大并使 $M_h > M_{sm}$ 时，船舶将不再能保持静平衡，船体继续倾斜直至倾覆。因此，最大静稳性力矩 M_{sm} 是表示船舶在静力作用下抵御外力矩的最大能力，只有满足 $M_h \leqslant M_{sm}$，才能确保船舶不致倾覆。

应当指出，若船舶在初始状态下受一静态外力矩 M_h 作用，当倾角达到 θ_s 时船舶不再继续倾斜，而处于静平衡状态。若此时静态外力矩减小至 M_{h1}，船舶将回摇至 $M_{h1} = M_s$ 对应的横倾角处，即船舶的静倾角为 M_{h1} 直线与 M_s 曲线的第一个交点对应的横倾角；若此时静横倾力矩消失，船舶将回摇并停止于初始平衡位置。

同理，若船舶在初始状态下受一静态外力矩 M_h 作用且 $M_h > M_{sm}$，当船舶横倾至极限静倾角 θ_{sm} 与稳性消失角 θ_v 之间的某一倾角时，静态外力矩减小为 M_{h1} 并满足 $M_{h1} \leqslant M_{sm}$，船舶也不会发生倾覆，而是回摇至 $M_{h1} = M_s$ 对应的横倾角处，即船舶的静倾角为 M_{h1} 直线与 M_s 曲线的第二个交点对应的横倾角。若 $M_{h1} = 0$，船舶同样将回摇至初始平衡位置。

7. 计算船舶动稳性的基础

由前述讨论可知，船舶静稳性大小取决于静稳性力矩 M_s，而船舶动稳性大小取决于动稳性力矩，即静稳性力矩做的功，它在数值上等于静稳性力矩 M_s 曲线下的面积。因此，静稳性是计算船舶动稳性的基础。

（四）影响静稳性曲线的因素

在影响船舶静稳性曲线的若干因素中，包括船舶尺度和装载状态参数两部分，前

者是就不同船舶而言的,后者则是对同一船舶而论的。

1. 干舷

对于干舷高度相异的不同船舶,在船宽、吃水和重心高度相同的条件下,静稳性曲线形状因干舷不同而不同。如图 5-18 所示,干舷较大的船甲板浸水角也大,故静稳性曲线极值点位置滞后,曲线与横坐标轴交点也后移。当横倾角 θ 小于干舷较小船舶的甲板浸水角时,各船移动后的浮心在同一位置处,故此阶段各条静稳性曲线重合,M_s 或 GZ 值相等,各曲线在原点处的斜率亦相等。

随横倾角 θ 逐渐增大,干舷较小的船舶静稳性曲线首先达到极值点,而干舷较大的船舶静稳性曲线呈上升趋势。由此可知:干舷越大,最大静稳性力臂 GZ_{max}、极限静倾角 θ_{sm}、稳性消失角 θ_v 也越大;另外,干舷大小对船舶初稳性不产生影响。为保证船舶具有足够的储备浮力和稳性,对于海上航行船舶,要求有较内河航行船舶更大的干舷值。

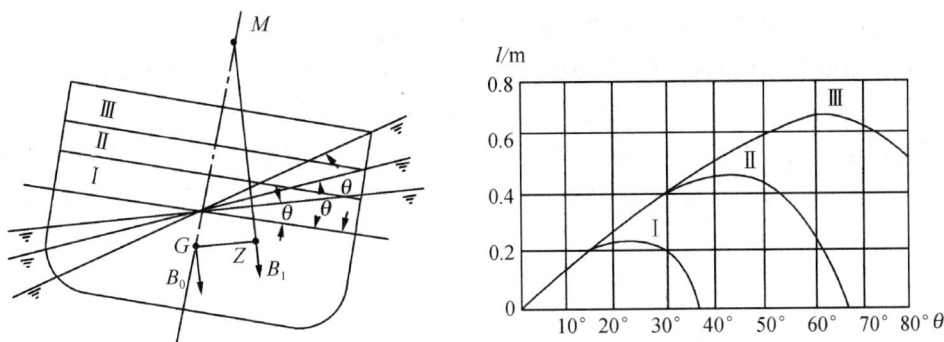

图 5-18　不同干舷船舶的静稳性曲线

2. 船宽

对于吃水和重心高度相同但船宽不相同的船舶,其静稳性曲线形状也不同。在相同横倾角条件下,宽度较大的船舶浮心向倾斜方向移动的距离较大,即形状稳性力臂 KN 值较大,则静稳性力臂 GZ 值也较大,致使静稳性曲线呈上升趋势,GZ_{max} 增大。但宽度较大的船甲板浸水角较小,因而静稳性曲线极值点的位置将在较小横倾角时出现,同时曲线与横坐标轴提前相交。由此可见,船宽越大,最大静稳性力臂 GZ_{max} 越大,而 θ_{sm} 和 θ_v 越小,静稳性曲线形状越陡峭,如图 5-19 所示。对于远洋航行船舶,为保证航行中的适度稳性,其水线下船宽不宜太大。

3. 排水量(或吃水)

对于同一艘船舶,当排水量(或吃水)不同时,其形状稳性力臂 KN 值亦不同,引起静稳性力臂 GZ 值的变化,从而导致对应的静稳性曲线形状不同。若船舶重心高度相同,由于排水量(或吃水)较小时,甲板浸水角较大,形状稳性力臂 KN 值亦呈现增大趋势,因而,表征静稳性曲线的特征值 GZ_{max}、θ_{sm} 和 θ_v 等也比排水量(或吃水)较大时大些。

应该注意的是,由于排水量不同,因此相应装载状态时的静稳性力矩 M_s 也不同。

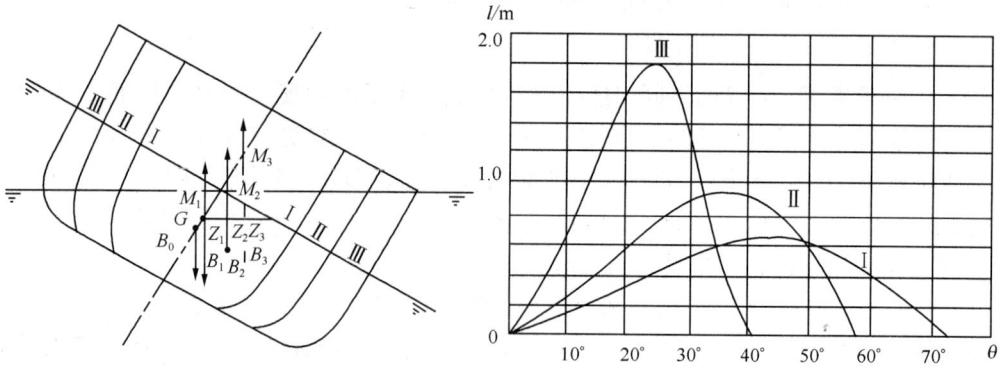

图 5-19   不同船宽船舶的静稳性曲线

4. 船舶重心高度

对于同一艘船舶,在排水量相同时,若船舶重心高度不同,则其重量稳性力臂 KH 值不同,从而引起静稳性力臂 GZ 的变化。由 KH 表达式可知,当船舶重心高度增大时,不同横倾角对应的 GZ 值均减小,且减小幅度随横倾角的增大而增大。因此,重心高度较小时对应的静稳性曲线除原点外都高于重心高度较大时对应的静稳性曲线。由图 5-20 可见,当重心高度增大时,最大静稳性力臂 GZ_{max}、极限静倾角 θ_{sm} 和稳性消失角 θ_v 均减小。

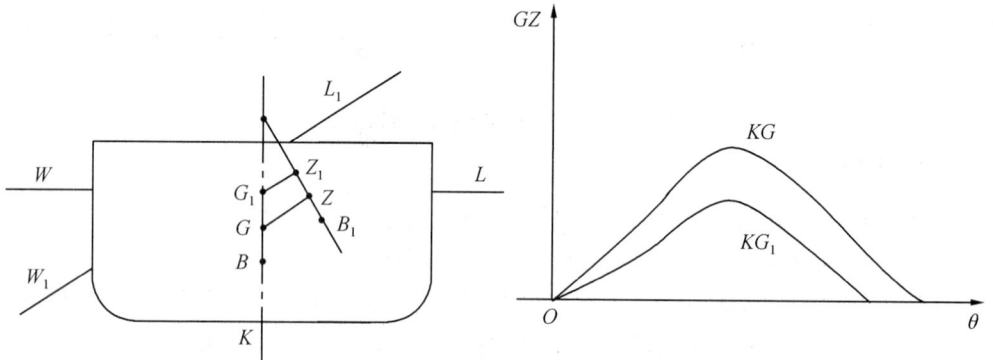

图 5-20   不同船舶重心高度的静稳性曲线

5. 自由液面

液舱内存在自由液面时对船舶稳性的影响相当于增大船舶重心高度,因而,自由液面的存在使静稳性曲线呈下降趋势,GZ_{max}、θ_{sm} 和 θ_v 减小。

6. 初始横倾

当船舶重心偏离中纵剖面时,船舶会出现初始横倾角,设船舶重心横坐标为 GG_1,由图 5-21 可知,船舶在倾侧一方的静稳性力臂 G_1Z_1 与船舶重心位于中纵剖面时的静稳性力臂 GZ 的关系为

$$G_1Z_1 = GZ - GG_1\cos\theta$$

(5-40)

即静稳性曲线呈下降趋势,GZ_{max} 和稳性范围减小。

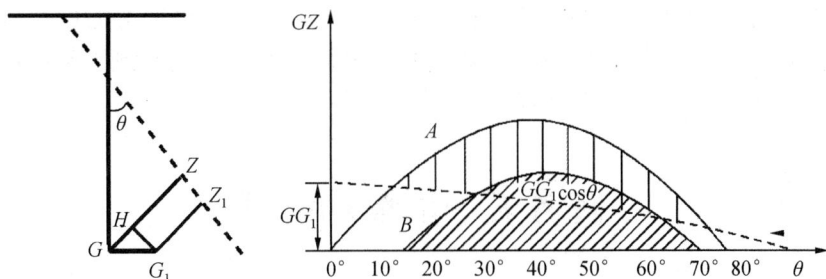

图 5-21 初始横倾下的静稳性曲线

四、风压静倾侧力矩

作用于船上的外力矩随时间的变化过程多种多样,若外力矩关于时间的变化率不大于稳性力矩关于时间的变化率,则可将这种外力矩定义为静态外力矩。

当风力与水对船体横向阻力相等时,船舶在横向稳定风力作用下做等速横移。由于风力垂向作用中心与水对船体横向阻力的垂向作用中心不在相同位置处,因而产生风压倾侧力矩,该力矩可视为静态外力矩。

如图 5-22 所示,令横向风力为 F_w,水对船体横向阻力为 R_y,则风压静倾侧力矩为

$$M_w = F_w(z_A - z_R) \tag{5-41}$$

式中: z_A ——风力作用点距基线高度(m);

　　　z_R ——水阻力作用点距基线高度(m)。

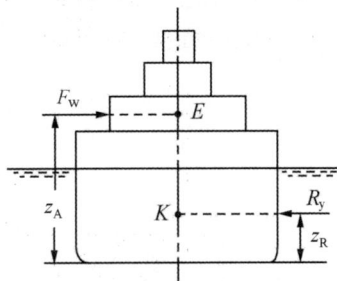

图 5-22 风压静倾侧力矩

横向风力 F_w 可按下式近似求出

$$F_w = pA_w \tag{5-42}$$

式中: p ——风压强(kPa),由相对风速确定;

　　　A_w ——船舶横向受风面积(m^2)。

通常情况下,水阻力作用点距基线高度 z_R 取船舶吃水的 $1/2$,于是风压静倾侧力矩可表示为

$$M_w = pA_w\left(z_A - \frac{d}{2}\right) \tag{5-43}$$

进一步考察船舶横倾过程可知,当船舶横倾时,船体水线以上受风投影面积和水线以下受阻投影面积的大小和形状均发生变化,因此,风压静倾侧力矩实际上是随横

倾角而变化的,其最大值一般发生在横倾角为 15° ~ 30° 时。在通常的稳性计算中,将风压强取较大值从而获得船舶在横倾过程中相当于实船风压倾侧力矩的最大值,并用 $M_w = C$ 直线代替 $M_w = f(\theta)$ 曲线,其核算结果显然是偏于安全的。

任务五　船舶动稳性

动稳性系指船舶在动态外力矩作用下计及横倾角加速度和惯性矩的稳性。

在讨论船舶静稳性时,通常假设力矩逐渐作用于船上,使外力矩与静稳性力矩处处平衡,因而不需考虑船舶横倾过程中的角加速度和惯性矩。船舶在海上航行时常受到外力矩的突然作用,如阵风的突然袭击、海浪的猛烈冲击、拖船急拖或急停等,此类外力矩在较短时间内有明显变化或突然作用于船上,则应计及横倾过程中的角加速度和惯性矩。

一、船舶动平衡及动倾角

如图 5-23 所示,船舶初始为正浮状态,然后受一定常动态外力矩 M_h 作用,此时作用于船舶的合力矩 M_c 为

$$M_c = M_h - M_s \tag{5-44}$$

设外力矩 M_h 做功以 W_h 表示,稳性力矩 M_s 做功以 W_s 表示,它们在数值上分别等于各自曲线下的面积。船舶在横倾过程中,只要 M_h 和 M_s 不等,即合力矩 M_c 不为零,则产生一角加速度 θ'',迫使船舶做加(减)速横倾;只要外力矩做的功 W_h 不等于稳性力矩做的功 W_s,船舶就具有一定的角速度使船舶继续横倾。

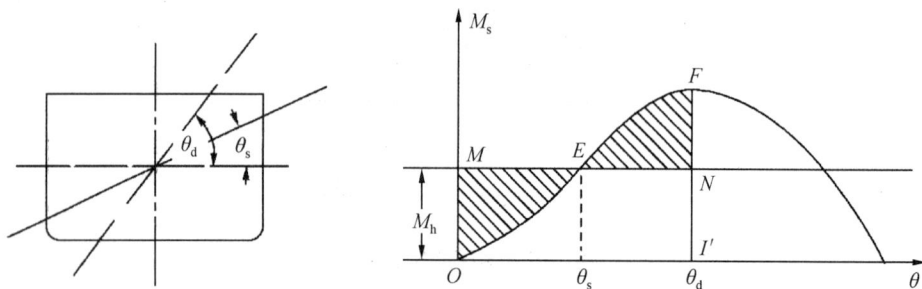

图 5-23　船舶动平衡

船舶在动态外力矩作用下的横摇过程可分为以下几个阶段:

(1) $\theta = 0°$:合力矩 M_c 最大,故横摇角加速度 θ'' 最大,而两力矩做的功 $W_h = W_s = 0$,故横摇角速度 $\theta = 0°$,船舶在 θ'' 的迫使下开始横摇。

(2) $0 < \theta < \theta_s$:合力矩 M_c 逐渐减小,因而横摇角加速度 θ'' 逐渐减小;而两力矩做的功 $W_h > W_s$,且合力矩做的功 $W_h - W_s$ 增大,使横摇角速度 θ' 增大,船舶加速横摇。

(3) $\theta = \theta_s$:合力矩 M_c 为零,故横摇角加速度 θ'' 为零;而两力矩做的功继续满足 $W_h > W_s$,且合力矩做的功 $W_h - W_s$ 达到最大值,使横摇角速度 θ' 最大,船舶在此处横

摇最快。

（4）$\theta > \theta_s$：合力矩 M_c 由零变为负值且逐渐增大，则横摇角加速度 θ'' 也由零变为负值并逐渐增大；而两力矩做的功仍然满足 $W_h > W_s$，但合力矩做的功 $W_h - W_s$ 在 $\theta > \theta_s$ 后逐渐减小，使横摇角速度 θ' 随之渐减，船舶横摇也渐缓。

（5）$\theta = \theta_d$：合力矩 M_c 负值最大，则横摇角加速度 θ'' 负值达到最大；而此时合力矩做的功 $W_h - W_s$ 为零，即 $W_h = W_s$，使横摇角速度 θ' 为零，船舶在此处因 θ' 为零而不再继续向前横摇。

（6）$\theta < \theta_d$：合力矩 M_c 负值在 $\theta = \theta_d$ 处为最大值，故 θ'' 负值最大使船舶不能停留在 θ_d 处而迫使船舶反向横摇。这样，船舶在 M_h 和 M_s 的作用下于 θ_s 附近做下一周期的横摇运动。

事实上，船舶在周期性横摇过程中，由于舷外水对船舶横摇的阻尼作用，横摇运动的摆幅将逐渐减小，最终于 θ_s 处静止下来。

在动态外力矩作用下船舶发生倾斜，当角速度为零时不再向倾斜方向继续倾斜，此时船舶处于动平衡状态。船舶达到动平衡时的横倾角称动平衡角（Angel of Dynamical Stability），简称动倾角，以 θ_d 表示（见图 5-23）。

由上述分析可知，船舶在动态外力矩作用下达到动平衡的条件为

$$W_h = W_s \tag{5-45}$$

即当外力矩做的功等于稳性力矩做的功时，船舶达到动平衡。在静稳性曲线图上，表现为面积 OME 等于面积 EFN；两个面积相等时其右边界线对应横倾角即为动倾角。

二、船舶动稳性大小的基本标志

船舶在动态外力矩作用下发生倾斜，考虑了船舶倾斜过程中的角加速度和惯性矩的影响，船舶抵抗外力矩的能力不能再以稳性力矩来衡量，而是应以稳性力矩做的功来衡量。由此可见，船舶动稳性在不同装载状况下的大小应以稳性力矩做的功来表征。稳性力矩所做的功 W_s 亦称动稳性力矩，用 M_d 表示。

由于动稳性力矩 M_d 在数值上等于静稳性力矩 M_s 曲线下的面积，而 $M_s = \Delta \cdot GZ$ 并设 Δ 为常量，于是定义静稳性力臂 GZ 曲线下的面积为动稳性力臂 l_d（Dynamical Stability Lever），则动稳性力矩 M_d 为

$$M_d = \Delta \cdot l_d \tag{5-46}$$

由式（5-46）可知，在排水量一定的条件下，稳性力矩所做的功取决于动稳性力臂 l_d，并与其成正比，因此动稳性力臂 l_d 可以作为船舶动稳性大小的基本标志。

三、最小倾覆力矩 M_{hmin}

（一）基本概念

在静稳性曲线图上，外力矩曲线下面积与稳性力矩曲线下面积相等时对应的横倾角即为动倾角。由作图求 θ_d 可知，当外力矩 M_h 增大时，M_h 曲线位置提高，曲线下

的面积增大。为取得动平衡,需有更多的 M_s 曲线面积抵偿,则计算曲线面积时的右边界线后移,相应的动倾角增大。如图 5-23 所示,当外力矩 M_h 增大到某一数值时,曲线图中坐标纵轴、M_s 曲线及 M_h 直线所包围的面积 OME 等于 M_h 直线与 M_s 曲线所围冠状面积 EFF,使船舶动平衡达到极限位置。若将 M_h 值再增大,则无论横倾角多大,M_h 曲线下的面积恒大于 M_s 曲线下的面积,船舶不再满足动平衡条件,也就不存在动平衡位置。

显而易见,从动稳性角度分析,船舶在极限动平衡时对应的外力矩为船舶能够承受外力矩的最大能力,或者说,该外力矩是使船舶倾覆所需要的最小值(见图 5-24)。当实际外力矩大于该值时,船舶因动平衡不复存在而导致倾覆。因此,将船舶在极限动平衡时的外力矩称为最小倾覆力矩(Minimum Capsizing Moment),以 M_{hmin} 表示。它是衡量船舶动稳性的重要参数。船舶在最小倾覆力矩作用下所对应的动倾角称为极限动倾角(Maximum Angle of Dynamical Inclination),以 θ_{dm} 表示。

从动稳性要求考虑,保证船舶不致倾覆的条件应为

$$M_h \leqslant M_{hmin} \qquad (5\text{-}47)$$

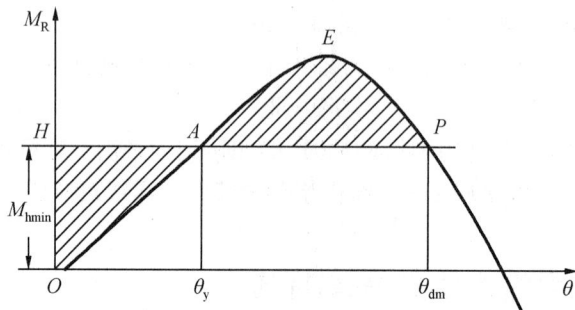

图 5-24　最小倾覆力矩的求取

(二)初始横摇角及甲板进水角对最小倾覆力矩的修正

根据《法定规则》(国内航行船舶分册)的规定,对圆舭形船舶,在求取最小倾覆力矩 M_{hmin} 时,应进行船舶初始横摇角及甲板进水角的修正。

1. 初始横摇角 θ_i 修正

船舶在波浪中横摇,其横摇角为 θ_i,当船横摇至一舷 θ_i 角而开始回摇时,受到与回摇同方向的突风作用,在上述不利条件下求取最小倾覆力矩。

规则规定,初始横摇角 θ_i 与稳性航区、横自摇周期、核算装载状态的型吃水及重心高度、船舶类型和舭龙骨尺寸等因素有关。

在静稳性曲线图上,坐标原点 O 右侧的静稳性力矩曲线是船舶向一舷横倾时的静稳性力矩 M_s 值,取为正值,O 点左侧的静稳性力矩曲线是船舶向另一舷横倾时的静稳性力矩 M_s 值,因两者力矩方向相反,故 M_s 取负值。在横坐标上自 O 点向左侧量取初始横摇角 θ_i 并由此作垂线,该垂线构成计算曲线面积的左边界线。

在曲线图上作一平行于 θ 轴的直线 M_h。设 a 为 θ_i 左边界线、M_h 直线及 M_s 曲线所围成的左下方面积,b 为 M_s 曲线与 M_h 直线所围成的右上方面积,且所作水平线 M_h

满足：面积 a = 面积 b，则此时所对应的外力矩 M_h 即为所求取的最小倾覆力矩 M_{hmin}，如图 5-25（a）所示。

2.甲板进水角 θ_f 的修正

进水角 θ_f 系指船舶横倾至最低非水密开口开始入水时的横倾角。规则规定，当船舶横倾至进水角 θ_f 使船舶舱室进水后，船舶稳性将视为完全丧失。因此，在静稳性曲线图上，θ_f 以后的曲线下面积将不再计入。

利用图解法在静稳性曲线图上求取 M_{hmin} 时，需将面积 b 的右边界线回移至 θ_f 处，如图 5-25（b）所示，其他同初始横摇角 θ_i 修正。

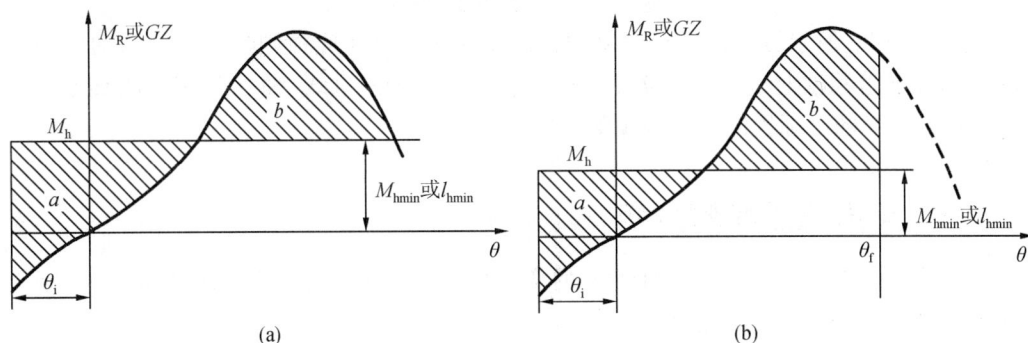

图 5-25　利用静稳性曲线图求取最小倾覆力矩

四、动稳性曲线图

为全面反映动稳性力矩或动稳性力臂随横倾角变化的规律，将 M_d 或 l_d 与 θ 之间的数值关系绘制成曲线，该曲线称为动稳性曲线。

动稳性曲线主要有以下用途：

1.已知外力矩 M_s 时求动倾角 θ_d

在假定外力矩在横倾过程中为一常量的前提下，在静稳性曲线图上外力矩所做的功是宽为 M_s、长为 θ 的矩形面积，可用 $W_h = M_h \cdot \theta$ 来计算。显然，外力矩做的功随 θ 增大而线性增加。在动稳性曲线图上，W_h-θ 为一过原点且其斜率为 M_h 的直线。如图 5-26 所示，在横坐标上量取 $\theta = 57.3°$（1 rad），过该点作垂线并在垂线上截取 M_h，得截点 C'，然后将原点与截点 C' 连接成直线，该直线即为 W_h 曲线。W_h 曲线与 M_d 曲线在交点处满足动平衡条件，因而两曲线交点对应的横倾角即为动倾角 θ_d。

2.求最小倾覆力矩 M_{hmin} 和极限动倾角 θ_{dm}

由上可知，当 M_h 增大时，W_h 也成正比增大，反映在动稳性曲线图上，W_h 曲线斜率增大即曲线上抬，W_h 曲线和 W_s 曲线交点后移，动倾角 θ_d 增大。当 W_h 曲线上抬到与 M_d 曲线相切时，船舶达到极限动平衡位置，该外力矩 M_h 则应为船舶最小倾覆力矩 M_{hmin}。

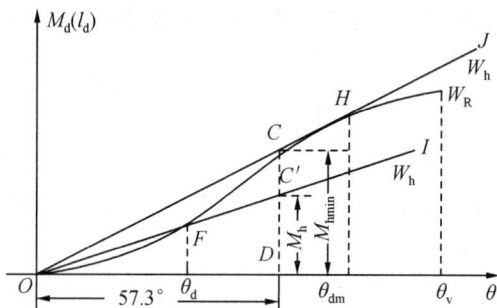

图 5-26　动稳性曲线的应用

如图 5-26 所示,过原点作动稳性曲线的切线,切点对应横倾角即为极限动倾角 θ_{dm},再在横坐标轴上量取 $\theta = 57.3°$(1 rad)并过该点作垂线,使之与切线相交于 C 点,则交点 C 的坐标值即为最小倾覆力矩 M_{hmin}。

五、突风风压倾侧力矩

若作用于船上的外力矩关于时间的变化率大于稳性力矩关于时间的变化率,则可将这种外力矩定义为动态外力矩。

船舶在横向受突风风力作用下,开始时船舶尚无横移速度,因此横向水阻力为 0,而在船舶重心 G 点存在与横向风力 F_w 相等的惯性力,则突风风压倾侧力矩 M_w 为

$$M_w = F_w(z_A - z_g) \tag{5-48}$$

式中:z_A——风力作用点距基线高度(m);

　　　z_g——船舶重心高度(m),即惯性力 F_i 作用中心距基线高度。

在计算横向突风风力时,突风压强通常取稳定风压强的 1.5 倍。

一般装载情况下船舶重心垂向位置大致在水线附近,因而取 $z_g = d$,于是

$$M_w = F_w(z_A - d) \tag{5-49}$$

任务六　对船舶稳性的要求

为了保证船舶营运安全,国际海事组织(IMO)和世界各航运国家就船舶稳性最低要求颁布了相应规则。本任务将分别介绍 IMO 和我国稳性规则规定的船舶稳性衡准。

一、中国船检局《法定规则》对船舶稳性的基本要求

中国船检局《法定规则》中有关稳性的要求,适用于悬挂中华人民共和国国旗的各种民用船舶,但帆船、机帆船、非营业性游艇以及水翼船、气垫船和滑行艇等动力支撑船除外。

为明确船舶在不同范围的海域内营运时对稳性的不同要求,《法定规则》以我国海域为中心将世界海洋区域划分为:

（1）远海航区（Ⅰ类航区）——所有海域；

（2）近海航区（Ⅱ类航区）——渤海、黄海及东海距岸小于 200 n mile 的海域,台湾海峡,南海距岸小于 120 n mile（海南岛东海岸及南海岸距岸小于 50 n mile）的海域；

（3）沿海航区（Ⅲ类航区）——台湾海峡东、西两岸,海南岛东海岸及南海距岸小于 10 n mile 的海域,除上述区域外距岸小于 20 n mile 的海域,除东沙群岛、西沙群岛、中沙群岛及南沙群岛以外的其他沿海岛屿距岸小于 20 n nine 的海域；

（4）遮蔽航区——舟山群岛等岛区。

稳性基本要求系国际航行船舶应满足 IMO《完整稳性规则》中规定的稳性衡准。国内航行船舶应满足以下要求。

1. 稳性衡准

经自由液面修正后,船舶稳性在所核算的装载状况下必须同时满足：

（1）初稳性高度 GM 不小于 0.15 m；

（2）在横倾角等于或大于 30° 时的静稳性力臂 $GZ_{30°}$ 应不小于 0.20 m；若进水角小于 30°,则进水角处的静稳性力臂值应不小于该值；

（3）最大静稳性力臂对应横倾角 θ_{sm} 应不小于 25°,且进水角 θ_f 应不小于最大静稳性力臂对应横倾角 θ_{sm}；

（4）稳性衡准数 K 不小于 1。

当船舶宽深比 $B/D > 2$ 时,对 θ_{sm} 的要求可适当减小,其减小值 $\delta\theta$ 为

$$\delta\theta = 20\left(\frac{B}{D} - 2\right)(K - 1) \tag{5-50}$$

式中：D——船舶型深（m）；

B——船舶型宽（m）,但 $B/D > 2.5$ 时,取 $B/D = 2.5$；

K——稳性衡准数,但当 $K > 1.5$ 时,取 $K = 1.5$。

2. 稳性衡准数 K 的求取

稳性衡准数 K 系指船舶最小倾覆力矩（臂）与风压倾侧力矩（臂）之比,即

$$K = \frac{M_{hmin}}{M_w} = \frac{l_{hmin}}{l_w} \tag{5-51}$$

式中：l_{hmin}——最小倾覆力臂（m）；

$$l_{hmin} = \frac{M_{hmin}}{9.81\Delta} \tag{5-52}$$

l_w——风压倾侧力臂（m）,船舶资料中具有风压倾侧力臂曲线（见图 5-27）时可根据排水量直接查取,或按下式计算

$$l_w = \frac{M_w}{9.81\Delta} \tag{5-53}$$

M_w——风压倾侧力矩（kN·m）。

根据《法定规则》的规定,风压倾侧力矩 M_w 应按下式求得

$$M_w = p_w \cdot A_w \cdot z_w \tag{5-54}$$

式中：A_w——船舶正浮时水线以上船体及甲板货侧投影面积（m²）,它与船舶装

载吃水及甲板货装载情况有关；

z_w——计算风力作用力臂，即 A_w 面积中心至水线的垂直距离（m）；

p_w——单位计算风压（kPa），按船舶限定航区和 Z_w 由《法定规则》提供的 p_w 曲线图（见图5-27）查取。

进水角：游步甲板甲板室门槛

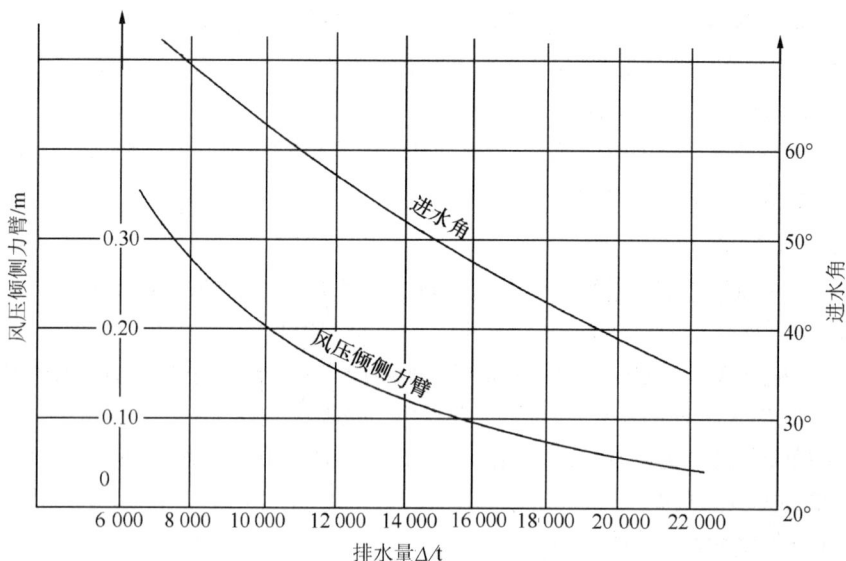

图5-27 风压倾侧力臂曲线

由式（5-53）和式（5-54）可知，对于一般货船，在不考虑甲板货装载条件下，M_w 和 l_w 仅与船舶吃水（或排水量）有关。因此，许多船舶资料中提供了随船舶排水量变化的风压倾侧力臂曲线或风压倾侧力臂数值表，以方便计算稳性衡准数 K。

船舶在装载状况确定后，可相应绘出动稳性曲线图，在计算初始横摇角 θ_i 和进水角 θ_f 的影响后，可求出在该装载状况下的最小倾覆力矩或力臂，最终求得稳性衡准数 K。由稳性衡准数 K 的定义可知，《法定规则》规定的 $K \geqslant 1$ 意味着 $M_{hmin} \geqslant M_w$，而 M_{hmin} 为船舶可承受动态外力矩的最大能力。因此，稳性衡准数 K 是衡量船舶动稳性的重要参数。

3. 最小许用初稳性高度 GM_c 和许用重心高度 KG_c

为便于船员校核船舶实际营运中的稳性，《法定规则》规定，在船舶资料中必须提供最小许用初稳性高度 GM_c 曲线或许用重心高度 KG_c 曲线。船舶最小许用初稳性高度 GM_c 系指同时满足船舶稳性基本衡准指标时对初稳性高度 GM 的最低限制值，亦称临界初稳性高度；许用重心高度 KG_c 则为满足稳性基本衡准指标时对船舶重心高度 KG 的最高限制值，亦称极限重心高度。由于 KG_c 和 GM_c 随排水量（或吃水）而改变的相关性，故船舶资料中只需提供 GM_c 曲线和 KG_c 曲线中的任意一种即可满足使用需要。

当排水量 Δ（或吃水 d）一定时，计算船舶稳性所需的若干参数 KM、KN、M_w、θ_f 均已确定，而静稳性曲线和动稳性曲线均随船舶重心高度 KG 而变化。现给定一组

KG 值,使 $KG_1 > KG_2 > KG_3 > \cdots\cdots > KG_n$,分别绘制静稳性曲线族和动稳性曲线族,并确定出初始横摇角 θ_i,则在这些曲线中可以找到:

(1)某一 KG 值,使其满足 $KG = KM - 0.15$ m,令该 KG 值为 KG_{c1};

(2)在某一 KG 值的静稳性曲线上 $GZ_{30°} = 0.2$ m,令 $GZ_{30°} = 0.2$ m 时的船舶重心高度为 KG_{c2};

(3)在某一 KG 值的静稳性曲线上 $\theta_{sm} = 25°$,令 $\theta_{sm} = 25°$ 时的船舶重心高度为 KG_{c3};

(4)在某一 KG 值的动稳性曲线上 $M_{hmin} = M_w$,即 $K = 1$,令 $K = 1$ 时的船舶重心高度为 KG_{c4}。

现取 $KG_c = \min\{KG_{c1}, KG_{c2}, KG_{c3}, KG_{c4}\}$,则 KG_c 为同时满足稳性 4 项基本要求的许用重心高度。

改变船舶排水量 Δ,按上述方法可求得不同排水量时的许用重心高度 KG_c,于是可绘制出随排水量 Δ 而变化的 KG_c 曲线。在不同排水量时,存在着 $GM_c = KM - KG_c$,因此可得到相应的最小许用初稳性高度,并可绘成随 Δ 变化的 GM_c 曲线。图 5-28 所示为某船 GM_c 曲线。GM_c 和 KG_c 由船舶装载排水量查 GM_c 曲线和 KG_c 曲线获得。

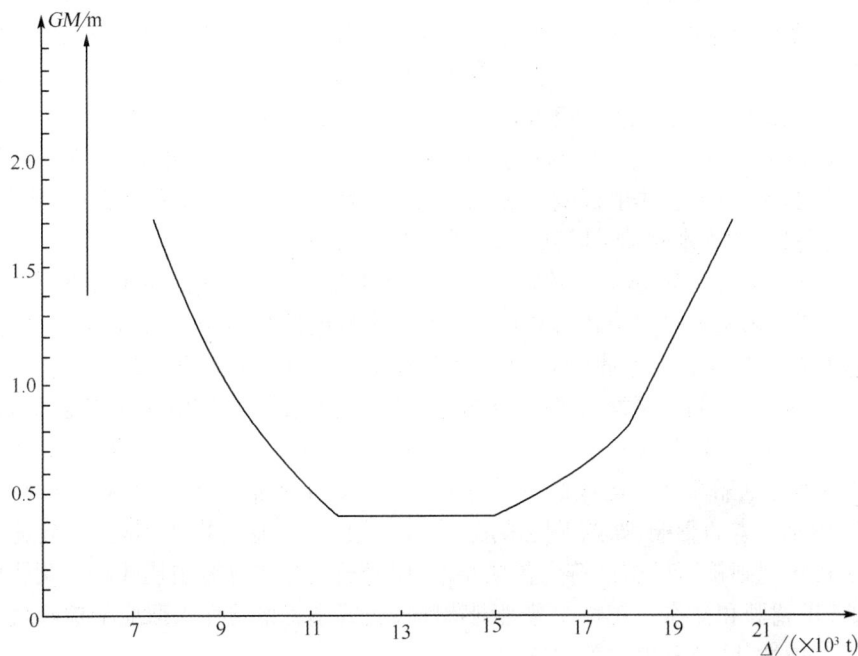

图 5-28 某船 GM_c 曲线

显然,KG_c 或 GM_c 是满足稳性衡准的综合指标,若船舶装载后初稳性高度 GM 或重心高度 KG 满足

$$GM \geqslant GM_c \tag{5-55}$$

或

$$KG \leqslant KG_c \tag{5-56}$$

则说明该装载状况满足《法定规则》对稳性的基本要求。

4.稳性特殊要求

除上述稳性基本要求外，《法定规则》还提出了稳性特殊要求，它包括一般规定及对客船、木材甲板船、液货船、集装箱船、拖船、高速船等船舶稳性的特别要求。与具体营运船舶有关的主要内容有：

（1）船舶除对出港时稳性进行校核外，尚应对到港时的稳性予以核算，以确保在整个航次中稳性满足要求；

（2）当船舶到港前如不加压载稳性不合要求时，应对航行中途的稳性加以核算；

（3）当船舶稳性不合格必须采用永久性压载时，须征得船舶所有人和船级社的同意，并采取有效措施，以保证压载可靠性；

（4）由于船舶结构和设备、货物装载性质的特殊性，对木材甲板船、液货船、集装箱船及其他专门用途船的稳性特殊要求，有关内容在相应项目中介绍。

5.稳性核算时应注意的事项

根据《法定规则》的规定，考虑对船舶安全的要求，船舶在核算其稳性时应注意以下事项：

（1）对稳性衡准中各项指标的核算时，都应计及自由液面修正，对消耗液体舱和航行途中加压载水的压载舱，应假定每一类液体至少有一对边舱或一个中心线上的液体舱存在自由液面，且所取的舱或舱组的自由液面应为最大者。

（2）无限航区船舶在使用冬季载重线或北大西洋冬季载重线的区域内航行，以及国内沿海船舶在冬季航行于青岛（36°04′N）以北时，应计及结冰对稳性的影响。按规则的要求，应对船体甲板或步桥水平投影面积、水线以上两舷侧投影面积及前面正投影面积上的结冰重量予以计算，将其视为重量增加。

（3）尽量避免船舶的初始横倾。在核算船舶稳性时，我们总是假设船舶初始处于正浮状态，而未考虑在装载后或航行中可能出现的横倾，此初始横倾可认为是船舶载荷横移所致的，因此，它使船舶稳性力矩 M_s 减小 $\Delta GG_1\cos\theta$，即船舶静稳性力臂 GZ 减小 $GG_1\cos\theta$。船舶在正浮条件下满足稳性要求，而在某一初始横倾状态下船舶稳性不一定满足要求，对此应引起足够重视，并尽量避免船舶具有初始横倾角。

（4）考虑到船舶在营运过程中外部条件的复杂性和变化性以及船舶自身状态的改变等诸多因素的影响，如船舶随浪航行、大风浪突袭、舱内货物移动、货舱进水等，船舶稳性按规则核算后虽已符合各项要求，但船长仍应注意船舶装载和气象、海况等情况，谨慎驾驶和操作。在船舶遭遇到特殊情况或紧急情况而采取应变措施时，应注意船舶的稳性，防止发生倾覆的危险。

二、IMO 对船舶稳性的要求

IMO《2008 年国际完整稳性规则》（简称 2008 年 IS 规则）规定，船长大于或等于24 m 的下列类型船舶和其他海上运输工具，应满足规则中的相应完整稳性衡准要求。具体包括：货船、载运木材甲板货的货船、客船、渔船、特种用途船、近海供应船、海上移动式钻井平台、方驳及在甲板上载运集装箱的货船和集装箱船。

该规则旨在提出强制性和建议性的稳性衡准及其他为了确保船舶的安全操作而

采取的措施,使之最大限度地减少对船舶、船上人员和环境的危害。该规则是目前生效的第一代完整稳性规则,分为 A、B 两部分,其中 A 部分为强制性要求,B 部分为建议性要求和附加指南。

1. IMO 完整稳性衡准

在核算装载状态下,经自由液面修正后:

(1)初稳性高度 GM 应不小于 0.15 m。

(2)静稳性力臂 GZ 曲线下的面积:

①横倾角 0°~30°所围面积 $A_{30°}$ 应不小于 0.055 m·rad;

②静倾角 0°~40°或进水角中较小者之间所围面积 $A_{40°(\theta_f)}$,应不小于 0.090 m·rad;

③横倾角 30°~40°或进水角中较小者之间所围面积 $A_{30°40°(\theta_f)}$ 应不小于 0.030 m·rad。

(3)横倾角 30°处的静稳性力臂 $GZ_{30°}$ 应不小于 0.20 m。

(4)最大静稳性力臂对应的横倾角 θ_{sm} 最好大于 30°,但至少不应小于 25°。

(5)对 $L \geqslant 24$ m 的船舶,尚应满足天气衡准。

2. 天气衡准

对于 $L \geqslant 24$ m 的船舶,IMO 规定了在正常装载状况下船舶抵抗横风和横摇联合作用应具有的能力(见图 5-29)。

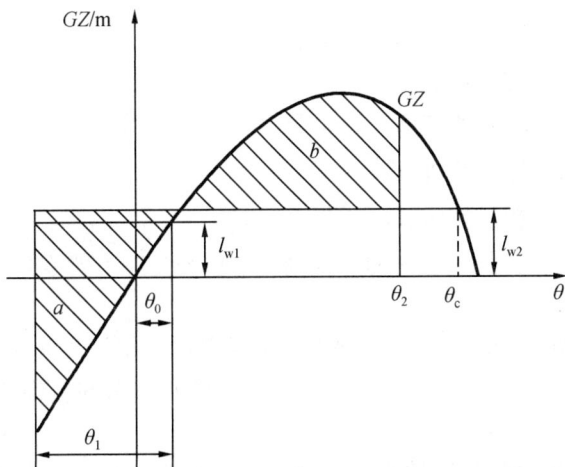

图 5-29　IMO 天气衡准

(1)船舶受到垂直作用在其中心线上的一个稳定风压,产生稳定风压倾侧力臂 l_{w1},此时船舶的静倾角为 θ_0;

(2)假定在横浪的作用下,船舶由静倾角 θ_0 向上风舷横摇至 θ_1 处;

(3)然后船舶受到一个突风作用,产生突风风压倾侧力臂 l_{w2};

(4)在此情况下,静稳性曲线下的面积应满足面积 $b \geqslant$ 面积 a。

在进行上述稳性核算时,各项具体规定包括:

(1)风压倾侧力臂 l_{w1} 和 l_{w2} 不随横倾角 θ 变化;

(2)风压倾侧力臂 l_{w1} 和 l_{w2} 按下式求取

$$\begin{cases} M_{w1} = p_w \cdot A_w \cdot z_w \\ l_{w1} = \dfrac{M_{w1}}{\Delta} \\ l_{w2} = 1.5 l_{w1} \end{cases} \tag{5-57}$$

式中：M_{w1}——稳定风压倾侧力矩（kN·m）；

$\qquad p_w$——单位计算风压（kPa），取 $p_w = 51.4 \times 9.81$ kPa；

$\qquad A_w$——水线以上船体和甲板货的侧投影面积（m^2）；

$\qquad z_w$——A_w 的中心到水线下船体侧面积中心或近似地到吃水一半处的垂直距离（m）。

（3）波浪作用下的初始横摇角 θ_1 按以下方法确定

$$\theta_1 = 109.3 k x_1 x_2 \sqrt{rs} \tag{5-58}$$

式中：k——与船舶舭部形状、龙骨面积有关的系数；

$\qquad x_1$——与型宽和装载吃水有关的系数；

$\qquad x_2$——与方形系数有关的系数；

$\qquad r$——与 d 和重心位置有关的数；

$\qquad s$——与船舶横摇周期有关的数。

（4）计算面积时右边界角 θ_2 的确定

$$\theta_2 = \min\{\theta_f, \theta_c, 50°\}$$

式中：θ_f——船舶进水角；

$\qquad \theta_c$——l_{w2} 与 GZ 曲线的第二个交点对应的横倾角。

3. 稳性核算时的注意事项

稳性核算时的注意事项如下：

（1）在所有装载工况下，应对初稳性高度 GM 和复原力臂 GZ 曲线进行舱柜中液体的自由液面影响修正。

（2）在确定自由液面对稳性的影响时，应假定对于每一类液体，至少横向有一对舱柜或者中心线上有一个舱柜具有自由液面，并且所考虑的舱柜或者舱柜组应是自由液面影响最大者。

（3）凡液体舱柜内装载液体小于98%时，应考虑自由液面的影响。当舱柜名义上满舱，即装载液体为98%或以上时，则不必考虑自由液面的影响。对初稳性高度进行自由液面修正时，自由液面惯性矩按0°计算；对复原力臂进行修正时，基于每一计算横倾角的实际液体移动力矩进行计算或者在横倾角0°时计算的惯性矩的基础上，对每一计算横倾角处的惯性矩进行修正。

（4）名义上满舱的液货舱应做98%装载率的自由液面修正，对初稳性高度的修正应基于横倾角5°时的液面惯性矩除以排水量，对复原力臂的修正建议基于液货的实际移动力矩。

（5）在航行中进行压载或排放压载水作业时，应考虑该作业最繁重的时间段计算自由液面影响。

（6）船舶由于任何开口进水会沉没时，稳性曲线在相应的进水角处切断，船舶稳性被认为完全丧失。

任务七　船舶稳性检验与调整

稳性过小或过大都对船舶安全产生不利影响,因此在营运中,船舶应具有适度稳性,需采取必要措施保证船舶稳性满足其安全要求。

一、稳性过小或过大对船舶安全的影响

1.稳性过小

船舶稳性过小时,首先不能保证船舶具有抵御风浪的能力,导致船舶翻沉;其次,影响船舶正常操纵。船舶在用舵转向或避让来船时,产生转舵力矩使船横倾,当稳性过小时,出现较大横倾角。另外,稳性过小时,船舶横摇周期延长,维持在倾斜状态的时间延长,对主辅机工况造成不利影响。

2.稳性过大

稳性过大时,船舶摇摆剧烈,船员工作、生活不适,船用仪器使用不便,船舶结构受力过大;更严重的是,货物因剧烈摇摆而易于移动或翻倒,从而使船舶出现较大初始横倾,船舶稳性降低,甲板易于上浪,船舶操纵困难,具有倾覆的危险性。

二、船舶稳性的实用范围

稳性过大或过小都是船舶正常营运所不允许的,因而应给出船舶稳性的实用范围。船舶装载后的稳性在该范围内除遭遇特别恶劣天气和海况外,应能满足船舶安全要求。稳性实用范围与船舶大小、船舶类型、装载状况、航行海区和日期等因素有关,难以给出一确切稳性范围。综合稳性规则、船舶统计资料及船员海上经验,可给出大致的稳性实用范围,以供参考。

从稳性规则对船舶稳性的要求考虑,船舶最小初稳性高度应为 $GM = GM_c$;从船舶摇摆性考虑,横摇周期不宜过小,以免船舶剧烈摇摆,一般认为船舶自由横摇周期不小于 9 s,而对于一般货船横摇周期在 15～16 s 是比较合适的,则船舶未经自由液面修正的最大初稳性高度 $GM_{max} = GM_{T_\theta=9\,s}$,船舶稳性的实用范围应为 $[GM_c, GM_{T_\theta=9\,s}]$,而横摇周期为 15 s 左右对应的 GM 值为适宜值。

当船舶缺少有关资料无法给出稳性实用范围时,可参照表 5-7 所列出的各类船舶稳性统计数据。对于万吨级船舶,满载时 GM 取 $4\% B \sim 5\% B$ 较适宜。

微课:
船舶稳性的适度范围

表 5-7　各类船舶稳性统计表

船型	总吨位/t	状态	GM	船型	总吨位/t	状态	GM
客船及客货船	3 000~5 000	空船	$(0.084~0.111)B$	矿油兼用船	40 000~100 000	空船	$(0.228~0.285)B$
		满载	$(0.052~0.064)B$			满载	$(0.090~0.149)B$
货船	5 000~10 000	空船	$(0.088~0.167)B$	集装箱船	3 000~10 000	空船	$(0.093~0.155)B$
		满载	$(0.057~0.092)B$			满载	$(0.023~0.045)B$
	10 000~20 000	空船	$(0.101~0.181)B$		20 000~40 000	空船	$(0.094~0.150)B$
		满载	$(0.077~0.092)B$			满载	$(0.007~0.029)B$
油船	10 000~140 000	空船	$(0.321~0.325)B$	木材甲板船	5 000~10 000	空船	$(0.171~0.224)B$
		满载	$(0.161~0.167)B$			满载	$(0.076~0.078)B$
散货船	5 000~70 000	空船	$(0.141~0.194)B$	车辆渡船	8 000~10 000	空船	$(0.056~0.058)B$
		满载	$(0.069~0.110)B$			满载	$(0.049~0.062)B$

三、船舶稳性的检验及判断

在船舶稳性校核中,由于各种固有误差和计算误差的影响,校核结果与稳性实际状况往往难以完全吻合,这些误差包括船舶资料自身误差和查取误差、货物积载因数误差、货物装载位置误差、货物重心位置确定误差、液舱内液体测量误差、液体因温度变化而引起的重心变化、船舶常数的不确定性、驾驶人员的核算技术等。因此,驾驶人员应利用某些时机,采取一定方法,进行实船的稳性检验及判断,以便能及时发现问题,正确评价本船稳性状态,并采取必要措施,确保船舶安全营运。

1. 测定船舶横摇周期检验稳性

船舶横摇周期系指船舶横摇一个全摆程所需的时间(s)。船舶自正浮起横摇至一舷的倾角称为一个摆幅,4 个摆幅称为一个全摆程。

船舶在波浪中航行时其摆幅可能有所改变,但若摇摆周期基本稳定则可认为与摆幅无关。船舶在静水中无阻尼横摇周期(自由横摇周期,简称自摇周期)T_θ 与船舶初稳性高度 GM 在数值上存在一定关系,因而通过测定船舶自摇周期可检验船舶稳性大小。在波浪中测定的横摇周期因舷外水的阻尼力矩、波浪的干扰力矩、液舱内未满舱的液体移动力矩等因素的影响而与船舶自摇周期有所差异,难以区别自由横摇区,从而影响自摇周期测定的可靠性,但自由摇摆的特征是每一全摆程周期相同,只要留心观察即可分辨出来。

《法定规则》提供的船舶自摇周期 T_θ 与 GM 的关系式为

$$T_\theta = 0.58f\sqrt{\frac{B^2 + 4KG^2}{GM_0}} \tag{5-59}$$

式中:B——船舶型宽(m);

　　　f——按 B/d 由表 5-8 查得的系数,d 为船舶装载吃水(m);

　　　GM_0——船舶装载状况下未经自由液面修正的初稳性高度(m)。

表 5-8　f 值查算表

B/d	≤2.5	3.0	3.5	4.0	4.5	5.0	5.5	6.0	6.5	>7.0
f	1.00	1.03	1.07	1.10	1.14	1.17	1.21	1.24	1.27	1.30

IMO《稳性规则》给出的 T_θ 与 GM 关系式为

$$T_\theta = \frac{2.01 CB}{\sqrt{GM_0}} \tag{5-60}$$

式中：C——横摇周期系数,按下式计算

$$C = 0.372\,5 + 0.022\,7(B/d) - 0.004\,3(L/10)$$

如船中部舷侧为倾斜式或外漂式,则

$$C = 0.308\,5 + 0.022\,7(B/d) - 0.004\,3(L/10)$$

对于船长不足 70 m 的船舶,IMO 建议使用以下简便公式

$$GM_0 = (f'B/T_\theta)^2$$

式中：f'——横摇周期系数,其值与船舶大小、形状、装载情况、液体数量等因素有关。对空船或压载时,f' 取 0.880;对满载船舶,液体占总载重的 20%、10% 和 5% 时,其 f' 分别取 0.780、0.750 和 0.730。

在测定船舶横摇周期求取 GM 时,应注意以下几点：

(1)在实测 T_θ 时,应多测几次横摇周期,测量次数 $n \geqslant 5$,以减小测量误差;若测量 n 次共用时间为 t,则 $T_\theta = t/n$,并重复测量 2～3 次,以校正每次测量的误差。

(2)海上实测时,应选择海浪较小的时机,以减小波浪周期的干扰。

(3)应注意抛弃那些偏离其他大多数测定值较远的读数。

(4)由于各种因素的影响,利用 T_θ 求得的 GM 只能是估算和检验船舶稳性的近似手段。

(5)有的船舶资料提供了 GM_0 与 T_θ 关系曲线或数值表,使用时根据船舶装载吃水或排水量以及所测横摇周期查取初稳性高度(见图 5-30)。

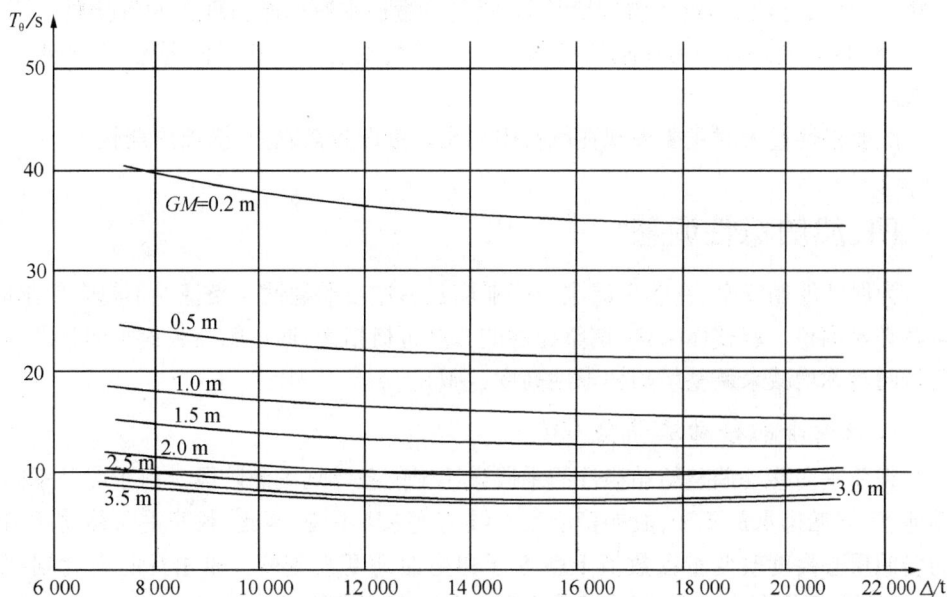

图 5-30　$GM_0 - T_\theta$ 曲线

2.船上载荷横移或横向不对称增减检验稳性

船舶通过调拨左、右舱压载水,吊杆同时起吊货物,在一舷压载舱注排压载水,消耗一舷油水等方法迫使船舶产生一横倾角,用以检验船舶在港或航行中的稳性。

船上载荷横移后产生横倾力矩,从而引起船舶横倾,横倾角可由倾斜仪读出,于是可得

$$GM = \frac{py}{\Delta \tan\theta} \tag{5-61}$$

式中:p——载荷横移重量(t);

y——载荷横移距离(m);

θ——自倾斜仪读取的横倾读数。

船上横向不对称载荷增减后,由于载荷增减量较小,可认为载荷增减后初稳心位置不变。设载荷增量为p,先将其置于船舶中纵剖面上的KP处,所引起的初稳性高度变化亦可忽略不计,然后由中纵剖面横移至实际位置处,则船舶产生横倾角θ,于是有

$$GM = \frac{py_p}{(\Delta + p)\tan\theta} \tag{5-62}$$

式中:y_p——载荷p的横坐标,即p的重心至中纵剖面距离(m)。

3.观察船舶状况

当船舶稳性过小时,由于稳性力矩小,船舶抵抗横倾力矩的能力减弱,因而即使船舶在较小横倾力矩作用下,也会出现较大横倾角,具体表现在:

(1)船舶在较小风浪中航行时,横摇摆幅较大,摇摆周期较长;

(2)油水使用左右不均时,船舶很快偏向一舷;

(3)用舵转向或拖船拖停时,船舶明显倾斜且复原较慢;

(4)甲板上浪、舱内货物少量移动、货舱少量进水时船舶出现较大横倾角;

(5)货物装卸时因吊杆起落摆动或舱内货物左右不均而横倾异常,或缆绳受力过大。

船舶稳性过大时主要表现在航行中稍有风浪即摇摆剧烈,横摇周期较小。

四、船舶稳性调整

为保证船舶安全,在整个航次中船舶应具有适度的稳性。当稳性不符合要求时,需做必要调整。就整体来讲,调整稳性的方法可概括为:通过船内载荷垂向移动及载荷横向对称增减来调整船舶初稳性高度(GM)。

1.载荷垂向移动法调整GM

载荷垂向移动调整船舶稳性的手段适用于配载计划编制阶段。由于载荷垂向移动前、后船舶排水量不变,故初稳心距基线高度KM不变,因此,载荷垂向移动所引起的船舶重心高度改变量在数值上就等于初稳性高度改变量。船舶在配载计划编制时,经校核后若稳性过大,可将载荷上移;反之,将载荷下移。

设初稳性高度调整前为 GM，现确定将其调整为 GM_1，则初稳性高度调整量为

$$\delta GM = |GM_1 - GM| \qquad (5\text{-}63)$$

并拟采用货物垂移的方法来调整，其垂移距离为 Z，则需要移动的货物重量 p 应由下式求出

$$p = \frac{\Delta \cdot \delta GM}{Z} \qquad (5\text{-}64)$$

当上、下舱单独移货因满舱而无法实现时，可采用上、下舱轻重货等体积互换的方法达到调整稳性的目的。设轻货重量为 p_L，积载因数为 SF_L，重货重量为 p_H，积载因数为 SF_H，应调整的初稳性高度改变量为 δGM，而轻货与重货之间的垂移距离为 Z，则由以下关系式可求出所移轻货和重货数量

$$\begin{cases} p_H - p_L = p = \dfrac{\Delta \cdot \delta GM}{Z} \\ p_H \cdot SF_H = p_L \cdot SF_L \end{cases} \qquad (5\text{-}65)$$

解之，得

$$\begin{cases} p_L = \dfrac{p \cdot SF_H}{SF_L - SF_H} \\ p_H = p_L + p \end{cases} \qquad (5\text{-}66)$$

利用载荷垂向移动调整船舶稳性虽为配载图编制时经常使用的方法，但在具体应用时也应注意诸因素的限制，以防顾此失彼。例如，货物垂向移动后应满足卸货港序的要求；因所载货物的重量、包装、体积或尺寸等影响，配载后无法垂向移动；货物是否适合移至新舱位，是否与周边其他货物相容；货物移至新舱位其装载要求能否满足、甲板强度是否超出等。这些因素都需在货物调整前予以充分考虑。

例 5-5：某船某航次配载草图拟就后，计算得船舶排水量 $\Delta = 20\,881$ t，全船垂向重量力矩为 $\sum p_i z_i = 158\,487 \times 9.81$ kN·m，查得 $KM = 8.69$ m。

（1）试计算初稳性高度 GM；

（2）为了将初稳性高度调至 0.90 m，拟将装在第二舱的五金（$SF_H = 0.75$ m³/t，$z_p = 6.5$ m）和麻袋（$SF_L = 2.88$ m³/t，$z_p = 12$ m）位置互换，试计算这两种货物各调换多少吨才能满足需要？

解：

（1）计算初稳性高度

$$KG = \frac{\sum p_i z_i}{9.81\Delta} = 158\,487 \div 20\,881 \approx 7.59 \text{ m}$$

$$GM = KM - KG \approx 8.69 - 7.59 = 1.10 \text{ m}$$

（2）计算轻重货物调换吨数

$$p = \frac{\Delta \cdot \delta GM}{Z} = \frac{20\,881 \times 0.20}{12.0 - 6.5} \approx 759.3 \text{ t}$$

$$p_L = \frac{p \cdot SF_H}{SF_L - SF_H} = \frac{759.3 \times 0.75}{2.88 - 0.75} \approx 267.4 \text{ t}$$

$$p_H = p_L + p \approx 267.4 + 759.3 = 1\,026.7 \text{ t}$$

2. 载荷横向对称增减调整 GM

船舶配载时、装载后或航行中在某些情况下可利用载荷横向对称增减的方法来调整稳性。载荷横向对称增减调整 GM 包括未满载时加压载水、吃水较大或满载时排压载水、加装货物或抛货,一般此种调整方法应属于少量载荷横向对称增减,因此可应用相应计算方法予以计算。

设载荷改变前船舶初始参数分别为 Δ、KM、KG、GM,现拟在重心高度 KP 处增减载荷,使船舶初稳性高度达到 GM_r 值,则可按以下方法求取载荷增减量 p。

(1)求取载荷增减量 p

$$p = \frac{\Delta \cdot \delta GM}{KG - KP - \delta GM} \tag{5-67}$$

或

$$p = \frac{\Delta \cdot GM}{KM - GM_r - KP} \tag{5-68}$$

式中:δGM——初稳性高度调整量(m),$\delta GM = GM_r - GM$。

若液体舱柜内存在自由液面,则载荷增减量 p 应为

$$p = \frac{\Delta \cdot GM + \rho i_x}{KG - KP - \delta GM} \tag{5-69}$$

或

$$p = \frac{\Delta \cdot GM + \rho i_x}{KM - GM_r - \delta GM} \tag{5-70}$$

(2)由 $\Delta_1 = \Delta + p$ 查取 KM_1,并与初始状态时的 KM 比较,若两者变化较小,即 $\delta KM = KM_1 - KM$ 的绝对值较小,则由式(5-69)或式(5-70)计算的载荷增减量即为最终结果;若两者变化较大,即 $\delta KM = KM_1 - KM$ 的绝对值较大,则按照重量大量增减计算方法,计算载荷增减。

例 5-6:某船某航次 $\Delta = 20\ 375$ t,$d = 8.80$ m,$KM = 8.66$ m,$KG = 8.06$ m,现拟采取加压载水的方法调整稳性,需在 No.2 压载舱($KP = 0.80$ m)加多少吨压载水才能使初稳性高度调至 0.80 m?

解:

(1)船舶初始初稳性高度 $GM = 8.66 - 8.06 = 0.60$ m

(2)初稳性高度调整量 $\delta GM = GM_r - GM = 0.80 - 0.60 = 0.20$ m

(3)根据式(5-67)式(5-68),求压载水注入吨数

由式(5-67)可得

$$p = \frac{20\ 375 \times 0.20}{8.06 - 0.80 - 0.20} \approx 577 \text{ t}$$

五、船舶初始横倾调整

当船舶重心偏离中纵剖面时,会出现初始横倾角,它将使船舶稳性力矩减小,从而降低船舶稳性,对船舶安全营运是十分不利的。因此,船舶在航行中应保持无初始横倾角,按船舶安全航行的技术要求,船舶初始漂浮状态的左(右)横倾角一般应不

超过 1°。当超过该值时,应予以调整。

(一)船舶初始横倾形成的原因

1.配载时各舱货物重量左右不对称

配载图编制时,向舱内配置的货物在中纵剖面两边的重量不对称,使船舶重心偏离中纵剖面。尤其是在件杂货种类较多或集装箱重量分布较复杂的情况下,更容易出现船舶重心偏离的现象。

2.货物装卸时左右不均衡

货物在装卸过程中难免产生重量左右不均衡的情况,在排水量较小时船舶将出现较大横倾,对此应给予充分重视。因此,要求值班人员及时与装卸工人联系,尽量做到均衡作业。

3.液舱柜内液体左右不均衡

液体散货的装载、航行中油水的使用、压载水的注入和排放等如处理不当,均会引起船舶横倾。为此,要求船舶在液体舱位重量安排、油水使用上尽量使其保持重量横向均衡。

4.舱内货物横移

船舶在航行中由于风浪较大引起货物横移,船舶重心向移货方向偏移,出现一定横倾角。为避免货物移动,在积载时应加强装货监督和检查,使舱内或甲板货物堆装紧凑平整,减小空间,并做好系固。根据风浪情况,提前下舱检查并采取适当措施,减小船舶摇摆,必要时绕航或就近避风。

5.使用船上重吊装卸重大件货物

使用船上重吊进行重大件货物装卸作业时,船舶将产生横倾角。为避免横倾过大,通常均使用船舶两侧的平衡水舱来对船舶横倾予以控制。

(二)船舶初始横倾的调整

船舶出现初始横倾后应予以调整,调整方法有以下两种。

1.载荷横移

用载荷横移方法调整船舶横倾适用于配载图编制时货物横移或装卸后压载水、淡水的调拨。设船舶初始横倾角为 θ,需将横倾角调至 θ_1,根据载荷横移原理,需调整的横倾力矩值为调整前船舶所承受的横倾力矩 $\Delta GM\tan\theta$ 与调整后船舶所承受横倾力矩 $\Delta GM\tan\theta_1$ 之差,即

$$py = \Delta GM(\tan\theta - \tan\theta_1)$$

于是有

$$p = \frac{\Delta GM(\tan\theta - \tan\theta_1)}{y} \tag{5-71}$$

式中:y——载荷横移距离(m)。

若消除初始横倾角,即使 $\theta_1 = 0$,式(5-71)则成为

$$py = \Delta GM \tan\theta$$

$$p = \frac{\Delta GM \tan\theta}{y} \tag{5-72}$$

例 5-7：某船装载后 $\Delta = 18\,000$ t，$GM = 1.02$ m，船舶由于装载原因右倾 2°，现拟调拨 No.2 压载舱（左、右）压载水将船调至正浮，已知两舱容积中心横向间距为 10.0 m，求压载水调拨数量。

解：

已知：$\theta = 2°$，$\theta_1 = 0°$，$y = 10.0$ m，应用式（5-72）可得

$$p = \frac{18\,000 \times 1.02 \times \tan 2°}{10.0} \approx 64.1 \text{ t}$$

2. 载荷增减

用载荷横向不均衡增减方法调整船舶横倾包括：某一舱注入（排出）压载水、在某些情况下一舱加载部分货物、海上一侧抛弃货物、油水横向不对称装载或使用等，但最常用的方法仍是通过注排压载水将初始横倾予以消除或减小。

设已知初始排水量为 Δ 和初稳性高度为 GM，为消除或减小初始横倾角 θ，需将载荷 p 加载于距中纵剖面横向距离为 y_p 处，使其横倾角降至 θ_1。此时，需调整的横倾力矩值 py_p 与调整后船舶的稳性力矩 $(\Delta + p)GM_1 \tan\theta_1$ 作用方向相同，两者之和应与载荷增加前船舶所承受的横倾力矩 $\Delta GM \tan\theta$ 相等，即

$$py_p + (\Delta + p)GM_1 \tan\theta_1 = \Delta GM \tan\theta \tag{5-73}$$

将载荷少量增减后初稳性高度改变量表达式和新的初稳性高度表达式代入并整理，有

$$p[y_p + (KM + KP)\tan\theta_1] = \Delta GM(\tan\theta - \tan\theta_1)$$

欲求载荷增减量 p，其计算式可表达为

$$p = \frac{\Delta GM(\tan\theta - \tan\theta_1)}{y_p + (KM + KP)\tan\theta_1} \tag{5-74}$$

若完全消除初始横倾，即 $\theta_1 = 0°$，则式（5-74）变为

$$p = \frac{\Delta GM \tan\theta}{y_p} \tag{5-75}$$

由式（5-75）可见，船舶在利用少量载荷增减调整横倾使之正浮时，与 KM 变化大小无关，即适用于任意装载状态下的横倾调整计算。

例 5-8：某船 $\Delta = 19\,869$ t，$KM = 8.62$ m，$KG = 7.51$ m，船舶呈右倾 $\theta = 3°$，现拟在 No.4 压载舱（右）（$y_p = 5.25$ m，$KP = 0.79$ m）注入压载水使船舶横倾减至 $\theta_1 = 1°$，求应加多少吨压载水可满足要求。

解：

将已知条件代入式（5-74）得

$$p = \frac{19\,868 \times (8.62 - 7.51) \times (\tan 3° - \tan 1°)}{5.25 + (8.62 + 0.79) \times \tan 1°} \approx 142.4 \text{ t}$$

六、保证船舶适度稳性的措施

为使船舶在整个营运中具有安全而适度的稳性，驾驶人员应采取必要及必需的

措施,以确保船舶营运安全,这些措施归纳起来大体有以下若干项。

1. 了解船舶状况及航线情况

驾驶人员应对所在船舶的技术状况做认真的分析和研究,从中了解船舶装载或压载的能力、重量分布及相应的稳性状态;熟悉本航线所经海区的自然条件、可能出现的气象现象等,从而确定既安全又适当的稳性大小。

2. 合理配载

在编制配载计划时,根据所确定的适度稳性大小分配各舱配货比例,合理搭配各类货物,制定切实可行的系固方案,以适应船舶稳性需要。为便于在船舶稳性校核前就能有效地控制船舶重心高度,减少或避免船舶装载方案确定后出现稳性校核不适当的情况,驾驶人员应当注意不断总结特定船舶在不同排水量条件下,各层舱间的合理分配货物重量比例。根据经验,对于万吨级船舶满载时,底舱和二层舱装载量所占全部载货量的比例约为65%∶35%;对于具有三层甲板的船舶,底舱、下二层舱、上二层舱的配货比例大体为55%∶25%∶20%。

3. 合理调整船舶稳性

当船舶装载状况的稳性不满足要求或需将实际装载后的稳性调至适度值时,应予以合理调整。在采取加(排)压载水方法时,应注意自由液面对稳性的影响,且加(排)压载水后因排水量的变化会导致许用重心高度或最小许用初稳性高度改变。加装甲板货时因受风面积增大,引起风压倾侧力矩增大致使稳性衡准数减小。

4. 货物紧密堆垛,防止大风浪航行中移位

在货物装载过程中,应加强值班监装,确保舱内货物堆垛紧凑,以防止船舶在大风浪中航行因大幅度摇摆而造成货物移位,严重影响船舶稳性。

5. 合理平舱

对于件杂货而言,各舱装载后应保持货物表面基本平整,不允许出现不同舱位处的货物表面凹凸不平,尤其是因舱口前、后两端因堆垛困难而将其舱位弃之不用;对于固体散货,根据装货数量和货舱形状确定是否采取分段平舱,无论如何,散货装载完毕时应保证货物表面平整,对于满载舱应尽量将货物充满整个货舱空间,以减少或防止货物移动,必要时采取止移措施。

6. 尽量减小自由液面影响

船舶在稳性较小的情况下,应尽量减小液体自由液面对稳性的不利影响,具体措施见本项目任务二。

7. 消除船舶初始横倾

船舶的初始横倾使静稳性力矩降低,从而对船舶的大倾角静稳性、动稳性都产生不利影响。因此,船舶在整个航次中,即无论在装卸还是在航行中,都应避免出现初始横倾角。如由于不可避免的原因而存在初始横倾,则应及时予以调整。

8. 航行中做好货物检查和加固

船舶在航行中应经常下舱检查货物情况,一旦发现问题应及时采取措施,尤其是

在大风浪到来之前,应对可能产生移动的货物予以加固,检查货舱的水密情况及甲板货堆装情况。

9. 改变船舶与波浪的相对位置

就船舶安全性而言,通常应考虑船舶在横风和横浪作用下造成船舶在海上大幅度横摇甚至发生倾覆的危险状态,以及船舶在随浪中航行且波峰居中引起的稳性损失。

当船舶在风浪中航行时,最不利状态是在横浪的作用下船舶由初始状态向上风舷横摇,当刚开始回摇时船舶在正横方向受到一突风作用,船舶稳性力矩与突风力矩的作用方向相同,将加剧船舶横倾。

当船舶在随浪中航行,并设波长近似等于船长,在航速较慢时,波浪将自船尾至船首通过船舶,而对速度较快的船舶,将静止在某一波浪上一段时间。尤其是波速接近船速时,船舶与波浪的相对位置将保持不变。若波峰居于船中,则船舶的稳性将小于静水中稳性;若波谷居于船中,则船舶的稳性将大于静水中稳性。

上述危险状态涉及船舶与波浪的相对位置,因此在航行中可通过改向或变速的措施来改变船舶与波浪的相对状态,以脱离相应的危险境遇,改变船舶的外部环境。

10. 船长的责任

IMO《稳性规则》特别指出,鉴于船舶型式和大小以及航行环境的复杂性,防止船舶发生稳性事故的安全问题仍未完全解决。因此,尽管船舶稳性符合规则要求,但并不能保证由于忽略周围环境而不致倾覆或解除船长责任。

船长应当清楚,稳性满足了有关规则的规定只是满足了最低的要求。为了顾及船舶其他航行性能和经济性能,不可能孤立地要求船舶在任何风浪及操纵情况下不致倾覆。在稳性基本衡准中虽已考虑了横风横浪的联合作用,但船舶实际航行环境可能出现远比规则规定的横风和横浪联合作用更恶劣的状况。因此,在船舶航行中船长应注意其装载、气象和海况等情况,运用良好船艺谨慎驾驶。

项目六
船舶吃水差

学习目标

1. 熟悉船舶吃水差的产生原因以及船舶对吃水差的要求。
2. 掌握船舶吃水差及艏、艉吃水计算方法。
3. 掌握载荷纵移、重量增减和舷外水密度变化对纵向浮态影响的计算方法。
4. 掌握船舶吃水差比尺使用方法和船舶吃水差调整方法。

任务一　吃水差与船舶航海性能的关系

当船舶浮心和重心的纵向坐标不相等时,船舶在重力和浮力所形成的力矩作用下产生纵向倾斜的浮态称为纵倾(Trim)。纵倾程度通常用船舶吃水差 t 或纵倾角 φ 来描述。根据吃水差 t 为正数、负数、零,依次定义船舶纵倾状态为艏倾、艉倾及平吃水。需要说明的是,世界上某些航运国家(如日本)将艉吃水与艏吃水的差值定义为吃水差,这与我国定义的吃水差符号恰好相反。为保证船舶的航行性能,要求船舶具有适宜的吃水差和吃水。

一、吃水差及其与船舶航海性能的关系

吃水差系指艏吃水 d_F 与艉吃水 d_A 的差值,用符号 t 表示,其计算公式如下:

$$t = d_F - d_A \tag{6-1}$$

当船舶的艏、艉吃水相等,即吃水差等于零时,称为平吃水(Even Keel);艉吃水大于艏吃水,即吃水差为负时,称为艉倾(Trim by the Stern);艏吃水大于艉吃水,即吃水差为正时,称为艏倾(Trim by the Head)。

船舶吃水差及吃水对操纵性、快速性、适航性与抗风浪性能都会产生一定的影响。艉倾过大,船舶操纵性变差,航速降低,船首部底板易受波浪拍击而导致损坏,驾驶台瞭望盲区增大;艏倾使螺旋桨和舵叶的入水深度减小,航速降低,航向稳定性变差,艏部甲板容易上浪,而且船舶在风浪中纵摇和垂荡时,螺旋桨和舵叶易露出水面,造成飞车。

船舶在某些情况下空载航行,此时吃水过小,更影响螺旋桨和舵叶的入水深度,使船舶操纵性和快速性降低。另外,受风面积增大,也使船舶稳性变差、航速降低。船舶在航行中保持足够的吃水和适度艉倾,即使螺旋桨和舵叶及船首底部在水面下具有足够深度,它可以使船体水下部分流体线型良好,螺旋桨沉深增大,有利于提高推进效率,同时也改善了舵效,减少甲板上浪及波浪对船首底部结构的拍击,并提高了船舶的抗风浪能力。

二、营运船舶对吃水差的要求

船舶在航行中为保证其航海性能,应使船舶适度艉倾。船舶开航前,艉吃水差适宜值与船舶大小、装载状况、航速等因素有关,实践经验表明,万吨级货船适度吃水差:满载时为 $-0.5 \sim -0.3$ m,半载时为 $-0.8 \sim -0.6$ m,轻载时为 $-1.9 \sim -0.9$ m。各船具体情况不同,驾驶人员应根据本船实际状况确定艉吃水差适宜值。对于船速较高的船舶,出港前静态允许稍有艉倾,转入正常航行后由于舷外水的压强相对降低,船舶处于一定艉倾。大吨位船舶满载进出港或浅水区因水深限制,则要求船舶平吃水,以免搁浅,并有利于多装货物。对有些港口,计收某些港口使费与船舶最大吃水有关,出入此类港口的船舶,应尽量保持平吃水。实验表明,船舶不同装载状况下若航速一定,存在一纵倾状态使船舶航行阻力最小,因而所耗主机功率也最小,从而节省了燃料,该纵倾状态称为最佳纵倾。某些船舶资料提供了最佳纵倾图谱,使用时可根据船舶装载排水量和航速查取。

三、空载航行船舶对吃水及吃水差的要求

船舶在空载时,因为船舶吃水过小及不适当的吃水差会给船舶安全航行带来不利影响,所以应通过加压载水的方法使船舶的纵向浮态满足一定要求。

船舶空船压载后的吃水,至少应达到夏季满载吃水的50%,冬季航行时因风浪较大,应使其达到夏季满载吃水的55%以上。为了保证营运船舶的安全,IMO 提出了压载航行最小吃水的要求。我国相关机构在分析了 IMO 浮态衡准后,建议远洋船舶的纵向浮态应满足以下要求:

(1)当 $L_{BP} \leqslant 150$ m 时,

$$d_{F \cdot \min} \geqslant 0.025 L_{BP}$$
$$d_{m \cdot \min} \geqslant 0.02 L_{BP} + 2$$

(2)当 $L_{BP} > 150$ m 时,

$$d_{F \cdot \min} \geqslant 0.012 L_{BP} + 2$$
$$d_{m \cdot \min} \geqslant 0.02 L_{BP} + 2$$

式中：L_{BP}——船舶垂线间长（m）。

应该指出，不同种类及吨位的船舶，由于其压载舱容积不同，对于压载舱注满压载水后能否满足上述衡准，船长应从船舶资料中获取答案，做到心中有数。一般对于专用船舶如液体散货船、固体散货船、集装箱船等，其压载能力均可满足最小吃水要求。对于艉吃水，应使螺旋桨具有足够的入水深度。船舶营运实践表明，当螺旋桨沉深 h（螺旋桨轴中心线至水面的垂距）与螺旋桨盘面直径 D 的比值，即螺旋桨沉深比 $h/D < 0.50$ 时，将显著影响螺旋桨的推力和转矩；当 $h/D > (0.65 \sim 0.75)$ 时，可改善其快速性。在恶劣气象条件下，会引起船舶大幅度的纵摇，要求保持螺旋桨具有较大的沉深。同时船舶吃水差与船长之比 $|t|/L_{BP}$ 应小于 2.5%，即纵倾角小于 $1.5°$。

任务二　船舶吃水差及艏、艉吃水计算

在配载计划编制后，应根据载荷重量的纵向分布情况，对船舶吃水差及艏、艉吃水予以核算。

一、吃水差计算

船舶装载中重心 G 纵向位置不与假设的某正浮状态的浮心 B 纵向位置共垂线，所以浮力与重力形成一纵倾力矩 M_L，该力矩可表示为

$$M_L = \Delta(x_g - x_b) \tag{6-2}$$

式中：x_g——船舶重心 G 的纵坐标，即船舶重心距船中距离（m）；

　　　x_b——船舶浮心纵坐标，即假设正浮时船舶浮心距船中距离（m）。

根据每厘米纵倾力矩 MTC 的定义，吃水差 t 可表达为

$$t = \frac{\Delta(x_g - x_b)}{100MTC} \tag{6-3}$$

二、吃水差及艏、艉吃水的基本计算

船舶在计算吃水差及艏、艉吃水时，可按下述程序进行。

1. 计算船舶排水量和重心纵坐标

$$\Delta = \sum p_i$$

$$x_g = \frac{\sum p_i x_i}{9.81\Delta} \tag{6-4}$$

式中：p_i——构成排水量的第 i 项载荷重量（t），包括空船重量 Δ_L、船舶常数 C、各货舱所装货物、各项航次储备等。各货舱货物重量由配载图确定。

　　　x_i——p_i 的重心纵向坐标（m）。我国规定：重心在船中前，x_i 为 +；重心在船中后，x_i 为 −。

课件：
吃水差计算原理

课件：
吃水差及艏、艉吃水的
基本计算

$$\sum p_i x_i \text{——全船纵向重量力矩}(9.81 \text{ kN} \cdot \text{m})_\circ$$

x 的求取:

(1)空船重心的纵坐标:可查取船舶资料(装载手册)获得。

(2)油水等重心纵坐标:无论是否装满,均按舱容中心对待,舱容中心纵坐标可查液舱柜容积表。

(3)各舱货物重心纵坐标:一般地,各舱货物重心可近似取为货舱容积中心,相应舱容中心纵坐标可由货舱容积表查取。

2. 由装载排水量查静水力资料,获取有关计算参数

根据装载后的 Δ,从静水力图表中查得 d_m、x_b、x_f 和 MTC。应该注意的是,在坐标系中,浮心、漂心在船中前时,x_b 和 x_f 取 $+$,在船中后,则相应取 $-$。

3. 计算船舶吃水差 t

按式(6-3)求取船舶在装载状态下的吃水差。

4. 计算船舶艏吃水 d_F 和艉吃水 d_A

由图6-1可知,将吃水差 t 在艏、艉吃水处的分配量 δd_F、δd_A 与平均吃水 d_m 叠加,即可求得 d_F 和 d_A,于是有:

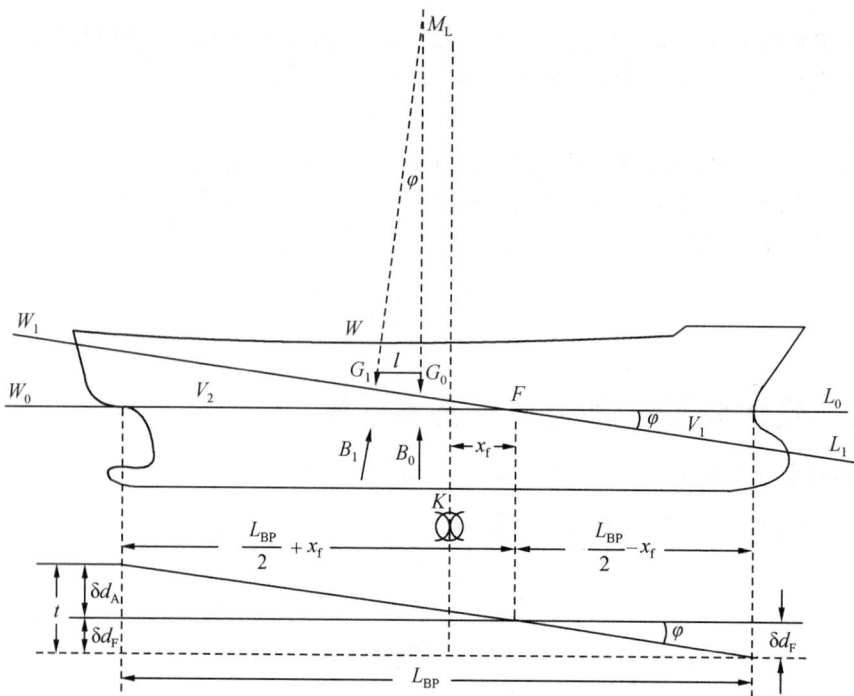

图6-1　吃水差及艏、艉吃水计算原理图

$$d_F = d_M + \frac{L_{BP}/2 - x_f}{L_{BP}} \cdot t$$

$$d_A = d_M - \frac{L_{BP}/2 + x_f}{L_{BP}} \cdot t \tag{6-5}$$

当漂心在船中时，$x_f = 0$，式(6-5)变为：

$$d_F = d_M + \frac{t}{2}$$

$$d_A = d_M + \frac{t}{2} \qquad\qquad (6\text{-}6)$$

任务三　影响吃水差的因素

一、载荷纵移对纵向浮态的影响

载荷纵移包括配载计划编制时不同货舱内货物的调整，以及压载水、淡水或燃油的调整等情况。船上载荷纵移后产生了一纵倾力矩，引起吃水差改变，导致船舶纵向浮态发生变化。

设船舶装载排水量为 Δ，艏、艉吃水分别为 d_F、d_A，吃水差为 t。船上载荷 p 沿纵向移动距离为 x，从而产生纵倾力矩 px，于是载荷移动引起的吃水差改变量 δt 为

$$\delta t = \frac{9.81px}{100MTC} \qquad\qquad (6\text{-}7)$$

式中：p 前移(向船首方向)，x 取 $+$；p 后移(向船尾方向)，x 取 $-$。

载荷移动后新的艏、艉吃水 d_{F1}、d_{A1} 和吃水差 t_1 为

$$d_{F1} = d_F + \delta d_F = d_F + \left(0.5 - \frac{x_f}{L_{BP}}\right)\delta t$$

$$d_{A1} = d_A - \delta d_A = d_A - \left(0.5 + \frac{x_f}{L_{BP}}\right)\delta t$$

$$t_1 = d_{F1} - d_{A1} = t + \delta t$$

例 6-1：某船 $\Delta = 20\,325$ t，$d_F = 8.29$ m，$d_A = 9.29$ m，$x_f = -1.54$ m，$MTC = 9.81 \times 227.1$ kN·m，为减小船舶中垂，拟将 No.3 压载舱($x_{p3} = 12.10$ m)压载水 250 t 调拨至 No.1 压载舱($x_{p1} = 45.14$ m)，已知船长 $L_{BP} = 140$ m，试求压载水调拨后的 d_{F1}、d_{A1} 和 t_1。

解：

(1)求吃水差的改变量 δt

$$\delta t = \frac{9.81 \times 250 \times (45.14 - 12.10)}{100 \times 9.81 \times 227.1} \approx 0.36 \text{ m}$$

(2)求压载水调拨后的 d_{F1}、d_{A1} 和 t_1

$$d_{F1} \approx 8.29 + \frac{70 + 1.54}{140} \times 0.36 \approx 8.47 \text{ m}$$

$$d_{A1} \approx 9.29 - \frac{70 - 1.54}{140} \times 0.36 \approx 9.11 \text{ m}$$

$$t_1 \approx 8.47 - 9.11 \approx (8.29 - 9.29) + 0.36 = -0.64 \text{ m}$$

视频：
载荷纵移对纵向浮态的影响

二、重量增减对纵向浮态的影响

重量增减包括中途港货物装卸、加排压载水、油水消耗和补给、破舱进水等情况，按增减量及吃水差计算方法不同，可分为少量增减和大量增减两种。

（一）少量增减

重量少量增加可以看成是先将载荷装在初始漂心的垂线上，船舶平行沉浮，然后由漂心垂线位置上沿船长方向移至实际装载位置；重量少量减少则可以看成是先将载荷沿船长方向移至漂心垂线上，然后由该处卸出。

1.平行沉浮的条件

重量少量增减一般系指载荷增减量小于船舶装载排水量的 10% 的装卸情况，即 $p < 10\%\Delta$。设船舶载荷增减前全船总重量为 W，排水量为 Δ，初始水线为 WL，显然此时船舶满足平衡条件

$$\begin{cases} W = \Delta \\ x_g = x_b \\ y_g = y_b \end{cases} \tag{6-8}$$

如图 6-2 所示，现假设载荷增加后船舶自初始水线 WL 平行下沉至水线 W_1L_1，WL 与 W_1L_1 两平行水线间的排水量为 $\delta\Delta$，排水体积为 $\delta\nabla$。浮心位于 k，其坐标为 x_k，y_k，z_k。在载荷少量增加的情况下，近似有

$$\begin{cases} A_w = A_{w1} \\ x_f = x_{f1} \end{cases} \tag{6-9}$$

式中：A_w——载荷增加前 WL 处水线面积（m^2）；

A_{w1}——载荷增加后 W_1L_1 处水线面积（m^2）；

x_f——载荷增加前漂心纵坐标（m）；

x_{f1}——载荷增加后漂心纵坐标（m）。

由于浮心 k 点位于初始漂心 F 的垂线上，可知，载荷增加量 P 与排水改变量 $\delta\Delta$ 在满足平衡条件时，船舶将平行下沉，即

图 6-2 平行沉浮

$$\begin{cases} x_f = x_p \\ y_f = y_p = 0 \end{cases} \tag{6-10}$$

式中：x_p——载荷重心纵坐标（m）；

y_p——载荷重心横坐标(m)。

由上可知,船舶平行沉浮的条件是:少量增减的载荷重心位于初始漂心 F 的垂线上。

2. 载荷少量增减对纵向浮态影响计算

现以重量增加为例,如图6-3所示,设重量增加前船舶初始状态时的艏、艉吃水分别为 d_F 和 d_A,平均吃水 $d_m = \dfrac{d_F + d_A}{2}$,相应的船舶参数为 TPC、MTC 和 x_f,现拟将载荷 p 装于 x_p 处。

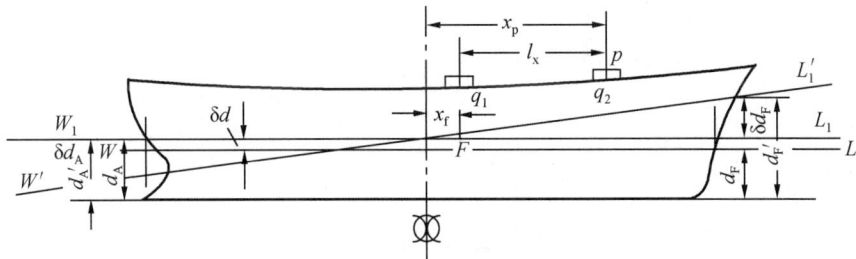

图6-3　少量装载

首先假设载荷 p 装在初始漂心的垂线上,船舶平行下沉,此时吃水平行改变量 δd 为

$$\delta d = \frac{p}{100TPC} \qquad (6\text{-}11)$$

然后将载荷 p 由漂心垂线处水平移至实际装载位置 x_p 处,则纵移距离为 $x_p - x_f$,载荷纵移后将引起吃水差的改变,其吃水差改变量 δt 可写成

$$\delta t = \frac{p(x_p - x_f)}{100MTC} \qquad (6\text{-}12)$$

由式(6-12)可见,当载荷装于漂心前($x_p > x_f$)时,$\delta t > 0$,船舶艉倾减小或艏倾增大;而载荷装于漂心后($x_p < x_f$)时,$\delta t < 0$,船舶艏倾减小或艉倾增大;载荷装于漂心垂线上($x_p = x_f$)时,$\delta t = 0$,船舶原纵倾状态不变。

在利用式(6-11)和式(6-12)计算 δd 和 δt 时,装载时 p 取 $+$,卸载时 p 取 $-$。

在考虑了平行沉浮和纵倾改变的影响后,由于少量装卸引起的艏、艉吃水改变量 $\delta d_F'$ 和 $\delta d_A'$,可由下式求得

$$\begin{cases} \delta d_F' = \delta d + \left(0.5 - \dfrac{x_f}{L_{BP}}\right)\delta t \\[2mm] \delta d_A' = \delta d - \left(0.5 + \dfrac{x_f}{L_{BP}}\right)\delta t \end{cases} \qquad (6\text{-}13)$$

少量载荷增减后船舶新的艏、艉吃水 d_{F1}、d_{A1} 和新吃水差 t_1 应为:

$$\begin{cases} d_{F1} = d_F + \delta d_F' \\ d_{A1} = d_A + \delta d_A' \\ t_1 = d_{F1} - d_{A1} = t + \delta t \end{cases} \qquad (6\text{-}14)$$

例 6-2：某船排水量 $\Delta = 12\,500$ t，抵达某锚地时，艏吃水 $d_F = 7.3$ m，艉吃水 $d_A = 7.8$ m，港口允许最大吃水只有 7.5 m，当时船舶每厘米纵倾力矩 $MTC = 144 \times 9.81$ kN·m/cm，每厘米吃水吨数 $TPC = 18.4$ t/cm，漂心距船中距离 $x_f = 0$。现欲在离船中后 54.9 m 处的货舱卸一部分货物到驳船，以调整吃水使其艉吃水达到允许的最大吃水，应卸货多少？卸后的艏吃水为多少？

解：(1) 计算卸货后艉吃水变化值

$$\delta d_A = d_{A1} - d_A = 7.5 - 7.8 = -0.3 \text{ m}$$

(2) 求为调整吃水使其艉吃水达到允许的最大吃水 7.5 m 的应卸货量 p

$$\delta d_A = \delta d - \frac{\dfrac{L_{BP}}{2} + x_f}{L_{BP}} \delta t = \frac{p}{100\,TPC} - \frac{\dfrac{L_{BP}}{2} + x_f}{L_{BP}} \delta t = -0.3 \text{ m}$$

即：$\dfrac{p}{100 \times 18.4} - \dfrac{\dfrac{L_{BP}}{2} + 0}{L_{BP}} \times \dfrac{p \times (-54.9)}{100 \times 144} = -0.3$ m。

解得：$p \approx -125$ t，负号表示卸货，即在船中后 54.9 m 处卸货约 125 t。

(3) 计算卸货后新的艏吃水 d_{F1}

$$d_{F1} = d_F + \delta d_F = d_F + \delta d + \frac{\dfrac{L_{BP}}{2} - x_f}{L_{BP}} \delta t$$

$$= d_F + \frac{p}{100\,TPC} + \frac{\dfrac{L_{BP}}{2} - x_f}{L_{BP}} \cdot \frac{p(x_p - x_f)}{100\,MTC}$$

$$= 7.3 + \frac{-125}{100 \times 18.4} + \frac{1}{2} \times \frac{(-125) \times (-54.9 - 0)}{100 \times 144} \approx 7.47 \text{ m}$$

答：为调整吃水使其艉吃水达到允许的最大吃水，应在船中后 54.9 m 处货舱卸货约 125 t，卸货后的艏吃水约为 7.47 m。

(二) 大量增减

载荷大量增减前后其吃水改变较为显著，而不同吃水时的 TPC、MTC 和 x_f 有明显差别，因此若利用少量增减的方法确定装卸后的纵向浮态将引起较大的误差。

载荷大量增减时，吃水差及艏、艉吃水计算可按下列步骤进行。

1. 求载荷增减后的船舶排水量和重心高度

设船舶初始状态时排水量为 Δ，重心纵坐标为 x_g，载荷增减量为 $\sum p_i$，纵向力矩为 $\sum p_i x_i$，则载荷增减后的排水量 Δ_1 和重心高度 x_{g1} 为

$$\begin{cases} \Delta_1 = \Delta + \sum p_i \\ x_{g1} = \dfrac{\Delta x_g + \sum p_i x_i}{\Delta_1} \end{cases} \tag{6-15}$$

其中，装载时，p_i 取 +；卸载时，p_i 取 −。

2. 由载荷增减后的排水量查取有关静水力参数

根据 Δ_1 查静水力参数表得载荷增减后的 d_{m1}、x_{b1}、x_{f1} 和 MTC_1。

（1）计算载荷增减后的吃水差 t_1

$$t_1 = \frac{\Delta_1(x_{g1} - x_{b1})}{100MTC_1} \tag{6-16}$$

（2）计算载荷增减后的艏、艉吃水 d_{F1}、d_{A1}

$$\begin{cases} d_{F1} = d_{m1} + (0.5 - \dfrac{x_f}{L_{BP}})t_1 \\ d_{A1} = d_{m1} - (0.5 + \dfrac{x_f}{L_{BP}})t_1 \end{cases} \tag{6-17}$$

当然，上述计算方法也适用于少量载荷增减的情况，只是为了简化计算而利用式（6-11）、式（6-12）及式（6-13）来计算少量载荷增减时船舶吃水差及艏、艉吃水。

例6-3：某船开航前 $\Delta = 16\,860$ t，$x_g = -171$ m，$d_M = 8.10$ m，$d_F = 7.78$ m，$d_A = 8.38$ m，$x_f = -4.3$ m。航行中油水消耗：耗油 200 t（$x_p = -30$ m）、柴油 18 t（$x_p = -40$ m）、淡水 80 t（$x_p = -60$ m），船舶到中途港后在下列舱位（见表6-1）加载部分货物。已知当 $\Delta_1 = 18\,562$ t 时，$d_{M1} = 8.78$ m，$x_{b1} = -1.30$ m，$x_{f1} = -5.60$ m，$MTC_1 = 9.81 \times 228$ kN·m/cm，$L_{BP} = 145$ m，求船舶驶离中途港时的艏、艉吃水 d_{F1}、d_{A1}。

表6-1　加载货物数量表

舱名	重量/t	重心纵标/m	重量纵向力矩/(9.81 kN·m)
No.1 二层舱	500	52.84	26 420
No.3 二层舱	500	7.95	3 975
No.5 二层舱	1 000	-56.57	-56 570
合计	2 000		-26 175

解：

（1）求 Δ_1 和 x_{g1}

$$\Delta_1 = \Delta + \sum p_i = 16\,860 - 298 + 2\,000 = 18\,562 \text{ t}$$

$$\sum p_i x_i = 9.81 \times \begin{bmatrix} -200 \times (-30) - 18 \times (-40) - 80 \times \\ (-60) + 500 \times 52.84 + 500 \times 7.95 + \\ 1\,000 \times (-56.57) \end{bmatrix}$$

$$= -9.81 \times 14\,655 \text{ kN·m}$$

$$x_{g1} = \frac{\Delta \cdot x_{g1} + \sum p_i x_i}{9.81\Delta_1}$$

$$= \frac{9.81 \times [16\,860 \times (-1.71) - 14\,655]}{9.81 \times 18\,562} \approx -2.34 \text{ m}$$

（2）求 t_1

$$t_1 = \frac{\Delta_1(x_{g1} - x_{b1})}{100MTC} = \frac{9.81 \times 18\,562 \times (-2.34 + 1.30)}{9.81 \times 100 \times 228} \approx -0.85 \text{ m}$$

（3）求 d_{F1} 和 d_{A1}

$$d_{F1} = d_{M1} + \frac{L_{BP}/2 - x_f}{L_{BP}} \cdot t_1$$

$$\approx 8.78 + \frac{72.5 + 5.6}{145} \times (-0.85) \approx 8.32 \text{ m}$$

$$d_{A1} = d_{M1} - \frac{L_{BP}/2 + x_f}{L_{BP}} \cdot t_1$$

$$\approx 8.78 - \frac{72.5 - 5.6}{145} \times (-0.85) \approx 9.17 \text{ m}$$

三、舷外水密度变化对纵向浮态的影响

大型船舶装载吃水通常受港口水深限制，为了尽量多装货物，要求船舶平吃水进出港；同时，船舶从海上航行到目的港，或由港内航行至海上，往往又是进出于不同水密度的水域。因此，在配载时需解决船舶进出不同水密度水域时的吃水改变量和吃水差改变量。如图 6-4 所示，船舶由水密度 ρ_0 水域进入水密度 ρ_1 水域前，其初始水线为 WL，此时重力通过重心 G 与浮力通过浮心 B 构成平衡力系。

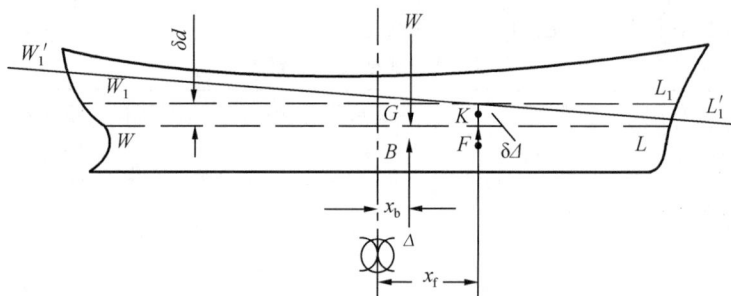

图 6-4 船舶由海水入淡水时吃水差改变量

设船舶排水量为 Δ，每厘米吃水吨数为 TPC，则船舶进入水密度为 ρ_1 的水域平行下沉后吃水改变量 δd_ρ 为

$$\delta d_\rho = \frac{\Delta}{100TPC} \cdot \left(\frac{\rho_s}{\rho_2} - \frac{\rho_s}{\rho_1}\right) \quad (6-18)$$

式中：ρ_s——标准海水密度，$\rho_s = 1.025 \text{ g/cm}^3$。

相应水线为 W_1L_1，则 WL 和 W_1L_1 之间的排水量改变量 $\delta\Delta$ 为

$$\delta\Delta = 100\delta d_\rho \cdot TPC \quad (6-19)$$

$\delta\Delta$ 的作用中心位于 k，k 为 WL 与 W_1L_1 之间排水体积的几何中心。由于 $\delta\Delta$ 通常较小，故 k 的纵坐标近似取为 x_f。此时原水线 WL 下的排水量变为 $\Delta - \delta\Delta$，其浮心位置仍在 B 处。这就相当于原排水量 Δ 内的 $\delta\Delta$ 由 B 点移至 k 点，纵移距离为 $x_b - x_f$，使船舶产生纵倾力矩，其大小为

$$M_{L1} = \delta\Delta(x_b - x_f)$$

由此引起吃水差改变 δt，其值为

$$\delta t = \frac{\delta\Delta(x_b - x_f)}{100TPC} \quad (6-20)$$

将式(6-18)、式(6-19)代入式(6-20),可求得船舶进入水密度为 ρ_1 的水域时吃水差改变量 δt 表达式

$$\delta t = \frac{TPC(x_b - x_f)}{MTC} \cdot \delta d_\rho \tag{6-21}$$

同理,根据式(6-12)和式(6-13)可得最终平衡水线处的吃水和吃水差。

例 6-4: 某船由海上航行至港外锚地准备进港,已知船舶排水量 $\Delta = 19\,869$ t,艏、艉吃水分别为 $d_F = 8.20$ m,$d_A = 9.00$ m,求船舶进港时($\rho = 1.010$ g/cm³)船舶的艏、艉吃水。

解:

(1)根据 $\Delta = 19\,869$ t 查取 x_b、x_f、TPC 和 MTC

$x_b = 1.66$ m,$x_f = -1.31$ m,$TPC = 2.5$ t/cm,$MTC = 9.81 \times 223.1$ kN·m/cm

(2)计算吃水改变量 δd

$$\delta d = \frac{19\,869}{100 \times 25.5} \times \left(\frac{1.025}{1.010} - \frac{1.025}{1.025}\right) \approx 0.12 \text{ m}$$

(3)计算吃水差改变量 δt

$$\delta t = \frac{25.5 \times 0.12 \times (1.66 + 1.31)}{223} \approx 0.04 \text{ m}$$

(4)计算艏、艉吃水 d_{F1} 和 d_{A1}

$$d_{F1} \approx 8.20 + 0.12 + \frac{1}{2} \times 0.04 \approx 8.34 \text{ m}$$

$$d_{A1} \approx 9.00 + 0.12 - \frac{1}{2} \times 0.04 \approx 9.10 \text{ m}$$

任务四 船舶吃水差调整

为简化吃水差及艏、艉吃水的计算,船舶资料中配备有吃水差比尺计算图表,以方便船舶驾驶人员使用。

一、船舶吃水差比尺

吃水差比尺是一种少量载荷变动时核算船舶纵向浮态变化的简易图表,它表示在船上任意位置加载 100 t(有的规模较小的船舶为 30 t,规模较大的船舶为 500 t)后,船舶的艏、艉吃水改变量。为了使用的方便,多数船上配备了由图 6-5 所示的曲线图转换而成的数值表(见表 6-2)。

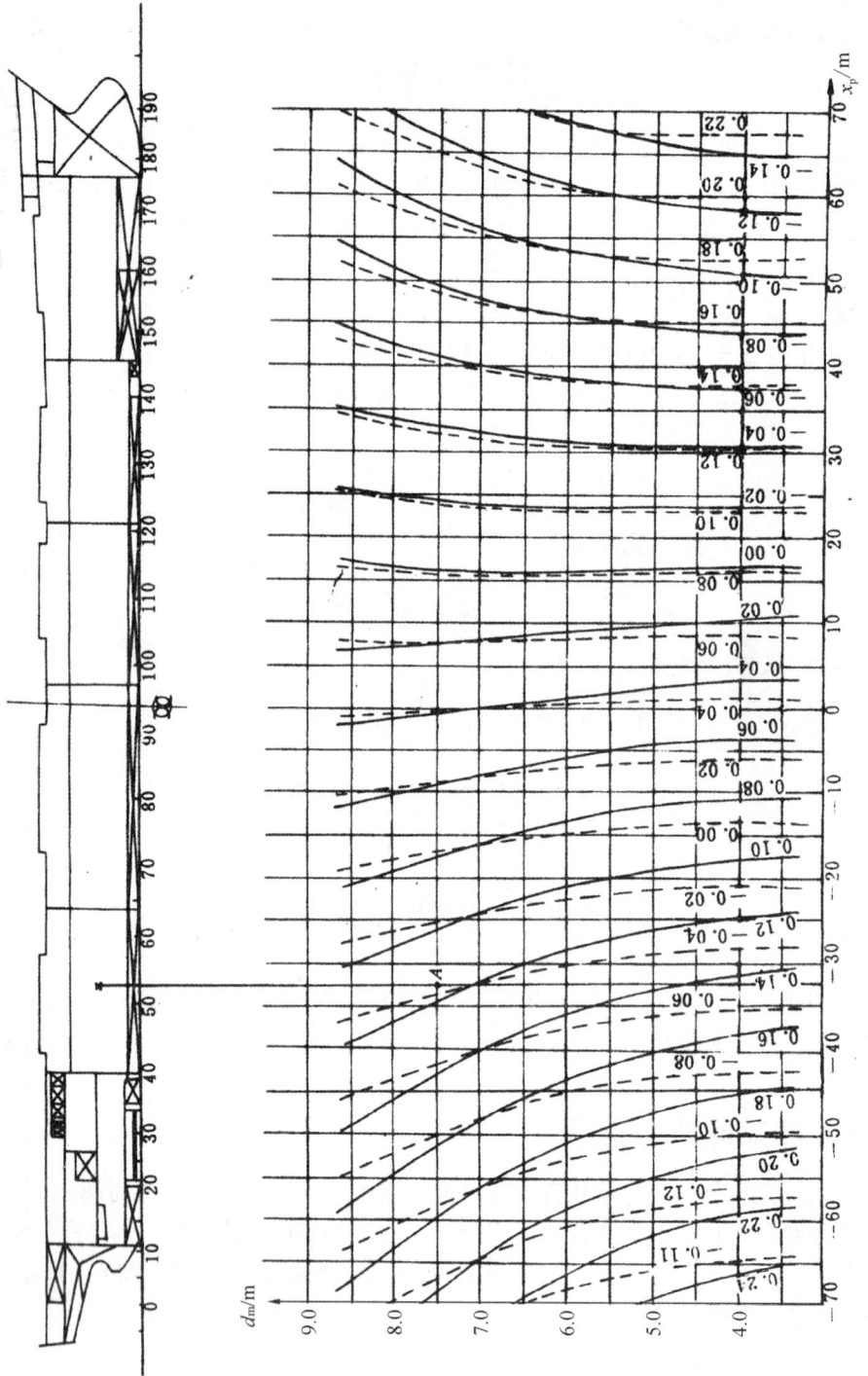

图 6-5　吃水差比尺

表 6-2　加载 100 t 艏、艉吃水变化数值表

吃水	排水量	No. 1 货舱 $x_p = 50.37$ m		No. 2 货舱 $x_p = 31.19$ m		No. 3 货舱 $x_p = 12.15$ m	
m	t	$\delta d_F/$cm	$\delta d_A/$cm	$\delta d_F/$cm	$\delta d_A/$cm	$\delta d_F/$cm	$\delta d_A/$cm
4.0	8 653	17.34	−9.03	12.12	3.82	6.93	1.36
4.5	9 823						
5.0	11 014	17.35	−9.66	12.15	4.16	6.99	1.31
5.5	12 208						
6.0	13 421	17.12	−9.28	12.05	4.03	7.03	1.18
6.5	14 610	17.08	−9.12	12.07	3.99	7.10	1.10
7.0	15 855	17.02	−8.95	12.07	3.96	7.15	1.00
7.5	17 089	16.73	−8.55	11.92	3.78	7.15	0.96
8.0	18 334	16.41	−8.17	11.75	3.61	7.12	0.91
8.5	19 615	16.05	−7.75	11.55	3.41	7.08	0.90
9.0	20 881	15.70	−7.37	11.35	3.23	7.04	0.87
吃水	排水量	No. 4 货舱 $x_p = -10.67$ m		No. 5 货舱 $x_p = -33.35$ m		No. 1 燃油舱 $x_p = 31.30$ m	
m	t	$\delta d_F/$cm	$\delta d_A/$cm	$\delta d_F/$cm	$\delta d_A/$cm	$\delta d_F/$cm	$\delta d_A/$cm
4.0	8 653	0.71	7.57	−5.48	13.74	12.15	−3.85
4.5	9 823						
5.0	11 014	0.80	7.86	−5.35	14.36	12.18	−4.19
5.5	12 208						
6.0	13 421	1.01	7.43	−4.98	13.64	12.08	−4.06
6.5	14 610	1.14	7.20	−4.79	13.26	12.10	−4.02
7.0	15 855	1.26	6.95	−4.60	12.85	12.10	−3.98
7.5	17 089	1.43	6.63	−4.25	12.27	11.95	−3.80
8.0	18 334	1.57	6.34	−3.94	11.74	11.77	−3.64
8.5	19 615	1.73	6.06	−3.59	11.19	11.58	−3.43
9.0	20 881	1.86	5.79	−3.28	10.67	11.38	−3.26

续表

吃水	排水量	No. 2 燃油舱 $x_p = 12.10$ m		No. 3 燃油舱 $x_p = -10.70$ m		No. 4 燃油舱 $x_p = -33.48$ m	
m	t	δd_F/cm	δd_A/cm	δd_F/cm	δd_A/cm	δd_F/cm	δd_A/cm
4.0	8 653	6.92	1.38	0.70	7.58	−5.51	13.77
4.5	9 823						
5.0	11 014	6.97	1.32	0.79	7.86	−5.39	14.40
5.5	12 208						
6.0	13 421	7.02	1.20	1.00	7.44	−5.01	13.67
6.5	14 610	7.08	1.11	1.13	7.20	−4.82	13.29
7.0	15 855	7.14	1.02	1.25	6.95	−4.63	12.89
7.5	17 089	7.14	0.97	1.43	6.64	−4.28	12.31
8.0	18 334	7.11	0.93	1.57	6.35	−3.97	11.77
8.5	19 615	7.07	0.91	1.72	6.07	−3.62	11.22
9.0	20 881	7.02	0.88	1.85	5.79	−3.31	10.70

吃水	排水量	No. 1 重柴油舱 $x_p = 50.61$ m		No. 轻柴油舱 $x_p = -50.77$ m		No. 饮水舱 $x_p = -66.40$ m	
m	t	δd_F/cm	δd_A/cm	δd_F/cm	δd_A/cm	δd_F/cm	δd_A/cm
4.0	8 653	17.42	−9.10	−10.23	18.48	−14.19	22.73
4.5	9 823						
5.0	11 014	17.42	−9.73	−10.08	19.36	−14.32	23.85
5.5	12 208						
6.0	13 421	17.18	−9.34	−9.57	18.40	−13.70	22.68
6.5	14 610	17.14	−9.18	−9.34	17.91	−13.42	22.09
7.0	15 855	17.08	−9.01	−9.10	17.39	−13.13	21.46
7.5	17 089	16.79	−8.61	−8.61	16.61	−12.53	20.49
8.0	18 334	16.47	−8.23	−8.17	15.88	−11.97	19.60
8.5	19 615	16.11	−7.80	−7.68	15.13	−11.34	18.67
9.0	20 881	15.76	−7.42	−7.24	14.43	−10.78	17.79

1. 吃水差比尺的制作原理

由式(6-11)、式(6-12)、式(6-13)可得

$$\begin{cases} \delta d_F' = p \cdot \left[\dfrac{1}{100TPC} + \left(0.5 - \dfrac{x_f}{L_{BP}}\right) \cdot \dfrac{x_p - x_f}{100MTC} \right] \\ \delta d_A' = p \cdot \left[\dfrac{1}{100TPC} - \left(0.5 + \dfrac{x_f}{L_{BP}}\right) \cdot \dfrac{x_p - x_f}{100MTC} \right] \end{cases} \tag{6-22}$$

取 $p = 100$ t,改变 x_p 即可得到 $\delta d_F'$ 和 $\delta d_A'$。

2.吃水差比尺的使用

（1）在图中横轴和纵轴上分别作垂线和水平线。

（2）读出两直线交点确定的 $\delta d_{\mathrm{F}}'$ 和 $\delta d_{\mathrm{A}}'$ 值。

（3）若实际装载量是 p，则由式（6-22）可知，其艏、艉吃水改变量 $\delta d_{\mathrm{F}}'$ 和 $\delta d_{\mathrm{A}}'$ 为

$$
\begin{cases}
\delta d_{\mathrm{F}}'' = \dfrac{p}{100} \cdot \delta d_{\mathrm{F}}' \\[2mm]
\delta d_{\mathrm{A}}'' = \dfrac{p}{100} \cdot \delta d_{\mathrm{A}}' \\[2mm]
\delta t'' = \delta d_{\mathrm{F}}'' - \delta d_{\mathrm{A}}''
\end{cases}
\tag{6-23}
$$

当船舶少量卸载时，将 p 取为负值即可，即利用吃水差比尺查得的数值不变，符号相反。

3.加载 100 t 时艏、艉吃水变化数值表的使用

（1）由加载前吃水（或排水量）及舱名查出加载 100 t 时艏、艉吃水改变量 $\delta d_{\mathrm{F}}'$ 和 $\delta d_{\mathrm{A}}'$。

（2）同理，当加载量为 p 时，按式（6-23）求出相应的 $\delta d_{\mathrm{F}}'$ 和 $\delta d_{\mathrm{A}}'$。

虽然查取数值表比吃水差比尺方便，但数值表仅提供了将载荷加在各舱容积中心处时的 $\delta d_{\mathrm{F}}'$ 和 $\delta d_{\mathrm{A}}'$ 值，这对于液体舱柜是可以的，而对于货舱，加载位置不一定恰在货舱容积中心处，如加于舱口前端或后端，所以按货舱容积中心查取的 $\delta d_{\mathrm{F}}'$、$\delta d_{\mathrm{A}}'$ 值会存在误差。

因此，货舱长度较大的船舶会在数值表中列出每舱前半舱、后半舱加载时各自的 $\delta d_{\mathrm{F}}'$、$\delta d_{\mathrm{A}}'$ 值。

二、船舶吃水差调整

在船舶配载时、装卸中、装卸后及航行中均有可能因吃水差不当而予以调整，其调整方法包括纵向移动（纵移）载荷和增减载荷两种。

（一）载荷纵移适用范围

1.编制船舶配载计划时纵移货物

编制船舶配载计划时若吃水差不满足要求，可通过将不同货舱内的货物做必要调整来实现所需吃水差。但应注意，货物纵移的同时对船舶纵向强度及局部强度、货物相容性、货舱适货性、卸货港顺序等多方面造成影响。

2.装卸后及航行中液舱内载荷调拨

船舶在装卸后或在航行中，可通过调拨液舱内的压载水、淡水及燃料来达到调整吃水差的目的。在调拨时，也需考虑船舶纵向强度及自由液面的影响。

（二）载荷纵移重量计算

设载荷纵移前船舶吃水差为 t，现欲使吃水差调至 t_1，拟由 x_1 处纵移至 x_2 处，求取

视频：
船舶吃水差调整

载荷移量 p 时可采用以下两种方法。

1. 公式计算法

已知吃水差调整量 $\delta t = t_1 - t$，载荷纵移距离 $x = x_2 - x_1$，则载荷纵移量为

$$p = \frac{100\delta t \cdot MTC}{x} \tag{6-24}$$

2. 吃水差比尺法

若载荷由 x_1 处移至 x_2 处，则可认为载荷由 x_1 处卸出，再在 x_2 处装入。

首先，由吃水差比尺分别查出在 x_1 处卸 100 t 和在 x_2 处装 100 t 时艏、艉吃水改变量分别为 δd_{FD} 和 δd_{AD}、δd_{FL} 和 δd_{AL}，则相应的吃水差改变量为

$$\begin{cases} \delta t_D = \delta d_{FD} - \delta d_{AD} \\ \delta t_L = \delta d_{FL} - \delta d_{AL} \end{cases}$$

考虑在 x_1 和 x_2 处卸、装 100 t 后总的吃水差改变量 δt_T 为

$$\delta t_T = \delta t_D + \delta t_L$$

然后，按下式求得载荷移动量

$$p = 100 \cdot \frac{\delta t}{\delta t_T} \tag{6-25}$$

（三）载荷增减适用范围

1. 加（排）压载水

船舶在装卸中，为避免出现过大吃水差，除通过合理安排装（卸）舱顺序外，可用加（排）压载水方法对当前吃水差做适当的调整；船舶在航行中，因油水消耗引起吃水差不恰当改变，通过加（排）压载水予以调整，也是常用方法之一。

2. 航行中油水消耗

合理安排油水消耗的舱室顺序，可在一定程度上改善船舶当时的吃水差。

3. 装载结束前利用货物所预留机动货载调整吃水差

货物装载结束前，通常在艏、艉部货舱留出部分机动货载，视当时吃水差的具体情况确定装舱位置，机动货量大小应根据预计装载最后阶段可能出现的最大吃水差确定。

4. 锚地驳卸

对于大吨位船舶，当港口水深受限时，常常在锚地驳卸部分货物，使船舶吃水满足要求后方可进港。

（四）载荷重量求取

设载荷增减前船舶吃水差为 t，现欲将吃水差调至 t_1，拟在 x_p 处增大载荷来实现，求取载荷增减量 p。

1. 公式法

已知吃水差调整量 $\delta t = t_1 - t$，载荷增减前漂心纵向坐标 x_f 和每厘米纵倾力矩

MTC,则载荷增减量为

$$p = \frac{100 \cdot \delta t \cdot MTC}{x_\mathrm{p} - x_\mathrm{f}} \tag{6-26}$$

2. 吃水差比尺法

在吃水差调整量已知情况下,根据加(减)载位置及初始排水量查取吃水差比尺表得到加载 100 t 时艏、艉吃水改变量 $\delta d'_\mathrm{F}$、$\delta d'_\mathrm{A}$,而 $\delta t_\mathrm{T} = \delta d'_\mathrm{F} - \delta d'_\mathrm{A}$,由此可得载荷增减量 p 为

$$p = 100 \cdot \frac{\delta t}{\delta t_\mathrm{T}} \tag{6-27}$$

应该指出,用式(6-26)和式(6-27)计算载荷增减量仅适用于少量增减情况,若应用于大量增减的情况,误差会较大。

无论是采用载荷纵移法还是载荷增减法来调整吃水差,都会引起船舶载荷纵向分布的改变,从而影响船舶纵强度,因此,在制定吃水差调整方案时必须兼顾纵强度要求,谨防出现顾此失彼的情况。

例 6-5:某船船长 $L_\mathrm{BP} = 140$ m,配载后计算得 $\Delta = 16\,000$ t,船舶载荷纵向力矩:船中前为 $9.81 \times 164\,200$ kN·m,船中后为 $9.81 \times 186\,600$ kN·m,设此时 $d_\mathrm{M} = 9.0$ m,$x_\mathrm{b} = -1.25$ m,$MTC = 9.81 \times 240$ kN·m/cm,求该船的吃水差 t。现欲将吃水差调至最佳纵倾值 -0.60 m,应从 No.1 货舱($x_1 = 50$ m)移多少吨货至 No.5 货舱($x_2 = -40$ m)?

解:

(1)求配载后的吃水差 t

$$x_\mathrm{g} = \frac{\sum p_i x_i}{9.81\Delta} = \frac{9.81 \times (164\,200 - 186\,600)}{9.81 \times 16\,000} = -1.40 \text{ m}$$

$$t = \frac{\Delta(x_\mathrm{g} - x_\mathrm{b})}{100 MTC} = \frac{16\,000 \times (-1.40 + 1.25)}{100 \times 240} = -0.10 \text{ m}$$

(2)求移货量 p

$$p = \frac{100\delta t MTC}{x} = \frac{100 \times (-0.1 + 0.6) \times 240}{50 + 40} \approx 133.3 \text{ t}$$

例 6-6:某船排水量 $\Delta = 7\,000$ t,卸货后艏吃水 $d_\mathrm{F} = 4.6$ m,艉吃水 $d_\mathrm{A} = 2.6$ m,若使螺旋桨露出水面进行修理,要求艉吃水为 2.4 m,则需向前尖舱打入多少吨压舱水?已知:前尖舱距船中前 67 m,每厘米吃水吨数 $TPC = 22$ t/cm,漂心距船中距离 $x_\mathrm{f} = 0$,每厘米纵倾力矩 $MTC = 148 \times 9.81$ kN·m/cm。

解:若使螺旋桨露出水面,设需向前尖舱打入压舱水量为 p,则根据少量装卸的艉吃水计算公式

$$d_\mathrm{A1} = d_\mathrm{A} + \delta d - \frac{\delta t}{2}(\text{因为 } x_\mathrm{f} = 0)$$

得:$2.4 = 2.6 + \dfrac{p}{100 \times 22} - \dfrac{67p}{2 \times 100 \times 148}$。

$p \approx 110$ t。

答:若使螺旋桨露出水面,需向前尖舱打入约 110 t 压舱水。

项目七
船舶强度

学习目标

1. 了解船舶纵向强度,掌握纵向强度的校核方法。
2. 了解船舶局部强度,掌握局部强度的校核方法。
3. 熟悉防止船舶纵向强度和局部强度受损的措施。

任务一　船舶纵向强度

船舶结构抵抗船体发生极限变形和损坏的能力称为船舶强度(Strength of Ship)。营运中的船舶,为保证其安全运输及合理使用,应确保船舶具有足够的强度,这就要求船舶使用者通过采取合理配置载荷重量、优化载荷装卸顺序、限制载荷就位速度、减小航行中波浪冲击等措施来改善船体受力状态,以确保船舶处于良好的营运状态。

一、强度分类

船舶强度分为总强度(包括纵向强度、横向强度、扭转强度)和局部强度。从船舶积载角度来说,主要考虑船舶的纵向强度和局部强度问题。船舶强度要想满足要求,取决于船体结构尺度的正确选择和船上载荷分布的合理性。

1.船体纵向强度

船体结构抵抗总纵弯曲或破坏的能力称为船体纵向强度(Longitudinal Strength),纵向强度主要研究船体在外力作用下抵抗纵向弯曲、剪切和扭转的能力。当船舶正浮时,船舶总的重力与总的浮力大小相等、方向相反且作用于同一垂线上,

即重力与浮力相平衡。

2. 船体横向强度

船体结构抵抗横向变形或破坏的能力称为船体横向强度（Transverse Strength）。船体在外力的作用下，除了发生总纵弯曲外，还有船宽方向的变形，这是水对船壳的压力以及在甲板、船底的内底板上装货的结果。

一般船舶都具有坚固的横向框架来支持船壳板、甲板等，一般船舶的横向构件尺寸与纵向构件相比要大得多，因而横向强度一般是足够的，船舶很少因为横向强度不足而发生横向结构断裂的情况。但是，如集装箱船由于舱口宽大，无中间甲板，上甲板边板又很狭窄，给保证船舶横向强度、扭转强度带来了困难，为此集装箱船均设置强固的横向框架结构甚至采用双层船壳等来保证船舶的横向强度。

3. 船体扭转强度

船体结构抵抗扭转变形或破坏的能力称为船体扭转强度（Torsion Strength）。对于普通船体，一般都具有充分的抵抗扭转变形或破坏的能力，故对其可不予考虑，但对甲板大开口的船（如集装箱船、固体散货船），则应在配载时给予足够的重视。如果在装货时，由于某舱配载不好，使船向一侧横倾，若简单地在其他货舱内向另一侧增加重量，企图以此来校正船舶横倾，这样便会使船舶产生扭转变形。因此，在装货时要注意保持沿船长方向在中纵剖面左、右重量的对称性。产生船舶扭转变形的主要原因有以下三个方面：

（1）由波浪引起的；

（2）由船舶横摇所引起的；

（3）船舶装卸货物时引起的。

作用于船体的扭转力矩中，波浪引起的扭转力矩最大，最大扭转力矩一般发生在船中附近。

4. 局部强度

船体各部分结构抵抗局部变形或破坏的能力称为船体局部强度（Local Strength）。局部强度是研究船体在载荷重力的作用下，局部构件抵抗弯曲和剪切的能力。局部强度虽然是局部性的，但是有时局部的破坏也会导致全船的破坏，如因大舱口角隅处的裂缝而导致整个船体断裂的事故时有发生。因此，船舶驾驶员在配积载时应认真校核船舶的局部强度，计算上甲板、中间甲板、底舱的局部强度是否符合要求，防止甲板或内底板变形或坍塌等。

二、船体纵向强度及产生纵向变形的原因

船体纵向强度包括总纵强度（Longitudinal Strength of Ship）、剪切强度和扭转强度。船体结构抵抗总纵弯曲或破坏的能力称为总纵强度。船舶总纵强度系指船体整个结构抵御纵向变形或破坏的能力。将船体视为一根空心变断面且两端自由支持的梁，船舶总纵强度研究的是船体在外力作用下整个船体梁所具有的抵御纵向弯曲、剪切和扭转的能力。

1. 作用于船体上的外力

作用于船体上的外力,包括重力、浮力、摇荡时的惯性力、螺旋桨的推力、水对船体的阻力、波浪的冲击力等。由于惯性力、推力、水阻力和波浪的冲击力对船舶总纵强度影响很小,故可忽略不计,而只考虑分布于船体上的重力和浮力,如图 7-1 所示。

重力包括船体、机器设备、燃料、淡水、各种备品、压载水、所载货物等各项重力。浮力系指船在平静水中或静置于波浪中,舷外水对船体压力的合力。从整体上讲,船舶重力和浮力大小相等、方向相反并作用于同一垂线上,但这两个力沿船长方向各区段内其大小并不都是相等的,即重力和浮力沿纵向分布规律不一致(见图 7-2)。由于船体结构和各类载重分布的不连续性,重力纵向分布呈跳跃状,而浮力纵向分布也是不均匀的,它取决于船体水线下体积和形状。纵向各区段上船体所受重力和浮力的差值就是该区段船体上所受垂向合外力,称为负荷。

实际上船体纵向各段上的重力与浮力不一定是相平衡的,这是由于船舶的重力沿船长分布的情况与浮力沿船长分布的情况不一致所造成的。船舶装载情况如图 7-2(a)所示。若船体的各段之间可以自由上下移动,取得新的平衡,就会产生如图 7-2(b)所示的状态,但事实上船体是一个整体,各段之间有结构上的联系,结果便造成如图 7-2(c)所示的变形。

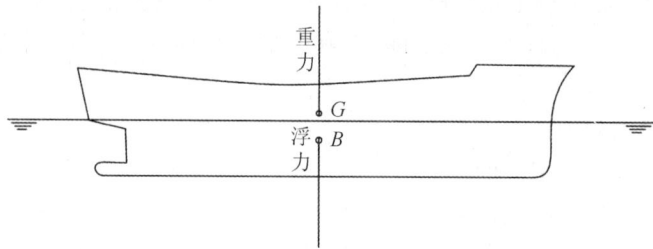

图 7-1　船舶重力与浮力的平衡

(a)

(b)

(c)

图 7-2　沿船长分布的重力与浮力

2. 横剖面上的剪力和弯矩

各段船体上负荷的存在在不同横剖面处将受到剪力和弯矩的作用。若某一横剖面艏向(或艉向)一侧各段负荷之和不为零,则艏向(或艉向)一侧船体所受重力和浮力不相等。若该剖面两侧船体可以上下自由浮动,为重新取得平衡,则两侧船体必然会上下移动。但实际上船体间为刚性连接,以约束其自由移动,显然,相对一侧即艉向(或艏向)船体产生一作用力通过剖面上的连接构件作用于横剖面上,该作用力称为剪力。在数值上,纵向各横剖面上的剪力等于该剖面艏向(或艉向)一侧所受重力与浮力的差值。一般装载情况下,剪力最大值出现在距船首和船尾1/4船长附近。

同理,若某一横剖面艏向(或艉向)一侧各段上剪力对该剖面的力矩之和不为零,则艏向(或艉向)一侧重力对该剖面的力矩不等于该侧浮力对该剖面的力矩,相对一侧即艉向(或艏向)船体必然通过剖面上的连接构件传递一反向力矩,使船体平衡,该力矩称为作用于横剖面上的弯曲力矩,习惯称为弯矩。在数值上,某剖面上所受弯矩等于该剖面在艏向(或艉向)一侧各段重力与浮力差值对其所取力矩的代数和。正常情况下,最大弯矩在船中附近。

3. 船体剪切变形与弯曲变形

剪力与弯矩作用于船体上,将使船体出现剪切变形和弯曲变形。

若某一微段船体上,其前、后两端受到大小相等、方向相反的剪力作用,则该段船体两端剖面会产生垂向相对位移,称为剪切变形。

同理,若某一微段船体上,其前、后两端受到大小相等、方向相反的弯矩作用,则该段船体将产生弯曲变形。

4. 船体扭转变形

当船舶斜置在波浪上时,纵向各段船体上的浮力横向分布不对称,产生一扭矩作用于船体上。另外,船舶各舱柜载重横向不对称于中纵剖面,也会使船舶受到一扭矩作用。扭矩作用的结果是造成船舶产生扭转变形。作用于船体上的扭矩以波浪引起的扭矩为最大,最大扭矩发生在船中附近。对于普通船体,一般都具有抵御扭转变形破坏的能力,故对其不予考虑,但对于具有甲板大开口的船(如集装箱船、固体散货船),则应对其给予足够的重视。

三、船体纵向受力分析及其相互关系

船体上每一段的重力与浮力的差值就是实际作用在船体上的负荷,船体正是由于负荷的作用而产生了剪力和弯矩,如图7-3所示,剪力最大值在距船首和船尾1/4船长附近;最大弯矩值则出现在船中处附近。

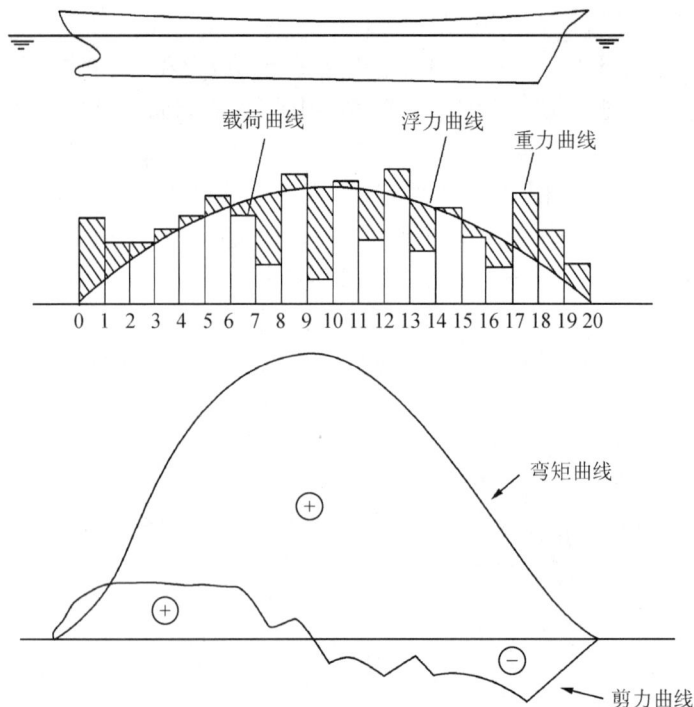

图 7-3　某船的最大剪力与最大弯矩

四、船舶拱垂变形及其影响因素

弯矩的作用使船舶产生两种变形。

1. 中拱(Hogging)

船体受正弯矩作用,中部上拱,这时船中部浮力大于重力,艏、艉部浮力小于重力,船舶上甲板受拉伸,船底受挤压,如图 7-4(a)所示。

2. 中垂(Sagging)

船体受负弯矩作用,中部下垂,这时船中部重力大于浮力,艏、艉部重力小于浮力,船舶上甲板受挤压,船底受拉伸,如图 7-4(b)所示。

船舶由于配积载引起的弯矩,可称为静水弯矩。船舶在静水中,尽管装载比较均衡也可能产生中拱或中垂变形,但其数值较小,为一般船舶强度所允许。但若船舶的艏、艉舱柜载重较多而舯部舱柜载重较少,则易产生较大的中拱变形;反之,易产生较大的中垂变形。对一般船舶来说,这种装载情况是不允许的。因为这种装载对船体结构有影响,轻者会使某些结构部位受到过大应力而缩短船舶使用寿命,重者会发生船体变形以致断裂的严重后果。

上述情况是船舶在静水中发生的。当船舶处在波浪中时,如波长接近于船长,对船体最为不利。特别是船中位于波峰或波谷,且船舶各货舱中配载不均匀时,在波浪中航行的船舶中拱或中垂将加剧,弯曲变形现象将更为严重,甚至威胁船舶安全。在船舶配积载工作中,应防止较大的中拱或中垂的产生。

(a) 中拱

(b) 中垂

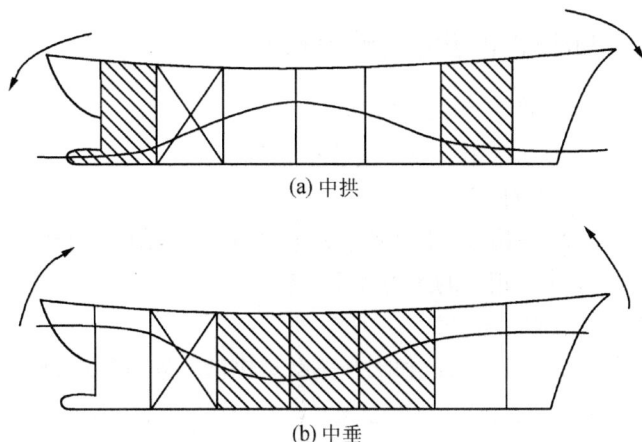

图 7-4　船舶中拱变形与中垂变形

五、船体剖面剪力、弯矩校核方法及原则

船舶在营运中,总纵强度是否符合要求,应通过适当方法予以校核。对于船舶驾驶人员,总纵强度校核应采用既满足近似计算要求,又简便、实用的方法。利用装载仪校核船舶总纵强度,则大大提高了校核精度,简化了校核过程。校核船体剖面剪力、弯矩的原则是保证船体每一段的重力与浮力的分布均衡,各货舱应按舱容比例分配货物重量。

(一)校核原理

船舶在总纵强度校核中,通常是将所校核剖面上实际承受的剪力和弯矩值与该剖面所允许承受的最大剪力和最大弯矩相比较,只要前者不大于后者,则认为该装载状态下的船舶满足营运安全要求,这是校核船舶总纵强度的基本思路。

船舶纵向上所能承受的最大剪力和最大弯矩称为许用剪力(Maximum Allowable Shear Force)和许用弯矩(Maximum Allowable Bending Moment)。它们的大小与许多因素有关,在生产中难以精确计算,通常是根据《钢质海船入级与建造规范》中规定的许用应力、临界屈曲压应力、剖面上的静水弯矩、波浪弯矩等计算出临界值,并记载于船舶资料中,使用时可从船舶资料中查取。

根据中国船级社 CCS《钢质海船入级规范》的规定,对于船长大于等于 65 m 的船舶应按相关要求校核其总纵强度。对于船长小于 65 m 的非常规船型或特殊装载的船舶,也应按要求校核其总纵强度。船舶设计者应在装载手册中提供船体梁沿船长各剖面的许用静水剪力和许用静水弯矩数据,供船舶总纵强度校核时使用。许用静水剪力、静水弯矩分海上(at sea)和港内(in harbor)两种状态给出。

应当指出,船舶资料中给出的许用值是针对新船状态列出的,营运中的船舶可按每年扣除腐蚀量 0.4% ~0.6%,使用年限小于 5 年的船舶可取下限值,使用年限在 10 年以上的船舶可取上限值。

目前,营运船舶资料中给出的许用剪力和许用弯矩大多数分别以吨(t)和吨·米(t·m)为单位,即用许用剪力的相当重量和许用弯矩的相当力矩表示。

(二)船舶实际装载状态时的剪力和弯矩

1.船舶实际所受剪力和弯矩的估算

船舶实际所受剪力和弯矩可按下述步骤估算:

(1)重力和重力矩的计算

重力可认为由四部分构成,即空船重力、货物重力、油水重力和常数,按各项沿船长方向具体分布情况计算相应的重力和重力矩。

(2)浮力和浮力矩的计算

较粗略地估算时,可按排水量和吃水差在提供的船舶资料中查取,也可根据具体情况按站段计算求取。

(3)波浪弯矩的计算

波浪弯矩的计算按《钢质海船入级与建造规范》中的规定进行,也可按其他公式进行。

2.船舶总纵强度的校核

船舶总纵强度的校核可按下述步骤进行:

(1)计算有关剖面处实际所受剪力和弯矩;

(2)查取或计算有关剖面处的许用剪力和许用弯矩;

(3)如果有关剖面处实际所受剪力和弯矩不大于相应的许用剪力和许用弯矩,则认为船舶纵向强度处于安全状态。

应当注意,在进行校核时,有关剖面处的许用剪力和许用弯矩系估算值,因而存在一定的误差;有关剖面处实际所受剪力和弯矩也系估算值,因而也存在误差,即使经计算表明船舶纵向强度处于安全状态,也应谨慎操作,以防出现不测;或者使有关剖面处实际所受剪力和弯矩远小于相应的许用剪力和许用弯矩,以策安全。

六、船体剖面剪力、弯矩计算法校核船舶纵强度

(一)用船中静水弯矩校核

一艘营运中的船舶,其船体甲板中剖面模数及装载情况是已知的。当船舶配载时,可以先根据一定的船体中剖面模数,确定船体允许承受的最大静水弯矩,作为校核船体纵向强度的衡准。然后,根据船舶具体装载状态,求出船舶在该航次实际装载时作用于船体的静水弯矩。将两者进行比较,以确定纵向强度是否满足要求。

1.船舶允许承受的最大静水弯矩 M_S

根据我国《钢质海船入级与建造规范》对船舶甲板中剖面模数的要求,可以导出船长等于或大于 90 m 的船舶允许承受的最大静水弯矩的计算公式

$$M_S = W_d[\sigma_c] \times 10^{-3} - M_W \quad (kN \cdot m) \qquad (7\text{-}1)$$

式中:W_d——按静水弯矩和波浪弯矩计算的甲板中剖面模数(cm^3);

$[\sigma_c]$——合成许用应力,取 $[\sigma_c] = 155$ MPa;

M_W——波浪弯矩,规范规定可用下式计算

$$M_W = 9.81FL_{BP}^2 \times B(C_b + 0.7) \times 10^{-2} \quad (kN \cdot m) \qquad (7\text{-}2)$$

式中:F——系数,$F = 9.4 - 0.95 [(300 - L_{BP})/100]^{3/2}$;

L_{BP}——船舶垂线间长(m);

B——船宽(m);

C_b——船舶在夏季载重线下的方形系数,但不得小于0.6。在静水力曲线 图上,根据夏季满载时的平均吃水,可查得船舶的方形系数。

2. 船舶在实际装载状态下静水弯矩 M_S'

船舶在实际装载状态下静水弯矩 M_S',根据下列近似公式计算

$$M_S' = 9.81 \times \frac{1}{2}\left[(\Delta_0 \cdot m + \sum p_i \cdot x_i) - \Delta \cdot C \cdot L_{BP}\right] \quad (kN \cdot m) \qquad (7\text{-}3)$$

式中:Δ_0——空船重量(t);

m——空船重量的相当力臂(m):舯机船 $m = 0.2277L_{BP}$,舯后机船 $m = 0.2353L_{BP}$,艉机船 $m = 0.2478L_{BP}$;

p_i——载荷 i(包括货物、压载、燃油、淡水、粮食等)的重量(t);

x_i——载荷 i 重心距船中距离的绝对值(m);

Δ——船舶在计算状态时的排水量(t);

C——船体浮力的相当力臂系数,可根据船舶在计算状态的方形系数 C_b 从 规范中查得,如表7-1所示;

L_{BP}——船舶垂线间长(m)。

式(7-3)中,$9.81(\Delta_0 \cdot m + \sum p_i \cdot x_i)$ 为船舶的重量力矩;$9.81\Delta \cdot C \cdot L_{BP}$ 为船 体的浮力矩,该数值可在船舶资料中查取,如表7-2所示。

表7-1 C值表

C_b	C	C_b	C	C_b	C
0.59	0.169 6	0.68	0.185 4	0.77	0.201 1
0.60	0.171 4	0.69	0.187 2	0.78	0.202 9
0.61	0.173 1	0.70	0.188 9	0.79	0.204 7
0.62	0.174 8	0.71	0.190 6	0.80	0.206 5
0.63	0.176 6	0.72	0.192 3	0.81	0.208 3
0.64	0.178 3	0.73	0.194 1	0.82	0.210 0
0.65	0.180 0	0.74	0.195 9	0.83	0.211 7
0.66	0.181 8	0.75	0.197 6	0.84	0.213 5
0.67	0.183 6	0.76	0.199 4	0.85	0.215 2

表 7-2　浮力矩表

型吃水 d_M/m	浮力矩 $9.81\Delta \cdot C \cdot L_{BP}$/(kN·m)	型吃水 d_M/m	浮力矩 $9.81\Delta \cdot C \cdot L_{BP}$/(kN·m)
2.62	1 364 659	6.50	3 893 893
3.00	1 623 869	7.00	4 250 526
3.50	1 934 414	7.50	4 604 824
4.00	2 252 288	8.00	4 962 957
4.50	2 570 848	8.50	5 334 511
5.00	2 902 799	9.00	5 698 315
5.50	3 239 017	9.19	5 851 479
6.00	3 570 359		

　　船舶在进行纵向强度校核时,如船舶实际装载的静水弯矩 M'_S 为正值,说明船舶处于中拱状态;如 M'_S 为负值,说明船舶处于中垂状态。若该船允许承受的最大静水弯矩 M_S 大于该船在实际装载状态时静水弯矩的绝对值 $|M'_S|$,即 $M_S > |M'_S|$,则说明船舶在该装载状态下满足纵向强度不受损伤的要求;相反,若 $M_S < |M'_S|$,则说明船舶在该装载状态下不满足纵向强度不受损伤的要求,需要重新调整船舶各货舱货重及油、水和压载水舱的重量配置。

(二)站面强度校核表法

　　由于船体纵向结构非对称性和纵向载荷的非均匀性,仅以上述方法校核船中剖面弯矩显然是不够准确和全面的,对于大型船舶更是如此。为了较精确地校核船舶总纵强度,应对不同船舶剖面处的剪力和弯矩进行计算,并与相应处的许用剪力和许用弯矩加以比较,判明其是否符合强度要求。

1.许用剪力和许用弯矩

　　大型船舶一般将海上航行状态(at Sea)和在港停泊状态(in Harbour)分开校核。考虑到纵向载荷在横舱壁处的突变性,因而有必要对各横舱壁处的剪力和弯矩予以核算。船舶资料中一般提供了横舱壁处的海上航行状态、在港停泊状态的静水许用剪力值和许用弯矩值。小型船舶常仅给出最大剪力许用值和最大弯矩许用值。排水量在 10 000 t 以下的船舶有时不给出剪力许用值,这是因为此种船的建造结构能完全满足营运中的剪力要求。船舶许用剪力和许用弯矩可从船舶装载手册或强度计算书中查取。

2.舱壁站面处的实际剪力和弯矩

　　舱壁各站面处的实际剪力和弯矩按以下方法逐步求出:
　　(1)计算各站面处的重力和重力矩
　　欲计算某站面的重力和重力矩,应自船尾起向艏计至该站面的重力和重力矩总和,即为作用于该站面上的重力和重力矩,包括空船、货物、油水等项目。
　　(2)计算各剖面处的浮力和浮力矩
　　浮力和浮力矩是船尾到相应计算站面的浮力或浮力矩的累加,其值与船舶吃水及吃水差有关,可从船舶资料的浮力或浮力矩数值表中以平均吃水和吃水差为引数查取。

（3）计算各站面处的剪力

相应站面处的剪力为自船尾始到该站面处的重力和浮力之差。

（4）计算各站面处的弯矩

当采用船尾坐标系计算重力矩时,相应站面处的弯矩为自船尾到该站面处的重力矩减去自船尾到该站面处的浮力矩所得数值;当采用船中坐标系计算重力矩时,则还应减去重力与计算点到船中距离的乘积。

例 7-1:经查船舶资料,各舱壁相应肋骨号处的浮力、浮力矩、许用剪力和许用弯矩值如表 7-3 所示,试校核该装载状态下的总纵强度。重量与力矩计算见表 7-4。

表 7-3　某船浮力、浮力矩、许用剪力和许用弯矩表

计算点	距舯距离/m	浮力/t	浮力矩/(9.81 kN·m)	许用剪力/t	许用弯矩/(9.81 kN·m)
11 号肋骨	57.10	269	1 538	2 475	33 500/59 800
52 号肋骨	24.30	3 631	55 236	2 155	48 920/75 780
79 号肋骨	2.70	6 911	168 860	2 435	55 550/83 160
100 号肋骨	−14.10	9 411	306 255	2 340	48 230/76 230
121 号肋骨	−30.90	11 494	482 743	2 140	37 892/53 200
145 号肋骨	−50.10	12 810	718 117	2 430	23 470/34 290

注:许用弯矩中较大值为静水许用值,较小者为波浪许用值。

表 7-4　重量与力矩计算表

No.	舱名	①W/1 000/t	②重心距舯距离/m	③纵向力矩(①×②)/(9.81 kN·m)
1	APT(P)	0.000 0	65.58	0.000
2	APT(S)	0.000 0	60.50	0.000
3	No.6 舱货物	0.133 0	61.35	8.160
4	空船重量(1)	0.789 0	—	53.622
	11 号肋骨前和(1~4)	$W_1 = 0.931 0$		$M_1 = 61.782$
5	No.2DOT(S)	0.065 0	30.65	1.992
6	No.5 舱货物	1.389 0	34.61	48.073
7	空船重量(2)	1.553 0		69.879
	52 号肋骨前和(1~7)	$W_2 = 3.938 0$		$M_2 = 181.726$
8	No.1DOT(P)	0.035 0	21.78	0.762
9	FOT(C)	0.198 0	13.41	2.655
10	FOT(P)	0.197 0	13.16	2.593
11	FOT(S)	0.239 0	15.49	3.702
12	NO.4WBT(P)	0.132 0	11.72	1.547
13	No.4WBT(S)	0.084 0	11.74	0.986
14	No.4 货舱货物	1.302 0	13.26	17.625
15	空船重量(3)	0.825 0	—	10.883

续表

No.	舱名	①W/1 000/t	②重心距中距离/m	③纵向力矩(①×②)/(9.81 kN·m)
	79 号肋骨前和(1~15)	$W_3 = 6.950\ 0$		$M_3 = 222.119$
16	No.3WBT(C)	0.000 0	−5.95	0.000
17	No.3WBT(P)	0.000 0	−5.49	0.000
18	No.3WBT(S)	0.000 0	−5.81	0.000
19	NO.3 货舱货物	1.069 0	−5.74	−6.136
20	空船重量(4)	0.612 0	—	−3.269
	100 号肋骨前和(1~20)	$W_4 = 8.631\ 0$		$M_4 = 212.714$
21	No.2 WBT(C)	0.181 0	−22.26	−4.029
22	No.2WBT(P)	0.000 0	−22.49	0.000
23	No.2WBT(S)	0.000 0	−22.38	0.000
24	No.2 舱货物	0.909 0	−22.14	−20.125
25	空船重量(5)	0.851 0	—	−19.328
	121 号肋骨前和(1~25)	$W_5 = 10.572\ 0$		$M_5 = 169.232$
26	FWT(P)	0.154 0	−46.51	−7.163
27	FWT(S)	0.104 0	−45.39	−4.721
28	No.1WBT(P)	0.173 5	−39.03	−6.722
29	No.1WBT(S)	0.173 5	−39.07	−6.779
30	NO.1 舱货物	0.826 0	−41.23	−34.060
31	空船重量(6)	0.697 0	—	−26.519
	145 号肋骨前和(1~31)	$W_6 = 12.700\ 0$		$M_6 = 83.218$
32	FPT(C)	0.000 0	−60.90	0.000
33	FBT	0.050 0	−51.66	−2.583
34	空船重量(7)	0.392 0	—	−22.573
	171 号肋骨前和(1~34)	$W_7 = 13.142\ 0$		$M_7 = 58.062$

解：

(1)计算各站面处的重力 W_i 和重力矩 M_i

空船及各载荷重量已由表7-4列出，为计算方便，各项重量表示为 $p_i/1\ 000$。重力 W_i 为自船尾至相应站面各重量之和，分别以 $W_1, W_2, W_3, \cdots, W_7$ 表示，重力矩 M_i 则为各纵向力矩累积之和，分别以 $M_1, M_2, \cdots, M_7$ 表示。

(2)查取浮力 B_i 和浮力矩 M_{Bi}

根据实际装载后的平均吃水及吃水差查取，如表7-4所列不同站面处的浮力 B_1, $B_2, \cdots, B_7$ 和浮力矩 $M_{B1}, M_{B2}, \cdots, M_{B7}$。

(3)查取各站面的许用剪力和许用弯矩

在船舶强度计算书或船舶装载手册中查得。

(4)计算各站面上的实际剪力 SF_i 和弯矩 BM_i 值

根据公式
$$\begin{cases} SF_i = W_i - B_i \\ BM_i = M_i - W_i \cdot l_i - M_{Bi} \end{cases} \qquad (7\text{-}4)$$

确定各站面上的实际剪力 $SF_1, SF_2, \cdots, SF_7$ 和实际弯矩 $BM_1, BM_2, \cdots, BM_7$ 值。

其中,l_i 为计算点到船中距离,对具体船舶为一定值,其大小见表7-5。SF_i 和 BM_i 计算结果见表7-5。

表7-5 剪力与弯矩校核表

计算点	实际剪力/t	许用剪力/t	实际弯矩/(t·m)	许用弯矩/(t·m)
11号肋骨	662	2 475	7 084	33 500/59 800
52号肋骨	307	2 155	30 794	48 920/75 780
79号肋骨	39	2 435	34 494	55 550/83 160
100号肋骨	−780	2 430	28 156	48 230/76 230
121号肋骨	−992	2 140	13 164	37 892/53 200
145号肋骨	−110	2 430	1 371	23 470/34 290

(5)各站面上的剪力和弯矩实际值与许用值比较

由表7-5可知,各站面上的实际剪力和实际弯矩均小于许用值,说明该装载状况总纵强度满足要求。

七、船中弯矩估算法校核船舶纵强度

为了保证船体纵向强度,我们应特别注意货物重量沿艏、艉方向的正确配置。因为当货物的纵向配置变化时,虽然排水量保持不变,弯矩仍可能有很大的变化。为了减少弯矩,在船舶配积载和装卸货物时可使用满足纵向强度条件的经验方法。

原则:保证船体每一段的重力与浮力的分布均衡。为维护该原则,各货舱应按舱容比例分配货物重量。具体计算公式如下

$$p_i = \frac{V_{chi}}{\sum V_{ch}} \cdot Q \pm 调整值 \qquad (7-5)$$

式中:p_i——第 i 舱应分配的货物重量(t);

V_{chi}——第 i 舱的舱容(m^3);

$\sum V_{ch}$——全船货舱总容积(m^3);

Q——航次货物总重量(t)。

船舶各舱装货数量除应满足纵向强度的要求外,还应满足吃水差和舱内某些货物因性质互抵不能同舱装载的要求等。因此,按上述求得的各舱分配货物的吨数允许做少量的调整,调整值可取夏季满载时该舱装货重量的 ±10%,也可取本航次全船载货重量按舱容比例在该舱的分配值的 ±10%。前者调整范围较宽,便于操作;后者调整范围较窄,较为安全。在考虑调整值后,各舱容允许装货重量就有一个上限值和一个下限值。若各舱实际的装货数量在各舱允许上、下限值的范围内,一般来说,这一装货数量能够满足船舶纵向强度的要求。

例7-2:某轮全船货舱总容积 $\sum V_{ch} = 20\ 264\ m^3$,夏季满载时全船载货量 $Q = 12\ 308$ t,根据按舱容比分配货物的原则,各舱货物分配如表7-6所示。

表 7-6   各舱货物分配表

舱名	No. 1	No. 2	No. 3	No. 4	No. 5	合计
各舱容积/m³	1 938	5 144	5 871	4 368	2 943	20 264
各舱百分比	9.8%	25.9%	27.5%	22.0%	14.8%	100%
各舱装货重量/t	1 206	3 188	3 385	2 708	1 821	12 308
调整值/t	121	319	339	271	182	
各舱允许装货重量的上、下限值/t	1 327 1 085	3 507 2 869	3 724 3 046	2 979 2 437	2 003 1 639	

注意事项：

（1）应防止装卸货过程中货物重量沿船舶纵向分布不合理。对杂货船而言，应均衡各舱的装卸速度，防止在卸中出现某货舱中货物重量与其他货舱中的货物重量相差悬殊。

（2）应防止在中途港装卸货物以后，货物重量沿船舶纵向配置不合理。中途港货物批量较大时，应按舱容比例分配；批量较小时，可间舱配置。切忌将所有中途港货物集中在某一个舱室内。

（3）应综合考虑油、水载荷的分布及船舶总体布置对船体总纵受力及变形的影响，据此最终确定货物重量沿纵向的配置，如表 7-7 所示。

表 7-7   各种类型船舶纵向强度情况表

船型	装载状态	纵向变形	配置	使用
舯机船	满载时	中拱	先中间	艏艉
	空载时	中垂	艏艉	先中间
艉机船	满载时	中垂或中拱	按具体情况定	
	空载时	中拱	先中间	艏艉

八、根据实船观测吃水检验船舶纵强度

1. 总纵弯曲变形的吃水判断法

校核船舶纵向受力情况，也可以使用简便的数据表，见表 7-8。此表是编制上述强度曲线图的数据表，表中的数值是在不同吃水时该曲线图横坐标的垂直线与图中五条曲线的交点所对应的纵坐标值，即载荷对船中弯矩的绝对值。使用该数据表非常方便。

例 7-3：全船货物、油、水等重量对船中力矩绝对值为 4 003 863 kN·m，根据船舶的平均型吃水 9.00 m 或排水量 20 881 t，在该数据表中查得该船载荷对中弯矩的中拱有利范围为 3 782 804 ~ 4 333 656 kN·m，说明该航次船舶装载的纵向受力满足要求，船舶处于中拱状态，应力处于有利范围。

表 7-8 载荷对船中弯矩允许范围数据表

型吃水 d_M/m	排水量 Δ/t	载荷对船中弯矩值 $\sum p_i x_i$/(kN·m)			
		中拱状态		中垂状态	
		允许范围	有利范围	有利范围	允许范围
2.62	5 371	207 772	0	—	—
3.00	6 333	466 982	259 210	—	—
3.50	7 484	777 527	569 755	18 903	—
4.00	8 654	1 095 401	887 629	336 777	—
4.50	9 821	1 413 861	1 206 189	655 337	104 485
5.00	11 014	1 745 912	1 538 140	987 288	436 436	228 664
5.50	12 207	2 082 130	1 874 358	1 323 506	772 654	564 882
6.00	13 421	2 413 472	2 205 700	1 654 848	1 103 996	896 224
6.50	14 607	2 737 006	2 529 234	1 978 382	1 427 530	1 219 758
7.00	15 855	3 093 639	2 885 867	2 335 015	1 784 163	1 576 391
7.50	17 089	3 447 937	3 240 165	2 689 313	2 138 461	1 930 689
8.00	18 334	3 806 070	3 598 298	3 047 446	2 496 594	2 288 822
8.50	19 617	4 177 624	3 969 852	3 419 000	2 868 148	2 660 376
9.00	20 881	4 541 428	4 333 656	3 782 804	3 231 952	3 024 180
9.19	21 367	4 694 592	4 486 820	3 935 968	3 385 116	3 177 344

2. 总纵弯曲变形的吃水判断法

船舶在装载或压载后由于剪力和弯矩的存在,会产生一定的中拱或中垂变形。实际工作中,可以通过观测并比较艏艉平均吃水及船中吃水来判断船体拱、垂变形的程度和方向。若艏艉平均吃水大于船中吃水,说明船舶处于中拱变形状态;若艏艉平均吃水小于船中吃水,则说明船舶处于中垂变形状态。同时,两者差值的绝对值反映了拱垂变形的程度,称为拱垂值,即

$$\delta = \left| d_{\boxtimes} - d_M \right| \tag{7-6}$$

式中:δ——拱垂值(m);

$d_{\boxtimes}$——船中左右舷平均吃水(m);

d_M——艏艉平均吃水(m)。

经验表明,正常拱垂变形范围应不超过 L_{BP}/1 200 m,极限拱垂变形范围为 L_{BP}/1 200 m < δ ≤ L_{BP}/800 m,危险拱垂范围为 L_{BP}/800 m < δ ≤ L_{BP}/600 m,破坏范围为大于 L_{BP}/600 m。

船舶装载或压载后,其拱垂值在正常范围内,则可以开航;拱垂值接近极限值,则只允许在海况良好的天气开航;拱垂值接近危险值,则在对其进行调整,使其脱离危险值后方可开航。

九、船舶总体布置对总纵弯曲变形的影响及其修正措施

船舶因机舱、油水舱、深舱位置不同,船体各段负荷的分布也各不相同,直接影响着船舶是否会出现中拱或中垂现象及其程度。对于各种不同机舱位置的船舶,除了满足按舱容比分配货物重量外,还必须根据船舶布置的特点,正确配载船舶。

微课:
船舶总体布置对总纵弯曲变形的影响

(一)不同机舱位置的船舶弯曲力矩特性曲线

船舶在某一吃水下的静水弯矩是一个定值,当吃水发生变化时,静水弯矩也会发生变化。在计算不同吃水的静水弯矩后,绘出静水弯矩随吃水变化的曲线,称为弯矩特性曲线。不同船型的弯矩特性曲线趋势是不同的。图 7-5 是三种不同机舱位置的杂货船弯矩特性曲线。由图中可以看出,无论是中机船、中后机船还是艉机船,在不同吃水时的静水弯矩都处于中拱状态。

1.舯机船

机舱位于中部的中机船,其静水弯矩特性曲线随吃水的增加而向右上方倾斜(即中拱弯矩逐渐增大)。空载时,中拱弯矩较小,满载时中拱弯矩较大。因此,使用舯机船时,应特别注意尽量减缓满载状态的中拱变形。

2.舯后机船

机舱位于船中偏后,常见的为前四后一型。其静水弯矩特性曲线随吃水的增加而向左上方倾斜(即中拱弯矩逐渐减小)。空载时,中拱弯矩较满载时大一点,空载至满载时的中拱弯矩值的变化范围不大。因此,使用舯后机船时,应注意减少中拱弯矩,尤其应注意减缓空载航行状态下的中拱变形。

3.艉机船

艉机船的机舱位于船尾部,其静水弯矩特性曲线随吃水的增加而向左上方倾斜(即中拱弯矩逐渐减小)。满载时呈轻度中拱,弯矩值较小。空载时,中拱弯矩较满载时要大得多。因此,使用艉机船时,应特别注意减缓其空载压载航行状态的中拱变形。

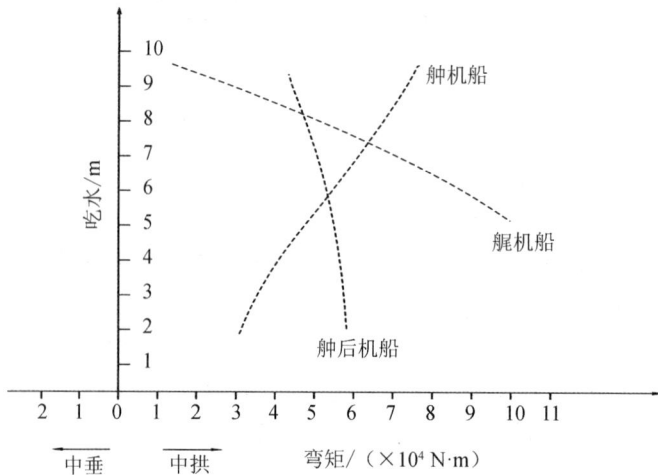

图 7-5 不同机舱位置的杂货船弯矩特性曲线

(二)不同机舱位置的船舶营运中改善纵向弯矩的方法

1.舯机船

满载航行时,船舶处于中拱变形,应采取的减缓中拱变形的方法为:

（1）按舱容比例分配货重，在舱容和局部强度允许的条件下，船中部货舱可多装5%的货物；中途港的货物则不要过多地配置在船中部货舱。

（2）船中区深舱应装货。

（3）油、水应自船中部向艏、艉舱装载，而使用时应先使用艏、艉舱中的油、水。

空船压载航行时，处于轻度中拱，但弯矩不大，应采取的减小压载弯矩的方法为：

（1）应自船中部向艏、艉压载。

（2）油、水的装载与使用原则同满载航行。

2.艉机船

满载航行时，处于轻度中拱，减缓中拱变形的方法为：

（1）按舱容比例分配货重。

（2）油、水的装载、使用原则同舯机船满载航行。

空船加压载航行时，处于中拱变形，应采取的减缓中拱变形的方法为：

（1）在航行条件允许的情况下，尽可能不用艏、艉舱压载，尽量使用船中部压载。

（2）油、水的装载与使用同舯机船的满载状态。

（3）最好在船中部货舱装载一定数量的货物。

3.舯后机船

满载航行时，舯后机船处于中拱变形状态，但比舯机船小。导致舯后机船中拱弯矩减小的主要原因是船中部装货后重量增加。减缓中拱变形的方法为：

（1）按舱容比例分配货重。

（2）船中部深舱要装货。

（3）油、水的装载与使用原则同舯机船满载航行。

空船加压载航行时，处于中拱状态，中拱弯矩大于满载状态的中拱弯矩，减缓中拱变形的方法为：

（1）在航行条件允许的情况下，少用或不用艏、艉舱压载，使用船中部压载舱压载。

（2）油、水的装载与使用原则同艉机船压载状态。

（3）有的深舱位置不合理，造成压载中拱弯矩大，为此，应在船中部货舱装载一定数量的货物，使压载时中拱弯矩减小到允许范围之内。

十、保证船舶总纵强度不受损伤的措施

对于已经投入营运的船舶，应合理使用船舶来改善船舶受力状态，以满足船舶强度条件，从而保证船舶安全和提高船舶营运效益。

1.按舱容比分配各舱货物重量

船体所受浮力沿纵向的分布是由水线下排水体积沿纵向的分布决定的，而排水体积的纵向分布规律与船体内部容积沿纵向变化的规律大体一致。因此，在配载中，应按各舱容积大小成正比地分配各货舱货物重量。

设全船货舱总容积 $\sum V_{ch}$，航次货运量 $\sum Q$，则具有 V_{chi} 舱容的某货舱应分配的

货物重量 p_i 为

$$p_i = \frac{V_{chi}}{\sum V_{ch}} \cdot \sum Q \qquad (7\text{-}7)$$

在实际装载中,由于受到各种其他因素的影响,有时难以准确按舱容比分配货物重量,应允许对所确定的分配重量做适量浮动,其上下浮动量一般可取分配货量的10%,有时甚至更大些。应该指出,按舱容比大小确定的各货舱装载计划并不是使船舶受力最小的最佳方案,若要制定出货物重量的最佳分配方案,尚需借助装载计算机完成。

2.根据机舱不同位置适当调整船中区货舱货物分配量

舯机船满载时存在较大的中拱变形,为此,应在船中区货舱适当增加货物分配量,并在艏、艉部货舱适当减少货物分配量,以减小船中区重力和浮力的差异;对于大型艉机船因满载时呈中垂变形,则应适当减少船中区货舱货物分配量并相应增加艏、艉货舱货物分配量。其增大或减少的货物数量一般可取按舱容比分配量的10%或更大些。

3.应考虑中途港装卸货物对强度的影响

当船舶在中途港卸下或装上的货物数量较大时,该港货物不得过于集中配装在一个货舱内,以免卸货或装货后产生过大的剪力或弯矩而损伤船体强度;也不应过于分散,否则会过多地移动或更换装卸工具。应视其货物装上或卸下的重量情况,将货物分装于2~3个货舱内。

4.均衡装卸各舱货物,合理安排装卸顺序

货物在装卸过程中,应尽量使船长各段上的重力和浮力保持一致,这就要求各舱货物均衡地装载或卸出。在实际工作中,应争取多头装卸作业,及时更换作业舱室,即各货舱交替进行装卸,防止在作业过程中出现某一货舱中的货物与其他货舱中的货物重量相差悬殊。

对于某些种类的专用船舶,如干散货船、液体散货船等,为防止装卸过程中出现过大剪力和弯矩,需制订货物装卸计划,确定各舱装卸顺序及压载水注入或排放顺序,此类船舶艉机型偏多,因此,满载时应先卸中部舱位的货物,以减小船舶的中垂弯矩;空载时先装艏部舱位货物,以减小船舶的中拱弯矩,打排压载水也应按类似原则确定其排注顺序。

5.油、水的合理分布和使用

万吨级船舶远航线营运时,航次油水储备量约占满载时总载重量的10%,油、水的合理分布和使用对减小船舶弯曲应力具有不可忽视的作用。对大型船舶而言,虽然油、水储备在总载重量中所占比例较小,但是从船舶合理使用角度也应尽可能予以考虑。

舯机船满载时常处于较大中拱状态,所以出港时油、水尽量集中在舯部液舱柜;航行中使用时,应先用艏、艉部液舱柜的油、水,后用舯部舱柜的油、水。

艉机船空载时一般处于较大中拱状态,因此其油、水的分布和使用原则与舯机船满载时相同。大型船舶满载时常处于中垂状态,所以油、水分布和使用原则与空载时相反,即舯部液舱油、水尽量装载得少些,艏、艉液舱尽量满些;航行中先用中部液舱油、水,后用艏、艉部液舱油、水。

对于舯后机船,满载航行时,可能处于较小中拱或中垂状态,应依据船舶具体状态确定油、水的分布及使用方案;压载航行时,一般为中拱状态,因此油、水分布和使用原则与艉机船的空船压载状态相同。

6.调整吃水差时兼顾船舶拱垂状态的改善

在配装或实际装载时,常在艏、艉部货舱留有一定富余舱容,用于在装货结束前调整吃水差。由于艏、艉货舱距该排水量条件下的弯矩中性点较远,若调整前船舶为中拱状态,则调整后会加大其原有的中拱弯矩,当剩余的货物较多时,尤其应注意货物装载后对船体弯矩的影响。

另外,在配载时利用货物纵移调整吃水差时,也应兼顾船舶总纵强度的改善。如移货之前船舶呈中拱状态,则应依据吃水调整要求将货物由艏部或艉部货舱移至中区货舱;若移货前船舶呈中垂状态,则应根据吃水调整需要将船中区货舱货物移至艏部货舱或艉部货舱;若货物移动前船舶强度处于有利范围,则为了调整吃水差可将货物从中前与船中后的两个弯矩中性点间纵移,这样,可继续保持其原有强度状态。

7.合理压载

为改善船舶的航行性能,空载船舶需注入相当数量的海水,以确保航行安全。对于艉机船,空载时艉吃水差较大,且船舶处于中拱状态,欲减小船舶艉吃水差及中拱弯矩,除艏部压载外,应尽量使用接近船中区的压载水舱。对某些需使用中部某一货舱压载的船舶,应注意尽可能压满整个货舱,以减小自由液面及对周壁的冲击,同时也应防止重量过分集中而在前后横舱壁处产生过大的剪力,此时可根据具体情况排空压载货舱区的顶边舱及双层底压载水。

8.避免船舶在波浪中的纵谐摇

船舶在波浪中航行时,若船长等于波长且船速等于波速,船舶则会出现纵向谐摇,船体中部处于波谷或波峰位置上,会加大船舶的中拱弯矩或中垂弯矩,且如果长时间得不到改变,这对船体强度极为不利,应避免这种纵谐摇的存在和持续状态。为此,一般应采取改变航向或船速或在改变航向的基础上同时改变船速的方法,使船舶摆脱不利处境,以确保船舶纵强度处在安全的范围内。

任务二 保证船舶局部强度

一、局部强度概述

船舶在重力和浮力的作用下,除了在各横剖面上产生剪力和弯矩使船体产生总纵弯曲变形和剪切变形外,还将在局部范围内对船体的结构产生压力,使这些结构发生局部变形,即局部结构的弯曲变形或剪切变形。这种变形超过一定限度,会造成结构损坏。若受损的局部结构属于参加抵抗总纵弯曲的构件,则还会使局部损坏范围

内的横剖面上抵抗总纵剪切和弯曲的有效构件数量减少,即受损构件不能有效地传递总纵弯曲应力,从而使船体总纵强度下降。为此,要求船体各部分结构在外力的作用下仍具有抵抗局部变形和损坏的能力,船体所具备的这种能力称为局部强度。对营运船舶来说,主要应考虑甲板、平台、舱底及舱口盖等载货部位的局部强度。

二、局部强度校核

船体局部强度在设计和建造时应满足有关建造规范的要求,船舶使用者最关心的主要问题是不使船体结构产生不允许的变形或损坏所对应的各载货部位可承重的最大能力。在装货过程中确保各部位的实际载重不超过承重的允许值,则认为船舶局部强度符合要求。

(一)许用负荷量的表示方法

载货部位局部强度所允许的载荷重量的极值称为该位置处的许用负荷量。根据载荷的分布情况及特征,实际营运中有以下几种形式的许用负荷量的表示方法:

1. 均布载荷

均布载荷是作用在载荷部位上货物重力均匀分布在某一较大面积上,如固体散货或液体散货均匀装于舱室内,使甲板或舱底所受压力相同。

由于均布载荷时载货部位上各处压力相同,因此,将载货部位单位面积上允许承受的最大重量定义为均布载荷条件下的许用负荷量 p_d,单位为 kPa。

2. 集中载荷

集中载荷系指货物重力集中作用在一个较小的特定面积上,如重大件货的底脚、支架等。特定面积系指向该区域下的承重构件(如甲板纵桁)施加集中压力的骨材(如甲板纵骨和横梁)之间的面积。

由于集中载荷时货重作用在一特定面积上,因此,将载货部位特定面积上允许承受的最大重量定义为集中载荷条件下的许用负荷量 p,单位为 kN。

3. 车辆载荷

车辆载荷系指载车部位上的车辆及其所载货物的重量集中作用在特定数目的车轮上,如铲车及其所铲起的货物、拖车及其上面的集装箱等。

车辆载荷时的车、货重量作用在车轮上,所以,将载车部位在不同车轮数目时所允许承受的车辆及所载货物的最大总重称为车辆载荷条件下的许用负荷量 p_v,单位为 kN。

(二)许用负荷量的求取

1. 查船舶资料

船舶各载货部位的许用负荷量一般可以从船舶局部强度计算书中查取,有的船舶的相关数据也列在装载手册中。

小型船舶许用负荷量给出的方式比较简单,一般不区别甲板的有关部位,甚至不区别是集中载荷还是均布载荷。表7-9是某船各载货层许用负荷量值。

表7-9　某船各载货层许用负荷量值(9.81 kPa)

位置 载荷	上甲板	二层甲板	内底板	上甲板舱盖	二层舱舱盖
均布载荷	1.75	2.50～3.50	7.50	1.75	NO.1 舱 4.00 其他舱 3.50
车辆载荷		4 个前轮 10 t	4 个前轮 10 t		
		2 个前轮 2 t	2 个前轮 10 t		

大型船舶各层甲板许用负荷量常分舱、分部位按集中载荷和均布载荷给出舱底板许用负荷量以舱为单位给出。舱底板许用负荷量以舱为单位给出,二层甲板和上甲板许用负荷量则以舱为单位按不同部位给出,一般分为舱口盖、舱口外和舱口间 3个部位(见图 7-6)。不同部位的许用负荷量是有一定差别的,查取时应按不同的载荷种类并根据实际装载位置读出相应数值。某船甲板许用负荷表如表 7-10 所示。

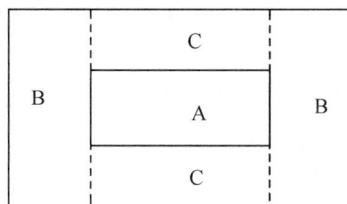

图 7-6　甲板负荷分区图

表 7-10　某船甲板许用负荷表

位置	货舱号		
	No. 1 货舱	**No. 2 ～ No. 4 货舱**	**No. 5 货舱**
上甲板	均布载荷	均布载荷	均布载荷
	Ⅰ. $p_h = 0$ kPa 时	Ⅰ. $p_h = 0$ kPa 时	Ⅰ. $p_h = 0$ kPa 时
	$p_d = 32.18$ kPa(舱口外)	$p_d = 22.96$ kPa(舱口外)	$p_d = 32.18$ kPa(舱口外)
	$p_d = 32.57$ kPa(舱口间)	$p_d = 17.46$ kPa(舱口间)	$p_d = 32.57$ kPa(舱口间)
	Ⅱ. $p_h = 15.01$ kPa	Ⅱ. $p_h = 14.13$ kPa 时	Ⅱ. $p_h = 14.13$ kPa 时
	$p_d = 32.18$ kPa	$p_d = 20.90$ kPa(舱口外)	$p_d = 19.62$ kPa(舱口外)
		$p_d = 17.46$ kPa(舱口间)	$p_d = 17.46$ kPa(舱口间)
	集中载荷	集中载荷	集中载荷
	$p = 107.91$ kN(舱口外)	$p = 104.97$ kN(舱口外)	$p = 104.97$ kN(舱口外)
	$p = 45.62$ kN(舱口间)	$p = 34.83$ kN(舱口间)	$p = 34.83$ kN(舱口间)
中间甲板	均布载荷	均布载荷	均布载荷
	$p_h = p_d = 212.58$ kPa	$p_h = p_d = 22.96$ kPa	$p_h = p_d = 22.96$ kPa
	集中载荷	集中载荷	集中载荷
	$p = 103.99$ kN(舱口盖)	$p = 77.55$ kN(舱口盖)	$p = 77.50$ kN(舱口盖)
	$p = 64.75$ kN(舱口外)	$p = 60.14$ kN(舱口外)	$p = 75.64$ kN(舱口外)
	$p = 83.88$ kN(舱口间)	$p = 84.12$ kN(舱口间)	$p = 81.42$ kN(舱口间)

续表

位置	货舱号		
	No. 1 货舱	**No. 2 ~ No. 4 货舱**	**No. 5 货舱**
底舱或平台	压载平台载荷	船底载荷	轴隧平台载荷
	在 173 肋骨前 $p_d = 74.95$ kPa	均布载荷 $p_d = 154.02$ kPa	在 19 肋骨前 $p_d = 102.02$ kPa
	在 173 肋骨后 $p_d = 117.72$ kPa	集中载荷 $p = 85.84$ kN	在 19 肋骨后 $p_d = 37.77$ kPa

2. 经验公式

若船上无上述资料又为局部强度核算所必需,则可用以下经验公式估算各层甲板的许用负荷量。

（1）上甲板

对设计时不考虑在露天甲板装货的船舶,不允许在上甲板装货。对于允许装载货物的上甲板,其许用负荷量 p_d 可按下式估算

$$p_d = \frac{9.81 H_c}{\mu} \tag{7-8}$$

式中: H_c——上甲板货物的设计堆高,重结构船取 1.5 m,轻结构船取 1.2 m;

μ——船舶设计时采用的舱容系数(t/m^3)。

（2）中间甲板和舱底

中间甲板和舱底的许用负荷量 p_d 可由式(7-9)确定

$$p_d = \frac{9.81 H_d}{\mu} \tag{7-9}$$

式中: H_d——二层舱或底舱高度(m)。

当船上没有设计时采用的舱容系数资料时,可以将其取为 $\mu = 1.39$ m^3/t。对满足建造规范规定的重货加强要求的船舶的底舱,可取 $\mu = 0.83$ m^3/t。

大多数情况下,利用经验公式所确定的甲板许用负荷量偏于保守,即船舶实际甲板负荷量可能远大于许用负荷量。如果有理由认为利用经验公式所确定的许用负荷量过小,则在船舶装载时可适当超过此值。

（三）实际负荷量的计算

货物装载后实际负荷量大小应根据载荷的不同类型予以计算。

1. 集中载荷

货件的底脚、轮、支柱等部位对甲板的压力可作为集中载荷对待。如果货件的重量分布均匀且支承点对称,则各支承点处的压力应为货件总重量与支承点数目的比值。

当货件重量非均匀分布或支撑点不对称等原因引起的货件下各支承点处的压力不同时,应分别估算。在估算集中载荷条件下实际甲板负荷时,应根据货件装载计划及支撑点尺寸首先确定货件底部支撑面积所横跨的骨材数目 n,则每个骨材上的实际负荷量为

$$p' = \frac{9.81 W}{n} \tag{7-10}$$

式中:W——重量均匀分布时,为货件总重量(t);重量非均匀分布时,为某支承
　　　　点所分担的货件重量(t)。

2.均布载荷

各类固体散货、液体散货或普通杂货的货堆下的压力可作为均布载荷对待。均
布载荷条件下的甲板实际负荷量p'_d可按下式计算(见图7-7)

$$p'_d = \frac{9.81 \sum p_i}{A} \tag{7-11}$$

或

$$p'_d = 9.81 \sum \frac{h_i}{SF_i} \tag{7-12}$$

式中:p_i——第i层货物的重量(t);

　　　A——货堆底面积(m^3);

　　　h_i——第i货层堆高(m);

　　　SF_i——第i层货物的积载因数(m^3/t)。

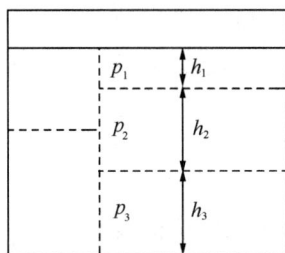

图7-7　均布载荷求算

在进行货层堆高估算时,一般假定各层货物上表面是水平的,且舱内所有货物的
最终表面也是水平的;货物体积与舱容的比值等于货层堆高与舱高的比值。在这些
假定下利用简单的几何关系确定各货层堆高,并计算出对舱底或甲板的压力。当然,
对不同舱型,需对上述方法求出的货高予以修正,尤其是艏、艉部货舱。

对于装载固体散货的货舱,若装载后未平舱,会出现如图7-8所示的货面起伏不
平的状态,此时,应取较高货位的高度并按式(7-12)计算实际负荷量。

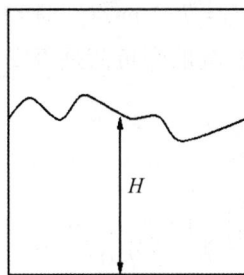

图7-8　未平舱时的状态

(四)满足船舶局部强度要求的条件

由上可知,满足船舶局部结构安全的条件是货物装载后载货部位的实际负荷量不大于相应部位的许用负荷量。

值得注意的是,在某些载荷情况下,若所装载部位同时具有均布载荷和集中载荷的局部强度要求,则在校核时,均布载荷和集中载荷的局部强度条件都应满足。

(五)校核实例

例7-4:某船甲板许用负荷量如表7-10所列。某航次在 No.3 舱上甲板口外装载一挖土机,重量为 35 t,每条履带与甲板的接触长度为 4.0 m、宽度为 0.6 m,试确定铺垫方法。

解:

(1)计算甲板实际负荷量 p'_d

$$p'_d = \frac{9.81W}{A} = \frac{9.81 \times 35}{4 \times 0.6 \times 2} \approx 71.53 \text{ kPa}$$

(2)查取甲板许用负荷量 p_d 和 p

由表7-10中查得 No.3 舱上甲板舱口外 $p_d = 22.96$ kPa,$p = 104.97$ kN。

(3)比较 p'_d 和 p_d

显然 $p'_d > p_d$,故需铺垫垫木。

(4)计算垫木铺垫面积 A'

$$A' = \frac{9.81W}{p_d} = \frac{9.81 \times 35}{22.96} \approx 14.95 \text{ m}^2$$

(5)确定衬垫方法

挖土机重量 $W = 9.81 \times 35 = 343.35$ kN,装载部位集中装载时的许用负荷量 $p = 104.97$ kN,两者比值 $\frac{W}{p} = \frac{343.35}{104.97} \approx 3.27$,所以下层垫木应沿横向跨甲板下纵骨的方向设置,其跨度为 4 倍的纵骨间距。

例7-5:某船 No.2 底舱均布载荷时的许用负荷量 $p_d = 15.7 \times 9.81$ kPa,现在舱内装载五金 1 600 t($SF_1 = 0.5$ m³/t)、棉织品 100 t($SF_2 = 4.5$ m³/t)、重烧镁 500 t($SF_3 = 1.1$ m³/t)、草制品 90 t($SF_4 = 7.2$ m³/t),货物装载方案如图7-9所示。该舱舱容 2 710 m³,舱高 7.2 m,试校核其舱底负荷是否安全。

解:

(1)计算各层货高

五金堆高 h_1 为

$$h_1 = 7.2 \times \frac{1\ 600 \times 0.5}{2\ 710} \approx 2.13 \text{ m}$$

棉织品和重烧镁的堆高 h_2 为

$$h_2 = 7.2 \times \frac{100 \times 4.5 + 500 \times 1.1}{2\ 710} \approx 2.66 \text{ m}$$

草制品堆高 h_3 为

$$h_3 = 7.2 \times \frac{90 \times 7.2}{2\ 710} \approx 1.72\ \text{m}$$

（2）计算舱底实际负荷量 p'_d

靠近重烧镁一侧的 p'_d 较大，其值为

$$p'_d = \left(\frac{2.13}{0.5} + \frac{2.66}{1.1} + \frac{1.72}{7.2} \right) \times 9.81 \approx 6.92 \times 9.81\ \text{kPa}$$

（3）判断是否满局部强度条件

$p'_d \approx 6.92 \times 9.81\ \text{kPa} < p_d = 15.7 \times 9.81\ \text{kPa}$，因此局部强度满足。

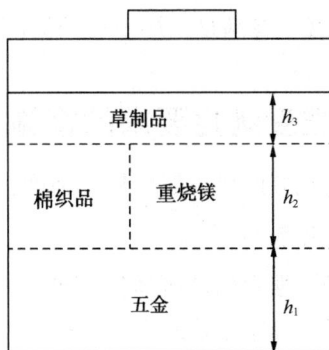

图 7-9 No.2 底舱配置图

例 7-6：某船 No.3 二层舱舱高 3.5 m，舱容 1 500 m³，均布载荷时的许用负荷量 $p_d = 24.96$ kPa，所装货物如图 7-10 所示，装货后货物表面呈水平状。试校核二层甲板的局部强度，若不满足，应怎样调整，调整后的局部强度如何？

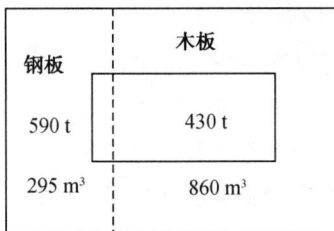

图 7-10 No.3 二层舱配置图

解：

（1）求钢板和木板的货高 h

$$h = 3.5 \times \frac{295 + 860}{1\ 500} \approx 2.70\ \text{m}$$

（2）求钢板一端甲板实际负荷量

$$p'_d = \frac{2.70}{295/590} \times 9.81 \approx 52.97\ \text{kPa}$$

（3）判断是否满足局部强度条件

$$p'_d \approx 52.97\ \text{kPa} > p_d = 24.96\ \text{kPa}$$

故二层甲板的局部强度不满足强度条件。

（4）调整装载计划

拟将钢板和木板上下分层堆装且钢板在下、木板在上平铺整个货舱。

（5）校核装载计划调整后的局部强度

No.3 二层甲板面积

$$A' = \frac{1\,500}{3.5} \approx 428.57 \text{ m}^2$$

调整后甲板实际负荷量

$$p'_d = \frac{590 + 430}{428.57} \times 9.81 \approx 23.35 \text{ kPa}$$

$p'_d < p_d$，所以调整后的装载方案满足二层甲板的局部强度要求。

三、保证船舶局部强度满足要求的措施

在实际工作中，应从下述几方面保证船舶局部强度：

1. 适当减小旧船的许用负荷量

船龄较大的老旧船舶，船体强力构件因锈蚀而使强度降低，因此，应适当减小船舶资料中所列出的许用负荷量，其减小量应根据船舶强力构件锈蚀的程度来确定。

2. 舱内货重分布尽量均匀

货物配装时，在满足卸货港序及货物相容性的前提下，货物重量在舱内应尽量均匀分布。重货应尽可能不扎位装载，不过分集中装于某一舱位，注意轻、重货物的合理搭配。

3. 重大件货合理配装和衬垫

重大件货应配装在局部强度较大处，若配装在二层舱或上甲板，应尽量安排在甲板下有支柱的位置，必要时可在其下加设撑柱。重大件货受力点应尽可能落在横梁、舱壁、纵骨等强力构件处。必要时货件下应进行衬垫，以增大底部承载面积，降低实际负荷量及甲板或舱底下骨材所分担的重量。衬垫时应横跨相应骨材，使其重量分散到多个骨材上。

4. 上甲板舱盖上不装重货

除集装箱船外，一般干货船的上甲板舱盖上不允许堆装重货，需要时只能装载少量轻货，以防舱盖受力过大而变形漏水。

5. 固体散货在装舱时应注意平舱

固体散货在装载时，因装船机械性能及操作条件等方面的限制，舱内货物表面会出现高低不平的现象及货物向舱口下方区域集中的趋势，这势必会造成舱底负荷的不均衡。对于积载因数较小的矿石类重货，不同位置货高的较大差异将极有可能使作用于舱底的实际负荷超出许用值，从而导致局部结构的破坏。

为避免上述不利于船体强度的现象出现，除限制货舱内货物装载量外，还应采取平舱措施，尽可能使货物散落至货舱应达舱位，并保持货物表面水平。

6. 重货装载时应限制其落底速度

无论是重件货还是 *SF* 较小的固体散货,若落底速度较快,则舱底或甲板除重力作用外,还受到一定的冲击力,这对船体强度的保持极为不利,因此,在装载时应限制其落底速度。

7. 如有怀疑应予以校核

无论何种原因,当对装载后的局部结构强度存在怀疑时,应进行必要的校核。

8. 请专家指导

在装载大型货件时,常需要对装载后的船舶局部强度进行较准确的复杂计算,此时请专家进行实际指导或制定装载方案不失为上策。

项目八
船舶破损控制

🚢 **学习目标**

1. 掌握渗透率的基础知识,了解不同处所的渗透率的不同之处。
2. 掌握并能区分第一类进水舱、第二类进水舱、第三类进水舱。
3. 了解破损控制手册的内容。
4. 掌握破损控制图的相关信息。

任务一　船舶进水类型及相关概念

本任务主要介绍船舶进水的几种类型,分别为第一类进水舱、第二类进水舱、第三类进水舱,及相关概念(如渗透率)的解释。通过对本任务内容的学习,学生能正确判断船舶进水的类型,并掌握相关的基础知识。

一、船舶破损进水舱分类

船舶在使用过程中,可能发生船体破损等海损事故,从而使大量海水进入船体,危及船舶的安全。因此,船舶设计阶段需要考虑抗沉性问题。

抗沉性系指船舶发生海损事故,一舱或数舱进水后仍然保持一定浮性和稳性的能力,它是船舶的重要航海性能之一。船舶之所以具有抗沉性,主要与船舶的储备浮力和破舱稳性有关,而船舶具有的储备浮力和破舱稳性又与船舶的水密舱壁的合理布置有关。具有一定抗沉性要求的船舶,在一舱或数舱进水后,由于水密舱壁的存在,水不至于漫延全船,故船舶的下沉不会超过一定的极限位置,并且具有一定的稳性。

因此,抗沉性的研究主要是两类问题:一是在船舶舱壁已定的情况下,求船舶在

一舱或数舱进水后的浮态及稳性;二是在船舶设计过程中,从抗沉性要求出发,计算分舱的极限长度,亦即可浸长度。

　　船舶舱室的结构因船舶种类及舱室用途的不同而异,舱室进水后淹没的状态也各不相同。为了讨论方便,本任务先将进水舱室进行分类,再介绍渗透率的概念。

　　在抗沉性计算中,根据船舱进水情况,可将进水舱分为下列三类。

1. 第一类进水舱

　　舱的顶部位于水线之下,船体破损后,水即灌满全舱,即舱内的淹水量不随淹水后的水线位置而变,同时没有自由液面。双层底舱和顶盖在水线以下的深舱柜等均属此类,如图 8-1(a)所示。

2. 第二类进水舱

　　进水舱未被灌满,舱内水与船外水不相通,有自由液面。为调整船舶浮态而灌水的舱室,以及船体破损处已经堵塞但水未被抽干的舱室都属于此类,如图 8-1(b)所示。

3. 第三类进水舱

　　舱顶在水线以上,舱内水与船外水相通,因此舱内水面与船外水面保持同一水平面。这是破舱中最为普遍的典型情况,如图 8-1(c)所示。

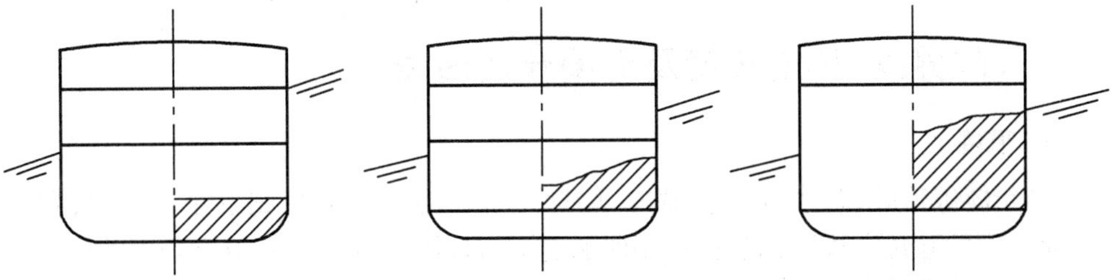

(a)第一类　　　　　　　(b)第二类　　　　　　　(c)第三类

图 8-1　三类进水舱

二、相关概念

1. 渗透率

　　船舶破损后,进水舱室能被水浸占的容积与该舱室总容积的比值,称为渗透率,又称体积渗透率 μ_V,即

$$\mu_V = \frac{V_1}{V} \tag{8-1}$$

或

$$V_1 = \mu_V V$$

　　式中: V_1 和 V 分别表示进水容积和空舱容积。

　　由于船舶舱室内有各种结构构件、设备、机械和货物等,它们都占据一定的舱室容积,随船舶及舱室的不同,它们占据的总容积也不同,所以各类船舶的不同舱室的渗透率是不同的。我国《海船法定检验技术规则》规定的 μ_V 值如表 8-1 所列。

表8-1 舱室处所渗透率

处所	渗透率 μ_V
装载液体的处所	0.95[①]
起居处所	0.00 ~ 0.95
机器处所	0.85
货物、煤、物料储藏专用处所	0.60

注①:部分装载的舱的渗透率应与该舱所载液体的量一致。装载液体的舱一旦破损,应假定所载液体从该舱完全流失,并由海水替代至最后平衡时的水线面。

2. 其他概念

除上述体积渗透率外,还有面积渗透率 μ_a,表示实际淹水面积与空舱面积之比。μ_V 与 μ_a 之间并无一定联系,通常 μ_V 小于 μ_a,但并非所有的情况都如此,在一般情况下,μ_V 与 μ_a 可取相同的数值。

任务二 船舱进水后浮性与稳性的计算

一、限界线、可浸长度及可浸长度曲线

1. 限界线

当船体破损后,海水进入船舱内,船即下沉。为了保证船舶不至于沉没,我国《海船法定检验技术规则》规定:民用船舶的下沉极限是其舱壁甲板上表面的边线以下76 mm 处,也就是说,船舶在破损后至少要有76 mm 的干舷(舱壁甲板是指水密横舱壁上达的最高一层甲板称为舱壁甲板,通常为上层露天甲板)。在船体侧视图上,舱壁甲板边线以下76 mm 处的一条曲线(与该甲板边线平行)称为安全限界线(简称限界线),如图8-2(a)所示。

船舶下沉后的水线不应超过安全限界线,故安全限界线上各点的切线表示所允许的最高破舱水线(或称极限破舱水线)。

2. 可浸长度及可浸长度曲线

为了保证船舶破损后的水线不超过限界线,对船舶舱室的长度必须加以限制。船舱的最大许可长度称为可浸长度,它表示进水后船舶的最高破舱水线恰与限界线相切。

由于在船长的不同位置处,船舱的横剖面大小不同,因此各船舱进水后对船舶的纵倾影响也不同,所以可浸长度随船长的位置而变。在船体侧视图上,以各进水舱可浸长度的中点距中横剖面的距离 x 为横坐标、以对应位置的可浸长度 l 为纵坐标绘制的曲线称为可浸长度曲线,如图8-2(b)所示。

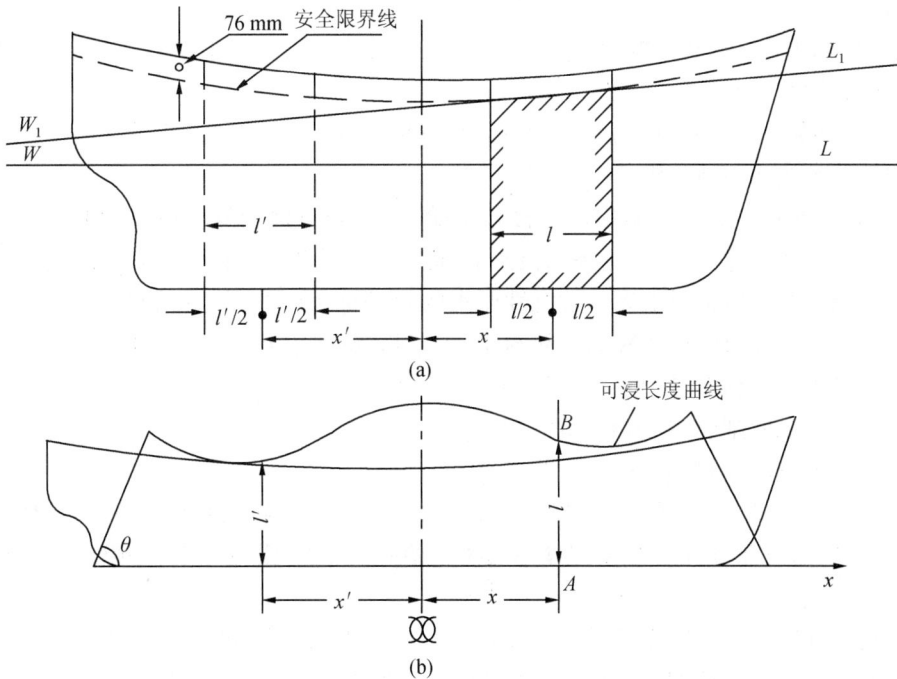

图 8-2　安全限界线和可浸长度曲线

二、分舱因数及许用舱长

由上述内容可知,位于船长某处的一个舱室破损后,只要该舱长度不超过该处之可浸长度,则认为船舶的抗沉性是符合要求的。但是,假如与该舱相邻的舱室也同时破损的话,那么很显然船舶将不能满足抗沉性的要求。因此,只用可浸长度来检验船舶舱室的大小(即横舱壁的布置)是否满足抗沉性要求,未免过于粗略,因为它不能体现出各类船舶在抗沉性方面要求的不同。为此,在《海船法定检验技术规则》中采用了一个分舱因数 F 来决定许用舱长。F 是一个等于或小于 1.0 的系数,因此有

$$许用舱长 = 可浸长度(l) \times 分舱因数(F) = l \cdot F$$

将实际的可浸长度乘以分舱因数 F 后,便得到许用舱长曲线,如图 8-3 所示。假定水密舱壁的布置恰为许用舱长,这时:

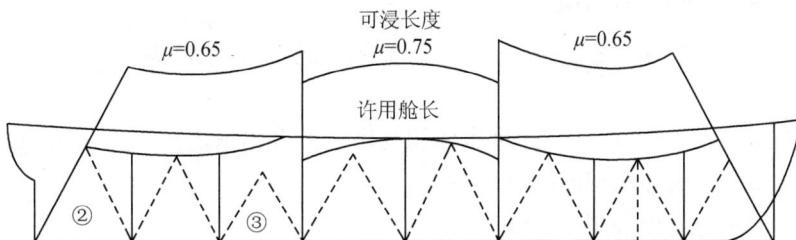

图 8-3　许用舱长曲线

(1)如果 $F = 1.00$,许用舱长等于可浸长度,船舶在一舱破损后恰能浮于极限破

舱水线而不致沉没。

(2)如果 $F = 0.50$，许用舱长等于可浸长度的一半，船在相邻两舱破损后恰能浮于极限破舱水线而不致沉没。

(3)如果 $F = 0.33$，许用舱长为可浸长度的 1/3，船在相邻三舱破损后恰能浮于极限破舱水线而不致沉没。

(4)如果船舶在一舱破损后的极限破舱水线不超过限界线，但在两舱破损后其极限破舱水线超过限界线，则表明该船的抗沉性只能满足一舱不沉的要求，称为一舱制船。相邻两舱破损后能满足抗沉性要求的船舶称为两舱制船；相邻三舱破损后仍能满足抗沉性要求的船舶称为三舱制船。若用分舱因数 F 来表示，则：

①对于一舱制船，$1.00 \geqslant F > 0.50$；

②对于二舱制船，$0.50 \geqslant F > 0.33$；

③对于三舱制船，$0.33 \geqslant F > 0.25$。

由上述可见，分舱因数 F 是决定船舶抗沉性的一个关键因素，其具体数值与船舶长度、用途及业务性质有关，在《海船法定检验技术规则》中有详细规定，这里就不多介绍了。

有了许用舱长曲线，就可依此来确定船舶水密舱壁的布置，即确定舱长。但这只是对舱长从抗沉性角度所做的一种限制，在这种限制下，还要考虑其他条件的影响（如使用等因素），才能最终确定舱长。如图 8-3 中所示的②舱，其舱长恰好等于许用舱长；③舱则因考虑使用等因素，其舱长小于许用舱长。

需要说明的是，上述可浸长度和许用舱长计算中，都没有考虑破舱后的稳性问题，对于一舱制船舶，应计算任一舱室进水后的稳性；对于二舱制船舶，应计算任意相邻两个舱室同时进水后的稳性；对于三舱制船舶，应计算任意三个相邻舱室同时进水后的稳性。

三、船舶破损进水对浮性和稳性的影响

前文讲述了船舶破损进水可分为三种情况。下面分别就三种进水情况对浮性和稳性的影响做论述。根据破舱进水的不同情况，可按下述方法确定各种进水情况下最终平衡水线和稳性。

(一)第一种进水情况

舱柜顶部封闭，破口位于水线下，整个舱柜充满水，进水量为

$$P = \mu \rho \nu \tag{8-2}$$

式中：μ——渗透率，即实际进水体积与理论进水体积之比，空舱柜中，$\mu = 0.98$；

ρ——舷外水密度（g/m^3）；

ν——舱柜容积（m^3）；

对于液体舱柜，由于可能原存部分油水 w，则最大进水量为

$$P = \rho \nu - w \tag{8-3}$$

在确定了进水量 P 及重心纵标 x_P 后，根据进水量大小，按载荷少量增加或大量

增加的方法求取破舱进水后船舶的浮态和稳性。

(二)第二种情况

舱柜顶部开敞,舱内与舷外水不相通,水未充满整个舱室,其舱内水面高度经测定为 h,则进水量为

$$P = \mu \rho \nu_h \tag{8-4}$$

式中: ν_h——舱深 h 对应的舱柜容积(m^3),可由舱容曲线或舱容表中查取。

根据进水量 P 和进水位置 x_P 按大量载荷增加或少量载荷增加的方法确定最终平衡水线和船舶稳性。

(三)第三种进水情况

舱柜顶部开敞且舱内与舷外水相通,其进水量随船舶下沉及倾斜而变化,舱内水面与舷外水面一致,其最终进水量可采取逐步逼近的重量增加法求取。

1. 初始浮态及破舱进水位置

如图 8-2 所示,破舱进水前的初始水线为 WL,对应的船舶排水量为 Δ,艏、艉吃水分别为 d_F、d_A,平均吃水为 d_M。破舱的重心纵向位置应为进水体积的几何中心,为简化计算,可近似取该容积中心纵坐标,其值由舱容表查取。

2. 第一次近似计算

(1)确定舱中吃水 d_h

根据相似梯形比例关系,可得舱中吃水 d_h 为

$$d_h = d_M + \frac{t x_h}{L_{BP}} \tag{8-5}$$

式中: d_h——破舱容积中心距船中距离(m)。

(2)计算破舱进水量

由 d_h 可从该舱舱容曲线或舱容表中查出相应的理论进水体积 ν_{h1},若舱容曲线或舱容表提供的为包装容积,则应转换成散装容积。如无资料,可将查得的包装容积乘以系数 1.10。于是第一次近似计算的破舱进水量 P_1 可由式(8-2)算出。

(3)确定第一次近似水线

首先根据初始排水量 Δ 查取 x_f、TPC 和 MTC 值,然后按少量加载方法求得进水量为 P_1(单位为 t)后平行下沉量 δd,吃水差改变量 δt_1,艏、艉吃水改变量 Δd_{F1} 和 Δd_{A1},则第一次近似水线对应的艏、艉吃水为

$$d_{F1} = d_F + \Delta d_{F1}$$

$$d_{A1} = d_A + \Delta d_{A1}$$

3. 第二次近似计算

破舱进水量为 P_1 后其水线与第一次近似水线不一致,引起舱内进水量增加,进水后的破舱水线与 $W_1 L_1$ 相吻合。

(1)确定舱中处吃水增量 δd_{h1}

同理,在舱中处吃水增量 δd_{h1} 为

$$\delta d_{h1} = \delta d_1 + \frac{\delta t_1 x_h}{L_{BP}} \tag{8-6}$$

式中:δd_1——进水量为 P_1 后船舶平均吃水改变量(m),$\delta d_1 = \dfrac{P_1}{100TPC}$。

(2)计算破舱进水进量 P_2

由 $d_{h2} = d_{h1} + \delta d_{h1}$ 查舱容曲线或舱容表得到相应的理论进水体积 ν_{h2},于是,进水增量 P_2 为

$$P_2 = \mu\rho(\nu_{h2} - \nu_{h1}) \tag{8-7}$$

(3)确定第二次近似水线

首先由 $W_1 L_1$ 水线下的船舶排水量 $\Delta_1 = \Delta + P_1$,查取 x_f、TPC 和 MTC 值,然后由少量加载方法求出船舱进水 P_2 后相应的 δd_2、δt_2、Δd_{F2} 和 Δd_{A2},则第二次近似水线 $W_2 L_2$ 对应的艏、艉吃水为

$$d_{F2} = d_F + \Delta d_{F2}$$
$$d_{A2} = d_A + \Delta d_{A2} \tag{8-8}$$

4. 第三次近似计算

显然,$W_2 L_2$ 与 $W_1 L_1$ 破舱水线间又增加了进水量 P_3,于是可进行第三次近似计算。依此类推,可进行第四次、第五次……近似计算。

对照 $P_1,P_2,P_3,\cdots,P_n$ 各值,显然存在

$$P_1 > P_2 > P_3 > P_n \geqslant 0$$

也就是说,当进行至 n 次近似计算后,所得水线 $W_n L_n$ 即为船舶破舱进水后的最终平衡水线。实际上,用重量增加法做逐步逼近最终平衡水线的计算时,根据最后一次进水量不大于第一次近似进水量的5%,就认为满足近似计算精度的要求。一般情况下,需进行 4 ~ 5 次近似计算。

求得最终平衡水线后,应判别 $W_n L_n$ 是否位于舱壁甲板(限界线)以下。若 $W_n L_n$ 在安全限界线以下,则表明船舶具有剩余浮力。

鉴于上述方法计算最终平衡水线需一定时间,而在破舱事故发生时不可能顾及详细计算,因此,最好根据装载情况做出破舱浮态的预算。

为简化预算工作量,可采用过量进水法求取相应的进水后水线,其方法为:

(1)假设理论破舱进水体积为整个破舱容积 V_0,则进水量为

$$P = \mu\rho V_0 \tag{8-9}$$

式中:μ——根据货舱实际装货情况所取的渗透率值。

(2)按大量装载方法求取 t、d_F 和 d_A。

(3)判断进水后水线是否在安全限界线以下。

显然,过量进水法是偏于安全的处理方法,它对于船舶破舱后船长和驾驶人员尽快做出正确决断无疑是具有重要意义的。

5. 船舶进水后的初稳性

船舶破舱进水,可视为船上载荷增加,以此确定船舶浮态和稳性的方法称为重量

增加法。设船舶破舱进水前排水量为 Δ ,重心高度为 KG ,进水量为 P_w ,其重心高度 Z_w 也由舱容曲线查出,则船舱进水后最终排水量 Δ_w 为

$$\Delta_w = \Delta + P_w \tag{8-10}$$

最终平衡后的船舶重心高度 KG_w 为

$$KG_w = \frac{\Delta \cdot KG + P_w Z_w}{\Delta + P_w}$$

由静水力资料根据 Δ 查取初稳心距基线高 KM_w ,于是船舶破舱后的初稳性高度 GM_w 有

$$GM_w = KM_w - KG_w - \frac{\rho i_x'}{\Delta_w} \tag{8-11}$$

式中: ρ ——舷外水密度($\mathrm{g/m^3}$);

　　　i_x' ——破舱区间自由液面惯性矩($\mathrm{m^4}$)。

由于货舱内所装货物的影响,实际自由液面面积小于破舱区间理论液面面积,为此在计算自由液面惯性矩时,应考虑面积渗透率的修正。一般近似处理方法是将理论自由液面惯性矩 i_x 乘以面积渗透率 μ_a ,即

$$i_x' = \mu_a \cdot i_x \tag{8-12}$$

6. 船舶横向不对称进水时的横倾角

船舶设置纵向水密舱壁且一侧破舱进水时,必然形成横向不对称进水,从而引起船舶横倾,如集装箱船、油船舷侧破损,普通货船一舷压载舱破损等均会导致横向不对称进水的情况。在确定船舶进水后横倾角的大小时,根据进水的不同结果,可分为小倾角和大倾角两种情况。

(1)进水引起的小倾角计算

若船舶进水量较少或进水量重心位置靠近船舶中纵剖面,则最终会产生较小横倾角。

已知船舶进水量 P_w ,其重心横坐标 y_w ,进水后船舶排水量 Δ_w ,初稳性高度 GM_w ,则船舶横倾角 θ_w 为

$$\tan\theta_w = \frac{P_w y_w}{\Delta_w \cdot GM_w} \tag{8-13}$$

式中: y_w 可在舱长中点的横剖面图上近似量取。

(2)进水引起的大倾角计算

若船舶进水量较大或进水量的重心距中纵剖面较远,则会产生较大的横倾角。在确定了船舶进水量 P_w 及其重心横向坐标 y_w 、垂向坐标 z_w 后,可按下述方法求取船舶横倾角。

①计算船舶经自由液面修正后的重心高度 KG_w

设船舶破舱前排水量为 Δ ,重心高度为 KG ,破舱进水量为 P_w ,重心高度为 z_w ,则经自由液面修正后的船舶重心高度为

$$KG_w = \frac{\Delta \cdot KG + P_w \cdot z_w + \rho i_x'}{\Delta + P_w} \tag{8-14}$$

②计算船舶进水后的重心横坐标 Y_G

船舱不对称进水后船舶重心偏离中纵剖面,其重心横坐标 Y_G 为

$$Y_G = \frac{P_w \cdot y_w}{\Delta + P_w} \tag{8-15}$$

③绘制静稳性曲线图

在不考虑船舶重心偏离中纵剖面时,其静稳性力臂 GZ_w 值由下式求取并做出静稳性力臂曲线

$$GZ_w = KN - KG_w \sin\theta \tag{8-16}$$

④绘制静稳性力臂修正曲线

船舶进水后其重心偏离中纵剖面,由此导致 GZ 值减小,其修正量 δGZ 为

$$\delta GZ = Y_G \cos\theta \tag{8-17}$$

计算出不同倾角时的 δGZ 值,并在与 GZ 曲线同一坐标系中作出曲线。

⑤量取船舶横倾角 θ_w

在图 8-4 中量取 GZ 曲线和 δGZ 曲线交点的横坐标,即可求得船舱不对称进水时产生的横倾角 θ_w。

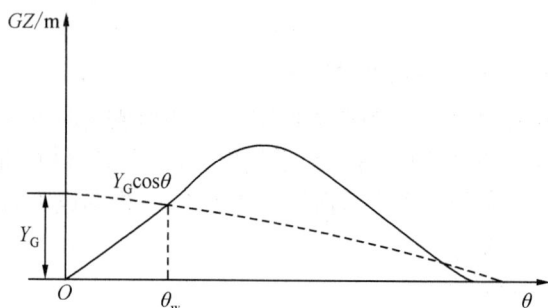

图 8-4 量取船舶横倾角 θ_w

7. 船舶破舱后的大倾角稳性

船舶破舱进水后其排水量及重心高度发生变化,横向不对称进水时船舶重心偏离中纵剖面,这些因素均对船舶的大倾角稳性产生影响。

(1)船舱横向对称进水

若船舱横向对称进水,可按式(8-14)先计算进水后经自由液面修正后的船舶重心高度 KG_w,再按式(8-16)求取静稳性力臂,并绘出静稳性曲线图,从而求取大倾角稳性的有关参数。

(2)船舱横向不对称进水

此种情况下尚应考虑船舶重心不在中纵剖面上对稳性的影响,其影响大小可由式(8-16)算出,则经横倾修正后的静稳性力臂 GZ_w' 由下式求得

$$GZ_w' = GZ_w - \delta GZ \tag{8-18}$$

进而绘制出相应曲线并在曲线图中量取剩余稳性的若干参数。

任务三　船舶破损控制手册

本任务的内容主要关注船舶破损控制手册、破损控制图和船舶进水控制措施。通过对本任务的学习,学生可以熟悉并了解破损控制图及手册的内容,并掌握船舶破损后相关应对措施。

国际海事组织海上安全委员会于1999年5月19日—28日召开了第七十一届会议,会议注意到绘制和编制船舶破损控制图和破损控制手册的目的是给船上高级船员提供有关船舶水密舱室以及维护舱室边界和保持分隔有效性装置的准确信息,以便在船舶破损的情况下,能给予合适的预防,以避免通过开口进一步进水,并采取有效的措施,以便快速减少稳性损失,可能的话,使船舶损失的稳性得到恢复。

破损控制图和破损控制手册应清楚和易于理解,它不应包括与破损控制没有直接关系的信息,并应提供以船上的工作语言写成的文本。如果制定破损控制图和破损控制手册时采用的不是 SOLAS 公约中规定的任何一种官方语言,应有一份翻译成其中一种官方语言的文本。

为给主管机关对船舶准备破损控制图时提供建议,以便能帮助船长在船舶破损引起的危急情况下采取有效行动,国际海事组织海上安全委员会于1999年6月15日通过了 MSC/CIRC. 919 通函——破损控制图指南(Guideline for Damage Control Plans)。

1. 适用范围

破损控制图指南旨在对适用 SOLAS 公约第 II-1/23、II-1/23-1 和 II-1/25-8 条的客船和货船制定破损控制图提出建议。

船舶破损控制图及破损控制手册适用于1992年2月1日或以后建造的船舶。

2. 破损控制图放置在船舶的位置

(1)对客船,破损控制图应永久陈列在驾驶室和船舶控制站或相应地点。

(2)对货船,破损控制图应永久陈列在驾驶室或在驾驶室易于查阅;另外破损控制图还应永久陈列在货物控制室或在货物控制室易于查阅。对货船,破损控制图不要求一定要挂在驾驶室,但一定要在驾驶室里很容易查阅到。

(3)除驾驶室外,货物控制室(在船上一般是甲板办公室或压载水控制室)同样要求很容易就查阅到破损控制图。

3. 破损控制图的尺寸

为清楚地显示破损控制图所要求的内容,破损控制图应按合适的比例绘制,但不应小于1：200。

4. 破损控制图的内容

破损控制图应包括船舶内轮廓、每层甲板的俯视图,以及显示下列必要内容的区域横剖面图：

实图：
破损控制图

（1）船舶的水密分隔。

（2）横贯进水系统、泄放塞和设法减少进水的任何机械装置的位置和布置，以及所有这些有关的阀和遥控装置的位置，如有。

（3）所有内部水密关闭装置的位置，包括滚装船防撞舱壁延伸出去的坡道或吊门和它们的控制装置，以及原地控制或遥控控制、开启或关闭指示器和报警装置的位置。根据 SOLAS 公约第 II-1 章第 15 条的要求，在航行过程中不允许开启和允许开启的水密关闭装置也都应清楚地指明。

（4）船舶外壳上所有门的开启/关闭指示器、渗漏检测和监测装置的位置。

（5）所有舱壁甲板以上和最低露天甲板上的局部分舱舱壁的水密关闭装置，以及控制装置和开启/关闭指示器的位置。

（6）所有舱底泵和压载水泵，以及它们的控制装置和相关的阀的位置。

（7）已被主管机关接受的限制进一步进水的管系、导管和轴隧。

5. 破损控制手册

根据 SOLAS 公约和 MSC/CIRC. 919 通函的要求，所有船舶除要具备破损控制图外，还必须同时编制破损控制手册。

（1）破损控制图的所有内容应在破损控制手册中重复列出。

（2）破损控制手册除了包括破损控制图的所有内容，还应该包括控制破损后果的一般指导：

①立即关闭所有水密和风雨密关闭装置；

②确定船上人员的位置和安全性，对液舱和舱室进行测深，以确定破损的范围，并对进水舱室进行重复测量，以确定进水的概率；

③就横倾和为减少横倾或纵倾采取液体转换的原因，以及因此产生的附加自由液面影响和为控制进水启动泵浦进行排放操作的后果，提出警戒性的建议。

（3）针对破损控制图中的信息，破损控制手册应包含更详细的内容，如所有不高于露天甲板的测深仪、液舱通风管和溢流管的位置，泵的排量，管系的分配图，横贯浸水装置的操作指南，根据破损控制部分从舱壁甲板以下的水密舱室通过和撤离所采取的方式（如要求），以及对船舶管理部门和其他组织应遵守规定和协调提供援助提出警示。

（4）如对船舶适用，应指出可能引起进一步进水且没有自动关闭装置的非水密开口，以及对非结构性舱壁和门或其他使进入海水流速减慢的阻隔，造成至少暂时性不对称进水状态的可能性做出指导。

（5）如果破损控制手册中包括分舱和破舱稳性的分析结果，应提供另外的指南，以确保参考这些信息的船上高级人员意识到，包括这些分析结果仅为在评估船舶相关的残余稳性时提供帮助。

（6）指南应采取与分舱和破舱稳性分析相同的标准，并明确指出分舱和破舱稳性分析中假定的船舶装载的初始状态、破损范围、渗透率可能与船舶的实际破损现有情况没有关系。

6. 船上计算机的应用

破损控制图和破损控制手册应为打印格式。配有为该船专门设计的破舱稳性软

件,并被经过适当培训的船上高级船员所熟悉的船上计算机的应用(参照《MSC/Circ.891 船上计算机的使用和应用导则》),能提供一种在规划的手册中增补信息的快速方法,以便有效地进行破损控制。

7. 给船长的可视指南

指南应易懂、清楚和简明,如破损后果图,应能给船长提供一种评估船舶破损后果的快速方法。

8. 注意事项

(1)所有的高级船员(包括驾驶员、轮机员在内)都要熟悉和了解破舱控制图的内容和控制要求,掌握有关预防进水的信息和破损控制计划以及相关的资料。船舶在 PSC 检查中,如果不熟悉破损控制图的要求、不能迅速取出和提供破损控制图和破损控制手册,很有可能会受到滞留或开航前纠正的处罚。

(2)船舶上所有的人员应平时做好预防工作,熟悉破损控制图的内容,把责任明确分工到人,在一旦发生破损意外时,及时应用自己的专业技能充分注意船舶的实际状况做出正确的判断,采取切实可行的自救自控措施。

(3)按 SOLAS 公约的规定,破损控制图和破损控制手册必须经主管机关或主管机关指定的船级社审核、批准和盖章,船长应保存好原始的、经主管机关或主管机关指定的船级社审核盖章后的破损控制图和破损控制手册。

(4)按 SOLAS 公约的规定,在驾驶室和货物控制室或固定或存放随时可用的破损控制图,船舶应经常检查确认。

(5)破损控制图和破损控制手册经主管机关或主管机关指定的船级社审核、批准和盖章就成为船舶法定的文件,当船舶的设备、水密关闭装置需要换新时应保持与破损控制图和破损控制手册一致,尤其要注意的是水密关闭装置的方向不能轻易更改。

项目九
杂货运输

学习目标

1. 了解普通杂货的种类、特性及积载要求，能够根据货物性质合理积载。
2. 熟悉杂货舱位选配原则、舱位选择原则及忌装原则。
3. 了解货物的堆装、衬垫和隔票。
4. 掌握通风的目的、原则和方法，能够根据实际情况进行通风。
5. 掌握杂货船配载图的编制原则、方法及步骤，能够编制杂货船积载图。

　　杂货系指品种繁杂，性质各异，包装形式不一，批量较小的货物的统称，如桶装沥青、裸装钢管、散装生铁块、大型工程机械、原木、货运卡车等。目前杂货中不适应集装箱装载的货种多由杂货船或多用途船承运。杂货船的海运特点是：船舶吨位较小，适货能力强、航次靠港多、在港作业时间长、编制船舶积载计划的难度较大。

任务一　普通杂货分类及配积载要求

　　杂货按货物的性质和装运要求，可分为普通杂货和特殊杂货两大类。普通杂货系指贮运保管中无特殊要求的货物，如五金工具、大理石、清洁用具等；特殊杂货是由于其特性而在贮运保管中有特殊要求的货物，包括危险货物、贵重货物、重大件货物、冷藏货物、木材甲板货、滚装货物等。本任务介绍除危险货物、重大件货物、木材甲板货、钢材货物、冷藏货物和滚装货物外的其他杂货的主要特点和装运要求。

一、货物特性及装载要求

1. 贵重货

贵重货(Valuable Cargo)系指费用高昂或具有特殊使用价值的货物,如精密仪器、高价商品、历史文物展品等。

贵重货要求实行点交点接,以确保交货时货物外表状况、标志和件数与装货单证记载的内容一致。为防止货物被盗,应尽可能配置于贵重货舱;对于无贵重货舱的船舶,后卸港的贵重货物应配置于二层舱深处的角落,其货位应尽量集中,并用其他货物做保护性隔离。先卸港的贵重货应后装先卸,配置于顶层舱的最上层,装毕应尽快关舱,并在该舱进出通道口加锁。

2. 清洁货

清洁货(Clean Cargo)系指除食品类货物以外的不能混入杂质或怕污染的货物,如滑石粉、焦宝石、稀有金属、纸浆等。

这类货物不得与易撒漏货物和扬尘污染货同装一室或相邻堆装。装货前应按要求做好货舱的清洁工作,装载时应做好衬垫,以防止其受污染。

3. 扬尘污染货

扬尘污染货(Dusty and Dirty Cargo)系指极易扬尘或易于污染其他货物的货物,如水泥、炭黑、颜料、立德粉、沥青等。

装载时主要应防止污染其他货物。这类货物不能与清洁货同装一室或相邻配装,应尽量先装后卸,最好配置于底舱的最底层,并尽量减少其堆装面积,以减轻污染,装妥后应进行清扫铺盖,然后装载其他货物。

4. 液体货物

液体货物(Liquid Cargo)系指在杂货船的深舱内装运的散装液体货(如植物油、矿物油等)和各种桶装的液体货,如葡萄糖、蜂蜜、盐渍肠衣、化工产品、酱油、酱菜等。这类货物均为流质或含有流质。

散装液体货物应配置于深舱单独装载,对其他货物无影响。

包装液体货物与其他货物同装时,若有包装破损,则会污染其他货物。这类货物应视其包装不同确定舱位。大桶包装的液体货物应在大舱打底,不宜配于小舱;装载时,货件与舱底之间、每层货物之间应铺一层木板,货堆高度不能超过限高(见表9-1);若配于二层舱,大桶货在舱的四周一般只能堆1～2层高,其上配以其他小件货或轻货,以利于装卸和充分利用舱容。不耐压的小包装液体货物应配置在二层舱,上面不得压其他货物,并在二层舱内的舱盖上加以铺盖,以防液体渗漏时流入底舱;经托运人同意可在上甲板单独堆装。当液体货不能铺满一层时应堆装在舱的后部,以利于减少破损后的污染面。

表9-1　常用包装的限高

包装	限高/层	包装	限高/层
大桶 200 ~ 300 kg	5	坛装	3 ~ 4
大桶 300 ~ 400 kg	4	捆装蚕丝	4
大桶 400 ~ 500 kg	3	捆装烟叶	5 ~ 6
大桶 600 kg 以上	2	袋装烟叶	8
亮格箱	5 ~ 7	纸板箱装烟叶	15
纸袋装水泥	13		

5. 散装固体货物

散装固体货物(Bulk Cargo)系指非整船装运的不加包装的块状、颗粒状、粉末状的货物,如矿石、粮谷等。

这类货物的主要特点是无包装且多数具有散发水分和易污染其他货物的特性。装运前应根据货物的要求做好货舱的准备工作,用麻袋布或其他等效材料铺盖舱内污水井,以防污水井盖的漏水孔被货物堵塞或货物落入污水井内。一般应选择大舱底舱作打底货,以利装卸,如因港序限制需配装于二层舱时,其底舱货物的上面应予铺盖,以防开启底层舱盖时舱内的残留散货污染底舱的上层货物;货物装舱后应按要求平舱;多票散货不宜同配一舱。这类货物不能使用小块、易破碎的材料作衬隔。

6. 气味货物

气味货物(Smelly Cargo)系指能散发各种异味的货物,如生皮、猪鬃、骨粉、樟脑、大蒜、八角等。它们的异味将对怕异味货物造成污染。

装载时气味不互抵的气味货应尽量集中配置,气味互抵的气味货应分舱室配置,所有的气味货物应与所有的食品货及其他怕异味的货物分舱室配置,装于上甲板的气味货物应尽量远离船员住室。

7. 食品类货物

食品类货物(Foodstuffs Cargo)系指可供人们食用的制成品、原料等,如糖果、奶制品、食糖、粮食、果仁、种子、茶叶、药品等。

食品类货物要求货舱清洁、干燥、无异味、无虫害、符合卫生要求。气味货物均不得与食品类货物同舱室配置,食品类货物与危险货物的隔离要求见项目十三。袋装食品货与扬尘污染货不能同舱室配置,有气密包装的食品货与扬尘污染货至少不能相邻配置。有些食品货还有怕热、有异味等特性,应根据其特殊装运要求合理选配舱位。

8. 易碎货物

易碎货物(Fragile Cargo)系指不能受挤压、易于损坏的货物,如玻璃制品、陶瓷制品、各种瓶装酒类等。

装载时应配置于舱室的顶层或舱口位,后装先卸,以减少受损机会;易碎货的堆码层数不能超过限高,其上不应再堆装其他货物。

许多杂货因具有多种特性而分属多类货种(如盐渍肠衣,属桶装液体、食品类,有气味又有怕热特性),应将多类货种的多方面装运要求集中反映于这类货物的装运中,以保证其货运质量。

二、杂货的积载要求

为方便装卸操作,确保杂货的运输质量和提高船舶营运效益,应当掌握杂货舱位的选配原则,妥善处理杂货的堆码、衬垫、隔票与系固,正确确定不同到港货物的配货顺序,合理选配货位,以方便装卸操作,尽力缩短船舶在港停泊时间。

(一)杂货舱位选配原则

1. 载货舱室选配原则

(1)特殊货物应优先选定舱室。如冷藏货物应配置于冷藏舱,贵重货应配置于贵重舱(如有),危险货应远离机舱、驾驶台及船员住处,重大件货物应配置于重吊所能及的大舱内或上甲板等。

(2)怕热货不宜配置于热源附近或温度较高的舱室。

(3)单件大、硬包装货应配置于中部大舱,单件小软包装货应配置于艏、艉小舱。

(4)载货体积接近舱容时,应注意各货舱的轻重货物合理搭配。

(5)先卸港重货配于底舱时应慎重,避免底舱出现货堆过高的现象,以免造成中途港卸载后该舱留下的后卸港货物容易倒塌的问题。

2. 正确处理货物的忌装与隔离

性质互抵、至少不能相邻堆装的货物称为忌装货。忌装货混装后,轻则会影响货物的质量,重则会使货物丧失其使用价值,甚至造成严重事故。因此,必须对忌装货进行隔离。

(1)不相邻:至少不能相邻配装。在互抵货物之间用其他不互抵的货物隔开就不属于互抵。例如,小五金(遇热包装外易渗防锈油)与丝绸、棉布等捆包装货物应要求满足不相邻的隔离要求。

(2)不同室:至少不能同室配装,即忌装货物不能装载在同一舱室。例如,食品类货物与轻微气味货一般应要求满足不同室的隔离要求。

(3)不同舱:至少应隔室或不能同舱配装,即使分装于同一货舱的二层舱和底舱也不满足此项要求。例如,潮湿货和怕潮货应要求满足不同舱的隔离要求。

(4)不相邻舱:至少不能相邻舱配装。例如,散装有毒危险货与散装食品之间应要求满足不相邻舱的隔离要求。

正确处理货物的忌装,必须明确各种常见货物的忌装要求和混装后果,并在货物装载的实际工作中严格地贯彻执行。表 9-2 列出了部分杂货的混装后果和忌装要求。

微课:
普通杂货的忌装隔离要求

表 9-2　部分杂货的混装后果和忌装要求

忌装货名		混装后果	忌装要求
钢铁、生铁、金属设备、干电池等	酸、碱、化肥	酸、碱、化肥对钢材、生铁、金属设备有腐蚀作用,会使后者生锈;干电池遇酸碱后会起铜绿,会使之漏电、腐烂	酸、碱、化肥与贵重钢材、设备、干电池不同舱室,与一般金属不相邻堆装
镀锌五金、白铁皮、紫黄铜、铝锭	纯碱	锌与碱混装会加重锌皮腐蚀;纯碱腐蚀金属表面,并使金属生锈	不同室
白铁皮、黑铁皮	食盐	白铁皮、黑铁皮遇盐溶解,产生黄色锈水而退锌、退锡,加速铁皮生锈	不同室
棉制品、皮制品、文具、纸张	酸、碱	棉制品遇酸、碱使棉花纤维脆弱,皮制品遇酸、碱使皮面生裂纹,纸张文具遇酸、碱受蚀,失去使用价值	不同室
橡胶	酸、碱、苯、乙醚、二硫化碳等	橡胶遇上述物质受腐蚀使其表面产生裂纹,失去弹性或被溶解	不同室
玻璃及其制品	纯碱、潮湿货	玻璃接触纯碱会使玻璃表面受蚀发毛;受潮后会影响其透明度或不易分开	不同室
硫酸铵、氯化铵、过磷酸等酸性肥料	碱类	酸性化肥能与碱发生中和反应而失去肥效	不同室
萤石、白云石、方解石	酸类	萤石遇酸易产生有极毒和腐蚀性的氟化氢;白云石和方解石遇酸会溶解	不同室
尼龙及其制品	樟脑	两者有亲和力,樟脑气味进入尼龙纤维内部,影响其强度和染色牢度	不同室
水泥	食糖、氨肥、氧化镁	水泥混入食糖失去凝固作用,食糖中混入水泥不能食用;氨肥混入水泥使水泥的使用价值下降,混入水泥的氨肥降低肥效并影响土质;水泥中混入氧化镁影响水泥制品质量	不同室
滑石粉、膨润土	生铁、矿砂等粉粒状货物	滑石粉混入杂质不能用作造纸、医药、化妆品等原料;膨润土混入杂质会影响翻砂质量	不同室
食品类货物	气味货	食品类货物混入异味影响食品的食用价值	一般至少不同室,对气味严重与极易吸味货或具有挥发性的气味货与食品类货物应不同舱
食品类货物	有毒货物(包括有些中药材)	食品类货物混入有毒物质便不能食用	不同舱(至少不同室)

续表

忌装货名		混装后果	忌装要求
耐火材料(镁砂、焦宝石、黏土、矾土等)	铁、煤、石屑、木块、氧化镁、氧化钙、垃圾等	耐火材料混入杂质会影响其制品的耐火温度,失去使用价值	不同室
铅块、铝块、铝锭	铁、锌、煤等硬质杂质	铅块、铝块、铝锭中混入杂质均影响产品质量	不同室
精锌块、铁矿粉	各种矿、砂、煤等	混入杂质均影响产品质量	不同室
焦炭	硫化铁	焦炭中混入含硫杂质影响炼钢质量	不同室
生丝、棉麻及其制品	扬尘污染货	受污染后影响其质量	一般不同室,包装封闭可同室但不相邻
棉花及棉麻制品	桶装油、种籽饼、五金机械(有防锈油)、火腿、肉类	受油污染后易自热、自燃且影响其质量	不相邻
纸浆、木浆、芦苇浆	生铁、纯碱、矿渣	纸浆、木浆及芦苇浆是造纸和人造棉的原料,混入杂质影响其制品质量且会损坏机器	不相邻
工艺品、棉花及其制品	潮湿货	工艺品受潮影响其质量甚至失去其使用价值,棉花及其制品影响质量甚至会发热、自燃	不同舱
茶叶	酸性物质	茶叶中的茶碱和酸中和,使茶叶无味	不同室
茶叶、烟叶、罐头	潮湿货	茶叶、烟叶受潮霉变,罐头受潮生锈	不同舱
水果	粮谷	粮谷易受潮霉变发热,水果受热因蒸发水分而干瘪	不同舱
硝酸	锌、镁粉、其他金属、松节油	混合发生燃烧或爆炸	不同舱

3. 舱内货位选配原则

(1)垂向:重量较小、外表清洁的货物和易碎货应配于上层,重量较大的货物、扬尘污染货、耐压货应配于下层。按包装形式由上而下一般顺序为:易碎货、纸箱货、木箱货、袋装货、捆装货、大桶货(或耐压的裸装货)。应注意货高倍数与舱高的吻合程度。货堆层数不应超过其限制层数。怕潮货应避开舱内易产生汗水部位(如露天甲板下、水线附近等)。

(2)纵向:后卸港货、桶装液体货、重污货应选配于靠舱后壁,单件重而大的货应配于舱口位下方。

(3)横向:保证各到港货左、右舷配货重量对船舶中线面的力矩基本相等。

（二）杂货的堆码、衬垫与隔票

1.杂货堆码

不同包装货物的正确装运对于保证货物运输质量及合理利用舱位、减少亏舱均有重要意义。

各种包装的杂货在垂向的堆装应该遵循较强包装的货物在下、较弱包装的货物在上的原则。需要上下分层堆装时，自下而上一般的次序应该是：裸装或桶装、捆装、箱装、袋装和易碎品。各种包装的装运要求如下：

（1）木箱

木箱（Wooden Case）较坚实耐压。大箱宜配装于船中部大舱，如须装于二层舱时要考虑其高度，既要使之能装得进，又不能造成过多的亏舱；小箱（Box）可配装于各个货舱，亦可作为充分利用舱容的填充货。木箱的堆高一般不受限制，若需要在其上面堆装重货，应在货堆表面铺木板衬垫，以分散压力；大小相同的箱子应"砌墙式"（Brick Fashion）堆码，并注意紧密稳固；在货舱底部的不规则部位应衬垫平整后再堆码木箱货。

（2）木格箱

木格箱（Skeleton Case or Crate）不耐压。根据内装货物不同，可配装于上甲板、冷藏舱或普通货舱内；在短航线上，装于木格箱内的新鲜蔬菜类货物可配置于有良好通风设备的二层舱上部的舱口位。较小的木格箱的限制堆高为5～7层箱高。

（3）纸板箱

纸板箱（Carton）不耐压，可配装于各舱室的上层，多数堆装在其他货物的上层，其堆高一般不受限制，也应以"砌墙式"堆码并应紧密稳固。

（4）袋装

随所装货物的种类不同，货袋（Bag）的种类和大小也不同。麻袋（Gunny Bag）一般用于装载粮食、化肥、砂糖等，其单件体积和重量均较大；布袋（Cloth Bag）用于装载面粉、淀粉等，其单件体积和重量较麻袋货小；纸袋（Paper Bag）主要用于装载水泥，其单件体积和重量与布袋相近。还有各种编织袋，一般用于装载各种化工产品。袋装货比较松软，在各个舱室均可堆装，但更宜配装于艏、艉部舱室，以便让出船中部大舱装载其他包装货物。

袋装货的堆码形式有重叠式（或称垂直式）（Bag on Bag）[见图9-1（a）]、压缝式（Half Bag）[见图9-1（b）]和纵横压缝式[见图9-1（c）]。其中，重叠式堆码操作简便，利于通风，但垛形不够稳固，故采用这种堆法时一般每码6～7层后将袋口转90°角堆码1～2层，再继续堆码；压缝式堆码垛形较稳固，能充分利用舱容，适用于装载不需要良好通风的货物；纵横压缝式堆码垛形稳固，但操作费力，一般在垛顶与垛端采用这种形式，以防货垛倒塌。在袋装货的顶层一般不宜堆装木箱货，必要时应用木板衬垫后方能在袋装货上堆装木箱货。

（5）捆装

捆装种类较多，包括：

①捆包（Bale）：分为人工捆包和机械捆包，其体积和重量各异，不怕挤压，可配装

于各个舱室,更适宜配装于艏、艉舱。

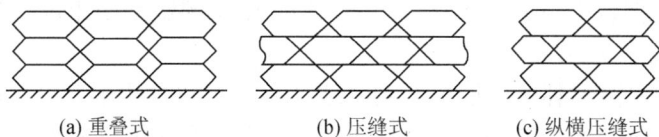

(a) 重叠式　　　　　(b) 压缝式　　　　　(c) 纵横压缝式

图 9-1　袋装货的堆码方式

②捆扎(Bundle):金属类捆扎货耐压,可作打底货;非金属类捆扎货多数不耐压,一般不能作打底货;长件金属类捆扎货宜配装于舱口尺度大、舱形规则的船中部舱室,而且要顺着艏艉方向堆放,以防止船舶横摇时损伤船体。为防止各种金属管材受损变形,要求其堆码平整、紧密。

③捆卷(Roll)和捆筒(Coil):金属类捆卷、捆筒货耐压(矽钢除外),可作打底货;非金属类捆卷、捆筒货不耐压,不能作打底货。捆卷和捆筒货均易滚动,为保证运输安全,堆放时其滚动方向应朝着艏艉方向,并前后固定塞紧。这类货物宜配装于舱形较规则的船中部大舱。

(6)桶装

桶装从材料而言有金属桶、木桶、三夹板桶、塑料桶等,从形状而言有圆形桶和鼓形桶。大的金属桶和大的木桶多数内装流质货,圆形应直立堆放,桶口向上,空桶可以卧放;鼓形桶的强度为中间弱、两头强,桶口在腰部,因此应按图 9-2 的形式堆放,桶口要朝上,其底层和靠近舱壁处的空隙部位用木楔塞紧,以防滚动和坍塌。根据大桶的单重不同有一定的堆高限度,而且每层货桶之间应衬一层木板。大桶货应配装于船中部大舱。在大桶货上衬一层木板后可以堆装其他货物。各种小桶货不能作打底货,一般应配装于二层舱或上甲板。内装流质货的货桶不应堆放于舱盖部位。

图 9-2　桶装货堆码

(7)裸装

裸装如钢轨、槽钢等,应作打底货,要求堆码平整和紧密,以利在其上堆放其他货物。

2. 货物衬垫

合理衬垫是保护货物完好、保证船舶与货物安全的重要措施,因衬垫不当引起的货损事故,船方应负赔偿责任。在装货过程中,值班人员应就货物衬垫提出具体要求,并负责监督和指导。

衬垫材料的选用、衬垫方法和部位,应按货物性质、包装、航行季节、航线及船舶条件等具体情况确定。现就衬垫的主要作用及一般方法简介如下。

（1）防止货物水湿的衬垫

装载袋装、捆包类等怕湿货物，应根据货种、航区的温度变化规律及航行时间长短等情况，在舱底、舱壁、舷侧等处加以适当衬垫。

在底舱舱底，视具体情况铺垫 1～2 层具有一定厚度的木板并应在接近污水沟处留出空当，如需铺垫两层，应采取下层横向、上层纵向交叉铺垫的方法，以便顺舱壁、舷壁淌下的汗水及船底污水能畅通流入污水沟。

靠近舱壁、舷壁处的衬垫，主要是防止货物汗湿，一般可用帆布、草席等进行隔衬，但应注意不要阻塞汗水顺流下淌的通路。为防止舱顶汗水滴湿货物，可在货物顶部铺以帆布，或用草席呈鱼鳞状依次铺盖。汗水最多之处是舱口边缘、舱口横梁和通风筒下方，靠近这些位置应多铺几层，并注意使其向两舷倾斜，以防积水。

（2）防止货物压损、移动的衬垫

当装运包装不太坚固的货物或其包装虽然坚固但货物堆码较高时，为防止下层货物压损、垛堆倒塌或货物移动，可视具体需要每装一层或几层铺设一层垫板，以保持货件受力均匀；在污水沟附近等底面不平处装载箱或桶类货物、舱内装载重大件货或装载块状钢铁货物时，为防止货物移动或滑动，可用木楔、垫木等垫料予以垫紧或用撑木支撑固定，或在舱底铺设垫料以增加货物与舱底之间的摩擦力。

（3）防止货物撒落、掺混及污染的衬垫

当装载矿砂、矿石等散货及包装扬尘污染货时，应在与其他怕湿、怕污染货毗邻处用帆布、塑料布等严加隔衬；特别是在二层舱装载污染货物时，应在污染货物底部和底舱货物顶部铺盖塑料布或帆布，以防货物撒落而污染底舱货物。当二层舱装载散货时，其底部不可铺垫帆布、草席等衬垫物，因用抓斗、铲车等卸货时，垫料势必被撕毁而影响卸货，同时，其残渣碎片混入散货会影响货物质量。为防止洒落污染，可在底舱货物顶部严密遮盖。

（4）保证甲板局部强度的衬垫

在舱面或舱内装卸重件货时，需在底部衬垫方木、钢板或木板等，以扩大受力面积，减小甲板负荷量，使其实际负荷不超过许用负荷的要求。

3. 货物隔票

为提高理货效率，加快卸货速度，防止或减少货差事故，在货物装载时，对不同卸货港或不同收货人或不同装货单号的同包装、同规格的相同货物采取分隔措施。

隔票的具体方法很多，常见的有：

（1）用包装明显不同的货物隔票

例如，箱装货物间用袋货隔票，显然卸货时不易混票，但应注意它们在舱内是否便于堆垛。

（2）用专门隔票物隔票

可以使用尼龙绳网、帆布、草席、绳索等专门隔票物隔票。箱装货物间用绳网隔票较为方便，某些袋装货物间宜用绳网或帆布隔票，木材、钢材可用废旧钢丝等隔票。

（3）用特殊标记隔票

在有的货物包装上或货物表面上做出不同标记，以示区别，如钢材、木材一端用不同颜色的油漆加以区分。

任务二 杂货船装卸对配积载的要求

一、满足中途港货物装卸顺序要求

微课：
中途港货物的积载要求

由于杂货船每个航次常停靠多个中途港进行部分货物的装卸，所以积载时应考虑以下方面。

1. 保证各中途港货物的顺利卸载

货物在船上的配置位置一般应能做到后卸港货先装，先卸港货后装。为此，安排货位时，应按货物到港的反次序，在底舱由下而上配置，在二层舱由舱口位四周向舱口位配置。当先卸的重货和后卸的轻货配置于同一舱室时，可以采用扎位堆装。目的港的货物应配置在底舱的最下层或扎位堆装或在二层舱的舱口位四周，最先到港的货物应安排在底舱和二层舱的舱口位或最上层。当底舱配置有先到港的货物时，必须保证在卸货时能顺利开启该二层舱内的舱盖，即在该二层舱的舱口位及其四周 1 m 的范围内不应配置后卸货。

在二层舱舱口位四周 1 m 以外可供配置后卸货的最大货舱容积称为货舱的防堵舱容（"Q"号船防堵舱容表见表 9-3），在该二层舱内实际配置的后卸货物体积称为防堵货物体积。为保证二层舱内舱盖能在底舱先卸货时顺利开启，该二层舱内的防堵货物体积不能超过其防堵舱容。必须注意的是，各二层舱内的防堵货物体积系指该舱底舱内最先卸港货以后的各到港货配置于二层舱内的货物体积之和，所以，所指后卸货对各舱并不一定相同。

表 9-3 "Q"号船防堵舱容表

舱别		No. 1	No. 2	No. 3	No. 4	No. 5
舱口位容积/m³		299(462)	531(721)	489(662)	313(447)	479(664)
各二层舱的防堵舱容/m³	舱盖全开时	568	1 068	968	865	637
	舱盖半开时	799	1 429	1 299	1 084	969

当需要在甲板上装载货物时，在舱盖部位只能配置先卸货，以保证其卸后能顺利开舱进行舱内货物的卸载；后到港的甲板货只能配置于舱盖外的适当部位，而且其系固不能影响其他甲板货的装卸及开舱和舱内作业。

有些船舶的贵重舱设在其他货舱内，无单独舱口。在这种贵重舱内配置先卸货时，应保证其通向舱口的通道不被后卸货堵住，以使其能顺利卸载。

2. 保证不同到、发港货物的合理积载

当一个航次有多个装货港时，应统筹考虑货物的性质和到港顺序，保证各到、发港货物的顺利装卸和轻重货物的合理积载。

例如，某船某航次计划在青岛港装载运往鹿特丹港的罐头、运往汉堡港的棉织品、五金，然后在上海港加装运往鹿特丹港的罐头、杂货及运往汉堡港的茶叶，其较合

理的方案之一如图 9-3 所示。

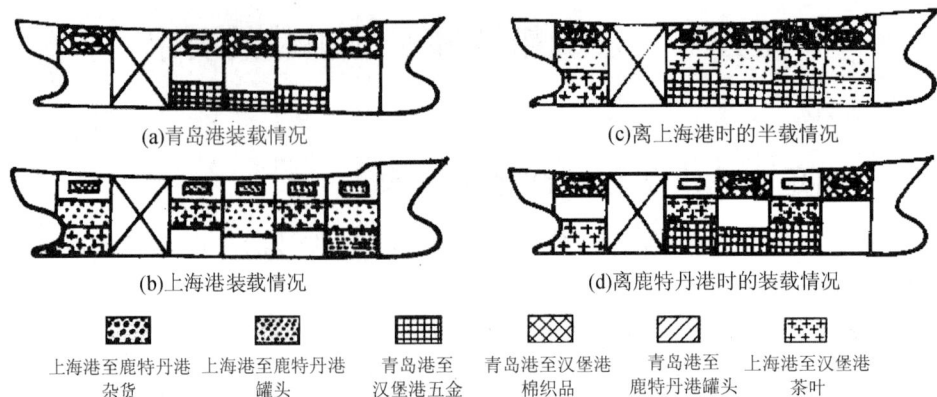

(a)青岛港装载情况　　　　　　　　　　　　(c)离上海港时的半载情况

(b)上海港装载情况　　　　　　　　　　　　(d)离鹿特丹港时的装载情况

| 上海港至鹿特丹港杂货 | 上海港至鹿特丹港罐头 | 青岛港至汉堡港五金 | 青岛港至汉堡港棉织品 | 青岛港至鹿特丹港罐头 | 上海港至汉堡港茶叶 |

图 9-3　不同到、发港货物的一种合理的积载方案

3.保证选港货和转船货的合理积载

远洋杂货船常装运一些选港货(Optional Cargo)和转船货(Transshipment Cargo)。选港货系指货物装船时未确定运抵的目的港,只选定几个可能的卸货港的货物,按提单条款的规定,在船舶到达其第一个选卸港前的 24～48 h 才电告其确定的卸货港。因此,选港货的配置舱位必须在其各选卸港均能顺利卸载且不影响其他货物卸载的部位。转船货的批量一般都不大,应尽量集中配置,以便于在转船港集中卸载和保管。

4.保证船舶在各中途港卸载和/或加载后的稳性、船体受力及吃水差均满足要求

当船舶在中途港只卸不装时,应将航次目的港的货物适当地分布于各货舱并且应将其部分货载配置于二层舱;当中途港货载数量较大时,不能将其过分集中于少数货舱,以利于满足中途港卸载后船舶强度的要求和缩短船舶在中途港卸货作业时间。

二、满足便于装卸和缩短船舶在港停泊时间要求

为加快船舶的周转,应尽量缩短船舶在港停泊时间。

1.安排货位时应考虑便于装卸和安全操作

重大件货物一般应配置于货舱的舱口位或重吊可达到的部位,以利于装卸和减轻装卸工人的劳动强度;在舱高较小的二层舱等舱室配置多种货物时,宜扎位堆装,不宜多层平铺,以便于工人直立操作;杂货船上配置部分散货而且采用抓斗卸载时,不宜配置于狭窄的小舱,以利于减少卸载时的清舱工作量,等等。

2.缩短船舶的在港停泊时间

船舶在港停泊时间分为生产性停泊时间和非生产性停泊时间,而生产性停泊时间又由装卸作业时间和不能与装卸同时进行的辅助作业时间所组成。从积载的角度,缩短船舶在港停泊时间主要是缩短船舶的生产性停泊时间。为此,在选配各舱货载时,应考虑有利于平衡舱时,即尽量缩短船舶的重点舱〔船舶各货舱中所需装卸时

间最长的货舱(Long Hatch)]和非重点舱之间的时间差距,所以,应尽可能将装卸效率较高的货物配置于重点舱,以利缩短整船作业时间;在舱高较高的货舱(如底舱)安排大票货物的货位时,应尽量平铺堆装,以利于扩大操作场地,加快装卸速度,在扎位堆装时,也应考虑尽量扩大操作场地,如某二层舱需装载四种货物,如图9-4所示,与图(b)中的装配方案比较,显然图(a)中的装配方案更有利于快速装卸;对于需要在专业码头装卸的货物应集中配置;需要过驳的货物应集中一舱或间舱配置,以利于减少浮吊移动次数和驳船的进出挡;可以使用相同的装卸工属具的货物应尽量一次装舱,以减少调换工属具的时间,等等。

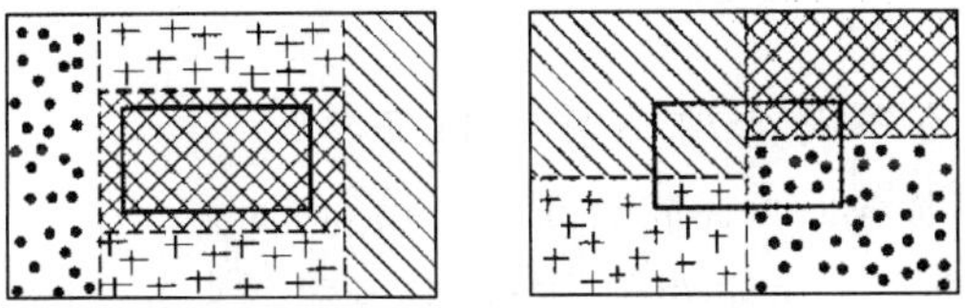

图9-4　舱内货物堆码

此外,在港期间船方应积极主动加强与港方的联系,争取港方的密切配合,尽可能使辅助作业与装卸作业同时进行,减少辅助作业时间及等泊位、等工人等非生产性停泊时间,这些也是缩短船舶在港停泊时间、加速船舶周转不可忽视的工作。

任务三　普通杂货安全装运

一、普通杂货运输质量控制

(一)海上货运质量事故的种类

海上货运质量事故系指由于货物在装卸、运输过程中发生的货物灭失、残损、短缺等的事故。在海上货运质量事故中,最常见的是货损、货差事故,除原始的货损、货差事故可以免除船方责任外,其余事故船方均需承担经济责任。因此,船舶值班驾驶员和值班水手应对造成货损、货差事故的原因进行了解,并及时采取相应的预防措施,保证货物运输安全。

货运质量事故按其性质可分为:

(1)货物残损事故:在装卸、运输过程中所发生和发现的货物原有理化性质的改变,如灭失、变形、水湿、霉烂、变质、泄漏等。

(2)货物差错事故:由于错装、错卸、漏装、漏卸、计数不准等造成的交付货物的数量、品名、标志等与运单记载不符或运单与货物脱离(如有单无货或有货无单)等。

(3)由于货物爆炸、失火、中毒等造成的人身伤亡事故。

(4)货物逾期运达。

(二) 海上货运质量事故产生的主要原因

杂货运输中,产生货运事故的主要原因有以下几个方面:

1. 积载不当

由于积载不当而产生货运事故,具体有以下四方面原因:

(1) 货物的舱位或货位不当。

(2) 货物在舱内堆码不当。

(3) 货物搭配不当。

(4) 衬垫和隔票不当。

2. 货舱及其设备不符合所运货物的要求

(1) 货舱清洁、干燥等状况不符合所装货物的要求。

(2) 货舱水密性能差。货舱外板、甲板、舱口盖漏水或货舱开口或导门闭锁装置不善,造成货舱进水,引起货损。

(3) 货舱设备不完善。

3. 装卸过程中值班船员和装卸工人工作疏忽或失职

船员和装卸工人在以下方面可能存在失职:

(1) 值班船员看舱松懈,疏于监装、监卸、监督理货计数,造成原损货物进舱、货物堆装不符合积载计划要求、货物数量短缺或贵重货物失窃等。

(2) 装卸工人工作马虎、操作不当或违章作业、野蛮装卸、使用工/属具不当、货物堆装质量不符合要求等引起货损。

(3) 装卸设备和工具不符合所装货物要求或其技术状态不良造成货损。

(4) 装卸不适时或遇有雨雪天气未及时处理、夜间作业照明不符合要求造成货损等。

4. 运输途中货物保管不当

如货舱通风不当;对污水沟(井)内污水不及时测量和排出,造成货物湿损;大风浪来临前防范措施不充分或不当;或对特殊货物如冷藏货、危险货的检查管理不符合要求等。

5. 不可抗力等原因造成货损

遇到恶劣天气使船体结构受损,货舱进水造成货损或使货物移位受损,或遇到恶劣天气使货舱长时间无法通风导致货物受损等属于不可抗力等原因造成货损。根据有关规定和规则,承运人只要能提供充分的证据,并采取了力所能及的措施,就可以免除赔偿责任。

6. 货物本身的原因

货物本身的原因指由于货物自身的特性或潜在缺陷在运输途中发生变质、损坏等,当承运人能举证确属此类原因时,承运人对此不负赔偿责任。

(三) 海上货运质量管理

承运人在运输货物的过程中负有管理船舶和管理货物两大义务。在管理货物方面要求承运人在运输全过程中负有不可免除的责任。因此,必须做好货物运输过程中每个环节的工作。

(1)装卸准备环节的质量管理:船舶受载前,须在配船、配载、使船舶适宜装运货物等方面做好质量管理;

(2)装卸进行环节的质量管理:船舶受载过程中,须在工班安排、装卸、积载、衬垫、隔票、理货等方面做好质量管理;

(3)航行运输保管环节的质量管理:船舶运输过程中,须在航行安全、航区气象、货舱通风、货物绑扎等方面做好质量管理;

(4)交接签证环节的质量管理:船舶货物交付前,须在工班安排、装卸、理货、装卸单证签发等方面做好质量管理。

二、保证货运质量的主要措施

(一)杂货船装货准备

《中华人民共和国海商法》第四十七条规定:承运人在船舶开航前和开航时,应使货舱、冷藏舱、冷气舱和其他载货处所适于并能安全收受、载运和保管货物,即船舶在装货前必须做到"货舱适货",凡由于货舱不适货而引起的货损,船方必须承担全部责任。因此,在杂货船装货准备时,我们必须做好货舱各项准备工作,做好装卸设备的检查,保证安全设备工作正常,以防止货物受损。

1.货舱适货标准

(1)清洁:舱内各部位应无残留的有害杂质和易污染包装或货物的污秽物,如糖、煤炭、化工产品、锈铁片等。一般通过扫舱、冲舱清洁,特殊要求时必须用淡水冲洗干净。液体舱内应无尘杂、铁锈、渣滓或其他遗留物。

(2)干燥:舱内各部位应无积水、漏水、汗水、漏油及潮湿现象。一般通过开舱或通风干燥,特殊要求时用人工擦拭、烘烤,以加速干燥。

(3)无异味:舱内应无油气味、腥味、臭味等影响货物质量的异味。除味方法根据拟装货的要求进行清扫和洗刷,残留的异味可用茶叶等加热熏舱,或用化学方法处理。液体舱一般可用热水洗刷,擦干后通风,有特殊要求时可用烧碱水、蒸汽蒸舱的方法清除。

(4)无虫害:舱内应无鼠及其他影响货物运输质量的害虫,一般用熏舱消灭虫害。

(5)货舱水密和舱内设备完好:货舱的舷壁和舱口设备应水密,舱内各种护板、人孔盖、污水沟和污水井盖板、管系必须完好。通风设备必须处于良好的技术状态。每次装货前,应仔细检查,发现问题及时处理。对于液体货舱(如装动植物油),则要求更为严格,如要求无铁锈等,否则会引起所装运液油的变质。

2.装卸货设备和安全设备准备

(1)装卸货设备(Loading and Discharging Equipment):吊杆升降机和起货机钢丝、吊杆升降机、起货机、舱口围栏杆、货灯及其他装卸货属具等应提前进行检查和试操作,使用船吊进行作业或起吊重大件时更应仔细检查。

(2)安全设备(Safety Equipment):在装卸货物前,应检查货舱和甲板上的安全设备,使其处于正常工作状态,如货舱的梯子、舱口围栏杆、消防水管、消火栓等。

(3)对其他船方要求:除上述内容外,还有装卸货衬垫、隔票物料的选择和准备等。此外,装运冷藏货、粮食及液体货时,货舱还须通过商品检验部门的检验,取得验舱合格证书后,方可装货。

(二)货物装卸和监督管理

1. 装货时监督管理

船员看舱理货对保证货物质量具有重要的意义,货物在舱内的堆码、衬垫、隔票、系固、平舱直接影响货物在航行中的安全和质量。装货时船员的监督管理职责主要有:

(1)监督装船货物的质量,主要观察包装外表有无损坏。因货物一上船就意味着船方接受货物并开始对货物的质量负责,如有破损、水湿、污损等应报告大副,或视情况拒装、退换或批注,或进行其他处理,并做好现场记录。

(2)随时注意装货的进度和情况,督促装卸工人按操作规程和配载图的要求进行作业。装载情况如有变化应及时请示大副,并记录货物装舱的实际装载位置和隔票情况。遇到装卸工人不按配载图装货或违反操作规程时,应当立即纠正,无法及时纠正时应立即报告值班驾驶员,由值班驾驶员与装卸公司进行交涉并采取必要的措施。

(3)按要求做好货物的衬垫、隔票、系固及散装货物的平舱工作。督促理货人员正确理货、检残,分清原残、工残,做好现场记录及签认。需船员自己理货计数时(一般是对主要货物采取重点理货),看舱人员在每票货物装完后应和港口理货人员核对装船数字。双方数字如不符或与装货单数字不符,则由大副处理,必要时应重新理货。

(4)装载危险货物、重大件货物及贵重货物时,大副应到场监装或指导,以保证装载质量和防止货物被窃。大副应随时掌握全船的装货进度、质量和货损情况,必要时调整货载,及时签发收货单和做好批注工作。

(5)注意天气变化。如天气变坏,应及时做好关舱准备,保证货物不受损失。

(6)在港口装卸工人休息吃饭或暂时停工期间,应及时切断起货机的电源和不用的照明电源,以确保货舱安全。装货结束,大副应会同有关人员检查货舱,在确认一切正常后及时封舱。

2. 卸货时监督管理

卸货时船员的监督管理职责有:

(1)卸货开始前的工作和卸货过程中的监督检查工作与装货时相同。

(2)卸货时应特别注意混票和混卸,当货物卸到分票处时,值班驾驶员应亲自到现场掌握情况。

(3)卸货过程中如发现货物残损应分清原残、工残,看舱人员应及时通知值班驾驶员和大副到现场查看,查清货损原因。由于装卸工人操作不当所造成的事故,应与装卸公司和现场理货人员共同做好现场记录。

(4)看舱人员应及时清理货舱和整理好衬垫物料,供下一航次使用。

(5)卸货结束后,大副应会同有关人员检查有无漏卸货物。

(三)航行中货物管理

1.航行中货物保管的主要内容

航行途中货物保管是承运人管理货物的内容之一,其内容主要包括以下四个方面:经常检查货物在舱内的状况,定期测量舱内温、湿度及污水,查看烟雾报警器及怕热、怕潮等货物的情况;做好特殊货物的管理工作(如危险货物的防燃、防爆及防其他重大事故、贵重货物的防窃),保持冷藏货物的温度恒定等;注意气象变化,做好恶劣天气的防范工作,如货物的加固、通风设备的紧固、舱盖的密固;做好货舱的通风。

微课:
航行途中货物管理

2.货舱通风

船舶航行途中的货物保管,货舱通风对于保证货运质量十分重要,必须认真对待,下面重点论述货舱通风的内容。

(1)货舱通风的目的

①降低货舱内的温度与湿度,防止货物变质或受损;

②降低舱内露点温度,防止舱壁或货物表面产生汗水;

③防止货物自燃,引起火灾;

④供给新鲜空气,防止鲜活货物(如水果、蔬菜等)腐烂变质;

⑤排出货物散发出来的危险性气体或其他有害气体。

(2)货舱通风设备及通风方法

货舱通风方式有自然通风、机械通风和干燥通风,其对应的设备是自然通风装置、机械通风装置和干燥通风装置。

①自然通风是利用货舱通风筒和自然风力进行通风。自然通风有两种形式:

A.自然排气通风:将通风筒口全部朝向下风方向,当天气好,甲板不上浪时,还可以把货舱口全部或部分打开,依靠空气的自然上升,使舱内暖湿空气徐徐上升而排出舱外。这种通风方式安全可靠,但速度缓慢,如图9-5(a)所示。

B.对流循环通风:将上风一舷的通风筒口朝向下风,而将下风一舷的通风筒口转向上风,依靠风压使舱内空气排出舱外,如图9-5(b)所示。对流循环通风方法通常在大量旺盛通风时采用。当外界气温较低,而舱内温、湿度均较高时,不宜采用这种通风方法,否则会使舱内产生雾气。

②机械通风是利用安装在货舱的进气和排气通风管口的鼓风机进行强力通风的一种通风方式。机械通风装置可分为三种:

A.进气使用机械通风,排气使用自然通风;

B.进气使用自然通风,排气使用机械通风;

C.进、排气均使用机械通风。

采用机械通风,可通过调节阀控制通风量。舱内设有通风管道,并延伸至货舱两侧,管道上隔一定距离开设通风口,可以使货舱各处都能得到充分的通风。当外界空气的湿度很高,而这时货舱又需要干燥空气时,机械通风也满足不了货物运输保管上的要求。

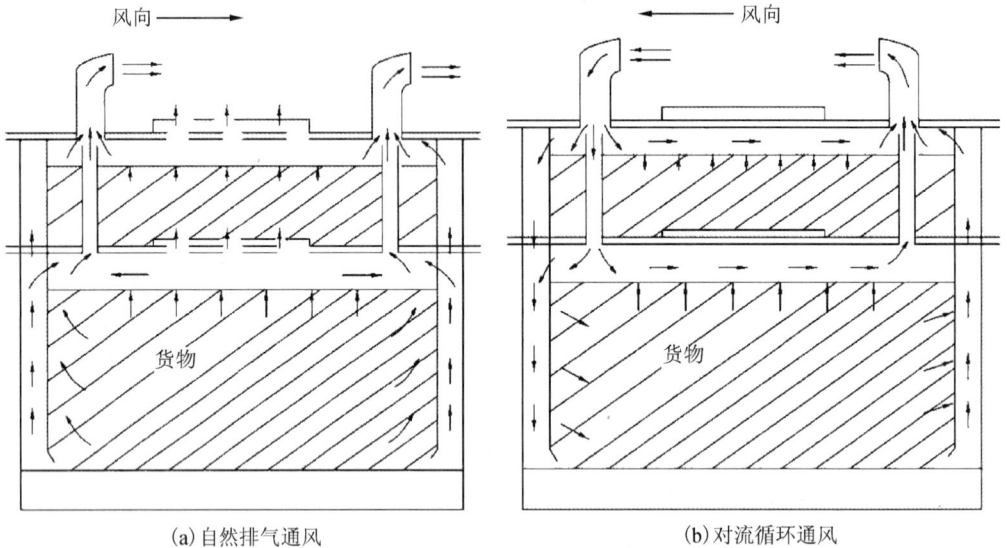

(a) 自然排气通风　　　　　　　　　　　　(b) 对流循环通风

图9-5　自然通风气流示意图

③干燥通风装置:由空气干燥机、货舱通风系统、露点指示记录器三部分组成。

A. 空气干燥机:它是该装置主要部分。外界空气通过该装置时,利用硅胶脱去空气中的水分并经过降温冷却后,由货舱通风系统送入货舱。经干燥机干燥后的空气,根据需要由调节器来控制分配给某个或几个货舱使用。

B. 货舱通风系统:它与机械通风管道系统一样,由进气和排气两组管道组成。当机械启动时,气流可由货舱一端流向另一端。管道口的鼓风机安装在专用的外壳内,在外壳内设有手动调节器,用来控制直接用外界空气通风或控制货舱内空气再循环。当外界空气适宜通风时,可将调节器置于"通风"的位置上,如图9-6(a)所示。当外界空气不适于通风时,可将调节器置于"再循环"的位置上,如图9-6(b)所示,并把干燥空气接口打开,使干燥空气与货舱循环的气流相混合,一起送入货舱。但须注意,由于货舱加送了干燥空气,货舱空气的压力必然增加,故应将排气管口的调节器适当打开一些,使货舱增压的气流适当排出。

C. 露点指示记录器:它是该装置的自动记录部件。它由许多温、湿灵敏的元件及不断旋转的自动记录器、记录纸组成,可以自动指示各货舱的露点温度及外界空气的露点温度和空气温度。根据记录,可决定采取正确的通风措施。

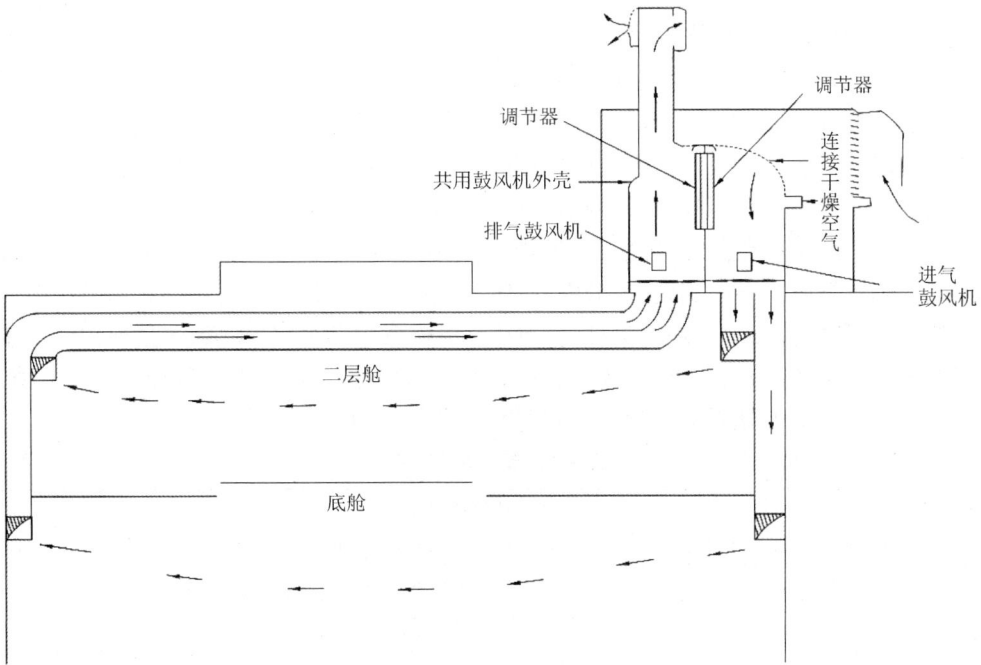

(a) "通风" 系统气流示意图

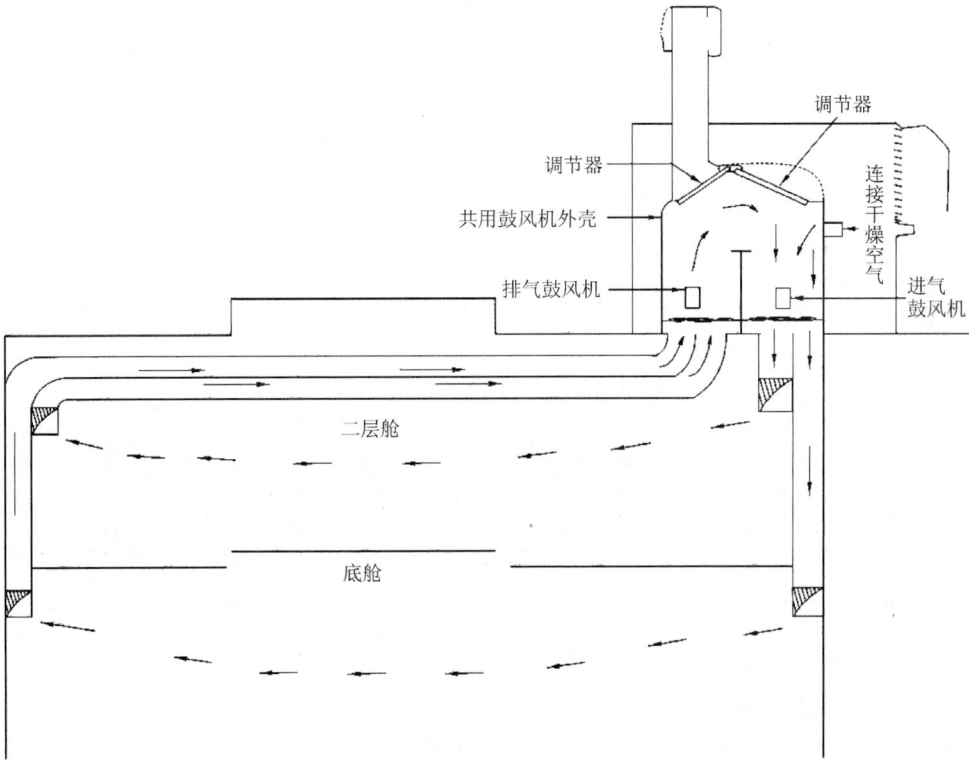

(b) "再循环" 系统气流示意图

图 9-6 干燥通风

3.货舱通风的基本原则

(1)防止货舱产生汗水的通风方法

在一定温度下,空气中水汽达到最大值时,称这种状态下的空气处于饱和状态。未达到饱和状态的空气,随着温度的下降而达到饱和状态,因此,饱和状态时的空气温度称为露点温度。当气温下降到露点温度以下时,空气中多余的水汽就会凝结成汗水。当货舱内露点温度升高至超过舷壁、甲板的温度,或者舷壁、甲板的温度下降到舱内露点温度以下时,就会在舷壁、货舱顶部等处产生汗水。为了防止和减少舱内产生汗水,就要控制舱内露点温度;使舱内空气经常保持低温、干燥,不使舱内露点温度高于舱外温度。露点温度的测定,可以利用干湿球温度计测出干湿球温度的差值,然后从露点温度查算表中求得出露点温度,详见表9-4。

表9-4　露点温度查算表　　　　　　　　　　　　　　　　　　　　(单位:℃)

湿球温度/℃	干湿球温度差值/℃																						
	0.0	0.5	1.0	1.5	2.0	2.5	3.0	3.5	4.0	4.5	5.0	5.5	6.0	6.5	7.0	7.5	8.0	8.5	9.0	9.5	10.0	10.5	11.0
1	1	0	−1	−1	−2	−3	−4	−5	−6	−7	−9	−10	−12	−13	−15	−18	−20	−24	−29	−39			
2	2	1	1	0	−1	−2	−3	−4	−5	−6	−7	−8	−9	−11	−12	−14	−17	−19	−22	−27	−34		
3	3	2	2	1	0	−1	−1	−2	−3	−4	−5	−6	−7	−9	−10	−12	−13	−15	−18	−21	−24	−30	−40
4	4	3	3	2	2	1	0	−1	−2	−2	−3	−4	−5	−7	−8	−9	−11	−12	−14	−16	−19	−22	−26
5	5	4	4	3	3	2	1	1	0	−1	−2	−3	−4	−5	−6	−7	−8	−9	−11	−13	−15	−17	−19
6	6	5	5	5	4	3	3	2	1	1	0	−1	−2	−3	−4	−5	−6	−7	−8	−10	−11	−13	−15
7	7	7	6	6	5	4	4	3	2	1	1	0	−1	−2	−3	−4	−5	−6	−7	−8		10	−11
8	8	8	7	7	6	6	5	4	4	3	3	2	1	1	0	−1	−2	−3	−4	−5	−6	−7	−8
9	9	9	8	8	7	7	6	6	5	5	4	3	3	2	1	1	0	−1	−2	−3	−4	−5	−6
10	10	10	9	9	8	7	7	6	6	5	5	4	3	2	2	1	0	−1	−1	−2	−3		
11	11	11	10	10	9	9	8	7	7	6	6	5	4	4	3	3	2	1	0	0	−1		
12	12	12	12	11	11	11	10	10	9	9	8	7	7	6	6	5	5	4	4	3	2	2	1
13	13	13	12	12	12	11	11	10	10	10	9	8	7	7	6	6	5	5	4	4	3		
14	14	13	13	13	13	12	12	11	11	10	10	9	9	8	8	7	7	6	6	5	5		
15	15	15	14	14	14	13	13	12	12	11	11	10	10	10	9	9	8	8	7	7	6		
16	16	16	16	15	15	15	14	14	13	13	13	11	11	11	11	10	10	9	9	8	8		
17	17	17	17	16	16	15	15	14	14	13	13	12	12	11	11	10	10	9	9	8	8		
18	18	18	18	17	17	17	16	16	15	15	14	14	14	13	13	12	12	11	11	11			
19	19	19	18	18	18	17	17	16	16	15	15	15	14	14	13	13	13	12	12	13	13		
20	20	20	20	19	19	19	18	18	17	17	16	16	16	15	15	14	14	14					
21	21	21	21	20	20	20	19	19	18	18	17	17	17	16	16	15	15	15					
22	22	22	22	21	21	21	21	20	20	20	19	19	19	18	18	18	17	17					
23	23	23	23	22	22	22	22	21	21	21	20	20	20	20	19	19	19	18	18				
24	24	24	24	24	23	23	23	22	22	22	22	21	21	21	21	20	20	20	10	19			
25	25	25	25	24	24	24	24	23	23	23	22	22	22	22	21	21	21	21					
26	26	26	26	25	25	25	25	24	24	24	23	23	23	23	23	22	22	22					
27	27	27	27	26	26	26	26	25	25	24	24	24	24	24	23	23	23	23					
28	28	28	28	27	27	27	27	26	26	26	25	25	25	25	24	24	24	24					
29	29	29	29	28	28	28	28	27	27	27	27	26	26	26	26	25	26	26	25				
30	30	30	30	30	29	29	29	29	28	28	28	28	28	27	27	27	27	27	27				

例 9-1：把干湿温度计放入货舱内,测得货舱干球温度为 25 ℃,湿球温度为 18 ℃,两者的差值则为 7 ℃。从露点温度查算表可查到该货舱内空气的露点温度为 14 ℃。以同样的方法,将干湿温度计置于舱外,可以得知舱外空气的露点温度。

水汽和汗水是在一定条件下互相转化的水分子物质状态,船舶货舱内空气中的水蒸气,在舱壁或货物表面产生汗水的条件是货舱内空气的露点温度高于货舱壁或货物表面的温度。要防止汗水的产生,就必须消除产生汗水的条件,其办法是进行货舱通风,降低货舱内空气露点温度,使其经常低于货舱壁和货物表面的温度。具体的通风方法如下:

①自然通风

A. 当外界空气的露点温度低于舱内空气的露点温度时,且外界空气的温度高于舱内空气的露点温度,应进行旺盛的循环通风,以降低舱内空气的露点温度;

B. 当外界空气的露点温度低于舱内空气的露点温度,而且外界空气温度低于舱内空气的露点温度时,应进行缓慢的排气通风,以免大量冷空气进入舱内而产生雾气;

C. 当外界空气露点温度高于舱内空气露点温度时,不能进行通风,以防止潮湿空气流入舱内。

②机械通风

A. 当外界空气的露点温度低于舱内空气的露点温度时,应进行旺盛的循环通风,即将机械通风的调节阀开至最大,使货舱进行大量通风;

B. 当外界空气的露点温度低于舱内空气的露点温度,外界空气的温度也低于舱内空气的露点温度时,应进行缓慢通风,即将机械通风的进气调节阀关小,排气则靠自然排气,以免大量冷空气进入舱内产生雾气;

C. 当外界空气的露点温度高于舱内空气的露点温度时,应断绝通风。

③货舱干燥通风装置通风

A. 当外界空气的露点温度低于舱内空气的露点温度时,应进行旺盛通风,即将调节器置于"通风"的位置上;

B. 当外界空气的露点温度低于舱内空气的露点温度,外界空气的温度也低于舱内空气的露点温度时,应进行通风,并追加干燥空气;

C. 当外界空气的露点温度高于舱内空气的露点温度时,应进行再循环通风,即将调节器放在"再循环"的位置上,并追加干燥空气。

(2)满足特殊要求的通风方法

①保证呼吸作用的换气通风

凡是有生命的货物,如谷物、水果、蔬菜、鸡蛋,它们不断地进行呼吸,从空气中吸入氧气,呼出二氧化碳,并散发出微量的热和水分,从而使舱内空气中氧气的数量减少,二氧化碳的数量增加,造成呼吸不足,妨碍正常生长而导致腐败变质。

对于温度在冰点以上的冷却食品,需要用通风机对舱室进行循环通风和换气通风,如外界气温较高,则通风后的舱内温度、湿度也会提高。因此,在夜间通风方能起到降温作用。但还要适当掌握通风时间,过短不起作用,过长又会对舱内的温度、湿度及货物质量产生不利的影响。通风换气以 24 h 换气次数 n 来表示。一般果蔬类

$n=2\sim4$ 次,鱼肉类 $n=1\sim2$ 次。当贮运已经"冷冻"的食品时,因温度很低,微生物活动已受到很大抑制,可以不必换气。

②防止货物自燃的降温通风

当运输棉花、黄麻、煤炭、鱼粉、椰子等货物时,由于货物不断氧化放出热量,如果货物通风不良会使热量积聚,直至引起自燃。对装有这类货物的货舱进行通风,虽然可以驱散热量,但也能促进其氧化作用或助长其自燃,所以对装载这类货物的货舱通风应特别慎重。

例如,装棉花时,除做好各项防火措施外,还可根据不同情况,采取下述两种通风方法:当确认货舱内没有任何自燃起火的异状时,可以进行连续通风,以排出舱内热量和防止汗湿;当货舱有异状或途中因天气恶劣,通风筒已长期关闭时,应立即断绝通风或继续关闭通风筒,不宜采取旺盛的通风方法。

实践证明:棉花汗湿的损失比因自燃而引起火灾的损失小得多,所以当舱内出现异常情况时宁愿封闭货舱以防止自燃也不进行通风。在运输煤炭时,一般在开航后先进行 $4\sim5$ 天表面通风,然后每隔一天进行 6 h 表面通风即可。这样做既可排出煤炭散发出的可燃气体,又可避免供给货舱的空气因过多而助长其氧化和自燃。

③驱散危险气体的排气通风

有些危险气体和微粒粉末性货物在空气中混合到一定的比例时,遇到火源就会引起爆炸和火灾。因此,必须对可能产生危险性气体的货舱进行旺盛通风,及时排出危险性气体。有些货物会产生有毒气体,或在熏舱消毒后舱内残存有毒气,此时也必须进行旺盛通风,以排出有毒气体。特别是某些有毒气体的比重较大,往往停滞在舱底和污水沟内,如果没有排出干净,可能会造成严重后果。因此,通风后还必须进行检验(用仪器、试纸或动物等检验),待确认无毒害气体后才可进行舱内作业。

任务四　杂货船配载计划编制

编制船舶积载计划是一项细致、复杂又直接影响船舶安全、货物运输质量及船舶营运经济效果的重要工作。它必须根据前述关于杂货船的积载要求,结合船舶、货物、航线和港口的实际情况,并满足对船舶积载的各项基本要求。在实际工作中,由于船舶类型不同、货物种类各异、到港数量不等等,船舶积载计划编制的程序也有繁有简,本任务仅介绍编制杂货船积载计划的一般步骤。

一、准备工作

在编制积载计划之前,负责此项工作的大副必须熟悉和整理船舶、货物、港口、航线等的情况和有关资料,做好充分的准备工作。

1. 熟悉船舶情况和资料

与积载有关的船舶情况和资料包括:

(1)船舶各货舱结构、装卸货条件及装卸设备等情况,如各货舱和货舱口的位

置、尺度、容积,各层甲板安全负荷量,各二层舱舱口位容积及防堵舱容,各货舱的吊杆数及其安全负荷量和最大舷外跨度、油水舱和压载舱的位置、容积、容积中心位置及自由液面惯性矩,船舶航行和停泊每天燃料和淡水消耗定额以及货舱内各种设备(如支柱、地令、轴隧、污水井的位置,测深管、电缆的布置情况等)。为便于查阅使用及公休交接,一般都将上述情况整理成文字资料或船舶积载参数图,图9-7是某船的两张船舶积载参数图。

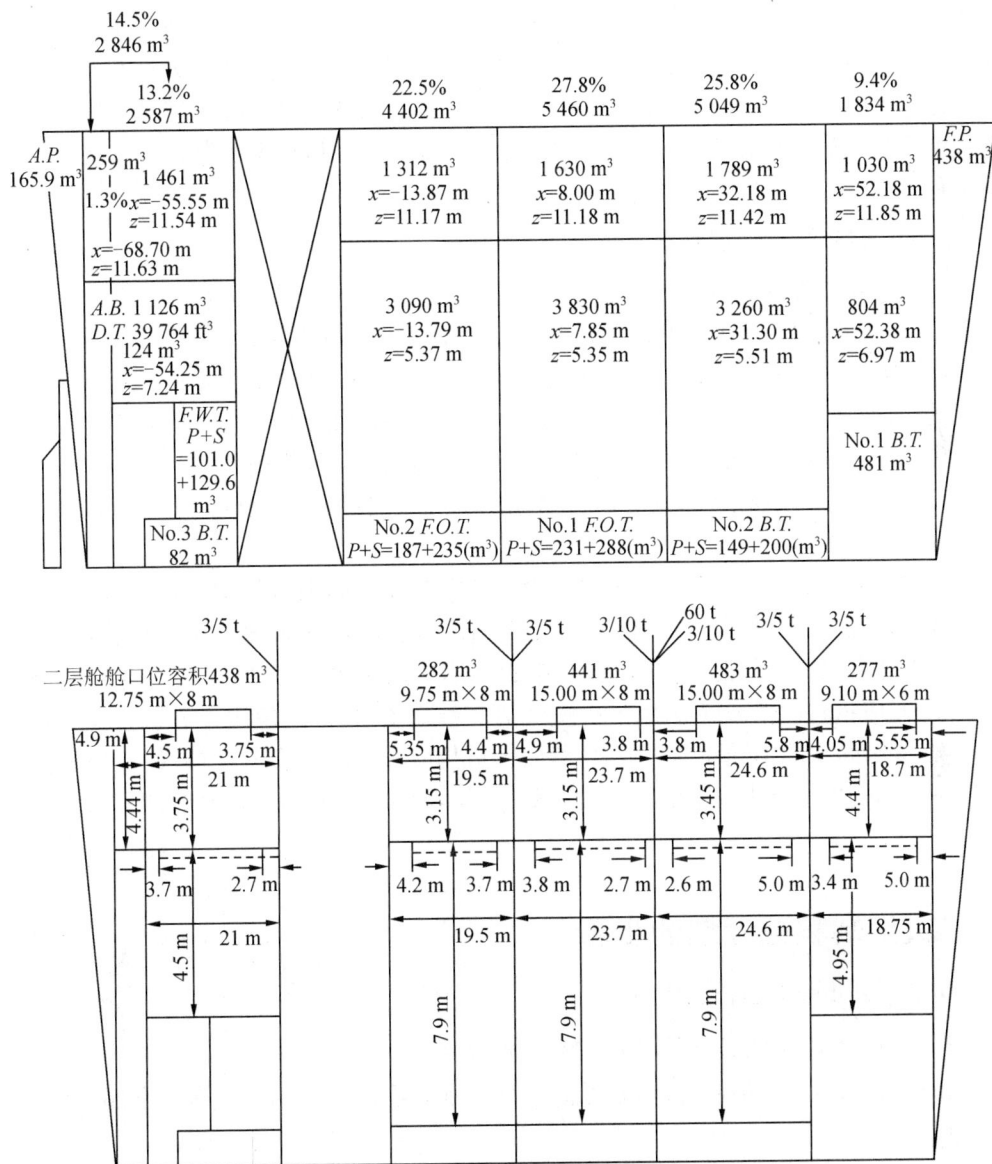

图9-7 船舶积载参数图

(2)船舶性能数据资料,即以数字表示的船舶静水力参数图表。

(3)对船中载荷切力和弯矩允许范围数值表或其他表示船舶强度要求的资料。

(4)装载少量载荷(如100 t)时艏、艉吃水变化曲线图或数值表。

（5）最小许用初稳性高度或许用重心高度或适度初稳性高度和吃水差值资料。

（6）满足船舶强度条件、稳性、吃水差要求的各货舱、各层舱的货物重量分配比例。该数据随船舶排水量的不同而变化。经过多次实践可以总结出船舶在不同载货量时各货舱、各层舱应分配货重的合理比例数，也可以从"船舶稳性报告书"中找到这些数据。如果没有这些资料，还可以通过计算求得这些数据。

2. 熟悉航次货载情况

船舶每航次装运的货物均以装货清单的形式通知船方。驾驶员在编制积载计划前，首先应从装货清单中了解本航次货载情况，不清楚之处应通过代理人员或港方了解清楚。有时，还应到现场观察和核对货物的尺寸、形状和包装情况（材料、尺码、牢固程度等），了解的重点应放在不熟悉的、首次装运的货种和对运输保管有特殊要求的货种上。

3. 熟悉航线、港口情况

应了解和熟悉以下情况：

（1）本航次所经的海区和季节期，以确定船舶允许使用的载重线。

（2）航次所经海区的风浪、气温变化情况。如船舶航经台风区，则应慎重安排甲板货的数量、货种和货位，并做好相应的防范准备（如加强系固等）。如航经海区气温变化较大，则应在货物通风、衬垫和防汗水等方面预先采取措施。

（3）本航次所经海区及港口泊位的水深、有无浅水区及其限制吃水，以确定船舶的允许最大吃水。

（4）本航次所到港口的有关装卸运输条件及规定。如港口装卸工具、起重设备能力，同时作业头数，每天作业班次及节假日规定等，以便积载时做出妥善的安排。

在上述有关船、货、港、航等方面的情况中，有关船舶的情况和资料在一定时间内是不变的，应将它们整理成清晰的文字、图表和数据资料，以便使用。关于货、港、航的情况，则随航次的不同而异。但是，驾驶人员仍应注意积累有关资料，如各种货物的特性及运输保管要求、积载因数、亏舱率等，各航区的特点，各港口与装卸有关的情况等。

二、编制积载计划的步骤

可按下列步骤编制积载计划：

1. 核定航次货运任务与船舶载货能力是否相适应

这一步工作的目的在于校核船舶能否承运本航次装货清单中所列的全部货物。为此应：

（1）计算本航次船舶的航次净载重量并查取船舶货舱总容积。

（2）审核装货清单上所列货物的重量、件数、体积、尺码及它们的总和是否正确。

（3）比较装货清单上的货物总重量和总体积（包括亏舱）与船舶的净载重量和货舱容积。若净载重量和货舱容积分别大于或等于货物的总重量和总体积，则通常情况下装货清单上所列货物能够全部装运。但是如果航次货载中性质互抵的货物过

多、危险货物品种过多或有特殊装载要求的货物过多,而船舶运输条件无法满足时,也需要调换或退掉部分货物。不过这种情况一般要在进行货物具体配舱和安排货位时才能发现并做出决定。如果航次货载中货量过少,轻重货物比例过分失调,使船舶亏载或亏舱过多,则应争取追加或调换部分货载。

对于有经验的驾驶员,这部分工作通常不必进行计算就可以做出判断。

2. 确定航次货重在各货舱、各层舱的分配控制数量

为了减少货物初步配舱时的盲目性,在航次货重确定以后,应先根据船舶稳性、船舶强度条件及吃水差的要求确定航次货重在船上各货舱、各层舱的分配控制数量。

3. 确定货物的舱位和货位

确定货物的舱位和货位即确定货物的初配方案。正确安排各票货物的舱位和货位是保证货物运输质量及提高船舶营运经济效益的重要环节,也是编制杂货船积载计划的很关键和最费时的一项工作。

在进行货物初步配舱时,应着重考虑除了稳性、船体强度、最大吃水和吃水差以外的其他各项要求,即应根据货物的性质、轻重、包装、运输保管要求、货舱设备条件和船舶到港次序、装卸作业的条件和要求等因素来进行安排。

远洋货船每个航次不仅货票多、货类杂,而且中途靠港多。为使初配工作少走弯路,掌握货物配舱的方法十分重要。货物配舱的方法和原则可以归纳如下:

(1)根据货物的到港、性质、轻重、包装,对货物进行归类。这是货物配舱时首先要做的工作。

(2)特殊货物首先定位,忌装货物谨慎搭配。在上述归类的基础上,首先安排特殊货物的舱位和货位,如危险货、贵重货、重大件货物、怕热货等均应根据其要求安排合理的舱位和货位,同时要合理安排忌装货物,恰当搭配,防止混装。对于有特殊装载要求和忌装货物的舱位安排,应根据前面有关章节所述的要求,做到全船统筹兼顾、综合考虑。

(3)按自下而上、从里到外、先远后近、先大后小的原则,对普通货物逐舱进行分配。

一般情况下,在船舶每个航次的货载中,特殊货物所占比例不会很大,在进行了第二步以后,各货舱内均尚有多余的舱容和重量,而余下的货物都是普通货物,它们对舱室无特殊要求,也无忌装要求,此时应根据各舱剩余的舱容及装载重量,将各票普通货物安排到各个货舱。安排时应注意将后到港的货物安排在舱的下面和里面,先到港的货物安排在舱的上面和舱口位附近,以便于到港卸货;同时,为便于货物配置,应先安排远程、货批量大的货物,后安排近程、货批量小的货物;对于普通货物,配舱时应逐舱进行,以利于减少差错。

(4)大硬配中,小软配舯艉,轻重大小合理搭配,舯、艉货舱留出机动货载。

普通货物配载时,还应注意将大包装、硬包装的货物尽量安排在船中部货舱,小包装、软包装的货物尽量安排在舯、艉货舱,以减少亏舱,同时,每个货舱内安排货物时应做到轻重搭配,才能使全船货载顺利配舱。此外,应在舯、艉货舱留出一定的机动货载,以便于后面进行吃水差等的调整。所留调整货量视船舶大小而异,对于万吨

级的杂货船,一般应留 100 ~ 200 t。

4. 对初配方案进行全面核查

为保证配货方案的正确无误,初配工作完成以后应进行全面的核查,其内容包括:

(1)检查装货清单上的所有货物是否都已装舱,有无漏配或重配;

(2)核查各货舱、各层舱所配货重是否符合上述控制数的要求;

(3)核查各舱室所配货物能否装入舱内;

(4)各底舱的先卸货是否被堵;

(5)各货舱内所配货物性质是否互抵;

(6)如有单件较重货,则应校核拟装部位是否满足局部强度条件。

如发现有不符合要求者,应及时调整。

5. 核查和调整船船的稳性、纵向受力和吃水差

初配方案完成并进行全面核查调整,没有差错以后,应按初配的结果,对船舶的稳性、纵强度、吃水和吃水差进行核算,以判断其是否符合要求,如有不符,则应进行调整。这种核查一般必须包括以下状态:船舶离始发港,到、离各中途港及终点港。

如果驾驶员按各舱经验比例配货,对船舶的稳性、纵强度、吃水和吃水差有充分的把握,对以下状态也可以不进行核算:船舶离始发港、各中途港只卸不装或有装有卸并补足了油水的离港状态。但是,要特别重视各到港状态的核算。对各状态的核算结果应记录在案,以备查用。

6. 绘制正式积载图

对初配方案进行了核查、核算、调整,认为符合各项要求以后,就可以据此绘制正式积载图。货物配积载图是船上各货舱内货物配置及其堆装工艺的标示图,它是货物装船工作的指导性文件,应按一定的格式绘制,且要求清晰、简单、明了、易懂。配载图上应写明船名,航次,始发港,中途港,到达港以及艏、中、艉吃水和平均吃水。在积载图的左上方有各目的港及其各货舱装货吨数的统计表,右上方有各货舱及其底舱、二层舱(有的还是多层舱)货物吨数和件数的统计表,应按要求填写,如本航次没有中途港,则左上方的统计表可免填。

在积载图上应标明各票货在各舱装载的位置,每票货物在图上所占的面积大致与其体积相当,各票货之间应以虚线分隔。每票货应注明货物的名称、重量或体积、包装形式、件数、装货单号,如果卸货港口超过 1 个,还要标明卸货港口名。

为了能清楚地表示出各票货物的装载位置,一般在舱高不大的二层舱部位以俯视图标示;底舱部位以侧视图标示,其标示方法及含义见图 9-8。

底舱以侧面图(正视图)表示,如图 9-8(a)所示,其货位表示:A 货在下部,B 货在上部的左舷,C 货在上部的右舷。图 9-8(b)的货位表示:A 货在下部,B 货在上部的中间,C 货在上部的两舷。图 9-8(c)的货位表示:A 货在下部,B 货在舱上部的后半舱,C 货在舱上部的前半舱。由此可见,底舱配载图图示为:斜线表示左右部分,水平线和垂直线各表示上下、前后部分。

二层舱一般以平面图(俯视图)表示,如图 9-8(d)所示,其货位表示:A 货在舱后

部的下面,B货在舱后部的上面,C货在舱前部的左舷,D货在舱前部的右舷,E货在舱的中部。由此可见,二层舱配载图图示为:斜线表示上下部分,垂直线和水平线表示前后、左右部分。国内沿海船的配载图二层舱也有按侧面图表示的。

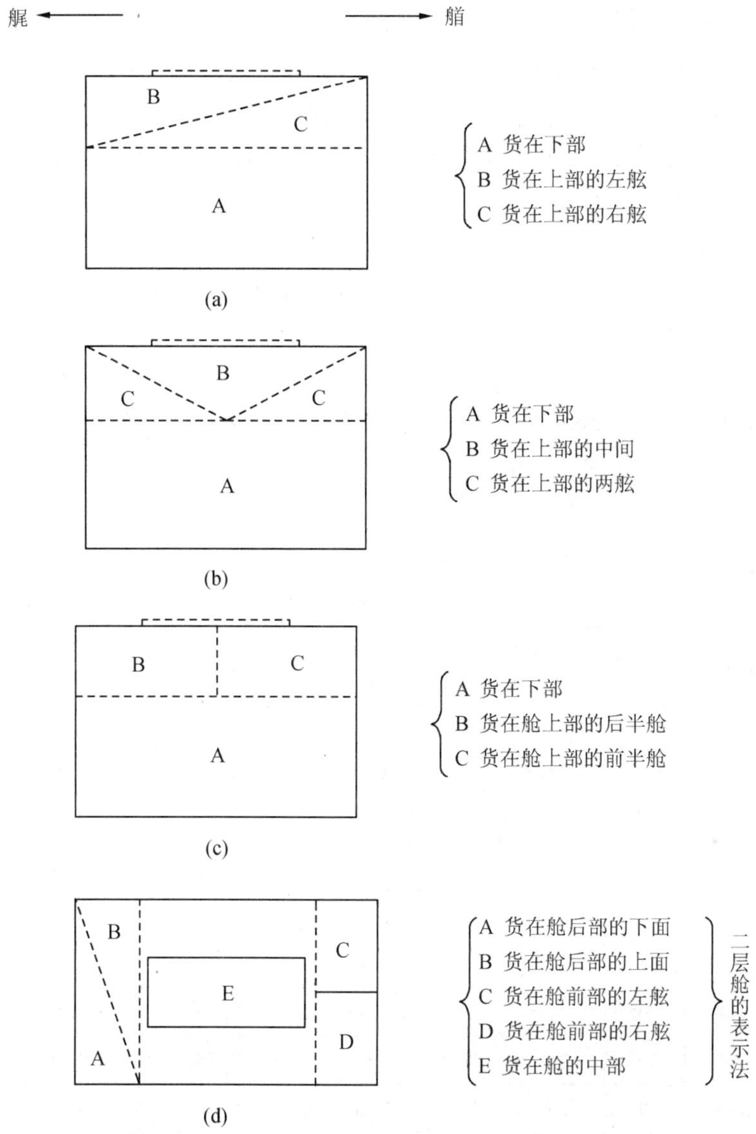

艉 ← 　　　　　　　　　　→ 艏

(a)

A 货在下部
B 货在上部的左舷
C 货在上部的右舷

(b)

A 货在下部
B 货在上部的中间
C 货在上部的两舷

(c)

A 货在下部
B 货在舱上部的后半舱
C 货在舱上部的前半舱

(d)

A 货在舱后部的下面
B 货在舱后部的上面
C 货在舱前部的左舷
D 货在舱前部的右舷
E 货在舱的中部

二层舱的表示法

图9-8　积载货位标示图

当中途港较多时,不同到港货物的货位可以用不同的颜色标示,有些需要专门衬垫的货物,应画出明显的标记。当船舶装运重大件货物时,应以附图标明重大件货物的装舱位置,必要时,还应在具体货位上画上明显的货位标记,以利于正确装载。

此外,为了保证积载的质量和要求,在积载图下方的备注栏内应扼要注明装载时需要注意的问题,如吊杆安全负荷量、衬垫、隔票、通风、防堵、系固及其他应特殊处理的事项等。

三、杂货船配载实例

(一)实例相关数据

"Q"号船第 038 航次拟在黄埔港承运下列"装货清单"所列货物,计划于 11 月 10 日装货后开往曼谷和迪拜。全航程中船舶吃水无水深限制,船舶航速为 17.5 kn,船舶在始发港补足油水,无中途油水补给计划。试编制本航次积载计划。

1. "Q"号船主要参数

"Q"号船主要参数如下:

垂线间长 L_{BP}　148.0 m 　　　　夏季排水量 Δ_S　19 710 t

型宽 B　21.2 m 　　　　　　　　热带排水量 Δ_T　20 205 t

型深 D　12.5 m 　　　　　　　　冬季排水量 Δ_W　19 215 t

空船排水量 Δ_L　5 565 t 　　　　空船重心距船中距离 -8.63 m

空船重心距基线高度　9.07 m 　　　龙骨板厚度　0.026 m

2. "Q"号船静水力参数表

"Q"号船静水力参数表如表 9-5 所示。

表 9-5　"Q"号船静水力参数表

型吃水 d/m	排水量 Δ/t	总载重量 DW/t	每厘米吃水吨数 TPC/ $(t \cdot cm^{-1})$	每厘米纵倾力矩 MTC/ $(9.81\ kN \cdot cm^{-1})$	横稳心距基线高度 KM/m	浮心距船中距离 x_b/m	漂心距船中距离 x_f/m
7.00	14 240	8 675	23.78	189.75	8.710	-0.114	-2.400
7.20	14 710	9 145	23.95	192.50	8.710	-0.192	-2.750
7.40	15 200	9 635	24.11	196.00	8.714	-0.280	-3.135
7.60	15 680	10 115	24.29	198.50	8.720	-0.370	-3.510
7.80	16 180	10 615	24.46	202.00	8.740	-0.483	-3.895
8.00	16 660	11 095	24.64	205.60	8.760	-0.582	-4.250
8.20	17 160	11 595	24.83	209.40	8.786	-0.697	-4.600
8.40	17 660	12 095	25.01	213.60	8.820	-0.812	-4.900
8.60	18 180	12 615	25.21	217.65	8.852	-0.930	-5.200

3. "Q"号船货舱容积表

"Q"号船货舱容积表如表 9-6 所示。

表 9-6 "Q"号船货舱容积表

舱名		位置（肋号）	包装舱容 m³	舱容中心位置/m 距基线	舱容中心位置/m 距船中	散装舱容 m³	舱容中心位置/m 距基线	舱容中心位置/m 距船中
第一舱	二层舱	160～187	1 030	11.85	53.18	1 116	11.92	53.18
	底舱	160～187	804	6.97	52.38	887	7.04	52.38
	合计		1 834	9.71	52.38	2 003	9.76	52.83
第二舱	二层舱	127～160	1 789	11.42	32.18	1 897	11.47	32.19
	底舱	127～160	3 260	5.51	31.30	3 441	5.58	31.30
	合计		5 049	7.60	31.61	5 333	7.67	31.61
第三舱	二层舱	95～127	1 630	11.18	8.00	1 724	11.23	8.00
	底舱	95～127	3 830	5.35	7.85	4 043	5.42	7.85
	合计		5 460	7.09	7.90	5 767	7.16	7.89
第四舱	二层舱	69～95	1 312	11.17	−13.87	1 388	11.23	−13.87
	底舱	69～95	3 090	5.37	−13.79	3 262	5.44	−13.79
	合计		4 402	7.10	−13.81	4 650	7.17	−13.81
第五舱	二层舱	12～40	1 461	11.54	−55.55	1 580	11.60	−55.55
	底舱	12−40	1 126	7.24	−54.25	1 241	7.31	−54.25
	合计		2 587	9.67	−54.99	2 821	9.72	−54.99
贵重舱	二层舱(左)	4～12	131	11.63	−68.70	142	11.71	−68.70
	二层舱(右)	4～12	128	11.63	−68.70	139	11.71	−68.70
	合计		259	11.63	−68.70	281	11.71	−68.70
总计			19 591	7.87	4.02	20 855	7.95	3.90

4. 最小许用初稳性高度数据表

最小许用初稳性高度数据表如表 9-7 所示。

表 9-7 最小许用初稳性高度数据表

船舶排水量/t	6 000	8 000	10 000	12 000	14 000	16 000	18 000	20 000
最小许用初稳性高度/m	2.32	0.98	0.39	0.15	0.15	0.23	0.49	0.83

5. 装货清单

装货清单如表 9-8 所示。

表9-8　装货清单

关单号码 S/O No.	件数及包装 No. of PKGS	货名 Description	重量/t Weight in metric tons	估计体积/m³ Estimated space in cu. m	目的港 Port of Destination	备　注 Remarks
S/O 1	1 396 ctns	棉纺织品 Textiles	100.0	485.0	Bangkok	
S/O 2	1 250 c/s	日用品 Daily Necessities	100.0	320.0	Bangkok	
S/O 3	18 334 ctns	瓷器 Porcelain	550.0	1 550.0	Bangkok	No Pressing
S/O 4	82 000 bags	亚硝酸钠 Sodium Nitrate	400.0	480.0	Bangkok	Dangerous Cargo Class 5.1
S/O 5	26 428 bags	葵花籽 Sunflower Seed	1 000.0	3 000.0	Bangkok	
S/O 6	84 bdls	轮毂 Rough Wheel Tyres	120.6	100.0	Bangkok	
S/O 7	15 000 cases	五金 Hard Ware	600.0	420.0	Bangkok	
S/O 8	310 rls	卫生纸 Toilet Paper	18.2	98.0	Bangkok	
S/O 9	200 bdls	钢材 Steel Ware	357.0	315.0	Bangkok	
S/O 10	55 000 ctns	罐头 Canned Goods	1 100.0	1 890.0	Dubai	
S/O 11	3 240 rolls	Newsprint Paper 新闻纸	810.0	2 187.0	Dubai	
S/O 12	In bulk	Dead Burned Magnesite 重烧镁	2 000.0	1 200.0	Dubai	
S/O 13	1 600 drums	Hog Casing 肠衣	500.0	950.0	Dubai	Away from Heat Stow Below Waterline
S/O 14	426 sheet	Steel Plate 钢板	1 500.0	765.0	Dubai	
S/O 15	3 100 bgs	Tea Seed Extraction 茶籽饼	200.0	472.0	Dubai	Dangerous Cargo Class 4.2
S/O 16	300 cases	Marble 大理石	300.0	297.0	Dubai	
S/O 17	613 rls	Paper 纸	148.4	422.8	Dubai	
S/O 18	1 147 c/s	Stationery 文具	45.9	124.9	Dubai	
S/O 19	1 130 c/s	Machines and Parts 机器及配件	130.6	151.5	Dubai	
S/O 20	250 ctns	Toys 玩具	5.2	35.2	Dubai	
S/O 21	487 bdls	Steel Flat Bars 扁钢	65.0	46.8	Dubai	
S/O 22	12 500 cases	Hard Ware 五金	500.0	350.0	Dubai	
Total	224 795		10 550.9	15 660.2		

(二)核定航货运任务与船舶的载货能力是否相适应

1. 计算本航次船舶的净载重量 NDW 和查取船舶货舱的总舱容(包装容积) $\sum V_{ch}$

(1)计算净载重量 NDW

根据本船开航日期及航线,在《载重线海图》上查得,本航次航行于虽途经热带区域,但开航时为夏季季节期,故只允许使用夏季载重线,其排水量为 $\Delta = 19\ 710$ t。本航次装有油 1 477 t、水 322 t、航次储备量 28 t,即 $\sum G = 1\ 477 + 322 + 28 = 1\ 827$ t,船舶常数 $C = 220$ t,空船重量 $\Delta = 5\ 565$ t。因此,本航次船舶的净载重量为

$$NDW = \Delta - \Delta_1 - \sum G - C$$
$$= 19\ 710 - 5\ 565 - 1\ 827 - 220 = 12\ 098 \text{ t}$$

(2)查取船舶总舱容 $\sum V_{ch}$

由表9-6查得"Q"号船的包装舱容 $\sum V_{ch} = 19\ 591$ m³。

2. 审核本航次拟装货物的重量、件数和体积

经审核,本航次拟装货物的总重量 $\sum Q = 10\ 550.9$ t、总件数为 224 795 件、散货 1 票,包括亏舱的总体积 $\sum V_c = 15\ 660.2$ m³。装货清单所列数据正确。

3. 比较船舶的载货能力是否满足航次货运任务的要求

经比较分析,因航次货载中特殊货物不多,本船的载货能力大于货运任务,初步判定货物的承运条件可以满足,即能承运装货清单上的全部货物。

应该指出,为了使读者熟悉各环节的计算,此处详细列出计算步骤。在实际工作中,根据本航次装货清单的货物总重量和总体积,不需计算即可判定并得出上述结论。

(三)计算各货舱及各层舱配货重量的控制数

1. 根据本航次货运任务,算得为满足船舶纵向强度条件要求的各舱装货重量的上、下限

各货舱配货重量核算表如表9-9所示,各层舱配货重量核查表如表9-10所示。

表9-9　各货舱配货重量核算表

离港别		舱别					合计
		No. 1	No. 2	No. 3	No. 4	No. 5	
各舱容占总值百分比		9.36%	25.77%	27.87%	22.47%	14.53%	100%
各舱装载重量调整值/t		115	314	339	274	147	
离黄埔港	各舱装货重量上下限允许范围/t	1 060/830	2 907/2 279	3 133/2 455	2 535/1 987	1 604/1 310	1 050.9
	各舱实际装货重量/t	1 000.0	2 430.6	2 867.7	2 387.6	1 365.0	10 050.9
离曼谷港	各舱装货重量上下限允许范围/t	752/522	2 068/1 440	2 336/1 556	1 803/1 255	1 346/842	
	各舱实际装货重量/t	700.0	2 010.6	1 899.5	1 330.6	865.0	6 805.7

表 9-10　各层舱配货重量核查表

舱层及离港港别	二层舱	
	离黄埔港	离曼谷港
实配重量(t)/所占百分比	3 393.9/33.77%	2 355.1/34.60%

2. 确定各货舱配货数量

本航次离始发港船舶排水量 $\Delta = 17\ 632.9\ t$，其漂心位于船中后 4.90 m 处(第三舱略偏后)且本船空载时艉倾较大($t = -3.55\ m$)，为避免装载后船舶的艉倾过大，在配货时应在漂心前的第一、第二货舱适当多配货(偏于上限)，在漂心后的第四、第五货舱适当少配货(偏于下限)。

3. 确定各层舱配货数量

本船的空船重量比较适中，但油水舱多数在底部，为保证船舶具有适度的稳性，特别是在油水大量消耗的情况下仍具有足够的稳性，离始发港时，本航次货载在二层舱配置的重量比例应不大于总货重的 1/3。

(四)确定货物的舱位和货位

1. 对航次货载进行分类

本航次有一票散货重烧镁，这两个港的货载中还有较多的钢材类货物，是重货，怕潮;本航次货载中有少量的特殊货物，包括危险货亚硝酸钠和茶籽饼;装载要求较高的食品货罐头和葵花籽，它们都怕污染、怕潮、怕气味，怕热货肠衣，怕潮货纸、新闻纸及卫生纸等。

2. 配货指导思想说明

在满足上述各舱各层舱配货重量控制数的前提下，根据本航次的货物特点确定配货的具体指导思想是:

(1)本航次货载中的重烧镁是散货，数量较大，安排在中间货舱底舱作为打底货。

(2)本航次货载中的两票危险货分别属于 4.2 类、5.1 类，根据它们的忌装要求，不能同装于一个舱室，所以将它们分别配置于第一舱和第三舱的底舱。

(3)本航次货载中的怕热货肠衣应远离热源，配置于第二舱的底舱。

(4)本航次货载中还有较多的普通货物，按照轻重搭配及港序的要求，分布于各舱，其中批量较大的货票可以拆票装载。

3. 各舱配货结果

各舱配货结果如表 9-11 所示。

表 9-11　各舱配货

货舱			货名	重量/t	体积/m³	件数
第一货舱	二层舱	迪拜 迪 S/O 11	新闻纸	200.0	540.0	800
		曼谷 曼 S/O 1	日用品	100.0	320.0	1 250
		曼 S/O 7	五金	200.0	140.0	5 000
	底舱 迪拜	迪 S/O 10	罐头	300.0	516.0	15 000
		迪 S/O 22	五金	200.0	140.0	5 000
第二货舱	二层舱	迪拜 迪 S/O 14	钢板	299.0	152.0	85
		迪 S/O 22	五金	300.0	210.0	7 500
		迪 S/O 11	新闻纸	210.0	567.0	840
		曼谷 曼 S/O 1	车毂	120.6	100.0	84
		曼 S/O 5	葵花籽	50.0	150.0	1 321
	底舱	迪拜 迪 S/O 13	肠衣	500.0	950.0	1 600
		迪 S/O 10	罐头	700.0	1 204.0	35 000
		曼谷 曼 S/O 5	葵花籽	250.0	750.0	6 607
第三货舱	二层舱	迪拜 迪 S/O 14	钢板	201.0	103.0	57
		迪 S/O 18	文具	45.9	124.9	1 147
		迪 S/O 20	玩具	5.2	35.2	250
		迪 S/O 17	纸	148.4	422.8	613
		曼谷 曼 S/O 8	卫生纸	18.2	98.0	310
	底舱	迪拜 迪 S/O 12	重烧镁	1 500.0	1 200.0	散装
		曼谷 曼 S/O 4	亚硝酸钠	400.0	480.0	82 000
		曼 S/O 3	瓷器	550.0	1 550.0	18 334
第四货舱	二层舱	迪拜 迪 S/O 14	钢板	201.0	103.0	57
		迪 S/O 15	茶籽饼	200.0	472.0	3 100
		迪 S/O 19	机器及配件	130.6	151.5	1 130
	底舱	迪拜 迪 S/O 14	钢板	799.0	407.0	227
		曼谷 曼 S/O 5	葵花籽	700.0	2 100.0	18 500
		曼 S/O 9	钢材	357.0	315.0	200
第五货舱	二层舱	迪拜 迪 S/O 10	罐头	100.0	172.0	5 000
		迪 S/O 11	扁钢	65.0	46.8	487
		迪 S/O 16	大理石	300.0	297.0	300
		曼谷 曼 S/O 7	五金	400.0	280.0	10 000
		曼 S/O 1	棉纺织品	100.0	485.0	1 396
	底舱 迪拜	迪 S/O 11	新闻纸	400.0	1 080.0	1 600

（五）对初配方案进行核查

1. 核查装货清单上所列货物是否全部配置完毕

经核查，装货清单上的货物已全部配置完毕，无漏配、重配，所有数据与装货清单完全一致，没有差错（见表9-12）。

表 9-12　航次全部货物装舱状况核查表

关单号 S/O NO 及到港	第一货舱		第二货舱		第三货舱		第四货舱		第五货舱		合计	
	重量/t	体积/m³	重量/t	体积/m³	重量/t	体积/m³	重量/t	体积/m³	重量/t	体积/m³	重量/t	体积/m³
到曼谷												
1									100.0	485.0	100.0	485.0
2	100.0	320.0									100.0	320.0
3					550.0	1 550.0					550.0	1 550.0
4					400.0	480.0					400.0	480.0
5			300.0	900.0			700.0	2 100.0			1 000.0	3 000.0
6			120.6	100.0							120.6	100.0
7	200.0	140.0							400.0	280.0	600.0	420.0
8					18.2	98.0					18.2	98.0
9							357.0	315.0			357.0	315.0
小计	300.0	460.0	420.6	1 000.0	968.2	2 128.0	1 057.0	2 415.0	500.0	765.0	3 245.8	6 768.0
到迪拜												
10	300.0	516.0	700.0	1 202.0					100.0	172.0	1 100.0	1 890.0
11	200.0	540.0	210.0	567.0					400.0	1 080.0	810.0	2 187.0
12					1 500.0	1 200.0					1 500.0	1 200.0
13			500.0	950.0							500.0	950.0
14			299.0	152.0	201.0	103.0	1 000.0	510.0			1 500.0	765.0
15							200.0	472.0			200.0	472.0
16									300.0	297.0	300.0	297.0
17					148.4	422.8					148.4	422.8
18					45.9	124.9					45.9	124.9
19							130.6	151.5			130.6	151.5
20					5.2	35.2					5.2	35.2
21									65.0	46.8	65.0	46.8
22.0	200.0	140.0	300.0	210.0							500.0	350.0
小计	700.0	1 196.0	2 009.0	3 081.0	1 900.5	1 885.9	1 330.6	1 133.5	865.0	1 595.8	6 805.1	8 892.2
合计	1 000.0	1 656.0	2 429.6	4 081.0	2 868.7	4 013.9	2 387.6	3 548.5	1 365.0	2 360.8	10 050.9	15 660.2

2. 核查各货舱、各层舱所配货物重量

（1）各货舱所配货物重量

核查结果：各舱装货重量均在允许范围内，符合要求（见表 9-9）。

（2）离黄埔港时二层舱与底舱配货重量及比例

经核查，二层舱配货重量为 33.77%，底舱为 66.23%，船舶稳性不存在问题（见表 9-10）。

3.核查各到港货在各货舱的分布情况

各到港货在各货舱的重量和件数。

4.核查各舱配货体积

从各货舱配货容积表9-13中可以看出,各舱实配货物体积(包括亏舱)均小于其舱室容积。

表9-13　各货舱配货容积核查表

舱别项目	No. 1		No. 2		No. 3		No. 4		No. 5			合计/m³
	二层舱	底舱	二层舱	底舱	二层舱	底舱	二层舱	底舱	贵重舱	二层舱	底舱	
货舱容积/m³	1 030	804	1 789	3 260	1 630	3 830	1 312	3 090	259	1 461	1 126	19 591
配货体积/m³	1 000	656	1 179	2 902	784	3 230	726	2 823	0	1 281	1 080	15 661

注:含贵重舱容积。

5.核查各二层舱的防堵货物体积

从表9-14可以看出,各第二、第三、第四舱二层舱的防堵货物体积均小于其防堵舱容,底舱卸货时均可以全开二层舱舱盖,第一舱和第五舱底舱货物均为迪拜的货物,中途港无须开舱。

表9-14　各二层舱防堵状况核查表

舱别		No. 1	No. 2	No. 3	No. 4	No. 5
舱口位容积/m³		299(462)	531(721)	489(662)	313(447)	479(664)
各二层舱的防堵舱容/m³	舱盖全开时	568	1 068	968	865	637
	舱盖半开时	799	1 429	1 299	1 084	969
各货舱二层柜实配防堵货物体积/m³		0.0	741.0	684.9	725.5	0.0

此外,经查,此方案无货物互抵和舱位配置不合理情况。

应该说明,本例为清楚起见,将有关核查内容一一列表说明,实际工作中可以简化,但对有关内容一定要做到心中有数。

(六)校核和调整船舶的稳性、纵向受力和吃水差

船舶载荷力矩计算表如表9-15所示。

表 9-15　船舶载荷力矩计算表

	项目	重量 p_i/t	重心高度 z_i/m	垂向重量力矩 $p_i z_i$/(t·m)	重心距船中距离 x_i/m	纵向重量力矩 $p_i x_i$/(t·m) 船中前 +	纵向重量力矩 $p_i x_i$/(t·m) 船中后 −	载荷对船中弯矩 $|p_i x_i|$/(t·m)	自由液面倾侧力矩 i_x/(t·m)
货物	No.1 二层舱	500.0	11.85	5 925.00	53.18	26 590.00		26 590.000	
	底舱	500.0	6.97	3 485.00	52.38	26 190.00		26 190.000	
	No.2 二层舱	980.6	11.42	11 198.50	32.18	31 555.70		315 55.710	
	底舱	1 450.0	5.51	7 989.50	31.30	45 385.00		45 385.000	
	No.3 二层舱	417.7	11.18	4 669.90	8.00	3 341.60		3 341.600	
	底舱	2 450.0	5.35	13 107.50	7.85	19 232.50		19 232.500	
	No.4 二层舱	530.6	11.17	5 926.80	−13.87		−7 359.400	7 359.422	
	底舱	1 857.0	5.37	9 972.10	−13.79		−25 608.030	25 608.030	
	No.5 二层舱	965.0	11.54	11 136.10	−55.55		−53 605.800	53 605.800	
	底舱	400.0	7.24	2 896.00	−54.25		−21 700.000	21 700.000	
	小计	10 050.9		76 306.40		152 294.80	−108 273.230	260 568.062	
油	No.1 燃油舱(左)	203.0	0.77	156.31	7.61	1 544.83		1 544.830	
	No.1 燃油舱(右)	253.0	0.76	192.28	7.67	1 940.51		1 940.510	
	No.2 燃油舱(左)	164.0	0.77	126.28	−13.88		−2 276.320	2 276.320	
	No.2 燃油舱(右)	206.0	0.76	156.56	−13.95		−2 873.700	2 873.700	
	燃油深舱(左)	83.0	6.25	518.75	−43.81		−3 636.230	3 636.230	
	燃油深舱(右)	83.0	6.25	518.75	−43.81		−3 636.230	3 636.230	
	燃油沉淀舱(左)	49.5	7.12	352.44	−43.85		−2 170.575	2 170.575	
	燃油沉淀舱(右)	49.5	7.12	352.44	−43.85		−2 170.575	2 170.575	
	燃油日用柜(左)	25.0	10.76	269	−43.85		−1 096.250	1 096.250	
	燃油日用柜(右)	21.0	10.64	223.44	−44.00		−924.000	924.000	
	柴油舱(左)	94.0	1.01	94.94	−30.78		−2 893.320	2 893.320	
	柴油舱(右)	116.0	1.02	118.32	−32.57		−3 778.120	3 778.120	
	柴油日用柜(左)	12.0	10.7	128.40	−39.35		−472.200	472.200	
	柴油日用柜(右)	12.0	10.7	128.40	−39.35		−472.200	472.200	
	滑油循环舱	20.0	1.32	26.40	−37.60		−752.000	752.000	
	滑油储存柜	17.0	10.70	181.90	−43.29		−735.930	735.930	
	汽缸油柜(左)	7.5	10.70	80.25	−43.85		−328.875	328.875	
	汽缸油柜(右)	6.5	10.62	69.03	−43.95		−285.675	285.675	
	污滑油舱	25.0	0.67	16.75	−34.50		−862.500	862.500	
	小计	1 447.0		3 710.64		3 485.34	−29 364.700	32 850.040	

续表

项目		重量 p_i/t	重心高度 z_i/m	垂向重量力矩 $p_i z_i$/(t·m)	重心距船中距离 x_i/m	纵向重量力矩 $p_i x_i$/(t·m)		载荷对船中弯矩 $\|p_i x_i\|$/(t·m)	自由液面倾侧力矩 i_x/(t·m)
						船中前 +	船中后 −		
淡水	饮水机	60.0	11.10	666.00	−25.50		−1 530.000	1 530.000	
	淡水舱(左)	101.0	3.32	335.32	−50.80		−5 130.800	5 130.800	
	淡水舱(右)	129.0	3.27	421.83	−50.69		−6 539.010	6 539.010	
	锅炉水舱	19.0	1.07	20.33	−40.31		−765.890	765.890	
	汽缸冷水舱	13.0	0.92	11.96	−27.40		−356.200	356.200	
	小计	322.0		1 455.44			−14 321.900	14 321.900	
其他	粮食	8.0	10.80	86.40	−34.00		−272.000	272.000	
	船员和行李	10.0	15.50	155.00	−30.00		−300.000	300.000	
	备品	10.0	13.00	130.00	15.00	150.00		150.000	
	船舶常数	220.0	10.80	2 376.00	0		0	0	
	小计	248.0		2 747.40		150.00	−572.000	722.000	
	空船	5 565.0	9.07	50 475.00	−8.63		−48 026.000		
合计	符号	Δ_1	KG_1	X_{gl}	M_{zl}	M_{xl}		$\sum\|P_i x_i\|$	$\sum\rho i_x$
	数值	17 633.0	7.64	−2.531	134 694.80	155 930.10	−200 557.800	308 462.000	0

1. 离黄埔港时船舶的稳性、纵向受力和吃水差校核

(1) 根据初配方案及油水配置,列表计算船舶排水量 Δ_1、垂向重量力矩 $\sum p_i z_{il}$、纵向重量力矩 $\sum p_i x_i$ 对船中载荷弯矩 $\sum\|p_i x_i\|_1$、自由液面倾侧力矩 $\sum\rho i_x$ 及船舶重心距基线高度 KG_1、船舶重心距船中距离 x_{gl} 和自由液面对 GM 的修正值 δGM_n(见表 9-15)。

(2) 根据离黄埔港时船舶的排水量,船舶性能数据表及最小初稳性高度表查得有关数据,如表 9-16 所示。

表 9-16　船舶离黄埔港状况下静水力参数表

查表引数(排水量 Δ_1)	平均吃水 d_{ml}/m	每厘米吃水吨数 TPC	每厘米纵倾力矩 MTC/(t·m·cm^{-1})	横稳性距基线高度 KM_1/m	浮心距基线高度 KB	浮心距船中距离 x_{bl}/m	漂心距船中距离 x_f/m	允许最小初稳性高度 GM_{cl}/m
17 633	8.40	25.01	213.06	8.82	4.535	−0.812	−4.90	0.45

(3)计算初稳性高度、横摇周期和吃水差

①未经自由液面修正的初稳性高度 GM_{01}

$$GM_{01} = KM_1 - KG_1 = 8.82 - 7.64 = 1.18 \text{ m}$$

②经自由液面修正的初稳性高度 GM_1

$$GM_1 = GM_{01} - \delta GM_1 = 1.18 - 0 = 1.18 \text{ m}$$

③船舶横摇周期 T_θ

$$T_\theta = 0.58 f \sqrt{\frac{B^2 + 4KG_1^2}{GM_{01}}}$$

$$= 0.58 \times 1 \times \sqrt{\frac{21.2^2 + 4 \times 7.64^2}{1.18}} \approx 14.0 \text{ s}$$

④船舶吃水差

$$t_1 = \frac{\Delta_1(x_{g1} - x_{b1})}{100MTC_1} = \frac{17\,633 \times (-2.531 + 0.812)}{100 \times 213.06} \approx -1.42 \text{ m}$$

经校验,离黄埔港时船舶的稳性符合要求,对船中载荷弯矩 $\sum |p_i x_i|_1 = 308\,462 \times 9.81$ kN·m,在有利范围内$(3\,310\,610 - 2\,147\,576)$ kN·m,纵向强度条件满足要求,但艉倾过大,拟在艏尖舱注压载水进行调整,使之达到 $t_1' = -0.40$ m。需调整的吃水差为 $\delta t_1 = -0.40 - (-1.42) = 1.02$ m。艏尖舱应载水 p_1 为:

$$p_1 = \frac{N_t \cdot 100MTC_1}{x_{p1} - x_f} = \frac{1.02 \times 100 \times 213.06}{69.31 + 4.900} \approx 292.84 \text{ t}$$

⑤计算压载后船舶离黄埔港时的初稳性高度、对船中载荷弯矩和艏、艉吃水压载后初稳性高度改变量为:

$$\begin{aligned}
\delta GM_1 &= \frac{p_1(KG_1 - z_{p1})}{\Delta_1 + p_1} - \frac{\rho \cdot i_{x1}}{\Delta_1 + p_1} \\
&= \frac{292.84 \times (7.64 - 5.91)}{17\,633 + 292.84} - \frac{72.4}{17\,633 + 292.84} \approx 0.02 \text{ m}
\end{aligned}$$

压载后对载荷弯矩改变量 $\delta |p_i x_i|_1 = p_1 x_p = 292.84 \times 69.31 \times 9.81 \approx 199\,111$ kN·m。

压载后平均吃水改变量 $\delta d_{m1} = p_1/(100TPC) = 292.84 \div (100 \times 25.01) \approx 0.12$ m。

压载后船舶的 $GM_1' = GM_1 + \delta GM_1 = 1.18 + 0.02 = 1.20$ m。

压载后船舶的对船中载荷弯矩 $\delta \sum |p_i x_i|_1' = \sum |p_i x_i|_1 + \delta |p_i x_i|_1 = 308\,462 \times 9.81 + 1\,999\,111 \approx 3\,225\,123$ kN·m。

压载后船舶的实际平均吃水 $d_{m1}' = d_{m1} + \delta d_{m1} + 0.02 = 8.40 + 0.12 + 0.02 = 8.54$ m(此处 0.02 m 为船舶的龙骨板厚度)。

压载后船舶的实际艏吃水

$$d_{F1} = d_{m1}' + \frac{\frac{1}{2} \cdot L_{BP} - x_f}{L_{BP}} \cdot t_1' = 8.55 + \frac{\frac{1}{2} \times 148 + 4.90}{148} \times (-0.4) \approx 8.34 \text{ m}$$

压载后船舶的实际艉吃水

$$d_{A1} = d_{m1}' + \frac{\frac{1}{2} \cdot L_{BP} + x_f}{L_{BP}} \cdot t_1' = 8.55 - \frac{\frac{1}{2} \times 148 - 4.90}{148} \times (-0.4) \approx 8.74 \text{ m}$$

结论:船舶离黄埔港时,艏尖舱压载 293 t,未经自由液面修正的初稳性高度为 1.21 m,经自由液面修正的初稳性高度仍为 1.21 m,对船中载荷弯矩为 3 225 123 kN·m,吃水差为 -0.40 m,实际艏吃水为 8.34 m,实际艉吃水为 8.74 m。

2.船舶离曼谷港

根据船舶航程、靠泊卸货时间和装卸方式,船舶离曼谷港时油水消耗如下:燃油消耗 142 t(燃油深舱左、右各消耗 71 t),柴油消耗 12 t(柴油日用柜左、右各消耗 6 t),淡水消耗 80 t(除饮用水柜其余水舱均有消耗)。

设定的油水消耗舱室情况如表 9-17 所示。

表 9-17　设定的油水消耗舱室情况一览表

序号	油水消耗舱室	每舱油水消耗重量/t	油水消耗设定的重心高度/m	存在自由液面力矩 $\rho i_x/(\mathbf{9.81\ kN \cdot m})$
1	No.2 燃油舱(左、右)	71	0.77	1 960.0
2	柴油舱(左、右)	6	1.01	435.0
3	淡水舱(左、右)	38	3.32	195.9
4	锅炉水舱	2	1.07	21.6
	合计	234		2 612.5

　　船舶排水量为 14 233 t,平均吃水为 7.00 m,艏尖舱压载 331 t,修正自由液面后的 GM 为 0.79 m,允许最小初稳性高度 GM_{cl} 为 0.15 m,吃水差为 −0.5 m。符合要求,其校核过程不一一叙述。

(七)绘制正式积载图

　　经上述校核和压载后,货物积载方案已满足各项要求,现据此绘制正式积载图,如图 9-9 所示。

货物配积载图
STOWAGE PLAN

船名 (M/V): "Q" 号船

吃水 (DRAFT): F: 8.34 m A: 8.74 m M: 8.55 m

目的港 DESTINATION	第一舱 No.1	第二舱 No.2	第三舱 No.3	第四舱 No.4	第五舱 No.5	总计 TOTAL
曼谷	300	421	968	1 057	500	3 246
迪拜	700	2 009	1 901	1 331	865	6 806
					487	

舱位 HATCHES	底舱 L. HDS	二层舱 TDS	甲板 DECK	合计吨数 TATOL
No.1	500	500	1 000	1 000
No.2	980	1 450		2 430
No.3	419	2 450		2 869
No.4	532	1 856		2 388
No.5	965	400		1 365
TATAL	3 396	6 656		10 052

油 S/O 16 大理石 300 t
油 S/O 21 铝锭 65 t
曼 S/O 1 棉纺织品 100 t 1 396 ctns

油 S/O 11 新闻纸 400 t 1 600 r1s

曼 S/O 7 五金 400 t 10 000 c/s
油 S/O 10 罐头 100 t 5 000 c/s

油 S/O 19 机器及配件 131 t 1 130 c/s
茶籽饼 200 t
油 S/O 15 茶籽饼 3 100 bgs

油 S/O 18 文具
油 S/O 20 玩具 5 t 250 c/s
油 18 46 t 1 147 c/s
油 S/O 14 钢板 201 t 57 shts

曼 S/O 8 卫生纸 18 t 310 r1s
油 S/O 17 纸
曼 S/O 3 瓷器 550 t 18 334 ctns
油 S/O 17 148 t 613 r1s

油 S/O 14 钢板 201 t 57 sht
曼 S/O 5 茶花籽 50 t 1 321 bgs
油 S/O 5 茶花籽 250 t 6 607 bgs
曼 S/O 6 车毂 121 t 84 bdls
油 14 钢板 299 t 85 shs
油 S/O 11 新闻纸 210 t 840 r1s

油 S/O 22 五金 300 t 7 500 c/s
曼 S/O 2 日用品 100 t 1 250 c/s
油 S/O 10 罐头 300 t 15 000 ctns
油 S/O 11 200 t 800 r1s
油 S/O 7 五金 200 t 5 000 c/s
油 S/O 11 5 000 c/s

曼 S/O 9 钢材 357 t 200 bdls
油 S/O 14 钢板 799 t 227 shts
曼 S/O 5 茶花籽 700 t 18 500 bgs
曼 S/O 4 亚硝酸钠 400 t 82 000 bgs
油 S/O 12 重烧镁 1 500 t
油 S/O 10 罐头 700 t 35 000 ctns
油 S/O 3 瓷器
重烧镁 散装
油 S/O 13 肠衣 500 t 1 600 drms
油 S/O 10 罐头
油 S/O 22 五金 200 t 5 000 c/s

No.1 新闻纸
No.2
No.3
No.4
No.5

SIGNATURE OF CHIEF OFFICER (C/O):
大 副 签 章
REMARK: 本船吊杆负荷量为 5 t。 No.2 舱装货钢材类货物须加予以铺垫，以使其上面的货物整齐堆码。 No.2 舱货中 S/O 15、 No.3 底舱中 S/O 4 为危险物主要安全装载。 No.3 舱底舱装货前用麻袋布铺盖舱内污水井。
备 注

图 9-9 正式积载图(数字取整)

项目十

特殊货物运输

学习目标

1. 了解货物单元的定义、分类、特点。
2. 了解重大件货物、木材、钢材、冷藏货物和滚装货物的定义、分类、特点。
3. 熟悉特殊货物的安装装运要求。
4. 能掌握特殊货物的装运的要求。
5. 掌握装运这些货物所需的设备、索具和相应的规则。

　　特殊货物(如木材、钢材、滚装货物)积载不当极易造成船舶倾覆等恶性事故,冷藏货物积载不当极易造成货损,因此必须具备相应的知识,下面分别对上面所述各类货物的分类进行阐述。

任务一　货物单元积载与系固

一、货物单元的定义、分类及特性

　　货物单元(Cargo Unit)系指车辆(公路车辆、滚装拖车)、铁路车辆、集装箱、板材、托盘、便携式容器、可拆集装箱构件、包装单元、成组货、其他货物运输单元(如船运箱盒)、件杂货(如线材卷)、重货(如火车头)和变压器。未永久性固定在船上的船舶自带装载设备或其他部件也被视为货物单元。

　　标准化货物(Standardized Cargo)系指用船上设有的被批准的专用系固系统进行系固的货物,如集装箱船装载的集装箱等。半标准化货物(Semi-standardized Cargo)系指用船上设有的适用于限定货物组件的系固系统进行系固的货物,如滚装船上装

微课:
非标准货物运输单元系固

PDF:
货物单元系固

载的车辆、拖车等。非标准化货物(Non-standardized Cargo)系指必须根据各自的情况进行积载和系固的非散装货物,如杂货船上的重大件和其他货物。本任务主要讨论非标准化货物的积载与系固。

二、船舶系固设备

船舶系固设备可分为固定式系固设备和便携式系固设备。

1. 固定式系固设备

固定式系固设备应被视为船体结构的一部分,如图 10-1 所示,具体有舱壁、强肋骨、支柱等上的固定式系固设备(眼板、带环螺栓等),甲板上的固定式系固设备(甲板固定器、象脚装置、集装箱角件孔等),天花板上的类似装置。

图 10-1　固定式系固设备

2. 便携式系固设备

便携式系固设备包括绑扎链条、纤维绳、钢丝绳、钢带、卸扣、松紧器(花篮螺丝)、紧锁夹、集装箱用扭锁、桥锁等,如图 10-2 所示。

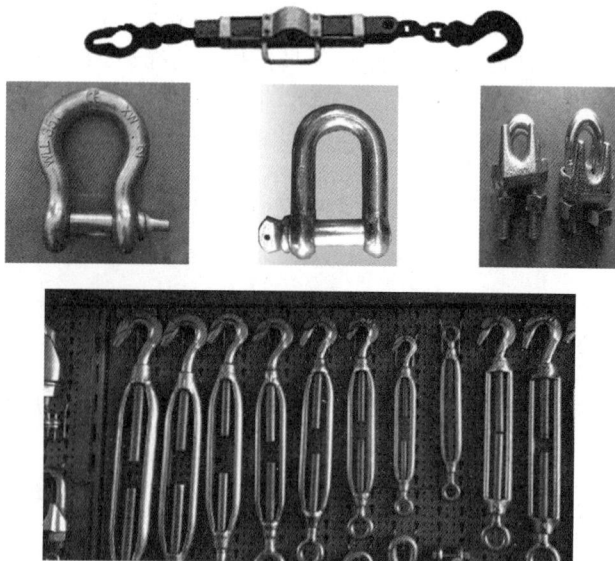

图 10-2　便携式系固设备

对于新船,所有便携式系固设备的证书必须包含在货物系固手册中,并配备在船

上,以备检查。对于危险货物,必须用符合要求的系固设备进行系固。对于更新的系固设备也应配有认可的证书。制造厂家应提供系固设备的标准破断强度数据。破断强度(BS)系指设备在拉伸试验中使其达到破断状态时的拉力。

三、标准货物、非标准货物、半标准货物系固设备

(一)标准货物系固设备

为了防止甲板上及舱内的集装箱因摇摆、升降运动和风压等而发生移动,必须设有固定集装箱的系固装置。标准件系固设备是专用集装箱船及多用途船(适用时)在装载集装箱时所用的设备。该类系固设备是经批准的专用设备。

系固装置包括系索、系杆以及集装箱的各种固定配件。该固定配件有甲板及舱内固定件(即固定式系固设备)、堆放连接件、桥型连接件、集装箱系固件等。其系固设备如图 10-3 所示。

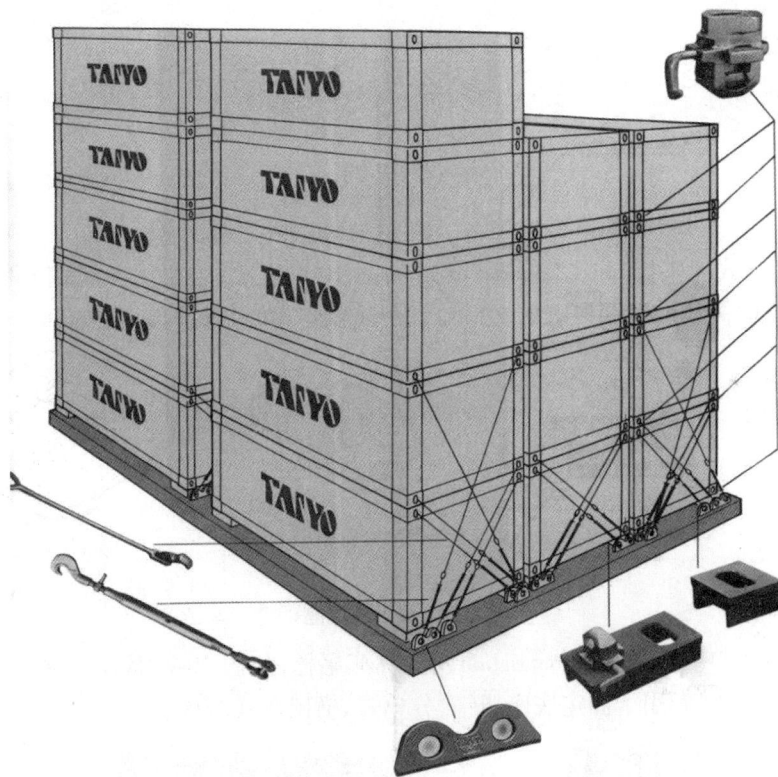

图 10-3　系固设备

1.固定式系固设备

固定式系固设备的底座直接焊接在舱底、甲板、支柱及舱盖上,相互之间的间距按集装箱四角角件孔的尺寸设计,并通过安放在其上的扭锁、底座扭锁或定位锥对集装箱进行定位和固定。底座主要种类包括:

（1）突出式底座：主要用于舱盖、支柱及甲板上主要部分突出在上述结构的表面，可安放并固定扭锁。突出式底座分单式［如图 10-4（a）所示］、横向双式［如图 10-4（b）所示］、纵向双式三种，有些船舶也设置突出式滑移底座。

（2）突出式滑移底座（Sliding Foundation）：主要用于舱盖、支柱及甲板上主要部分突出在上述结构的表面，可安放并固定扭锁。突出式滑移底座分单滑移式、横向双连单滑移式、纵向双单滑移式三种（见图 10-5），突出式滑移底座允许适当调整底座间的间距。

（a）单式   （b）横向双式

图 10-4　突出式底座

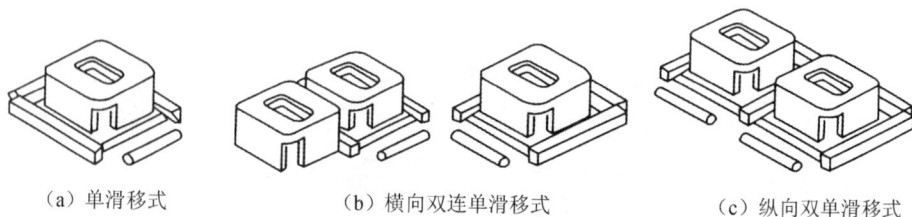

（a）单滑移式   （b）横向双连单滑移式   （c）纵向双单滑移式

图 10-5　突出式滑移底座

（3）埋入式底座（Imbed Foundation）：如图 10-6 所示，主要用于舱底及舱盖上。其结构表面略高于前述结构表面，分单式、横向双式、纵向双式和四连式四种。

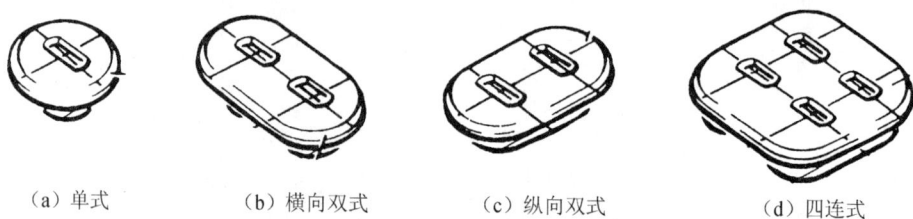

（a）单式   （b）横向双式   （c）纵向双式   （d）四连式

图 10-6　埋入式底座

（4）燕尾底座（Dovetail Foundation）：又称燕尾槽，如图 10-7 所示，主要用于舱盖及甲板支柱上，并专用于固定底座扭锁，分单式、横向双式两种。

（a）单式   （b）横向双式

图 10-7　燕尾底座

（5）板式底座（Doubling Plate Foundation）：如图 10-8 所示，主要用于舱底，并与堆锥配套使用。

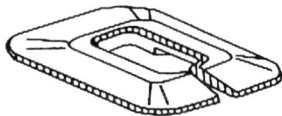

图 10-8　板式底座

（6）插座（Socket）：一般用于舱内，并与底座堆锥配套使用。

2.固定锥

固定锥（Welding Cone）通过一覆板直接焊接在舱底的前、后端导轨底脚处，用于固定舱内最底层集装箱（固定锥插入集装箱的角件孔内）。

3.可折地令

可折地令（Lashing Eye）主要用于舱盖、甲板、集装箱支柱及绑扎桥上，多用途船也将其用于舱底。其主要作为一个系固点与花篮螺丝、绑扎杆等组成一系固系统固定集装箱。

4.眼板

眼板（Eye Plate）使用位置同可折地令，但一般不用于舱内，分单眼、双眼、三眼及四眼。

5.箱格导轨系统

箱格导轨系统（Cellguide System）设置于舱内，也有的船舶在甲板上无舱口的位置处设置该系统。箱格导轨系统一般由钢板和型钢构成，主要由导轨（Cellguide）、横撑材（Transverse Prop）、导箱构件（Container Guide Member）等组成。导轨从内底延伸至导箱构件的下缘。整个系统的作用是控制集装箱的歪斜、倾覆与滑移。其中导箱构件又是引导集装箱进入箱格导轨系统的重要构件，一般安装在导轨的顶部。

专用集装箱船箱格导轨系统应满足《钢质海船入级规范》的要求：

（1）不应与船体构件形成整体结构，且应不受船体主应力的影响。

（2）应能将因船舶运动时产生的集装箱负荷传递到船体结构，并能承受集装箱装卸时产生的负荷及阻止集装箱移动。

（3）为确保顺利吊装集装箱，每只集装箱与导轨之间的横向间隙之和应不超过25 mm，纵向间隙之和应不超过40 mm。

（4）横向支撑底座（Lateral Support Foundation）：一般设置在多用途船舱内两舷舷侧，其作用是与横向支撑装置组成一支撑系统，以控制舱内上层集装箱因船舶运动而可能产生的横向歪斜、倾覆、移动。

（5）集装箱绑扎桥（Lashing Bridge）：设置于大型集装箱专用船甲板，其上设有眼板、D 形环或左右转动的眼板，用于系固高层集装箱。

（二）非标准货物系固设备

用于系固船舶在装载集装箱（无专用系固设备）、钢卷、重件货、普通件杂货及木材（货舱内）等时所用的设备即为非标准货物系固设备。

1. 固定式系固设备

此类船舶的固定式系固设备直接焊接在舱壁、舷侧强肋骨、支柱及甲板上，必要时也可直接焊接在舱底及舱盖上。其主要类型有：

（1）眼板：焊接在舷墙或甲板上的一块带眼的钢板。其主要作用是使便携式系固设备与船体结构相连，其结构如图 10-9 所示。

图 10-9　眼板结构

（2）眼环（Ring Plate）：由一个固定眼环和一个活动眼环组成，其强度小于眼板。其主要作用是使便携式系固设备与船体结构相连。

（3）地令（Lashing Ring）：一固定焊接眼环。其主要作用是使便携式系固设备与船体结构相连，其结构如图 10-10 所示。

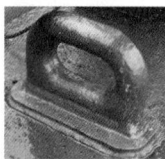

图 10-10　地令结构

2. 便携式系固设备

此类船舶的便携式系固设备主要类型有：

系固链条（Lashing Chain）、紧链器（Tension Lever）、钢丝绳（Lashing Wire Rope）、系固钢带（Lashing Steel Band）、卸扣（Shackle）、花篮螺丝（Turnbuckle）、紧索夹（Clamp）等，如图 10-11 所示。

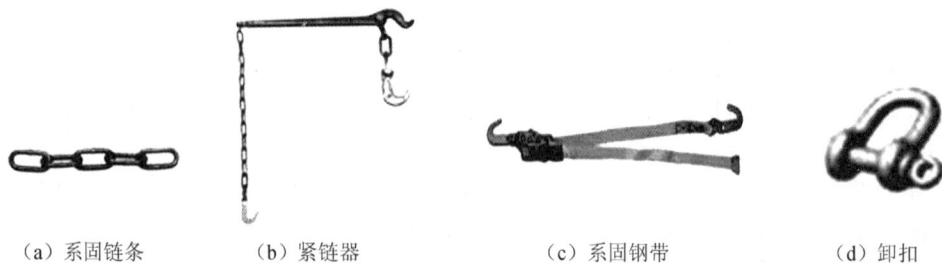

（a）系固链条　　　（b）紧链器　　　　（c）系固钢带　　　（d）卸扣

图 10-11　便携式系固设备

缚在无系固点的罐柜上的系索应绕罐一周,同一系索的两端应系在罐柜的同一边。

(三)半标准货物系固设备

半标准货物系固设备主要用于固定滚装船在装载车辆(包括公路车辆、滚装拖车)及铁路车辆时所用的设备。

1.固定式系固设备

固定式系固设备包括:

(1)系固槽座(Lashing Pot):其结构如图10-12所示。

图10-12 系固槽座结构图

(2)可折地令:其结构如图10-13所示。

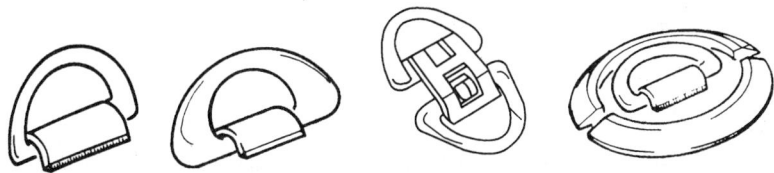

图10-13 可折地令结构图

2.便携式系固设备

便携式系固设备包括:

(1)系固链条及紧索器。

(2)绑扎带(Lashing Band):系固车辆及滚装拖车的专用设备,如图10-14所示。

图10-14 绑扎带

(3)象脚(Elephant Feet):插入槽座并通过其与其他便携式系固设备相连,其结构如图10-15所示。

图10-15 象脚结构图

(4)拖车支架(Trailer Trestle):用于固定拖车,其结构如图10-16所示。

(5)拖车千斤顶(Trailer Support Jack):其结构如图10-17所示。

(6)轮楔(Wheel Chock):用于固定车轮,以增大摩擦力,其结构如图10-18所示。

图 10-16　拖车支架结构图　　图 10-17　拖车千斤顶结构图　　图 10-18　轮楔结构图

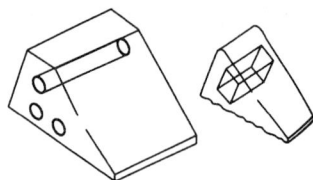

(7)系固钢丝(Lashing Wire)。

(8)快速释放紧索器(Quick Release Lashing):用于收紧并可快速释放系固钢丝。

(9)花篮螺丝(Turnbuckle):用于收紧系固钢丝或系固链条。

四、系固设备的检查

船上系固设备应由船长负责进行定期的检查和维修保养,这些检查和维修保养至少应包括以下内容。

1. 对所有零部件的日常外观检查和保养

(1)系固设备和索具使用前,应予以目视检查,确保无缺欠;对于活动部件,应保证其润滑充分,活动自如。

(2)系固设备和索具使用后,应予以目视检查,受到损伤而需修理的索具不得入库存放。受损设备和索具应及时进行修理。

(3)系固设备和索具上的受损部件,应使用同型号并经认可的部件更换。

(4)可移动索具应用润滑油润滑活动部件,加润滑油的间隔不得超过 3 个月。

(5)可移动索具应利用专用索具筐存放。

2. 定期检修与保养

船长还应负责对系固设备和索具进行定期检修和保养,至少应做到:

(1)对固定式系固设备与船体间的焊接部位应进行定期检查,对裂口和裂缝应及时补焊,而且焊接人员应具有相应的资质,按焊接规则进行操作。

若甲板、舱底板、舱盖板、横舱壁或舱壁板发生变形,导致货物的积载不稳定,则应及时进行修理。

(2)多次使用的系固设备和索具,应进行定期测试。测试时,应按随机的方式抽选测试的索具,如每 50 个选测 1 个。测试时,应使索具的受力达到试验负荷。

3. 检修与保养程序

订购索具、修理和保养系固设备时,船员应按表 10-1 的规定决定接收、保养、修理或拒收系固设备和索具。

表 10-1　检修与保养规定

设备或索具	检视	保养	应采取的措施
象脚	变形		修理或更换
	腐蚀		若顶板厚度不足原厚度的 75%，则更换
花篮螺丝	弯曲	*见下注	矫直
	锁销受损或丢失		更换
	钩头受损		更换
	扭曲		报废
胀紧式系链	环扣变形		若有环扣变形，则应更换
绑扎带	永久性折痕 受到拉长 受腐蚀 内芯干出 内芯伸出		若出现左列的任一情况，则更换
卸扣	锁销受损或丢失		更换
	弯曲		报废
	磨损		报废
扭锁	手柄受损或丢失	*见下注	矫直/更换
	弹簧/球头/锁销和锁扣受损		更换
	出现大量裂缝		报废
桥接件	锁扣受损或丢失	*见下注	更换
	变曲		矫直
	扭曲		报废

*注：花篮螺丝、扭锁和桥接件的挡杆应定期润滑，间隔时间不得超过 3 个月。

4.航次中进行的检修与保养

（1）货件的配装，应进行仔细设计，制订计划。系索的布置和系固方案应按船舶系固手册进行严格校核。

（2）航次中，应对货物的系固状态进行定期检查。

必要时应对系固索具进行紧固，紧固作业包括拉紧系索和重新布置系索。若需要，还应增加系索，风浪天气中尤其应做此项考虑。特别注意，风浪过后亦应检查系固状况，对可能出现的松动应进行紧固。

（3）航行中，还应注意货物变形所致的系索松动，特别是在寒冷地区装货后驶往高温地区时，货物的系索很可能松动。若在恶劣天气中需对货物系索进行紧固，则应特别注意采取保证船员安全的措施，应用良好船艺。

（4）卸下部分货物时，很可能使货堆产生立面，在装货时就应对这种立面加以系固，以防卸货时对工人造成危险。

（5）船舶应配备足够的备用系固设备和索具，以应万一。系固设备备品一般规定为总数的 10% 。

（6）所有的检查和紧固作业，均应做记录。

船上应有系固设备检查和维修保养记录，以证明船舶已对系固设备进行检查、维修和保养。系固设备记录簿应由大副记录与保管。

五、系固设备的使用注意事项

所有的系固设备必须具有主管机关签发的证书；如没有相应的证书，使用前必须确认系固的可靠性，如不能确认，则不能使用。某些特殊系固索具（如带有紧固器的纤维系带、集装箱的特别系固装置等）上可能标有许用负荷，此值可作为其可承受的最大负荷。若几种系固索具配套使用，则总的可承受的最大负荷应取其中各系索的最小值。

若无特别规定，则货物系固设备和索具可承受的最大负荷按表 10-2 查取。

表 10-2　货物系固设备和索具可承受的最大负荷

索具或设备	最大系固负荷 MSL
卸扣、眼板、扭锁、拉杆、地令、堆垫板、连接桥、软钢质的花篮螺丝	破断强度的 50%
纤维绳	破断强度的 33%
钢丝绳（一次性的）	破断强度的 80%
钢丝绳（可反复使用的）	破断强度的 30%
钢带（一次性的）	破断强度的 70%
铁链	破断强度的 50%
系固板	破断强度的 50%

安全系数的选取：利用平衡法计算索具受到的应力时，引入了一个安全系数。系索的计算强度（CS）即为系索可承受的最大拉力（MSL）除以安全系数，即

$$CS = MSL/安全系数$$

安全系数是从系索强度方面考虑留出的安全余量，选取的一般原则如下：

（1）利用简易法进行校核时，安全系数取为 1.50；

（2）利用估算法进行校核时，安全系数取为 1.50；

（3）利用精算法进行校核时，安全系数取为 1.35。

六、系固设备的检验

对系固设备的检验种类和要求如下：

1. 初次入级

（1）拟申请配备集装箱系固设备附加标志的船舶，应将下列图纸资料提交批准：

①集装箱排列和重量布置图；

②箱格导轨结构图（如有时）；

③非箱格导轨集装箱系固设备布置图；

④系固设备和配件详图；

⑤集装箱系固手册(船上应配有经 CCS 批准的集装箱系固手册)。

(2)建造中检验时,应对系固设备的材料、工艺及其布置做全面检验。

(3)船上应备有随时可查的系固手册,其内容至少应包括下述项目：

①系固设备简图；

②系固设备名称；

③系固设备制造厂标志或代号；

④系固设备部件的破断负荷；

⑤各系固设备部件的数量；

⑥原型试验证书的编号及日期；

⑦船用产品检验证书；

⑧集装箱堆装和布置图；

⑨系固设备布置图。

2.年度检验

(1)确认集装箱系固设备和系固手册的有效性；

(2)检查焊接在船体结构或舱口盖上的集装箱角件,核查是否存在裂纹和变形情况；

(3)检查集装箱导轨和相关构件,核查是否存在裂纹、变形或腐蚀情况。

3.中间检验

中间检验要求与年度检验要求相同。

4.特别检验

(1)特别检验除上述年度检验要求外,尚应包括对集装箱系固设备的检验。

对集装箱系固设备应进行以下检验：

①对箱格导轨结构应做全面检查,且应特别注意垂直导轨与横撑材间的连接节点。应使导轨及导箱装置处于良好的技术状态。

②应全面检查可拆式框架或其他的约束装置。

③应仔细检查固定在船体结构上的配件,对位于液舱区域的配件,其四周应无泄漏。

④应对照系固手册对所有的绑扎装置(杆、钢丝绳或链)连同松紧螺旋扣或其他紧固装置做全面的检查。

⑤应按照系固手册对绑扎装置的端接件、扭锁及其他活动配件做全面检查。

⑥若发现绑扎装置的钢丝绳在等于其直径 10 倍的任何长度内有超过 5% 的钢丝断裂、磨耗或腐蚀,则应予换新,若发现钢链发生蚀耗或损坏,也应予以换新。

(2)如需更新系固设备,则新的系固设备应为认可的型式和产品。如无试验证书,则应按要求对新的系固设备进行相应的试验。

七、CSS 规则与货物系固手册的内容及应用

(一)目的、适用范围和主要内容

为了货物和船舶运输的安全,IMO 于 1991 年第十七届大会通过了《货物积载与系固安全操作规则》(以下简称《系固规则》),并列入经修改的 SOLAS 1974,作为强制性的要求。

IMO 制定《系固规则》的目的是:提请船舶所有人和经营人注意确保船舶应适合其预定的用途;对确保船舶装备合适的货物系固装置提出建议;提供关于适当的货物积载和系固的一般建议,以减少船舶和人员的风险;对在积载和系固上会有困难和造成危险的那些货物提出具体建议;对在恶劣海况下可采取的行动及对货物移动可采取的补救行动提出建议。

该规则适用于国际航行船舶装载的除固体和液体散装货及木材甲板货以外的货物,特别是实践已证明在积载和系固上会造成困难的那些货物。

该规则的内容包括七章和十四个附则。总则中列出的术语主要有:

(1)货物运输单元。

(2)标准货物。

(3)半标准货物。

(4)非标准货物。

(5)最大系固负荷(Maximum Securing Load,MSL):船上系固设备的许用负荷,就如起重设备的安全工作负荷一样。当能提供等同或较高的强度时,安全工作负荷(SWL)可以代替 MSL。

(6)固定系固设备(Fixed Securing Devices):系固点及其支撑结构。这些设备既可以是内部的,如焊接在船体结构内,也可以是暴露在外的,如直接焊接在船体结构外部。

(7)可移动系固设备(Portable Securing Device):用于货物运输单元系固和支撑的移动设备。

总则中特别指出,货物系固手册不排除海员的良好船艺,也不能替代积载和系固的经验做法。船长在整个航次中应对船舶、船员、货物的安全及防污染负责。船长在操纵船舶,特别在恶劣的气象和海况下操纵船舶时,应充分考虑到货物类型、积载位置和系固设备等因素。船长只有在确信货物能够被安全运输时,才能承运该货物。船长有权要求货主承诺:对载于车辆、集装箱上的货物与车辆和集装箱之间的系固负完全责任,并无条件承担由此原因可能造成的任何损失。

该规则的十四个附则,针对在积载和系固中容易产生困难并对货物安全运输存在一定潜在危险的 12 种非标准货物提出了积载和系固的建议方法,并给出了系固方案的评估方法。这 12 种非标准货物包括在非专用集装箱船上的集装箱、移动式罐柜、移动式容器、滚动(轮载)货物、重件货物、卷钢、重的金属制品、锚链、散装金属废料、挠性中型散装容器、甲板下堆装原木、成组货物。

(二)货物系固手册

为了具体执行《CSS 规则》,要求除装载液体散货和固体散货以外的所有运输指定的货物运输单元的国际航行船舶,自 1998 年 1 月 1 日起必须配备货物系固手册,包括集装箱在内的货物运输单元应按主管机关批准的货物系固手册进行装载和系固。货物系固手册由船公司根据所属船舶的实际情况,按 SOLAS 公约的要求编写,由主管机关批准,用来作为船舶货物系固工作的指南,它也是装载货物单元的国际航行船舶必备的法定文书。

1.货物系固手册主要内容

(1)总则。提供与系固核算有关的船舶主要参数,《CSS 规则》给出的术语定义,以及使用手册的说明等。

(2)系固设备的配置及其维护。其包括本船固定式系固设备的布置、固定式系固设备的结构、技术参数和设备清单;本船可移动式系固设备的结构与技术参数及设备清单;本船系固设备的有关证明文件以及设备检修与保养的具体规定。

(3)货物单元的积载与系固。对于不同类型船舶,该部分内容的差别较大。对于承运非标准货物的船舶,该部分提供有货物系固的原则、货物系固受力分析、货物系固有效性核算实例和便于船员进行系固有效性核算的空白计算表格等。

(4)IMO 推荐的 12 种典型货物的安全积载和系固的操作方法。

(5)系固设备记录。它包括船舶系固设备接收和拒收记录、系固设备使用记录和系固设备维护保养记录。对于系固设备的每一项记录,均要求具体操作人员签名。

2.货物系固手册组成结构

(1)封面、扉页(船舶资料)、说明;

(2)总则:包括编制手册的依据、监督审批的主管机关、适用范围、定义及其他等;

(3)货物安全积载和系固原则;

(4)船上系固装置及其配置和检修;

(5)标准货物、半标准货物、非标准货物的安全积载和系固的操作指南;

(6)货物系固方案的核查评估等;

(7)附件(记录表式)。

所有配备货物系固手册的船舶在装载货物单元时,都应按手册的要求执行。

3.货物系固装置的检查与维护

货物系固手册中包括货物系固装置的检查与维护方法,这些检查与维护由船东或船员进行,并应做相应记录;为了修理和更新货物系固装置,船东或船员应了解货物系固装置的损坏和磨损的极限,货物系固装置的检查与维护方法可参考供货商的说明和船东的经验。对于新船,应根据要求,备全其固定式与便携式系固装置的所有文件和数据。对于现有船,将不考虑检查其固定式系固装置及其支承结构的强度,但尽可能提供便携式系固装置的证书。应在货物系固手册中说明:现有固定式、便携式系固装置及其支承结构在实际营运中被证明是安全有效的,如果它们被良好地维护并用于预定的用途,将不再提交审批。在船上增加和更新系固装置时,应具有合适的证书。

货物系固手册为船长和船员提供了正确的货物单元积载和系固的指导,在装载单元货物时,船长和船员有责任对船上所装运的货物单元,按系固手册的要求进行有效的积载和系固,并确保船上有足够数量的系固设备和衬垫物;货物系固手册的内容不排除运用船员良好的船艺,也不能替代船员在积载和系固方面的经验做法。

八、非标准货物安全装运要求

IMO 关于几种非标准货物的安全积载和系固的建议如下:

1. 移动式罐柜

(1)定义

移动式罐柜系指非永久性系固在船上的,容积大于 $0.45\ m^3(450\ L)$,其外壳装有外部稳定构件和运输液体、固体或气体所必需的维修工具和结构性设备的罐柜。其中,装运气体的移动式罐柜的容积应不小于 $1\ m^3(1\ 000\ L)$。但未装满的移动式罐柜由于罐内货物在运动时会产生不能接受的液压力,不应用于船运。

(2)积载和系固

移动式罐柜应沿艏艉方向装于舱内或上甲板,装于上甲板的移动式罐柜不应超出船舷,并应能使从事必要作业的人员走近,如装在舱盖上则必须封舱,以防整个舱盖翻倒,且不破坏装载部位的局部强度。

系固时应能防止货件的横向和纵向的水平移动和倾覆。为防止水平移动的系固角应不小于 $25°$,为防止倾覆的系固角最好不小于 $60°$,至少不小于 $45°$,如图 10-19 所示。

罐柜上的系固点应具有适当的强度并做出明显的标志。当移动式罐柜上没有系固点时,系索应绕罐柜一周然后将系索两端在货件的同一侧固定,如图 10-20 所示。

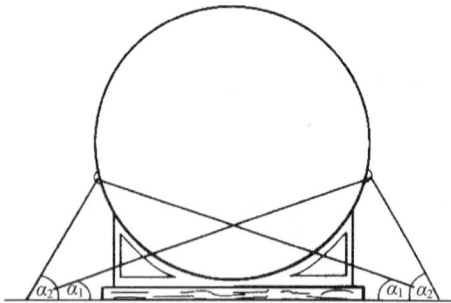

图 10-19　无系固点的移动式罐柜系固

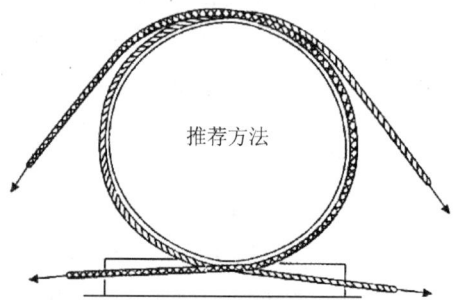

推荐方法

图 10-20　移动式罐柜系固

2. 移动式容器

(1)定义

移动式容器系指非永久性系固于船上,容量不大于 $1\ m^3$,用于运输气体或液体的非移动式罐柜的容器。它们有不同的尺寸和形状,包括:容量不超过 $0.15\ m^3$ 的不同尺寸的圆桶;容量为 $0.1 \sim 1.0\ m^3$ 的各种尺寸的除圆筒外的容器和装于框架内的圆筒组件。

（2）装载与系固

容器可在上甲板和舱内纵向装载，并在装载部位予以衬垫。除装于框架内的容器外，均应用楔子固定。装运液化气的容器应直立装载。

直立装载的容器应以木框或木箱牢固地系固，防止其移动。

卧放的圆筒应在横向垫木上纵向装载，货堆用横向的钢索系固，系索应绕货件一周，在货件的两边固定，当货件上无系固点时，系索应在货件的同一边固定，如图10-20所示。在装货期间应使用楔子，以防圆筒滚动。

集装箱中的圆筒应直立装载，阀朝上，盖紧防护盖，并系固于集装箱上。

3. 滚动（轮载）货物

（1）定义

轮载货物系指所有装有轮子或履带的货物，包括用于装载和运输其他货物的公共汽车、军用车辆、拖拉机和轮式拖车等，但不包括挂车、公路列车。

（2）装载与系固

装载部位应干燥、清洁、无油脂。装载部位下方应衬以能增加摩擦力的材料，如软板、橡胶垫等。

轮载货物应有标以明显标志的系固点或可用于系固的部位。

装载时，货件应朝船舶的艏艉方向滚动。如货件只能横向装载，应增设足够的系固。为防止货件移动，货件应紧靠船舷并紧密装载，或由其他合适的货物如满载的集装箱等挡住。货件装好后应将车刹住，其轮子应用楔子塞牢。轮载货件上的任何活动的部件应予以锁紧和系牢，如图10-21所示。

系固轮载货物的系索其强度应不小于钢链和钢索。

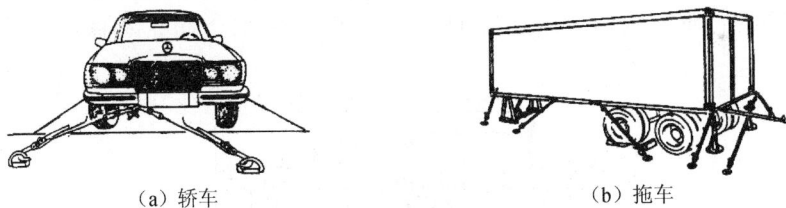

（a）轿车　　　　　　　　　　　（b）拖车

图10-21　轮载（滚动）货物安全堆装与系固

4. 成卷钢板

卧装的成卷钢板的安全积载和系固要求如图10-22所示。

成卷钢板应打底堆积，如有可能，应以有规律的层次在船上装满。应使其滚动轴朝着船舶的艏艉方向，在横向放置的垫木上积载，每卷之间应靠紧。在装卸时为防止滚动，应使用楔子，每排的最后一卷应放在邻近的两卷上面，用以固定该排的其他卷材。当要在第一层的上面装载第二层时，则该层卷材应装在第一层卷材之间。在最上面一层卷材的空隙处应加以固紧。当卷材未装满整个舱室时，对卷材的最高一层最后三排应按要求进行系固。

用作支撑和挤紧的木板

用于固定的卷材

衬垫木板　　木楔

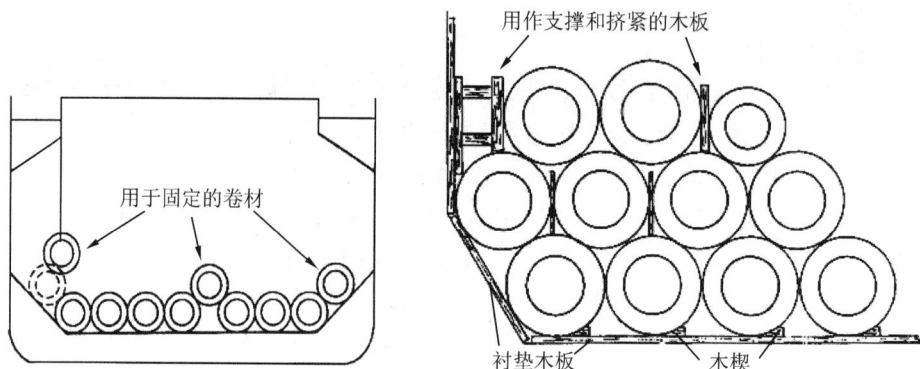

图 10-22　成卷钢板安全积载与系固

5. 挠性中型散装容器

（1）定义

挠性中型散装容器系指一种半刚性或挠性的轻便式容器，其容积不大于 3 m³，用于运输固体货物的移动式包装，需用机械装卸并经测试能满意地承受装卸和运输应力。

（2）装载要求

这种货物应配置于大舱，其装载处所应呈矩形，周围无障碍物，并且清洁、干燥、无油污和钉子。舱内应便于铲车作业。运输这种容器的理想船舶是大舱口船，因为可将这种容器直接放到装载位置上而不需移动。当这种货物配置于舱口时，其周围应以其他货物或支撑物支撑。货物应从舱的两舷向中间尽可能紧密堆装，货件间的空当应留在舱的中央并予以牢固填塞。当货物装于舱口位时，应尽量将舱口围板作为货物的围壁，所留空当也应在舱的中央并予以塞牢，以防止其移动，如图 10-23 所示。

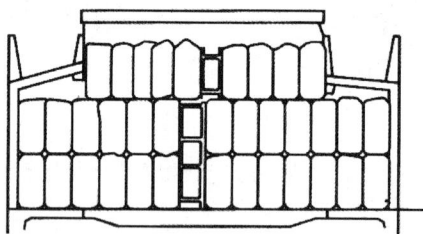

图 10-23　挠性中型散装容器的积载

6. 成组货物

（1）定义

成组货物系指在货盘等承货板上放置或堆装并用适当方式系固，或置于货箱等保护性外包装内，或作为一吊货物永久地系固在一起的一些包装货物。

（2）装载和系固

装载成组货物的处所应清洁、干燥和没有油脂。装载部位最好在水平和垂直方向上都呈矩形。非矩形处所应用木料将其改为矩形。

装载时,成组货物与船舷、成组货物之间都不能留有空当,以防货物倾斜。

当成组货物从舱壁的一侧装到另一侧时,应在货堆边垂直安置格子板或胶合板并用钢索固定,使之紧贴货堆。当成组货物的货堆有可能在两个或三个方向上移动时,应在货堆的无系固面垂直安置格子板或胶合板,并用钢索绕过货堆固定在舱壁上,系固时应特别注意货物的角处,防止损坏货物,如图 10-24 所示。

航行中应定期检查系索,如有松动应及时收紧。

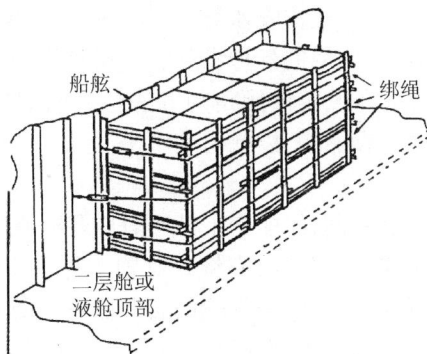

图 10-24　成组货物的积载

7. 散装金属废料

(1)适用对象

散装金属废料指因其大小、形状和重量等因素而难以紧密装载的金属废料,但不适用于如金属钻屑、刨屑、车床切屑等金属废料。此种废料的运输在《固体散装货物安全操作规则》中有规定。

(2)运输金属废料的危险

运输金属废料的危险包括:货物移动会造成船舶横倾;个别重件移动会击穿水下船侧外板而造成船舶进水;装载部位超负荷和可能造成船舶 GM 过大而引起剧烈横摇。

(3)装载和系固

装载前应将舱壁护条的下层板条用牢固垫木加以保护,对于只有木板保护的空气管、声呐管和污水及压载水管也应做类似的保护。

装货时应防止装载部位超负荷。应确保第一批装入的货物不能从可能损害舱底的高度掉下。在同一部位应先装重废料。金属废料不能装在非金属物品的上面。货物应密实和均匀装载,不能留有空当或松散的无支撑面。为防止重废料移动,应在其上加以压载或用适当的系索系固。

8. 甲板下装载原木

甲板下装载原木的安全措施主要有:

(1)装货前

应检查货舱内污水井及污水管系,保证其清洁、无杂物,并要求污水泵具有足够的排污能力,以确保运输的安全。货舱内舷侧护条、管道护板等保护内船体结构的装置应保持完好;并保证对高位压载水排卸阀进行实地检测,并将其开关状态记入航海日志,以防压载水意外进入高压压载水柜,引起船舶产生横倾等危险。应确定装载处所的货舱包装容积和拟装木材的尺度和体积以及所用装货设备的安全负荷;并据此制定积载方案,以最大限度地利用装货空间。

(2)装载时

木材应靠近船舶吊起,以最大限度地减缓吊装时船舶的摇摆,防止对人员和船舶安全产生危险。木材在舱内堆积应尽量密实。一般应纵向堆放,空隙处应以较短的木材加以填充;货堆应尽量平整,避免将木材堆成金字塔形。舱口围板区也应密实堆积,以使之达到最大的装货量。如整船装运木材而需知舱内所装木材重量时,则应使各舱内货物基本同时装完,然后根据吃水算得其重量。在整个装货过程中应保证不损伤船体结构,并保证作业中使用的各种设备和金属具不超过其安全负荷。装货后,可用左右舷移动船上起货设备测定横倾角的方法检验船舶的 *GM* 值,以掌握船舶的稳性状况。装货后应彻底检查船舶,以证明其水密。

(3)航行中

应经常测定船舶的横摇周期,船舶产生横倾时应及时查明原因并采取相应措施。如果需要配备楔子、锤子、移动式泵等,应将其放置于易取用处。为了保证人员能安全地进入围壁的货物处所,船长或值班驾驶员应保证对该处所进行彻底的通风,并用合适的仪器检测其不同高度的气体中的氧气和有害气体的量,当确认其对人员无危害时才能允许人员进入。如对需进入处所人员的安全有怀疑时,进入的人员必须戴自给式呼吸设备。

九、非标准货物系固方案的核算

货物单元在装船前,应制订货物积载与系固计划,提出积载的具体要求和系固的具体方案。在初拟系固方案后,应对其系固效果进行核算,只有经过认真核算并确定系固方案中所设系固设备足以抵御船舶在航行中货件所受外力及外力矩的作用,确保货件不致滑动和倾倒后才能付诸实施。IMO 推荐的非标准货物系固有效性评估介绍如下。

(一)货物单元的受力分析

1. 作用在货物单元上的主动力

$$F = ma + F_w + F_s \tag{10-1}$$

式中:ma——船舶运动引起的惯性力,纵、横、垂向;

F_w——甲板货所受的风压力,纵、横向;

F_s——甲板货所受的波溅力,纵、横向。

主动力按船舶坐标系可分解为纵向力 F_x、横向力 F_y 和垂直力 F_z。就积载与系固货物而言,纵向与横向的力是主要的,它们是导致货件水平移动和倾覆的主动力。其中由于船舶运动产生加速度所引起的惯性力是主要的。加速度的大小与装货位置、船舶摇摆周期有关。惯性力最大的部位是船舶最前部、最后部和船舷的最高堆装位置。对货件的系固目的在于防止货件的水平(主要是横向)移动和倾覆。

2. 作用在货物单元上的约束力

约束力的方向与货件移动的方向相反,约束力由系索提供的系固力和货件与甲板间的摩擦力两部分组成。按船舶坐标系可分解为纵滑约束力$[F_x]$、横滑约束力$[F_y]$、垂跃约束力$[F_z]$。

(二)评估计算方法

1. 计算强度 CS

考虑到各系固装置之间的受力的不均匀以及由于装配不当而引起的强度降低等,系固设备计算强度值应在 MSL 的基础上考虑到安全系数后确定,即

$$CS = MSL/SF \ (kN) \tag{10-2}$$

式中:MSL ——系索的最大系固负荷(系固货物时所允许的最大负荷能力);

SF ——安全系数,一般取 1.5 或 1.35,其中估算法取 1.5,精算法取 1.35。

2. 衡准表达式

(1)当纵滑主动力 F_x < 纵滑约束力$[F_x]$时,货件不会产生纵向移动;

(2)当横滑主动力 F_y < 横滑约束力$[F_y]$时,货件不会产生横向移动;

(3)当垂跃主动力 F_z < 垂跃约束力$[F_z]$时,货件不会产生垂跃移动;

(4)当横翻主动力矩 M_y < 横翻约束力矩$[M_y]$时,货件不会产生横向倾覆。

同时满足以上条件时,系固方案符合要求。

3. 主动力和主动力矩的确定

由式(10-1)可知:$F = ma + F_w + F_s$,则纵向力 F_x、横向力 F_y 和垂直力 F_z 为

$$F_x = ma_x + F_{wx} + F_{sx} \tag{10-3}$$

$$F_y = ma_y + F_{wy} + F_{sy} \tag{10-4}$$

$$F_z = ma_z \tag{10-5}$$

式中:m——货件的品质(t);

a_x、a_y、a_z——货件所在位置的纵向、横向和垂向加速度(m/s^2);

F_{wx}、F_{wy}——上甲板货件纵向、横向所受的风压力(kN);

F_{sx}、F_{sy}——上甲板货件纵向、横向所受的波溅力(kN)。

(1)货件所受加速度的确定

$$a_x = a_{0x} \cdot K_1 \tag{10-6}$$

$$a_y = a_{0y} \cdot K_1 \cdot K_2 \tag{10-7}$$

$$a_z = a_{0z} \cdot K_1 \tag{10-8}$$

式中:a_{0x}、a_{0y}、a_{0z}——货件在不同位置时的纵向、横向和垂向基本加速度(见表 10-3);

K_1——船长及航速修正系数(见表 10-4);

K_2——船宽与初稳性高度比修正系数(见表 10-5)。

表 10-3　基本加速度

垂向货位	横向加速度 a_{0y}/$(m \cdot s^{-2})$									纵向加速度 a_{0x}/$(m \cdot s^{-2})$
上甲板高位	7.1	6.9	6.8	6.7	6.7	6.8	6.9	7.1	7.4	3.8
上甲板低位	6.5	6.3	6.1	6.1	6.1	6.1	6.3	6.5	6.7	2.9
二层舱	5.9	5.6	5.5	5.4	5.4	5.5	5.6	5.9	6.2	2.0
底舱	5.5	5.3	5.1	5.0	5.0	5.1	5.3	5.5	5.9	1.5
纵向货位(距船尾)	0.1L	0.2L	0.3L	0.4L	0.5L	0.6L	0.7L	0.8L	0.9L(L 为船长)	
垂向加速度 a_{0z}/$(m \cdot s^2)$	7.6	6.2	5.0	4.3	4.3	5.0	6.2	7.6	9.2	

注:上表所列基本加速度值的条件为无限航区;全年航行;25 天一个航次;船长为 100 m;服务航速为 15 kn;$B/GM_0 \geq 13$。

表 10-4　与船长(L)和航速(v)有关的 K_1 修正系数

L/m ＼ v/kn	50	60	70	80	90	100	120	140	160	180	200
9	1.20	1.09	1.00	0.92	0.85	0.79	0.70	0.63	0.57	0.53	0.49
12	1.34	1.22	1.12	1.03	0.96	0.90	0.79	0.72	0.65	0.60	0.56
15	1.49	1.36	1.24	1.15	1.07	1.00	0.89	0.80	0.73	0.68	0.63
18	1.64	1.49	1.37	1.27	1.18	1.10	0.98	0.89	0.82	0.76	0.71
21	1.78	1.62	1.49	1.38	1.29	1.21	1.08	0.98	0.90	0.83	0.78
24	1.93	1.76	1.62	1.50	1.40	1.31	1.17	1.07	0.98	0.91	0.85

表 10-5　$B/GM_0 \leq 13$ 时的 K_2 修正系数

B/GM_0	7	8	9	10	11	12	13
上甲板高位	1.56	1.40	1.27	1.19	1.11	1.05	1.00
上甲板低位	1.42	1.30	1.21	1.14	1.09	1.04	1.00
二层舱	1.26	1.19	1.14	1.09	1.06	1.03	1.00
底舱	1.15	1.12	1.09	1.06	1.04	1.02	1.00

(2)上甲板货件所受风压力的确定

$$F_{wx} = P_w \cdot A_{wx} \tag{10-9}$$

$$F_{wy} = P_w \cdot A_{wy} \tag{10-10}$$

式中:P_w——估计风压强,取 $P_w = 1$ kN/m^2;

A_{wx}、A_{wy}——上甲板货件的纵向、横向受风面积(m^2);

A_{wx} = 货宽×货高;A_{wy} = 货长×货高。

(3)上甲板货件所受波溅力的确定

$$F_{sx} = P_s \cdot A_{sx} \tag{10-11}$$

$$F_{sy} = P_s \cdot A_{sy} \tag{10-12}$$

式中：P_s——估计波溅力压强，取 $P_s = 1\ \text{kN/m}^2$；

　　　A_{sx}、A_{sy}——上甲板货件纵向、横向受波溅面积（m^2）；

　　　$A_{sx} = 2 \times$ 货宽，$A_{sy} = 2 \times$ 货长（正常取 2 m 高度受波溅）。

实际的波溅力远大于上述计算值，上述值系指采取保护措施后的残余波溅力。

（4）主动力矩

$$M_y = F_y \times l_z \tag{10-13}$$

式中：l_z——货件横向倾覆力臂（m），取货高的一半。

（三）约束力和约束力矩的计算

（1）纵滑约束力

$$[F_x] = \mu m(g - a_z) + cs_1 f_1 + cs_2 f_2 + cs_3 f_3 + \cdots\cdots \tag{10-14}$$

式中：μ——货件底部与衬垫材料或船体结构之间的摩擦系数（钢与木材、钢与橡胶取 $\mu = 0.3$，干燥的钢与钢取 $\mu = 0.1$，潮湿的钢与钢取 $\mu = 0$）；

　　　a_z——货件所在位置的垂向加速度（m/s^2）；

　　　cs——纵向系固设备计算强度；

　　　f——$\mu\sin\alpha + \cos\alpha$（见表 10-6），$\alpha$ 为纵向系固角。

（2）横滑约束力

$$F_y = \mu mg + cs_1 f_1 + cs_2 f_2 + cs_3 f_3 + \cdots\cdots \tag{10-15}$$

式中：μ——摩擦系数；

　　　cs——横向系固设备计算强度；

　　　f——$\mu\sin\alpha + \cos\alpha$（见表 10-6），$\alpha$ 为横向系固角。

（3）横翻约束力矩

$$[M_y] = mg + cs_1 l_1 + cs_2 l_2 + cs_3 l_3 + \cdots\cdots \tag{10-16}$$

式中：$l = (b + h/\tan\alpha)\sin\alpha$［式中 h 为系固点高度（m），α 为横向系固角，b 为货宽（m）］；

　　　cs——横向系固设备计算强度。

表 10-6　作为 μ 和 α 函数的 f 值（$f = \mu\sin\alpha + \cos\alpha$）

α μ	$-30°$	$-20°$	$-10°$	$0°$	$10°$	$20°$	$30°$	$40°$	$50°$	$60°$	$70°$	$80°$	$90°$
0.3	0.72	0.84	0.93	1.00	1.04	1.04	1.02	0.96	0.87	0.76	0.62	0.47	0.30
0.1	0.82	0.91	0.97	1.00	1.00	0.97	0.92	0.83	0.72	0.59	0.44	0.27	0.10
0.0	0.87	0.94	0.98	1.00	0.98	0.94	0.87	0.77	0.64	0.50	0.34	0.17	0.00

（四）系固方案核算计算实例

例 10-1：

（1）船舶资料。船长：140.00 m；船宽：22.50 m；船舶航速：15.0 kn；初稳性高度：1.31 m。

（2）货物资料。垂向货位：上甲板低位；纵向货位：距船尾 0.75 倍船长；货物重量：

35.00 t;货物长×宽×高:12 m×3.5 m×3.5 m;系固点高度:2.7 m;摩擦系数:0.3。

(3)系索资料。横向加两道系索,纵向加一道系索,其参数为:

①两道横向系索的系固角均取35°;纵向系索系固角取40°。

②每道横向索系的*MSL*均取132 kN;纵向索系*MSL*为132 kN。

③要求校核舱面货物单元的系固强度。

解:具体计算见例10-1表1、表2、表3、表4、表5、表6:

例10-1 表1   有关船舶资料表

船长 L/m	航速 v/kn	船宽 B/m	GM/m	B/GM
140.0	15.0	22.5	1.31	17.2

例10-1 表2   有关货物资料表

垂向货位	纵向货位(距船尾)	货物重量/t	长/m	宽/m	高/m	横向力臂/m	系固点高度/m	货重心距支点横距/m	摩擦系数 μ
		(1)	(2)	(3)	(4)	(5)=(4)/2	(6)	(7)=(3)/2	(8)
上甲板底位	0.75	35	12	3.5	3.5	1.75	2.7	1.75	0.3

例10-1 表3   有关系索数据表

系索编号	横向系索							纵向系索				
	左/右	系固角	MSL	cs	力臂 l	f	cs·f	cs·l	前/后	系固角	MSL	cs	f	cs·f
	(9)	(10)	(11)=(10)/1.5	(12)*	(13)	(11)×(13)	(11)×(12)		(14)	(15)	(16)=(15)/1.5	(17)	(16)×(17)
1	左	35°	132	88	4.22	0.99	87.1	371.4	前	40°	132	88	0.96	84.5
2	右	35°	132	88	4.22	0.99	87.1	371.4						
						(18)	(19)						(20)
合计					(左)(右)		174.2	742.8	合计			前后		84.5

注:*(12)=[(3)+(6)/tan(9)]×sin(9)。

例10-1 表4   甲板货物单元的风压力和波溅力计算表　　　　(单位:kN)

风压力		波溅力	
横向风压力	纵向风压力	横向波溅力	纵向波溅力
(21)=(2)×(4)	(22)=(3)×(4)	(23)=2×(2)	(24)=2×(3)
42	12.2	24	7

例10-1 表5   货物单元的加速度计算表　　　　(单位:m/s²)

基本加速度			K₁	K₂	修正后的加速度			m(g−a_z)
a_{Oy}	a_{Ox}	a_{Oz}			a_y	a_x	a_z	
(25)	(26)	(27)	(28)	(29)	(30)=(25)×(28)×(29)	(31)=(26)×(28)	(32)=(27)×(28)	(33)=(1)×[9.81−(32)]
6.4	2.9	6.9	0.8	1.0	5.12	2.32	5.52	150.15

例 10-1 表 6　货物单元的运动情况核查表

横向移动核查			横向倾覆核查			纵向移动核查		
横向移动力 F_y	横向约束力 $[F_y]$	合格否? $F_y < [F_y]$?	横向倾覆力矩 M_y	横向约束力矩 $[M_y]$	合格否? $M_y < [M_y]$?	纵向移动力 F_x	纵向约束力 $[F_x]$	合格否? $F_x < [F_x]$?
(34)	(35)		(36)	(37)		(38)	(39)	
(1)×(30)+ (21)+(23)	9.81×(1)× (8)+(18)	(34)<(35) ?	(34)×(5)	9.81×(1)× (7)+(19)	(36)<(37) ?	(1)×(31)+ (22)+(24)	(33)×(8)+ (20)	(38)<(39) ?
245.2	277.2	合格	429.1	1 343.7	合格	100.4	129.5	合格

注:对货件的系固一般要求横向左右对称、纵向前后对称,所以只需核查横向的一侧和纵向的一端即可。但如果横向左右不对称和/或纵向前后不对称,则对横向两侧和/或纵向两端应分别予以核查。

答:经过核查,舱面货物单元的系固强度及系固方案合格。

任务二　重大件货物运输

一、重大件货物的定义、分类及特性

重大件货物一般指笨重、体积过大或尺度过长的货物。国际标准规定:单件重量超过 40 t 的货物为超重件,单件长度超过 12 m 的货物为超长件,高度或宽度有一方超过 3 m 的货物为超高或超宽件均属于重大件货物。我国标准规定:国际航运中凡单件超过 5 t 或单件长度超过 9 m 的货物;沿海运输中凡单件重量超过 3 t 或长度超过 12 m 的货物,长江和黑龙江干线港口凡单件超过 2 t 或单件长度超过 10 m 的货物均属于重大件货物。对我国重大件货物的定义可参阅我国交通运输部行业标准。

船运重大件货物主要包括:大型成套设备、各种车辆、集装箱、船艇等。一般重大件货物由专用船舶运输,在此,仅对杂货船装载重大件货物问题进行研究。

二、重大件货物安全装运要求

重大件货物安全装运要求如下:
(1)选择合适的舱位和货位。
(2)保证满足货位局部强度要求。
(3)校核装卸重大件货物时船舶稳性和横倾角。横倾角计算时应考虑吊臂自重的影响。
(4)制定合适的系固绑扎方案,按照货物系固手册要求制定系固方案正确系固。

三、装卸重大件货物对船舶稳性的影响

船舶装、卸重大件货物后,其重心位置将发生变化,从而影响船舶的稳性。特别是当重大件货物装于上甲板时,将使船舶重心提高,受风面积增大。在上甲板装载重大件货物时,一般在其他货物装好后再装重大件,装载后船舶稳性可用少量装载对稳

微课:
重大件货物

微课:
重大件货物安全装运
要求

性的影响高度的公式进行计算。在甲板装载重大件后,若对船舶稳性影响较大,则需采取移货或打压载水的措施来保证船舶的安全。

四、装卸重大件货物对船舶稳性的影响计算

1. 吊卸重大件货物

(1)初稳性高度 GM_1 的计算

当船上重型装卸设备将货物提起使其成为悬挂货物时,船舶的初稳性高度最小(见图 10-25)。其值 GM_1 可由下式求得

$$GM_1 = GM - p \cdot z / \Delta \tag{10-17}$$

式中:GM——吊卸重大件货物前船舶的初稳性高度(m);

      p——重大件货物的重量(t);

      Δ——吊卸时的排水量(t);

      z——起吊前重大件货物的重心至吊杆顶点的垂直距离,即悬挂高度(m)。

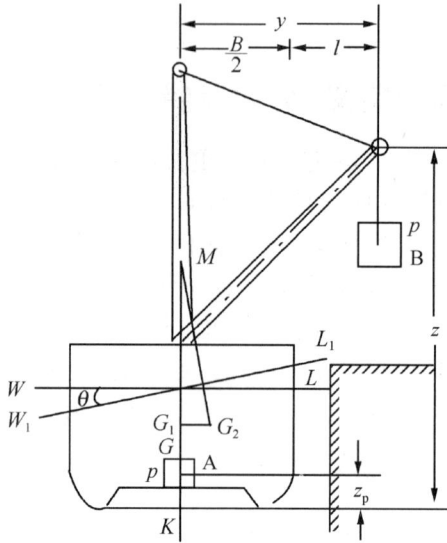

图 10-25　吊卸重大件货物

(2)船舶横倾角 θ_h 的计算

$$\tan \theta_h = (py + p_b y_b)/(\Delta GM_1) \tag{10-18}$$

式中:p——重大件货物的重量(t);

      y——吊卸时重大件货物的重心横移的距离(m);

      Δ——吊卸时的排水量(t);

      p_b——重吊的自重(t);

      y_b——重吊的重心横移的距离,若设重吊的重心在吊杆的中点,并已知船宽为 B,吊杆的舷外跨度为 l,则

$$y_b = (B/2 + l)/2 \text{(m)} \tag{10-19}$$

显然,吊卸重大件货物时产生的横倾角与吊卸时货件重心横移的距离 y 有关。

2.吊装重大件货物

与吊卸时不同,吊装重大件货物时,货件的重量由船外加到了船上,因此,吊装前后船舶的排水量是不同的,如图 10-26 所示。吊装时船舶最不利的初稳性高度值仍然是货件处于悬挂状态时,产生的最大横倾角发生在货件刚被提起时。

图 10-26　吊装重大件货物

（1）初稳性高度 GM_1 的计算

$$GM_1 = GM + p(KG - z_b)/(\Delta + p) \qquad (10\text{-}20)$$

式中:GM——起吊前船舶的初稳性高度(m);

$\qquad KG$——起吊前船舶的重心高度(m);

$\qquad \Delta$——吊卸前的排水量(t);

$\qquad p$——重大件货物的重量(t);

$\qquad z_b$——重吊的顶点距基线高度(m)。

（2）船舶横倾角 θ_h 的计算

$$\tan\theta_h = (py + p_b y_b)/[(\Delta + p)GM_1] \qquad (10\text{-}21)$$

式中:p——重大件货物的重量(t);

$\qquad y$——起吊时货件重心距船舶中线面的横向距离(m),即 $y_b = B/2 + l$;

$\qquad p_b$——重吊的自重(t);

$\qquad GM_1$——起吊时船舶的初稳性高度(m);

$\qquad y_b$——重吊的重心横移的距离(m)。若设重吊的重心在吊杆的中点,并已知船宽为 B,吊杆的舷外跨度为 l,则

$$y_b = (B/2 + l)/2 \; (\text{m}) \qquad (10\text{-}22)$$

为确保船舶的安全,装卸重大件货物时船舶横倾角允许的安全范围根据货物的重量可控制。当船吊的起重能力在 60 t 左右时,θ_h 不超过 6°~8°;当船吊的起重能力不大于 100 t 时,θ_h 不超过 10°;当船吊的起重能力超过 100 t 时,θ_h 不超过 12°。若船舶横倾角超过上述允许值,则必须采取调整和控制措施。

任务三　木材甲板货装运

一、木材甲板货的定义、分类及特性

本任务所述的木材船系指在干舷甲板或上层建筑甲板的露天部分运载木材甲板货物(不包括木质纸浆或类似货物),并勘划木材载重线的船舶。

1.木材甲板货

木材甲板货系指船舶的干舷甲板或上层建筑甲板的露天部分装载的木材货物。

2.木材的特性

(1)极易吸收和散发水分,易引起燃烧;

(2)舱内积载时会导致缺氧和产生有毒气体。

二、木材甲板货安全装运要求

(一)对船舶的要求

当船舶的构造符合运木材船舶的各项要求时,可以按运木材船舶船级入级,并勘绘运木材船舶载重线标志。

勘绘运木材船舶载重线标志的船舶,完全遵守载重线规范,正确装载木材甲板货,则不论舱内装载何种货物,均可使用运木材船舶载重线。

船舶甲板装运木材时,可以采用木材载重线,因船舶甲板装载木材后,可增加船舶储备浮力以抗御海浪的淹浸,所以木材载重线的干舷高度比一般货船的相应载重线的干舷高度略低一些。

(二)木材货装卸操作(Loading & Discharging)要求

木材甲板货的堆装与系固的方法应符合 A.715(17)决议《1991 年木材甲板货运输船的安全实用规则》和《1966 年国际船舶载重线公约》第 44 条的要求。

1.装货前对装载部位及系固设备进行检查

(1)木材甲板货装船前,应对船上所有的系固点(包括立柱上的系固点)进行目视检查,如有任何损坏应及时修复。对系索和部件的目视检查,检查间隔时间不得超过 12 个月。

(2)通往露天甲板装货区域的开口、舱盖和该区域以下处所的其他开口都应牢固关闭和封舱;应有效地保护空气管和通风筒,并应检查止回阀和类似装置,以确定其防水有效性;该区域上的积冰和积雪应及时清除,通常最好在所有甲板系索、立柱等就位后再在该区域装货。

2.木材甲板货的高度和范围

(1)在冬天位于季节性冬季区内的船舶,其木材甲板货在露天甲板以上的高度不应超过船舶最大宽度的三分之一。

(2)限制木材甲板货的高度,以保证足够的视域;木材甲板货的重量不超过露天甲板和舱盖的设计最大允许负荷。

(3)在标有和使用木材载重线的船上,木材甲板货的堆装应分布在上层建筑之间的井形甲板的整个可用长度上,并尽可能靠近端舱壁;在艉端没有限制性上层建筑时,至少延伸到最后舱口的艉端;横向上,在给护栏、舷墙柱、立柱、引航员登船通道等留出余量后,尽可能接近船舷,但由此在船舷产生的堆装间隙不应超过4%船宽的平均值;高度至少延伸至除后升高甲板以外的上层建筑的标准高度。

3.木材甲板货的堆装要求

(1)装货过程中船上人员不断检查,使甲板装货紧密堆装,尽量减少堆货空隙。

(2)应告知工头甲板上安全设备、阀门遥控装置和测深管等的位置,并留出可供工作的通道,船员住舱、引航员登船通道、机器处所以及船舶的必要运转所经常使用的区域和通道在任何时间都应安全畅通。

(3)装载靠近两舷立柱的木材货时,应选较长者,以能跨接三支立柱为佳;甲板上木材货高度如超过4.5 m,在装至一半高度时应实施中间绑扎,高度超过6.0 m时,应做二次中间绑扎,装货完成时和开船前,应对船舶进行彻底检查。

4.木材甲板货的系固

木材甲板货应在其全长范围内使用运载木材特性的绑扎系统有效地紧固,该绑扎系统应经同意。

(1)系固平面图:木材甲板货运输船上应携带和保存符合A.715(17)决议《1991年木材甲板货运输船的安全实用规则》要求的一份或数份系固平面图。

(2)每一系索都应从木材甲板货上绕过,并用扣环扣在适合其预期用途并有效固定在甲板边板或其他加固点上的眼板中。安置时,应尽可能地保证其在整个高度上与木材甲板货接触。

(3)系索的间距应使在贯通甲板货物堆垛的每一长度各端的两根系索尽可能靠近木材甲板货的端头。

5.人员保护和安全设施

(1)为保护从事装货、系固或卸货的船员和工人,应提供合适的保护服装和装备,如带钉靴、带钉套鞋和安全帽。

(2)在航行期间,如果在船舶甲板上或甲板下没有方便的船员通道供其从居住舱室安全通行至船舶操作所有处所,则应在甲板货的每侧设置垂直间距不超过330 mm、货物之上高度至少为1 m的栏索或栏杆。此外,还应在尽可能靠近船舶中心线处设置用张紧装置拉紧的救生索,救生索最好是钢丝绳。

(3)货堆中的所有开口,如在桅室、绞车等处的开口,都应安装围栏或关闭装置。

(4)如果没有安装立柱或者允许采用对(2)规定的替代办法,则应安装构造坚固、有平坦行走面的通道,通道有两行间隔1 m左右、在行走面以上的高度不小于

1 m 的纵向栏杆或栏索,每行最少有三排栏索或栏杆。

(5)作为(2)、(3)和(4)的替代办法,可在木材甲板货上安装救生索,最好使用钢丝绳,使装备有吊索保护系统的船员能钩挂在它的上面,在木材甲板货上工作。救生索应该:高出木材甲板货大约 2 m,尽可能靠近船的中心线;应提供从货物顶部到甲板的配有栏索或扶手的合格构造的梯子、台阶或坡道,作为适当的通道。

(三)木材运输保管

木材运输保管如下:

(1)船长应仔细编制航行计划,正确进行船舶操纵;

(2)航行期间应每日检查系索,必要时将其张紧;

(3)航行期间正确进行压载和转驳油水,避免造成船舶横倾;

(4)进舱检查前,要确保对货舱已进行足够的通风,并用仪器测量氧气和有害气体的含量,在确信安全的情况下,按进入围蔽处所安全作业的规程进行。

三、2008 年 IS 规则对木材甲板货运输船完整稳性的要求

(1)稳性建议衡准

对于装载木材甲板货的船舶,当积载和系固符合规定时,则可以下列衡准代替2008 年 IS 规则普通货船的完整稳性衡准:

①在航程中任何时候的初稳性高度,经液舱柜自由液面影响以及甲板货吸水和/或露天表面结冰影响修正后,应不小于 0.1 m。

②静稳性力臂 GZ 曲线下的面积,当横倾角达到 40°或进水角(取小者)时,应不小于 0.08 m·rad。

③最大静稳性力臂值应不小于 0.25 m。

④计算船舶抵抗横风和横摇联合作用的能力时,在定常风作用下的横倾角应不大于 16°,但可不考虑甲板边缘浸水角 80%的附加衡准。

(2)稳性计算时应考虑的因素

①计算静稳性力臂时,可计入木材甲板货入水体积的 75%的浮力,即木材甲板货的渗透率为 25%。为此,船舶装载手册中应提供计算资料。

②整个航次中按最不利状况核算船舶稳性:油水消耗且存在自由液面;干的或风干的木材吸水 10%,重心取在甲板货重心处;货物表面结冰,按实际情况或船舶资料计算重心取在甲板货上表面。

四、《法定规则》对木材甲板货运输船完整稳性的要求

《法定规则》对国际航行木材甲板货运输船的稳性要求与 2008 年 IS 规则的要求相同;对国内航行的木材甲板货运输船的稳性要求除满足普通货船的一般要求外,还提出了稳性的特殊衡准。

(1)稳性衡准

①运木船所核算的各种装载情况经自由液面修正后的初稳性高度均应不小于

0.1 m。

②静稳性力臂曲线最大值应不小于 0.25 m。

（2）计算条件

①计算静稳性力臂时,可计入木材甲板货入水体积的 75% 的浮力,即木材甲板货的渗透率假定为 25%。

②运木船到港情况及航行中途情况应假设木材甲板货的重量由于吸水而增加 10%。

③如结冰,应按实际情况进行结冰计算;若无实际结冰资料,则应按普通货船规定重量的 3 倍计算。

任务四　钢材货物运输

一、钢材货物的分类与海运特性

1. 钢材货物的分类

钢材货物按形状可分为:

（1）板材类:厚度不一,常采用捆扎或成卷的方式交付运输,如钢板、镀锌钢皮（白铁皮）、镀锡钢皮（马口铁）等。

（2）型钢类:按其截面和外形不同,可分为圆钢、方钢、角钢、扁钢、槽钢等。

（3）管材类:口径不一,有些具有较粗的管头,分为无缝钢管和有缝钢管。

（4）铸锭类:由各类块状金属铸锭组成,如钢锭、钢坯、生铁块等。

（5）丝卷类:粗细不一的各种金属丝线,如铁丝、盘圆（钢筋）、电线、电缆等。

（6）其他钢材类:上述未包括在内的钢材货物,如钢材构件、散装金属废料等。

2. 钢材货物的海运特性

（1）重质货,积载因数较小

积载因数多在 0.30~0.58 m^3/t,船舶满载时货舱的体积渗透率很高,装载部位需要校核船体局部强度。单层甲板船若全船承运钢材货物,船舶重心低而初稳性高度很大,船舶在海浪中会发生大幅度的剧烈横摇。

（2）怕潮湿,怕重压变形

钢材货物常采用裸装方式,除不锈钢、建材用钢材（如钢梁、钢桩、盘圆等）外的其他钢材货物,受潮湿容易锈蚀而影响其商业价值。一些钢板因衬垫设置不当而造成下层钢板在重压下呈波浪状变形,一些卷钢可能因装卸或堆装不当而引起卷边、开卷等。

（3）摩擦系数小,易移位钢管、卷钢、盘圆等钢材货物因与装载处所接触面积小,故摩擦系数小。若其装载部位存在油渍、堆装不紧密及系固不当,船舱内的这类货物在船舶遇风浪时极易发生移位,甚至个别钢材重件移动时会击穿水线下的舷侧外板而造成船舱严重进水。

二、钢材货物的安全装运

钢材货物采用非集装箱方式装运时,钢材货物不得与酸、碱、盐类及化肥等对钢材有腐蚀的货物同舱装运。对多数怕潮湿的钢材货物,选配舱室应保证舱盖水密,必要时应在装货后在舱盖水密连接部位临时粘贴封舱胶布,应注意洗舱后舱壁不得留有海水的盐分,且不得与鲜湿货物同舱装运。

钢材货物运输中应重视船舶重心高度的控制,防止出现重心过低现象;应注意校核拟装部位的船舶局部强度,防止发生装载部位超负荷而引起船舱局部结构受损;应严格遵照船上"货物系固手册"的要求进行堆装和系固,防止发生货物移位、货堆倒塌等事故。

1. 铸锭类货物的装运要求

铸锭类货物一般配于底舱作打底货。其堆装应注意不得在货堆与舷壁之间留有陡而宽的可滑动空间;货顶经平舱并加装适当衬垫后可加装其他货物;为提高船舶重心高度,可将一定数量的钢材货物配于二层舱。

2. 长大件钢材货物的装运要求

舱内必须顺着船舶的首尾方向堆放并左右固定塞紧,严防滚动。不能横向堆装,防止货物横向移动时碰伤船体。

钢轨、槽钢、角钢等货物一般应作打底货,要求堆码整齐、紧密、铺平,以便在其上加装其他货物。钢轨一定要采取平扣方法堆装(见图10-27)。

各种管类钢材货物的堆码应防止受损、变形和滚动。小口径钢管一般成捆装舱,大口径带管头的铸铁管,应注意堆装紧密且管头交替排列,每层要用厚度合适的木条衬垫(见图10-28)。为防止管类钢材货物滚动,需在其上压装其他货物。

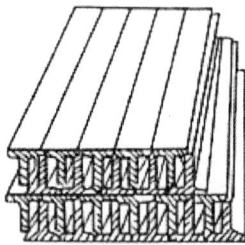

图 10-27　钢轨平扣堆装　　　图 10-28　铸管堆装与衬垫

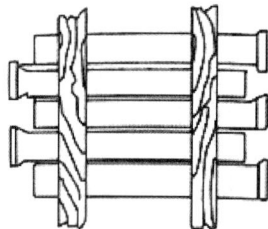

3. 散装金属废料的装运要求

散装金属废料指因其大小、形状和重量难以紧密装载的金属废料,但不包括如金属钻屑、刨屑、车床切屑等金属废料(其运输在 IMSBC 规则中有规定)。

装载前应在舱壁下层护条板处用坚固的垫木加以保护,对于只有木板保护的空气管、声呐管和污水及压载水管也应做类似的保护。

装货时应防止装载部位超负荷。应确保第一批装入的货物不会从可能损害舱底的高度掉下。在同一部位应先装重质的废料。金属废料不能装在非金属物品的上层。货物应密实和均匀装载,不能留出空当或出现松散的无支撑斜面。为防止重质废料移动,应在其上加以压装或用适当的系索系固。

4.卷钢货物的装运要求

卷钢常采用卧装而不是竖装的形式。卷钢应从底层起堆装,如有可能,应以有规律的次序层层堆码。

卷钢应保持其轴线沿船长方向堆装在横向放置的垫木上;应保持每卷紧靠另一卷堆装;应使用楔子,以防卷钢在装卸时发生滚动;每排的最后一卷应堆装于其邻近的两卷之上,以固定该排的其他卷钢;当在第一层的上面装载第二层时,该层卷钢应装载于第一层卷钢之间;在最上面一层卷钢空隙处应加以衬垫(见图10-22)。

卷钢系固的目的是将舱内卷钢系固成一个大的不可移动的卷钢组。通常卷钢顶层的最后三排需要系固。为防止卷钢发生纵向移动,卷钢顶层最后一排应用垫木和钢丝绳系固,从一侧到另一侧拉紧,并用附加钢丝绳拉至舱壁。系索与卷钢尖刃接触部位应有防止利刃损坏的衬垫。当卷钢未装满整个舱室时,对卷钢顶层最后三排应按奥林匹克系固法或成组系固法进行系固(见图10-29)。

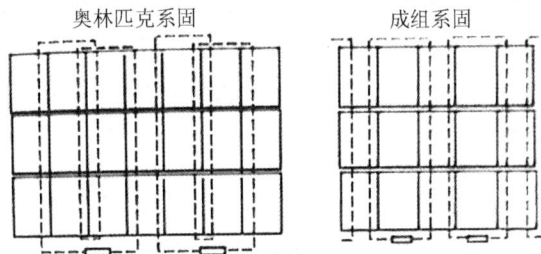

图10-29　顶层卷钢系固(俯视图)

任务五　冷藏货物运输

一、冷藏货物的定义、分类及特性

冷藏货物系指要求在低于常温的条件下运输、保管的货物。这类货物在常温下经过较长时间的保管和运输,由于微生物作用、氧化作用、呼吸作用和酶的作用等会使其成分发生分解、变化而腐败,以致失去使用价值,这类货物属于易腐货物。易腐货物主要为冷冻食品。冷藏运输的目的就是使易腐货物在运输期间不致变质、过熟或腐烂。

(1)冷却:将易腐货物的温度降到接近冻结点,并在此温度下保藏。

(2)冻结:将易腐货物中所含水分部分或全部转变为冰的过程。根据易腐货物冻结速度的快慢,冻结大致可以分为两类:冷冻和速冻。

冷冻和速冻:现在通用的区分冷冻和速冻的方法有时间和距离两种。若按时间划分,易腐货物中心温度从 0 ℃降至 −5 ℃所需时间,在 20 min 之内的为速冻,超过

20 min 即为冷冻;若按距离划分,易腐货物冻结面的进展速度达到 5～20 cm/h 的为速冻,较慢的为冷冻。

(3)冷冻食品:包括冷却食品和冻结食品,可按原料及消费形式分果蔬、水产、肉禽蛋、调理方便食品四大类。

二、冷藏货物保管条件及运输方式

1. 温度

由于冷藏、冷冻两大低温状态是维持食品味美、新鲜、安全等基本特质的最佳选择,而一旦任何环节对温度的掌握与控制失当,都会对货物造成不可补救的损坏,甚至完全失去商品价值,因此做好温度控制是冷藏货物运输管理中的关键。保管易腐货物的主要条件是温度,温度变化及变化情况与易腐货物保管的质量有密切的关系,一般来说,温度的降低可以延缓、减弱微生物的氧化作用、呼吸作用和酶的作用。在低温条件下,微生物的氧化作用和呼吸作用对易腐货物的质量影响是极其微小的;但是,低温不能完全阻止酶的作用,某些酶在低温下仍具有一定的活性。因此,无论是冷冻食品,还是速冻食品,经过长期的贮存后,其质量均有所下降。

为保证易腐货物的质量,对于不同的货物应分别采取冷却、冷冻、速冻等不同的冷藏方法。

(1)冷却:把货物保管温度降到尚不至于使细胞膜结冰的程度,即在 0～15 ℃,如鲜蛋、乳品、水果、蔬菜等采用这种方法运输。冷却不影响食品组织,但微生物仍有一定的繁殖能力,所以冷却货物保管时间有限期,不能久藏。冷却的货物应按冷却温度的要求进行运输,即冷却运输。

(2)冷冻:把货物保管温度降到 0 ℃以下使之冻结,一般要求在 -18 ℃以下,如冻肉、冻鸡、冻鱼等采用这种方法运输。冻结速度较慢,细胞膜的内层会形成较大的冰晶,使细胞膜破裂,细胞汁遭受损失,可使食品类货物减少或失去原有的鲜味和营养价值。冷冻的货物应按冷冻温度的要求进行运输,即冷冻运输。

(3)速冻:在很短的时间内使货物冻结。速冻过程中所形成的冰晶颗粒比较均匀、细小,不致造成细胞膜的破裂,因而能保持食品类货物原有的鲜味和营养价值。速冻的货物应按速冻温度的要求进行运输,即速冻运输。

2. 湿度

空气湿度对食品质量也有很大的影响,湿度过低会增大食品的干耗,破坏水果、蔬菜的正常呼吸作用;湿度过大,会使微生物迅速繁殖。因此,冷藏货物舱内要有一定的湿度。在冷藏技术上常采用的是相对湿度,即每立方米湿空气中水蒸气的重量与同温同压下湿空气在饱和状态下水蒸气的重量之比。各类冷藏食品适宜的冷藏温度、相对湿度见表 10-7。

表10-7　各类冷藏食品适宜的冷藏温度、相对湿度表

食品名称	冷藏温度/℃	相对湿度	昼夜换气次数/n	大概贮藏时间	冰冻点/℃
冻牛肉	−23.0 ~ −18.0	90% ~95%		6 ~12 月	
冷却牛肉	−1.0 ~0.0	86% ~90%	2 ~4	3 周	−1.2 ~ −0.6
冻猪肉	−24.0 ~ −18.0	85% ~95%		2 ~8 月	
冷却猪肉	0.0 ~ +1.2	85% ~90%	2 ~4	3 ~10 天	−2.2 ~ −1.7
冻羊肉	−18.0 ~ −12.0	80% ~85%		3 ~8 月	
冻家禽	−30.0 ~ −18.0	80%		3 ~12 月	
家禽	0.0	80%		1 周	−1.7
冻兔肉	−30.0 ~ −18.0	80% ~90%		6 月	
鲜蛋	−1.0 ~ −0.5	80% ~85%	2 ~4	8 月	−2.2
冻蛋	−18.0			12 月	
冻鱼	−20.0 ~ −12.0	90% ~95%		8 ~10 月	
鲜鱼	−0.5 ~ +4.0	90% ~95%	2 ~4	1 ~2 周	−2.0 ~ −1.0
对虾	−7.0	80%		1 月	
苹果	−1.0 ~ +1.0	85% ~90%	2 ~4	2 ~7 月	−2.0
梨子	−0.5 ~ +1.5	85% ~90%	2 ~4	1 ~6 月	−2.0
香蕉	+11.7	85%	2 ~4	2 周	−1.7
橘子	0.0 ~ +1.2	85% ~90%	2 ~4	8 ~10 周	−2.2
桃子	−0.5 ~ +1.0	80% ~85%	2 ~4	2 ~4 周	−1.5
葡萄	−1.0 ~ +3.0	85% ~90%	2 ~4	1 ~4 月	−4.0
柚子	0.0 ~ +10.0	85% ~90%		3 ~12 月	−2.0
柠檬	+5.0 ~ +10.0	80% ~90%		2 月	−2.2
熟菠萝	+4.4 ~ +7.2	85% ~90%	2 ~4	2 ~4 周	−1.2
韭菜	0.0	85% ~90%		1 ~3 周	−1.4
土豆	+3.0 ~ +6.0	85% ~90%		6 月	−1.8
洋葱	+1.5	80%		3 月	−1.0
芹菜	−0.6 ~0.0	90% ~95%		2 ~4 月	−1.2
花菜	0.0 ~ +2.0	85% ~90%		2 ~3 周	−1.1
青椒	+7.0 ~ +10.0	85% ~90%		1 ~3 周	−1.0
白菜	0.0 ~ +1.0	80% ~95%	2 ~4	1 周	
萝卜	0.0 ~ +3.0	90% ~95%	2 ~4	1 周	
胡萝卜	0.0 ~ +1.0	80% ~95%		2 ~5 月	−1.7
黄瓜	+2.0 ~ +7.0	75% ~85%	2 ~4	10 ~14 天	−0.8

3. 通风

对于冷却运输的货物,如水果、蔬菜,因在储运过程中会呼出水分和 CO_2 气体,为了保持舱内适宜的相对湿度和 CO_2 含量,需要用通风装置对冷藏舱进行循环通风和换气通风。通风时一要注意外界空气的温、湿度的高低,二须掌握通风的时间。通风换气量以 24 h 内通风换气次数表示。

4. 环境卫生

外界环境卫生条件不好,微生物就多,微生物中细菌会分泌出一种水解酶,它能水解食品中的有机成分,使之失去食用价值。因此,冷藏舱、装卸工具、装卸工人的劳动服装等都应严格保持清洁卫生。

三、冷藏货物安全装运要求

(一)冷藏货物装舱前准备

冷藏货物的装载工作由大副负责,但许多工作需要与船上主管冷藏机械的冷藏员共同研究,并决定适合装载不同冷藏货物的舱室。

1. 对船舶要求

船方应确认本船具备承运托运人所托运的冷藏货物的条件,并具有船舶检验部门颁发的冷藏设备入级证书后,方可承运冷藏货物。

2. 做好装舱准备工作

(1)冷藏舱的检查、修理:装货前应对舱内设备如舱盖板、隔热门、隔热结构、通风筒、污水井、管道等进行严格检查,发现损坏后应及时修复。

(2)货舱清洁:应彻底清扫干净舱内的碎木渣、残留的货物等,用高压水冲洗护舱板、木格栅、舱底板、管道槽沟等所有舱的内表面,污水井须彻底打扫干净并晾干。清洗后的货舱须充分通风并完全干燥。

(3)冷藏舱除臭、消毒:若舱内有异味,可采用臭氧、粗茶熏舱、洒醋酸水等脱臭剂进行脱臭;若发现有霉菌等微生物,可用消毒药物熏舱或通过喷洒消毒药水进行消毒。

(4)预验:在进行了以上三项工作后,要经商检部门登船检查是否达到清洁、干燥、除臭的要求,如符合要求,在商检师的允许下,再进行下面的工作。

(5)预冷:冷藏舱在装货前应进行预冷,其冷却温度应比装载货物所需的冷藏温度低 2~3 ℃,并同时对冷藏设备、冷藏舱进行检查。预冷前,应把隔票、衬垫用的物料放入舱内同时预冷。预冷一般在装货前 48 h 开始,舱温在装货前 24 h 达到指定的温度。

(6)冷藏舱的检验:在冷藏舱预冷后,经商检师检验合格,应取得检验证书,证明冷藏舱已适货。

(二)冷藏货物装卸

1. 冷藏货的装载

(1)装舱时间:应选择气温较低的清晨和晚间,避免在烈日或雨天作业,以减少热量与蒸汽的侵入。装舱时,货物从冷藏车上卸下后应立即入舱,快卸快装,缩短装货时间。注意舱内温度,防止装货过程中温度回升,但应尽量避免在装货过程中往舱内打冷气,以防大量结霜。

(2)验收货物:冷藏货的货损往往是由于装舱时新鲜度不足而造成的,因此,在装舱时应谨慎检查货物的质量。商检部门提供的货物品质证书是货物质量的主要凭证,但如果发现不符合质量要求或有缺陷的货物,应按其缺陷程度予以拒装或加以批注,以分清责任。冷藏货物的鉴别方法如下:

①现场测量,可在现场直接测量冷藏货物的内部温度是否达到要求,冷冻货一般应在 -10 ℃以下。

②感官鉴别:

肉类:冻肉应肉体坚硬,色泽鲜艳,割开部位呈玫瑰色,油脂呈白色或淡黄色。凡冻肉肉体柔软,冷却肉有黄、黑色霉斑,包装布上有血液渗透出或污损、破裂的,应拒装。

鱼类:冻鱼应鱼体完全坚硬,鱼鳞明亮或稍微暗淡,眼睛应凸出或稍微凹陷,鳃应鲜红。凡鱼体柔软,变色,尾鳍折断,包装有血液渗出,穿孔有臭味的,应拒装。

水果:水果应色泽鲜艳,无过熟现象。凡干皱、腐烂、压坏、过熟、有泥污的水果都应拒装。蔬菜:凡干皱、腐烂、压坏、有泥污、出芽及有霉斑的蔬菜都应拒装。

鲜蛋:鲜蛋必须新鲜、清洁、完好、无腐臭味和无污染现象。凡在灯光下照视不透明的,或有散黄、臭水、贴壳等现象的,应拒装。

箱装冻结货:用木格箱、纸箱包装的冻结货,如包装破损、发霉或有水渍的,应拒装。

(3)冷藏货的理货:船方为了防止货物的短缺,可安排船员与理货公司的理货员一起理货。船方应准备理货记录簿,一名船员负责一个舱口进行理货,负责理货的船员在每装上一冷藏车的货或每一票货卸完以及中途因故停装时,都要与理货公司的理货员核对数字,如有不符应报告大副,视情况决定是否翻舱检查;如果在中途港卸部分冷藏货,最好安排一名船员在舱内检查,以防工人错卸。

(4)货物的舱内装载:各种冷藏货在舱内的堆装方法因货种、包装及舱内通风方式的不同而稍有差异。基本原则是舱内冷空气能冷却全部货物,尽量使各处温度和相对湿度均匀。防止忌装冷藏货的混装,如鱼易散发气味,则应与肉类分舱;蛋类易吸收气味,需单独装舱;信仰伊斯兰教的国家的港口不允许牛、羊肉与猪肉混装。

(5)堆装货物的通风:冷货在舱内应排列整齐,在空气流动的方向应留有风道。货物与舱顶间应有空当,与出、回风口间应保持适当的距离,不得将风口挡住。箱装货应包装规整,在堆装时货物之间没有空隙,必须在货垛间留出风道、放置衬垫物或垂直撑条。这些衬垫物和垂直撑条除了可构成风道外,还可以防止货堆在船舶摇摆时移动;由于要留出风道,故亏舱率会高达 10% ~ 20%,在配舱时应予注意;装货过程中,一般应停止往舱内打冷气,以防结霜。

(6)监装:为保证装舱货物质量符合要求,应申请商检部门监装,并取得监装证书。

(7)封舱:装货完毕后盖好舱盖,封舱后应立刻往舱内打冷气,直至达到货物所需的冷藏温度。

2.冷藏货物的卸载

(1)船舶到港前,要通知入港时间,决定开启冷藏舱及交货的时间。根据所装货物情况,应事先与卫生检疫部门联系,申请检疫。

(2)开舱卸货前应根据货物情况,调节货舱温度。

(3)卸货时要求连续、迅速,尽量缩短货物在空气中暴露的时间。

(4)交货时,一般应同时提交货物品质、重量证明,对肉类还须提交兽医证明,有时还须提交货物温度证明。

3.冷藏货物途中保管

(1)舱温控制,冷藏货物运输途中最重要的问题是严格保持舱内规定的冷藏温度,并使其温度波动不超过允许范围。如装运水果等怕冻货物的船舶进入冬季季节区域时,停止打冷气后舱温仍有可能继续下降,此时应开启加热器,加热舱内循环空气,以防货物冻坏。为了保持冷藏舱内各处的温度均匀,必须加强舱内空气的循环流动。通风次数受舱温的影响,会影响货物水分的散失。在降温期间货物会散失大量水分,为减少水分散失,在货温高于舱内气温时,应增大空气循环量,尽量缩短降温时间;当货温接近舱温时,则应减少空气循环量。

(2)二氧化碳含量控制,在封闭的冷藏舱内,由于水果、蔬菜的呼吸作用,空气中的含氧量逐渐减少,二氧化碳含量自行增大。实践证明,空气中含有较多的二氧化碳和较少的氧气,能抑制水果、蔬菜的呼吸作用而使其成熟期延长,故对保存货物有利。但二氧化碳含量过大,会引起水果、蔬菜中毒,还会使苹果和梨等水果的果核变色,以致腐烂变质。在装有二氧化碳测试仪的冷藏舱内,可根据测出的二氧化碳在空气中的容积百分比来进行通风换气,以保持舱内空气的二氧化碳含量适中。表10-8列出了部分水果、蔬菜适宜的二氧化碳含量。

表10-8 部分水果、蔬菜适宜的二氧化碳含量

品名	梨	青香蕉	柑橘	苹果	柿子	西红柿
二氧化碳容积百分比	0.2%~2.0%	1.6%	2.0%~3.0%	8.0%~10.0%	5.0%~10.0%	5.0%~10.0%

在没有二氧化碳测试仪的冷藏舱内,应根据实践经验进行换气。通常将换风量等于一个舱容称为换风一次。采用水平通风时的换风次数应多于垂直通风时。

(3)空气湿度的控制,空气的相对湿度过高时,货物容易滋生细菌;过低时又会使货物中的水分损失过多。在运输中需要保持的相对湿度与冷藏温度有关,冷冻货物因温度较低,主要应防止风干,空气中的相对湿度可高一些;冷却货物因温度在0 ℃以上,相对湿度就要适当低一些。

(4)防止冷气循环短路,舱内装满货物比装载部分货物更容易保持舱内货物温

度,这是由于货物相互冷却,即"货冷货"。但如果中途港卸下了部分货物,余下的货物只占了部分舱位,要保持该部分货物温度稳定就较为困难,由于货少,易造成冷气循环短路,从冷却器中吹出的冷气并不流经货物,而是从货舱空位流出,再被吸回到冷却器中。此时可向舱内空位均匀放置一些钢铁或折叠的帆布等,以消除短路现象。但这些物品应在预冷后放入舱内,使其温度与舱温相近。

(5)做好记录工作,必须认真填写冷藏日志、冷冻机日志,这些记录是监督冷藏舱工作的依据,是以后发生货损判明责任和今后运输冷藏货时的主要参考资料。

任务六　滚装货物运输

滚装货物是指可依靠自身动力,或利用随船或不随船装载的临时移动装置,通过水平移动方式装上船或卸下船的一种货物单元。海运滚装货物多利用滚装船完成。滚装船是一种设计和制造成能装载车辆或使用车辆装卸集装箱或托盘货物的专用船舶,主要包括滚装客船和滚装货船。滚装船运输能减少码头装卸设备的投资,提高装卸效率,降低装卸成本,特别适合潮差不大的港口之间的短程海上运输。本节主要介绍道路车辆在滚装船上的积载与系固。

滚装船在营运过程中对载货能力、稳性、强度、浮态等的要求与杂货船、散货船、集装箱船等基本一致,但也有自己的特点。

(1)载货能力

滚装船的载货能力包括重量能力、容量能力和特殊能力。其中,容量能力通常用每层甲板的车道长度、限宽、限高、限重、甲板面积等参数表示,汽车专运船 PCC 的容量能力用 CEU(Car Equivalent Unit)表示。

(2)稳性

滚装船因甲板层数多,导致水线以上船体的侧受风面积较大,船舶满载时重心较高,可利用船舶设计的大容量的压载水舱进行调整。滚装货船的完整稳性衡准指标与普通货船的相同;滚装客船的稳性衡准要求既要满足与普通货船一样的指标,还要满足规则对客船的特殊稳性衡准要求。

(3)强度

滚装船为了让车辆在舱内可以从一端驶到另一端,在船舶设计中无法设置水密横舱壁,这个结构特点决定了其横向强度和局部强度较弱。因此营运中的滚装船主要校核船舶总纵强度和局部强度,而局部强度主要包括车辆甲板、车辆跳板、升降平台等。

(4)浮态

船舶进出港及航行时应保持横向正浮,吃水差根据需要调整。

一、车辆配装的一般要求

车辆配装应遵循一定的原则,以保证安全,同时方便操作、装卸快捷等。

(1)配装前,船方应根据托运人提供的车辆详细资料,如车辆的种类、型号、外形尺寸(长、宽、高)、空车重量、载重量或载客量、总重量、轮轴的纵向距离及轮胎的横

向距离等,确保本船适合装运该批车辆;在预定航线上可预见海况的条件下,车辆能在船上安全积载、系固和运输。

(2)车辆配装时应遵循"先重、大,后轻、小"的原则,即先考虑重、大型车辆,后考虑轻、小型车辆。重、大型车辆优先选配在下层甲板,轻、小型车辆尽可能选配在上层甲板,有利于控制船舶重心高度,保证船舶稳性;重、大型车辆优先选配在船舶纵向和横向的中间位置,轻、小型车辆选配在船舶纵向和横向的两端,有利于减小车辆受到的因船舶运动而产生的惯性力,保证系固安全。

(3)车辆在滚装船甲板上的布置应根据车辆甲板的位置、方向而定,但一般以纵向为主。

(4)配装位置应便于车辆进出。这主要取决于车辆的方向、升降平台或坡道的位置、倾斜跳板的位置和方向等。

(5)车辆与车辆之间、车辆与船舶结构或舱壁之间应留有足够的通道,方便船上工作人员进行系固、检查及自由进出。

(6)车辆的配置应保证不得超过升降平台和车辆甲板的许用负荷。

二、车辆积载原则

车辆积载原则如下:

(1)应保证车辆积载位置清洁、干燥、无油脂。

(2)如果车辆装有包装危险货物,则应该按照 IMDG 规则的要求进行申报、积载与隔离等,以保证安全。我国《海上滚装船舶安全监督管理规定》中明确禁止滚装客船载运任何危险货物。

(3)应根据航行区域、显著的天气状况与船舶主要特征来积载车辆货物,并通过限制车辆的移动和车辆悬浮装置的自由运动使底盘尽可能保持静态。如为了使车辆牢牢地系固在甲板上,可以压缩弹簧,还可以在系固车辆前将底盘升高,或减小压缩空气悬浮装置中的空气压力来保持底盘的静态。

(4)考虑到车辆的压缩空气悬浮系统可能漏气,如果航程超过 24 h 则应排放每辆装有此类系统车辆的空气。如果实际可行,对于短航程的车辆也应做相应操作。如果不排放空气,则应将车辆顶起,以防航行中该系统漏气造成系索松弛。

(5)如果车辆需要使用垂直支撑装置或起重器及顶升设备,则底盘的支撑点或支撑区域应予以加强,并清楚标明支撑点的位置。

(6)车辆积载时,单车或组合的车辆应使用停车制动器并锁住。

(7)船舶载运柴油机车辆航行时,该车辆应脱离传动装置。

(8)若车辆横向积载,则应特别注意避免车辆所处的位置受到过大的惯性力。

(9)车辆就位后,应在其车轮下安装楔形垫块装置,防止车轮前后移动。

三、车辆系固

1.车辆系固点设置

根据 CSS 规则和《在滚装船上运输公路车辆的系固装置指南》,公路车辆两侧应具有相同数量的不少于 2 个但不多于 6 个的系固点。

2.船舶甲板系固点设置

中国船级社的《货物系固手册编制指南》规定,经常载运道路车辆且在无遮蔽水域从事远程或国际航行的滚装船,甲板上的系固点布置应满足:纵向不得超过 2.5 m,横向应不小于 2.8 m 但不大于 3 m。每个系固点的最大系固负荷 MSL 应不小于 100 kN,如设计的系固点服务于 1 根以上的系索(如 Y 根系索),则 MSL 应不小于 $Y \times 100$ kN。

3.车辆系固的一般要求

车辆系固的一般要求如下:

(1)车辆系固应按照船舶所配备的"货物系固手册"中的系固方法和要求进行操作,并核算系固方案的有效性。

(2)系固使用的系索的最大系固载荷 MSL 应不小于 100 kN,应由具有合适延伸特性的材料制成。对于不超过 15 t 的车辆,可使用最大系固载荷较低的系索。

(3)系固角度应合理。系索只能系固于车辆的专用系固点上,每一个孔只能使用 1 根系索。系索的水平系固角和垂向系固角最好为 30°~60°。

(4)系索应松紧适宜,各系索的受力要均匀,系固后的车体应下降 20~30 mm。

(5)各系索之间不应交叉,但因系固件配置等限制而必须交叉时,应注意保证各系索之间在航行中不会产生摩擦。

(6)系带和系索均不得与车体的锐角部位接触,以免航行中产生摩擦而破断。

(7)车辆在积载位置上应拉紧刹车装置,车轮应用楔子塞牢制动。对于摩擦力较小的车轮或履带式滚装货物,应铺垫其他增加摩擦力的材料,如软板、橡胶垫等。

(8)系固作业中,不得坐在或站在保险杠上,以防因产生凹陷而致车辆损伤;在搬运器材时,不要触及车体。

(9)所有车辆系固的操作应在船舶离泊之前完成。靠港时,船舶在没有安全系泊之前,不能解绑。

(10)在整个航行过程中,应对车辆的系固定期进行检查,发现问题及时修正。在大风浪来临之前应加设系索。

项目十一

包装危险货物运输

🚢 学习目标

1. 能正确使用《国际海运危险货物规则》，并查阅所需内容。
2. 能根据危险货物标志判断其特性及所属。
3. 能根据危险货物包装标志判断包装类别、等级及相关信息。
4. 能正确隔离忌装危险货物，并正确选择其积载位置。

海上危险货物运输具有运量大、品种多、涉及部门广、风险大和运价高的特点。对此，世界许多国家以立法形式规范了本国的危险货物运输规则。为方便并促进危险货物的国际运输，国际海事组织（IMO）制定并出版了国际统一的危险货物海运规则《国际海运危险货物规则》（IMDG Code，以下简称《国际危规》）。该规则于1982年被我国宣布承认，作为《1974年国际海上人命安全公约》（即 SOLAS 1974）第7章修正案的内容，自2004年1月1日起，规则的绝大部分在国际危险货物海运中已具有强制性。

包装危险货物系指除通常所指的带包装的各类危险货物外，还包括载于集装箱、可移动罐柜、公路或铁路车辆等运输单元内的无包装固体或液体的危险货物。若未特别指明，则本项目内所讨论的危险货物均指包装危险货物。

危险货物系指具有爆炸、易燃、毒害、腐蚀、放射性等特性，在运输、装卸和储存中，如处理不当，容易造成人身伤亡、财产毁损和/或环境污染，是需要特别防护的货物。

任务一　包装危险货物的分类及特性

危险货物具有品种繁多，性质各异，新品不断涌现，危险程度大小不一，多数兼有多种危险性质的特点。为方便安全运输和管理,对具有多种危险性质的货物,应以其占主导的危险性确定其归类,但在运输中必须兼顾此类货物的其他危险性质。为方便安全运输和管理,《国际危规》将危险货物分成下列9个大类。

一、第1类——爆炸品

爆炸品(Explosives)系指在外界作用下(如受热、撞击等),能发生剧烈的化学反应,瞬时产生大量的气体和热量,使周围压力急剧上升,引发爆炸的物质和物品,也包括仅产生热、光、声响或烟雾等一种或几种作用的烟火物品。

按危险程度爆炸品可细分为6个小类:

(1)第1.1类——具有整体爆炸(一经引发,瞬间几乎影响到全部货载的爆炸)危险的物质或物品,如起爆药、爆破雷管、黑火药、导弹等。

(2)第1.2类——具有抛射危险,但无整体爆炸危险的物质或物品,如炮弹、枪弹、火箭发动机等。

(3)第1.3类——具有燃烧危险和较小爆炸或较小抛射危险两者之一或兼有两者,但无整体爆炸危险的物质或物品,如导火索、燃烧弹药等。

(4)第1.4类——无重大危险的物质或物品。此类货物万一被点燃或引爆,其危险仅限于包装件内部,而对包装件外部无重大危险,如演习手榴弹、安全导火索、礼花弹、烟火、爆竹等。

(5)第1.5类——具有整体爆炸危险但极不敏感的物质或物品。此类货物性质比较稳定,在着火试验中不会爆炸。但当船上大量运载时,其由燃烧转变为爆炸的可能性大为增加,如E型或B型引爆器、铵油、铵沥蜡炸药等。

(6)第1.6类——无整体爆炸危险的极不敏感的物品,指仅含有极不敏感的爆炸物品,被意外点燃或传播的可能性极小的单项物品。

这类物质或物品的共性是具有化学爆炸性。它们的化学性质非常活泼,对机械力、电、热、磁场很敏感。受到摩擦、撞击、振动或遇明火、高热、静电感应或与氧化剂、还原剂(如硫、磷、金属粉末等)接触都有发生燃烧、爆炸的危险。此外,这类物品中多数不但本身具有毒性,而且在爆炸形成的气浪中含有毒性气体(如 CO)和窒息性气体(如 CO_2、N_2)。对这类物品中敏感度及爆炸能力过强的物品,若未经处理,则禁止运输。

衡量爆炸品危险性的指标有:

(1)爆发点:将爆炸品加热规定时间(5 s)能发生爆炸时的最低温度。其用于反映其受热发生爆炸的敏感程度。在5 s延滞期下,爆发点低于350 ℃是确认爆炸品的参考标准。

(2)爆轰速度:爆炸品爆炸时其爆轰波沿爆炸品内部传播的速度,以每秒传播的长度(m/s)来表示。爆轰速度大于3 000 m/s是确认爆炸品的参考标准。

(3)冲击感度(撞击感度):用于表示爆炸品在机械冲击的外力作用下对冲击能量的敏感程度。常采用立式落锤试验仪来测试冲击感度,即取0.05 g试样,以10 kg落锤从25 cm高度处落下撞击爆炸品,进行50～100次测试,记录试样发生爆炸的百

微课:
爆炸品

分比。该项爆炸的百分比大于2%是确认爆炸品的参考标准。当爆炸品内混入坚硬物质(如金属屑、碎玻璃、沙石等)时，其冲击感度增加；混入惰性物质(石蜡、硬脂酸、机油等)时，其冲击感度降低。

三种爆炸品的爆发点、冲击感度和爆轰速度见表11-1。

表11-1　三种爆炸品性能

品名	爆发点/℃	冲击感度	爆轰速度/($m \cdot s^{-1}$)
TNT炸药	300	4%~8%	6 990
黑索金	230	70%~80%	8 380
苦味酸	290~300	24%~32%	7 100

二、第2类——气体

气体系指在50℃时蒸气压力大于300 kPa，或在20℃和101.3 kPa的标准压力下完全呈气态，经压缩或降温加压后，贮存于耐压容器或特制的高绝热耐压容器或装有特殊溶剂的耐压容器中的物质，包括压缩气体、液化气体、冷冻液化气体和溶解气体四种。

这类气体按化学性质可细分为3个小类。

(1)第2.1类——易燃气体。此类气体泄漏时，遇明火、高温或光照，会发生燃烧或爆炸，如氢气、甲烷、乙炔、含易燃气体的打火机等。

(2)第2.2类——非易燃、无毒气体。此类气体泄漏时，遇明火不会燃烧，没有腐蚀性，吸入人体内无毒、无刺激，但多数在高浓度时有窒息作用，如氧气、压缩空气、氮气、二氧化碳等。这类还包括比固态和液态氧化剂具有更强氧化作用的助燃气体。这类气体在运输中还必须遵守第5类氧化物质的各项要求和规定。

(3)第2.3类——有毒气体。此类气体泄漏时，对人畜有强烈的毒害、窒息、灼伤和刺激作用。其中有些还有易燃和助燃作用，如氯气、氨气、硫化氢、光气等。

这类物质的主要危险表现在两方面：

(1)容器发生破裂或爆炸。诱发原因可能包括受热、撞击、耐压容器本身遭腐蚀或材料疲劳使容器的耐压强度下降等。

(2)因某种原因发生气体泄漏，如容器的阀门因猛烈撞击而受损。此种情况下，泄漏的气体若轻于空气(如氢气)，则会积留于封闭货舱的顶部；若重于空气(如二氧化碳)，则会积留于货舱的底部。如任其蓄积，则会引起火灾、爆炸、中毒、窒息等事故。

三、第3类——易燃液体

易燃液体(Inflammable Liquids)系指闭杯试验闪点(相当于开杯试验闪点65.6℃)或以下放出易燃蒸汽的液体、混合液体、含有溶解固体或悬浮溶液(如油漆、清漆等)；还包括交付运输时温度等于或高于其闪点温度的液体(简称"高温运输液体")，以及需加温运输，且在温度等于或低于最高运输温度时会放出易燃蒸气的液

微课：
气体

微课：
易燃液体

体(简称"加温运输液体");但不包括闪点高于35 ℃的不助燃(燃点大于100 ℃或其含水量大于90%)液体,也不包括由于其危险性已列入其他类的液体。

闪点(Fp)系指在给定的条件下,可燃气体或易燃液体的蒸气与空气的混合物接触火焰时产生瞬间闪火的最低温度。液体的闪点越低,其易燃性及危险性越大。当可燃液体温度高于闪点时,接触火源有被点燃的危险。闪点依据其测试仪器是在密闭容器还是在开敞容器中加热液体而分为闭杯试验闪点(Closed Cup,以 c.c. 表示)和开杯试验闪点(Open Cup,以 o.c. 表示)。一般同一物质的闭杯试验闪点要比开杯试验闪点低3 ~ 6 ℃。可燃液体的闪点,因其物理重现性较差,所以其测试的结果应当指明测试仪器的名称及试验条件。

燃点系指在给定的条件下,可燃气体或易燃液体的蒸气与空气的混合物接触火焰时能产生持续燃烧时的最低温度。对可燃液体,在相同条件下,其燃点常比闪点高出 5 ℃左右。

易燃液体按其易燃性确定的包装类:

(1)包装类Ⅰ:初沸点≤35 ℃,如乙醛、二硫化碳、乙醚等;

(2)包装类Ⅱ:初沸点 >35 ℃,且闭杯闪点 $Fp < 23$ ℃ c.c,如汽油、乙醇、苯、丙酮、硝化甘油酒精溶液(含硝化甘油不超过1%,属液体退敏爆炸品)等;

(3)包装类Ⅲ:初沸点 >35 ℃,且 23 ℃ c.c. $\leq Fp \leq 61$ ℃ c.c,包括高温运输液体和加温运输液体,如松节油、酒精饮料(满足按体积酒精含量超过24%但不超过70%,且容器大于 250 L 容积的条件)等。

除易燃性外,这类液体都具有爆炸性,许多物品还具有麻醉性、毒害性等。

液体的易爆程度可用爆炸极限(Explosion Limit)来衡量。它系指可燃气体、粉尘或易燃液体的蒸气与空气的混合物,能被点燃而引起燃烧爆炸的浓度范围,通常以可燃气体、粉尘或易燃液体的蒸气在混合物中所占体积的百分比来表示。浓度范围的最低值称为爆炸下限,最高值称为爆炸上限。爆炸下限越小,爆炸极限浓度范围越大的液体,其易爆性也越强,如汽油的爆炸极限为 1.2% ~ 7.2%,乙醇为 3.3% ~ 18.0%。

易燃液体的密度和水溶性,对发生火灾时能否用水扑救至关重要。若液体溶于水,则不论其密度大小,都可用水扑救;若液体不溶于水且密度大于1,则也能用水扑救;若液体不溶于水且密度小于1,则禁止用水扑救,因浮于水面的燃烧液体会随水的流动而使火灾蔓延。

四、第 4 类——易燃固体

除上述第 1 类、第 2.1 类和第 3 类外,其余多数易燃物质都归入易燃固体(Inflammable Solids, Substances Liable to Spontaneous Combustion, Substances Which in Contact with Water Emit Flammable Gases)。

这类物品可细分为 3 个小类。

(1)第 4.1 类——由易燃固体、自反应物质和固体退敏爆炸品组成。易燃固体系指易于燃烧和经摩擦可能起火的固体,如赤磷、硫黄、萘、赛璐珞制品(如乒乓球)、

铝粉、棉花（干的）、黄麻等。自反应物质系指即使没有氧（空气）参与也易于产生强烈的放热分解的热不稳定物质，如苯磺酰肼等。固体退敏爆炸品系指被水、醇类或其他物质稀释后，形成均一的固体混合物来抑制其爆炸性质的爆炸性物质，如苦味酸铵（湿的，含水量不少于10%）、三硝基苯（湿的，含水量不少于30%）等。本类物质燃点低，对热、撞击、摩擦较为敏感，易被外部火源点燃，燃烧迅速，并可能散发出有毒烟雾或有毒气体的固体，其中有些物质在其危险货物一览表中有控制温度（能安全运输的最高温度）和危急温度（必须采取如抛弃等应急措施的温度）的要求。运输时必须确保这类货物在其控制温度以下。

（2）第4.2类——易自燃物质。此类物质自燃点较低，在运输时的正常条件下，易自行发热或与空气接触升温而易起火燃烧的液体或固体。其主要危险是：能自行发热，若积热不散，则当热量积聚到其自燃点时不需外界引火即能自行燃烧。有些物质甚至在无氧条件下也能自燃，如黄磷、鱼粉（未经抗氧剂处理）、铁屑、油浸棉麻纸制品等。

自燃点系指在常温常压下，某一物质不需外界点燃，即能自行释放出使其气体或蒸气燃烧所需的最低能量时的温度。

（3）第4.3类——遇水放出易燃气体的物质。此类物质通过与水反应，易自行燃烧或放出大量的易燃气体的液体或固体物质，如碳化钙（电石）、磷化氢、钠、钾等。

属于第4类的物质绝大多数是固体，只有第4.2类和第4.3类中有少量的液体货物。

除具有易燃的共性外，这类中许多物品还具有腐蚀性、毒害性和爆炸性等。

五、第5类——氧化物质和有机过氧化物

氧化物质和有机过氧化物（Oxidizing Substances and Organic Peroxides）可细分为2个小类。

第5.1类——氧化物质（剂），系指虽然其本身未必可燃，但可释放出氧或由于相类似情况，与其他材料接触时会增加其他物质着火的危险性，如溴酸钾、硝酸钠、高锰酸钾、过氧化氢、次氯酸钙（漂白粉）等。

第5.2类——有机过氧化物，系指其分子组成中含有过氧基的有机物，本身易燃易爆，极易分解，对热、振动或摩擦极为敏感的物质。这类物质比第5.1类具有更大的危险性。其中许多物质在《国际危规》2.5.3.2.4"已确定的有机过氧化物一览表"中列有控制温度和危急温度的要求，如过氧化二丙酰基（控制温度15 ℃，危急温度20 ℃）等。

这类中的多数物质还具有毒性和腐蚀性。

六、第6类——有毒物质和感染性物质

有毒物质和感染性物质（Toxic and Infectious Substances）可细分为2个小类。

第6.1类——有毒物质，系指凡吞咽、吸入或与皮肤接触易于伤害或严重伤害人体健康甚至造成死亡的物质。归入这一小类的均为常温、常压下呈液态或固态的物

质,如氰化钠、苯胺、四乙基铅(四乙铅)、砷及其化合物等。

这类物质的毒性主要用半数致死量 LD_{50}(Half-lethal Dose,分口服和皮试)或半数致死浓度 LC_{50}(Half-lethal Density)来度量。前者系指能使一群试验动物口服毒物(或与裸露的皮肤接触毒物 24 h)后,在 14 d 内死亡几乎一半时,平均每千克动物体重所用毒物的剂量(mg/kg)。后者系指能使一群试验动物连续吸入毒物尘雾 1 h后,在 14 d 内死亡几乎一半时,所吸入的毒物尘雾在空气中的浓度(mg/L)。显然,毒物的 LD_{50} 或 LC_{50} 越小,其毒性越大(见表 11-2)。

表 11-2　由有毒物质 LD_{50} 或 LC_{50} 确定的包装类

包装类	经口吞咽毒性 LD_{50}/ $(mg \cdot kg^{-1})$	皮肤接触毒 LD_{50}/ $(mg \cdot kg^{-1})$	粉尘、烟雾吸入毒性 LC_{50}/ $(mg \cdot L^{-1})$
I	$LD_{50} \leqslant 5$	$LD_{50} \leqslant 40$	$LC_{50} \leqslant 0.5$
II	$5 < LD_{50} \leqslant 50$	$40 < LD_{50} \leqslant 200$	$0.5 < LC_{50} \leqslant 2$
III[①]	固体:$50 < LD_{50} \leqslant 200$ 液体:$50 < LD_{50} \leqslant 500$	$200 < LD_{50} \leqslant 1\ 000$	$2 < LC_{50} \leqslant 10$

注:①催泪气体的毒性数据处于包装类III的范围内,但仍被分类为包装类II。

本类物质不少还具有易燃、腐蚀等特性。

第 6.2 类——感染性物质,即指已知或有理由认为含有病原体的物质。病原体是会使动物或人感染疾病的生物体(包括细菌、病毒、寄生虫等)。它主要包括含有感染性物质的生物制剂、医学标本,如排泄物、分泌物、血液、细胞组织和体液等。

感染性物质可划分为 A 和 B 两类。A 类指当接触到该物质时,可造成人或动物的永久性致残、生命危险或致命疾病。A 类又可细分为能引起人或人和动物疾病(UN 2814)(如埃博拉病毒、狂犬病毒等)和仅能引起动物疾病(UN 2900)(如口蹄疫病毒、牛瘟病毒等)两种。B 类指不符合 A 类标准的其他感染性物质。

运输这类物质中人畜中毒的主要途径是,毒物经呼吸道或皮肤侵入体内,而经消化道侵入的较少。因此,应当采取正确的防护措施,杜绝这些可能的中毒途径,以确保运输安全。

七、第 7 类——放射性物质

放射性物质(Radioactive Material)系指能自原子核内部自行放出人的感觉器官不能察觉的射线的物质。

1.射线的种类、性质及其危害性

射线分为 α 射线、β 射线、γ 射线和中子流等。在各种放射性物质中,有些只能放出一种射线,有些能同时放出几种射线。如镭的同位素,在其核衰变过程中,就能同时放出 α、β 和 γ 三种射线。

这类物质的危险在于辐射污染,对人体的危害有外照(辐)射和内照(辐)射两种。外照射系指由于放射性物质的射线,对人体组织细胞造成杀伤或破坏的一种辐射危害。内照射系指由于放射性物质进入人体,造成体内射线源及其周围的人体器

官直接损伤或破坏的一种辐射危害。不同放射射线的辐射危害存在着明显的差别。

(1)α 射线

α 射线(甲种射线,α Rays)是带正电的粒子流,具有很强的电离作用,但穿透能力很弱,射程(粒子在物质中的穿行距离)很短,在空气中约为 0.027 m,仅用一层衣服、纸张等即能被完全屏蔽。一旦进入人体,α 射线源及周围的人体器官因电离作用会受到严重损伤。因此,α 射线的内照射危害大,但不存在外照射危害。

(2)β 射线

β 射线(乙种射线,β Rays)是带负电的粒子流,电离作用比 α 射线弱(约为其千分之一),但其穿透能力比 α 射线强,在空气中射程约为几米。因此,这类射线对人体外照射危害较 α 射线大,但其射线很容易被有机玻璃、塑料、薄铝片等屏蔽。

(3)γ 射线(丙种射线,γ Rays)

γ 射线是一种波长很短的电磁波,即光子流,不带电,以光速运动,能量大,穿透能力很强,约为 α 射线的一万倍,为 β 射线的 50～100 倍,不易被其他物质吸收,要完全阻挡或吸收 γ 射线是非常困难的。因此,这类射线对人体的主要危害是外照射。

(4)中子流

中子流(Neutron Current)不带电,穿透能力很强。一般认为,中子流引起对人体损伤的有效性是 γ 射线的 2.5～10.0 倍。因此,这类射线对人体的危害比 γ 射线要大。屏蔽中子流需要使用密度小的物质(如水、石蜡、水泥等)。

对放射性物质外辐射的防护是采用屏蔽、控制接近的时间和距离措施。运输中要确保其包装完整无损,近距离作业人员必须穿戴防护用品,如铅手套、铅围裙、防护目镜等,有关人员应尽量减少受强照射伤害的时间并增大与辐射源的距离(如选配货位远离生活居住处所)。这是因为放射线的强度与距放射源距离的平方呈反比。内辐射的防护是防止放射源由消化道、呼吸和皮肤三个途径进入体内。

2.放射性指标

(1)放射性活度(Radioactivity Strength):又称作放射性强度,指每秒内某放射性物质发生核衰变的数目或射出的相应粒子的数目。它是度量放射性物质放射性强弱程度的一个物理量,单位是贝可(Bq)。

(2)放射性比活度(Specific Activity):又称作放射性比度,指单位质量(或体积)的放射性物质的放射性活度,单位是贝可/克(Bq/g)。

(3)剂量当量(Dose Equivalent):表示生物体受射线照射,每千克体重所吸收的相当能量,单位是希(Sv)。它用以衡量生物体受射线危害的程度。国际公认的人体每年最大允许剂量当量为 0.005 Sv。

(4)辐射水平(Radiation Level):单位时间所受的剂量当量,单位是希/小时(Sv/h)。

《国际危规》规定,放射性物质系指该批托运货物的放射性活度和比活度都超过《国际危规》所规定数值(详见危规 2.7.7.2)的任何含有放射性核素的物质。

第 7 类中包括辐射源钴 60、核燃料铀 235、镭 - 铍中子源、放射性制品夜光粉等,但不包括人体内的辐射性同位素心脏起搏器和辐射药物。

(5)运输指数(Transport Index,缩写为 TI)系指距放射性货物包件和其他运输单元外表面 1 m 远处,或距表面放射性污染物和无包装的低比活度放射性货物表面 1 m 远处测得的辐射水平的最大值(Sv/h)。对大尺度货物如罐柜、货物集装箱等,其 TI 值还应乘以在《国际危规》中提供的与货物横截面尺寸有关的放大系数。

《国际危规》规定,非独家运输条件下一个集装箱或运输工具所能承运的第 7 类 非易裂变放射性物质的运输指数最大限制见表 11-3。运输指数大于 10 的任何包件 或集合包件仅能在独家条件下运输。

表 11-3　非独家运输条件下集装箱和运输工具的运输指数最大限值

集装箱或运输工具类型		在一个集装箱或同一运输工具上的运输指数总和的限值
小型集装箱		50
大型集装箱		50
车辆		50
海船	舱室或特定区域	(集合)包件或小型集装箱	50
		大型集装箱	200
	整船	(集合)包件或小型集装箱	200
		大型集装箱	无限值

八、第 8 类——腐蚀品

腐蚀品(Corrosive Substances)系指化学性质非常活泼,与人畜或其他物品接触后 在短时间内能造成明显破坏现象的固体或液体物质和物品。其大多由酸性、碱性和 对皮肤、眼睛、黏膜等会造成严重灼伤的物质或物品组成,如硝酸、硫酸、冰醋酸、氢氧 化钠。

腐蚀品按危险程度由下列标准确定其包装类:

(1)包装类Ⅰ:在 3 min 或少于 3 min 的暴露期开始直到 60 min 的观察期内,能 使完好的皮肤出现坏死现象的物质。该类腐蚀品具有严重危险性。

(2)包装类Ⅱ:在 3 min 或 3 min 以上 60 min 以内的暴露期开始直到 14 d 的观 察期内,能使完好的皮肤出现坏死现象的物质。该类腐蚀品具有中等危险性。

(3)包装类Ⅲ:在 60 min 以上 4 h 以内的暴露期开始直到 14 d 的观察期内,能使 完好的皮肤组织出现坏死现象的物质;或者不会引起完好动物皮肤出现可见坏死现 象,但在试验温度为 55 ℃时对规定型号的钢或铝的表面年腐蚀率超过 6.25 mm 的 物质。该类腐蚀品具有一般的危险性。

不同腐蚀品的腐蚀物的含量不同、被腐蚀材料不同,其腐蚀作用会有明显的差 别。如过氧化氢溶液,当浓度为 3% 时,则可用作伤口的消毒剂;而当浓度超过 20% 时,则对人体有强烈的腐蚀作用。又如浓硝酸对铝、浓硫酸对铁都无腐蚀作用,若两 者交换,则铝和铁都会被严重腐蚀。因此,针对不同腐蚀品的特性,采取截然不同的 防护措施是非常重要的。

这类物质和物品中不少还具有易燃、氧化、毒害等一种或多种危险性质。

九、第9类——杂类危险物质和物品

杂类危险物质和物品(Miscellaneous Dangerous Substances and Articles)系指在运输中呈现的危险性质不包括在上述八类危险品中的物质和物品,如干冰(固体二氧化碳)、蓖麻籽、白石棉等。

《国际危规》中列入此类的还包括温度等于或超过100 ℃时交付运输的液态物质和温度等于或超过240 ℃时交付运输的固态物质,以及物质本身是/或含有一定量已列入 MARPOL 1973/1978 附则Ⅲ的海洋污染物(Marine Pollutants)的物质。

海洋污染物系指存在对水生生物积累的潜在威胁或严重毒性的物质,分为海洋污染物(包括含有一种或多种海洋污染物10%或以上,或含有严重海洋污染物1%或以上的溶液或混合物)和严重海洋污染物两类。

《国际危规》对于未列明且含有多种危险性的物质、混合物和溶液,规定了确定其主危险性顺序(即危险性优先顺序)的方法。规定下列物质、材料和物品具有最高的优先级:

(1)第1类物质和物品;

(2)第2类气体;

(3)第3类液体退敏爆炸品;

(4)第4.1类自反应物质和固体退敏爆炸品;

(5)第4.2类引火物质;

(6)第5.2类物质;

(7)第6.1类中具有包装类Ⅰ的蒸气吸入有毒物质;

(8)第6.2类物质;

(9)第7类物质。

除此之外,《国际危规》在第2部分2.0.3.6中还给出了危险性优先顺序表。

《国际危规》Amdt.32-04修正案中增加了新的第1.4章保安规定,提出了"后果严重的危险货物"的规定(属建议性)。后果严重的危险货物系指具有在恐怖事件中被滥用的潜在可能、会产生诸如大量人员伤亡或巨大破坏的严重后果的危险货物,如大部分爆炸品(第1.1类、第1.2类、第1.3类配装类C、第1.5类、第3类中液体退敏爆炸品、第4.1类中固体退敏爆炸品),有毒物质(第2.3类有毒气体和第6.1类包装类Ⅰ有毒物质)、第6.2类中A类感染性物质等。第1.4章要求对发货人和从事后果严重的危险货物运输的其他人采用、实施和遵守有针对性的保安计划。要求在保安计划中增加明确有关人员的保安职责,做好对所运危险货物的记录,正确评估保安风险,配备必要且能降低保安风险的设备和资源,制定出应对保安威胁、保安违章或相关事件的报告和处理的有效程序,确保尽一切可能限制运输信息的传播等内容。

任务二　包装危险货物的标志及包装

正确耐久的危险货物标志,无论是在正常的运输中还是在发生事故后,都应便于有关人员迅速识别,采取必要的防护或应急措施。合格的危险货物包装是危险货物运输安全的根本保证,它除了能起到普通货物包装的作用外,还要求能够经受住比普通货物更大的装卸和海运风险,能够有效地降低或消除引发危险的各种外界影响。

一、危险货物的包装

危险货物包装按其封口,可分为有效封口(不透液体,Effectively Closed)、气密封口(不透蒸气,Hermetically Sealed)和牢固封口(对封口最低要求,能防止干燥物质撒漏,Securely Closed)三种。

(一)按其包装形式分类

危险货物包装按其包装形式,可分为以下几类。

1. 单一包装

单一包装(Single Packaging)系指直接将货物盛装在包装容器中,其最大净重不超过 400 kg、最大容积不超过 450 L 的包装,如钢桶、塑料桶等。

2. 复合包装

复合包装(Composite Packaging)系指由一个外包装和一个内包装容器组成的在结构上形成一个整体,其最大净重不超过 400 kg、最大容积不超过 450 L 的包装,如钢塑复合桶。

3. 组合包装

组合包装(Combination Packaging)系指将一个或多个内包装装于一个外包装内,其最大净重不超过 400 kg 的包装。

4. 大(宗)包装

大(宗)包装(Large Packaging)系指适合机械装卸,净重超过 400 kg 或容积超过 450 L($0.45 m^3$)但不超过 3 000 L($3.0 m^3$)的包装。

5. 中型散装容器

中型散装容器(Intermediate Bulk Container,IBC)系指刚性和柔性的可移动包装。其容积对于装载第 7 类物质与包装类 Ⅱ 和 Ⅲ 的固体和液体等不应大于 3 000 L($3.0 m^3$),使用柔性、刚性塑料等装运包装类 Ⅰ 固体的不应大于 1 500 L($1.5 m^3$)。

6. 罐柜

罐柜(Tank)系指载货容量不小于 450 L 的可移动罐柜(包括罐式集装箱)、公路或铁路罐车等。

(二)按其适用范围分类

危险货物包装按其适用范围,又可分为通用包装和专用包装两类。通用包装适用于第3类、第4类、第5类、第6.1类中的大部分货物和第1类、第8类中的部分货物。其余货物由于其各自特殊危险性质,只能采用专用包装。

1.危险货物的通用包装

《国际危规》将危险货物的通用包装分为三个等级。在《国际危规》的危险货物一览表中,依据其危险程度指明了所列货物应采用的包装等级要求。很明显,根据所列的包装等级反过来即能判断出该危险货物的危险程度。三类包装等级的含义是:

(1)Ⅰ类包装——能盛装高度、中度和低度危险性的货物;

(2)Ⅱ类包装——能盛装中度和低度危险性的货物;

(3)Ⅲ类包装——能盛装低度危险性的货物。

根据正常运输条件下可能遇到的撞击、挤压、摩擦等情况,对危险货物包装进行各种模拟试验,是检验其包装强度的有效方法。显然,对危险性越大的货物,其包装模拟试验的标准也应当越高。包装等级的划分由其包装模拟试验的标准确定。模拟试验的项目包括跌落试验、渗漏试验、液压试验、堆码试验等。每一类型的包装试验品只需按规定做其中的一项或几项试验。例如,对满载固体拟装货物的铁桶包装进行的跌落试验,规定的试验标准是:Ⅰ类包装的跌落高度是1.8 m,Ⅱ类包装是1.2 m,Ⅲ类包装是0.8 m。试验品若在规定的高度跌落于试验平台后,无影响运输安全的损坏,则视为合格。

经过试验合格的包装,都应在包装的明显部位标注清晰持久的包装试验合格标志。联合国规定的统一包装试验合格标志及其右侧说明格式见图11-1(a)。

图11-1(a)各栏的简要说明(详见《国际危规》第一册6.1.2包装类型的指定代码)如下:

(1)4C——用阿拉伯数字和字母表示的包装代码。第一位表示包装的类型(如4表示箱装),第二位(如属复合包装,则和第三位)的大写拉丁字母表示包装的材料(如C表示天然木材)。若是复合包装,则第二和第三两位的字母依次表示复合包装的内包装和外包装的材料。若第三位(如属复合包装,则是第四位)有数字,则表示包装类型的特殊结构。

(2)Y100——Y是包装等级的代码。Ⅰ类、Ⅱ类和Ⅲ类包装分别用代码X、Y和Z来表示。包装等级不允许升级,但允许降级使用。如X级包装,可降级适用于Ⅱ类或Ⅲ类包装等级的货物。100系指本包装允许的最大毛重为100 kg。

(3)S——只适用于内装固体货物。

(4)09——2009年制造。

(5)NL——按规定试验的批准国代号。NL是荷兰的代号,CHN是中国的代号。

(6)VL823——制造厂或主管机关规定的识别记号。

图11-1(b)是我国国标《危险货物运输包装通用技术条件》(GB 12463—90)规定的包装标志。其中GB表示包装符合我国国家标准,CN是制造国代号(中国),110001中前两位11是商检局代号,后四位0001是生产厂代号,PI01是生产批号或

生产月份。

对拟定装载无内包装液体货物的包装,在上述最大毛重位置改为标注相对密度(若其不超过1.2,则可免除此项);在上述标注 S 位置,改为标注已通过液压试验的压力值(kPa)。此外,对经修复的包装,还需标注修复人名称、修复年份等内容。

$$\binom{u}{n}$$ 4C/Y100/S/09
NL/VL823

(a)联合国包装标记示例

$$\binom{G}{B}$$ 4C/Y145/S/09
CN/110001/PI01

(b)我国包装标记示例

图 11-1　包装标记

2. 危险货物的专用包装

第1类的部分爆炸品,因对防火、防震、防磁等有特殊要求,需要选用危险货物一览表中规定的或主管部门批准的包装材料、类型和规格的专用包装。除非有特别规定,第1类爆炸品中其余的物质和物品的包装均应满足上述通用包装的Ⅱ类包装要求。

第2类危险货物均需采用耐压容器的专用包装。根据15 ℃时容器所能承受的压力不同,可进一步分为低压容器(不大于 2 MPa)、中压容器(大于 2 MPa 且不大于 7 MPa)和高压容器(大于 7 MPa)三种。

第7类危险货物的包装,不但要能防护内装货物,而且要能起到将辐射减弱到允许强度并促进散热等作用。这类货物的包装设计及试验必须符合国际原子能机构(IAEA)有关文件的专门规定。按货物的运输指数(TI)和表面任何一点最大辐射水平($\text{Max}RL$)确定包装的三个等级:

(1)包装类Ⅰ:$TI \approx 0$,且 $\text{Max}RL \leq 0.005$ mSv/h;

(2)包装类Ⅱ:$0 < TI < 1$,且 0.005 mSv/h $< \text{Max}RL \leq 0.5$ mSv/h;

(3)包装类Ⅲ:$TI \geq 1$,且 0.5 mSv/h $< \text{Max}RL \leq 10$ mSv/h,其中 $TI > 10$ 且 $\text{Max}RL > 2$ mSv/h 的货物应以全船载单一货物的方式运输。

第7类危险货物的Ⅰ类包装的图案标志呈白色,并须注明内装货物的放射性活度,Ⅱ、Ⅲ类包装的图案标志上部呈黄色、下部呈白色,不但须注明内装货物的放射性活度还须注明其 TI 数值。这种包装分类方法恰好与危险货物通用包装等级分类方法相反,即危险程度越大,包装等级号也越大。

此外,第3类、第4类、第5类、第8类等类别中某些特殊危险货物也必须采用专用包装,如过氧化氢、黄磷、碳化钙等。

应当注意的是,曾盛装过危险货物的空容器,除经清洗或处理外,均应保持其原危险货物标志,并视作所装过的危险货物对待。

二、危险货物的标志

危险货物的标志由危险货物的标记、图案标志和标牌组成。正确的危险货物标志可使相关人员在任何时候、任何情况下都能对所涉及的货物迅速加以识别，引起警觉，采取相应的安全措施，万一遇到事故，也能采取正确的行动。

1. 标记

标记(Marking)系指按《国际危规》要求标注在包装危险货物外面的简短文字或符号。其包括危险货物的正确运输名称、联合国编号(如有)、海洋污染物标记、可免除危险货物图案标志的第 1.4 类，配装类 S(详见下个项目)货物的标记"1.4S"，以及救助包件的标记"救助(SALVAGE)"等。

2. 图案标志

图案标志(Label)系指以《国际危规》中规定的色彩、图案和符号绘制成的尺寸通常不小于 100 mm × 100 mm 的菱形标志，用以醒目明了地标示包装危险货物的性质。对于列入 1.4S 类的货物或限量内危险货物可免除此类标志。

凡有次危险性的货物，除须带有表明其主要特性及类别的主图案标志外，还须同时带有表明其次危险性的副图案标志。主、副图案标志的差别在于，前者应标注而后者不标注其类(项)别号。

3. 标牌

标牌(Placard)系指放大的图案标志(不小于 250 mm × 250 mm)，适用于如集装箱、货车、可移动罐柜等较大的运输单元。

《国际危规》规定，危险货物所有标志均须满足，经至少三个月的海水浸泡后既不脱落又清晰可辨。容量超过 450 L 的中型散装容器应在相对的两侧标记。集装箱等货物运输组件或可移动罐柜应在两侧和两端加以标记。《水路危险货物运输规则》(简称《水路危规》)规定，危险货物标志应粘贴、刷印牢固，在运输中清晰、不脱离。《国际危规》危险货物标志和标牌见图 11-2。

任务三　包装危险货物的积载和隔离

合理选择危险货物的装载舱位，正确处理不相容危险货物之间的隔离问题，对保证危险货物的安全运输，特别在其发生包装破损后采取有效的防护和应急措施非常重要。

一、危险货物积载

易燃易爆危险货物应尽可能保持阴凉，远离一切热源(包括火源、蒸气管道、加热盘管、舱壁的热辐射、烈日直射等)，电源及生活居住处所。

能产生危险气体的货物应选配于通风良好的处所或舱面。

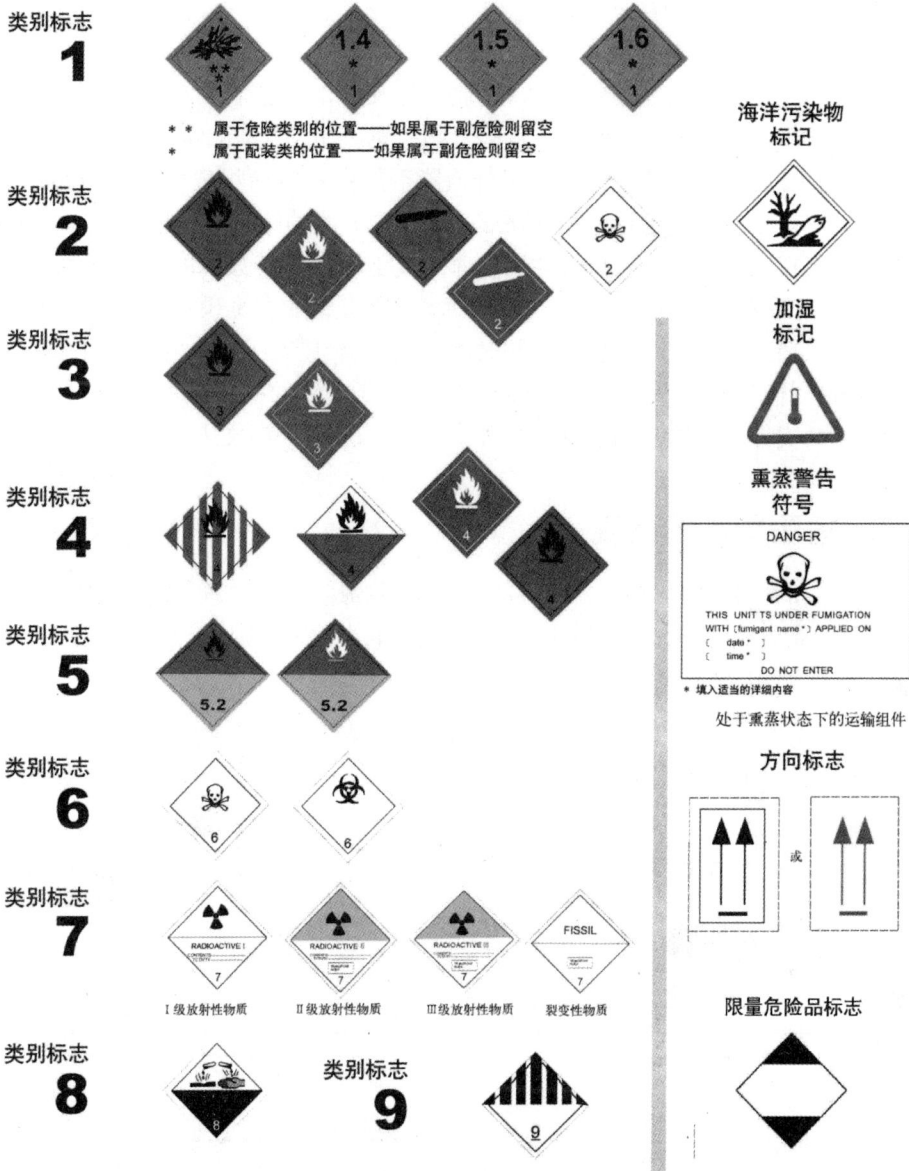

图 11-2 《国际危规》危险货物标志和标牌

遇水放出危险气体的货物应选配于水密和通风良好的干燥货舱,与易于散发水分货物分舱配装。

有毒或放射性货物应远离生活居住处所。

有强烈化学反应性质的货物(如爆炸品、氧化剂、腐蚀品),应清除舱内不相容的残留货物。应严格满足与不相容货物之间的隔离要求。

海洋污染性货物应优先选择舱内积载。若选择舱面装载,货位应选择具有良好保护和遮蔽的处所。若对所选货位的安全有任何怀疑,则应对货物进行妥善的系固。

在危险货物一览表中,对每一种货物都规定了其积载类别。通常危险货物在满足下列条件之一者,可在舱面积载:

（1）需要经常或特别接近查看；

（2）能形成爆炸性混合气体、能产生剧毒蒸气或对船舶有严重腐蚀作用。

舱面危险货物的堆装应避开消火栓、测量管及其相关通道。

第1类爆炸品中的不同货物，在危险货物一览表中，要求根据其特性分别按01、02、03、04和05五种类型装载（主要区分为能否舱内和舱面积载）。《国际危规》要求，第1类爆炸品应切实可行地积载在靠近船舶中心线的舱位，不应积载在离任何明火、机械排气口、通风烟道口、可燃性物料库或其他可能的着火源的水平距离6 m以内处。通常应积载在能确保通道畅通并"远离"所有船舶安全操作所必需的其他设备，避开消火栓、蒸汽管道和进出口，同时离驾驶台、居住处所和救生设备的水平距离不少于8 m。详见《国际危规》第一册7.1.7"第1类货物的积载和装卸"节。

第2～9类即非爆炸品的积载类型分为A～E五种（见后文表11-11）。

二、危险货物的隔离

对互不相容的危险货物进行正确隔离，能有效地防止因泄漏等引发危险反应、发生火灾等事故后易于采取应急措施，最大限度地缩小危害范围，减少损失。

1. 一般隔离要求

除第1类爆炸品之间的隔离要求外，《国际危规》将危险货物的隔离分为四个等级（见图11-3），具体含义分述如下：

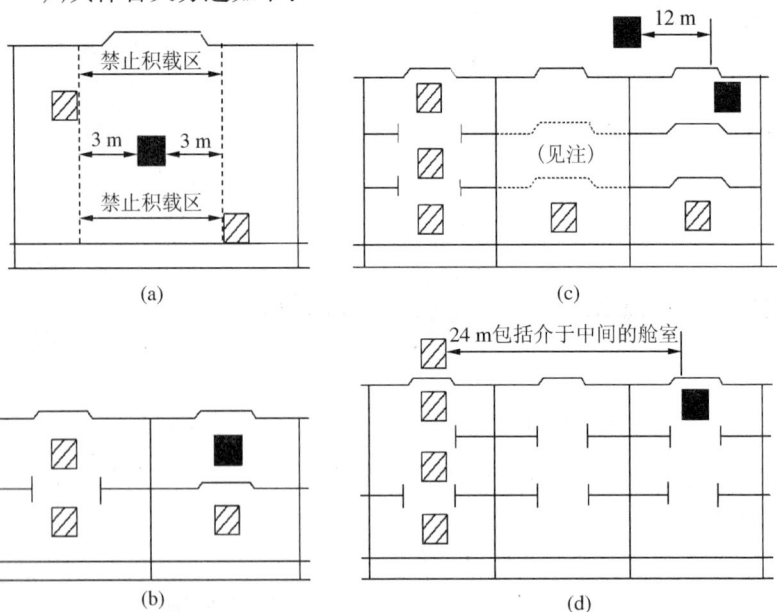

图11-3　隔离等级图示

（1）隔离1：远离，如图11-3（a）所示，可在同一舱室、同一货舱内或舱面上积载。无论在同一舱室内还是舱面上积载，要求保持不少于3 m的水平距离。

（2）隔离2：隔离，如图11-3（b）所示，舱内积载时，如中间甲板是防火、防液的，垂向可在不同舱室内积载，否则要求在不同货舱内积载。就舱面积载而言，这种隔离应不小于6 m的水平距离。

（3）隔离3：用一个舱室或货舱隔离，这种隔离意为垂向的或水平的分隔，如图11-3（c）所示。如果中间甲板不是防火、防液的，只能用一介于中间的整个舱室或货舱做纵向隔离。就"舱面"积载而言，这种隔离应不少于12 m的水平距离。如果一包件在"舱面"积载，而另一包件在最上层舱室积载，则也要保持不少于12 m的水平距离。

（4）隔离4：用一介于中间的整个舱室或货舱做纵向隔离，如图11-3（d）所示。单独的垂向隔离不符合这一要求。在舱内积载的包件与在"舱面"积载的另一包件之间的距离（包括纵向的一整个舱室在内）必须保持不少于24 m。就"舱面"积载而言，这种隔离应不少于24 m的纵向距离。

不同类别包装危险货物间的一般隔离要求应符合《国际危规》隔离表的规定，具体见表11-4。

表11-4　《国际危规》隔离表

类别	1.1 1.2 1.5	1.3 1.6	1.4	2.1	2.2	2.3	3	4.1	4.2	4.3	5.1	5.2	6.1	6.2	7	8	9
爆炸品1.1,1.2,1.5	*	*	*	4	2	2	4	4	4	4	4	4	2	4	2	4	×
爆炸品1.3,1.6	*	*	*	4	2	2	4	3	3	4	4	4	2	2	2	2	×
爆炸品1.4	*	*	*	2	1	1	2	2	2	2	2	2	×	4	2	2	×
易燃气体2.1	4	4②	2	×	×	×	2	1	2	×	2	2	×	4	2	1	×
无毒不燃气体2.2	2	2	1	×	×	×	1	×	1	×	×	1	×	2	1	×	×
有毒气体2.3	2	2	1	×	×	×	2	×	2	×	×	2	×	×	1	×	×
易燃液体3	4	4	2	2	1	2	×	×	2	1	2	2	×	3	2	×	×
易燃固体4.1	4	3	2	1	×	×	×	×	1	×	1	2	×	3	2	1	×
易自燃物质4.2	4	3	2	2	1	2	1	1	×	1	2	2	1	3	2	1	×
遇水放出易燃气体物质4.3	4	4②	2	×	×	×	1	×	1	×	2	2	×	2	2	1	×②
氧化物质5.1	4	4	2	2	×	×	2	1	2	2	×	2	1	3	1	2	×
有机过氧化物5.2	4	4	2	2	1	2	2	2	2	2	2	×	1	3	2	2	×
有毒物质6.1	2	2	×	×	×	×	×	×	1	×	1	1	×	1	×	3	×
感染性物质6.2	4	3	4	4	2	×	3	3	3	2	3	3	1	×	3	3	×
放射性物质7	2	2	2	2	1	×	2	2	2	2	1	2	×	3	×	2	×
腐蚀品8	4	2	2	1	×	×	×	1	1	1	2	2	3	3	2	×	×
其他危险物质和物品9	×	×	×	×	×	×	×	×	×	×	×	×	×	×	×	×	×

注：1——"远离"；

2——"隔离"；

3——"用一整个舱室或货舱隔离";

4——"用一介于中间的整个舱室或货舱做纵向隔离";

×——隔离要求(如有)应查阅危险货物一览表;

②——《水路危规》定义"2——隔离";

*——见下述第1类爆炸品之间的隔离要求。

由于每种危险货物的性质差别很大,因此查阅危险货物一览表对隔离的具体要求比查阅一般要求更为重要。同时,在确定隔离要求时还应当以危险货物主、副(如果存在时)标志的隔离要求中较高者为准。表11-4仅是包装危险货物之间的隔离表,对危险品集装箱之间、包装危险货物与散装危险货物、散装危险货物之间的隔离要求参见项目十二和项目十四。

2. 第1类爆炸品之间的隔离要求

本类货物除被细分为6个小类(《水路危规》为5个小项)外,依据其相互间混合配装是否安全,又被分为13个配装类,分别用字母A～L(不包括I)、N和S表示,通常标于其分类及小类(项)号后(如1.4S)。当不同配装类货物在舱内装运时,《水路危规》对其相互之间的隔离有明确的规定(见表11-5)。当不同配装类货物在舱面装运时,除非按上述舱内隔离要求允许混合积载,否则至少应隔开6 m的距离积载。

凡不同分类货物在同一舱室、可移动弹药舱、集装箱或车辆内混合积载时,如果属于第1类危险品,整个货载应按顺序1.1(危险最大)、1.5、1.2、1.3、1.6和1.4(危险最小),以确定其最严格的积载要求。

表11-5　允许混合积载的第1类货物

配装类	A	B	C	D	E	F	G	H	J	K	L	N	S
A	×												
B		×											×
C			×	×	×		×				×		×
D			×	×	×		×				×		×
E			×	×	×		×				×		×
F						×							×
G			×	×	×		×						×
H								×					×
J									×				×
K										×			×
L											×		
N			×	×	×							×	×
S		×	×	×	×	×	×	×	×	×		×	×

注:×——可以在同一舱室、可移动弹药箱、集装箱或车辆中积载的相应配装类的货物。

3. 危险货物与食品之间的隔离要求

《国际危规》规定：

（1）第 6.1 类中包装 I 类、II 类或第 2.3 类的有毒物质积载应与食品"隔离"，除非这些物质与食品是分别装在不同的封闭运输组件内的。

（2）第 6.2 类物质的积载应与食品"用一整个舱室或货舱隔离"。

（3）第 7 类放射性物质的积载应与食品"隔离"。

（4）第 8 类腐蚀性物质和第 6.1 类中包装 III 类的有毒物质的积载应与食品"远离"。

任务四　包装危险货物安全装运与管理

危险货物的海上运输，需要经历多个环节。只有谨慎地处理好运输全过程中的每一个环节，严格遵守有关的法规、规章、条例的各项规定，才能确保危险货物运输的安全；反之，运输中只要有一个环节稍有不慎，就可能酿成灾难性的事故，危及生命和财产安全，有时还会造成水域污染。我国对危险货物运输已具备了一整套较完善的法规和严格的管理体系。我国有关的法规、规章、条例等对水路危险货物运输全过程中的各个环节都提出了具体的要求及注意事项。

一、危险货物主要货运单证

海运危险货物中主要涉及的单证包括：

（1）危险货物技术说明书

承运危规中"未列明"的危险货物，船方必须向托运人索取经主管部门审核、批准的此类说明书。其内容包括品名、类别、理化性质、主要成分、包装方法、急救措施、撒漏处理、消防方法及其他运输注意事项等。

（2）包装检验证明书和包装适用证明书

包装检验证明书用于表明，指定类型的包装已经取样进行了所列的包装试验，并获得了相应的试验结果。包装适用证明书用于证明，指定的包装适用于所列特定的危险货物装载。这两种证书都须经主管机关或其委托的权威机构的确认才能有效。

（3）放射性货物剂量检查证明书

托运放射性货物时必须附有经主管机关或其委托的权威机构确认的此类证书，其内容包括货名、物理状态、射线类型、运输指数、货包表面污染情况、包装等级、外包装破损时的最小安全距离等。

（4）限量危险货物证明书

盛装《国际危规》（总论 18 节）中列明的小容器中的危险货物，如第 3 类易燃液体中包装 III 类且每一包装的最大容量不超过 5 L 的货物，因其运输中危险性很小，可作普通货物运输。限量危险货物需经主管机关批准获得此类证书，并且其货物包件外要求贴有正确的学名或"第……类限量内危险货物"的字样，但无贴图案标志的要求。

二、危险货物安全装运及安全监管

1. 受载前准备

（1）配备并熟悉有关 IMO、挂靠港国家、主管部门、挂靠港地方、船公司等有关危险货物运输的文件。这类文件应当按规定及时更改，使之与最新版本一致。

与所运危险货物有关的各类文件，主要包括：

①适用于国际海上运输的《国际危规》；

②适用于国内水路运输的《船舶载运危险货物安全监督管理规定（2018）》；

③挂靠港国家或当地危险货物运输法规；

④国家、主管机关、船公司等颁发的条例、标准、规章和法规。

我国 1982 年起陆续颁布的《中华人民共和国海上交通安全法》《中华人民共和国海洋环境保护法》《中华人民共和国防止船舶污染海域管理条例》等法规，以立法形式对危险货物运输的安全和防污染提出了原则性的规定。国家标准局自 1985 年起就危险货物的分类、品名、包装、命名原则等内容陆续发布了多个国家标准。

船公司在 SMS 文件体系中有危险货物运输安全管理和应急处置方面的文件。

（2）认真审查装货清单，获取完备的危险货物单证，掌握所运危险货物的特性。

（3）熟悉所运危险货物的 EmS 和 MFAG，以备正确应对装运中可能发生的各种事故。

在火灾和溢漏事故发生前，应阅读并熟悉《国际危规》补充本"EmS 指南"中的应急措施简介，以获取九大类危险货物发生火灾和溢漏事故时的共性处置要点和其中每一类危险货物的共性处置要点。当发生火灾和溢漏事故时，应首先要求参阅 EmS 指南的总体建议部分。

EmS 指南中提出的消防总体建议是：启动消防程序。除非穿适宜的防护服和戴自给式呼吸器，否则应避免接触危险货物且远离烟雾和有毒气体。可能时使驾驶台和居住区保持在上风处，确认火灾部位、火灾货物和附近货物，与船公司和岸上救助协调中心保持联系，以获取相关的专家意见。

EmS 指南中提出溢漏总体建议除与上述消防总体建议相同的部分外，还包括启动溢漏程序。除非穿全套防化服和戴自给式呼吸器，否则不得进入溢漏液体或尘埃（固体）区域。

要获取具体危险货物发生火灾和溢漏事故时的个性详细资料，可依据航次所承运货物的 UN No. 直接查《国际危规》补充本中"EmS 指南 - 索引"，以获取与所运货物 UN No. 对应的火灾应急措施表和溢漏应急措施表的表号。例如，根据碳化钙（UN No.1402）可查得其表号分别是 F - G、S - N，并由此从危规补充本"EmS 指南"中按字母顺序可查得表 11-6 和表 11-7。

表 11-6　火灾应急措施表：F-G 遇水放出易燃气体的物质

总体建议		火灾中暴露的货物可能发生爆炸或包装破裂。尽可能在有防护的远处灭火。建议立即用大量水冷却火的热辐射和附近已过热的货物。促成燃烧或增强火势仅仅是水的副作用。不要用少量的水灭火,否则会发生强烈反应
舱面货物着火	包件	(1)不要使用水或泡沫;用干的惰性粉末窒息灭火或让其燃烧 (2)如可行,用大量的水冷却附近的货物,尽管在短时间内会加剧货物燃烧。不要喷少量水,要用大量的水喷雾
	货物运输组件	如果火尚未引燃附近的货物,则让火继续燃烧;否则,用大量的水冷却燃烧着的运输组件。力求避免将水洒进集装箱
舱内货物着火		停止通风并关闭舱盖。应使用固定气体灭火系统。如不可行,则不要用水扑救舱内封闭处所内的货物。打开舱盖,用大量水冷却附近货物,尽管在短时间内火势会更猛。不要用少量水喷洒而要用大量水扑救
货物暴露在火中		如可行,清除或抛弃有可能着火的包件;否则用水冷却
特殊情况:UN1415,UN1418		非引火性的锂和镁粉要求使用干氯化锂、干氯化钠或石墨粉灭火。不得使用水和泡沫灭火

表 11-7　溢漏应急措施表：S-N 遇水放出易燃气体的物质

总体建议		穿上适当的防护服并戴上适当的自给式呼吸器。避免所有点火源(明火、无防护灯、电动手工工具、摩擦)。穿防火花软底鞋。如可行,则立即阻止溢漏
舱面溢漏	包件(少量溢漏)	如果该物质是干燥的,可行时收集并装好溢漏物。清除到船外,除了用大量水将剩余物冲洗下船以外,防止与水接触。清除污水
	货物运输组件(大量溢漏)	
舱内溢漏	包件(少量溢漏)	提供充分的通风。进入前测试舱内气体(毒性和爆炸危险)。如果无法检查气体就不要进入。未戴自给式呼吸器时不得进入该舱内。保持干燥。用软刷和塑料盘收集溢漏物。如果该物质是干的,可行时收集并装好溢漏物,并清除到船外。如果该物质是潮湿的,不要用易燃物质而应用惰性吸附材料收集,并将其清除到船外
	货物运输组件(大量溢漏)	
特殊情况		无

《国际危规》补充本中的"MFAG 指南"是对化学品中毒的初步治疗和利用海上有限的有效设备进行诊断提供必要的建议。MFAG 指南提供的紧急抢救分三步法:第一步中提供了紧急抢救和诊断的流程图,先根据伤员的危急症状由第二步中提及的"表"对伤员实施紧急抢救,随后针对所涉及的特定危险货物对伤员进行诊断,以确定治疗方案;第二步给出了第一步抢救和诊断的流程图中特殊情况简要指导的20 个表;第三步提供了第一步诊断流程图中涉及的 15 个附录,以提供详细资料、药品清单和表中提到的化学品清单。其中附录 14 中提供了船上医务室中要求配备的药品和设备清单。

(4)危险货物的承运人或其代理应向港口法定监督部门(我国为海事局)提出装运申请,以获取危险货物准装单。

（5）检查承运船舶的技术条件。

各种危险货物对船舶技术条件有不同的要求。通常规定,除承运船舶持有有效的危险货物适装证书外,在承运危险货物,特别是承运《国际危规》第1类、第2.1类、第3类、第4.1类、4.3类和第5.2类危险货物前,必须事先向船检部门申请对船舶结构、装置及设备进行临时检验,取得相应的适装证书后,方可接受承运。

承运危险货物船舶的验船内容包括:装运舱室的结构、舱室的防火与防水条件、通风设备及其状况、船舶消防与救生设备、船舶电气与通信设备、船舶装卸设备等。

（6）按《国际危规》要求进行积载与隔离。

按本项目任务四所述要求对危险货物进行正确的积载与隔离。所选货位还应考虑能后装先卸,有利于货物衬垫和系固。避免载有烈性危险货物的舱室中途加载其他货物。

（7）装船前三天,向监装部门(我国为海事局危管防污部门)申请监装,并附送经承运船船长审核的积载图和有效的危险货物适装证书的复印件。若船方未申请监装,则监装部门有权对危险货物的装载过程进行法定监督。依据我国2004年1月1日起施行《中华人民共和国船舶载运危险货物安全监督管理规定》的规定:"船舶载运危险货物进、出港口,或者在港口过境停留,应当在进、出港口之前提前24 h,直接或者通过代理人向海事管理机构办理申报手续,经海事管理机构批准后,方可进、出港口。"

（8）装货前的其他准备。

根据待装危险货物的应急部署表和医疗急救指南,备妥合适的消防器材和相应的急救药品。备妥衬垫材料和系固用具。保持烟雾报警和救生消防设备处于良好适用状态。保持装载货舱清洁、干燥、管系及污水沟(井)畅通,水密性能良好等。

2. 装货过程

（1）按港口规定悬挂或显示规定的信号,甲板上设立醒目的"严禁烟火"警告牌。严禁与作业无关的船舶来靠船舷,作业期间原则上不安排油水、伙食和物料补给。作业现场备妥相应的消防设备。夜间作业配备足够的照明设备。督促港方在船与泊位、船与船之间设置安全网。装卸爆炸品、有机过氧化物、一级毒品和放射性物品时,装卸机具应按额定负荷降低25%使用。

船舶装卸易燃、易爆危险货物期间,要督促进入现场人员不得携带火种、穿有铁钉的鞋或化纤工作服,不得在现场使用非防爆型照明、通风和机械设备,不得在甲板上进行能产生火花的检修或船体保养工作。禁止加油、加水(岸上管道加水除外)。开关舱盖时应采取措施,防止摩擦产生火花。装卸爆炸品(第1.4S类除外)时,不得检修和使用雷达、无线电电报发射机,船舶烟囱应设置防火网罩。

（2）严格按积载图上标注的货位及其备注上的隔离、衬垫、隔票、系固等要求进行装货操作。需要改动时,若已申请监装,则须经监装部门认可;若未申请监装,则须经本船船长或大副同意,其他人员不得任意更改。

认真检查危险货物包装是否完好,标志是否清晰、正确。凡包装有破损、渗漏、严重变形、污染等影响安全质量的应坚决拒装。督促装卸工人严格按有关操作规程作业,堆码整齐、稳固,桶盖、瓶口朝上。严禁撞击、拖拉、滑跌、坠落和翻滚等不安全作业。

（3）遇有雷鸣、闪电、雨雪或附近发生火警时,应立即停止作业。因故停工后,应当及时关闭有关货舱的人孔盖和舱盖。雨雪天气禁止装卸遇湿易燃物品。

遇危险货物撒漏、落水或其他事故时,应迅速上报,按应急部署表要求采取妥善措施。

（4）装货结束后,做好系固及全面检查工作。备齐危险货物的单证,如"危险货物舱单""危险货物实积图""危险货物安全积载证书"（如申请过监装）。

3. 途中保管

（1）载有危险货物的船舶,不论航行、锚泊或等卸期间,均要对危险货物进行有效的监管。检查货物是否有移位、自热、泄漏及其他危险变化。定时测定货舱温度、湿度。合理进行通风,防止汗湿、舱温过高及舱内危险气体积聚。

（2）如需进入可能引发中毒或窒息事故的货舱,甲板上必须有专人看守,除非经过培训并戴有完备的自给式呼吸器等,否则进入前应对货舱进行彻底的通风,并经检测以确认安全。

载有易燃易爆危险货物的船舶,航行中应避开雷区,以免遭雷击。船舶的烟囱口应设置防火网罩。进入货舱人员不得携带火种、穿带有铁钉的鞋或化纤工作服,舱内所使用的照明、通风和机械设备必须具有防爆特性。船上所有易燃易爆气体可及区域,不得进行任何能产生火花的检修或船体保养工作。

4. 卸货过程

（1）卸货前,船方应向装卸、理货等有关方详细介绍危险货物的货位、状态、特性、卸货注意事项等。对可能存在危险气体的货舱进行彻底通风。

（2）按装货过程中（1）、（3）要求执行。

（3）督促装卸工人严格按有关操作规程作业,严禁撞击、滑跌、坠落、翻滚、挖井或拖关等不安全作业。

（4）卸货完毕后,应及时整理货舱。谨慎处理危险货物的残留物和垫舱物料。危险货物的残留物或含有这类残留物的洗舱水必须按国家和港口的规定处理,不得随意排放或倾倒。

任务五　危险货物运输规则简介

《国际危规》是依据并为实施 SOLAS 1974、《危险货物运输建议书》（即橙皮书）和《〈1973 年国际防止船舶造成污染公约〉1978 年议定书》（即 MARPOL 1973/1978）制定的。它适用于任何吨位船舶的包装危险货物国际航线运输,不适用于散装的固态和液态危险货物以及船用物料和船舶设备的运输。

《国际危规》由三册组成。目前的有效版本是包括至 Amdt. 39－18 修正案的英文版和中文版。它的主要内容是:第 1 册包括总则、定义和培训;分类;包装和罐柜规定;托运程序;各类包装的构造和试验;以及运输作业的有关规定等内容。第 2 册包括危险货物中英文名称索引;危险货物一览表和限量内免除（简称"危险货物一览

表")等内容。第 3 册称为补充本，主要包括船舶载运危险货物应急反应措施（EmS）、危险货物事故医疗急救指南（MFAG）、报告程序、货物运输组件的装载等内容。

《国际危规》将危险货物按其主要特性和运输要求分为九大类，每一大类又细分为若干小类。危险货物一览表在《国际危规》中占了很大篇幅，该表所列危险货物按联合国编号（UN No.）顺序编排。联合国编号系指由联合国危险货物运输专家委员会制定的《危险货物运输建议书》中对每一种常运危险物质所用的以四位阿拉伯数字表示的编号，并在国际的航空、水运、铁路和公路运输方式中被公认。危险货物一览表中列出了四种条目：

（1）物质或物品的单一条目，如丙酮（UN No. 1090）；

（2）物质和物品的通用条目，如香水（UN No. 1133）；

（3）未列明的特定条目，如醇类，未列明（UN No. 1987）；

（4）未列明的通用条目，如易燃液体，有机的，未列明（UN No. 1325）。

这样，《国际危规》实际上将所有的危险货物（包括尚未出现的一些化工新产品）都已包括在内了。《国际危规》采用概括描述和品种罗列并举的方法来鉴别危险货物与非危险货物。船方在承运具有危险特性但在危险货物一览表中未列明（Not Otherwise Specified，缩写为 N. O. S.）的货物时，必须要求托运人提供危险货物技术说明书，以确定该货物分属哪一类"未列明"条目，以便于采取相应的防护措施。

《国际危规》的基本使用方法是：首先熟悉第 1 册中的总则、分类、托运程序、包装规定以及运输作业的有关规定；然后由第 2 册的索引查取特定危险货物的 UN No.，并由此按 UN No. 顺序进一步查阅"危险货物一览表和限量内免除"中的特定行，在该行内列有许多代码或编号，由代码或编号再查阅有关章节或附录，以获得其详细的说明。

《国际危规》具体的查阅方法通常可分以下两个步骤：

1. 按货物正确运输名称（Proper Shipping Name，PSN）查危险货物的 UN No.

以货物的英文（按英文字母顺序）或中文（按汉语拼音字母顺序）正确运输名称查。

《国际危规》第 2 册"危险货物英文名称索引"或"危险货物中文名称索引"，以获取其分类、UN No. 等。例如，对于危险货物 Calcium Carbide（碳化钙）可查得表 11-8 和表 11-9。但货名若以阿拉伯数字、N－、希腊字母等作词头的，则查索时，这类词头应忽略。

表 11-8 中（m）P 列若标有"P"则表示海洋污染物，标有"PP"表示严重海洋污染物，标有"·"表示可能是 P 或 PP，Class 列标有货物的分类号。物质、材料或物品名称后有"see"（同表 11-9 中"见"），系指该名称为同义词。

表 11-8　危险货物英文名称索引

Substance, Material or Article	MP	Class	UN No.
Calcium Bisulphite, Solution, see	—	8	2693
CALCIUM CARBIDE	—	4.3	1402
...			

表 11-9　危险货物中文名称索引

物质、材料或物品	联合国编号
tan	
炭黑,见	1361
碳化钙	1402
碳化铝	1394
......	

2. 按货物的 UN No. 查"危险货物一览表和限量内免除"

在《国际危规》第 3 部分(位于第 2 册)中列有危险货物一览表。该表按危险货物联合国编号 UN No. 顺序列出 4 000 多个危险货物条目。例如,碳化钙按其联合国编号 1402 可查得如表 11-10 所示内容。

表 11-10 中,"特殊规定"栏是列于《国际危规》第 3.3 章对该货物特殊规定的编号,如编号 951 的特殊规定是"使用散货包装需气密封口并具有氮气覆盖层"。规则第 3.3 章编号 900 的特殊规定列有一份禁止海运的物质清单。"限量"栏是规定该货物每一内包装认可的最大量。规则中对于危险性较小、托运量小于其规定限量的包装危险货物,可以按限量条款,相应地免除其有关运输要求。"包装""中型散装容器""可移动罐柜与散装容器导则"栏列出的是《国际危规》在第 4 章内对该货物所使用的各类包装提供详细规定的编号。"EmS"栏系《国际危规》补充本《船舶载运危险货物应急反应措施》(EmS)中火灾(见表 11-6,共有 10 个)和溢漏(见表 11-7,共有 26 个)的应急表号,以 F – 为首代码的是火灾应急表的表号,以 S – 为首代码的是溢漏应急表号。该应急表提供了特定危险货物灭火和处置溢漏时的总体建议,应使用的设备、程序及措施。"积载与隔离"栏提供了对该货物的积载和隔离规定。其中积载类用于规定该货物是否允许在船上装载以及在船上所允许的装载部位。爆炸品分为 01 ~ 05 五种,非爆品的积载类分为 A ~ E 五种(见表 11-11)。

应当注意的是,《国际危规》通常每两年出版一个补篇,用以对规则内容进行修改和增删。当收到此类补篇后,规则的使用者应当按要求对《国际危规》进行换页、插页、粘贴和修改,使之处于最新和有效状态。

表 11-10　危险货物一览表、特殊规定及除外

UN No.	正确运输名称(PSN)	类别或小类	副危险	包装类	特殊规定	限量	可免除量	包装 导则	包装 规定	中型散装容器 导则	中型散装容器 规定	可移动罐柜与散装容器导则 IMO	可移动罐柜与散装容器导则 UN	可移动罐柜与散装容器导则 规定	EmS	积载	隔离	特性与注意事项
1402	碳化钙	4.3	—	I	951	0	E0	P403	PP31 PP40	IBC04	B1	—	—	—	F-G S-N	积载类 B 与酸类隔离	SG26 SG35	固体。与水接触,则迅速放出高度易燃气体乙炔,乙炔可被该反应释放出的热量点燃,也可与一些重金属盐组成高度爆炸性化合物;与酸类接触,则发生剧烈反应
1402	碳化钙	4.3	—	II	951	500 g	E2	P410	PP31 PP40	IBC07	B4 B21	—	T3	TP33	F-G S-N	积载类 B 与酸类隔离	SG26 SG35	同上

表 11-11　积载类(非爆炸品)含义一览表

积载类	A	B	C	D	E
货船	舱面或舱内	舱面或舱内	仅限舱面	仅限舱面	舱面或舱内
客货船①	舱面或舱内	仅限舱面	仅限舱面	禁止装运	禁止装运

注①:载客限额超过 25 人或按船舶总长度每 3 m 超过 1 人(以数字较大者为准)的货船。

项目十二

集装箱运输

学习目标

1. 了解集装箱分类及标志。
2. 熟悉集装箱船载货能力核算。
3. 各类集装箱箱位的合理确定及隔离。
4. 掌握集装箱配积载方法。
5. 掌握集装箱安全装运与管理。

　　集装箱货物运输系指把大小不一、包装多样、换装不便的货物装入标准化的集装箱,并将集装箱作为货物单元实现从一地的门(Door)、货运站(Container Freight Station,CFS)或堆场(Container Yard,CY)到另一地的门、货运站或堆场的一种现代化运输方式。它为实现货物运输和装卸的机械化和自动化创造了条件。

　　集装箱货物运输是较复杂的综合运输系统工程,它集现代化的船队、高效率的专业化码头、快捷迅达的集疏运网络、科学简捷的单证流通、及时准确的电子数据信息传递和港口口岸监管单位的通力协作为一体。集装箱货物运输的最大优点是使件杂货运输和装卸实现快速周转和高效作业。

　　集装箱货物运输简便、迅速、安全、经济,为保证集装箱货物的运输质量,必须做好集装箱货物海上运输的各个环节。本项目涵盖了集装箱船舶配载计划、集装箱装卸及运输检查表、集装箱系固检查表的编制等多个任务模块。通过项目学习与实践,能合理确定集装箱箱位,做好集装箱系固的检查工作,保证集装箱货物海上运输安全。

任务一　集装箱和集装箱船概述

　　集装箱标准规格、集装箱分类、集装箱识别系统和识别标记、集装箱尺寸和箱型

文件:
EMS和MFAG简介

视频:
集装箱转运到卡车实录

代码、集装箱作业标记和可能的其他作业标记,通过集装箱标识和标记,了解集装箱标准规格及其他信息,根据集装箱规格掌握集装箱尺寸,水上集装箱运输需要应用这些参数。通过本任务的训练,学生可以熟悉集装箱参数,根据水运集装箱参数分析船运特点。

一、集装箱

国际标准化组织(ISO)在《集装箱名词术语》(ISO 830—1981)中,对集装箱的定义如下:集装箱是一种运输设备:

(1)具有耐久性,其坚固程度足以能反复使用;

(2)为便于商品运送而专门设计的,在一种或多种运输方式中运输时,无须中途换装;

(3)设有便于装卸和搬运的装置,特别是从一种运输方式转换为另一种运输方式;

(4)设计时注意到便于货物装满或卸空;

(5)具有 1 m^3 或 1 m^3 以上的内容积。

集装箱一词不包括车辆和一般包装。我国国家标准《集装箱名词术语》(GB 1992—1985)中对集装箱做了与国际标准化组织相一致的定义。

(一)集装箱标准

集装箱有国际标准、地区标准、国家标准、公司标准等几种。国际标准集装箱(简称标准集装箱)系指按国际标准化组织(ISO/TCl04)制定的标准设计和制造的集装箱,按外部尺寸可分为 13 种。表 12-1 列出的是 9 种标准集装箱的外部尺寸和允许总重量。

表 12-1 9 种标准集装箱的外部尺寸和允许总重量

集装箱名称	长度		宽度		高度		(允许)总重量	
	mm	ft – in	mm	ft – in	mm	ft – in	kg	lb
1AAA					2 896	9 – 6		
1AA	12 192	40.00 – 0.00	2 438	8 – 0	2 591	8 – 6	30 480	67 200
1A					2 438	8 – 0		
1BBB					2 896	9 – 6		
1BB	9 125	29 – 11.25	2 438	8 – 0	2 591	8 – 6	25 400	56 000
1B					2 438	8 – 0		
1CC	6 058	19 – 10.50	2 438	8 – 0	2 591	8 – 6	24 000	52 920
1C					2 438	8 – 0		
1D	2 991	9 – 9.75	2 438	8 – 0	2 438	8 – 0	10 160	22 400

在 ISO/TC104 外部尺寸标准中,用字母代表集装箱的长度,A 代表 40 ft 长,B 代表 30 ft 长,C 代表 20 ft 长,D 代表 10 ft 长;标准集装箱的宽度都是 8 ft;用字母的个数代表集装箱的高度,1 个字母代表 8 ft 高,2 个字母代表 8.5 ft 高,3 个字母代表 9.5 ft 高。

通常使用的是 1AA 和 1CC 两种箱型,1AAA 箱型也有较多使用。在集装箱的统计中,我们以 20 ft 型为单位标准箱,即将 20 ft 集装箱作为一个换算单位(Twenty Feet Equivalent Unit,简称 TEU)。

(二)集装箱分类

在海上运输中常见的国际货运集装箱类型,可以按用途、材料、结构的不同进行分类。

1. 按箱体使用材料构成分类

集装箱按箱体使用材料构成可分为四类:

(1)铝合金集装箱:用铝合金型材和板材(一般为铝镁合金)制成的集装箱。其优点是弹性好,重量小,耐腐蚀;缺点是造价高,焊接性和耐磨性差,强度和抗压性能较弱。铝合金集装箱航空运输使用较多,约占世界总箱量的 11%。

(2)钢制集装箱:用钢材制成的集装箱。其优点是强度大,结构牢,价格低,焊接性和水密性好;缺点是重量大,耐腐蚀性较差。海运多使用钢制集装箱,约占世界总箱量的 85%。

(3)玻璃钢集装箱:用玻璃纤维和合成树脂混合在一起制成薄薄的加强塑料,用黏合剂贴在胶合板的表面形成玻璃钢板,并装在钢制的集装箱框架上而制成的集装箱。其优点是强度大,隔热性、耐腐蚀性好,易清扫;缺点是重量几乎同钢制集装箱。玻璃钢制集装箱约占世界总箱量的 3.8%。

(4)不锈钢集装箱:用不锈钢制成的集装箱。其优点是比钢制集装箱重量小,强度大,耐腐蚀;缺点是价格高。不锈钢集装箱的箱量约占世界总箱量的 1%。

2. 按集装箱主要用途分类

集装箱按集装箱主要用途可分为:

(1)通用干货集装箱:用来装载无须控制温度的件杂货,又称杂货集装箱。这类集装箱通常为封闭式,在一端或侧面设有箱门。此类箱约占集装箱总数量的 85%。

(2)通风集装箱:用来装载不需要冷藏而需通风的水果、蔬菜、兽皮等货物。此类箱在端壁和侧壁上设有通风孔。

(3)保温集装箱:用来运输需要保温的货物,所有箱壁都用导热率低的隔热材料制成,具有气密和隔热性能的集装箱。此类箱通常配有制冷机组。

(4)冷藏集装箱:具有良好隔热、气密,且能维持一定低温要求,适用于各类易腐食品的运送、贮存的特殊集装箱。此类箱能保持所定温度(−30~20 ℃),一种内装有制冷机组,称为内置式机械冷藏箱;另一种无制冷机组,但在前端壁设有冷气吸入口和排气口,由船上制冷装置和可拆冷藏设备供应冷气者,称为外置式机械冷藏箱。目前,船舶运输的冷藏集装箱内置式居多,内置式冷藏集装箱在船上的配置受船舶供电负荷和供电插座位置限制。

视频:
集装箱

（5）敞顶集装箱:箱顶采用可折叠式或可拆式顶梁作支撑由帆布、塑料布或涂塑布组成的可拆卸顶篷,适合装载超高货物,或需要从箱顶部吊入箱内的如玻璃板、钢制品、机械类等重大件货物。此类箱的防水性较差。

（6）台架和平台集装箱:用来运输车辆、机器、设备等特殊、不规则货物的集装箱。台架式集装箱没有箱顶和侧壁,有的甚至连端壁也去掉,只有底板和四个角柱;平台式集装箱是在台架式集装箱上再简化,仅保留底板的特殊结构集装箱。台架式集装箱端壁或者四个角柱有的可以折叠,空箱运输时可以增加箱运量。

（7）罐式集装箱:用来运输酒类、油类、液体食油以及化学品类等液体货物而设置的集装箱。此类箱有单罐与多罐数种,主要由罐体和箱体框架两部分构件组成。罐体为圆柱体或椭圆体,箱体框架为箱形。罐顶设有带水密盖子的装货口,罐底设有排出阀。

（8）散货集装箱:用来运输粉状或粒状货而设有特殊结构或设备的集装箱。此类箱除了端部设有箱门外,在箱顶上还设有 2～3 个装货口,在箱门的下方还设有长方形的卸货口。

（9）动物集装箱:载运家禽等活动物的专用集装箱,其箱壁用金属丝网制造,堆码强度低于国际标准,其上不允许堆装其他箱体,通风良好,并设有喂食装置。

（10）汽车集装箱:载运小型轿车的专用集装箱,其箱的框架内安有简易箱底,无侧壁,其高度与轿车一致,可载运一层或两层小型轿车。

二、集装箱标记

（一）集装箱标记标准及要求

为了便于集装箱在国际运输中的识别、管理和交接,国际标准化组织制定了《集装箱的代码、识别和标记》国际标准。现行版本是 1995 年 12 月通过并颁布实施的 ISO 6346—1995。我国《集装箱代码、识别和标记》（GB/T 1836—2017）是根据国际标准化组织 ISO 6346—1995 制定的,与国际标准一致。GB/T 1836—2017 于 2017 年开始实施,包括正文,附录 A、B、C、D、E 和 F 六个组成部分,附录 G 是标准的参考件。

国标对标记的打标方法做了明确规定,标记的字体高度和位置符合要求,所有字体的宽度和笔画粗细应匀称,其颜色应与箱体颜色有明显差别。

集装箱标记位置如图 12-1 所示。集装箱标记有必备标记和自选标记两类。每一类标记中又分为识别标记和作业标记两种。识别标记包括集装箱箱号、尺寸和类型代码,作业标记包括额定重量和自重标记、空陆水联运集装箱标记、登箱顶触电警告标记、超高标记及国际铁路联盟标记。

图片:
平台集装载（滚筒货）

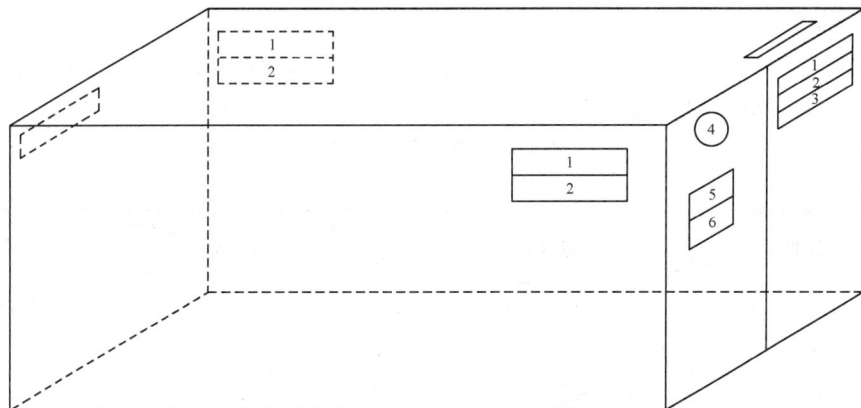

图 12-1　集装箱标记位置

1—集装箱箱号位置;2—尺寸和类型代码位置;3—额定重量和自重标记位置;
4—检验合格标(徽)记;5—安全合格牌;6—批准牌照

(二)识别系统和识别标记

集装箱识别系统,习惯称为集装箱箱号(Container No.),是必备标记。识别系统由箱主代码、设备识别码、箱号、校验码四部分按顺序组成,共十一位代码,必须同时使用。其标记位置如图 12-1 中"1"所注。

(1)箱主代码(Owner Code):集装箱所有人向国际集装箱局(简称 BIC)登记注册的代码,又称 BIC Code,用 3 个大写的拉丁字母表示。

(2)设备识别码(Equipment Identification Code):用 1 个大写拉丁字母表示;设备识别代码 U 为常规集装箱,代码 J 为带有可拆卸设备的集装箱,代码 Z 为集装箱专用拖车和底盘车。

(3)箱号(Serial Number):又称顺序号,由 6 位阿拉伯数字组成,如有效数不足 6 位,则在数字前用"O"补足 6 位。

(4)校验码(核对数字,Check Digit):用来检验箱主代码和箱号传递的准确性,按照一定的方法通过箱主代码、设备识别码和箱号来求得。详细见 GB/T 1836—2017 附录 A。

如"COSU 001234 2",即"COS"为中远集运的箱主代码,"U"为常规集装箱,"001234"为箱号,"2"为核对数字。在打标集装箱识别标记时,箱主代码、设备识别码、箱号和核对数字的字体高度不得小于 100 mm(4 in),按照便于作业人员视读的位置紧凑排列,在集装箱两侧、两端及箱顶进行标识。

(三)尺寸和箱型代码及其相关标记

尺寸和类型代码(Size Code,Type Code),属强制性识别标志,是必备标记。由尺寸代码的数字(也可能是字母)、箱型代码的字母按顺序组成,前两位表示尺寸,后两位表示类型,共四位代码。在箱体上打标时应作为一个整体使用,不得拆开分列。其标记位置如图 12-1 中"2"所注。

视频:
集装箱标志的识别

1. 尺寸代码

尺寸代码指外部尺寸,第一位用数字或拉丁字母表示箱长,第二位用数字或拉丁字母表示箱宽和箱高,见表 12-2、表 12-3,详细规定见 GB/T 1836—2017 附录 D。

表 12-2　集装箱尺寸代码

第一位字符：　　　　　　　　　　　　　　　　第二位字符：

代码	箱长(L)		代码	箱长(L)		$\dfrac{W}{H}$	24 38	2 438 < W (2 500)	>2 500
	mm	ft　in		mm	ft　in	mm(ft,in)	(8')	8' < W(8'2")	(>8'2")
1	2 991	10'	D	7 430	24'6"	2 438(8')	0		
2	6 058	20'	E	7 800		2 591(8'6")	2	C	L
3	9 125	30'	F	8 100		2 743(9')	4	D	M
4	12 192	40'	G	12 500	41'	2 895(9'6")	5	E	N
5	备用号		H	13 106	43'	>2 895(9'6")	6	F	P
6	备用号		K	13 600		1 295(4'3")	8		
7	备用号		L	13 716	45'	1 219(4')	9		
8	备用号		M	14 630	48'				
9	备用号		N	14 935	49'	注:H——集装箱箱高;			
A	7 150		P	16 154		W——集装箱箱宽。			
B	7 315	24'	R	备用号					
C	7 420		…	…					

表 12-3　集装箱类型部分代码

代码	箱型	总代码	集装箱主要特性	细代码	代码	箱型	总代码	集装箱主要特性	细代码
G	通用集装箱(无通风设备)	GP	一端或两端开门	G0	V	通风集装箱	VH	无机械排气系统,货箱上部或底部空间设有通风口	V0
			货箱上部空间设有透气孔	G1					V1
								(备用号)	
			一端或两端开门,加上一侧或两侧全部敞开	G2				箱体内部设有机械通风装置	V2
			一端或两端开门,加上一侧或两侧部分敞开	G3				(备用号)	V3
								箱体外部设有机械通风装置	V4
			(备用号)	G4					
			…	…				(备用号)	V5
			…	…				…	…
			(备用号)	G9				(备用号)	V9

尺寸代码中第一位表示箱长度(如"2"表示 20 ft 箱,"4"表示 40 ft 箱,"M"表示 48 ft 箱等),第二位表示箱的宽度和高度(如"2"表示宽 8 ft、高 8.5 ft 的箱)。

2. 箱型代码

集装箱的箱型及其特征由两位字符表示,第一位由 1 个拉丁字母表示箱型,第二位由 1 个数字表示该箱型的特征。箱型代码见表 12-4,详细规定见 GB/T 1836—2017 附录 E。作为交换数据,如果不需要表示具体特征,可按附录 E 表格中的组代码。

表 12-4　箱型代码

代码	箱型	组合代码	集装箱主要特性	细代码
G	通用集装箱 ——无通风设备	GP	一端或两端开门	G0
			货物上部空间设有透气孔	G1
			一端或两端开门,加上一侧或两侧全部敞开	G2
			一端或两端开门,加上一侧或两侧部分敞开	G3
			(备用号)	G4
			(备用号)	G5
			(备用号)	G6
			(备用号)	G7
			(备用号)	G8
			(备用号)	G9
V	通风集装箱	VH	无机械通风系统,货物上部和底部空间设有通风口	V0
			(备用号)	V1
			箱体内部设有机械通风系统	V2
			(备用号)	V3
			箱体外部设有机械通风系统	V4
			(备用号)	V5
			(备用号)	V6
			(备用号)	V7
			(备用号)	V8
			(备用号)	V9
B	干散货集装箱 ——无压力,箱式	BL	封闭式	B0
			气密式	B1
			(备用号)	B2
	干散货集装箱 ——有压力	BK	水平卸货,试验压力 150 kPa	B3
			水平卸货,试验压力 265 kPa	B4
			倾斜卸货,试验压力 150 kPa	B5
			倾斜卸货,试验压力 265 kPa	B6
			(备用号)	B7
			(备用号)	B8
			(备用号)	B9

续表

代码	箱型	组合代码	集装箱主要特性	细代码
S	以货物命名的集装箱	SN	牲畜集装箱	S0
			小汽车集装箱	S1
			活鱼集装箱	S2
			(备用号)	S3
			(备用号)	S4
			(备用号)	SS
			(备用号)	S6
			(备用号)	S7
			(备用号)	S8
			(备用号)	S9
R	保温集装箱 ——冷藏	RE	机械制冷	R0
				R1
	——冷藏和加热	RT	机械制冷和加热	R2
	——自备动力的冷藏和加热集装箱	RS	机械制冷	R3
			机械制冷和加热	R4
			(备用号)	R5
			(备用号)	R6
			(备用号)	R7
			(备用号)	R8
			(备用号)	R9
			(备用号)	
H	保温集装箱 ——设备可拆卸的冷藏和(或)加热的集装箱	HR	设备置于箱体外部,其传热系数 $k = 0.4\ \mathrm{W/(m^2 \cdot K)}$	H0
			设备置于箱体内部	H1
			设备置于箱体外部,其传热系数 $k = 0.7\ \mathrm{W/(m^2 \cdot K)}$	H2
			(备用号)	H3
	——隔热集装箱	H1	(备用号)	H4
			具有隔热性能,其传热系数 $k = 0.4\ \mathrm{W/(m^2 \cdot K)}$	H5
			具有隔热性能,其传热系数 $k = 0.7\ \mathrm{W/m^2 \cdot K)}$	H6
			(备用号)	H7
			(备用号)	H8
			(备用号)	H9

续表

代码	箱型	组合代码	集装箱主要特性	细代码
U	敞顶集装箱	UT	一端或两端开门	U0
			一端或两端开门,加上端框架顶梁可拆卸	U1
			一端或两端开门,加上一侧或两侧开门	U2
			一端或两端开门,加上一侧或两侧开门,加上端框架顶梁可拆卸	U3
			一端或两端开门,加上一侧局部敞开和另一侧全部敞开	U4
			完全敞顶,带固定侧壁和端壁(无门)	U5
			(备用号)	U6
			(备用号)	U7
			(备用号)	U8
			(备用号)	U9
P	平台式集装箱——具有不完整上部结构的台架式集装箱	PL	平台集装箱	P0
	固定式	PF	有两个完整和固定的端板	P1
			有固定角柱,带有活动的侧柱或可拆卸的顶梁	P2
	折叠式	PC	有折叠完整的端结构	P3
			有折叠角柱,带有活动的侧柱或可拆卸的顶梁	P4
	——具有完整上部结构的台架式集装箱	PS	顶部和端部敞开(骨架式)	P5
			(备用号)	P6
			(备用号)	P7
			(备用号)	P8
			(备用号)	P9
T	罐式集装箱——用于非危险性液体货	TN	最低试验压力 45 kPa	T0
				T1
			最低试验压力 150 kPa	T2
	——用于危险性液体货	TD	最低试验压力 265 kPa	T3
			最低试验压力 150 kPa	T4
			最低试验压力 265 kPa	T5
			最低试验压力 400 kPa	T6
	——用于气体货物	TG	最低试验压力 600 kPa	T7
			最低试验压力 910 kPa	T8
			最低试验压力 2 200 kPa	T9
			最低试验压力(待定)	
A	空/陆水联运集装箱	AS		A0

1 00 kPa(千帕斯卡) = 1 bar(巴) = 10^5 Pa(帕斯卡) = 10^5 N/m^2(牛顿/米^2) = 14.5 lbf/in^2(磅力/英寸^2)

类型代码分成总代码(Type Group Code)和细代码(Detailed Type Code)两种。总代码用于在集装箱特性尚不明确或不需要明确的场合。细代码用于对集装箱特性要有具体标示的场合。当然,在新出厂集装箱上必须标注细代码。例如,"GP"是无通风设备的通用箱总代码,而"G0"是该类中一端或两端开门箱的细代码。ISO 6346—1995文件中提供了集装箱尺寸和集装箱类型代码资料。

表中资料显示,G/G表示通用集装箱;V/VH表示通风集装箱;B/BU/BK表示干散货集装箱;S/SN表示以货物命名的集装箱;R/RE/RT/RS表示保温集装箱;H/HR表示保温隔热集装箱;U/UT表示敞顶集装箱;P/PL/PF/PC/PS表示平台集装箱;T/TN/TD表示罐式集装箱;A/AS表示空/陆水联运集装箱。

(四)集装箱作业标记

作业标记不同于上述用于数据传递或其他用途的代码,它打标在箱体上仅是为提供某些信息或视觉的警示,包括必备的作业标记和可择性作业标记。

1.必备的作业标记

(1)最大总质量和空箱质量标记

最大总质量(Maximum Operating Gross Mass),简称总重,是集装箱设计的最大允许总质量。空箱质量(Tare Mass),简称自重,是集装箱空箱时的质量。最大总质量和空箱质量箱体上标出(见图12-2)。打标在集装箱上的"最大总质量"应与国际集装箱安全公约(CSC)所列标牌完全一致。质量的单位用kg和lb来表示。

最大总质量	24 000	kg
	52 920	lb
空箱质量	2 300	kg
	5 070	lb

图12-2 最大总质量和空箱质量标记

(2)空/陆水联运集装箱标记

空/陆水联运集装箱(Symbol to Denote Air/Surface Container)适用于空运、陆运和水运方式相互交接联运。其设计强度较低,陆地堆码时只允许在箱上堆码两层,海上堆码时甲板上不准堆码,舱内堆码时箱上最多允许堆码一层,标记为黑色(见图12-3)。空/陆水联运集装箱标记打标规定见GB/T 1836—2017附录B。

(3)登箱顶触电警告标记

登箱顶触电警告标记(Warning Sign of Overhead Danger)一般标于登箱顶的扶梯附近,以警告登箱顶者有触电危险(见图12-4)。所有装有梯子的集装箱应按GB/T 1836—2017附录C的规定打标箱顶防电击警示标记。

(4)超高标记

凡箱高超过2.6 m(8.5 ft)的集装箱均应标出超高标记(Height Marks for Containers),标记是在黄色底上标出黑色数字,周边围以黑色,标记设两个,标在右下角(见图12-5)。

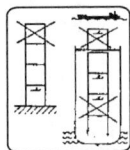

图 12-3　空/陆水联运集装箱标记

图 12-4　触电警告标记

图 12-5　超高标记

按 GB/T 1836—2017 附录 F(标准的附录)的规定,超高标记必须在集装箱两侧打标集装箱高度标记。在箱体每端和每侧角件间的顶梁及上侧梁上打标长度至少为 300 mm(12 in)的黄黑斜条的条形标记,以便在地面或高处能清晰识别。

2. 可择性作业标记

最大净货载,根据工业上的需要,除了打标集装箱最大总质量和空箱质量外,还可打标最大净货载的数据,具体标记如图 12-6 所示。

最大总质量	24 000	kg
	52 920	lb
空箱质量	2 300	kg
	5 070	lb
最大净货载	21 700	kg
	47 850	lb

图 12-6　含最大净货载质量标记

(五)集装箱上可能的其他标记

1. 国际铁路联盟标记(Emblem of UIC)

凡符合《国际铁路联盟条例》规定的技术条件的集装箱可以获得此标记,标记方框上部的"IC"字样表示国际铁路联盟(法语 Union International des Chemins de Fer),标记方框下部的数字表示各铁路公司的代号(见图 12-7,33 是中华人民共和国铁路的代码)。

图 12-7　国际铁路联盟标记

2. 检验合格标(徽)记

为了确保集装箱对运输工具的安全,国际标准化组织要求检验机构(多为船级社)对符合该组织所制定标准并经试验合格的集装箱,在箱门处加贴该检验机构"检验合格标(徽)记",以确保集装箱对运输工具的安全。加贴位置如图 12-1 中"4"所注。

3. 安全合格牌

《国际集装箱安全公约》(简称 CSC)要求主管机关对符合人身安全检验的集装箱加贴"CSC 安全合格"金属标牌(CSC Plates)。加贴位置如图 12-1 中"5"所注。

4. 批准牌照(海关牌照)

《集装箱海关公约》(简称 CCC)要求经过批准的符合运输海关加封货物技术条件的集装箱,增加"经批准作为海关加封货物运输"的金属标牌,便于集装箱进出各国国境时,不必开箱检查箱内货物,以加速集装箱的流通。加贴位置如图 12-1 中"6"所注。常见 CCC 标牌与 CSC 标牌合为 1 个金属 CCC 标牌。

5. 防虫处理板标记(免疫牌)

防虫处理板标记(免疫牌)表示该集装箱所用裸露木材按照有关规定经过免疫处理,对运往澳大利亚和新西兰的集装箱应该增加此标牌。

6. 带有熏蒸设施标记

带有熏蒸设施标记表示该集装箱带有熏蒸设施,能够对箱内进行熏蒸处理,满足相关要求。

(六)标准集装箱的许用负荷及风雨密试验

1. 国际标准组织(ISO)确定的标准系列 1 的集装箱的许用负荷(见图 12-8)

(1)作用于角件上的绑扎力

①端壁或侧壁上的水平分力应不超过 150 kN;

②端壁或侧壁上的垂直分力应不超过 300 kN;

③角件上水平分力和垂直分力的合力应不超过 300 kN。

(2)作用于端壁和侧壁上的扭变力

①端壁上的横向扭变力应不超过 150 kN;

②侧壁上的纵向扭变力应不超过 100 kN。

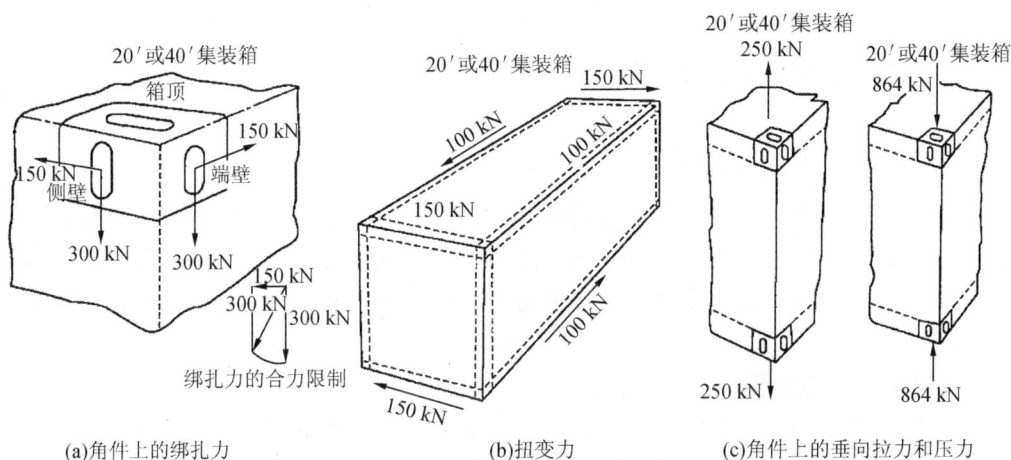

图 12-8　标准集装箱的许用负荷

（3）作用于角件上的垂向拉力和压力

①顶角件上的垂向拉力应不超过 250 kN；

②底角件上的垂向拉力应不超过 250 kN；

③集装箱角柱上的压力应不超过 864 kN。

集装箱无论采用何种系固方式，其所受作用力应不超过集装箱的许用负荷。

2. 标准集装箱的框架柔度

集装箱的框架柔度系指在集装箱框架屈服强度范围内，其顶端施加的单位作用力 F 引起的框架发生歪斜变形值 δ，国际标准集装箱的框架柔度见表 12-5。

表 12-5　国际标准集装箱的框架柔度　　（单位：mm/kN）

箱高	门端	封闭端	纵壁
2.438 m(8′00″)	0.275	0.061	0.168
2.591 m(8′06″)	0.291	0.066	0.178
2.896 m(9′06″)	0.321	0.076	0.199

任务二　集装箱船配载计划的编制

集装箱船载货特点、集装箱船箱位编号、集装箱船载箱能力和载重能力核算，关系到充分运用集装箱船载货能力。掌握各类集装箱箱位的合理确定及隔离，掌握集装箱船装卸顺序和快速装卸要求，熟悉集装箱船装卸顺序和快速装卸要求，了解集装箱船配积载文件编制过程，是集装箱安全运输的前提和基础。通过本任务的训练，学生可以熟悉集装箱配积载，合理安排船上集装箱的位置。

一、集装箱船载货能力

(一)集装箱船载货特点

集装箱船通常系指吊装式集装箱船,系指利用船上或岸上的起重设备将集装箱进行垂直装卸的船舶。目前,在集装箱运输中主要由舱内设有永久性的箱格结构的全集装箱船和舱内未设置永久性箱格结构的小型多用途集装箱船承运。集装箱船结构特点为:

(1)单层平直甲板,无装卸设备

国际标准集装箱的强度设计要求可使其上能承受堆码 8 层满载箱的负荷,因此集装箱船货舱没有必要设置多层甲板来减小上层箱对下层箱的负荷量。甲板设计成无舷弧、无梁拱的平直甲板,便于集装箱堆装。集装箱船几乎不设起重设备,集装箱装卸由岸上高效的集装箱装卸桥进行吊装。

(2)货舱尺寸大,舱口与货舱同宽

集装箱船舶舱口一般达船宽的 70% ~ 90%,舱口两侧为压载水舱。目前,在 9 600TEU 集装箱船的船舱内最多横向为 18 列,甲板上为 20 列。集装箱船舱口与货舱同宽的设计能保证舱内装载的每一集装箱无须横移,都能被直接吊进或吊出货舱,这样便于快速装卸集装箱,同时集装箱船抗扭转强度较差。

(3)舱内设有固定的底座,舱面设有固定的集装箱系固设备

集装箱船甲板通常设有整套系固设备,如扭锁、桥锁、锥板、绑扎装置等。装载于舱面的集装箱目前通常是靠人工方法进行系固的,也有不少新型集装箱船在舱面设置了一定高度的箱格导轨,以减少舱面集装箱系固的作业量。

(4)采用双层船体结构,设有大容量压载水舱

为弥补单层甲板和大货舱开口设计对船体结构强度的不利影响,集装箱船体通常采用双层船体结构,以增强船舶的纵强度、横强度和扭转强度。双层船体结构同时为船舶提供了大量液体舱室。这些舱室除用作燃油舱、淡水舱外,大量用作压载水舱(约占船舶夏季总载重量的 30%),以适应船舶空载或舱面装载大量集装箱时调整船舶重心高度的需要。

(5)采用艉机型或中后机型,舱容系数大

这种布置主要为充分提高船舶的舱容利用率,即在船体形状变化较大部位布置为机舱,在船体中部形状变化较小的部位可安排装载更多的集装箱箱位。一般杂货船的舱容系数不超过 2 t/m³,而集装箱船的舱容系数为 2.2 ~ 2.4 t/m³。

集装箱的结构特点决定了其载货特点,装卸货物多采用岸吊垂直装卸;载货受箱位限制;甲板货物多,有时重载仍然需要加压载水;舱面集装箱需要用专门设备进行系固。

(二)集装箱船箱位编号

为准确地表示每一集装箱在船上的装箱位置,以便于计算机管理和有关人员正

视频:
集装箱船舶制造过程

动画:
集装箱船结构

确辨认,集装箱船上每一装箱位置均应按国际统一的代码编号方法表示。目前,集装箱船箱位代码编号是采用 ISO 9711 – 1—1990 标准。它是以集装箱在船上呈纵向布置为前提的,每一箱位坐标以六位数字表示。其中最前两位表示行号(或称为"排号"),中间两位表示列号,最后两位表示层号。行号、列号和层号的每组代码不足 10 者在前一位置零。

1. 行号

行号(Bay No.)为箱位的纵向坐标。自船首向船尾,装 20 ft 箱位上依次以 01、03、05、07……奇数表示。当纵向两个连续 20 ft 箱位上被用于装载 40 ft 箱时,则该 40 ft 箱的行号以介于所占的两个 20 ft 箱位奇数行号之间的一个偶数表示。例如,在船舶的 03 行上装载某一 20 ft 集装箱时,则该箱的行号即为 03;若在 03 和 05 两个行上装载某一 40 ft 集装箱时,则该箱的行号就以介于 03 和 05 之间的 04 这一偶数作为其行号(见图 12-9)。

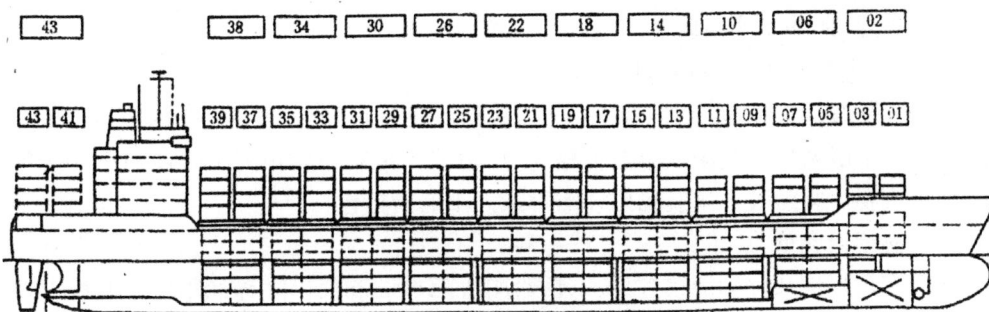

图 12-9　集装箱船的行排列法

2. 列号

列号(Row No. or Slot No.)为箱位的横向坐标。以船舶纵中剖面为基准,自船中向右舷以 01、03、05、07……奇数表示,向左舷以 02、04、06、08……偶数表示。若船舶纵中剖面上存在一列,则该列列号取为 00(见图 12-10)。

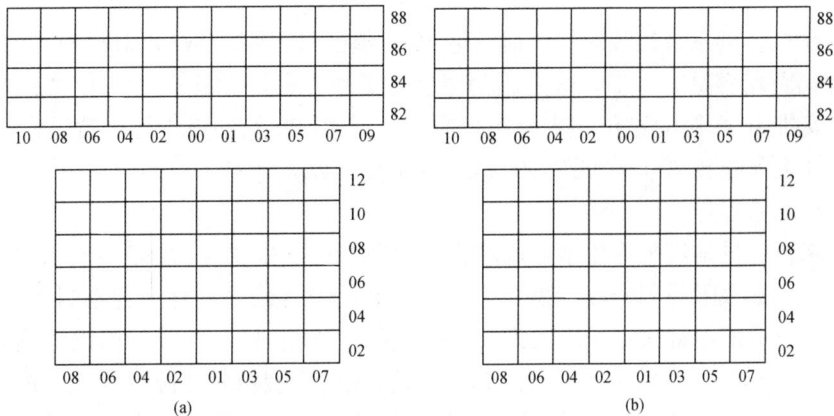

图 12-10　集装箱船舶列和层的排列图

3. 层号

层号(Tier No.)作为集装箱船箱位的垂向坐标。舱内以全船最低层作为起始层,自下而上以02、04、06、08……偶数表示。舱面也以全船舱面最底层作为起始层,自下而上以82、84、86、88……偶数表示。舱内和舱面非全船最底层的层号大致上以距船舶基线高度相同、层号相同为原则确定。层的排列如图12-10所示。

显然,全船每一装箱位置都对应于唯一的以六位数字表示的箱位坐标;反之,一定范围内的某一箱位坐标,必定对应于船上一个特定而唯一的装箱位置。例如,某一集装箱的箱位号为"080382",则由此即能判断:该箱必定为40 ft集装箱,纵向位于自船首起的第4列和第5列(行号07和09)两个20 ft集装箱的箱位上,横向位于自船纵中剖面起向右舷的第2列上,垂向位于舱面的最底层。

(三)集装箱船载箱能力和载重能力核算

1. 集装箱船载箱能力

(1)集装箱船舶的装箱容量指标

与编制杂货船积载计划相类似,当航次箱源较多时,校核集装箱船的装箱容量与航次订舱单所列的集装箱数量是否相适应,是编制集装箱船预配积载计划第一步中的一项重要内容。表征集装箱船装箱容量大小的指标包括:

①换算箱容量

换算箱容量又称标准箱容量,系指船舶所能承运各类国际标准集装箱的最大换算箱容量(TEU)。标准箱容量是衡量集装箱船舶大小、规模的主要指标,是船舶建造、租赁和营运管理计费的重要依据,作为集装箱及集装箱船舶拥有量的统计单位。

②20 ft箱容量

20 ft箱容量系指集装箱船所能承运20 ft箱的最大箱位数(TEU),其通常不等于船舶的换算(标准)箱容量。这是因为许多集装箱船上都设计有一些仅适合装载40 ft箱的箱位。集装箱船所能承运20 ft箱的最大箱位数通常为20 ft箱的箱位数加上既能装20 ft又能装40 ft的20 ft箱的箱位数。

③40 ft箱容量

40 ft箱容量系指集装箱船所能承运40 ft箱的最大箱位数(FEU)。它并非船舶换算(标准)箱容量的一半。这是因为集装箱船由于船型每个货舱长度往往难以被设计成安排40 ft箱的箱位。集装箱船所能承运40 ft0箱的最大箱位数通常为40 ft箱位数加上既能装20 ft又能装40 ft的40 ft箱位数。

④特殊箱容量

特殊箱容量是集装箱船承运危险货箱、冷藏箱、非标准箱(如45 ft)、平台箱等特殊箱数量的最大限额(TEU)。集装箱船的危险货箱装载容量有一定限制,同一船舶常常有些货舱的设计决定了不允许装载任何危险货箱,另一些货舱的设计则仅限于装载《国际危规》定义的某几类危险箱。因此,在为集装箱船选配仅限于舱内积载的危险货集装箱时,必须考虑船舶的危险货箱限制条件。冷藏集装箱装船后多数需要船舶电站连续提供电源,受船舶电站容量和电源插座位置的限制,每一集装箱船所能承运的冷藏箱最大数量和装箱位置通常是确定的。非标准集装箱包括超长、超宽、超高集装箱,受位置限制,船舱内部难以安排超长和超宽集装箱,舱内安排超高集装箱也需要充分注意舱高限制。

⑤巴拿马运河箱容量

巴拿马运河当局规定,过运河的任何船舶不得因舱面堆装的货物而阻挡驾驶室的瞭望视线。这样,多数集装箱船的舱面前部有不少箱位因阻挡驾驶室的瞭望视线,因而过运河前这些箱位将不得使用,从而使船舶的装箱容量减少。

(2)提高集装箱船的箱位利用率的主要途径

①集装箱船预配时,如船舶某离港状态箱源数量接近船舶换算(标准)箱容量,应当注意核对订舱单上该离港状态的20 ft箱数量和40 ft箱数量与船舶20 ft箱容量和40 ft箱容量相适应,以提高船舶的箱位利用率。

②为提高在中途港承载该港之后卸港的集装箱承载能力,减少或避免集装箱的倒箱数量,在箱位选配时,应尽量保持不同卸港集装箱垂向选配箱位和卸箱通道各自独立。

③当需由船舶供电制冷的冷藏集装箱的数量超过船舶额定冷藏集装箱容量时,其超出船舶供电容量的冷藏箱应改换成能自行发电制冷的冷藏箱;或者船上配备一定数量的定时器,其作用是实现在一定时间间隔内自动交替向其连接的两个冷藏箱之一提供电源;或者根据装箱港条件、超容量冷藏箱数量、船舶装载状况等资料进行经济论证,以确定能否承租载于舱面的流动电站集装箱,用以向超容量冷藏集装箱提供电源,以提高船舶承载冷藏集装箱的能力。

④为在装箱港箱源充足的条件下,选配特殊箱箱位时,应当尽量减少承运这类货箱引起的箱位损失数量。例如,在条件许可时,可以将原安排于舱内占用垂向两个箱位的超高集装箱,选配于舱面的顶层,以减少舱内箱位的损失。

2. 集装箱船载重能力核算

集装箱船在箱位接近装满时,甲板上装有大量集装箱,船舶重心往往很高。此时,为降低船舶重心高度获得适度稳性,就需要在压载舱内打入大量压载水,这样使船舶净载重量大幅减少。充分利用集装箱船的净载重量时要充分考虑载箱越多,可能压载水越多。

当航次承运的集装箱总重量较大或船舶吃水受航线水深限制时,校核航次订舱单所列的集装箱总重量与集装箱船的净载重量是否相适应,是编制集装箱船预配计划第一步中的另一项重要内容。集装箱船的净载重量 NDW 计算式是:

$$NDW = DW - \sum G - C - B(t)$$

式中:B——为满足船舶稳性要求而必须打入的压载水重量。在集装箱船预配时,准确地估计所需打入压载水的重量需要一定的积载经验。在缺乏经验时,可以参考船舶的装载手册或借助装载计算机进行估算。

C——船舶常数。

集装箱船 NDW 计算式中的 C 通常较大,这是因为 C 中包括了船舶所有非固定系固设备的重量。

因此,努力提高集装箱船配积载计划的编制水平,合理确定不同卸港轻重集装箱在舱内和舱面的配箱比例,减少用于降低船舶重心所需打入的压载水重量,是增加集装箱船净载重量的主要措施。

二、编制集装箱船积载计划

(一)集装箱船配积载图和箱位表示

1.集装箱行箱位总图

集装箱行箱位总图按照标示重点和功能的不同,分为字母图、重量图和特殊集装箱位图。在箱位的方格上用单字母表示卸货港,如上海港以 S 表示,香港以 H 表示,该图称为字母图;在另一张集装箱行箱位总图对应的方格上标注重量,该图称为重量图。当特殊集装箱标注内容较多时,可以单独用一张行箱位总图特别予以标注,该图被称为特殊箱位图。在特殊集装箱行箱位总图上,R 表示冷藏集装箱;D 表示危险品集装箱;M 表示邮件箱;超高箱用"∧"标记,超宽箱用"<"或">"标记(见图 12-11、图 12-12、图 12-13)。

有时为方便打印或传真机传输,往往将字母图、重量图和特殊集装箱位图合为一张行箱位总图,在箱位的方格上标明集装箱的重量数据,用不同颜色区分卸货港。对特殊集装箱箱位,则在其箱位方格上画圈并在适当位置加以标注。另外,如箱位的方格内用"X"标明,则表示此箱位已被 40 ft 箱占用,即同一舱内或甲板上两个 20 ft 箱位被 40 ft 箱占用时,前面一个 20 ft 箱位方格内标明卸货港,后面一个 20 ft 箱位方格内标明"X"。中小型集装箱船需要在空白行箱位总图上进行人工配载集装箱,空白行箱位总图上的小方格内可能预先印有一些字母,这些字母的有特定的含义,如 T 表示这个箱位只能够装载 20 ft 箱;F 表示这个箱位只能够装载 40 ft 箱;R 表示这个箱位可以装载冷藏集装箱,也可以装载普通集装箱;P 表示这个箱位在通过巴拿马运河时不装载集装箱,以减小瞭望盲区,保证驾驶台视线不受影响。

2.行箱位断面图

行箱位断面图(行箱位图)具体标示了该行集装箱情况,该断面中每个集装箱箱位的内容有箱格顺序号、卸货港、装货港、集装箱箱号、集装箱使用人的代号、集装箱状态、集装箱总重量、备注、到港顺序号、箱位号(见图 12-14)。

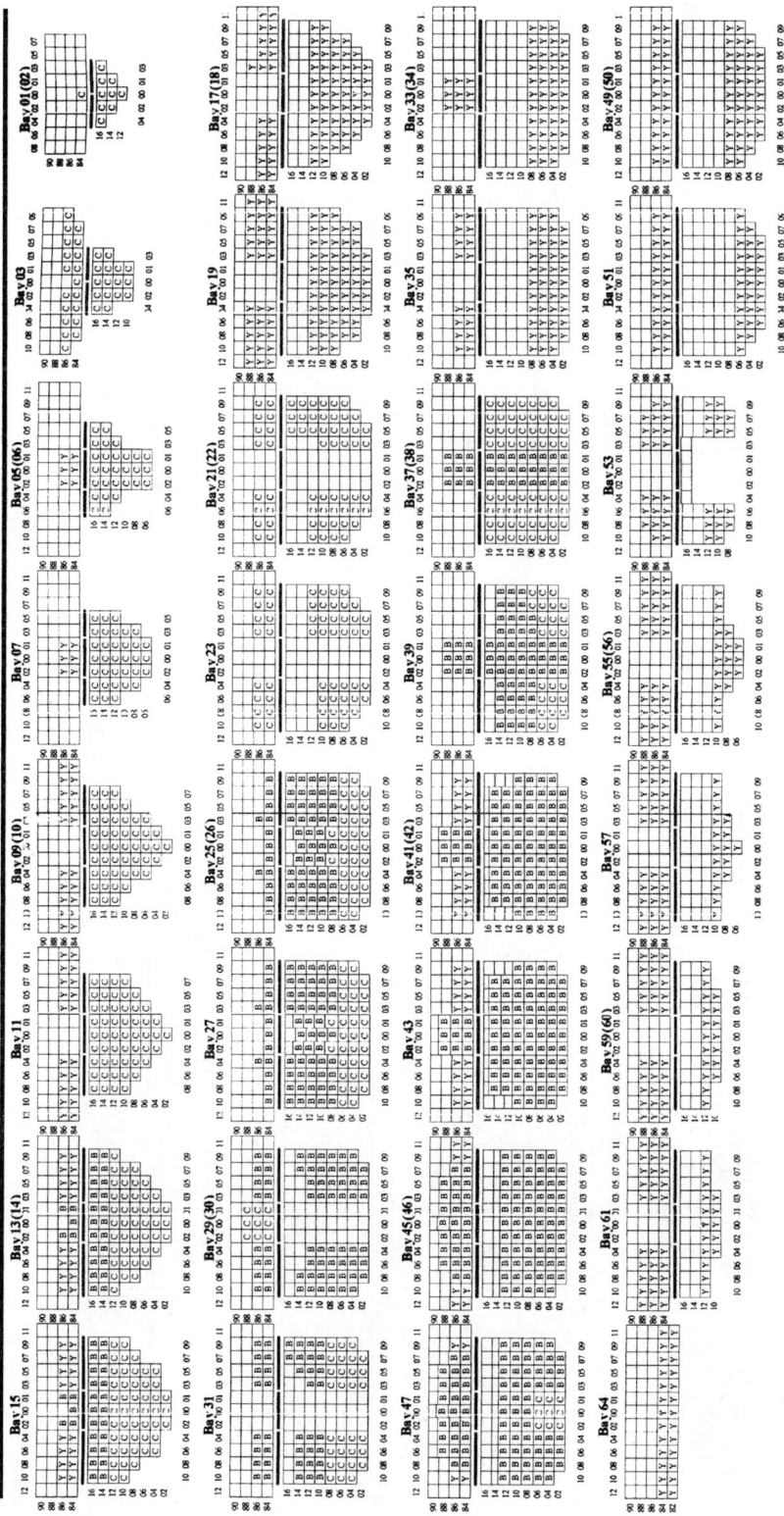

图 12-11 集装箱箱位积载总图(字母图)

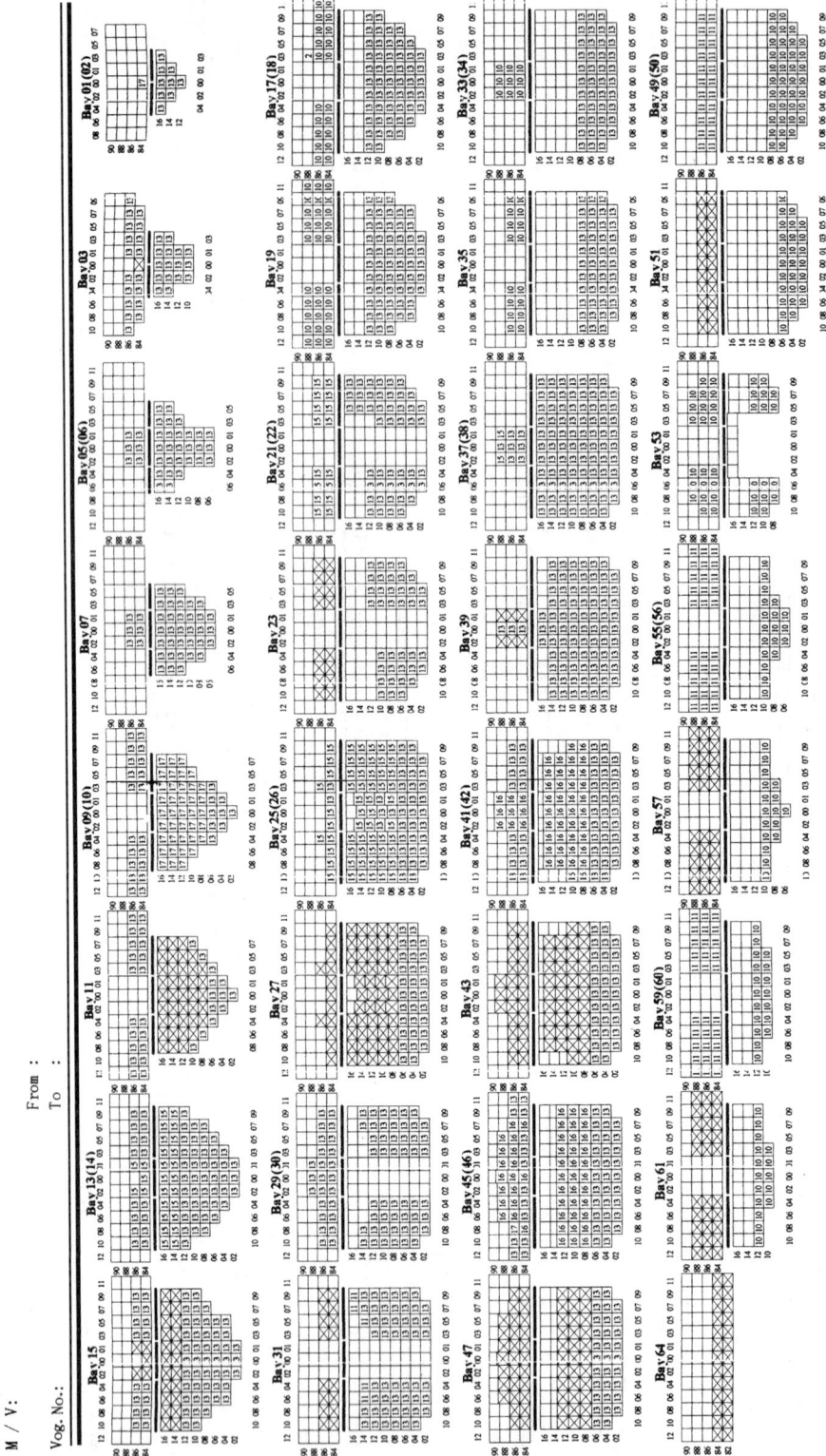

Container Weight General Bayplan

图 12-12　集装箱箱位积载总图(重量图)

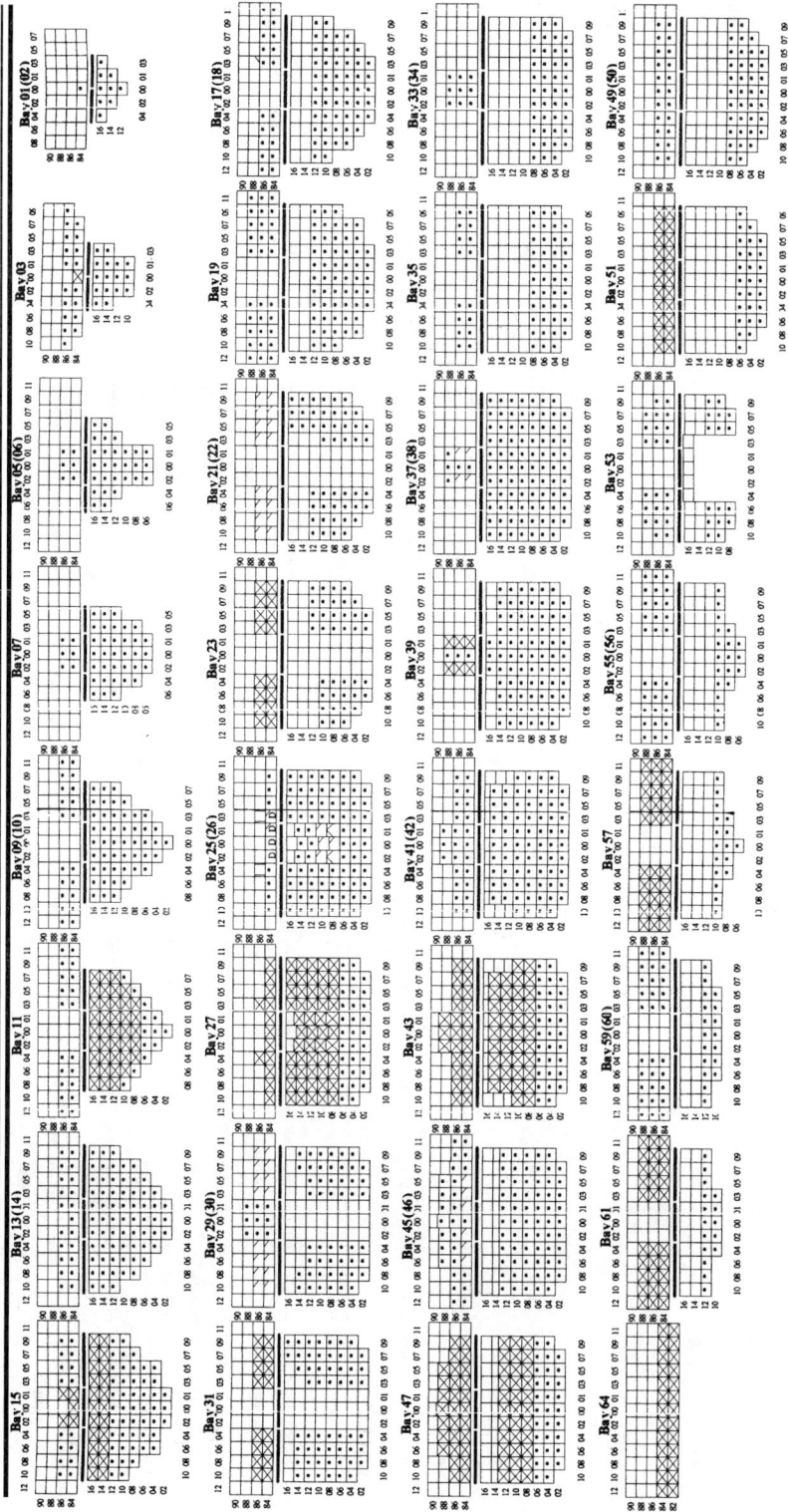

图 12-13　集装箱箱位积载总图(特殊箱位图)

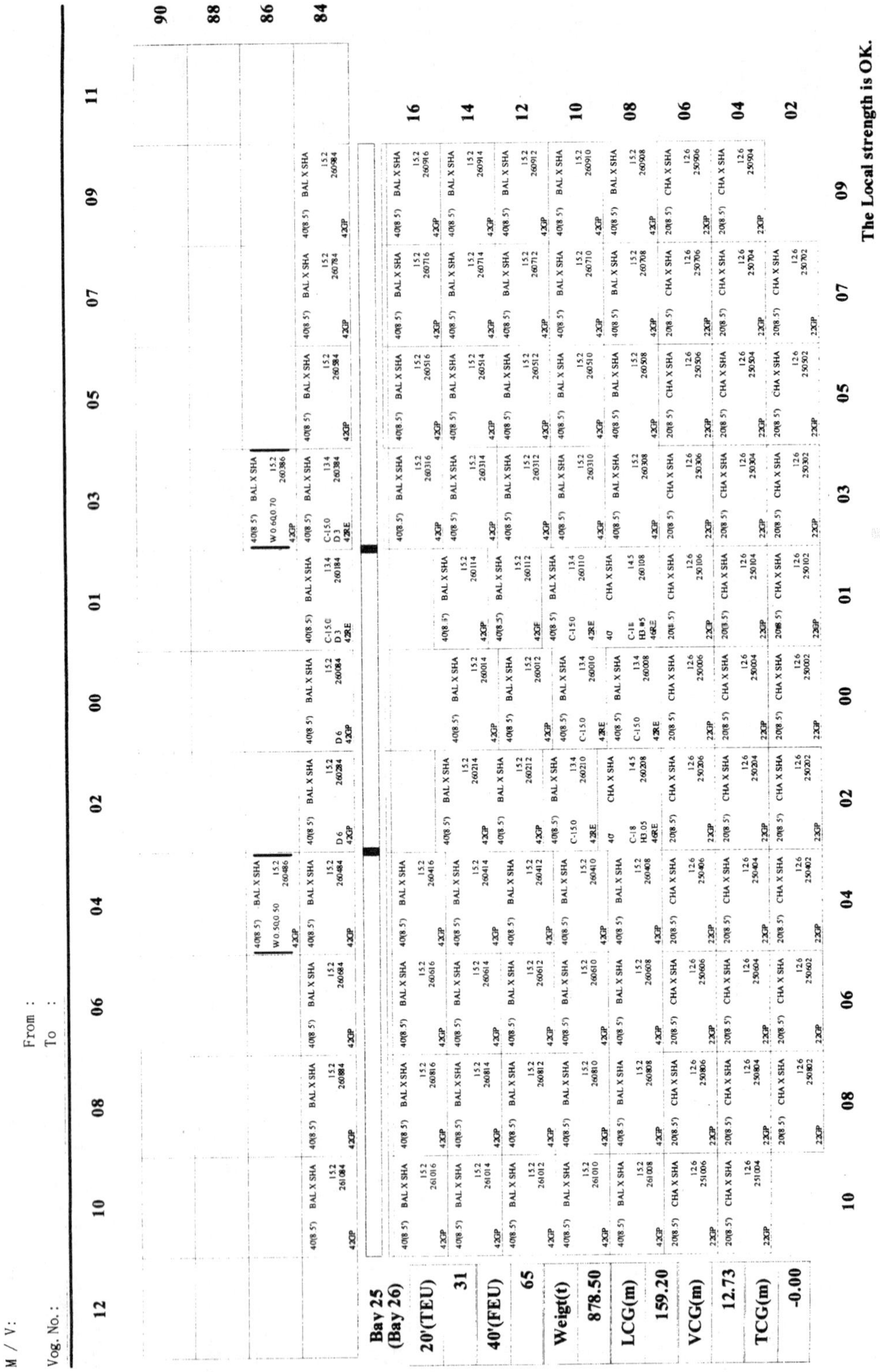
M / V:
Vog. No.:
From :
To :
12 10 08 06 04 02 00 01 03 05 07 09 11
90 88 86 84
Bay 25 (Bay 26)
20'(TEU)
31
40'(FEU)
65
Weigt(t)
878.50
LCG(m)
159.20
VCG(m)
12.73
TCG(m)
-0.00
16 14 12 10 08 06 04 02
The Local strength is OK.

图 12-14　行箱位断面图

3.装载汇总表

装载汇总表标示了按不同目的港罗列的各种不同类型的集装箱数量、装载状态，如图 12-15 所示。

			PORT OF LOADING		
			SHK		
			20' F	40' F	TOTALS
D I S C H A R G E P O R T	R O T A T I O N 5	SYD ANL	35.0 4	37.0 5	72.0 9
		NYK	20.0 2	13.0 1	33.0 3
		OOL	35.0 5	124.0 7	159.0 12
		PON	145.6 16	55.0 5	200.6 21
		ZIM	84.8 9	147.4 9	232.2 18
					696.8 63
		MEL ANL	20.0 1	5.0 1	25.0 2
		NYK	4.0 1	18.0 2	22.0 3
		OOL	27.0 5	8.0 1	35.0 6
		PON	24.0 4	104.0 9	128.0 13
		ZIM	77.7 8	101.1 5	178.8 13
					388.8 37

图 12-15　装载汇总表

4.稳性、吃水差计算表

集装箱船稳性、吃水差计算表格式基本同杂货船一样。现一般均由计算机程序按输入的每个箱位重量和油、水重量等情况自动计算、打印。

(二)各类集装箱箱位的合理确定及隔离

编制集装箱船配积载计划时,合理安排各类集装箱的箱位,首先需要熟悉航次箱源的挂港数量、平均箱重、特殊集装箱对运输的要求等;随后总体上划定各挂港集装箱在船上的装箱区域;最后按特殊箱先配、普通箱后配、后到港箱先配、先到港箱后配的原则,逐一为每一待装集装箱选定合理的具体箱位。

1.普通集装箱的箱位选配原则

(1)垂向箱位选配

重箱、强结构箱应配于下层,轻箱、弱结构箱应配于上层。舱面应尽量选配新箱、强结构箱,舱内多配旧箱、弱结构箱。

40 ft 箱之上纵向不得选配两个 20 ft 箱,否则会造成被压的 40 ft 箱顶板和上侧梁等结构受损。某些集装箱船结构较特殊,在甲板上或舱内的某些位置只能装载20 ft 箱。另外,有些货舱内如要装 40 ft 箱,则必须先垫几只 20 ft 箱。也有些集装箱船舱内纵向两个 20 ft 箱上可堆装 40 ft 箱;甲板上两个纵向 20 ft 箱上不能堆装 40 ft 箱。

纵向两个高度不同的 20 ft 箱之上除非增设高度补偿器,否则仅在两个箱的角件处于同一水平面时才能配装 40 ft 箱。

因此,需要驾驶员充分了解不同类型的集装箱船舶、不同底座结构及其具体布置。

在配积载时首先考虑满足这些结构上的要求,以利于提高箱位的利用率和合理积载。

垂向箱位选配还应满足集装箱船的局部强度(堆积负荷)的要求。在集装箱船的资料中均提供有舱面和舱内设计的每一堆装集装箱的 4 个底座上最大允许负荷量数据。它还分 20 ft 箱堆积负荷和 40 ft 箱堆积负荷。因此,在确定集装箱垂向箱位时,应当满足每叠集装箱总重不得超过集装箱船装箱底座的最大允许负荷量要求。

确定集装箱垂向箱位时,应当注意控制舱内和舱面所配集装箱重的合适比例,以保证船舶的稳性处于适度的范围内。

箱内装载易出汗水或有温度控制要求货物的集装箱,应选配于温度较稳定的舱内箱位。如不得已配于舱面,则应尽量避免选配于温差较大的上甲板顶层箱位。

国际上有些运河(如苏伊士运河)当局制定的船舶过运河收费规则规定,集装箱船通过运河将随船舶舱面集装箱堆装最高层数的不同加收一定百分比的额外运河通航费。因此,集装箱船在通过这类运河前,应适当考虑过运河的特殊收费规定,在可能的条件下,采取措施(如适当降低舱面集装箱的最高堆装层数)降低舱面集装箱堆装层数,以减少运河通航费的支出。

(2)纵向箱位选配

集装箱船舶货舱尺寸大,舱口与货舱同宽的特点破坏了甲板纵向连续性,并且影响了船舶的纵向强度。集装箱船舶绝大多数是艉机型或偏艉机型船型,因此使机舱、油舱、淡水舱等相对地集中在船舶的艉部;而船舶的艏部又集中了锚及其锚的设备和艏侧推进器等,这又使集装箱船易产生较大的中拱现象。集装箱船在空载和满载情况下一般呈中拱状态,为此,宜在船中部位的货舱中部甲板上适当配装一些重量较大的集装箱,以改善船舶的中拱状态。另外,各排集装箱重量的合理分布,不但在始发港需要考虑,即使各停靠港也应认真对待。各停靠港的集装箱装卸量不等,或装箱量大而卸箱量少,或装箱量少而卸箱量大,易使停靠港装卸集装箱后各排集装箱数量不均衡。因此,应综合考虑各港集装箱装卸量,使船舶在整个航次中尽量保持箱重沿船长合理分布。

当船舶资料中提供有最佳纵倾数据时,应尽量调整船舶的纵倾至推荐的最佳状态,以满足船舶纵强度和适当的吃水差要求。此外,还应当兼顾满足集装箱的快速装卸要求。为保证驾驶员具有良好的瞭望视线,要求舱面驾驶室前部集装箱的堆装层数满足 IMO 的 A(17)708 文件规定:从船舶驾驶室指挥位置上自船首前方至任何一舷 10°范围内的船舶盲区长度不得超过 2 倍船长或 500 m 中较小者。为了提高集装箱船的装卸效率,不同的舱内及舱面纵向同排箱位应尽可能配置全部 20 ft 箱或者全部 40 ft 箱;同一个卸货港口需要多个排位的箱位时,每配置使用两排位箱位,至少应该纵向上间隔两排位其他卸货港口的箱位再配置使用两排位箱位。

(3)横向箱位选配

应尽量保证各卸箱港集装箱在每一行(排)位上集装箱重量对船舶纵中剖面的力矩代数和接近于零,以满足船体扭转强度不受损伤以及船舶在每一离港状态下无初始横倾角的要求。对于舱面无箱格导轨的集装箱船,在舱面无外层堆码或两列箱横向空当较大(特别是超过 5 m),即受风压影响的集装箱箱位,应选配轻箱(特别是上层箱位),并尽可能选配 20 ft 箱(所受风压约为 40 ft 箱的一半)。这样,在同样系固条件下,能增加这类箱位所装箱的系固可靠性。

普通集装箱在甲板上装载时,应该将集装箱的箱门朝船尾方向,减少风浪对集装箱的箱门的冲击,防止箱门变形及箱内进水。

2. 特殊集装箱的箱位选配原则

(1)危险货集装箱的箱位选配

集装箱船载运危险货集装箱的种类和数量是受限制的,其在船舶危险品适装证书中已经列明,选配危险货集装箱的箱位时,应首先熟悉船舶危险品适装证书。同时按危险货物的积载类,确定集装箱是允许载于舱面还是舱内。当其积载类无载于舱面或舱内限制时,应充分考虑下列因素:

舱面承运危险货集装箱的特点是:运输中观察方便;通风条件良好,箱内若有有毒气体逸出,则易于被驱散;若装载腐蚀品的集装箱有渗漏,则危害较小,而且处置方便;遇危急情况时,有可能打开箱门采取抛货措施。

舱内承运危险货集装箱的特点是:遮蔽条件好,不会受到海浪冲击;环境温度较低而且相对稳定;航行途中遇火灾时,可施放 CO_2 扑灭。

装有易散发易燃气体箱应优先配于通风条件较好的舱面,且应考虑至少与易产生火星(如冷藏箱)的箱横向不在同一行上,纵向至少间隔一个行箱位。

装有海洋污染物的集装箱,应尽可能配于舱内;若只限于舱面装载,则应优先选配于舱面防护或遮蔽条件良好的处所。

氧化物质或有机过氧化物应选配于舱面,其原因是这类箱若配于舱内,万一发生火灾若施放 CO_2 来灭火则效果极差。

装有"如有可能卷入火灾,应将货物投弃"这类消防建议货物的集装箱,当数量相当多时,应尽可能远离居住处所和驾驶区域;当数量较少时,应尽可能选装于舱面,且其箱门应在易于被打开的位置,以便于遇危险时用人力将包件从集装箱中取出并加以投弃。

(2)冷藏集装箱的箱位选配

此类箱多数由于在其箱位附近需要设置外接电源插座和监控插座,因此,船舶所能提供此类箱位和数量是确定的,在空白箱位图上一般标明,通常位于舱面船中和船后部,且避开船舶第一排和左、右舷最外一列箱位的底部 1~2 层,具体箱位可以查阅船舶资料以确定。在甲板上此类箱位的船舷外侧应当选配几层通用集装箱做遮挡,同时将冷藏集装箱的风机朝船尾方向,以防止冲上甲板的海浪对冷藏箱制冷设备的冲击。

(3)超高集装箱的箱位选配

集装箱船货舱的有效高度多按 8.5 ft(趋向于按 9.5 ft)箱高的整数倍再加些余量设计。因此,舱内选配超高集装箱时,应当校核该叠箱体总高度是否小于货舱的有效高度。若超过,则应相应减少其装箱层数。软顶超高箱防水性较差,应尽量选配于舱内,这类箱如果箱内货物堆装高度超过集装箱角件的高度,那么无论选配于舱内还是舱面,其箱顶部都不宜堆装任何其他集装箱而必须选配于最上一层。

（4）超长集装箱的箱位选配

对于舱内设置固定箱格导轨的集装箱船,因舱内每一箱格通常设有横向构件,无法装载超过箱格长度的超长箱。因此,20 ft 的超长箱可以选配于舱内 40 ft 箱位,但40 ft 的超长箱通常只能配于舱面。

（5）超宽集装箱的箱位选配

超宽集装箱的箱位选配可以选配于舱面。能否装于舱内,取决于货舱的箱格结构和入口导槽的形状和尺寸。一般,对于中部超宽、两端 50 cm 范围内不超宽的集装箱,可以选配于舱内;对于货舱箱格结构之间设有纵向构件的集装箱船,则舱内不能装载此类箱。无论舱内还是舱面,当超宽箱的超宽尺度小于该行与相邻列位之间的空隙时,该超宽箱不占相邻箱位;反之,箱内超宽货物将伸至相邻箱格中,相邻箱位必须留出空位。

（6）通风集装箱的箱位选配

为便于箱内货物的自然通风和监控,通常应选配于舱面,而且应当选择能避开冲上甲板的海浪并经通风口灌入箱内的箱位。对于装载兽皮的通风集装箱,为避免箱内温度过高而使货物腐败变质,应避免选配于受阳光直射的甲板最上一层。

（7）动物集装箱的箱位选配

此类箱因耐压强度较弱,其上通常不得堆装其他货箱。应选配于通风良好的舱面,但减少风浪的袭击,周围须以其他货箱做遮蔽,也可以将饲料箱选配于动物箱的两侧。此外,所选的箱位还应满足供水方便,周围留有便于在航行中清扫和喂料的通道,而且能最后装、最先卸和不妨碍其他集装箱作业的要求。

3. 危险货集装箱之间的隔离

危险货集装箱与普通货物及空箱之间不需要进行隔离,不同类别危险货集装箱之间需要按照《国际危规》要求进行积载和隔离。根据箱内所装危险货物的正确运输名称或联合国编号,查《国际危规》确定其所属危险货类别号,并由类别号查《国际危规》中包装危险货的隔离表,确定其隔离等级,然后按照《国际危规》规定的危险货集装箱的隔离表,确定不同危险货集装箱之间的具体隔离要求,如表 12-6 所示。

表 12-6 中封闭式系指封闭式集装箱,意为采用永久性的结构将内装货物全部封装在内的集装箱。它不包括具有纤维质周边或顶部的集装箱。开敞式系指开敞式集装箱,意为非封闭式集装箱。一个箱位系指前后不小于 6 m,左右不小于2.4 m 的空间。

《国际危规》第 1 册第 7 部分列有各类集装箱船上针对封闭与封闭箱,封闭与开敞箱和开敞与开敞箱的隔离要求的详细图示。

《国际危规》规定:包装危险货物与开敞式危险货集装箱之间的隔离,应遵照包装危险货物之间的隔离表要求执行;包装危险货物与封闭式危险货集装箱之间的隔离除下列情况外,应遵照包装危险货物之间的隔离表要求执行:

（1）要求“远离”时,包装危险货物与封闭式危险货集装箱之间无隔离要求;

（2）要求“隔离”时,包装危险货物与封闭式危险货集装箱之间按包装危险货物隔离表中的“远离”要求执行。

表 12-6 危险货集装箱的隔离表

隔离要求	垂直向			艏艉及左右	水平向					
	封闭式与封闭式	封闭式与开敞式	开敞式与开敞式		封闭式与封闭式		封闭式与开敞式		开敞式与开敞式	
					舱面	舱内	舱面	舱内	舱面	舱内
"远离"1	允许一个装在另一个的上面	允许开敞式的装在封闭式的上面，否则按开敞式与开敞式要求处理	除非以一层甲板隔离，否则禁止装在同一垂直线上	艏艉向	无限制	无限制	无限制	无限制	一个箱位	一个箱位或一个舱壁
				横向	无限制	无限制	无限制	无限制	一个箱位	一个箱位
"隔离"2	除非以一层甲板隔离，否则不允许装在同一垂线	按开敞式与开敞式的要求办理		艏艉向	一个箱位	一个箱位或一个舱壁	一个箱位	一个箱位或一个舱壁	一个箱位	一个舱壁
				横向	一个箱位	一个箱位	一个箱位	两个箱位	两个箱位	一个舱壁
"用一整个舱室或货舱隔离"3				艏艉向	一个箱位	一个舱壁	一个箱位	一个舱壁	两个箱位	两个舱壁
				横向	两个箱位	一个舱壁	两个箱位	一个舱壁	三个箱位	两个舱壁
"用一介于中间的整个舱室或货舱做纵向隔离"4	禁止			艏艉向	最小水平距离24 m	一个舱壁且最小水平距离不小于24 m	最小水平距离24 m	两个舱壁	最小水平距离24 m	两个舱壁
				横向	禁止	禁止	禁止	禁止	禁止	禁止

注:所有舱壁和甲板均应是防火和防液的。

①对于无舱盖集装箱货船,《国际危规》定义为"不允许在同一垂线上";

②对于无舱盖集装箱货船,《国际危规》定义为"一个箱位且不在同一货舱上";

③集装箱距离中间舱壁不少于 6.0 m。

(三)集装箱船装卸顺序和快速装卸要求

集装箱船多以班轮形式投入营运,中途常有一个以上挂靠港,在港口常常多线作

业,装卸同时进行,港口作业机械效率很高,船舶在港停泊时间短。因此,合理选配箱位满足集装箱装卸顺序和快速装卸要求,对确保船舶安全准班、减少不必要的港口费用支出具有重要意义。

1. 避免或尽量减少中途港发生倒箱现象

编制集装箱船预配积载计划时,应当避免后卸港集装箱压住先卸港箱或堵住先卸港箱卸港通道的现象出现,否则将产生倒箱现象。有些港口有多个卸箱泊位或采用不同的卸箱方式(如一部分特定箱采用码头卸箱,而另一部分箱采用锚地驳卸),如不留意也会出现倒箱现象。为避免或尽量减少在中途港发生倒箱现象,应当注意集装箱船舶的舱盖形式和一些港口的特殊规定对不同卸港集装箱箱位选配的影响。

集装箱船有多种舱盖形式,有的相互独立,有的相互牵连,甚至同一艘集装箱船的不同货舱有时也采用不同的舱盖形式。应当根据不同舱盖的形式正确确定舱内和舱面不同卸港集装箱的合理箱位,以避免发生倒箱现象。

目前,无舱盖集装箱船已投入使用,这类船中部多个舱设计成无舱盖形式,并将舱内箱格导轨延伸到舱面。它不但可以省去舱面集装箱的系固作业,而且为彻底避免出现倒箱现象提供了有利的条件。

国际上有些港口制定的港内危险货装卸和过境管理特殊规则,对不同到港危险货集装箱的箱位选配也有影响。例如,新加坡当局规定,凡装载当局规定的一级危险货货物(包括集装箱)的船舶,必须先在规定锚地将这类危险货过驳后,才准许靠码头作业。若这类危险货属于过境性质,则需要等船舶靠泊作业完毕后,再驶回锚地重新将暂存的危险货装船,这就要求驶往新加坡装有当局规定的一级危险货箱且必须靠泊作业的船舶,对这类无论卸港是新加坡还是过境的危险货箱,都必须选配于抵港后能一次卸载的箱位上,以免引起倒箱。

2. 尽力满足快速装卸要求

集装箱船的装卸作业多采用岸上高效的集装箱装卸桥。大型集装箱船有时采用多达 5 台以上装卸桥同时并排作业。但由于装卸桥的结构,两台装卸桥之间必须至少纵向间隔一个 40 ft 行箱位,不允许紧靠在一起作业。因此,在集装箱箱位选配时,应当考虑这一因素,以满足其快速装卸的要求。

当船舶在港作业量较大时,应当根据集装箱泊位的装卸桥作业台数,均衡分配船上各台装卸桥作业区域的集装箱作业量(主要以自然箱数计算),以缩短船舶装卸作业时间。当船舶在港作业量很少时,若条件许可,其箱位应尽量选配于舱面,以减少开关舱作业量。

20 ft 箱和 40 ft 箱在每一行位的舱内和舱面上应当尽量保持各自对船舶纵中剖面的力矩接近于零,以免装卸中为减少船舶横倾角而需多次调整装卸桥自动吊具尺度和装卸桥大车沿岸移动及其对位时间。

当船舶停靠的泊位装卸作业可同时进行时,船上同一泊位卸载箱和装载箱的箱位应选配于相近位置,以减少装卸桥吊具空返次数和装卸桥大车沿岸移动及对位时间。对于靠泊具备一次起吊一层两个或两层四个 20 ft 箱吊具的某些港口的集装箱船,20 ft 箱的箱位应当成对选配,以提高这类装卸机械的作业效率。对于一些需要特殊吊具操作的特殊集装箱(如超高箱或平台箱),其箱位应选配于相近位置,以减少在集装箱自动吊具上安装附属吊具的次数。

(四)集装箱船配积载文件编制过程

集装箱船配积载通常需要经历下列几个过程。

1.编制集装箱船航次订舱单

航次订舱单是船公司航(箱)运部门或其代理根据货主的托运申请为待定船舶的具体航次分配待运集装箱的清单。该清单通常按不同卸港、不同重量和不同箱类型列出,对特殊箱有必要的备注。在编制订舱单时往往由于许多货物还未完成装箱,因此清单上还无法提供集装箱箱号和其他一些细节内容。

2.编制集装箱船积载计划

集装箱船因其特殊的结构和积载,配积载图编制方法与其他货船有较大区别。集装箱船配积载图包括集装箱箱位配积载总图,行箱位断面图,装载汇总表和稳性、吃水差计算表。集装箱箱位配积载总图标示了每只集装箱确切的位置;行箱位断面图标示了该行集装箱的具体情况;装载汇总表标示了按不同目的港罗列的集装箱类型、尺寸、装载状态;稳性、吃水差计算表标示了全船集装箱装载状态下的稳性、吃水差计算结果。

3.集装箱船配积载图的编制过程

(1)预配过程

集装箱船的航次预配工作由船公司配积载部门、船舶代理或集装箱船大副承担。其任务是将航次订舱单上所列的每一集装箱,按照集装箱箱位选配的基本原则,满足装卸顺序和快速装卸等要求,在集装箱船的行箱位总图上做大致安排,并绘制船舶预配积载图。该图所确定的航次装载方案通常需在计算机上经集装箱船装载计算系统的粗略核算,以保证船舶各项性能指标符合要求。由于航次订舱单上往往无法提供集装箱一些细节资料,因此集装箱船舶预配积载图有时仅仅是在行箱位总图上确定每一卸港集装箱在船上的装载区域。该图绘制后需及时送交集装箱装卸公司。

(2)初配过程

为保证航次装船集装箱在码头堆场上的堆码顺序与集装箱预配积载计划确定的集装箱装船顺序相吻合,集装箱装卸公司在收到集装箱预配积载计划后,将着手编制集装箱船的初配积载计划。该项工作通常由装卸公司集装箱配载部门承担。

在编制预配积载计划时,航次计划装船的集装箱货物,有些已装箱正在中转运输途中或者堆存于指定泊位或远离指定泊位的集装箱堆场上,但有些还未完成装箱作业。集装箱装卸公司掌握着航次装船集装箱的动态,负责这些货箱在码头的聚集,并安排其在堆场上箱位。为保证集装箱装船过程有序而快速,在装船前装卸公司通常需要将装船集装箱按一定顺序安排于码头特定的堆场上,并编制集装箱装船顺序表。

装卸公司的集装箱配载员根据装船集装箱在堆场上的堆码状况,在既能满足集装箱预配积载计划的总体要求,又能减少码头堆场集装箱作业量的条件下,借助集装箱船计算机装载计算系统,在集装箱船的行箱位总图和行箱位图上按上述规定格式

填入详细的集装箱数据。在集装箱初配积载计划中的行箱位图上,除标注有集装箱的卸港、箱重、箱号、备注以外,通常还标注有集装箱在码头堆场上的箱位编号,以方便集装箱的装船作业。

(3)审核过程

集装箱船的船长和大副了解航线状况、本船航次油水的配置与消耗、船舶的装载特性、途中各挂靠港的作业特点等细节内容,并对船舶和集装箱的运输安全负责。因此,由集装箱装卸公司编制的集装箱船初配积载计划必须在集装箱装船作业开始前送交集装箱船船长和大副做全面审核。

船长和大副对集装箱船初配积载计划需要按照集装箱箱位选配的基本原则以及满足装卸顺序及快速装卸要求,在船舶计算机上利用集装箱装载计算系统进行船舶各项性能指标的全面核算。若对初配积载计划有任何修改意见,船方应通过代理或直接与装卸公司协商解决。由于在装箱前供审核初配积载计划的时间通常较短,装卸公司往往以初配积载计划为依据编制集装箱装船顺序表并下发至装卸公司各有关部门。同时,集装箱堆场上该船待装箱的堆码顺序通常已经保持与所制定的集装箱装船顺序表相吻合。因此,在确保船舶、集装箱及其货物安全的前提下,船长和大副应尽量减少对集装箱初配积载计划的修改量,或者选择对集装箱堆场作业影响较小的修改方案,以免造成集装箱堆场作业顺序混乱,影响作业效率。

船长和大副对集装箱船初配积载计划审核通过后,常常根据航线条件和船上货物系固手册中推荐的集装箱系固方案,在积载计划的行箱位总图和行箱位图上使用特定符号绘制集装箱系固方案图,供装卸公司在装箱同时按要求进行系固操作。

只有当经船长和大副核准并签字后,该初配积载计划才能作为指导船舶装箱作业的正式积载计划。它与初配积载计划的形式和内容基本上相同。

任务三　集装箱安全装运

掌握集装箱船稳性要求,熟悉集装箱船船纵强度、扭转强度和局部强度特殊性,了解集装箱货损、货差的原因,对集装箱安全装运至关重要。充分关注装卸前及监装中的注意事项、集装箱船载箱运输途中的注意事项是提高货运质量的抓手。根据集装箱船系固手册要求进行系固是安全航行的关键。通过本任务的训练,学生可以熟悉集装箱安全措施。

一、集装箱船稳性要求

集装箱船货舱方正,船舶容积的利用率降低,为提高装箱能力,集装箱船通常将$1/3 \sim 1/2$的箱位安排于舱面,舱面重量较大,装载后船舶重心上升。另外舱面装箱,水线以上受风面积增大,对船舶稳性不利。因此,营运中的集装箱船必须具有足够的稳性。但如果初稳性高度过大,船舶将产生剧烈横摇,使集装箱所受惯性力过大而对系固设备产生不利的影响。集装箱船的稳性应保持在适当、合理的范围内。

1. IMO 对集装箱船稳性要求

IMO《2008 年国际完整稳性规则》(简称《2008 年 IS 规则》)对船长大于 100 m 的集装箱船和其他在此范围内具有可观外漂或大水线面的货船提出了完整稳性的要求：

(1)复原力臂曲线在横倾角 0°~30°所围面积不应小于 $0.009/C$ m·rad(C 为船体形状因数)；

(2)复原力臂曲线在横倾角 0°~40°或进水角 θ_f 中较小者之间所围面积应不小于 $0.016/C$ m·rad；

(3)复原力臂曲线在横倾角 30°~40°或进水角 θ_f 中较小者之间所围面积应不小于 $0.006/C$ m·rad；

(4)在横倾角 30°处的复原力臂应大于或等于 $0.033/C$ m；

(5)最大复原力臂应大于或等于 $0.042/C$ m；

(6)复原力臂曲线在横倾角 0°与进水角 θ_f 之间所围面积不应小于 $0.029/C$ m·rad。

上述的船体形状因数 C 应按照《2008 年 IS 规则》的规定进行计算。

2. 我国《法定规则》对集装箱船的稳性要求

我国《法定规则》对国际航行船舶全面采用 IMO《2008 年 IS 规则》。

我国《法定规则》对非国际航行集装箱船,除要求其满足对普通船舶稳性的各项基本稳性衡准指标要求外,还提出了两项稳性的特殊衡准指标要求：

(1)经自由液面修正后初稳性高度 GM 应不小于 0.30 m。

(2)船舶在横风作用下从复原力臂曲线上求得的静倾角应不大于 1/2 上层连续甲板边缘入水角,且不超过 12°。

《法定规则》对这类船舶在稳性计算时提出了三项规定：

(1)计算船舶稳性时,每一集装箱重心垂向位置应取在集装箱高度的一半处。欧美国家计算集装箱船舶稳性时,每一集装箱重心垂向位置应取在集装箱高度的45%处。

(2)计算稳性特殊衡准指标时所使用的横风风压倾侧力臂,取在计算稳性衡准数 K 时所确定值的 1/2,且假定其不随船舶横倾而变化。

(3)计算复原力臂曲线时,不计入舱面集装箱浮力的影响。

为保证集装箱船达到合适的稳性,不论满载或空载均需进行压载,集装箱船的压载能力一般为总载重量的30%。其中,满载状态可用于调整稳性的可变载量约占其压载能力的15%。另外,保证集装箱船适度稳性的方法是控制舱内和舱面所装集装箱的重量处于合适的比例范围内。对于不同船舶和同一船舶在不同排水量条件下,合适比例是不同的,可以通过计算或长期配积载实践的资料积累获得。例如,全集装箱船在满载状态下,舱内装箱的总重量通常取全船装箱总重量的60%或以上。经验证明,适度稳性为0.6~1.2 m,国内外有关文献推荐集装箱船满载时的初稳性高度与船宽的比值取0.04~0.05为宜。

二、集装箱船纵强度、扭转强度和局部强度特殊性

同普通货船相比,集装箱船为单甲板型式,型深大、货舱舱口大。有些集装箱船的货舱舱口宽度甚至已超过船宽的80%,舱口长度已达到船长的90%,大舱口结构

破坏了主甲板的连续性,所以总纵强度和扭转强度往往不易满足安全需要。因此,集装箱船强度主要考虑的内容有总纵强度、扭转强度和局部强度。

集装箱船在出厂时,厂方均提供一个最大允许的静水弯矩或在不同肋位上所允许的最大静水弯矩。船舶纵向强度的校核,实际上是用计算方法,算出船舶实际的最大静水弯矩,或不同肋位上的静水弯矩,以此和船舶设计允许的最大静水弯矩或不同肋位上的最大静水弯矩相比较。纵向强度校核时,如超出允许范围,则在条件许可时,可通过压载水舱的压载水来调节船舶的纵向强度,一般是设法排出一些艏、艉压载水,并向近船中附近的压载水舱注入压载水,以减少船舶中拱状态的静水弯矩。

扭转强度是集装箱船比较薄弱的,主要原因是货舱舱口大。为了保证集装箱船的扭转强度,每一个排位左、右重量要对称,在配积载时要特别注意。

局部强度有时候不被集装箱船重视,船体损坏主要表现为堆积载荷超过许可载荷,可能导致船体局部变形,堆积集装箱歪斜甚至倾倒。船上堆积集装箱的载荷不能超过船舶的许可载荷,无舱盖集装箱尤其应该引起注意。

三、集装箱货损、货差原因

与普通货船运输相比,集装箱船运输中的货损、货差事故率已有了明显下降。这主要是因为:集装箱运输能够实现"门到门"的直达运输,运输途中货物操作次数减少;集装箱本身坚固耐压,箱体高度远低于货舱舱高,箱内货物多采用货板装载方式,使箱内底层货物承受的压力大大减小;集装箱货物多数被箱体严密封闭,箱门被妥善铅封,其防盗性大大增强。但尽管如此,国内外集装箱运输的货运事故还是时有发生。据统计,船运集装箱货损事故90%以上发生在舱面。集装箱运输各环节中产生货运事故的主要原因可归纳为:

(1)货物装箱不严格,如互抵性货物混装或不加衬垫,货物装载方法和固定方法不当等。

(2)船方积载不当,如甲板上装箱过多、过高,结构弱的箱子装在舱底或甲板的最下层,20 ft箱装在40 ft箱上面及重箱压轻箱等。

(3)装卸操作不当,如装卸工人技术不熟练,操作不当而发生货箱撞坏、落下等。

(4)集装箱在运输途中因箱内产生汗水造成货损:受外界温、湿度变化的影响,箱内货物受湿造成货损。

(5)货箱固定绑扎不当,如绑扎不牢或漏绑扎而使货物移位或掉入海中等。

(6)恶劣天气造成的货损,如大风浪船舶剧烈摇晃、海水上甲板等使货箱掉入海中或进水。

(7)货物短少或盗损,如集装箱锁封损坏或不符,箱内物品被盗等。

(8)箱内货物本身或其包装存在缺陷:货物含水量过高,货物包装强度不足等。

(9)集装箱不适货或货箱本身存在缺陷:怕潮货选用敞顶(软顶)式集装箱装运,结果造成货物受潮变质;冷藏集装箱装运冷藏货物时,因未打开箱底排水口,致使冷藏货物因箱内污水积存造成货损等;箱顶有孔,箱体连接处变形、裂缝等。

(10)其他偶然事故。如将箱顶带积雪的集装箱装入舱内,船舶航行途中因积雪融化但又未及时排出舱外,造成该舱下层集装箱因融化的雪水进入箱体使货物水湿受损等。

为了克服集装箱货损货差,必须合理积载集装箱,保证适度稳性;严格按照配载图装箱,按照积载图卸箱;充分熟知装卸前及监装中的注意事项和载箱运输途中的注意事项;按照船舶系固手册要求绑扎。

四、装卸前及监装中的注意事项

1. 装卸前的注意事项

装箱前除了编制好装卸计划、合理积载以外,船方应按照已制定的集装箱系固方案,整理和安排好数量充足且技术状态良好的系固索具。检查货舱污水井及其排水系统、货舱通风系统、货舱箱格导轨、货舱舱盖、甲板上系固用地令、全船压载水系统等是否处于适用状态。如有问题,则应尽力在装箱前予以修复。

卸箱前船方应向卸箱方(工头)详细介绍船上待卸集装箱的系固情况,以便装卸工人按卸箱顺序迅速解除集装箱系固索具。

2. 集装箱船装卸注意事项

(1)装卸时应检查装卸吊具及集装箱角配件有无损伤,保证其经常处于正常的技术状态。

(2)装卸时,应按规定进行操作,禁止拖拉作业。

(3)集装箱顶板面平滑、强度有限,不宜穿钉鞋工作且禁止两人在一处作业。

(4)集装箱在起吊后应检查箱子受力是否平衡,待稳定后平稳起吊。大风浪恶劣天气作业时,应使用防振索,以防止集装箱摇动。

(5)在装卸操作时,严禁野蛮装卸和振动冲击箱内货物,特别要保证装有危险品和易碎品等特殊货物集装箱的安全。

(6)装卸过程中,应当均衡各作业线的作业进度,保证满足船体的强度条件和最低限度的稳性要求。同时注意调整平衡水舱的压载水,防止船舶装卸中出现较大的横倾(通常应小于3°)和纵倾,以免集装箱被箱格导轨卡住而无法装卸。

(7)做好集装箱的加固绑扎工作,正确使用集装箱连接件,包括箱和甲板、箱与箱横向之间,箱与箱上、下之间。必要时用钢丝绳、松紧螺丝扣等索具进行绑扎,并在无倾斜状态时进行。

(8)集装箱装卸中如因装卸工人操作不当造成如货舱、箱格导轨、舱盖等船体或设备的任何损坏,船方应及时出具现场事故报告,并要求港方(工头)签认。

3. 监装中的注意事项

严格监督集装箱的装船过程是维护船方利益、确保集装箱船货运质量的重要一环。现场值班监装人员应注意选择适宜的观察位置,并随身携带对讲机和计划积载图。装箱中如遇各类问题应随时随地与大副保持联系并及时予以处理。应当特别重视做好在夜间、风雨中等视线不良时的监装工作。

(1)严格执行计划积载图确定的集装箱装载箱位

计划积载图中确定的每一集装箱装载箱位都有一定的考虑,未经船舶大副和装卸公司同意,不得随意修改;否则,可能会造成船舶某行位所配集装箱重量对船舶纵中剖面力矩左右不等、先卸港箱被后卸港箱堵住等后果。应当督促理货员对每一装船集装箱的箱号进行严格核对并做正确记录,以防止发生错装、漏装的现象。

监装中,应当要求冷藏箱甲板上每一非冷藏箱端门保持向船尾方向堆码,以避免上浪海水对集装箱水密性较差的一端的直接冲击。

(2)检查集装箱箱门铅封的封志是否完好

除空箱和非封闭结构的集装箱外,卸箱时若发现箱门的铅封封志缺少、因疏忽未被完全锁住、受撞击遭受破坏或已被人为剪断等情况,船方除非能举证说明,否则将对箱内货物短缺或与提单记载不符负有难以推卸的责任。因此,现场值班船员应当对装船的每一集装箱箱门的铅封封志进行严格检查。

(3)检查集装箱箱体外表状况是否良好

认真观察箱体外表,若发现箱体破损、严重锈蚀,局部或整体严重变形等现象,在区分原残(装船以前已存在的残损)还是工残(装船过程中造成残损)的基础上,应在现场记录单上用准确的文字记载或图形标注(必要时配以现场照片),并及时送交工头或理货员签认,以免除船方对该箱破损或变形的任何责任;否则,在卸箱中若港方发现集装箱破损(此时被认作"原残"),往往要求船方在卸箱港提供的箱体破损记录上签字,从而可能最终承担对收货人或保险人的赔偿责任。

(4)检查箱体外是否有液体渗漏或气体外泄

装箱前,箱内货物可能因堆码或系固不当,受到猛烈冲击和振动,因遇温度、湿度剧烈变化等造成货物包装破损,引起液体货物渗漏或气体货外泄现象。此时,应当从该箱舱单上了解所装货物的名称、性质等。如确认箱内所装货物属危险货,则应坚决拒装,并严格按《国际危规》和当地有关法规采取正确的应急措施,妥善处理泄漏物。

(5)对冷藏、危险货等特殊箱的装船严格把关

冷藏集装箱装载时,为防止航行中上浪海水侵入冷藏箱的机械和电器部分,应要求将冷藏箱制冷机组一端朝船尾方向。此外,该端应留有人员能接近的通道,并尽量避免冷藏箱堆装超过两层,以便有关人员的检查和修理。冷藏箱装船后,应由大管轮和电机员负责尽快按冷藏箱舱单上的标注检查其设定的冷藏温度并对制冷机械试机运行,若存在故障,则应采取及时修理、临时换箱或退关的方法解决。若对冷藏箱有任何疑问,则大副应在冷藏箱设备交接单上签名的同时加以批注。

危险货集装箱装载时,除检查其箱体外表状况是否良好外,还应特别核查其箱外两端和两侧是否均打标了符合《国际危规》要求的危险货主、副标牌或海洋污染物标记。若缺少时,应及时补上。无关的各种标记、标志或标牌均应去除。此外,承运危险货集装箱必须附有表明符合《国际集装箱安全公约》要求的 CSC 安全合格金属铭牌。船上应备有托运人提供的集装箱装运危险货物装箱证明书,以表明箱内所装货物符合《国际危规》各项要求。对装运过危险货物的集装箱在未彻底清洗或消除危害之前,应仍按原所装危险货物的要求运输。

(6)做好集装箱的系固工作

船舶值班人员应严格按计划积载图上所列集装箱系固方案监督执行。对于舱面不设或部分设置箱格导轨的集装箱船舶,做好舱面集装箱的系固工作对确保集装箱的运输安全尤其重要。如因系固过失造成集装箱灭失,则属于船方管货过失,船方应承担责任。

集装箱绑扎安全的关键是扭锁。目前,船上使用的扭锁有两种类型:一种是左锁,另一种是右锁。如一艘船上同时有两种扭锁的话,那有可能造成部分集装箱扭锁没锁上,航行中发生集装箱移位。开航前确认每一个扭锁都在锁住的位置,并且要加强对自动和半自动扭锁的维护保养。因为,如有几个自动和半自动扭锁工作不正常,则会导致集装箱移位或装卸时损坏。

在使用长绑扎杆时,应注意长绑扎杆重量较大,放置和移送时方向性难以控制,使用不当易造成人员伤亡事故。告诫装卸工人船上作业安全注意事项。在集装箱顶上工作时必须穿戴好防护装置,在解除绑扎锁具时,必须注意周围的人员和环境。在危险区域必须另外设置防护装置,以防止装卸工人落入货舱。

五、集装箱船载箱运输途中的注意事项

集装箱船航线设计,应尽量避开大风浪出现频率较高的海域。航行途中,应当对船上载运的集装箱进行有效监管。遇到大风浪警报时,应当注意检查和增设集装箱的系固设备。

舱面集装箱系固索具发生松动或断裂现象时,应当及时采取当时条件下力所能及的补救措施,以避免集装箱被甩入海中。对装载有温度控制要求的集装箱,航行中须定时检查其温度。对集装箱箱内货物产生的任何异常现象,应当尽快查明原因,采取尽量不殃及其他集装箱的处置措施,并注意记录事故发生的时间、环境、气象、温度及观测到的其他各种现象和变化过程,及船方的处理措施。

当认为必须进入集装箱内部才能查明事故原因或采取确保船、货安全的措施时,经船公司同意后可以打开集装箱箱门。但应考虑其所装货物的性质以及渗漏可能产生毒性或易燃蒸汽,或箱内可能产生富氧气体或缺乏氧气的可能性。如这种可能性存在,则进入集装箱内部时应格外小心。

六、集装箱系固及系固手册运用

集装箱船在海上航行中,若集装箱堆装或系固不当,会导致集装箱移位、倒塌,伴随着可能发生系固件破损,集装箱损坏或坠入海中。为确保集装箱的海运安全,国际上各船级社在颁布的入级规范中提出了具体的集装箱在船上系固的核算方法。本任务基于中国船级社 2009 年《钢质海船入级规范》,介绍适用于吊装式集装箱船的系固方法。全集装箱船舱内设有箱格导轨,能阻止集装箱移动,部分甲板位置也设有箱格导轨可以不用固定件固定集装箱。甲板上没有箱格导轨的部分,则必须对集装箱进行固定。非全集装箱船载运集装箱在海上航行时必须对集装箱进行绑扎固定。其固定方法、形式及固定件的采用需要根据不同的堆装位置和装载形式确定,按船舶系固手册的要求进行集装箱的系固绑扎。

1. 集装箱堆装与系固要求

在选配集装箱箱位时,特别是在确定舱面集装箱箱位时,应当同时满足:

(1)船体局部强度要求;

(2)驾驶台前部舱面集装箱堆装不得超过 IMO 对船首盲区限制的层高要求；

(3)集装箱的强度条件；

(4)集装箱系固设备的强度条件。

每一集装箱船，在船上无系固有效性校核软件的条件下，须按照船上货物系固手册的系固要求编制航次集装箱的系固方案。

2.集装箱系固方法

系固集装箱主要运用拉杆系统(Rod or Bar System)或者钢缆系统(Wire System)或者链系统(Chain System)，转锁系统(Twist Lock System)，其他系固设备。用绑扎杆、绑扎链、花篮螺丝、扭锁、扭锁连接板、桥接件、定位堆锥、锥板、扳手和手轮等组合固定绑扎集装箱，防止集装箱位置左右移动，或者集装箱倾倒、脱落。

(1)舱内集装箱系固绑扎，货舱内集装箱与舱底的前后、左右位置固定用底座堆锥(Bottom Stacking Cone)，又称可移动锥板(Removable Cone Plate)。一般多为单头锥下插杆与舱底插座配套使用。货舱内上、下集装箱之间用中间堆锥(Inter Bridge Stacking Cone)，起到集装箱的定位和防止水平移动，垂向方向无锁紧功能。可以根据情况选用单头、横向双头、纵向双头及四连四种等几种形式的中间堆锥。使用中，将堆锥放置于下层集装箱的角件孔内，上层集装箱装于堆锥上后，集装箱就被其固定住了。卸货时，当上层集装箱吊离后，将堆锥取下，即可吊离下层集装箱。不同卸港集装箱之间不得采用双头堆锥，否则将造成中途港的卸箱困难。

(2)甲板上、下集装箱系固绑扎，甲板上集装箱与甲板或舱盖之间用底座扭锁固定，使用时与甲板或舱盖上的燕尾底座配套使用。甲板上集装箱与上部集装箱之间用扭锁进行连接，以防集装箱发生倾覆与滑移。使用时，将扭锁放置于突出式底座或下部集装箱的角件孔内，并确认其处于非锁紧状态；当上部集装箱完全置于扭锁上后，用手或操纵杆扳动扭锁柄(Operating Rod)，使其处于锁紧状态；卸货时，将扭锁柄扳回原位，扭锁即处于松开状态；吊离上层集装箱后，将扭锁取下，即可吊离下层集装箱。同一船上，禁止使用不同锁紧方向的扭锁。

甲板上、下集装箱之间还可以使用半自动扭锁。半自动扭锁除具有无须装卸工人爬到集装箱上将其安装和取下的过程，最大限度地实现减少工人上高作业的风险，保证安全这一优点外，还具有自动锁紧的功能，因而，既省去了装货后由人工锁紧的环节，又大大缩短了船舶在港的停港时间。因此，这种扭锁不仅得到了大力推广应用，同时也被某些国家港口当局强制要求使用。使用时，在码头上当集装箱起重机将集装箱吊起至人手臂举起的高度时，由装卸工人在码头上将处于非锁紧状态的扭锁自下而上插入集装箱角件孔内；吊上船并对准突出式底座或另一集装箱角件孔时放下，该锁的自动装置即起作用并转动锁锥，将箱与底座或箱与箱连接锁紧；卸箱时，由装卸工人借助扭锁操作杆将锁销(Locking Pin)拉出或将钢索拉柄拉出并卡在卡口上解锁，从而打开扭锁或突出式底座或另一集装箱顶部角件孔的连接，再由集装箱起重机将其吊至码头上，由人工将其卸下。

甲板上相邻两列最上层集装箱的顶部用桥接件进行横向锁紧连接，以分散主系固系统的负荷。使用时，待上部相邻的两个集装箱放置到位后，调解桥接件钩头到适当距离，将桥锁插入集装箱角件孔内，扳紧调节螺母使其具有一定的预紧力；卸货时，

用扳手将其松动,调整钩头距离到适当位置将其取出。

甲板上集装箱堆高不同,根据系固手册可能需要用绑扎杆、花篮螺丝、地令等绑扎装在甲板和舱盖上的集装箱。绑扎杆用于交叉拉紧作业,起着抗桥压和防倾覆的作用,与花篮螺丝配合使用,能固定箱体和防止滑动。由于拉杆的延伸率低,需注意适当调节其拉力,要防止因拉力超限而造成箱体或固箱装置损坏。使用时,用固定销将花篮丝套与舱盖上的绑扎地令连接起来;将绑扎杆的钩头插入集装箱的角件孔内;将花篮螺丝调整到适当长度使绑扎杆被花篮螺丝扣紧;用扳手或手轮收紧花篮螺丝直到适当的预紧力;卸货时,用手轮或扳手松开花篮螺丝,取下绑扎杆,将绑扎杆放在存放位置,不必将花篮螺丝从地令上卸下,只需将其放置于安全位置。集装箱系固示意图如图 12-16 所示。

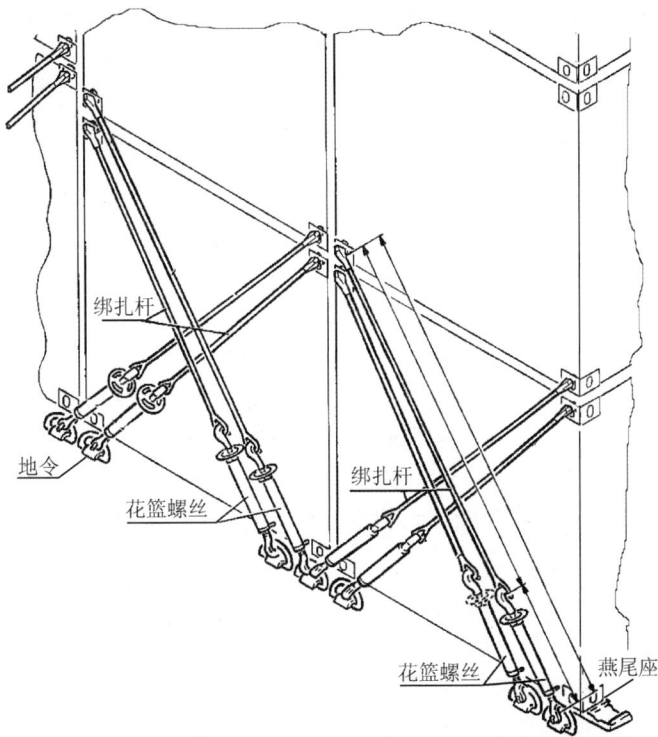

图 12-16　集装箱系固示意图

3. 集装箱系固手册

集装箱船上的绑扎系统均按其认可船级社的规范,结合船舶的结构性能来设计。在集装箱船营运时,船舶应根据绑扎系统的具体要求编制集装箱系固手册,并经认可的船级社或主管机关批准。集装箱船驾驶人员必须认真了解集装箱系固手册具体要求,并按照手册绑扎要求来进行集装箱的绑扎工作。

(1)集装箱系固手册的内容

船舶在运动中所受力的计算是根据集装箱积载的负荷、层次、位置、设定的初稳性高度和所使用的绑扎设备的安全负荷等来进行的,通过计算得出应该使用的绑扎设备的数量,最后才确定该船舶的绑扎系统。集装箱系固手册内容有:

①集装箱绑扎图

该图提供了集装箱在各箱位上具体的绑扎方法及各种不同类型属具使用的位置。船舶在集装箱绑扎时,必须严格按照绑扎图要求进行,值班驾驶员在开航前应仔细检查。如图 12-17 所示的是某船 20 ft 箱和 40 ft 箱的具体绑扎图之一。

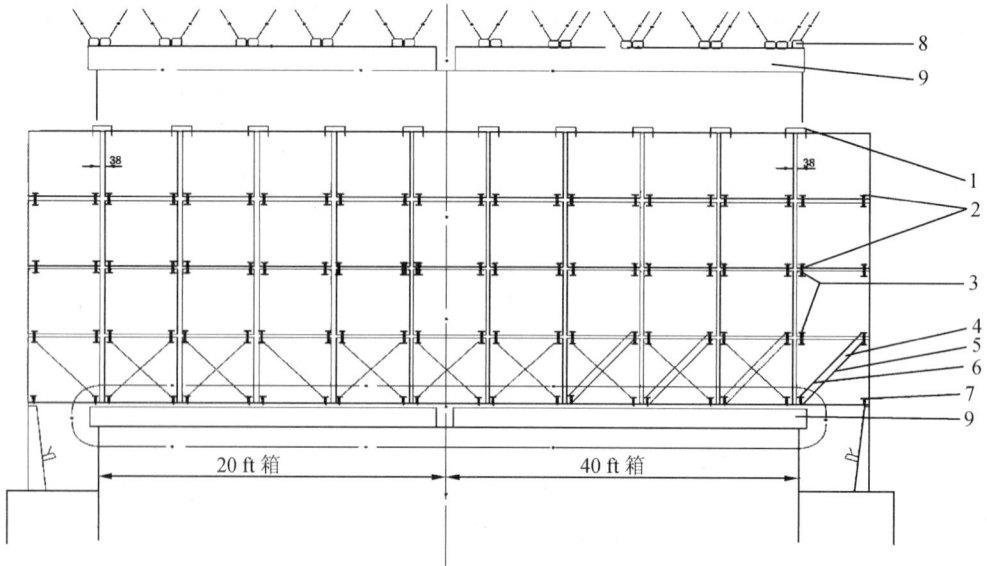

图 12-17　集装箱绑扎图

1—桥锁;2—扭锁;3—扭锁压紧楔;4,5—绑扎杆;6—绑扎花篮螺丝;
7—底座扭锁;8—绑扎地令;9—舱盖

②集装箱的堆装要求

根据船舶集装箱绑扎系统的设计,提出了对甲板上集装箱的堆装要求,其内容如下:

A. 不同位置的堆装要求;

B. 20 ft 受风集装箱每层的重量;

C. 20 ft 不受风集装箱每层的重量;

D. 40 ft 受风集装箱每层的重量;

E. 40 ft 不受风集装箱每层的重量。

③绑扎设备的规格和数量

在集装箱绑扎资料中,还提供了所使用的每种绑扎设备的尺寸和安全负荷,以及每种绑扎设备按船舶箱位计算所需要的总数量。

(2)初稳性高度设定值

集装箱绑扎系统初稳性高度的设定值是一个很重要的技术数据,船厂根据这一设定数据来计算集装箱上所受的力,从而确定绑扎的方式、绑扎设备的数量和设备的安全负荷要求值。这一设定数据在各船厂是不同的,各船的差别也很大,如某船的初稳性高度设定数据为 2.59 m,而另一船的设定数据只有 1.11 m。对设定数据小的船舶,应特别加以注意。因为一旦船舶实际初稳性高度值大于设定值,集装箱的受力将增加,可能超过绑扎设备安全负荷的允许值。遇此情况,可通过计算来确定是否需要增加绑扎设备的数量或调整船舶的初稳性高度。

项目十三
散装谷物运输

学习目标

1.能熟练掌握散装谷物的特性和散装谷物船载货的特点。

2.了解散装谷物货舱准备、装卸特殊性;掌握散装谷物运输规则。

3.掌握散装谷物船舶配积载和稳性核算;能进行散装谷物船舶稳性核算,采取必要的安全措施;能够进行熏蒸,采取合适的保障措施,掌握货物运输途中的照管。

　　谷物是大宗货物之一,常以散装形式采用散装谷物专运船进行海上运输。谷物散装运输较之包装运输具有许多优点:可以增加一定的装载数量,有利于机械化装卸,能够缩短装卸作业时间、节省装卸和包装费用等。

任务一　认识船运散装谷物

一、散装谷物的定义及与海运有关的特性

(一)散装谷物的定义

　　IMO《国际散装谷物安全装运规则》定义的谷物系指包括小麦、玉米、燕麦、稞麦、大麦、大米、豆类、种子以及由其加工的与谷物在自然状态下具有相同特征的制成品。注意像麸皮、面粉等是不符合上述定义的谷物。

(二)散装谷物的海运特性

1. 呼吸性

谷物靠呼吸作用维持生命,呼吸过程将产生水和二氧化碳,并释放热量。谷物微弱呼吸能提高其抗病能力;而其旺盛呼吸将在舱内产生大量的水、二氧化碳和热量。谷物的导热能力差,货堆内部产生的热量很难散发,会使其温度不断升高。同时较高的温度和含水量又为谷物的旺盛呼吸创造了条件。因此,谷物的旺盛呼吸将使货舱内环境恶化,为舱内微生物和虫害的繁殖和生长提供条件,导致谷物发芽、霉变、腐烂等,影响谷物的运输质量。

谷物的呼吸强度受其本身的水分、温度、储运场所空气中的含氧量以及籽粒状态等因素影响,其中水分是最重要的因素。在一定的温度范围内,谷物含水量增大,呼吸将大大加强。干燥谷物呼吸作用极为微弱,当水分超过安全水分时,呼吸强度骤然增强。温度在 0 ~ 50 ℃时,呼吸强度随温度上升而增强,谷物呼吸作用最适宜的温度为 20 ~ 40 ℃。空气中氧气含量充足时则呼吸强度大。新粮、瘪粒、破碎粒、表面粗糙的籽粒等呼吸作用较强。

为抑制谷物呼吸作用,在装粮前应严格控制其含水量。当谷物含水量超过国家规定或运输合同标准时,应拒绝装运。

2. 吸湿和散湿性

谷物具有吸收水分和散发水分的性能。当谷物比较干燥而外界空气湿度较大时,谷物会吸收水分使其含水量增大;当外界空气湿度较小时,谷物会向周围散发水分。因此,船舶在航行中,应正确通风,以防外界高温和潮湿空气进入舱内。

3. 吸附性

谷物极易吸附异味和有害气体。当异味和有害气体被谷物吸收后,散发很慢,甚至不能散发,以致影响谷物的食用。为防止谷物因感染异味而影响其质量,装货前应做好清扫、除味等货舱的准备工作。

4. 易遭受虫害和鼠害

谷物很容易感染米象、谷象等虫害,也常遭鼠害的困扰。遭受虫害或鼠害的谷物,重量损失、品质降低,鼠、虫的分泌物等还会污染谷物。为防止虫害和鼠害,谷物装舱后需要用药物进行熏蒸。

5. 下沉性

谷物的下沉性系指装于船舱内的散装谷物,受船舶摇摆、振动等作用,谷物间的空隙逐渐缩小引起谷物表面下沉的特性。谷物的下沉,一方面导致舱内谷物重心下降,另一方面会使满载货舱出现空当,形成可自由流动的谷物表面(俗称"自由谷面")。谷物的下沉性与其颗粒大小、形状、积载因数、表面状态、含水量、所采用的装货设备等因素有关。

6. 散落性

散装谷物在船舶摇摆、振动等外力的作用下,能自动松散流动的特性称为散落性。谷物的散落性与其颗粒大小、形状、表面状态、含水量、杂质含量等因素有关,其大小用静止角表示。静止角系指散装货物由空中缓缓自然散落至平面所形成的锥体斜面与水平面的夹角 α(见图13-1),又称为休止角、自然倾斜角、摩擦角等。显然,静止角越小,散装货物越易流动,散落性越大。常运谷物的积载因数和静止角见表13-1。

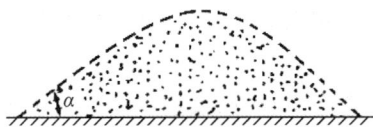

图 13-1　散装货物的静止角

表 13-1　常运谷物的积载因数和静止角

谷物种类	积载因数/($m^3 \cdot t^{-1}$)	静止角	谷物种类	积载因数/($m^3 \cdot t^{-1}$)	静止角
小麦	1.27~1.42	23°~28°	花生果	3.20~3.45	45°~50°
大麦	1.48~1.70	23°~28°	小豆	1.53~1.59	27°~31°
玉米	1.36~1.50	30°~40°	大米	1.50~1.52	23°~35°
稻谷	1.39~1.52	34°~45°	豆粕	2.18~2.26	25°~45°
大豆	1.35~1.54	24°~32°	花生粕	2.18~2.26	25°~45°

应当指出,货舱内的散装谷物,由于船舶在航行中的摇摆和垂荡运动,其静止角会明显减小,约为原静止角的一半。有一项实验表明,静止角为25°的谷物,在船舶摇荡中开始移动的角度为14°24′。

二、散装谷物运输对船舶稳性的影响

(一)散装谷物的下沉性和散落性对船舶稳性的影响

谷物的海运特性中,下沉性和散落性是散装谷物特有的。谷物的下沉性和散落性直接影响船舶稳性。

假设图13-2所示为散装谷物船舶某一初始呈满载状态货舱的横剖面图。

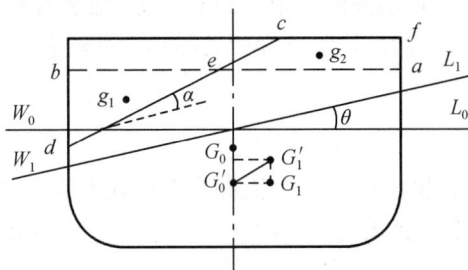

图 13-2　散装谷物舱内移动对船舶重心的影响

船舶航行中,舱内谷物因受船舶摇摆和振动的影响,谷面自舱顶下沉至 ab 位置,出现空当 af。这一方面引起该舱谷物重心从 G_0 点(通常取舱容中心)下降至 G_0' 点;

微课:
散装谷物运输对船舶稳性的影响

另一方面,当船舶在风浪中产生某一横倾角 θ 时,舱内谷面 ab 移至 cd(cd 与水平线间的夹角 α 一般不等于船舶横倾角 θ)。此时,舱内上层 bed 三角形舱位的谷物移至 $ecfa$ 四边形舱位,相应的谷物重心由 g_1 移至 g_2 处。根据重量移动原理,该舱谷物重心将从 G_0' 位置移至 G_1' 位置,从而产生对船舶的横向移动倾侧力矩和垂向移动力矩。对于装载散装谷物的整船而言,若船舶航行中各个货舱内的谷面均出现上述的下沉和向一侧倾斜,船舶重心将发生相应的垂向和横向移动,从而直接对船舶稳性产生不利影响。

由此可见,对于散装谷物运输船,如果还仅仅局限于满足对普通干货船的基本稳性衡准指标的最低要求(它是基于船上所有非液体载荷重心位置不变为条件之一),那么,在恶劣海况下,当船舶各舱内谷物移动产生的倾侧力矩超过一定限度时,就会导致船舶发生倾覆。

(二)散装谷物专运船舶的结构特点

为适应散装谷物的运输要求,专运船舶设计采用适于散装谷物海运特性的货舱结构。散装谷物专运船的货舱一般设计成图 13-3 所示的形式,其结构特点如下所述。

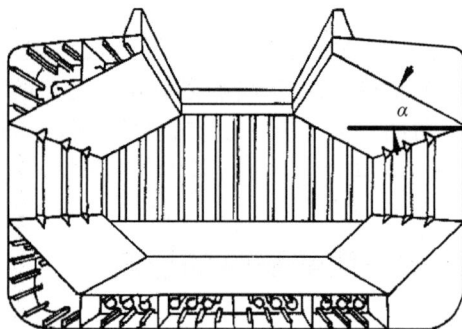

图 13-3　散装谷物专运船货舱的横剖面图

1.单层甲板、双层底

每一货舱内的散装谷物均为单一品种,多数谷物具有较强的承受挤压的能力,从便于装卸和减小舱内谷物移动倾侧力矩等因素考虑,散装谷物专运船舶均采用单层甲板形式。此外,为提高船舶的抗沉性和改善船舶空载状态的航海性能,散装谷物专运船均设有双层底。

2.舱口围板高

较高的舱口围板可以起到添注的作用,即当初始状态为满载舱室的谷物下沉后它能保持自由谷面仍处于较小的舱口围之内,从而起到减小谷物移动倾侧力矩的作用。

3.设置顶边水舱和底边水舱

顶边水舱和底边水舱的倾斜面与水平面的夹角一般设计成大于常运谷物的静止角(至少为30°)。顶边水舱倾斜面的设置能在船舶装货或航行中使谷物能自动充满舱内两舷顶边水舱的倾斜面,以减小谷物移动的倾侧力矩并可减少平舱工作量。底

边水舱倾斜面的设置能在卸货时起到自动集货于舱底的中部,减少清舱工作量及提高卸货速度。顶边和底边水舱在空载时通常作为压载水舱使用,以便使船舶适应散装谷物货流流向单一而经常空载或兼运其他散货时对船舶稳性和适航性的要求。

散装谷物专运船舶大大改善了船舶的稳性状况,通常在其正常装载时船舶稳性均能满足要求。

任务二 散装谷物安全装运

一、散装谷物的装舱方式

散装谷物在货舱内采用何种装载方式,直接关系到舱内谷物移动及对船舶稳性的影响,我国《法定规则》和 IMO《国际散装谷物安全装运规则》对此都有严格的定义。

1. 经平舱的满载舱

经平舱的满载舱(Filled Compartment after Trimming)系指经充分平舱后,甲板下方和舱口盖下方的所有空间装满至可能的最大限度的任何货舱。经平舱的满载舱谷物的倾侧力矩最小,因而对船舶稳性的影响也最小。

2. 未经平舱的满载舱

未经平舱的满载舱(Filled Compartment without Trimming)系指在舱口范围内装至可能的最大限度,但在舱口以外,专用舱在舱的两端可免于平舱;非专用舱除考虑甲板上经添注孔开口谷物可自由流入舱内形成自然流入状货堆的影响外,甲板下其他空当处可免于平舱。未经平舱的满载舱谷物移动对稳性的不利影响要明显大于经平舱的满载舱。在航次货源和稳性核算许可的条件下,采用这种装载方案,可以节约平舱费用。

3. 部分装载舱

部分装载舱(Partly Filled Compartment)又称松动舱(Slack Compartment),系指经合理平舱,将谷物自由表面整平,但未达到上述两种满载舱状态的任何货舱。部分装载舱谷物移动对稳性的不利影响随货舱结构形状及谷物装舱深度而变化,多数情况下要远远超过上述两种满载舱。

4. 共同(通)装载舱

共同(通)装载舱(Compartment Loaded in Combination)系指多用途船或一般干货船装载散装谷物时,在底层货舱舱盖不关闭的情况下,将底层货舱及其上面的甲板间舱作为一个舱进行装载的货舱。当在共同(通)装载舱内谷物装载超过底层货舱舱盖高度时,采用此方案与将底层货舱舱盖关闭方案相比较,谷物移动对稳性的不利影响较后者要减小许多,因为如果将底舱舱盖关闭,将在底舱和上层甲板间舱内产生两个自由谷面。

微课:
保证散装谷物船舶稳性
的安全措施

二、散装谷物的运输全过程注意事项

散装谷物在海上运输过程中，除需要按杂货一般的运输要求外，还应特别注意下列几个方面。

1.货舱的准备

全面检查货舱设备并使之处于适用状态。疏通舱内污水井（沟），保持其畅通。对货舱污水泵和通风设备做全面检查和试运行，保证其状况良好。彻底清洁货舱，保证货舱处于清洁（无残留物、无铁锈、无油漆皮等），干燥，无异味，无鼠害，无有害物质（如美国港口当局规定，如舱内有未能识别的物质，则以有毒物质论处），无渗漏的状况。若舱内存在虫害，则需在装货前对空舱进行熏蒸。当全船每一货舱均满足上述适货条件时，方可向装货港有关部门申请验舱。只有当验舱合格，并取得验舱合格证书后，才允许开始装货。

装货前，还应备妥各类垫舱物料和采取止移措施（必要时）所需的各种用具。

2.编制船舶积载计划，填写稳性计算表格

编制散装谷物船积载计划与编制杂货船积载计划的步骤和方法基本相同。散装谷物船在积载图上标注与杂货船不同的是：在谷物装载处所除需标明货物的名称（或其等级）、重量、积载因数外，对于满载舱，需要标注其平舱形式；对于部分装载舱，需要标注其谷物装舱深度（或空当高度）；对于多层甲板船，需要标注是否采取共同（通）装载方式，对于设置防移装置的货舱，需要详细标注所设置的防移装置形式、设置部位和装置的具体尺度等内容。

编制散装谷物船积载计划的一个重要组成部分是按装货港提供的表格形式填写散装谷物稳性计算表。尽管不同的港口提供的表格形式差别较大，但其计算原理和填写内容大致相同，即选择船舶在航行途中对稳性最不利的装载状况，采用船舶适用的散装谷物船运规则，进行船舶完整稳性衡准指标的核算。当船舶稳性不满足要求时，可以采用选择合适舱位打入或排出压载水，舱内设置防移装置或采取止移措施（必须在稳性计算表中详细标注）等补救方法。采用补救方法由于费时费力，因此，通常仅在稳性衡准指标不满足要求且已无其他补救措施的条件下才被采用。为遵守IMO《国际散装谷物安全装运规则》中的有关规定，各国港口指定有关当局负责在装货前（有些港口在船离港前）对船方填写的散装谷物稳性计算表进行核准，只有当确认计算表中船舶稳性衡准符合IMO《国际散装谷物安全装运规则》中的有关规定后，才准许船舶开始装货（有些港口作为准许离港的必要条件之一）。

3.装货过程

严格按积载计划装货。监装中，应特别注意装船谷物的质量（主要是含水量）并督促做好舱内衬垫，以保证散装谷物与舱底、舱壁和舱顶完全隔离，并保持舱内易产生汗水部位与污水井（沟）之间的通道畅通。如遇雨雪等天气，则应及时停装并关闭货舱。各舱即将装货结束时，应按要求进行平舱并采取止移措施（必要时）。全船即将装货结束时，应注意调整船舶吃水差，消除船舶横倾角。装货完毕后，可以利用水

尺计量方法计算全船实装的谷物重量,以供参考。同时应实测每个部分装载舱内空当高度,并对积载计划(包括稳性计算表)进行修改,绘制实际积载图。开航前,应按贸易合同的规定进行货舱熏蒸。

4.途中保管

船舶在航行途中,应定时测定舱内污水井(沟)内的水位,及时排出污水。应注意经常检查舱内防移装置(当设置时)的状况是否良好。应尽量避免在货舱邻近的液舱内进行燃油加热。应视具体情况决定是否要进行货舱通风。但必须认识到,对于导热性很差的散装谷物其通风效果仅仅局限于谷物的上层,企图将货堆内部谷物呼吸产生的水分和热量全部排出舱外是不可能的。因此,保证谷物的低含水量对保证谷物运输质量显得尤为重要。

5.卸货过程

卸货前,货主通常委托有关机构人员上船检查各舱内谷物的状况。只有在确认未发现待卸谷物存在水湿、霉变、虫害、污染等情况时,才准许开始卸货。因此,在船舶航行途中及抵港前,应注意检查舱内上层谷物的状况,以便发现问题后及时采取应急补救措施。

散装谷物的卸货常采用吸粮机或抓斗。因卸货速度较快,船舶吃水和吃水差都会发生较大的变化,值班船员应经常检查前后缆绳的松紧情况,督促岸上装卸人员均衡卸载,防止船舶出现过大的横倾。

三、散装谷物的熏蒸

1.熏蒸方法

对谷物进行熏蒸是载运散装谷物类货物的一种通常做法,目的是通过投放熏蒸剂杀灭货物中的害虫,保证交货质量。在对货舱里的谷物进行熏蒸前,专业的熏蒸人员会和接受过相关培训的船员一起检查全船,确定船舶是否适合熏蒸。货舱必须做到完全气密,以防熏蒸剂泄漏到船上的生活区、机舱及其他工作区域。熏蒸作业必须由专业的熏蒸人员进行,有的会在装货前在货舱的周围预先放置一些塑料管,以便完货后熏蒸剂沿着这些管子进行投放,让药剂慢慢挥发,由下而上对货物进行熏蒸。也有的在完货后,由熏蒸工人直接将药剂放入货物表面,动作相当迅速。放好药剂后,船员即刻关闭货舱。

2.随航熏蒸

散装谷物的熏蒸一般选择在船舶港停留期间进行,使用的熏蒸剂为具有快速挥发性的溴甲烷,船员会被临时安置于岸上住宿,船上会留有专门的技术人员和部分船员看管船首,以确保无意外发生,防止更大的中毒和人员伤害事故。随着造船技术的提高,货舱密闭性越来越好,同时考虑到节约成本,在运输途中熏蒸已经成为目前非常普遍的做法。这种做法称为随航熏蒸。随航熏蒸一般使用磷化铝,药剂挥发会产生剧毒气体磷化氢,对船员健康和安全造成了一定的威胁。同时在航熏蒸期间货舱不能进行通风,因此对货物也有潜在风险。

3.随航熏蒸的安全保障措施

（1）在收到熏蒸通知后，应首先召开全船安全会议，制作货舱自查清单，安排船员对货舱进行密闭性彻查，包括舱壁、舱底板、污水井、通风设备、测量孔、电缆导管、下舱通道、道门、舱盖及货舱和舱盖的穿透处等。

（2）船方应接受熏蒸指导人员的培训，并指派至少一名能够胜任的船员来协助岸上熏蒸人员对货舱进行气密检查，船长与熏蒸人员应按照IMO"关于在船上安全使用杀虫剂的建议"及公司的安全管理体系要求，共同协商制定熏蒸程序，并按此严格执行。

（3）在进行熏蒸前，应清点船员人数，确保船员撤离熏蒸现场，同时确保所有的码头工人及无关人员离船。在熏蒸作业开始后，应通知到位，除特别紧急的情况外，任何人不得进入正在熏蒸的区域。若有熏蒸工人或船员突然患病，绝不能排除熏蒸气体中毒的可能性。盛装熏蒸剂的空瓶及袋子责令熏蒸人员带走，不要留在船上，以免残留的药品产生中毒、自燃等事件或违反船舶防污染规定。

（4）熏蒸后，舱盖和下舱道门应被封闭，并设置"禁止入内"标识。向发货人申请封舱胶带，以保证舱盖有更高的气密性。在船上的相关区域，设置醒目的熏蒸警示标识。应确保船上配备充足的呼吸器及气体探测设备，并且确保每个船员都能够正确地使用。在整个航程中，应当每隔一段时间，在各个相应位置（生活区、机舱及其他工作区域）对气体浓度进行安全检测。

（5）如果在航行中发现有船员出现恶心、呕吐、头痛、胸闷、呼吸困难等症状之一，特别是多名船员同时有疑似症状，则应考虑到船员可能中毒。一旦发现船员有上述症状，应立即安排健康船员穿戴防护装置，对疑似区域进行气体测量，同时将疑似中毒的船员转移至空旷有新鲜空气处。

（6）船长应该在熏蒸后开航前签发海事声明，对外宣布由于货物熏蒸在航期间不能对货舱进行通风，由此带来的货物损失船方不负责任，并取得发货人或其代理的签字确认。根据《中华人民共和国海商法》《海牙维斯比规则》，货物随航熏蒸不能及时通风而发生变质，可以根据承运人的免责条款进行抗辩。

（7）在熏蒸报告中，船方一般会被告知舱盖被密封的时限，时限过后，在开启货舱通风时，还应格外谨慎，继续监测生活区、机舱及其他工作处所的气体浓度，直至货舱被彻底打开卸货。到了卸货港口，即使舱盖被彻底打开，仍然要注意在有些货舱死角可能还有残留熏蒸药剂，所有人员未经许可不得下舱。

（8）由于熏蒸药剂中大多含有磷成分，在遇水时可能会自燃并产生爆炸，因此建议在卸货时，应妥善处理熏蒸使用过的塑料管，最好能由岸上接收处理，或者将其单独放置于船舶垃圾站内，避免高温潮湿，发生危险。

总之，货物熏蒸是一个高风险的操作，船方应制定好具体详尽的熏蒸程序，与熏蒸工人良好配合按计划逐步实施，航行中按部就班认真检查，以保证人员和货物的安全。

任务三　散装谷物运输规则

散装谷物船在航行中因摇摆、振动等引起舱内谷物移动,从而影响船舶稳性,在恶劣海况下船舶因谷物移动而存在导致倾覆的危险。为有效地防止散装谷物船发生倾覆事故,IMO 及各主要航运国家均对散装谷物船舶的稳性做出相应的规定,船舶应严格遵守这些规定,以确保安全。

为适应散装谷物运输的需要,IMO 及有关航运国家陆续制定了一些散装谷物船舶运输规则,其中使用较为广泛的主要运输规则如下。

一、IMO《国际散装谷物安全装运规则》

我国现行《法定规则》(国际航行海船分册)对于国际航行散装谷物海船的完整稳性规定已完全采用 1994 年 1 月 1 日生效的 IMO《国际散装谷物安全装运规则》。

SOLAS 1991 年修正案对 SOLAS 1974 第六章 C 部分谷物装运做了较大修改,指出:IMO《国际散装谷物安全装运规则》已由 IMO 海上安全委员会通过;该规则的要求应强制执行;装运散装谷物船舶应符合 IMO《国际散装谷物安全装运规则》的要求,并具有一份按该规则要求的批准文件;缺少此类批准文件的船舶,除非船长能使缔约国的装货港主管机关或代表相信该船所提出的装载符合 IMO《国际散装谷物安全装运规则》的要求,否则不应装载谷物。

1. IMO《国际散装谷物安全装运规则》的谷物倾侧模型

规则提出的谷物假定下沉和倾侧模型是:

(1)谷面下沉。部分装载舱谷面下沉忽略不计。满载舱按舱口内和舱口外两部分计算:在舱口内,设定存在一个自舱盖最低部分和舱口围板的顶端中较低者起至谷面平均深度为 150 mm 的空当;在舱口前、后、左、右端的甲板下面,设定所有与水平线倾角小于 30°的边界下存在一个不小于 100 mm 的平均空当 V_d(详见《国际散装谷物安全装运规则》)。

(2)谷面倾侧。部分装载舱按谷面与水平面成 25°倾侧。经平舱的满载舱按谷面与水平面成 15°倾侧。对未经平舱的满载舱,在舱口范围内仍按谷面与水平面呈 15°倾侧;在舱口范围之外,对在货舱两端未经平舱的散装谷物专用舱,在舱口两端按谷面与水平面成 25°倾侧,在舱口两侧按谷面与水平面成 15°倾侧;对于未经平舱的非散装谷物专用舱,在舱口两端或两侧均需由其具体空当面积的计算结果来确定谷面的倾侧角度。

2. IMO《国际散装谷物安全装运规则》对有批准文件的散装谷物船舶的稳性要求

规则适用于从事散装谷物运输的任何尺度的船舶。规则对这类船舶在整个航程中经自由液面修正后的稳性指标提出下列要求:

(1)初稳性高度 GM 应不小于 0.30 m;

微课:IMO《国际散装谷物安全装运规则》对散装谷物船稳性衡准要求

（2）由于谷物假定移动所引起的船舶横倾角 θ_h 应不大于 12°，但对 1994 年 1 月 1 日后建造的船舶尚应考虑该横倾角 θ_h 应不大于 12° 和甲板边缘浸水角 θ_{im} 中较小者；

（3）船舶剩余动稳性值 A_d（剩余静稳性面积）应不小于 0.075 m·rad。

3. IMO《国际散装谷物安全装运规则》对无批准文件的散装谷物船舶的稳性要求

规则提出：对无主管当局批准文件而部分装载散装谷物船舶，只有在符合下列条件后才允许装运散装谷物：

（1）散装谷物总重量不超过该船总载重量的 1/3；

（2）对经平舱的满载舱，应设置符合规则要求的中纵隔壁，舱口应关闭并将舱口盖固定；

（3）对部分装载舱内的散装谷物，平舱后还应采取符合规则要求的压包，或者使用钢带、钢索、链条或钢丝网进行谷面固定的措施；

（4）整个航程中经自由液面修正后的初稳性高度 GM 应满足

$$GM \geqslant \max\left\{0.30, GM_R\right\} \tag{13-1}$$

其中，GM_R 的计算公式为

$$GM_R = \frac{LBV_d(0.25B - 0.645\sqrt{V_dB})}{0.0875 \cdot SF \cdot \Delta} \tag{13-2}$$

式中：L——所有满载舱的长度之和（m）；

B——船舶型宽（m）；

SF——积载因数（m³/t）；

Δ——船舶排水量（t）；

V_d——按规则计算的舱内谷物平均空当高度（m）。

目前，在多数散装谷物船舶资料中都提供有"符合 IMO《国际散装谷物安全装运规则》（或 SOLAS 1974）要求的各货舱谷物横向倾侧体积矩图表"。

二、我国《法定规则》（国内航行海船分册）

当散装谷物船舶航行于遮蔽水域或沿海范围内时，由于距岸近，风浪较小，因此可以适当放宽对其稳性的特殊要求。对此，世界许多国家都制定了各自适合沿海航段航行的散装谷物船运规则。

我国《法定规则》（国内航行海船分册）对仅在国内沿海各港口之间航行的各类散装谷物船舶，提出了放宽对其特殊稳性衡准要求的具体规定。对因水深限制等原因部分卸载后存在多个部分装载舱的船舶，《法定规则》提出下列要求：

（1）部分卸载后船舶的装载状况，应避免对船体产生过大的应力；

（2）船长应注意天气情况，遇到不良气象时，应及时采取措施或暂缓航行；

（3）应尽可能减少部分装载舱，以减小谷物倾侧力矩；

（4）对部分装载舱进行平舱，并保证船舶正浮。

　　《法定规则》对国内航行的散装谷物船舶提出了与 IMO《国际散装谷物安全装运规则》完全相同的三项稳性特殊衡准要求。规则通过改变舱内谷物假定倾侧模型的方法，放宽对国内航行船舶的稳性特殊衡准要求。规则建立的国内航行船舶的谷物假定倾侧模型设定为：满载舱和部分装载舱均假定谷物横向移动后的谷面与水平面成 12°倾角。

任务四　散装谷物船舶稳性核算

一、IMO《国际散装谷物安全装运规则》稳性衡准指标的核算方法

　　鉴于国内航行与国际航行的散装谷物船舶稳性特殊衡准指标的具体核算方法和步骤完全相同，因此，本任务仅介绍 IMO《国际散装谷物安全装运规则》对国际航行散装谷物船舶稳性特殊衡准指标的核算方法。

（一）经自由液面修正后的初稳性高度 GM 的核算

　　GM 的具体计算方法在项目九中已做详细介绍，此处不再重复。在 GM 具体计算中，关于货舱内散装谷物重心高度的确定方法，IMO《国际散装谷物安全装运规则》规定：

　　（1）对于满载舱，有两种确定方法：

　　①谷物重心位置取在货舱的舱容中心处，其重心距基线的高度可以从货舱容积表中查取。由于这种确定方法过程简单，对均质谷物而言，按这种方法确定的谷物重心高度要大于其实际重心高度，计算结果偏于安全，所以被广泛采用。

　　②谷物重心位置，在考虑舱内谷面按规则假定的下沉量后，取在舱内谷物实际重心处。

　　（2）对于部分装载舱，谷物重心位置取在舱内谷物初始装载体积的几何中心处。其重心距基线的高度可以根据货舱内谷物的初始装舱深度或所占舱容，从相应的舱容曲线图或数据表中查取。

　　舱内谷物重心采用不同的确定方法，不但直接影响 GM 的计算结果，还将影响其他两项指标的计算结果。因此，确定方法一经选定，三项指标的前后计算应当保持一致。

　　按 IMO《国际散装谷物安全装运规则》的要求，散装谷物船必须满足：$GM \geqslant 0.30$ m。

（二）由谷物假定移动引起船舶横倾角 θ_h 的核算

　　θ_h 可以按公式法或作图法求取。

　　1.使用公式法计算 θ_h

　　按 IMO《国际散装谷物安全装运规则》建立的舱内谷物下沉和倾侧模型，若假设

在谷物倾侧力矩 $\sum M'_u$ 作用下引起船舶横倾角 θ_h，则经推导得

$$\theta_h = \arctan\frac{\sum M'_u}{\Delta \cdot GM} \qquad (13\text{-}3)$$

式中：GM——经自由液面修正后的初稳性高度（m）；

    $\sum M'_u$——各货舱谷物垂向和横向倾侧（总）力矩（9.81 kN·m），可按下式计算

$$\sum M'_u = \sum \frac{C_{vi} \cdot M_{vi}}{SF_i} \qquad (13\text{-}4)$$

式中：C_{vi}——第 i 舱舱内谷物重心修正系数；

    M_{vi}——第 i 舱谷物横向倾侧体积矩（m⁴）；

    SF_i——第 i 舱舱内谷物的积载因数，当同一舱内装载积载因数不同的几种谷物时，应选取表面层谷物的积载因数（m³/t）。

（1）C_{vi} 确定

舱内谷物重心的移动可分为横向移动和垂向移动两部分，而船舶资料中所提供的仅仅为谷物横向倾侧体积矩。因此，谷物倾侧总力矩的计算是在谷物横向倾侧力矩的基础上乘以大于或等于 1.0 的谷物重心修正系数 C_{vi}。

按 IMO《国际散装谷物安全装运规则》规定：

①经平舱或未经平舱的满载舱，当谷物重心取在舱容中心处时，取 $C_{vi}=1.00$。这是因为舱容中心是满载舱内均质谷物重心的最高位置，它始终高于谷物移动引起的其重心的上移量，此时无须考虑谷物重心垂向上移有害影响的修正，而且偏于安全。

②经平舱或未经平舱的满载舱，当谷物重心取在谷物假定下沉后的实际重心处时，取 $C_{vi}=1.06$。这实际上是以谷物横向倾侧力矩的6%用作修正舱内谷物重心垂向上移的有害影响。

③部分装载舱取 $C_{vi}=1.12$。同理，这是将谷物横向倾侧力矩的12%用作修正舱内谷物重心垂向上移的有害影响。

（2）M_{vi} 查取

该值通常由船舶设计或建造部门根据规则规定的谷物倾侧模型计算求取，并在船舶《散装谷物船舶稳性报告书》中提供。图 13-4 是"L"号船谷物横向倾侧体积矩曲线图表。对于满载舱，可以以舱别及其平舱状况作为查表引数，从曲线图左上方的"满载舱谷物移动体积矩"表中查取 M_{vi}；对于部分装载舱，可以在纵坐标上过舱内谷物装舱深度点作一水平线，并使之与特定舱别对应谷物移动体积矩曲线相交于一点，再过该点作一垂直线，在该垂线与"谷物移动体积矩"横坐标交点上即可读出该部分装载舱的 M_{vi} 值。

对于国内航行船舶的谷物倾侧体积矩 M'_{vi}，《法定规则》规定：

①当船舶具备基于 IMO《国际散装谷物安全装运规则》谷物假定下沉和移动倾侧模型提供的谷物假定倾侧体积矩资料时，国内航行船舶的谷物倾侧体积矩 M'_{vi} 取为：

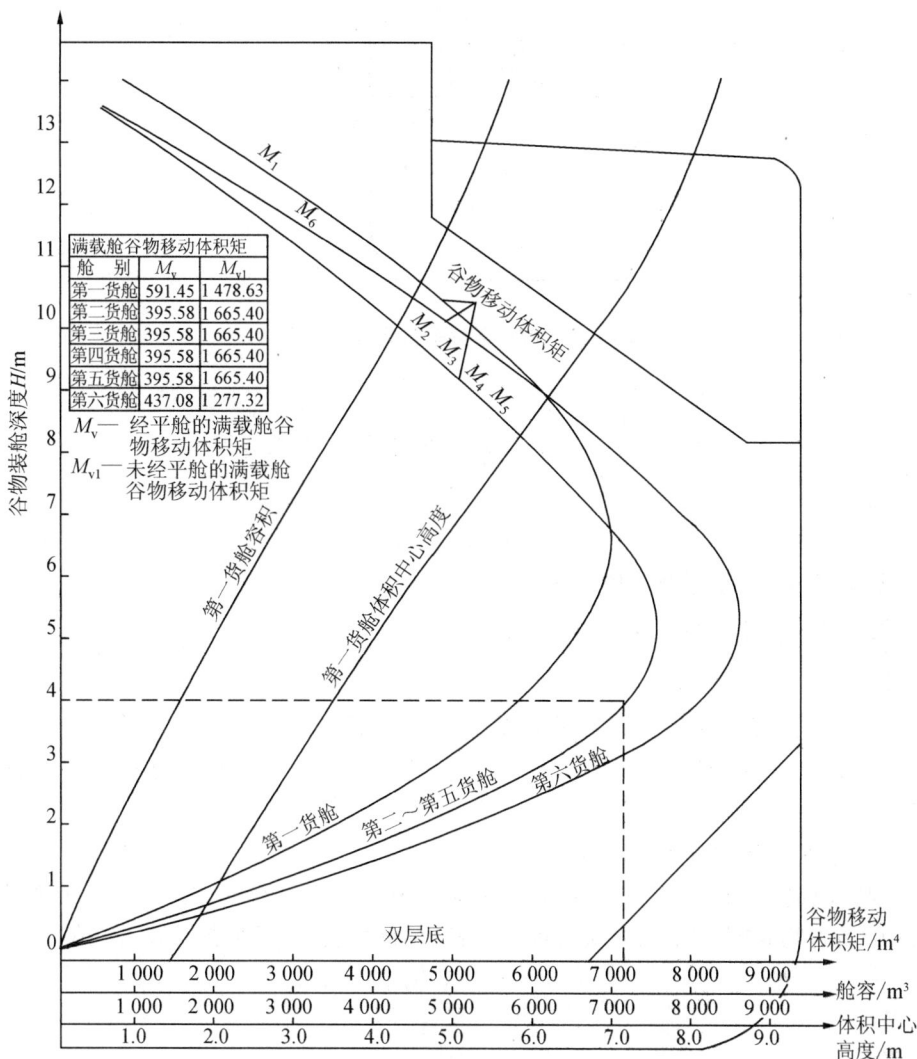

图 13-4　"L"号船谷物横向倾侧体积矩曲线图表

对于未经平舱的满载舱和部分装载舱

$$M'_{vi} = 0.46M_{vi} \qquad (13-5)$$

对于经平舱的满载舱

$$M'_{vi} = 0.80M_{vi} \qquad (13-6)$$

②当船舶缺乏谷物假定倾侧体积矩资料时,国内航行船舶的倾侧体积矩 M'_{vi} 取为:

对于部分装载舱

$$M'_{vi} = 0.017\ 7 \cdot l_i \cdot b_i^3 \qquad (13-7)$$

式中:l_i——部分装载舱的长度(m);

b_i——部分装载舱谷物表面的最大宽度(m)。

式(13-7)的推导过程是:第 i 舱舱长 l_i 舱宽 b_i 如图 13-5 所示。若设谷面倾侧 12°,则部分装载舱内谷物横向移动的体积倾侧矩为

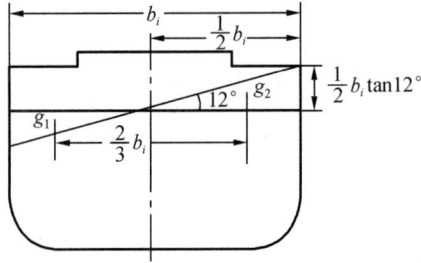

图 13-5 部分装载舱谷物倾侧模型

$$M'_{vi} = \frac{1}{2} \times \left(\frac{b_i}{2} \times \frac{b_i}{2} \times \tan 12° \right) \times l_i \times \frac{2}{3} b_i$$

即

$$M'_{vi} = 0.017\ 7 \cdot l_i \cdot b_i^3 \tag{13-8}$$

对于经平舱的满载舱：$M'_{vi} = 0$。

2. 使用作图法确定 θ_h

使用作图法求取 θ_h 的步骤是：

(1)绘制核算装载状态下船舶的静稳性力臂曲线 $GZ = f(\theta)$。

绘制方法和步骤参阅项目九中所述。应当注意对 GZ 曲线进行自由液面的修正。

(2)绘制谷物倾侧力臂曲线 $\lambda = f(\theta)$。

规则规定：谷物倾侧力臂曲线是一条 λ 随 θ 增大而减小的下降直线。该直线上横倾 0°时谷物倾侧力臂 λ_0 和横倾 40°时谷物倾侧力臂 λ_{40} 的值的计算公式是

$$\lambda_0 = \frac{\sum M'_u}{\Delta} \tag{13-9}$$

$$\lambda_{40} = 0.8\lambda_0 \tag{13-10}$$

由此在已绘制静稳性力臂曲线的坐标平面上确定$(0°, \lambda_0)$和$(40°, \lambda_{40})$两点,并过两点作连线即为谷物倾侧力臂曲线(见图 13-6)。

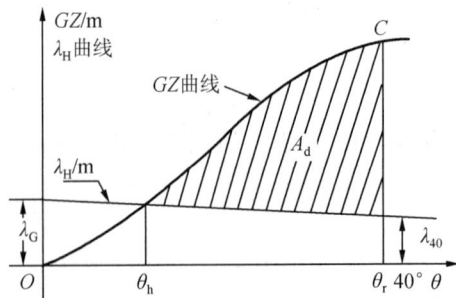

图 13-6 散装谷物船稳性衡准曲线图

(3)在 $GZ = f(\theta)$ 和 $\lambda = f(\theta)$ 两条曲线相交点处,读取其横坐标值,该值即为由作图法求得的在谷物移动倾侧力矩 $\sum M'_u$ 作用下引起的船舶横倾角 θ_h。

显然,公式法计算简单,但其计算结果常常偏大(因其使用正切曲线代替静稳性力臂曲线的初始段)。作图法求取过程较烦琐,但计算结果精度较高。当由公式法求出的结果不满足要求,而作图法求出的结果满足要求时,该装载状态下 θ_h 指标仍被认作是满足规则的要求。

按规则的要求,散装谷物船必须满足:

$\theta_h \leqslant 12°$。对于 1994 年 1 月 1 日后建造的船舶,若假设船舶在核算装载状况下甲板边缘浸水角为 θ_{im},则必须满足: $\theta_h = \min\{12°, \theta_{im}\}$。

(三)剩余动稳性值 A_d 的核算

剩余动稳性值系指由船舶静稳性力臂曲线、谷物倾侧力臂曲线和右边边界线所包围的面积值。

1.确定右边边界线

规则规定:右边边界线是一条垂直于横坐标轴的直线,其横坐标值 θ_m 取最大剩余复原力臂所对应横倾角 $\theta_{GZ'_{max}}$ (即船舶复原力臂 GZ 和谷物移动倾侧力臂 λ 之间纵坐标差值最大处所对应的横倾角)、船舶进水角 θ_f 和 40° 三者中的最小者,即

$$\theta_m = \min\left\{\theta_{GZ'_{max}}, \theta_f, 40°\right\} \tag{13-11}$$

2.计算剩余动稳性值 A_d(剩余静稳性面积)

在横坐标 $\theta_h \sim \theta_m$ 范围内将曲线横向六等分,并分别量取各等分处船舶剩余复原力臂值 GZ'_θ (等于 $GZ_\theta - \lambda_\theta$),随后按辛浦生第一法则公式计算,其单位是 m·rad。即

$$A_d = \frac{X}{3}(y_0 + 4y_1 + 2y_2 + 4y_3 + 2y_4 + 4y_5 + y_6)\frac{\pi}{180} \tag{13-12}$$

式中:X ——在横坐标 $\theta_h \sim \theta_m$ 范围内将曲线横向六等分的等分间距,可按下式计算

$$X = \frac{\theta_m - \theta_h}{6} \tag{13-13}$$

y_0、y_1、y_2 $\cdots$ y_6 依次表示在横坐标 $\theta_h \sim \theta_m$ 将曲线横向六等分的每一垂线处量取的船舶剩余复原力臂值(m)。

按规则的要求,散装谷物船必须满足:$A_d \geqslant 0.075$ m·rad。

例 13-1: "L"号船某航次自澳大利亚的费特尔港装载积载因数为 1.20 m³/t 的小麦 22 878.17 t 驶往上海,各舱的小麦装载情况如谷物装载图所示(见图 13-7),各满载舱谷物中心取其舱容中心处。已知:核算装载状态下船舶排水量为 32 576.0 t,在该排水量下查得进水角 $\theta_f = 38°$,$KM = 9.45$ m,载荷重量垂向力矩总和为 266 636.0 ×9.81 kN·m,自由液面倾侧力矩总和为 2 311.8 ×9.81 kN·m。试按 IMO《国际散装谷物安全装运规则》的要求,核算该航次的稳性能否满足要求。

解:

(1)计算经自由液面修正后的初稳性高度 GM

$$KG_0 = \frac{\sum p_i z_i}{\Delta} = \frac{266\ 636.0}{32\ 576.0} \approx 8.19\ \text{m}$$

$$\delta GM_f = \frac{\sum \rho \cdot i_x}{\Delta} = \frac{2\ 311.8}{32\ 576.0} \approx 0.07\ \text{m}$$

$$GM = KM - KG_0 - \delta GM_f$$

$$\approx 9.45 - 8.19 - 0.07$$

$$= 1.19\ \text{m}$$

即：$GM > 0.30$ m。

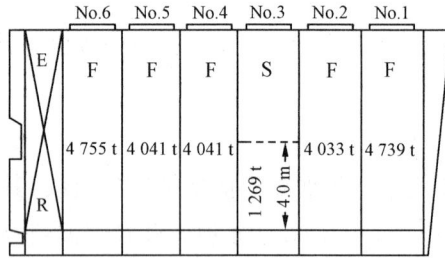

图 13-7 "L"号船谷物装载图

（2）计算由于谷物假定移动所引起的船舶横倾角 θ_h

①列表计算谷物移动倾侧力矩 $\sum M'_u$

按各舱谷物装载状况查阅谷物横向倾侧体积矩（见图 13-4）资料。随后按式（13-4）并以列表形式（见表 13-2）计算各舱谷物倾侧总力矩 $\sum M'_u$。

表 13-2　各舱谷物倾侧力矩计算

舱别	装舱深度/m	积载因数/(m^3/t)	谷物横倾体积矩/m^4	谷物重心上移修正系数	谷物倾侧力矩/$(9.81\ \text{kN} \cdot \text{m})$
第一货舱	满	1.20	591.45	1.00	492.91
第二货舱	满	1.20	395.58	1.00	329.65
第三货舱	4.0	1.20	7 100.00	1.12	6 626.67
第四货舱	满	1.20	395.58	1.00	329.65
第五货舱	满	1.20	395.58	1.00	329.65
第六货舱	满	1.20	473.08	1.00	394.19
总计					8 502.72

即：$\sum M'_u = \sum \dfrac{C_{vi} \cdot M_{vi}}{SF_i} = 8\ 502.72$ t · m。

②计算谷物假定移动引起的横倾角 θ_h

$$\theta_h = \arctan \frac{\sum M'_u}{\Delta \cdot GM}$$

$$= \arctan \frac{8\ 502.72}{32\ 576.0 \times 1.19} \approx 12.3°$$

计算结果表明:使用公式法 θ_h 值稍超过 12°,但该项指标是否满足 IMO《国际散装谷物安全装运规则》的要求,还需要使用下面的作图法进一步证实。

3.计算船舶剩余动稳性值 A_d

(1)绘制船舶静稳性力臂曲线

由公式:

$$KG = KG_0 + \delta GM_f \approx 8.19 + 0.07 = 8.26 \text{ m}$$

及

$$GZ = KN - KG\sin\theta$$

列表计算不同横倾角时,经自由液面修正后的船舶复原力臂值(见表 13-3),并由此在平面上绘制一条船舶静稳性力臂曲线(见图 13-8)。

表 13-3 复原力臂计算表

θ	10°	20°	30°	40°
KN/m	1.66	3.34	4.94	6.32
$KG\sin\theta/\text{m}$	1.43	2.83	4.13	5.31
GZ/m	0.23	0.51	0.81	1.01

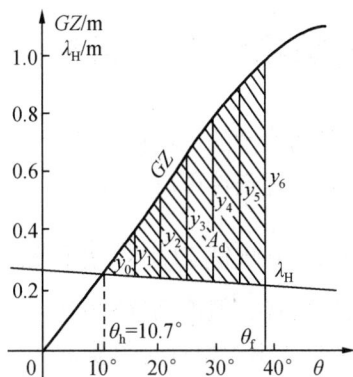

图 13-8 散装谷物船舶稳性衡准曲线

(2)绘制谷物倾侧力臂曲线

分别计算 $\theta = 0$° 及 $\theta = 40$° 所对应的谷物倾侧力臂值 λ_0 和 λ_{40}

$$\lambda_0 = \frac{\sum M'_u}{\Delta} = \frac{8\,502.72}{32\,576.0} \approx 0.261 \text{ m}$$

$$\lambda_{40} = 0.8\lambda_0 \approx 0.8 \times 0.261 \approx 0.209 \text{ m}$$

由此可以在与静稳性力臂曲线同一坐标的平面上绘制一条谷物倾侧力臂曲线(见图 13-8)。该曲线与静稳性力臂曲线的交点所对应横倾角 θ_h 为 10.7°,即使用作图法求取的 θ_h 要较使用公式法求取的值小,且 $\theta_h < 12$°。

(3)确定右边边界线

由已知得 $\theta_f = 38$°,又从图 13-8 可知,最大剩余复原力臂对应横倾角 $\theta_{GZ'_{max}} > 40$°,所以右边边界线取为 $\theta_m = 38$° 的一条垂线。

(4)计算剩余动稳性值

从 10.7° 到 38° 范围内将曲线横向六等分,其等分间距

$$X = \frac{\theta_m - \theta_h}{6} = \frac{38° - 10.7°}{6} \approx 4.6°$$

分别量取各等分处船舶剩余复原力臂值:$y_0 = 0$ m,$y_1 = 0.11$ m,$y_2 = 0.28$ m,$y_3 = 0.41$ m,$y_4 = 0.54$ m,$y_5 = 0.68$ m,$y_6 = 0.76$ m。随后按辛浦生第一法则公式计算

$$A_d = \frac{X}{3}(y_0 + 4y_1 + 2y_2 + 4y_3 + 2y_4 + 4y_5 + y_6) \times \frac{\pi}{180}$$

$$= \frac{4.6}{3} \times (0 + 4 \times 0.11 + 2 \times 0.28 + 4 \times 0.41 + 2 \times 0.54 + 4 \times 0.68 + 0.76) \times \frac{\pi}{180}$$

$$\approx \frac{4.6}{3} \times 7.20 \times \frac{3.14}{180} \approx 0.193 \text{ m} \cdot \text{rad}$$

即:$A_d > 0.075$ m · rad。

经计算,因 $GM = 1.19$ m · rad,$\theta_h = 10.7°$ 和 $A_d = 0.193$ m · rad,所以本航次该核算装载状态下船舶的三项稳性指标均满足 IMO《国际散装谷物安全装运规则》的要求。

二、散装谷物船舶稳性衡准指标的简化核算方法

按上述核算方法对散装谷物稳性的三项指标尤其是剩余动稳性进行核算过程较为烦琐,根据船舶资料、稳性状况等条件可以选择下述简化核算方法。

(一)应用散装谷物船许用倾侧力矩表进行稳性核算

这是一种简单、实用的核算方法,但使用这种方法进行散装谷物船稳性核算的前提是,船上的装载手册或稳性报告书等稳性计算资料中必须有由船舶设计或建造部门提供的散装谷物船许用倾侧力矩表资料。表 13-4 为某 25 000 t 散装谷物船"L"号船的散装谷物船许用倾侧力矩表的一部分。由船舶的排水量和经自由液面修正后的船舶重心高度 KG 为查表引数,可以从该表中查取许用倾侧力矩 M_a。

表 13-4　散装谷物船许用倾侧力矩表　　　　（单位：×9.81 kN · m）

KG/m　　　Δ/t	7.5	7.6	7.7	7.8	7.9	8.0	8.1	8.2	8.3	8.4	8.5
28 000	12 535	11 916	11 297	10 678	10 059	9 440	8 821	8 202	7 583	6 964	6 345
29 000	12 981	12 340	11 699	11 058	10 417	9 776	9 135	8 494	7 853	7 212	6 571
30 000	13 428	12 765	12 102	11 439	10 776	10 113	9 450	8 787	8 124	7 461	6 798
31 000	14 204	13 519	12 834	12 149	11 464	10 779	10 094	9 409	8 724	8 039	7 354
32 000	14 661	13 954	13 247	12 540	11 833	11 126	10 419	9 712	9 005	8 298	7 591
33 000	15 470	14 741	14 012	13 283	12 554	11 825	11 096	10 367	9 634	8 909	8 180
34 000	16 299	15 548	14 797	14 046	13 295	12 544	11 793	11 042	10 291	9 540	8 789

1.散装谷物船许用倾侧力矩的含义与计算原理

散装谷物船许用倾侧力矩系指恰能同时满足规则中稳性三项指标要求时对船舶各货舱内允许出现的谷物假定倾侧力矩之和的最大限制值。

散装谷物船许用倾侧力矩的计算原理:当船舶 Δ 一定时,分别绘制对应于不同 KG 值的一组静稳性力臂曲线 GZ-θ。在多条静稳性力臂曲线图中,分别寻找恰使 $\theta_h = 12°$ 和 $A_d = 0.075$ m·rad 的两条 λ_H-θ 曲线,由此分别得到相应的两个 λ_0 值。再根据 λ_0 与 $\sum M'_u$ 的关系式 $\lambda_0 = \sum M'_u / \Delta$,分别求取满足 $\theta_h = 12°$ 和 $A_d = 0.075$ m·rad 的两个散装谷物假定倾侧力矩 $\sum M'_u$,取其中较小者,即为同时符合公约或规则中对 θ_h 和 A_d 要求的散装谷物船许用倾侧力矩 M_a。为满足 $GM \geq 0.3$ m 的要求,在求取 M_a 时,扣除不满足 $GM \geq 0.3$ m 的 KG 值,即在符合 $GM \geq 0.3$ m 的 KG 范围内确定 M_a 值。这样,所求得的 M_a 值即可表征使船舶同时满足规则的三项稳性指标要求的谷物所允许的最大倾侧力矩。

2.散装谷物船许用倾侧力矩表的使用方法

(1)计算航程中最不利状态下船舶排水量和经自由液面修正后的重心高度 KG;

(2)根据谷物装舱情况计算全船总的谷物假定倾侧力矩 $\sum M'_u$;

(3)以 KG 为查表引数,由散装谷物船许用倾侧力矩表中查得该核算装载状况下的谷物许用倾侧力矩 M_a 值;

(4)比较 $\sum M'_u$ 和 M_a,若 $\sum M'_u \leq M_a$,则船舶稳性满足 IMO《国际散装谷物安全装运规则》要求。

例如,从例13-1 的计算结果可知,$KG = 8.26$ m,$\Delta = 32\,576.0$ t 和 $\sum M'_u = 8\,502.7 \times 9.81$ kN·m。以 KG 和 Δ 为引数查表13-4 可求得 $M_a = 9\,656.1 \times 9.81$ kN·m。显然,因 $M_a > \sum M'_u$(即 $9\,656.1 \times 9.81 > 8\,502.7 \times 9.81$),所以在该核算装载状况下 IMO《国际散装谷物安全装运规则》三项稳性衡准指标同时得到满足。

3.国内航行船舶许用倾侧力矩的计算方法

我国《法定规则》在国内航行船舶分册中规定,国内航行散装谷物船的许用倾侧力矩,若船舶具备按 IMO《国际散装谷物安全装运规则》计算的许用倾侧力矩资料,则可用式(13-5)和式(13-6)经折减计算后确定;否则可按下列公式进行计算

$$M_a = 0.222\,8 \cdot GM \cdot \Delta \quad (\times 9.81 \text{ kN·m}) \tag{13-14}$$

式中:GM——核算装载状况下经自由液面修正后的船舶初稳性高度(m);

Δ——核算装载状况下船舶排水量(t)。

(二)以横倾角40°时的剩余静稳性力臂值 GZ'_{40} 的计算替代剩余动稳性值 A_d 的计算

此法是当船舶资料中无散装谷物船许用倾侧力矩表时,用横倾角 40°时剩余静稳性力臂 GZ'_{40} 的计算替代三项稳性衡准指标中求取过程烦琐的剩余动稳性值 A_d 计算的一种简便校核方法。

1.核算条件

能否采用剩余静稳性力臂法来替代计算剩余动稳性值 A_d 的方法,应首先判断是否同时满足下列三项条件:

(1)谷物假定移动引起的船舶横倾角 θ_h 不大于 $12°$;

(2)经自由液面修正后的 $GZ\text{-}\theta$ 曲线在 $12°\sim40°$ 的形状正常,无凹陷现象;

(3)右边界线的横向坐标 $\theta_m = 40°$。

若其中有一项不能满足,则不应采用此方法核算。

2.稳性衡准

要求

$$GZ'_{40} > 0.307\ m$$

即只要满足横倾角 $40°$ 时剩余静稳性力臂 GZ'_{40} 较 $0.307\ m$ 大,则剩余动稳性 A_d 必定符合不小于 $0.075\ m \cdot rad$ 的要求,以 $GZ'_{40} > 0.307\ m$ 来替代 $A_d \geqslant 0.075\ m \cdot rad$ 的核算。

如图 13-9 所示,以横坐标轴从 $12°$ 到 $40°$ 为底边 L,以最小允许值 GZ'_{40min} 为高作一直角三角形,并设其面积 A'_d 恰为 $0.075\ m \cdot rad$。显然,当同时满足上述三项简化核算条件时,船舶的静稳性曲线下的面积 A_d 必定大于被包围在其中的直角三角形的面积 A'_d。若 $A'_d \geqslant 0.075\ m \cdot rad$,则必定满足 $A_d \geqslant 0.075\ m \cdot rad$ 的要求。

现设 $A'_d = 0.075\ m \cdot rad$,则

$$A'_d = \frac{1}{2}L \cdot GZ'_{40min}$$

$$= \frac{1}{2} \times (40 - 12) \times \frac{\pi}{180}GZ'_{40min}$$

$$= 0.075\ m \cdot rad$$

求解该方程即可得: $GZ'_{40\,min} \approx 0.307\ m$。

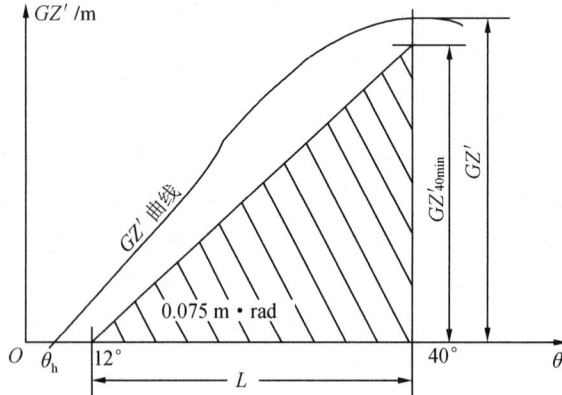

图 13-9　剩余动稳性值简化校核图示

3.核算方法

利用剩余静稳性力臂法核算稳性,可按下列方法完成:

(1)计算船舶装载状态下的 Δ、KG、GM 和 $\sum M'_u$,并满足 $GM \geqslant 0.3\ m$;

（2）判断上述三项简化核算条件是否满足：

①按横倾角计算公式求取 θ_h，并确定 $\theta_h \leqslant 12°$；

②查阅稳性计算资料，并选择与实际核算装载状态相近的某一典型装载情况，参照其中的静稳性曲线及船舶进水角曲线，从而确定 GZ 曲线在 12°以后的形状有无凹陷及确定右边界线。若 GZ 曲线在 12°~40°形状正常，且 $\theta_m = 40°$，则核算条件满足。

也可通过分析不同倾角下的 GZ 值变化趋势来判断 GZ 曲线在 12°后形状是否正常；比较最大 GZ 值对应横倾角 θ_{max}、船舶进水角确定 θ_f 是否为 40°；通过作图来判断 GZ 曲线形状及右边界线位置。

（3）计算横倾角 40°时剩余静稳性力臂 GZ'_{40}；

由图 13-8 可知

$$GZ'_{40} = GZ_{40} - \lambda_{40} = (KN_{40} - KG\sin40°) - 0.8\lambda_0$$

$$= KN_{40} - KG\sin40° - 0.8\frac{\sum M'_u}{\Delta} \tag{13-15}$$

式中：GZ_{40} 和 KN_{40} 分别表示船舶横倾角 40°时静稳性力臂和形状稳性力臂值。

（4）判断是否满足 $GZ'_{40} > 0.307$ m 条件，若满足要求，则表明船舶满足对剩余动稳性值的要求。

任务五　改善散装谷物船稳性

当散装谷物船舶的稳性不能满足有关规则要求时，应采取一些必要的措施，予以调整和改善。

一、减小散装谷物假定倾侧力矩

减小散装谷物假定倾侧力矩，可使谷物移动引起的船舶横倾角减小，船舶剩余动稳性值增大，这是改善散装谷物船舶稳性的主要措施。散装谷物假定倾侧力矩由满载舱和部分装载舱两部分组成。对于满载舱，无论是否平舱，其假定倾侧力矩为一固定值，而对部分装载舱，其倾侧力矩随舱别及装舱深度而变化，其值在全船谷物假定倾侧力矩中占有很大比例。因此，要减小谷物假定倾侧力矩，首先应考虑减小部分装载舱的谷物假定倾侧力矩。

1.减少部分装载舱数

当船舶满载且散装谷物的平均积载因数小于船舶的舱容系数，或当船舶未满载但存在航线上水深限制，或有调整船舶纵强度和吃水差要求时，常常会出现多个部分装载舱的装载状态。为减小谷物假定倾侧力矩，应尽可能减少部分装载舱数目。

2.尽可能将宽度和长度较小的货舱用作部分装载舱

由于谷物假定倾侧力矩与谷面宽度的立方成正比，因此，如将部分装载舱安排于舱宽较小的货舱（如艏部货舱），就会大大减小部分装载舱的谷物假定倾侧力矩。另外，在舱宽相同或相近时，部分装载舱宜选择舱长较短的货舱，但同时应兼顾船舶受力和吃水差的要求,防止顾此失彼。

3. 谷物装舱深度应避免处于该舱谷物假定倾侧力矩的峰值附近

各舱谷物假定倾侧力矩峰值所对应的装舱深度位于底边舱和顶边舱之间的舱宽最大处,因此实际装载谷物深度应尽可能远离此位置。如发现装载方案中出现某部分装载舱的谷物假定倾侧力矩恰处于峰值附近,可以考虑将某满载舱的部分谷物移入该部分装载舱。这样,该部分装载舱的谷面因避开峰值而减小的谷物假定倾侧力矩可能会超过原满载舱因谷物移出后所增加的谷物假定倾侧力矩,从而使谷物移动总的倾侧力矩减小。

4. 视谷面装舱深度确定是否采用共同(通)装载方式

对于多层甲板干货船,当装载后谷面超过该层舱舱口时,可采用共同(通)装载方式。若谷面未超过该层舱舱口,但当舱内谷面倾侧25°谷物有可能流入上层舱时,应将舱盖关闭,改变共同(通)装载方式为上下各层舱单独装载方式。

5. 将未经平舱的满载舱改为经平舱的满载舱

对一艘25 000吨级和一艘36 000吨级散装谷物船每个货舱满载时经平舱和未经平舱的谷物假定倾侧力矩的计算结果表明,未经平舱的与经平舱的满载舱谷物移动倾侧力矩的比值为2.5~4.4。很明显,按要求对各满载舱进行完整的平舱,可以大大减小谷物移动的倾侧力矩。

二、改善装载方案,降低船舶重心,增大船舶的初稳性高度

在船舶未满载状态下,在底层压载舱注入适量的压载水,可有效降低船舶重心高度,改善船舶稳性。它表现在使静稳性力臂增大,从而增大剩余动稳性值,同时减小了由谷物移动引起的船舶横倾角。

三、设置谷面防移装置及采取止移措施

如前所述,不论专用船还是多用途船,在整个航程中均应满足有关规则对散装谷物船完整稳性的要求。若不符合要求,船舶可以在装运谷物的一个或几个舱内设置适当的谷面防移装置或采取某种止移措施,以达到减轻舱内谷物移动的目的。这是作为散装谷物船舶稳性不足时采用的一种不得已的补救手段。谷物规则提供了几种具有较强实用价值的防移装置和固定谷物表面的方法。

(一)常见的散装谷物船舶的防移装置

散装谷物船舶的防移装置有补给装置、止移装置、谷物表面的固定装置等。

1. 补给装置

为了使货舱内由于谷物下沉而形成的空当不断由散装谷物填满,以及使谷物在舱内减少移动,可以设置适用于二层甲板船装载谷物的补给装置,包括添注漏斗(Feeder)和围井(Trunk)。添注漏斗和围井不一定同时设置,可根据需要选用。

（1）添注漏斗

添注漏斗设置于船舶二层甲板的两舷,由纵向隔壁构成一对纵向设置的两侧添注漏斗。添注漏斗应延伸到舱内甲板的全长,并且在二层甲板上开有适当间隔的添注孔。每一添注漏斗的容积应等于舱口边桁材及其延伸部分外侧的甲板下方空当的体积。这样,二层甲板下方的空当将被从两侧添注漏斗中流出的谷物密实填满,从而减小底舱的自由谷面。

（2）围井

围井是设在二层舱主舱口,由纵向隔壁及横向隔壁构成的四周封闭的空间,围井的设置使谷物在甲板间舱内减少移动,围井内的谷物被限制在围井本身的范围内移动,从而使谷物倾侧力矩减小。

2. 止移装置

谷物的止移装置包括止移板（Shifting Board）、立柱（Upright）、撑柱（Shore）及拉索（Stay）。

（1）止移板是纵向垂直设置的木质或钢质的隔壁。木质隔壁的厚度应不小于50 mm,并应设置成谷密,且在其必要处用立柱支持。所有止移板的端部应牢固地嵌入插槽,并具有75 mm的最小支撑长度。止移板的强度应符合规则的规定。

（2）立柱是用以支持受载止移板的垂直设置的钢质或木质构件。各立柱两端插入插座的深度应不小于75 mm,各立柱间的水平距离应使止移板的自由跨度不超过规则的规定,最大自由跨度按止移板的厚度决定,一般为2.5～4.0 m。

（3）撑柱是用以支持止移板的钢质或木质构件。当采用木质构件时,该撑柱应为整根。其每一端都应牢固地加以固定,并应将撑柱的根部撑牢在船舶的永久性构件上,但不应支撑在船舶外板上。当撑柱的长度为7 m及以上时,应在长度中点处牢固地架撑。在任何情况下,撑柱与水平线之间的夹角应不超过45°。

（4）拉索是用来支撑受载止移板的构件,它应水平地或尽量水平地设置。拉索由钢丝绳制成,钢丝绳的尺寸应满足规则所规定的负荷要求。

3. 谷物表面的固定装置

谷物表面的固定装置系指部分装载舱的谷物表面的固定,可分为两种:

（1）利用粗帆布（或等效物）、木板、钢丝绳及松紧螺丝等对谷面进行捆扎或捆绑,以达到固定谷面的目的。

（2）在散装谷物的表面利用垫隔布（或等效物）或平台以及袋装谷物压包,也可以达到固定谷物表面的目的。

4. 舱口盖的固定装置

当在双层甲板的底舱内装满散装谷物,而其上面的二层舱没有装载散装谷物或其他货物时,为了防止底舱的谷物在航行过程中由于移动而顶开二层舱盖,在主管机关的同意下,可在二层舱口盖上加载货物或装设某种固定装置对其进行固定。

(二)各种装载状况的止移措施

1. 满载舱

适用于满载舱的谷面防移装置有三种:

(1)设置纵向隔壁

规则规定纵向隔壁必须为谷密且强度满足要求,在甲板间舱的纵向隔壁必须由下层甲板延伸到上层甲板,在货舱内的纵向隔壁必须从甲板或舱盖向下延伸至甲板下或舱口下的纵桁材之下至少0.6 m。

(2)设置托盘

除装载亚麻籽和具有类似性质的其他种子的情况外,舱内设置托盘可以替代设置纵隔壁。如图13-10所示,托盘底部放置衬垫帆布或其他等效物,其上堆满袋装货物,其深度 d 根据船舶型宽不同,要求在1.2~1.8 m。托盘顶部应由舱口边桁材或围板及舱口端梁组成。

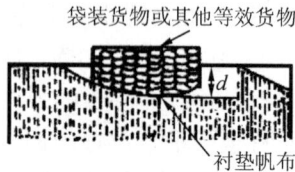

袋装货物或其他等效货物

衬垫帆布

图13-10　舱内设置托盘

(3)设置散装谷物捆包

作为设置托盘的一种替代方法,可用散装谷物捆包代替袋装货物来填装托盘,其形式及长度与托盘相同,托盘内应有足够抗拉强度的衬垫材料且顶部应有适当的固定装置,见图13-11。

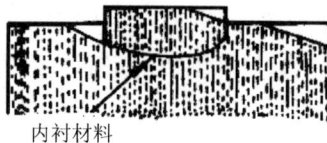

内衬材料

13-11　舱内设置散装谷物捆包

2. 部分装载舱

适用于部分装载舱的防移装置及固定谷面的措施有:

(1)设置纵隔壁

部分装载舱纵隔壁的设置,除受到舱顶和舱底限制外,要求谷面以上高度和谷面以下深度为该舱最大宽度的1/8。

(2)谷面上堆装货物

谷面上堆装货物俗称压包。将自由谷面整平,在谷面上使用衬垫帆布或其他等效物,或设置一垫木平台,其上堆妥为装满且牢固缝口的袋装谷物或其他等效货物,且堆装高度不应小于谷物表面最大宽度的1/16或1.2 m,取较大者,见图13-12。

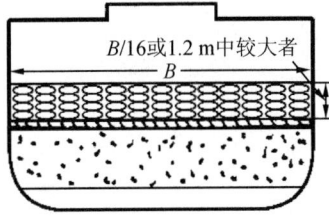

图 13-12 谷面上堆装货物

(3)用绑索或钢丝网固定谷面

用钢带、钢索或链条等系索固定谷面时,应在完成装载前先将系索用卸扣经一定间距连接在谷物最终表面以下 0.45 m 的舱内两侧的船体结构上,用纵向间距不大于 2.4 m 的卸扣与绑索(钢带、钢索或链条)连接。谷物装完后将谷面平整至顶部略呈拱形,并用粗制帆布或等效物覆盖(要求接头处至少应重叠 1.8 m),其上密排底层横向铺设和上层纵向铺设并钉成一体的两层垫木,随后将两舷系索用松紧螺旋扣紧固。航行中应经常检查系索,且必要时应予收紧。

用钢丝网固定谷面的方法与上述用系索固定的方法基本相同,只是以两层增强钢丝网替代两层垫木,并在舱内两舷钢丝网边缘,用木板夹紧,最后用钢丝绳、双层钢带等捆索固定。

项目十四

散装固体货物运输

学习目标

1. 了解散装固体货物的定义、分类及特性,散装固体货物运输的危险,《国际海运固体散装货物规则》(简称《IMSBC 规则》)的内容及应用。

2. 了解散装固体货物配载原则、散装固体货物隔离要求、散装固体货物安全装运要求、几种常见散装固体货物的装运、水尺计重的概念及适用范围。

3. 了解船舶避免腐蚀、疲劳的措施,《共同结构规范》(简称 CSR 规范)的内容。

任务一　散装固体货物的分类及特性

一、散装固体货物的定义

由颗粒、晶体、粉末、片状或较大块状物质组成的混合物,其组成成分基本均匀,并且不用任何包装容器,直接装船运输的货物,统称为散装固体货物,简称固体散货,如散装运输的矿石、煤炭、化肥、水泥、谷物、饲料等。

二、散装固体散货分类

根据货物的运输特性,IMSBC 规则将散装固体货物分成三类:易流态化货物、具有化学危险的货物、既不易流态化又无化学危险的货物。

1.易流态化货物(A 类散货)

(1)定义

固体流态化是指较细颗粒物质与流动的流体接触,使颗粒物质呈类似于流体的状态。

易流态化货物的流态化是指该类物质在外在因素的作用下产生流态的趋势及可能性。它是易流态化货物最显著和最主要的特征。这类货物往往在装载时呈干燥的颗粒状,但却含有相当的水分,由于航行中出现的沉积和振动作用而流态化。

（2）易流态化的成因及危害

由于船体的振动和摇荡,装在船舱中的易流态化货物下沉,颗粒间空隙减小,当含水量高时,就会产生多余水分。若货物的透水性能好,多余的水分及空气能够渗出到货物表面而形成自由液面;若货物颗粒较小而使得透水性变差,货物下沉的全部压力首先由空隙间的水分承受,产生空隙水压力,这意味着货物颗粒间不能很好结合,导致内部摩擦力、黏聚力减小或丧失而使抗剪切强度消失而流动。

如果满足以下条件则不会流态化:

①货物含有非常细的颗粒,颗粒的运动受到黏性的限制,货物颗粒间的空隙的水压不会增加。

②货物由大颗粒和块体组成,水通过颗粒间的空隙,不会导致水压的增加。

③货物内含空气的百分比高,水含量低,抑制了任何水压的增加。

货舱内表层已流态化呈稠液状的货物在船舶横摇时会流向一舷,但在回摇时不能完全流回,船舶会因此逐渐倾斜乃至倾覆。

（3）分类

易流态化货物大致分成两类:一类是积载因数为 $0.33 \sim 0.57 \ \mathrm{m^3/t}$ 的各种精矿,如铁精矿、铅精矿、镍精矿、铜精矿、锌精矿、黄铁矿、闪锌矿（硫化锌）等;另一类是具有与精矿性质类似的其他物质,包括含有足够水分的细颗粒状物质、散装草泥、散装鲜鱼和据报能形成流态化的煤炭（细颗粒状）、煤泥（含水粉砂,颗粒粒度一般小于 1 mm）、培烧黄铁矿、氟石等物质。

（4）适运水分限的测定方法

易流态化货物的易流态性用流动水分点 FMP（Flow Moisture Point）来表征,它是指货样在规定的试验条件下达到流态时的最小含水量。货物在装运时,其实际含水量 MC（Moisture Content）必须小于其流动水分点,否则,货物会因其流态化而产生移动,导致稳性减小或丧失。为保证安全,IMSBC 规则中取流动水分点的 90% 作为该货物的适运水分限 TML（Transportable Moisture Limit）。适运水分限是固体散货适合海上运输的最大含水量,普通散装固体货船不得承运超过 TML 的货物;我国《水路运输易流态化固体散装货物安全管理规定》要求取流动水分点的 80% ~90% 作为货物的 TML。

需要说明的是,即使货物的平均水分含量低于适运水分限,也并不意味着货物一定不会对船舶稳性造成影响。货物表面可能是干操状,但导致货物移动的不被察觉的流态化也可能出现,即水分渗移后形成危险的湿底,尤其是高含水量的货物很浅且遇到较大倾斜角时,货物在舱内会出现滑动现象。

应对易流态化货物的流动水分点定期进行测定,即使货物成分均匀,测定试验也应至少 6 个月进行一次,如果货物成分或性质因某种原因发生了变化,则应增加测定频度,试验周期应为 3 个月或更短。测试含水量的采样时间和试验时间应尽可能与装货时间接近。除非对货物加以充分遮盖而使其含水量不发生变化,否则采样试验与装货时间的间隔不得超过 7 天。

①IMSBC 规则推荐的实验室测定方法

测定适运水分限 TML 有三种通用方法。

a. 流盘试验法

流盘试验法利用流盘来测定易流态化优物的流动水分点,然后取其 90% 作为该货物的适运水分限。流盘试验法一般适用于最大粒度为 1 mm 的精矿或其他颗粒物质,也可用于最大粒度不超过 7 mm 的物质,但对于含有较高比例黏土的物质,测试结果不理想。

b. 沉降(插入度)试验法

沉降(插入度)试验法是利用渗透式或沉降式测量仪来测定易流态化货物的流动水分点,然后取其 90% 作为该货物的适运水分限的方法。沉降试验一般适用于精矿、类似的物质及最大粒度为 25 mm 的煤。

c. 葡氏 – 樊氏试验法

葡氏 – 樊氏试验法利用葡氏 – 樊氏测量仪来测定易流态化货物的饱和含水量,然后取其 70% 作为该货物的适运水分限。葡氏 – 樊氏试验一般适用于细粒和粗粒精矿或最大粒度为 5 mm 的类似物质的试验,但不适用于煤或其他多孔物质。IMSBC 规则中针对直径小于 1 mm 的粉状颗粒占 10% 或以上的铁矿粉,及直径小于 10 mm 的颗粒占 10% 或以上的铁矿粉,建议采用适用于铁矿粉的改进的葡氏 – 樊氏试验法,取饱和含水量的 80% 作为其适运水分限。

②简易检验法

a. 用坚固圆桶或类似容器装半罐货品,从离地面约 0.2 m 的高处猛力摔向坚硬的地面,以 1~2 s 的间隔重复 25 次,若货物表面出现游离水分或流动情况,应对货物进行含水量的正规检验。该方法又称圆筒实验法,为 IMSBC 规则中推荐船员在实践中使用的方法。

b. 用手抓一把矿粉。从 1.5 m 高处自由落到地面或甲板上,若着地崩散,则说明含水量不超过 8%,可以承远;若仍为一团,则说明含水量超过 10%。

c. 手抓矿粉成团后,如用手能捏散,则说明其含水量低于 8%;否则超过 8%。

d. 放入平底玻璃杯或其他小容器内,来回振动 5 min,若明显有液体浮在货物表面,则说明含水量太高,应按要求进行含水量的正规检验。

e. 货品放在一平盘上压成锥形,用平盘抖击桌面,如锥形呈碎块或块状裂开而不流塌,表示适运;如坍塌呈煎饼状,则表明其含水量过高。

f. 人踩在矿粉上,如出现松软现象,呈流沙状流动,则表明含水量过高。

2. 具有化学危险的货物(B 类散货)

具有化学危险的货物是指由于自身的化学性质而在运输中会产生危险的固体散装货物。

(1)已列入《国际危规》的固体散货

此类货物无论是以包装形式还是散装形式运输,因本身的化学性质决定其都属于危险货物,具有相同的分类号,但由于其运输方式的不同,有关安全运输的要求存

在一定差别,应查取不同的规则。该类固体散货分属于《国际危规》中的类别如下:

第4.1类:易燃固体,如硫黄。此类物质具有易被火花和火焰等外部火源点燃、易于燃烧、受摩擦时易引起燃烧或助燃等特性。

第4.2类:易自燃物质,如干椰肉、种子饼、氧化铁、金属屑等。此类物质具有易自热并自燃的共同特性。

第4.3类:遇水放出易燃气体的物质,如废铝、锌渣、硅铁等。此类物质具有遇水产生可燃气体的共同特性。

第5.1类:氧化剂,如硝酸铝、硝酸铵、硝酸钙、硝酸镁等。此类物质尽管本身不一定可燃,但与其他物质接触时产生的氧气或发生的类似反应会增加燃烧的危险和强烈程度。

第6.1类:有毒物质。此类物质如被吞咽、吸入或与皮肤接触,易造成死亡或严重损伤。

第7类:放射性物质,即含有放射性元素的任何物质,且托运货物的放射性强度和总量大于《国际危规》要求的数值。此类物质能释放出大量射线。

第8类:腐蚀性物品。此类物质具有在原来形态下在某种程度上严重损伤活体组织的共同特性。

第9类:其他危险货物,如鱼粉、蓖麻子肥等。此类物质具有上述各类未包括的危险。

(2)仅在散装运输时具有危险的货物

未列入《国际危规》,但在散装运输中易产生危险而应予以特别关注的固体散货属于仅在散装运输时具有危险的货物(MHB),能减少舱内含氧量的物质、易自热物质、潮湿时会产生危险的物质等均属于此类。此类货物包括煤、木炭、油焦炭、沥青球、木屑片、锯末、动物肥、直接还原铁、磷铁、锰硅合金、锑矿、铬矿、钒土矿、生石灰、氟石等。

(3)散装固体废物

散装固体废物是指一些固体物质,它们含有 IMSBC 规则中有关第4.1、4.2、4.3、5.1、6.1、8 或 9 类危险货物的规定所适用的一种或多种成分或受其沾染,而且除了倾倒、焚烧或其他处理方法外无明确用途。值得注意的是,含有放射性物质或受到放射性物质沾染的散装固体废物不属于此类,应适用有关放射性物质运输的规定。

3.既不易流态化又无化学危险的货物(C 类散货)

此类物质通常称为普通固体散货。虽然它们当中有的与 A 类散货同名,但因其块状较大或含水量较低而不易流态化;有的与 B 类散货同名,但已经某种化学处理或因某些物质含量较低而不具有特别危险性;某些物质虽自身尚具有一定的毒性或腐蚀性,但较 B 类散货其危险性大为减小。具体包括:水泥、滑石粉、石膏、黏土、硼砂、白云石、苜蓿粉、碳酸钡、重烧镁、盐、沙子、糖等。

该类固体散货在运输过程中应考虑以下特性:

(1)扬尘性

某些固体散货在装卸时极易扬尘,如水泥、滑石粉、铁矿砂、花生果等,应采取一定措施保证人员健康及船舶设备不因粉尘而受损。

（2）下沉性和散落性

固体散货装舱后颗粒间空隙随航行中船舶振动、摇荡等而减小，由此引起散货表面下沉，并具有自动松散流动的特性。对于非黏性固体散货，其散落性以静止角来表征。对于静止角的测定，规则中推荐有倾箱法和船上测定法，前者适合于粒度大于 10 mm 的非黏性粒状物质，后者作为无试验箱时测定静止角的替代方法或船用方法。

就一般固体散货而言。散落性大小是影响船舶安全的重要因素。对于静止角较小的固体散货，应采取严格平舱等措施预防货物在舱内的移动。

（3）怕杂质

某些耐火材料如重烧镁、矾土、耐火黏土、碳化硅等货物，在装运中应避免混入铁、煤、木屑、氧化镁、氧化钙等杂质，以防其熔点降低。黑钨矿不能混入锡、铍、砷、磷、铜、铝等杂质，否则会影响其品质和用途。

（4）忌水湿

水泥、化肥、糖、磷盐岩等货物水湿后会结块变硬，使货物质量下降或失去使用价值。

（5）毒性和窒息性

某些固体散货自身具有一定的毒性，它们虽未列入具有化学危险的货物，但在装运时亦应引起重视，采取相应的预防措施。如铅矿、铬矿、锑矿呈粉末状，吸入粉尘会引起中毒，锑矿潮湿时会产生锑化氢、磷化氢等有毒气体。有些固体散货在运输中因氧化而使舱内缺氧，易造成窒息中毒。

（6）腐蚀性

化肥等固体散货对船体具有一定的腐蚀性，或在一定条件下具有较强的腐蚀性。如在硫酸铵化肥的运输过程中，若货舱内产生汗水，有对肋骨和边板等造成强烈腐蚀的危险，磷酸铵长时间运输会对船体造成损害，且潮湿时具有强烈的腐蚀性。

（7）磨蚀性

固体散货均具有一定的磨蚀性，对那些磨蚀性较强的货物，应选择合适的装卸工具，采用合理的装卸方法和防护措施以减小对船体的磨蚀。

（8）与危险货物的化学反应

某些固体散货虽然自身无有害危险，但与某些危险货物接触会增加危险或产生某种有害影响。如放热型铁铬合金、锰铁合金等，应与易自燃物质隔离；铅矿石应与酸类物质隔离，否则会产生剧毒气体。

值得一提的是，IMSBC 规则中列出的固体散货有的同时既易流态化又具有化学危险，如煤炭、硫化金属精矿、铜精矿等，在运输时应兼顾这两种危险性的影响。此外，有的物质在不同的条件下其性质会发生变化，可属于不同的类别。

三、散装固体货物的运输特性

散装固体货物运输具有运输量大、货流比较稳定、到发港相对集中以及在大多数情况下以单一货种采用专用船舶单向运输等特点。散装固体货物运输是世界海运三大货物运输形式之一。

四、散装固体货物运输的危险性

散装固体货物在运输中一般有以下几方面的危险：

1. 由于积载不当、货物重量分配不合理而造成船体结构的损坏

某些密度很大（积载因数很小）的固体散装货物在船舱内装载时，会对船体结构产生较大的应力，尤其是当货物分布不均匀时，对船体结构是一种潜在的威胁。

2. 船舶在航行中稳性下降或丧失

其原因有：

（1）平舱不当或货物重量分配不合理使货物在恶劣海况下发生移位。

（2）易流态化货物在其含水量超过适运水分限量的状态下运输时，由于船舶在航行中的振动和摇摆，货物呈流态化而滑向或流向货舱一舷。这类中有些货物看似表面干燥，但其含水量实际上已超过适运水分限量，在船舶内运输时，其呈流态化的表层在船舶摇摆时会流向一舷，但在回摇时不能完全流回，如此继续，将使船舶逐渐倾斜乃至倾覆。

3. 易产生化学危险

其危险表现在：

（1）消耗货舱中的氧气，使货舱内缺氧。

（2）放出有毒气体。有些货物因氧化作用放出有害气体，有些货物受潮放出有害气体。

（3）有些货物的粉尘，对人体健康有害。

（4）有些货物因氧化作用导致自热、自燃。

（5）有些货物的可燃性粉尘与空气混合会导致粉尘爆炸。

五、《IMSBC 规则》的内容及其应用

为了促进除散装谷物以外的散装固体货物的海上运输安全，2008 年 12 月 4 日，国际海事组织（IMO）海上安全委员会（MSC）通过了 MSC. 269（85）号决议，将《IMSBC 规则》变为强制性规则，并于 2011 年 1 月 1 日起在全球生效。

《IMSBC 规则》通过对装运某些种类固体散货所涉及的危险提供信息，并对计划装运散装固体散货时所采取的程序提供须知，便利固体散货的安全积载和装运。

《IMSBC 规则》包括 13 个小节和 3 个附录，介绍散装固体货物运输的一般规定，多种典型散装固体货物的物理和/或化学特性及其安全运输的特殊要求，固体散货试样采集和各特性指标的测试方法等内容，向海运主管机关、船东、托运人和船长提供了除散装谷物以外固体散货的安全积载和运输标准方面的指导。

微课:
散装固体货物配载原则

视频:
散装固体货物的隔离
要求

任务二　散装固体货物装运

一、了解拟装货物的理化特性

对于散装固体货物在运输中可能产生的各种危险,《国际海运固体散装货物规则》(简称《IMSBC 规则》)对其运输的各个环节都提出了相应的安全运输要求,归纳如下。

在装货前应确保货物处于适运状态,船方应要求货主或托运人提供所托运货物性质的详细资料,包括货物的毒性、腐蚀性、易燃性、含水量、流动水分点、静止角、积载因数等,船方根据货名可在《IMSBC 规则》中查到其安全运输的有关要求。对于在《IMSBC 规则》中未列明的货物,货方还应提供该种货物发生的有关货运事故资料、应急措施、医疗急救方法等。

二、散装固体货物的隔离要求

散装固体货物的隔离要求如下:

(1)应根据不同货类,合理确定其舱位。配装 A 类散货的舱室应能防止任何液体流入,并应避免将除罐装或类似包装的液体货以外的其他液体货配装于 A 类散货的上面或附近;配装 B 类散货的舱室应阴凉、干燥,能与热源、火源隔离,舱壁和舱盖应能防火、防液。装运易散发危险气体的散货时,舱内电器设备应符合防爆要求,货舱应选择有机械通风,而且应能有效防止危险气体渗入船员生活和工作处所的舱室。

(2)做好货物的隔离。如无特别规定,B 类散装危险货物与包装危险货物间应按表 14-1 进行隔离,B 类散货之间应按表 14-2 进行隔离。

表 14-1　B 类散装危险货物与包装危险货物的隔离要求

散装危险货物	包装危险货物															
	类别	1.1 1.2 1.5	1.3 1.6	1.4	2.1	2.2 2.3	3	4.1	4.2	4.3	5.1	5.2	6.1	6.2	7	8	9
易燃固体	4.1	4	3	2	2	2	2	×	1	×	1	2	×	3	2	1	×
易自燃物质	4.2	4	3	2	2	2	2	1	×	1	2	2	1	3	2	1	×
遇水放出易燃气体的物质	4.3	4	4	2	2	2	2	1	1	×	2	2	×	3	2	1	×
氧化剂	5.1	4	4	2	2	×	2	1	2	2	×	2	1	3	1	2	×
有毒物质	6.1	2	2	×	×	×	×	1	1	×	1	1	×	1	×	1	×
放射性物质	7	2	2	2	2	2	2	2	2	2	1	2	×	3	×	2	×
腐蚀品	8	4	2	2	1	×	1	1	1	1	2	2	1	3	2	×	×
杂类危险物质和物品	9	×	×	×	×	×	×	×	×	×	×	×	×	×	×	×	×
仅在散装时才有危险性的物质(MHB)		×	×	×	×	×	×	×	×	×	×	×	×	×	×	×	×

注:1——远离:可以在同一舱室装载,但最小水平分隔距离必须达到 3 m[见图 14-1(a)]。

2——隔离:当中间隔舱甲板为防火、防液时可以不同室装载,否则应不同舱装载[见图14-1(b)]。

3——隔一整个舱室或货舱:垂向或纵向隔一整个舱室。如果中间隔舱甲板不是防火、防液的,则应纵向隔一整个货舱[见图14-1(c)]。

4——纵向隔离一整个货舱:仅垂向分隔不满足本要求[见图14-1(d)]。

×——无一般性分隔要求:应参考《国际危规》的有关明细资料。

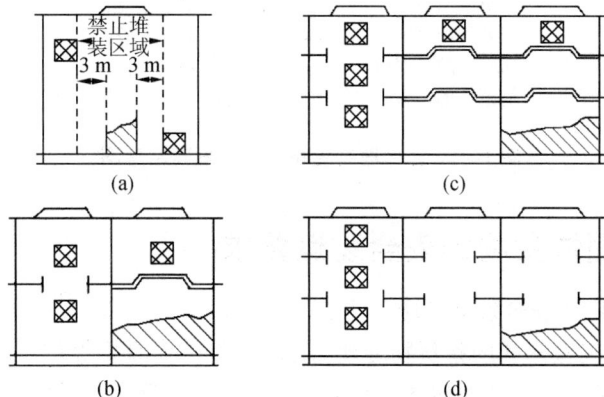

图例:
基准散装货物
不相容的包装货物
防火、防液甲板
标示中的垂直线表示水密横舱壁

图14-1　散装危险货物与包装危险货物之间隔离示意图

表14-2　B类固体散装货物与固体散装货物的隔离要求

固体散装货物	固体散装货物									
	类别	4.1	4.2	4.3	5.1	6.1	7	8	9	MHB
易燃固体	4.1	×								
易自燃的物质	4.2	2	×							
遇水放出易燃气体的物质	4.3	3	3	×						
氧化剂	5.1	3	3	3	×					
有毒物质	6.1	×	×	×	2	×				
放射性物质	7	2	2	2	2	2	×			
腐蚀品	8	2	2	2	2	×	2	×		
杂类危险物质与物品	9	×	×	×	×	×	2	×	×	
仅在散装时才具有危险性的物质	MHB	×	×	×	×	×	2	×	×	×

注:表中代号含义同表14-1,"隔离2"见图14-2(a),"隔离3"见图14-2(b)。

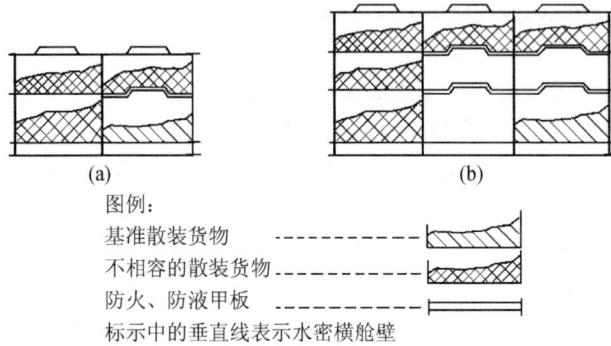

图例：

基准散装货物 -----------
不相容的散装货物 -----------
防火、防液甲板 -----------
标示中的垂直线表示水密横舱壁

图 14-2　固体散装货物之间的隔离示意图

三、散装固体货物的安全装运要求

散装固体货物的安全装运要求如下：

（1）装货前，应检查和准备货物处所，使其适合装载拟装货物。应保证舱内污水井（沟）管系、测深管以及其他舱内管线处于良好状态，污水井和滤板畅通无阻并能防止散货流入污水排放系统。

（2）考虑到高密度散货装入货物处所的速度，装货时应注意采取必要的措施以防货物处所设备受到损坏。为此，在装货结束后，最好再次测量污水井的水位。

（3）货物装卸时，应尽可能减少粉尘与甲板机械及室外助航仪器活动部件的接触。为减少进入船舶生活区或其他舱室的粉尘量，在装卸期间应关闭或遮盖通风系统，空调应调节为内部循环运行方式。

四、散装固体货物的平舱要求

平舱系指在货舱内对部分货物或全部货物进行的平整作业。平舱可利用装货喷管或滑槽、可移动机械或设备进行，也可由人工进行。对于平舱要求而言，散装固体货物可分为黏性和非黏性两类。所有潮湿的散货和某些干散货均为黏性散货，在《IMSBC 规则》附录 1 的"固体散装货物明细表"中未列出其静止角的货物均为黏性散货。

1. 黏性散货的平舱要求

为减少货物移动的危险，货物应合理地平整到货物处所的边界。在底舱或二层舱不超载的前提下，应尽可能装满。平舱的程度应根据货物特性和以往的运输记录来确定，包括平舱作业在内的所有有关资料，应由货主在装货前以书面形式提交船长。

2. 非黏性散货的平舱要求

（1）对于船长不大于 100 m 的船舶，平舱作为减少舱内货物发生移位的有效措施，对船舶的安全具有极其重要的作用。

（2）对于多层甲板船，如果货物仅装入底舱，则应进行充分平舱以使货物重量均布于底舱。在二层舱中装载散货时,如果装载资料载明,敞开二层舱盖会使舱底结构的应力超负荷,则应关闭二层舱盖。货物应予以合理平舱,或者将货面平至两舷,或者利用具有足够强度的纵向隔板进行加固。

(3)对于静止角小于或等于30°的非黏性散货,因其具有和散装谷物一样的散落性,因此,应按谷物的平舱要求执行。

(4)对于静止角在30°～35°的非黏性散货,应使其货堆表面最高与最低水平面间的垂直距离 δh 不超过船宽的1/10且最大不能超过1.5 m(我国交通运输部规定:生铁、煤炭的 δh 不能超过1.0 m)。当 δh 无法测量时,如果装货中使用了主管机关认可的平舱设备,则装载也被认可。

(5)对于静止角大于35°的非黏性散货,装载中应特别注意避免在平整表面外部和舱壁之间形成宽而陡的空隙。货物表面的倾角应平整到远小于其静止角。

有针对性地做好各种安全防范工作,具体如下:

某些散装固体货物(如谷物、原木、黑色金属、金属硫矿、煤等)易于氧化,会造成载货处所及其毗邻处所缺氧。进入这类封闭舱室前必须进行充分的通风,如有任何怀疑,则要求进入其间的人员戴氧气呼吸器。

有些散装固体货物的粉尘被吸入或与皮肤较长时间接触会对人体产生有害影响。为了降低其危害,应减少人体在粉尘中的暴露时间,穿着防护服和涂抹防护膏,对身体的裸露部分应及时冲洗,受到粉尘污染的外衣应及时清洗。

有些散装固体货物在潮湿时对人的皮肤、眼睛、黏膜或船体具有腐蚀性,应注意采取相应的防护措施。

某些散装固体货物存在粉尘爆炸的危险。这类粉尘与空气混合会形成可爆混合物,在装卸或清扫货舱时应特别注意。应进行充分通风,用水冲洗代替清扫可使爆炸危险减至最小。

五、几种常见散装固体货物的装运特点

(一)散装矿石的装运特点

矿石包括金属矿石(包括矿粉)和非金属矿石(包括矿粉)两种。散装矿石是《IMSBC规则》所涉及的主要货种。船舶装运具体矿石前,应查阅《IMSBC规则》,执行《IMSBC规则》中规定的各项要求。

散装矿石因运量大,一般均采用专用大型矿石船运输。专用矿石船由于其装载量大、吃水深、货物装卸效率高、船舶在港停泊时间短等,其装运具有许多特点。

1.矿石的特性

矿石的特性如下:

(1)密度大,即积载因数小。在积载时应特别注意其对船舶强度和稳性的影响。

(2)易散发水分。多数矿石含有不同程度的水分,经精选的矿石所含水分更大。因此当矿石非整船运输时,不应与怕潮货物同舱装载。

(3)易扬尘。矿石在运输时常保留着开采时带有的泥土杂质,随着水分的散发,泥土和杂质常易脱落,在装卸时极易扬尘。因此,矿石不应与怕扬尘货物混装于同一货舱,同时,怕混入杂质的矿石本身也应避免与其他扬尘货物混装于同一货舱。

(4)易流态化。对某些易流态化矿石(粉),装运时必须控制其含水量在其适运水分限以下,否则普通货船应拒绝承运。

(5)易冻结。矿石中含有水分,在低温时易于冻结,会造成装卸困难。

(6)易散发有害气体。金属矿石能散发各种有害气体,如甲烷、乙烷、一氧化碳、二氧化碳、二氧化硫等气体混合物。货舱内这类气体的积聚危害极大。

(7)自热和自燃性。某些矿石中,含有相当数量的易氧化成分,开采后氧化条件更为充分,所以易于自热,如果积热不散,易引起自燃。一般情况下,含硫量大的矿石,如黄铁矿、精选铜矿粉等较易自热和自燃。

2. 专用矿石船的结构特点

专用矿石船的结构特点如下:

(1)舱容系数较小。由于矿石密度大、所需舱容较小,所以矿石船的舱容系数较其他船舶小,其货舱容积一般仅占船舶总容积的 40% 左右。因此,这类船舶设计有大量的液体舱舱容。

(2)双层底较高。这是为了提高装载后的船舶重心,以减小过大的 GM 值。

(3)货舱的横舱壁数少。由于矿石船具有两道纵向边舱壁,其强度较大,因此,可少设横舱壁,但舱口仍按需要设置。

(4)货舱两舷设置较大翼侧水舱和底边水舱。这类舱室的设置,减小了货舱容积,增大了船舶的压载能力,并且有利于货物的清舱。

(5)船上不设装卸设备。专用矿石船的货物装卸都是在专用码头利用岸上高效率的装卸机械来完成的,因而船上不设装卸设备。

(6)属艉机型单层甲板船。

3. 散装矿石船积载与装卸的特点及注意事项

(1)装载前应了解装卸港口的有关资料,包括进出港口的泊位及航道的限制水深,基准水深,潮汐资料,要求船舶的最小富余水深,装船机的类型、效率及限制高度等。

(2)当专用矿石船装载高密度矿石时,为使船舶的 GM 值不致过大,可以采用隔舱装载方案。但采用这种装载方案的前提是必须经过船体强度校核并使其满足要求。对于船龄较大的船舶,必须考虑扣除每年船体钢板腐蚀量这一因素。

(3)专用矿石船在装卸前,应确定船舶的最大和最小允许吃水。对于大型矿石船,为了防止船舶在装卸中搁浅或碰撞装船机,必须根据泊位水深、码头装船机的高度,确定船舶装卸过程中的最大和最小允许吃水。

最大允许平均吃水 d_{max} 可用下式计算(见图 14-3):

$$d_{max} = D_d + H_w - D_a - \frac{|t|}{2} \tag{14-1}$$

式中:D_d——泊位基准水深(m);

H_w——靠泊期间泊位最低水位至基准水位的距离(m);

D_a——泊位要求的富余水深(m);

t——吃水差(m)。

最小允许平均吃水 d_{min} 可用下式计算(见图14-3):

$$d_{min} = H - h_1 + h_2 + H'_w + \frac{|t|}{2} \qquad (14-2)$$

式中:H——船底至上甲板可能碰撞位置顶端的垂直距离(m);

h_1——泊位基准水位至装船机可能碰撞位置下端的垂直距离(m);

h_2——防止装船机和船舶可能碰撞位置的安全距离(m);

H'_w——靠泊期间泊位最高水位至基准水位的距离(m)。

为了控制大型矿石船装卸期间的吃水,通常必须依靠边装卸边排注压载水的方法达到要求。

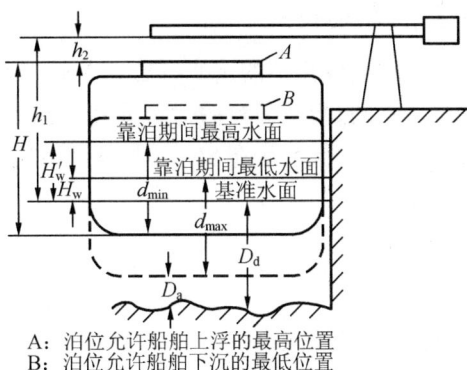

A:泊位允许船舶上浮的最高位置
B:泊位允许船舶下沉的最低位置

图14-3　散矿船最大和最小允许平均吃水

(4)合理确定货物装卸顺序和压载水排注方案。确定专用矿石船的货物装卸顺序需要考虑多方面的因素,如作业前本船的压载状况、船舶压载水的排注流量、码头装船机的作业效率、泊位对船舶吃水的限制条件等。一般应按船舶资料中推荐的方案确定。如无资料,对于使用岸上装船机开一条作业线的艉机型船舶,推荐的确定货物装卸顺序的原则是:先在船舶中部货舱开始装卸,以减缓船舶的中拱(装时)或中垂(卸时)变形,然后艏、舯、艉货舱交替进行装卸,以使船舶在整个装卸过程中不会产生过大的纵倾。根据上述原则,可以编制具体的"货物装卸和压载水排注计划表",并进行船体受力校核。如不符合要求,则应对计划表进行调整,或通过分几个轮回(2～3个轮回)进行装卸,使其满足要求。但当普通货船整船装运矿石时,应多舱同时作业,以防船体结构受损。

(5)专用矿石船装货时应按上述计划表进行,并应密切注意船舶的吃水。当实际装货效率或压载水排注流量与计划值有较大出入时,应及时进行调整,以确保船舶吃水始终介于其最大吃水和最小吃水之间,并保证船舶强度。

(6)装卸过程中,应督促装船机司机或工头及时调整装船机的喷口位置,以使船舶横倾不超过3°,并可减少平舱工作量。对于易流态化货物,应做好货品取样和样品封存。雨雪天应关舱停装。

(7)装货结束前,应利用所留机动货载调整船舶吃水差使其满足要求。有时,在装货临近结束时已将船舶吃水基本调平,如仍然需保持平吃水,则所留机动货载应基本装在中部附近货舱。当专用矿石船用于调整吃水差的机动货载数量较大时,在确定机动货载的舱位时应特别注意防止船舶产生过大的中垂;可用观测吃水的方法检验船舶的拱垂变形是否在要求范围内。装货结束应按要求做好平舱工作,并消除船舶的初始横倾角。

(8)卸货开始时,如果船舶的富余水深较小,则不宜立刻用水泵压载,可先利用海水压力自然注入压载水一段时间,以防大量海底泥沙被吸入压载舱。

(9)当用普通货船整船装运矿石时,应注意船舶的强度和稳性。为减轻船体受力,应减载夏季满载装货重量的 20% 左右,且各舱应按舱容比例分配货重。为防止船舶的 GM 过大,在甲板强度允许的前提下,凡有二层舱的船舶,可在其二层舱内安排航次载货重量的 1/4 ~ 1/3,以利于提高船舶重心。

(二)散装精选矿粉的装运特点

散装精选矿粉系指利用物理或化学的选矿方法从原矿中选取得到的品质和纯度较高的物质。由于选矿方法不同,所得矿粉的含水量有差异,因而有干精矿粉和湿精矿粉两大类,以水选法选矿所得的含水量在 8% 以上者为湿精矿粉;而以机械碾压所得含水量较低的为干精矿粉。

1.精选矿粉的主要特性

湿精矿粉含有一定的水分,虽形似干精矿粉,但在运输过程中,由于船舶的摇摆和振动,其会呈流态化而危及船舶的安全。

干精矿粉含水量在 5% 左右,其主要危险特性有:

(1)散落性。当船舶在航行中横摇时货物易发生移动而使船舶倾斜,危及船舶和人员安全。特别是自然倾斜角在 35° 以下的矿粉其危险性更大。

(2)含有硫化物及游离硫黄的干精矿粉,在其粉碎过程中吸入空气,一旦受潮或渗进水分,使其饱和氧化生成硫酸盐并释放热量,若热量积聚,则易引起货物自燃。此外,有些干精矿粉在自热过程中会散发出有毒气体或使舱内缺氧。

(3)某些矿粉中的金属元素经化学作用会放出氢气,积聚在舱内,或与其他物质发生反应,可能引起爆炸。

(4)硫化金属矿粉遇海水会使硫化物水解,呈强酸性,对船体和设备有腐蚀作用。

2.精选矿粉的装运注意事项

散装精选矿粉的装运应注意事项,除了在本项目任务一中已述的以外,还须注意以下事项:

(1)托运人应向船方提供由产品质量监督检验部门签发的有关货物含水量,自然倾斜角,理化性质(吸湿、氧化、自燃或挥发有害气体等),积载因数等的证明文件。

(2)装船前,船方应进行货物取样,并用简易方法检验货物的含水量,如发现有问题或怀疑,应及时通知货方申请重新检验。一般货船装运精选矿粉时,其含水量不得超过货物的适运水分量。含水量超过适运水分量的货物只能由特殊结构的船舶进行载运。

（3）装船前，船方应做好货舱清洁工作，清除舱内任何化学物品和可燃物质，并保持货舱的水密。做好舱内污水井及管系的清洁防护工作，以防其堵塞或受损。装货后应立即进行污水测量及抽水试验，确保其通畅。木质舱底板的货舱不宜装载精矿粉。

（4）静止角小于35°的干精矿粉，在航行中易移动，装载时应注意采取相应的防范措施。为防止其移动，可将部分矿粉装袋，用以设置纵向隔堵。同时，应防止粉尘污染，尽量降低其对人身和船舶设备等的危害。

（5）精选矿粉的氧化发热在选矿后15 d内温度最高。因此，装船前货物在场地累计堆放时间应不少于15 d，装载时，舱内货堆面积要大，以利散热，货堆高度宜掌握在1.2～1.5 m。若精选铜矿粉外观颜色为浓艳绿色，则表明其尚未氧化发热，装船后必定发热，须特别警惕；如其颜色发黑，则说明其正在氧化发热中或已到氧化后期。

（6）为保证人员安全，在装卸作业时，人员应戴气体防护口罩等防护用品。

（7）装货过程中应防止混入杂质，特别是可燃物质。雨雪天不应装卸。

（8）装运干精矿粉时，为限制其氧化，装妥后应平舱并压紧货物或在货物表面加以铺盖。至少每天测温两次，如发现货温升高可开舱翻动发热部分货物或通风散热。

（9）如遇船舶在航行中发生横倾，船长应立即电告船公司，并根据现场情况采取相应措施或至附近港口进行处理，以保安全。

（10）精矿粉燃烧起火用二氧化碳灭火效果不明显。当舱内货物局部起火时，可用少量水雾灭火降温，单处冒烟时，可用掩埋法灭火。

（三）种籽饼的装运特点

种籽饼是含油植物种子经机械压榨或通过溶剂萃取法提取油料后剩余的残渣，它主要用作饲料和肥料。最常见的种籽饼有：椰籽饼、棉籽饼、花生饼、亚麻仁饼、玉米饼、尼日尔草籽饼、棕榈仁饼、菜籽饼、稻糠饼、大豆饼和葵花籽饼等。其常以饼、片、球等形状交付运输。

1. 种籽饼的主要特性

由于种籽饼内含有油和水，所以会自行缓慢地发热分解，并会在遇潮或遇含有一定比例未经氧化的油类时自燃，在长时间贮运过程中也易发热自燃，并能引起舱内缺氧，产生二氧化碳气体。所以包装运输的种籽饼在《国际危规》中被列为4.2类危险货物。散装的种籽饼在《IMSBC规则》中属于B类货物。和其他物质一样，不饱和的有机物质较其饱和状态更易产生化学反应，放出热量。表示有机物质不饱和程度的一个指标是碘值。碘值越大，不饱和程度越高。种籽饼是有机物质，因种类不同，其碘值也不同。葵花籽饼的碘值达125～140单位，棉籽饼为102～113单位，菜籽饼为97～107单位等。碘值愈大，愈易氧化发热自燃。

种籽饼的自燃现象的发生主要由其理化性质决定，但外界因素如温度、湿度、货物内易氧化的杂质等也是导致其发热自燃的重要条件。

在《国际危规》中，根据种籽饼的含油、含水量的不同，其联合国编号分别为UN No. 1386和UN No. 2217。前者危险性更大些，装载时应予以注意。

2.装运种籽饼的注意事项

装运种籽饼的注意事项如下：

(1)托运的种籽饼含油量和含水量必须符合船运要求。应取得发货人的保证，其货物在出厂后至装船前有两个月的氧化期；溶剂萃取的种籽饼应基本无易燃的溶剂；并提供符合要求的货物品质检验证书(其中应注明出厂日期，榨油方法，油、水及杂质含量)。应严格检查发货人送交的分析样品是否取样均匀。对结块，发霉及严重变色或有虫害以及含油、含水量超过标准及其他不符合要求的种籽饼应予拒装。

(2)装运种籽饼的船舶应按照《国际危规》《IMSBC规则》的要求，配备相应设备和监测仪器，具有良好的通风设备，具有二氧化碳灭火系统，货舱内管系、电缆状况良好，通风筒应装防火网罩。

(3)装货的舱室应保持污水井(沟)畅通，货舱清洁干燥。

(4)种籽饼不应装于机舱附近。整船装运散装种籽饼时，应从远离机舱壁的另一端开始装载并装成斜坡形。靠机舱壁货堆高度不能超过5 m。底舱装载种籽饼时，应避开需加温的油舱，如无法避开，则应采取有效的隔热措施，同时控制燃油的加温时间和温度(一般宜在50 ℃以下)。

(5)种籽饼本身含有油分，且有气味及具有吸味性，故不能与怕气味的和有气味的货物装在一起。同时应按本项目任务一所列表14-1及表14-2的要求做好与其他危险货物的隔离。

(6)装卸期间，应显示规定信号。装卸作业区严禁吸烟和使用明火。

(7)雨雪天和湿度较大时应停止装卸。装货过程中如货温超过当地最高气温5 ℃应停止装货，并采取降温措施。

(8)当舱内货温升高时，不能采用甲板洒水的降温措施，以免舱内产生过多汗水，引起货物表层温度升高，反而增加种籽饼发热的可能性，且会影响货物质量。

(9)航行途中应定时测温并做好记录，当舱温和货温较高时，应根据外界温、湿度，适时进行通风或开舱晾晒。如种籽饼局部发热，可将焦化冒烟和温度过高的货物清除抛海。当货温达到55 ℃时应封闭货舱并停止通风，对机械压榨的种籽饼可施放二氧化碳，对溶剂萃取的种籽饼则在未见明火前绝不能使用二氧化碳，以防产生静电将溶剂蒸气点燃。当舱内货物自燃起火时，可注入海水灭火，但须注意船舶的浮态、排水量的增加和货物体积的膨胀状况。

(四)煤炭的装运特点

1.煤炭的主要特性

煤炭的主要成分是固定碳、挥发物(氢、氧、一氧化碳、硫、磷、甲烷等)及灰分等，其与运输有关的主要特性有：

(1)会产生可燃易爆气体。煤炭会产生甲烷气体，由于甲烷较空气轻，会积存于货舱的上部，当空气中甲烷的含量为5%～16%时，遇明火即可爆炸。

(2)具有自热和自燃性。煤炭在空气中会氧化而放出热量，当热量积聚达到其自燃点时便会自燃。挥发物含量越高的煤炭越易自燃。煤炭自燃的同时会产生一氧化碳,煤炭的氧化会使舱内缺氧,二氧化碳增多。

(3)煤炭的粉尘在空气中的含量在 10 ~ 30 g/m³时,遇明火也会爆炸。

(4)含水量高的煤炭(粉)具有易流态化的特性。

2.煤炭的装运要求

煤炭的装运要求如下:

(1)装运前,应弄清拟运煤炭所属种类、特性、场地堆存时间、煤堆温湿度、开采季节等,煤炭中应不含杂草、粪便、废油渣等有机物质,若煤炭温度达 35 ℃及以上或含水量过大,则应拒绝装船。

(2)货物装船前,货舱包括可移动的舱壁护板都必须清洁、干燥,污水井(沟)必须畅通并封盖其盖板,以防被煤粉堵塞;货舱及其毗邻舱室内的电缆、电器设备的技术状况必须良好,符合安全规定并能在含有甲烷或粉尘的空间安全使用,货舱内的电器设备均应为防爆型;船上二氧化碳灭火系统(包括烟雾探测器)、货舱管系、二氧化碳钢瓶、二氧化碳站的照明灯和门锁等均应处于良好的备用状态。

(3)货物应避免装于热源附近。在靠近机舱舱壁处,应采用斜坡式装载,以减少机舱对煤的传热增温。煤舱下的双层底中所装的燃油黏度不宜太大,尽量做到不加温或少加温。

(4)货煤装毕必须进行合理平舱。

(5)货舱及其毗邻舱室应禁止一切明火作业。人员进入装有煤炭的舱室时,不应穿能产生静电的服装;装有煤炭的货舱上的甲板区域内,所有非防爆型电器设备均应切断电源。

(6)装货期间及装货后不久的一段时间内,应对易进入易燃气体的舱室,如起货机室、配电室、物料间等进行通风并禁止吸烟和明火作业。

(7)装运煤炭的船舶应做到快装、快卸,尽量缩短货物在船时间,以避免其自燃。

(8)航行途中必须经常测温并做好记录。如货温较低且稳定应进行间断性的持续通风,以排出有害气体。经验认为,煤炭装船后应先进行 4 ~ 5 d 的表面通风,然后,每隔一天进行表面通风 6 h,即可达到排出可燃气体的目的。根据不同季节、地区特点、外界气温,采取甲板喷水的降温措施。

(9)当舱内煤温接近 45 ℃时,应立即停止通风,封闭货舱及通风筒,防止空气进入货舱。如货温继续升高并有烟雾,则应在严格封舱的前提下有步骤地施放足量的二氧化碳进行灭火。不能用海水冷却煤炭或灭火。

(10)在开舱卸货前,应对货舱进行通风,以排出有害气体,确保人员的安全。人员不得随意进入可能积存甲烷气体或缺氧的舱室,必须进入时,应戴好自给式呼吸器,或先对舱室进行检测,确认安全后方可进入。

六、水尺计重的概念及适用范围

(一)水尺计重定义

水尺计重又称水尺检量(Draught Survey),是利用船舶作为一个大型衡器,通过船舶装卸货前后吃水的变化来计算装载货物重量的一种方法。由于水尺计重的精度相对较低,作为法定计量的一种方法,仅适用于价格较低的船运散货,如煤炭、生铁、废钢、矿石、硫黄、盐、化肥等。水尺计重应在船方协助下由规定的公证鉴定机关(我国为商品检验局)承担并出具计量证明,其结果在出口时用作交货或结汇的凭证,进口时作为到岸计价或短重索赔的依据。水尺计重也可作为船上用来计量实装货物重量的一种方法。

水尺计重的原理是利用船舶吃水与排水量的关系,通过测量船舶载货时的吃水和无货时的吃水求得船舶载货时的排水量(毛重)和无货时的排水量(皮重),这两者之差,扣除两次测量吃水期间船上非货物重量的变化,就可以得到计量货物的重量。对于单一的直达运输货物,完整的水尺计重包括:在装货前后两次测定船舶吃水等原始数据,进行一次货物装载量的计算;在卸货前后再重复一次与装货前后相同的测量和计算,得到船舶卸载货物的重量。船方据以确定航次货物交接的数量。

(二)水尺计重的步骤

1.测定有关原始数据

能否准确地测定水尺计重中所需的各项原始数据,关系到水尺计重结果的精确程度。因此,应力求尽可能提高每一项有关原始数据的测定精度。

(1)测定船舶的六面吃水

测定船舶的六面吃水包括:船首左、右舷吃水(d_{FP} 和 d_{FS}),船中左、右舷吃水($d_{\boxtimes P}$ 和 $d_{\boxtimes S}$)及船尾左、右舷吃水(d_{AP} 和 d_{AS})。测定时,船上不得进行一切可能影响水尺观测精度的操作,有波浪时,应读取水面最高和最低时的多组吃水,并取其平均值,以减少吃水的观测误差。

(2)测定舷外水密度 ρ

测定舷外水密度一般可与测定吃水同时进行。所测海水取样时应避开船舶排水管口和码头下水管道口,通常在船舶外挡中部吃水的一半处选取水样进行测定。

(3)测定液舱内油水等储备品的重量 $\sum G$

测定液舱内油水等储备品的重量 $\sum G$ 包括各油舱、淡水舱、压载水舱内的油水存量,船上污水井(沟)和隔离舱内积水的重量及其他储备品和垫舱物料等重量。

在测定油水舱内的油水存量时,如果船舶有纵倾和/或横倾且测孔不在舱的中心时,应进行纵、横倾的修正,其方法和油舱空当高度的纵、横倾修正相同。

2.计算并修正船舶吃水

(1)计算测定的船首平均吃水 d_F、船中平均吃水 $d_{\boxtimes M}$、船尾平均吃水 d_A 及吃水差 t

$$d_F = \frac{d_{FP} + d_{FS}}{2} \tag{14-3}$$

$$d_{\boxtimes M} = \frac{d_{\boxtimes P} + d_{\boxtimes S}}{2} \tag{14-4}$$

$$d_A = \frac{d_{AP} + d_{AS}}{2} \tag{14-5}$$

$$t = d_F - d_A \tag{14-6}$$

（2）船舶的艏、艉垂线修正

由于船舶的艏、艉吃水应以水线与艏、艉垂线交点处的读数为准，而船舶的实际水尺标志常不在艏、艉垂线上，因此，当船舶有吃水差时，就需要对艏、艉吃水进行艏、艉垂线的修正。

由图 14-4 可知，艏垂线修正值 C_F 和艉垂线修正值 C_A 分别为：

$$C_F = \frac{t \cdot l_F}{L_{BP} - l_F - l_A} \tag{14-7}$$

$$C_A = \frac{- t \cdot l_A}{L_{BP} - l_F - l_A} \tag{14-8}$$

式中：l_F——观测艏吃水点至艏垂线间的距离（m）；

l_A——观测艉吃水点至艉垂线的距离（m）。

l_F 和 l_A 的值可从船舶资料中查得或量取，式（14-7）基于船舶艏吃水观测点位于艏垂线之后进行计算，式（14-8）基于艉吃水观测点位于艉垂线之前进行计算。

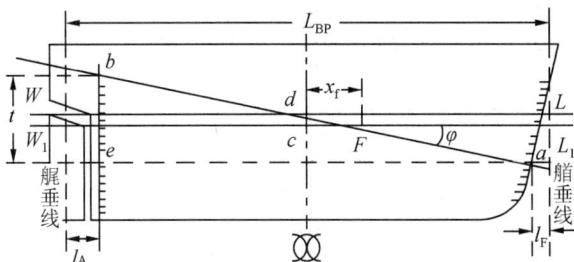

图 14-4 艏、艉垂线修正

由此，经艏、艉垂线修正后的艏、艉平均吃水 d_{F1} 和 d_{A1} 分别为：

$$d_{F1} = d_F + C_F \tag{14-9}$$

$$d_{A1} = d_A + C_A \tag{14-10}$$

当船舶的吃水差绝对值小于 0.3 m 时，可以不做此项修正。

经该项修正后船舶的艏、艉平均吃水和吃水差分别为：

$$d_{M1} = \frac{d_{F1} + d_{A1}}{2} \tag{14-11}$$

$$t_1 = d_{F1} - d_{A1} \tag{14-12}$$

（3）船舶拱垂修正

船舶在各种装载状态下，都可能出现中拱或中垂变形。因此，对船舶吃水应进行此项修正（见图 14-5）。下面介绍两种修正方法：

第一种方法：在求得 d_{M1} 之后，按下列步骤进行：

①计算艏、艉平均吃水与船中平均吃水的平均值 d_{M2}：

$$d_{M2} = \frac{d_{M1} + d_{\boxtimes M}}{2} \tag{14-13}$$

②计算经拱垂修正后的平均吃水 d_{M3}：

$$d_{M3} = \frac{d_{M2} + d_{\boxtimes M}}{2} = \frac{d_{F1} + 6d_{\boxtimes M} + d_{A1}}{8} \tag{14-14}$$

第二种方法：

$$d_{M3} = d_{M1} + C_1 \tag{14-15}$$

式中：C_1——拱垂变形对平均吃水的修正值，其值可由以下公式求取：

$$C_1 = \frac{3}{4}(d_{\boxtimes M} - d_{M1}) \tag{14-16}$$

或

$$C_1 = \frac{2}{3}(1 + C_w - C_w^2) \times (d_{\boxtimes M} - d_{M1}) \tag{14-17}$$

式中：C_w——平均吃水为 d_{M1} 时的水线面面积系数。

当船舶中拱时，C_1 为负值；当船舶中垂时，C_1 为正值。

当 $1 + C_w - C_w^2 = 9/8$ 时，则由式(14-16)和式(14-17)计算所得的值相等。

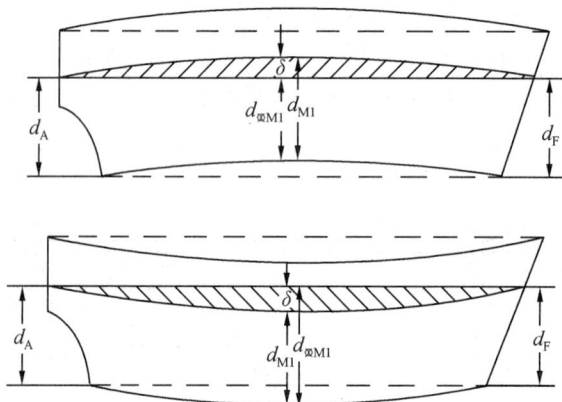

图 14-5　船舶拱垂修正

3. 求取船舶排水量

按以下步骤进行：

(1)根据上述经拱垂修正后的船舶平均吃水 d_{M3}，从载重表尺或静水力性能数据表中查取船舶排水量。查值时，先查出与 d_{M3} 邻近的吃水整数值对应的排水量基数，再将差额吃水乘以相应的每厘米吃水吨数(TPC)，得出差额吨数，以排水量基数加、减差额吨数，即得 d_{M3} 对应的排水量 Δ_0。

(2)对排水量进行纵倾修正(见图 14-6)。因为上述 d_{M3} 是船中处的平均吃水，即为船舶正浮时的平均吃水，因此，由此查得的排水量也为船舶正浮时的值，当船舶存在纵倾且漂心不在船中时，必须对上述排水量进行修正。其应修正的排水量值由下式求得：

$$\delta\Delta = \frac{t \cdot x_f \cdot 100TPC}{L_{BP} - l_A - l_F} + \frac{50t^2}{L_{BP} - l_A - l_F} \cdot \frac{dM}{dZ} \tag{14-18}$$

式中：dM/dZ——平均吃水 d_{M3} 处的每厘米纵倾力矩(MTC)的变化率，即在吃水为 d_{M3} 时，当吃水增、减各 0.5 m 时每厘米纵倾力矩的变化值。

当船舶吃水差的绝对值小于等于 0.3 m 时，可不进行纵倾修正；当吃水差的绝对值大于 0.3 m 而小于 1.0 m 时，仅需进行上式中第一项修正，当吃水差的绝对值大于等于 1.0 m 时应按上式进行全部修正。

这样,经纵倾修正后的船舶排水量为:

$$\Delta_1 = \Delta_0 + \delta\Delta \tag{14-19}$$

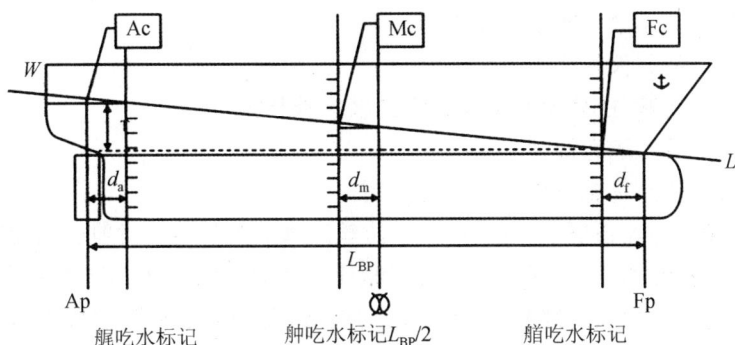

图 14-6　纵倾修正

4. 港水密度修正

由于上述 d_{M3} 是船舶在实测水域中的吃水,而船舶资料中的吃水系指船舶在标准海水中的值,故需对上述排水量进行港水密度的修正。修正公式为:

$$\Delta = \frac{\Delta_1 \cdot \rho}{1.025} \tag{14-20}$$

式中:Δ——测定时的船舶排水量(t)。

5. 计算货物装载量 $\sum Q$

$$\sum Q = (\Delta' - \sum G_2) - (\Delta - \sum G_1) \tag{14-21}$$

式中:Δ'——船舶装货后或卸货前的排水量(t);

　　　Δ——船舶装货前或卸货后的排水量(t);

　　$\sum G_1$——装货前或卸货后船上的油水存量(t);

　　$\sum G_2$——装货后或卸货前船上的油水存量(t)。

任务三　SOLAS 公约对散货船附加安全措施

国际海事组织(IMO)于 1997 年 11 月召开的 SOLAS 第四次大会上通过了关于散货船结构安全的第十二章"散货船的附加安全措施",该修正案于 1999 年 7 月 1 日生效。SOLAS 公约第十二章共分 14 条,具体包括:

第 1 条　定义;

第 2 条　适用范围;

第 3 条　实施计划;

第 4 条　适用于散货船的破损稳性要求;

第 5 条　散货船的结构强度;

第 6 条　散货船的结构要求及其他要求;

第 7 条　散货船的检验和维护保养；

第 8 条　关于符合散货船要求的资料；

第 9 条　对由于货舱结构设计的原因而不能符合第 4.3 条的散货船的要求；

第 10 条　固体散货密度的申报；

第 11 条　装载仪；

第 12 条　货舱、压载舱和干燥处所进水报警装置；

第 13 条　泵系的有效性；

第 14 条　任何货舱空舱时的航行限制。

其中装载仪的配备要求，现有船第一货舱进水不沉及第一货舱进水后第一、第二货舱之间槽形舱壁和双层底强度要求，新船任一货舱进水不沉的结构要求和稳性要求，单舷侧结构的货舱肋骨的结构要求，货舱舱口盖的强度和锁紧要求等引自 IACS 的船体结构安全要求。

2006 年 7 月 1 日生效的 SOLAS 2004 修正案对整个十二章进行了全面的修订，并引入了新的散货船定义。

一、定义及适用范围

SOLAS 公约对散货船的附加安全措施适用于运输散装干货的单侧结构和双舷侧结构散货船，包括矿砂船和兼装船等船型。

1. 单舷侧结构散货船

单舷侧结构散货船系指满足以下条件之一的散货船：

（1）货舱任何边界均为舷侧壳板。

（2）一个或多个货舱边界为双舷侧结构；2000 年 1 月 1 日以前建造的散货船，该双舷侧结构宽度小于 760 mm；2000 年 1 月 1 日或以后，但在 2006 年 7 月 1 日以前建造的散货船，该双舷侧结构宽度小于 1 000 mm；该宽距按垂直于舷侧壳板量取。该类船舶包括货舱任何边界均为舷侧壳板的兼装船。

2. 双舷侧结构散货船

双舷侧结构散货船系指所有货舱边界均为双舷侧结构的散货船。双舷侧指船舶每侧均由舷侧壳板与纵舱壁组成的构造形式，该纵舱壁连接双层底和甲板。底边舱和顶边舱（如设有）可为双舷侧构造的组成部分。

二、适用于散货船的破损稳性要求

根据船长、设计运载货物密度及建造时间在设计上应满足：

（1）船长 150 m 及以上，设计用于载运密度为 1 000 kg/m³ 及以上的固体散装货物，于 1999 年 7 月 1 日或以后建造的单舷侧结构散货船，当装载至夏季载重线时，应在所有装载工况下均能承受任一货舱进水，并能在令人满意的平衡状态下保持漂浮。

（2）船长 150 m 及以上，设计用于载运密度为 1 000 kg/m³ 及以上的固体散装货物，于 2006 年 7 月 1 日或以后建造，纵舱壁任一部分均在舷内 1/5B 或 11.5 m（取较小者)范围内的双舷侧结构散货船,当装载至夏季载重线时,应在所有装载工况下均能承受任一货舱进水,并能在令人满意的平衡状态下保持漂浮。

(3)船长 150 m 及以上,设计用于载运密度为 1 780 kg/m³ 及以上的固体散装货物,于 1999 年 7 月 1 日以前建造的单舷侧结构散货船,当装载至夏季载重线时,应在所有装载工况下均能承受最前部货舱进水,并能在令人满意的平衡状态下保持漂浮。

(4)上述假定的进水只需考虑货舱处所进水至该进水状况下船舶的舷外水位。除非进水货舱容积中被货物占据部分的渗透率按该特定货物予以假定,并且该货舱所剩空余容积的渗透率假定为 0.95,否则载货舱的渗透率应假定为 0.9,空货舱的渗透率应假定为 0.95。

三、散货船的结构强度

根据船长、设计运载货物密度及建造时间,散货船的结构强度在设计上应满足:

(1)船长 150 m 及以上,设计用于载运密度为 1 000 kg/m³ 及以上的固体散装货物,于 1999 年 7 月 1 日或以后建造的单舷侧结构散货船,应在所有装载和压载状态下有足够强度承受任一货舱进水至该进水状况下船舶的舷外水位,并计及舱内进水所产生的动力影响。

(2)船长 150 m 及以上,设计用于载运密度为 1 000 kg/m³ 及以上的固体散装货物,于 2006 年 7 月 1 日或以后建造,纵舱壁任一部分均在舷内 1/5B 或 11.5 m(取较小者)范围内的双舷侧结构散货船,应在所有装载和压载状态下有足够强度承受任一货舱进水至该进水状况下船舶的舷外水位,并计及舱内进水所产生的动力影响。

四、散货船的结构要求及其他要求

公约适用于 1999 年 7 月 1 日以前建造的船长 150 m 及以上,设计用于载运密度为 1 780 kg/m³ 及以上的固体散装货物的单舷侧结构散货船。最前部两个货舱间的水密横舱壁及最前部货舱的双层底应符合散货船舱壁和双层底强度标准,有足够强度承受最前部货舱进水,并计及舱内进水所产生的动力影响。

五、散货船的检验和维护保养

(1)船长 150 m 及以上、船龄 10 年及以上,于 1999 年 7 月 1 日以前建造的单舷侧结构散货船,只有在满足下述条件之一时,才能载运密度为 1 780 kg/m³ 及以上的固体散装货物:

①按 SOLAS 公约第十一章相关要求的加强检验程序通过了定期检验;

②所有货舱 SOLAS 按公约第十一章相关要求的加强检验程序通过了与定期检验同样范围的检验。

(2)散货船应符合 SOLAS 公约第二章规定的维护保养要求和国际海事组织 MSC.169(79)决议通过并经修订的《散货船舱口盖船东检查和维护标准》,船东和船舶营运人应制订维护计划、养成在航行期间进行核查、当舱口盖被打开时进行检查的习惯。

六、关于符合散货船要求的资料

（1）SOLAS 公约第六章货物运输第 7.2 条要求的散货船配备的货物装卸手册应由主管机关或其代表签署，以表明其符合 SOLAS 公约第十二章第 4 条、第 5 条、第 6 条及第 7 条的适用要求。

该手册是为了防止正常营运散货船的船体结构产生过大应力，应使用负责货物作业的高级船员所熟悉的语言编写。如该种语言不是英文，则船上还应配备一份用英文写成的手册。改手册至少包括下列内容：

①船舶稳性资料；

②压载水打排速率和能力；

③内底板上单位表面积的最大许用载荷；

④每舱最大许用载荷；

⑤有关船体结构强度的一般装卸须知，包括在装卸货物、压载作业及航行期间的最不利操作工况的任何限制；

⑥任何特别的限制，例如主管机关或由其认可的组织所施加的最不利操作工况的限制（如适用）；

⑦在货物装卸及航行期间船体上的最大许用载荷和力矩。

（2）按 SOLAS 第十二章第 6 条的要求对载运密度为 1 780 kg/m³ 及以上的固体散装货物的任何限制应在上述货物装卸手册上做出标识和记录。

（3）按 SOLAS 第十二章第 6 条的要求对载运密度为 1 780 kg/m³ 及以上的固体散装货物进行限制的散货船，应在船中部左、右舷侧外板上勘划一个实心的永久性等边三角形标志，其边长为 500 mm，顶点在甲板线以下 300 mm 处，并漆成与船体有反差的颜色。

七、固体散货密度的申报

（1）船长 150 m 及以上的固体散货船装货之前，托运人应按 SOLAS 公约第六章货物运输的相关要求提交货物积载因数、平舱方法、移动的可能性（包括静止角，如适用）以及任何其他有关特性的资料。对于浓缩物或可流态化的货物，还应提交货物含水量及适运水分量 TML 证书。除此之外，应申报货物密度。

（2）对于适用 SOLAS 公约第十二章第 6 条的散货船，如果不能满足有关装运密度为 1 780 kg/m³ 及以上的固体散货的所有相关要求，则申报密度为 1 250～1 780 kg/m³ 的任何货物时应由有资质的试验机构验证其密度。

八、装载仪

除另有规定外，下述要求适用于任何时候建造的固体散货船：

（1）船长 150 m 及以上的固体散货船均应配备装载仪，该装载仪应能提供船体梁的剪力和弯矩资料。

（2）1999 年 7 月 1 日以前建造的、船长 150 m 及以上的固体散货船应不迟于 1999 年 7 月 1 日以后的第一次中间检验或定期检验之日符合配备装载仪的要求。

（3）2006 年 7 月 1 日或以后建造的、船长小于 150 m 的散货船应配备能提供船舶完整稳性资料的装载仪。计算机稳性计算的软件应经主管机关认可,该软件还应备有标准工况,用于与批准的稳性资料有关的测试。

九、任何货舱空舱时的航行限制

对船长 150 m 及以上且所载货物密度为 1 780 kg/m³ 以上的单舷侧结构散货船,如果不满足 SOLAS 第十二章第 5 条规定的承受任一货舱进水的要求,也不满足国际海事组织 MSC.168(79)决议通过的《单舷侧结构散货船舷侧结构标准和衡准》,则在船龄满 10 年之后,当任何货舱的载货重量低于该货舱在满载工况下最大许可载货重量的 10% 时,不得航行。该满载工况系指其载荷大于或等于在相应的核定干舷时的船舶载重量的 90%。

项目十五
散装液体货物运输

学习目标

1. 了解石油及其产品的分类及特性,油船货运相关设备。
2. 能够编制油船的配载方案、计算油量。
3. 能够进行油样选取及封存。
4. 了解散装液体化学品和液化气体船舶运输的相关知识。

　　海运的散装液体货物包括石油及其产品、液化石油气、液化天然气和液化化学气以及种类繁多的液体散装化学品。本项目重点介绍石油类货物的运输特点及注意事项,同时简要介绍散装液化气体和散装化学品的运输。

任务一　石油及其产品的种类和特性

一、石油及其产品的种类

(一)原油

　　原油又称石油原油,它是直接由油井中开采出来的一种具有特殊气味的、有色的、黏稠的可燃性矿物油,为多种烃类(烷烃、环烷烃、芳香烃)的复杂混合物。

　　石油的性质因产地而异,密度为 $0.8 \sim 1.0$ g/cm³,黏度范围很宽,凝固点差别很大($-60 \sim 30$ ℃),沸点范围为常温到 500 ℃以上,可溶于多种有机溶剂,不溶于水,但可与水形成乳状液。组成石油的化学元素主要是碳(含量为 83% ~ 87%)、氢(含量为 11% ~ 14%),其余为硫(含量为 0.06% ~ 0.80%)、氮(含量为 0.02% ~

1.70%）、氧（含量为 0.08% ~ 1.82%）及微量金属元素（镍、钒、铁等）。由碳氢化合物形成的烃类是构成石油的主要组成部分，占 95% ~ 99%，含硫、氧、氮的化合物对石油产品有害，在石油加工中应尽量除去。

不同产地的石油中，各种烃类的结构和所占比例相差很大，但主要属于烷烃、环烷烃、芳香烃三类。通常以烷烃为主的石油称为石蜡基石油；以环烷烃、芳香烃为主的石油称环烃基石油；介于两者之间的石油称中间基石油。原油经过加工可以提炼出汽油、煤油、柴油、润滑油和其他化工产品。

（二）成品油（石油产品）

在油田经过脱盐、脱水的原油，送往炼油厂，进行分馏和加工，才能得到各种石油产品。炼油厂通常把产品分为"白油"和"黑油"两大类。一般来说，白油是直馏轻质组分，又称清油（Clean Oil）；黑油是重质组分。在分馏塔内，轻质组分的蒸气上升至较高部位，在塔的上部冷凝成液体，通常称为蒸馏油（Distillate Fuel），其沸点较低，如汽油、煤油、轻柴油等；重质组分的蒸气在较低的高度下冷凝，通常称为蒸余油（Residual Fuel or Residual Oil），其沸点较高，如燃料油、渣油、沥青等。因此，可从分馏塔不同的高度得到不同的馏分，主要产品所述如下。

1. 汽油

汽油是石油产品中密度最小、最易挥发的油品，主要包括车用汽油、航空汽油和溶剂汽油。车用汽油是一种不溶于水的、密度在 $0.65 ~ 0.80$ g/cm³ 的油状透明液体，按辛烷值的高低分牌号。辛烷值是衡量汽油在汽缸内抗爆震燃烧能力的一种数字指标，其值高表示抗爆震性好，常用的辛烷值有研究法辛烷值和马达法辛烷值。车用汽油按照马达法辛烷值可分为 66、70、76、80、85 五个牌号，按照研究法辛烷值可分为 90、93、95、97、99 等牌号。牌号越高，表示抗爆震性能越好。为了提高汽油的抗震爆性能，通常在油内掺入烷基铅作抗爆剂，如四乙基铅、四甲基铅等。纯净的汽油为无色透明的液体，由于四乙基铅等有剧毒，为表示有毒，将掺入剧毒添加剂的车用汽油染成黄色或红色，以引起注意。

2. 煤油

煤油是一种白色透明液体，密度约为 0.80 g/cm³，闪点在 43 ℃左右（作为航空燃料的煤油闪点在 0 ~ 23 ℃）。在低温下着火性能较差，使用时比汽油安全。煤油按用途可分灯用煤油、拖拉机用煤油、航空用煤油和重质煤油。煤油除了作为燃料外，还可作为机器洗涤剂以及医药工业和油漆工业的溶剂。灯用煤油比汽油重，比柴油轻，用于点灯照明，作汽灯和煤油炉的燃料。灯用煤油严防汽油混入，以免点火时引起火灾。混入柴油会降低煤油的质量。

3. 柴油

柴油主要作为柴油发动机的燃料，分为轻柴油和重柴油。

（1）轻柴油（Light Diesel Oil）：供各种柴油汽车、拖拉机、各种高速柴油机（1 000 r/min 以上）等作燃料用。凝点系指在规定的冷却条件下油品停止流动的最高温度。凝点按大小分为 +10、0、-10、-20、-35、-50 六个牌号，分别表示其凝点

不高于 +10 ℃、0 ℃、-10 ℃、-20 ℃、-35 ℃、-50 ℃。牌号越高,凝点越低。

(2)重柴油(Heavy Diesel Oil):供各种中低速柴油机(1 000 r/min 以下)作燃料用。凝点按大小分为 10、20、30 三个牌号,分别表示其凝点不高于 10 ℃、20 ℃、30 ℃。牌号越高,凝点越高。

4.燃料油

燃料油又叫锅炉油,是原油蒸馏出汽油、煤油、柴油后在 350 ℃以上并经精制除杂直接蒸馏得到的油品,其密度为 0.940～0.995 g/cm³,主要供船舶、工业和工厂锅炉作燃料用。黏度是衡量流体流动性的指标,指液体受外力作用移动时,分子间产生的内摩擦力大小的量度。黏度按大小分为 20、60、100、200 四个牌号。牌号越大,黏度越大。

5.润滑油

润滑油是提取了汽油、煤油、柴油后剩下的重质油,采取减压蒸馏法制成的液体油品,主要用于机械设备的摩擦部位,起润滑作用。在运输过程中严防混入水分和杂质,混入水分极易乳化而无法分离,使机械锈蚀、润滑性变差;混入杂质会擦伤和磨损机械,失去润滑作用。

二、石油及其产品的特性

石油及其产品与运输和装卸有关的主要特性如下。

1.易燃性

石油及其产品容易燃烧的性能称为易燃性。它可以用闪点、燃点和自燃点来衡量。石油及其产品挥发出来的蒸气与空气混合达到一定浓度(容积百分比)范围时,遇明火就会燃烧的浓度上下限称为可燃极限;可燃上、下限之间的数值范围称为可燃范围,表 15-1 为各种石油气的理论可燃范围表。

表 15-1　各种石油气的理论可燃范围表

名称	可燃极限		名称	可燃极限	
	上限	下限		上限	下限
甲烷	14.5	5.3	苯	8.0	1.5
乙烷	12.5	3.1	甲苯	9.5	1.27
丙烷	9.5	2.2	二甲苯	6.0	1.0
丁烷	8.5	1.9	原油	10.0	1.0
戊烷	8.8	1.4	汽油	7.6	1.4
己烷	7.5	1.2	煤油	6.0	1.2
乙炔	80.0	2.6	轻柴油	4.5	1.5

为了方便和加强管理,国际上根据油品闪点的高低,将石油划分为挥发性和非挥发性两级。对某一种类油品的性质有怀疑时,应将其视为挥发性石油。当某种非挥发性石油在装卸时的温度已达到比其自身闪点小 10 ℃的温度时,也应视为挥发

性石油。

挥发性石油系指闭杯闪点在 60 ℃（140 ℉）以下的油品,包括原油、汽油、透平油、煤油、石脑油、轻质瓦斯油等。

非挥发性石油系指闭杯闪点在 60 ℃（140 ℉）及以上的油品,包括重质瓦斯油、柴油、燃料油和各种润滑油等。

我国交通运输部颁布实施的《油船安全生产管理规则》中根据闪点的高低来划分石油及其产品的危险性等级,闪点越低,等级越小,危险性越大。等级划分如下:

（1）一级石油:闪点在 28 ℃以下的石油,如苯、汽油、石脑油和某些原油等。

（2）二级石油:闪点为 28 ℃及以上至未满 60 ℃的石油,如煤油、某些原油等。

（3）三级石油:闪点为 60 ℃及以上的石油,如柴油、燃料油、润滑油等。

任何油品当油温达到其闪点时,便有可能形成可燃气体。因此,当三级石油加温至该油品的闪点温度或三级油品装载于有可燃气体的油舱时,应按一级、二级石油看待,并采取同样的防范措施。

2. 爆炸性

石油及其产品挥发出来的蒸气与空气混合达到一定浓度（体积百分比）范围时,遇明火就会燃烧,以致压力升高引起爆炸的性能称为爆炸性。

油气混合气体能发生爆炸的上、下限的浓度称为爆炸极限,上、下限之间的数值范围称为爆炸范围。只要混合气体中的油气含量在其爆炸范围之内,遇明火就会发生燃烧爆炸;但是油气过浓或过稀即在爆炸范围之外都不会发生燃烧、爆炸。

为了防止混合气体发生爆炸造成严重的危害,油船运输中的主要措施是利用惰性气体的充入来控制油品的爆炸极限和爆炸范围。试验证明,随着惰性气体的充入,油品的爆炸下限提高,爆炸上限降低,从而使油舱内的爆炸范围减小,燃烧爆炸的可能性也随之降低,如图 15-1 所示。

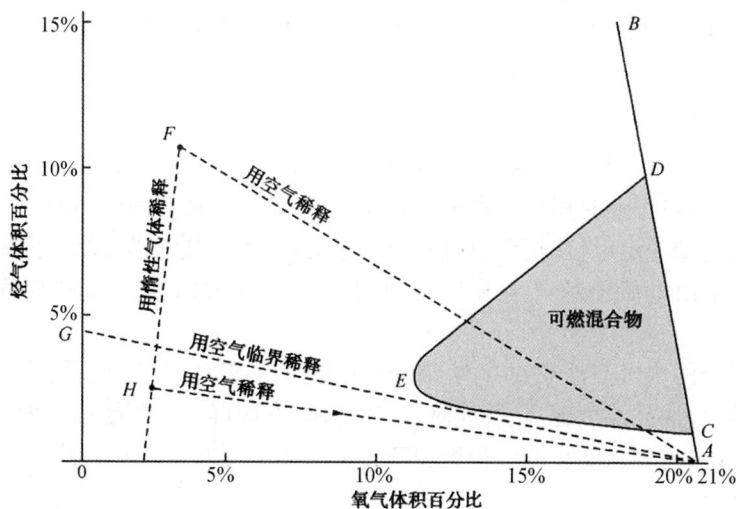

图 15-1　惰性气体影响爆炸性示意图

3. 挥发性

石油的挥发性系指当石油液体温度低于其沸点时出现的汽化现象。在储运过程中,石油产品的挥发不但会引起数量减少,而且由于其挥发部分多为轻质馏分,会使其质量降低,同时为燃烧、爆炸提供石油气,而石油气的存在对环境安全和人类健康具有不良的影响。

石油的挥发性是以蒸气压为特征的,通常用饱和蒸气压和雷氏蒸气压 RVP (Reid Vapour Pressure)来衡量。

盛装于一封闭容器中的液体,其中的分子不断挥发出来并扩散到液面上面的空间,而挥发出的分子又会不断地回到液体中,这一过程达到动态平衡时液体的蒸气所产生的压力称为饱和蒸气压。

雷氏蒸气压系指在密封的容器内装入 125 mL 油品,使液体和气体的体积比保持为 1:4,在容器内温度保持在 37.8 ℃ (100 ℉)的条件下测得的蒸气压。

同一油品挥发的快慢主要取决于温度的高低,温度越高,挥发越快。此外,挥发性还与压力的大小、油品表面积的大小、油品上方气流的速度及油品自身的密度有关。当装运凝固点高、黏度大的油品或遇高温天气时,需采取控制加温或在甲板上洒水(外界温度超过 27 ℃ 时)的措施,以减少油品的挥发。

4. 毒害性

石油及其产品中含有大量的碳氢化合物、少量的硫化氢以及某些油品中加入的四乙铅或乙基液等,对人体会有不同程度的毒害。人员的石油中毒大部分是因吸进石油挥发出来的气体所致,小部分是由于皮肤接触而侵入体内或吞咽造成的。石油的毒害性与其挥发性有密切的关系,挥发性越大,毒害性也越大。

石油的毒害性通常采用有害气体最大容许浓度 MAC (Maximum Acceptable Concentration)或浓度临界值 TLV (Threshold Limit Values)来控制。 MAC 或 TLV 以空气中含有有害气体(容积比)的百万分率 ppm 为计量单位,其值越大,说明该油品的危险性越小。

5. 静电性

石油在管内流动与管壁摩擦;油液中掺入水分;从舱口灌注石油,冲击舱壁;用压缩空气扫线;洗舱作业时用水或水蒸气高速喷射舱壁等,都会因摩擦而产生电荷。当静电荷积聚达到一定电位时,会放电并产生电火花,给油气的燃烧爆炸提供火源。静电危险基本上由电荷分离、电荷积聚、静电放电三个阶段构成,这是构成静电起火的三要素。

静电积聚的快慢与油品在管内的流动速度、油品温度、管线长短、管内压力等有关。流速越大、油品温度越高、管线越长、压力越大,则静电积聚越快。为了防止静电放电发生危险,主要从防止静电积聚和防止尖端放电两方面采取措施。

6. 黏结性

原油及重油等不透明的石油产品,在低温时黏结成糊状或块状的性能称为黏结性。黏结性一般用凝点和黏度来表示。

当装卸高黏度的油品时,需采取加温的方法来降低其黏度。但加温应适当,温度过高,不仅会加快油品的挥发,还能产生气阻,使流速降低。通常燃料油加温达75 ℃时就要控制温升,最高不得超过90 ℃。

7. 胀缩性

石油体积随温度的变化发生膨胀或收缩的性质称为石油的胀缩性。石油膨胀时危害性很大,在有限的货舱内膨胀时会造成溢油或油舱破裂,甚至会出现燃烧爆炸事故。因此,在载运石油货物时,油舱内必须留出足够的空余舱容以允许在温度升高时货物体积的增大。通常每个油舱都预留出舱容的2%左右。在实际营运中,应根据货物种类、航行区域的气温和海水温度变化等具体情况计算并留出适当的空当高度。

8. 腐蚀性

有些油品如汽油,含有水溶性酸碱、有机酸、硫及硫化物等,可能引起对船体材料的腐蚀。因此,船舶在装运这些油品后,应清洗油舱,并进行有效的通风以减少腐蚀。

任务二　油船分类

油船系指建造为或改造为主要在其装货处所装运散装油类的船舶,通常可按照其用途、船舶载重吨和航区特点及油船货舱的结构特点分类。

一、按照船舶用途分类

1. 原油船

原油船主要从事原油的运输。其特点是船舶尺度大、船舱大。其结构上正向双壳、双底的形式演变,用泵和管道装卸原油,设有加热设施,可在低温时对原油加热,防止其凝固而影响装卸。超大型油船的吃水可达25 m,往往无法靠岸装卸,而必须借助水底管道来装卸原油。

2. 成品油船

成品油船主要从事成品油类的运输。其特点是船舶尺度较小、舱容小,但是货舱多,可同时载运多种货油。货油系比较复杂。成品油船对货油舱舱壁和防腐蚀要求较严格,有很高的防火、防爆要求。

3. 兼用船

兼用船又称混装船,主要包括石油/散货/矿砂船(Oil/Bulk/Ore Carrier,简称OBO船)和石油/矿砂船(Oil/Ore Carrier,简称O/O船)。兼用船是双层底、双重舷侧,中间部分为矿砂、散货舱的结构,两舷翼舱和双层底分隔成若干个装运石油的油舱。它既有散货船的大舱口和强度大的内底,又有油船的货油泵和管系。O/O船和OBO船的区别在于可兼装干散货的中间舱的大小不同,前者占全船舱容的40% ~ 50%,后者占65% ~ 70%。该类船舶可根据特定的航线和货源情况,往返时分别载运石油类、矿砂或固体散货,避免了船舶空载回航,提高了船舶营运效率。

图片:
液化石油气船

4. 海上浮式生产储油船 FPSO

FPSO(Floating Production Storage & Offloading)集生产处理、储存外输及生活、动力供应于一体。它把来自油井的油气水等混合液加工处理成合格的原油或天然气，成品原油储存在货油舱，到一定储量时经过外输系统输送到穿梭油船。FPSO 系统主要由系泊系统、载体系统、生产工艺系统及外输系统组成，涵盖了数十个子系统，具有抗风浪能力强、适应水深范围广、储/卸油能力强及可以转移、重复使用等优点，广泛适用于远离海岸的深海、浅海海域及边际油田的开发。

5. 穿梭油船

穿梭油船系指专门用于海上油田向陆地运送石油的一种油船。由于海上石油转运技术要求较高，该型船大多配备一系列复杂的装卸油系统，同时船舶大多配备动力定位系统、直升机平台设施，导致其造价远远高于同等吨位油船，目前穿梭油船的载重量多在 8 万 ~ 15 万吨。

6. 加油船

加油船系指专门从事补给燃油等服务的船只。船上装有特殊的输油软管和专用设备。

7. 油驳

油驳多用于内河油类运输，一般没有自航能力。

二、按照船舶载重吨及航区特点分类

1. 灵便型油船

灵便型油船系指载重吨在 1 万 ~ 5 万吨的油船。该型油船吃水较小，能进出世界众多港口，具有灵便、通用的特点。

2. 巴拿马型油船

巴拿马型油船系指载重吨在 6.0 万 ~ 7.5 万吨的油船。受巴拿马运河的限制，该型船舶总长不超过 274.32 m，船宽不超过 32.30 m，最大允许吃水为 12.04 m。

3. 阿芙拉型油船

阿芙拉型油船系指载重量在 8 万 ~ 12 万吨的油船。该型油船设计吃水一般控制在 12.20 m，可以停靠大部分北美港口，并可获得最佳经济性，一般又被称为"运费型船"或"美国油船"。

4. 苏伊士运河型油船

苏伊士运河型油船系指载重量在 12 万 ~ 20 万吨、满载状况下可以通过苏伊士运河的油船。其允许吃水不超过 17 m。该船型以装载 100 万桶原油为设计载重量，因此又被称为"百万桶级油船"。

5. 好望角型油船

好望角型油船多指载重量在 15 万吨以上的油船。由于吃水及尺度限制不可能通过苏伊士运河,需绕行好望角海峡,所以称作好望角型油船。

6. VLCC

VLCC 系指载重量在 20 万 ~ 30 万吨的大型油船。

7. ULCC

ULCC 系指载重量在 30 万吨以上的超大型油船。

三、按照油船货舱的结构特点分类

1. 双层壳型油船

双层壳型油船(Double Hull Tanker)在其货舱区域内的舱底和舷侧均设置双层结构,其双层底的高度至少为 2 m 或 $B/15$(取其中小者),中型油船一般取 2.5 m 左右,大型油船一般取 3.0 m 左右。双层舷侧的宽度根据压载容量的要求确定,中型油船一般为 2.0 ~ 2.5 m,大型油船一般为 3.0 ~ 4.0 m。这种结构可以较有效地防止或减轻油船发生海事时对海洋的污染,但是它使船舶空船重量增加、船舶造价提高,对船舶的完整稳性和破舱稳性及船舶净载重量均产生了不利影响,双层底内积聚的油气也是一个危险的隐患。双壳型油船货舱结构如图 15-2 所示。

2. 中高甲板型油船

中高甲板型油船(Mid-deck Tanker)的货油舱两舷侧为双舷侧结构,舱内设有中间甲板,将货油舱分为上、下两部分。中间甲板距离船底基线的高度应不小于 $B/6$ 或 6 m(取小者),但不必高于 $0.6D$(D 为船舶型深),只要满足中间甲板下层舱内货油的静压力和蒸汽压力之和不超过船外的静水压力即可。船底破损时,由于海水压力大于舱内的压力,海水流入舱内,油舱底部形成海水层,从而有效地防止货油的泄漏。中间甲板油舱的双舷侧宽度约为双层壳油船油舱双舷侧宽度的两倍,因此当其舷侧破损时,不会殃及货油舱,使货油泄漏的概率大为降低。中高甲板型油船货舱结构如图 15-3 所示。

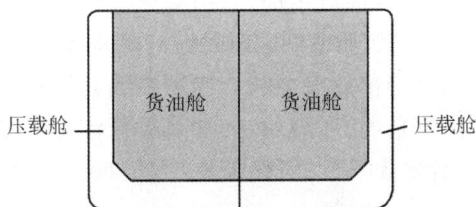

图 15-2　双层壳型油船货舱结构图　　　图 15-3　中高甲板型油船货舱结构图

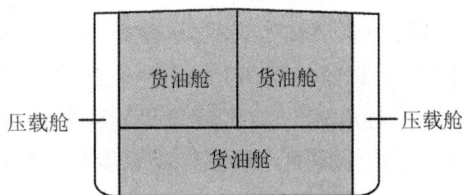

3.“库伦布鸡蛋型”油船

“库伦布鸡蛋型”油船(“Coulombi Egg” Tanker)利用静压平衡原理设计货舱。当船底或舷侧破损时,由于海水压力平衡差的作用,可以防止货油的泄漏。“库伦布鸡蛋型”油船货舱结构如图 15-4 所示。

以上三种货舱结构的设计均是以如何有效地防止或减少油船发生海事时货油泄漏对海洋的污染作为出发点的。

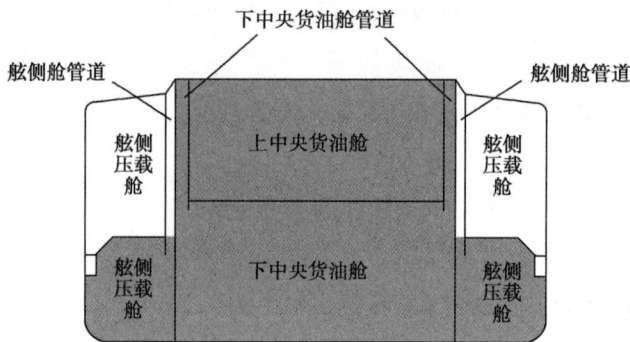

图 15-4　"库伦布鸡蛋型"油船货舱结构图

任务三　油船的结构特点、设备系统

一、油船的结构特点

1. 艉机型船舶

艉机型船舶的机舱和驾驶台均设在艉部。这样的布置方式可以保证油舱内和主甲板上的管路系统的连续性；使船中部没有隔离，保证了船舶的纵向强度；防止烟囱的火星进入货油区，有利于防火、防爆。

2. 设置货油泵舱

设置货油泵舱系指用来布置货油泵、扫舱泵、压载泵等设备的舱室，一般设在机舱之前，可将机舱与货油舱隔离，起隔离空舱的作用。

3. 设有隔离空舱

为了防止油气渗漏和出于防火、防爆的需要，货油舱区前、后两端应设有隔离空舱，以便与机舱、干货舱、居住舱室等隔离。隔离空舱舱壁间应有足够的距离，以便于进出，至少不小于 760 mm，且应遮隔全部货油舱端部舱壁面积。当需要隔离的两个舱室为对角时，可在角隅处设置隔板予以隔离。泵舱、压载舱、燃油舱可兼作隔离空舱。苏伊士运河当局仅接受泵舱和能灌水或能装载闪点（闭杯试验）大于 66 ℃ 液货的液舱为隔离空舱。

4. 设置专用压载舱

专用油船一般是单程载运货油，为使船舶空载回航时达到适宜的吃水及吃水差，保证船舶的航海性能，同时考虑到防污染的要求，大型油船按 MARPOL 1973/1978 公约的要求设置较大的专用压载舱。

5. 设置双壳体

油船双壳体典型布置图如图 15-5 所示。

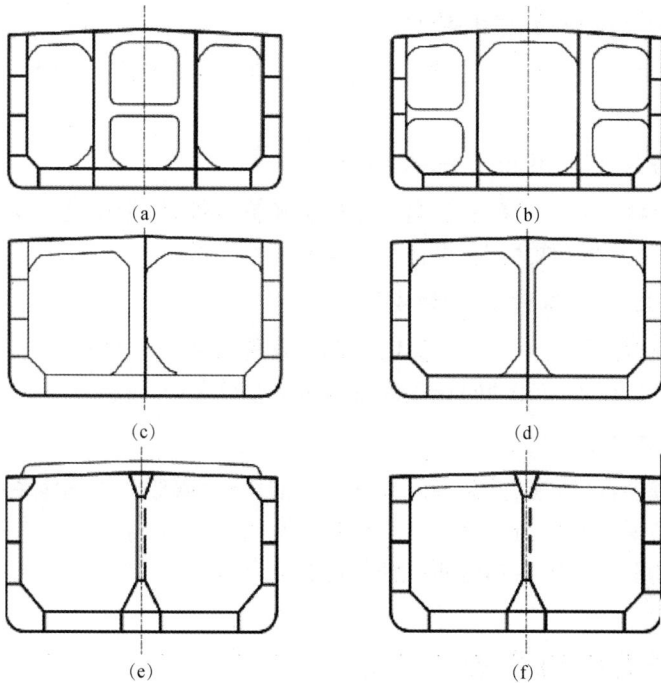

图 15-5　油船双壳体典型布置图

6. 设多道横、纵舱壁

万吨级及以上油船的货油舱由 1～3 道纵舱壁和 4～10 道横舱壁分隔,以减少自由液面对船舶稳性的影响和货油对舱壁的动力冲击,故货舱尺度较小(见图 15-6)。

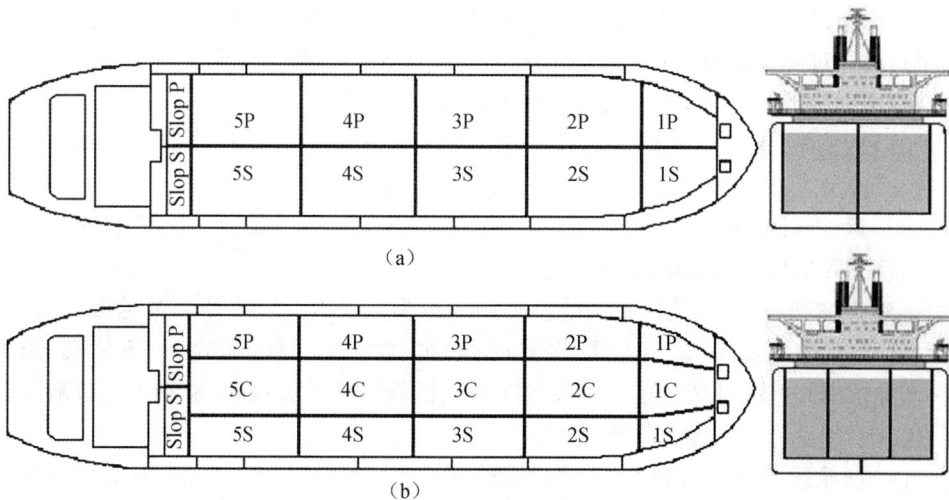

图 15-6　油船货舱分隔示意图

7. 船舶结构采用纵骨架式

油船船体长深比较大,所受的弯曲力矩也较大,所以采用纵骨架式,尤其是超大型油船。

8. 货油舱上部设置膨胀舱口

该舱口为油密的圆形或椭圆形开口,尺度较普通货船的舱口尺度小,舱口盖上设有测量孔和观察孔。

9. 核定的最小干舷较其他船舶小

因为油船性舱口比较密闭、纵向强度较大和抗沉性好,所以储备浮力偏小。为了人员行走的安全性和方便行走,甲板上多设有步行天桥。

10. 甲板上设有各种管系和设备

甲板上设有货油装卸、加热、透气、消防等各种管系。油船中部左、右两舷对称设有数个干管接口,用于装卸油时连接输油臂或输油软管。

11. 设置货油控制室

在该控制室内可监视、控制和操作各类货油作业,操作惰性气体系统、货油泵、排油监控装置、监视货舱空当高度等。货油控制室内主要布置有货油控制台、货油泵控制台、惰性气体系统 IGS 控制台和排油监控控制台等。

二、油船的设备系统

油船装运的货物主要是液体,为便于货油装卸及保证船舶的安全,设置多种系统。

1. 货油系统

货油系统主要包括货油泵、货油管路系统、扫舱系统、货油监控系统及其附属设备。货油泵设置在独立的泵舱内,货油管路分布于货油舱、泵间及上甲板,货油舱内管路阀门通过传动装置在甲板开关。设有货油控制室的船舶可在室内遥控操作。装油时利用码头上的泵或自流,卸油时利用船舶的货油泵。

(1)货油泵:装卸油液类货物的泵浦。油船上常见的有离心泵、蒸汽往复泵、螺杆泵、回转泵等,现代大型油船上的主货油泵多为离心泵。

(2)货油管路系统:对于不同类型的油船有不同的管系布置。舯机型油船采用环形系统;艉机型油船采用线形系统。

(3)货油阀:与货油装卸有关的各种阀统称为货油阀。它主要有油舱吸入阀、油舱隔离阀、泵舱隔离阀、泵吸入阀、泵排出阀、腰截阀、出口阀、旁通阀、下舱阀、海水阀、舷外排出阀等。现代油船货油系统中使用的阀门大多为蝶阀,驱动方法以液压居多,也有采用手动或压缩空气驱动的。

(4)扫舱系统:利用扫舱泵清除货油舱内不能用干管抽净的残油,泵浦多为蒸汽往复泵或喷射泵。扫舱泵除了抽吸货舱内的残油外,还能用于卸货完成时清扫管线中的残油;抽除货油泵中的空气;排出泵舱中的舱底污水;在采用装于上部法时用以排出舱内的水分;排出兼用船在运输矿石航次中的舱内污水。

现代油船上多设置自动扫舱装置,不仅使扫舱作业的劳动强度大大减轻,还使卸货速率有所提高,且省去了专用的扫舱管路。自动扫舱装置有循环式自动扫舱系统、喷射式自动扫舱系统、真空式自动扫舱系统和抽逐式自动扫舱系统。

（5）货油监控系统：控制、检测货油、污油水、压载水和燃油的一个完整综合装置。其主要作用有连续显示舱内液位或空当读数，连续显示舱内液体读数和惰性气体压力读数，可发出高/低液位警报和惰性气体压力警报，可自动检测和计算货油的密度、体积及重量，可自动修正船舶在纵倾或横倾时的液位读数，可自动检测船舶的装载水尺及浮态，可显示装卸货的速率，可控制各种泵浦和阀门的开关，显示管路、集管和泵浦的压力读数，也可检测和显示其他液舱的液体参数和数量等。

2. 货油加热系统

对高黏度油进行加热，便于卸油。

3. 甲板洒水系统

洒水降温，减少油品挥发。

4. 透气系统

油船透气系统的主要目的是作为油舱吸入或排出气体之用。装载货油时，随着液位的升高，舱内气体通过透气系统被排出，防止舱内压力过大而使油舱凸起变形；卸货时，随着舱内液位的下降而吸入气体，防止油舱内压力降低形成真空而造成油舱舱壁凹陷；航行中，各油舱通过透气系统与大气相通，避免因外界温度变化而引起舱内气压升高或降低现象的发生，达到舱内外压力平衡的目的。

透气系统主要由透气管路、透气桅管、呼吸阀、旁通阀、防火罩等构成。透气方式根据透气管路布置方式而定，通常有独立式、分组式和共管式三种。

5. 灭火及安全系统

要装备灭火及安全系统，以保证船舶安全。

6. 洗舱系统

洗舱系指为了一定的目的而使用泵浦将一定压力的洗舱介质经由洗舱机喷射到油舱内壁，将舱壁及船体构件表面的脏污物质洗掉。洗舱方式包括水洗舱、清洗液洗舱及原油洗舱。

洗舱系统主要包括洗舱泵、扫舱泵、洗舱加热器、洗舱机及附属管路。

7. 惰性气体系统

20 000DWT 及以上的原油船应配置惰性气体系统 IGS（Inert Gas System）。该系统的主要作用是在油船装卸、除气、原油洗舱等作业时，提供惰性气体，以防止油气燃烧爆炸。油船上的惰性气体的来源主要有三个：

（1）船舶主、辅锅炉排出的废气（烟道气）：燃料油在锅炉内正常燃烧后所产生的废气经冷却、脱硫和除水汽后的混合气体。因为经济实用，为多数大型油船采用。

（2）独立惰性气体发生器：在船上装有专门的惰性气体制取设备，通过燃烧燃料来获取惰性气体。这种惰性气体的含氧量很低，所以质量高，但是成本也高，多安装在对惰性气体纯度要求较高的 LNG 和 LPG 等船舶上。

（3）辅锅炉或柴油机排气再经辅助燃烧器燃烧（联合式）。

SOLAS 1974 规定，惰性气体系统在任何规定的气流速率条件下都应能提供含氧量不超过5%的惰性气体，在任何时候油舱内都应保持正压状态且舱内含氧量不得超过8%。

任务四　油船配积载特点

油船配积载的基本要求及方法与普通货船是相同的。但由于所运输货物的特殊性和油船本身的结构特点,所以在配积载时所考虑问题的侧重点有所不同。

一、航次货运量的确定

因为油船的货舱容积通常是按照运输密度较小的货油设计的,所以油船的实际装载状态多为满载不满舱。因此,航次货运量应等于航次净载重量,即

$$\sum Q_{\max} = NDW = DW_{\max} - \sum G - C \tag{15-1}$$

结合油船营运的特点,在确定式(15-1)中各因素时,应考虑以下问题:

(1)当航道或码头水深限制船舶吃水时,应按航道或码头的最大允许吃水确定总载重量 DW。

(2)在计算航次总储备量 $\sum G$ 时,还必须额外考虑为完成油船的特殊技术作业所需的燃料和淡水的数量,如加温石油货物及清洗油舱等燃料、淡水的消耗。

(3)确定航次货运量时应扣除油舱内残存的上一航次的油脚、残水或污油舱中的污油水 S。S 包含在船舶常数 C 中。

(4)确定航次货运量时还应考虑船舶压载舱内压载水的残存数量。需要特别注意的是,如果装货速度较快,则船舶很难有足够的时间排净压载水,船舶最后残存压载水数量将直接影响船舶最大载货量。

特殊情况下,油船因装运密度小的轻质石油产品,可能出现舱容不足的现象,此时应按船舶实际舱容扣除膨胀余量后确定航次最大货运量 $\sum Q_{\max}$。有时因货源不足,会根据货源确定航次货运量。

二、货油在船上的配置

在向各油舱分配货油重量时,应考虑的主要因素是稳性、吃水差、纵向强度和均衡装载。

1. 保证适宜的稳性

油船的稳性一般是足够的,可以满足 IMO 完整稳性的要求,但在货物装、卸过程中如多个液舱均处于不满舱状态时,也可造成船舶处于稳性不足的状态。特别是大型双壳体油船,如果压载舱和货油舱同时存在自由液面,就将会对船舶稳性产生很不利的影响。因此,通常凡是装油的油舱均应装满(留出膨胀余量)。如果舱容有剩余,在满足强度的前提下,应留出空舱,这样既能减少自由液面对稳性的影响,又可以减轻货油对舱壁的冲击。选择空舱时应重点考虑保证船舶纵向强度,以便于调整船舶吃水差。

2. 保证适宜的吃水差

油船满载出港时,一般要求平吃水。航行中,通过合理地使用油水,使船舶具有一定艉倾。装载单一油品时,在舱容富余的情况下,可在艏、艉各留出一个油舱不装满,用于调整吃水差;装载多种油品时,既可采用上述方法,也可通过安排不同油品的前后舱位来满足吃水差的要求。

3. 保证船舶纵向强度不受损伤

油船为艉机型船舶,满载时常处于较大的中垂状态,空载时处于较大的中拱状态。因此,装载时应尽量减少中垂弯矩。当需留空舱时,空舱位置应选在近船中部。需留两个以上空舱时,配舱位置应适当隔开。现代油船多在船中部设置大型专用边压载舱来解决船舶的纵向均衡受力问题。

同时为了保证船舶在装卸过程中的纵向强度不受损伤,应参照船上的装载手册,或参照以往的航次资料,或利用船上的装载仪进行模拟计算,制定出合理的装卸顺序表。

4. 保证船舶无初始横倾

对大型油船,装载时要注意防止船体横倾。因此,在分配货油时,应避免单边装载。大型油船因船宽较大,即使产生极小的横倾角,也会使船体一舷的吃水增加很多,导致人员行走和工作不便。同时,横倾角的存在也影响船舶的稳性。

三、合理确定货油舱的膨胀余量及空当高度

当货油的装舱位置确定后,应根据实际情况来确定各油舱的膨胀余量。油舱的膨胀余量应力求合理,既要使货油不致因体积膨胀而溢出,又要避免空当过大而浪费运力。当油船由气温低的港口装油驶往气温高的港口时,应留较大的空当高度;反之,考虑到气候的反常性或运输高黏度黑油时需要加温,也要留出空当,但可以适当小一些。通常情况下油船留出的膨胀余量应不小于油舱总容积的 2%,而运输需要加热的黑油(原油、重油等)时可取总容积的 3% 作为膨胀余量。膨胀余量通常由下式求得

$$\delta V = V_{o.ti} \times \frac{f \cdot \delta t}{1 + f \cdot \delta t} \tag{15-2}$$

式中:$V_{o.ti}$——油船某货油舱容积(m^3);

δt——始发港油温与航程中可能达到最高油温之间的温差(℃);

f——货油的体积温度系数,即膨胀系数(1/℃)。其定义见任务五。

则各舱应装货油的体积为

$$V_{ti} = V_{o.ti} - \delta V \tag{15-3}$$

式中:V_{ti}——某货油舱装油体积(m^3)。

实际工作中每个油舱的膨胀余量均用空当高度(油面到测量孔上缘或主甲板下边缘的垂直距离)来表示。各装油货舱的空当高度由装油体积 V_{ti} 查各舱的油舱容量表即得。具体操作步骤为:

(1)大副接到航次货运任务后,根据航次实际情况计算各舱的膨胀余量。

(2)由式(15-3)得到该航次各舱可装货油的最大体积。

(3)向各舱分配货油,通常用体积表示。

(4)利用货油体积查取该舱油舱容量表(见表15-2),确定该舱对应的空当高度,填写在计划配载图中,如图15-7所示。

表 15-2　No. 2C 油舱容量表

空当/m	装油体积/m³	空当/m	装油体积/m³	空当/m	装油体积/m³
…	…	1.050	15 456.95	1.110	15 398.63
1.000	15 503.44	1.060	15 447.55	1.120	15 388.34
1.010	15 494.21	1.070	15 438.12	1.130	15 378.07
1.020	15 484.95	1.080	15 428.68	1.140	15 367.78
1.030	15 475.64	1.090	15 419.18	1.150	15 357.51
1.040	15 466.31	1.100	15 408.91	…	…

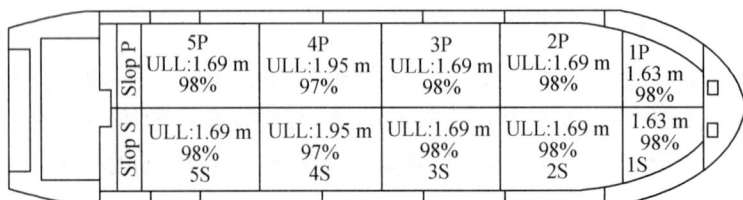

图 15-7　油船计划配载图

四、确定合理的装卸顺序

各舱装油量及空当高度确定后,就可以进行装油作业。由于受到许多因素的影响,各舱不可能同时装卸,这就需要制定一个合理的顺序。

1. 确定装卸顺序时应考虑的主要因素

确定装卸顺序时应考虑的主要因素如下:

(1)保证油船的纵向强度不受损伤;

(2)保证适当的吃水及吃水差;

(3)防止不同油种的掺混,保证货油质量;

(4)尽可能同时使用所有主要的货油干管,加速装卸。

2. 合理的装卸顺序

装载顺序:油船装货前,即空载时常处于较大的中拱状态和较大的艉倾状态,若优先考虑纵强度和吃水差,装货的大致顺序应是首先装中部货舱,以减轻中拱变形;其次装艏部货舱,减小艉倾;最后各舱均衡装载。

在装载单一油品时,通常先由中部货舱开始,一切正常后,进行普装作业。当各个油舱尚有 1 m 左、右空当时,停止普装作业,逐舱按要求进行平舱。平舱的顺序为先边舱,再中舱,最后为船中部的货舱。平舱要注意观察已平完货舱的空当是否有变化。

卸货顺序:油船卸货前,即满载时通常处于中垂状态,并有较小的艉倾。因此,卸货顺序与装货顺序相同,即首先卸中部货舱,以减轻中垂变形;其次卸艏部货舱,以形成较大的艉吃水差,利于卸货和清舱;最后各舱均衡卸货。

五、保证货油质量

为防止不同油品的掺混,保证货油质量及有利于减轻洗舱工作量,多数油船运输固定的单一油品。如果不同航次需要换装不同油品,则应根据原装油种和换装油种的不同理化特性,以及要求的洗舱等级对油舱进行充分洗舱,以保证货油质量。

当油船同时承运多种油品时,应严防不同油品的掺混。船舶设有多条货油干管,不同油品装卸时使用不同的干管。如果船上只有单一的干管,则装油管系的使用顺序一般是先装白油,后装黑油;卸货时按相反的顺序排列。

六、确定合理的压载方案

油船返航时多为空载,船舶艉倾较大,且处于较大的中拱状态。为了减少过大的中拱弯矩和船体的振动,并有利于获得最大的航速,油船空载航行时必须进行压载。

油船压载时多选艏部附近(漂心前)的舱室,不应单独在艏部水舱装载压载水,否则将使船舶受力处于不利的情况。同时,考虑防污染的要求,MARPOL 1973/1978规定:总载重量不小于 2 万吨新的原油船和不小于 3 万吨新的成品油船应设置专用压载舱,且专用压载舱的容量应使油船在正常情况下不依靠利用货油舱装载压载水就能安全地进行压载航行。在所有的情况下,专用压载舱的容量应至少能使船舶的吃水和吃水差在全航程内符合以下要求:

(1)船中型吃水(不考虑任何船舶变形)$d_M > 2.0 + 0.02 L_{BP}$(m);

(2)艉吃水差 $t \leqslant 0.015 L_{BP}$(m);

(3)艉垂线处的吃水无论如何不得小于螺旋桨全部浸没所必需的吃水。

除下列情况外,货油舱不得装载压载水:

(1)在天气情况非常恶劣的特殊航次,船长认为必须在货油舱中加装额外压载水,以保证船舶安全。

(2)在特殊情况下,由于油船的具体营运性能,其必须加装超过正常情况下专用压载舱压载容量的压载水,但该油船的这种操作应属于 MARPOL 1973/1978 规定的例外范畴。

任务五　货油计量

在石油的对外贸易中,船货双方为了分清货物交接的责任,规定有数量和质量的交接条款。船方要申请计量单位(我国为商品检验局)对装船的货油进行计量,船舶驾驶员要协助做好计量工作,亦应掌握油量的计算方法,以便核对数量,划清责任。

油船在装油结束后,根据岸上油罐或船舱内的空当值,求出实际装油体积及货油在空气中的重量。船舶抵达目的港卸油作业前亦应计量船上货油的重量。两次计量的结果均应记入运输文件,作为货物交接的依据。除数量交接外,还要选取并封存油样,作为质量交接的凭证。

一、货油计量中的相关术语

在进行货油数量计算时,为了保证计量的准确性及简化计算,世界各国均采用油量计算换算表。我国现行的油量计算换算表是"石油产品密度测定法及计量换算表GB 1884—1885—80";日本采用的油量计算换算表是"原油及石油制品的比重、重量、容积换算表 JIS K2250";英国使用的是"IP 200";美国使用的是"ASTM 1250"。

在各国的石油计量换算表中,常用到一些说明石油液体性质的基本术语,主要内容如下。

1.石油密度

石油密度系指在温度 t 时,石油单位体积的质量。我国用符号 ρ_t 表示,其单位为 $\dfrac{g}{cm^3}$、$\dfrac{g}{mL}$、$\dfrac{kg}{L}$。

2.石油标准温度

石油标准温度系指石油计量时规定的货油温度。我国与俄罗斯及东欧一些国家为 20 ℃;日本等国为 15 ℃;英、美等国为 60 ℉。

3.石油标准密度

石油标准密度系指标准温度时的石油密度。我国用 ρ_{20} 表示欧美用标准比重。标准比重系指石油在温度 t_1 时的密度与等体积纯水在温度 t_2 时的密度比值,用符号 $S.G\dfrac{t_1}{t_2}$ 表示。石油温度 t_1 通常取标准温度,中国、日本等国纯水温度 t_2 常取 4 ℃,英国、美国等国常取 60 ℉。纯水密度表如表 15-3 所示。

表 15-3　纯水密度表

温度/℃	密度/(g·cm⁻³)	温度/℃	密度/(g·cm⁻³)	温度/℃	密度/(g·cm⁻³)
0	0.999 87	14	0.999 27	28	0.996 26
1	0.999 93	15	0.999 13	29	0.995 98
2	0.999 97	16	0.998 97	30	0.995 68
3	0.999 99	17	0.998 80	31	0.995 37
4	1.000 00	18	0.998 62	32	0.995 06
5	0.999 99	19	0.998 43	33	0.994 73
6	0.999 97	20	0.998 23	34	0.994 40
7	0.999 97	21	0.998 02	35	0.994 06
8	0.999 88	22	0.997 80	36	0.993 72
9	0.999 81	23	0.997 57	37	0.993 36
10	0.999 73	24	0.997 33	38	0.993 00
11	0.999 63	25	0.997 08	39	0.992 63
12	0.999 53	26	0.996 81	40	0.992 25
13	0.999 41	27	0.996 54		

4. 石油密度(比重)温度系数

石油密度(比重)温度系数亦称密度或比重修正系数,指在标准温度下,当石油温度变化 1 ℃时,其密度的变化量。

在标准温度为 20 ℃、15 ℃ 及 60 °F 时,其修正系数分别用符号 γ、α 及 β 表示。

我国的密度修正系数可用公式 $\gamma = \dfrac{\rho_{20} - \rho_t}{t - 20}$ 表示,其单位为 g/cm^3。γ 值也可以石油的标准密度为引数查石油密度温度系数表得到。表 15-4 为我国某类油品的石油密度温度系数表。

表 15-4　我国某类油品的石油密度温度系数表

$\rho_{20}/(\text{g} \cdot \text{cm}^{-3})$	$\gamma/(\text{g} \cdot \text{cm}^{-3})$	$\rho_{20}/(\text{g} \cdot \text{cm}^{-3})$	$\gamma/(\text{g} \cdot \text{cm}^{-3})$
0.701 4 ~ 0.707 2	0.000 88	0.757 5 ~ 0.764 0	0.000 79
0.707 3 ~ 0.713 2	0.000 87	0.764 1 ~ 0.770 9	0.000 78
0.713 3 ~ 0.719 3	0.000 86	0.771 0 ~ 0.777 2	0.000 77
0.719 4 ~ 0.725 5	0.000 85	0.777 3 ~ 0.784 7	0.000 76
0.725 6 ~ 0.731 7	0.000 84	0.784 8 ~ 0.791 7	0.000 75
0.731 8 ~ 0.738 0	0.000 83	0.791 8 ~ 0.799 0	0.000 74
0.738 1 ~ 0.744 3	0.000 82	0.799 1 ~ 0.806 3	0.000 73
0.744 4 ~ 0.750 9	0.000 81	…	…
0.751 0 ~ 0.757 4	0.000 80	0.995 2 ~ 1.013 1	0.000 52

5. 石油视密度

石油视密度亦称观察密度,指用石油密度计在非标准温度下所观察的密度计读数。我国用符号 ρ_t' 表示,单位同上。我国油量计算换算表中规定,视密度不是标准温度下的石油密度,不能直接用于油量计算,但它是石油计量的原始数据。可用视密度和观测油温作为引数查取标准密度表,求得标准密度。我国的成品油标准密度表如表 15-5 所示。

表 15-5　我国的成品油标准密度表

$\rho_t'/(\text{g} \cdot \text{cm}^{-3})$ ⟍ $\rho_{20}/(\text{g} \cdot \text{cm}^{-3})$　$t/℃$	0.733 0	0.737 0	0.741 0	0.745 0	0.749 0
38.5	0.749 5	0.753 4	0.757 4	0.761 3	0.765 3
39.0	0.749 9	0.753 9	0.757 8	0.761 8	0.765 7
39.5	0.750 3	0.754 3	0.758 2	0.762 2	0.766 1
40.0	0.750 8	0.754 7	0.758 7	0.762 6	0.766 5
40.5	0.751 2	0.755 2	0.759 1	0.763 1	0.766 9
41.0	0.751 7	0.755 6	0.759 6	0.763 5	0.767 3
41.5	0.752 1	0.756 1	0.760 0	0.763 9	0.767 6
42.0	0.752 6	0.756 5	0.760 4	0.764 4	0.768 0
42.5	0.753 0	0.756 9	0.760 9	0.764 8	0.768 4
43.0	0.753 4	0.757 4	0.761 3	0.765 3	0.768 7

注:以上所指石油密度,均为石油在真空中的数值。

6. 石油标准体积

石油标准体积系指标准温度时的石油体积，我国用 V_{20} 表示，单位为 m^3。

7. 石油体积温度系数 f

石油体积温度系数 f 亦称膨胀系数，指在标准温度下，石油温度变化 1 ℃时，其体积变化的比值，单位为 1/℃或 1/℉。我国的膨胀系数用符号 f_{20} 表示，可用公式 $f_{20} = \dfrac{V_t - V_{20}}{V_{20} \cdot (t - 20)}$ 或 $f_{20} = \dfrac{\gamma}{\rho_{20}}$ 计算。

除了利用公式计算外，f_{20} 亦可用标准密度 ρ_{20} 作为引数查表得到。表 15-6 为我国某类油品的石油体积温度系数表。

表 15-6　我国某类油品的石油体积温度系数表

$\rho_{20}/(g \cdot cm^{-3})$	$f_{20}/(1/℃)$	$\rho_{20}/(g \cdot cm^{-3})$	$f_{20}/(1/℃)$
0.600 0 ~ 0.600 6	0.001 79	0.842 6 ~ 0.846 6	0.000 80
0.600 7 ~ 0.602 2	0.001 78	0.846 7 ~ 0.850 9	0.000 79
…	…	…	…
0.838 5 ~ 0.842 5	0.000 81	0.864 1 ~ 0.868 8	0.000 75

8. 石油体积系数 K

石油体积系数 K 亦称石油体积修正系数，系指石油在标准温度时的体积与非标准温度时的体积之比。我国用 K_{20} 表示，可用下式计算

$$K_{20} = \frac{V_{20}}{V_t} = 1 - f_{20} \times (t - 20) \tag{15-4}$$

石油体积系数可用货舱内的平均油温和石油标准密度查取石油体积修正系数表得到。表 15-7 为我国成品油的石油体积修正系数表。

表 15-7　我国成品油的石油体积修正系数表

K_{20} / $\rho_{20}/(g \cdot cm^{-3})$ / $t/℃$	0.750 0	0.754 0	0.758 0	0.762 0	0.766 0
36.5	0.980 1	0.980 2	0.980 4	0.980 5	0.980 7
37.0	0.979 5	0.979 6	0.979 8	0.980 0	0.980 1
37.5	0.978 9	0.979 0	0.979 2	0.979 4	0.979 5
38.0	0.978 2	0.978 4	0.978 6	0.978 8	0.978 9
38.5	0.977 6	0.977 8	0.978 0	0.978 2	0.978 4
39.0	0.977 0	0.977 2	0.977 4	0.977 6	0.977 8
39.5	0.976 4	0.976 6	0.976 8	0.977 0	0.997 2
40.0	0.975 8	0.976 0	0.976 2	0.976 4	0.976 6
40.5	0.975 2	0.975 4	0.975 6	0.975 8	0.976 0
41.0	0.974 6	0.974 8	0.975 0	0.975 2	0.975 4
41.5	0.974 0	0.974 2	0.974 4	0.974 6	0.974 8
42.0	0.973 4	0.973 6	0.973 8	0.974 0	0.974 2
42.5	0.972 8	0.973 0	0.973 2	0.973 4	0.973 6
43.0	0.972 2	0.972 4	0.972 6	0.972 8	0.973 1

9. 空气浮力修正数值

石油在计量时,由于受空气浮力的影响,在空气中的质量(重量)小于在真空中的质量,两者之差称为浮力修正数值。它可以用石油在真空中的质量换算到空气中的质量的修正系数 F 及空气浮力对石油密度修正值 B 来表示。

(1)质量修正系数 F 为小于 1.0 的数值。它既可用公式计算,也可以标准密度 ρ_{20} 为引数由表 15-8 查得。

表 15-8 质量修正系数 F 表

$\rho_{20}/(g \cdot cm^{-3})$	修正系数 F	$\rho_{20}/(g \cdot cm^{-3})$	修正系数 F
0.500 0 ~ 0.509 3	0.997 70	0.679 6 ~ 0.719 5	0.998 40
0.509 4 ~ 0.531 5	0.997 80	0.719 6 ~ 0.764 5	0.998 50
0.531 6 ~ 0.555 7	0.997 90	0.764 6 ~ 0.815 7	0.998 60
…	…	…	…
0.613 7 ~ 0.679 5	0.998 30	1.020 6 ~ 1.100 0	0.999 00

(2)空气浮力对石油密度修正值

对石油及其产品,可取 $B = -0.001\ 1\ g/cm^3$。

综上所述,我国的油量计算可按下列两式

$$m = (\rho_{20} - 0.001\ 1) \times V_{20} \tag{15-5}$$

$$m = \rho_{20} \cdot V_{20} \cdot F \tag{15-6}$$

式中:m——石油在空气中的重量(t)。

如果在计量时发生争议,应以式(15-6)的计算结果为准。

二、油量计算

我国采用以空气中的重量计算油量。油船装油量计算的基本方法是:根据油舱内货油的空当高度求出其标准体积,然后乘以货油的标准密度减去空气浮力修正值或乘以扣除空气浮力影响后的标准密度。具体步骤如下。

(一)确定各油舱内的货油体积 V_{ti}

1. 测量空当高度

油船装好油后,应逐一测量每个油舱的空当高度。在测量货油空当时,船舶受天气、海况等影响而产生摇摆,从而使测量不准确,因此,应尽可能多测几次,取其平均值。货油舱空当值的测量根据所配置的设备及测量位置的封闭程度有三种方式:封闭式测量、限制式测量及开放式测量,如图 15-8 所示。目前具体操作方法主要有以下几种:人工测量、浮子法测量、雷达法测量、传感器法测量、油水界面探测仪测量等。

(1)人工测量:利用系有重锤的测深绳或米尺测定测量孔表面到货油表面的垂直距离。该种方法麻烦、误差较大且具有危险性。

(2)浮子法测量:浮子随货油在舱内液面的升降而升降,将电信号传到接收器,

PDF:
石油和液体石油产品
油量计算静态计量

接收器将电信号再转换成空当高度,并在显示器上显示出来。在进行原油洗舱时应注意,避免损害浮子设施。

(3)雷达法测量:将简易雷达安装在各舱的甲板上,该装置向货舱内发射雷达波,经油面反射后被接收器接收。测算发出时间和收到时间的时间间隔即可转换成空当高度,并在显示盘面上显示出来。

(4)传感器法测量:将一传感器由舱顶悬至舱底,油面高度不同时在传感器端部测出的电阻值不同,从而可以得到空当高度。

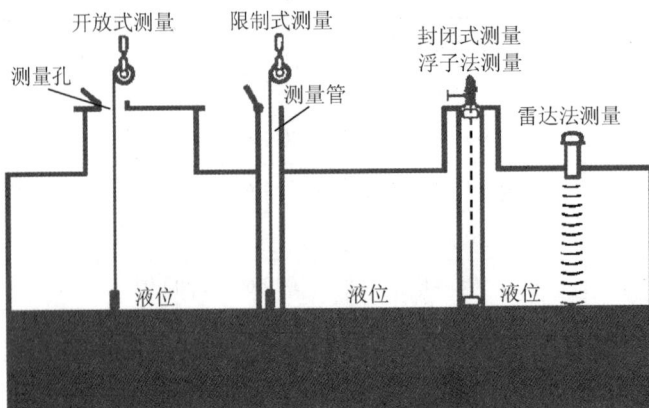

图15-8 空当高度测量方式

(5)油水界面探测仪测量:目前主要有两种,即便携式 HERMETIC UTI 型和 MMC型。这两种类型的探测仪均由测量钢卷尺、感测头、显示面板等组成。油水界面探测仪既可以测出液舱的空当高度,又可以探测油水的分界面,还可以显示出不同液位上的温度。

2. 空当高度修正

当油舱的测孔不在油舱的长度或宽度的中点上,且船舶存在纵倾或横倾时,测得的空当值存在误差,应进行修正。空当修正分为纵倾修正和横倾修正。

(1)纵倾修正

由图15-9(a)可知,空当修正值等于 AB,其值为

$$AB = AC \times \frac{t}{L_{BP}}$$

式中:AC——测孔中心到舱中心的纵向水平距离(m);

t——船舶吃水差(m)。

由图15-9(a)可知,当艉倾时,若测孔中心在舱中心后,则空当修正值 AB 取正值;若测孔中心在舱中心前,则空当修正值 AB 取负值。艏倾时,符号则相反。垫水油脚等深度修正符号与上述正好相反。

(2)横倾修正

由图15-9(b)可知:横倾空当修正量等于 AB,其值为

$$AB = AC \times \tan\theta$$

式中:AC——测孔中心到舱中心的横向水平距离(m);

θ——船舶横倾角。

由图 15-9(b)可知:船舶左倾时,若测孔中心在舱中心左边,则 AB 取正值;若测孔中心在舱中心右边,则 AB 取负值。船舶右倾时,符号则相反。垫水油脚等深度修正符号与上述正好相反。

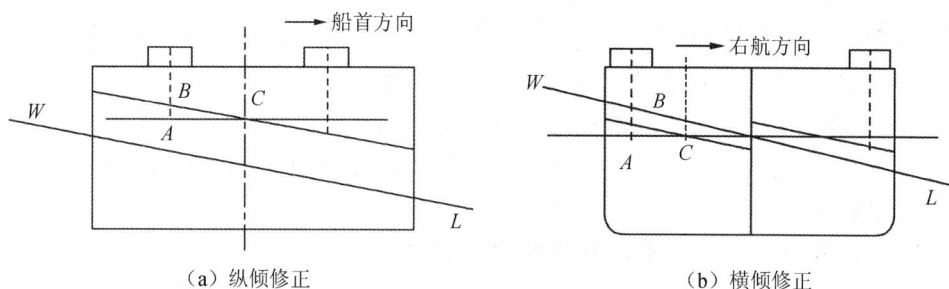

(a)纵倾修正　　　　　　　　　　　(b)横倾修正

图 15-9　修正

现代油船上多提供有空当修正值表,可以根据船舶的纵倾状态和横倾角的大小查取空当高度的纵倾修正值和横倾修正值。

3.查算各舱装油体积

根据修正后的空当高度查各舱的油舱容量表(Capacity Table for Cargo Oil Tanks),查得各舱的实际装油体积,可参照表 15-2。

4.测量并计算各舱垫水体积

利用便携式油水界面测定仪或量水膏实测各油舱的垫水深度,利用油舱容量表查算出垫水的体积并扣除。

(二)测定货舱内的货油温度和货油密度

在测定各个货舱空当高度的同时,应测量货舱内的油温及货油密度。

1.油温测定

(1)三层油温测定法:将一油舱分上、中、下三层(上层距油面 1 m 处,中层在油深中部,下层距舱底 1 m 处)测量油温,计算其加权平均值,即

$$\bar{t} = \frac{t_u + 3t_m + t_d}{5} \tag{15-7}$$

式中:t_u——上层油温($^{\circ}\!C$);

$\quad t_m$——中层油温($^{\circ}\!C$);

$\quad t_d$——下层油温($^{\circ}\!C$)。

(2)中层油温测定法:只测定各个油舱内液深中部的温度。

2.密度测定

用密度计测量各舱货油的视密度 ρ'_t,求出平均值,以便于查取标准密度。

(三)计算航次装(或卸)油量

(1)根据所测得的各舱的货油视密度和货油温度求出平均值,查取标准密度表,得到标准密度 ρ_{20}。

（2）测量各货舱的空当高度并进行修正，利用修正后的空当高度查油舱容积表，得到实际装油体积 $\sum V_{ti}$。

（3）利用标准密度 ρ_{20} 和各货舱平均油温查石油体积系数换算表得到 K_{20} 或者利用标准密度 ρ_{20} 查得到石油体积温度系数 f_{20}，代入公式 $K_{20}=1-f_{20}\times(t-20)$。

（4）利用公式 $V_{20}=\sum V_{ti}\times K_{20}$ 计算出标准体积 V_{20}。

（5）利用公式 $m=(\rho_{20}-0.001\ 1)\times V_{20}$ 计算出货油质量。

（6）若利用公式 $m=\rho_{20}\cdot V_{20}\cdot F$ 计算货油质量，则根据标准密度 ρ_{20} 查表得到质量修正系数 F。

需要说明的是，如果油舱内有垫水，则应扣除。

三、油样选取及封存

油船装油时应以适当的方法选取货油样品加以封存。船舶在卸货港卸货前，要选取货油样品进行化验。经过化验后，如果收货人对货油质量没有异议，则开始卸货；如果收货人对货油质量提出异议，则可以开启装船时封存的油样再次进行化验，以判别船方是否在航行中尽到了责任。油样作为质量交接的依据，具有法律效力，所以油样选取和封存应有代表性并应由质量检验机关负责完成，且船方和货方必须共同参与。

1. 油样选取方式

（1）油样选取在装油港通常有两种方法：

①在装油过程中，从油码头装油管道末端的小开关处取样。装油开始取一次，以后每隔 $1\sim2$ h 取一次。

②从油舱中选取油样。一般油船至少要从 25% 的油舱内选取，其中艏部和艉部各占 5%，舯部占 15%。

（2）在卸货港通常采用第二种方法选取油样。

2. 油样封存

已选取的油样经充分搅拌均匀后装入两只容器内，其中一份用船上的火漆密封后交给收货人，作为发货的质量凭证；另一份用发货人的火漆密封后由船方保存，作为船方收货的凭证。

任务六　油船安全装运

一、油船装卸方式

（一）船岸装卸方式

在国内外油港，油船装卸方式可分为以下两种。

1. 靠码头直接装卸

目前,我国大部分油码头均采用这种方式,码头规模一般由泊位水深所限定。

2. 通过海上泊地装卸

由于大型油船的出现,一般油船码头的水深和规模已经满足不了船舶吃水和长度的需要,因此出现了海上泊地装卸方式。海上泊地可理解为在离开陆域较大水深地点设置的靠船设施。油船的海上泊地,按其构造形式及输油管方式分类,具体见表15-9。

表 15-9　油船海上泊地分类表

结构		输油管方式	结构		输油管方式
固定式	靠船墩式	海上或海底油管	浮标式	单点系泊	海底油管
	栈桥式	海上油管		多点系泊	海底油管

(1)单点系泊方式:油船的船首系在一个浮筒上的系泊方式。

(2)多点系泊方式:将油船的船首与船尾用数个浮筒保持在一定方向的系泊方式。海底输油管与油船的集合管由一根或数根软管相连接。

(二)船船装卸方式

船船装卸方式包括船－船直接装卸和船－驳装卸。

二、装油前的准备工作

做好装货前的准备工作,是顺利、安全完成装货作业的保证。

(一)船岸双方进行资料信息交换

1. 岸方应向船方提供的资料

岸方应向船方提供的资料包括货油参数及特性;油舱通风要求;岸方最大的装货速率;正常停泵所需要的时间;船岸连接处可承受的最大压力;输油软管、输油臂的数量及尺寸;输油软管或输油臂的活动范围;货油控制的联络信号,包括紧急停止供油信号,等等。

2. 船方应向岸方提供的资料

船方应向岸方提供的资料包括上一航次所装运的货油品种、洗舱方法、货油舱和货油管线的状态;船舶可承受的最大装货速率;船舶可承受的最大蒸汽压力;能承受的最高货油温度;货油舱的通风方法;压载水的布置、数量、含油量及排放速率;污油的质量、数量及处理方式;惰性气体的质量;计划配载图及装货顺序,等等。

3. 船岸双方对所交换的信息进行确认

船岸双方对所交换的信息进行确认,包括落实本航次的油种和数量;各油舱装载顺序;装载初始速率、最高速率及平舱作业时的速率;变速及停止装油的联系方式;确定通信和使用的信号,以受油方为主;避免或减少油气在甲板扩散的方法;应急停止作业程序,等等。

（二）编制装载计划

大副应根据航次货运任务编制油船配载计划，并写出装油步骤及注意事项，经船长审批后执行。装载计划主要包括每一货舱预定装载的油种及数量、空当高度；使用的货油管系；接管数量及规格；初始装货速率、正常装货速率及平舱作业时要求的装货速率；主管的最高压力和正常压力；停止和应急程序；装油及压载水排放顺序；强度校核数据；防止静电的措施、防止货油渗漏的措施、保证货油质量的注意事项；浮态调整和系泊管理，等等。

（三）根据需要尽量排尽压载水

根据需要尽量排尽压载水。

（四）保证油舱及管系的清洁

由重油改装轻油时，应进行冲洗和通风，以保证新装货油的质量。

（五）接好地线

装油前要先接好地线，再安装输油管臂。我国油码头要求油船靠泊后应在船岸间连接一根接合电缆，给静电和电流提供电路，该接合电缆应装置一个封闭式的绝缘开关，在装接地线前，将开关置于"断开"位置；装妥后，再将开关置于"连通"位置。但是国际上不提倡这种做法，而且为了防止船岸间电流流通，通常要求在岸上的输油管臂上安装一个绝缘法兰。该绝缘法兰是由绝缘密封垫片、衬套和垫圈组成的连接接头（见图15-10），用于防止电流在管线、输油管臂间的流动，保证安全。

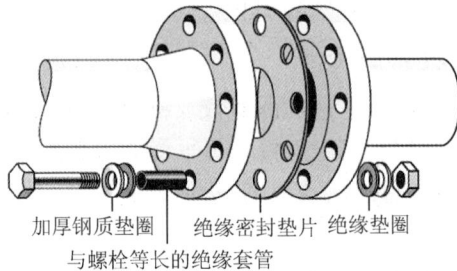

加厚钢质垫圈　绝缘密封垫片　绝缘垫圈
与螺栓等长的绝缘套管

图15-10　绝缘法兰示意图

（六）连接输油管臂，放好盛油盘和盛油桶

1.使用前应检查软管

船方有权拒绝使用有任何缺陷的输油软管。软管每年应进行一次压力试验，试验数据应标示在软管上。每次使用前应检查其是否有膨胀、磨损、压扁、泄漏或其他缺陷。

2.软管连接、起吊和悬挂

软管连接时应谨慎操作。软管不应用力拖拉，不但要防止受到泊位与油船的扭转和挤压，而且应防止弯到小于厂家规定的挠曲半径。在软管与泊位或船舶其他结构部件有摩擦及接触的部位应加以防护，同时避免软管与热金属表面接触，如蒸汽管线等。

输油软管应有足够的松弛特性,以适应船舶的微小移动。输油软管连接方式如图 15-11 所示。

软管吊起时应绝对避免软管外表面与起吊钢索直接接触,不允许使用软管端头下垂的单点起吊,应采用多点起吊的方式,并使软管具有不小于厂家规定的挠曲半径。对使用悬臂式起货机等单起吊点的场合,整套软管应采用专门的吊索和支架予以支撑,加在货油总管上的重量不得过重。连接好的输油软管应以适当的方式悬挂起来。

图 15-11　输油软管连接方式

(1)软管调节

油船随潮汐和装卸货而升降时,应对软管进行相应的调整,避免软管和船舶总管连接处过分受力,发生意外。

(2)输油臂使用及调节

现在多数的新建油船码头,均使用金属输油臂,在使用时应注意:

①输油臂应与油船管路成一直线。

②防止因装卸和潮汐等的影响,使输油臂超过其自由转动限制而造成过载移位。

③如果装有紧急脱开连接装置,则应随时检查,防止发生意外而断开。

④拆装时应注意防止管内残油流出。

船岸接管下方应放置好盛油盘和盛油桶,以收集拆管时滴漏的货油或接头处封闭不严而泄漏的货油。

(七)堵死排水孔

在装货之前,应把船上所有的甲板排水孔用木塞或水泥堵死,防止跑油时流出舷外。

(八)检查并备好消防器材

装油前,应把消防器材(包括灭火器、锯末、驱油剂等)放在接管处,并在附近接妥两根消防皮龙。

（九）关闭通海阀

应关闭通海阀，并始终监视，杜绝货油从通海阀漏出。

（十）接好应急缆（亦称应急脱离索）

一般在外舷的首、尾部各带一根，端部距水面始终保持 1 m 高度，总长约 100 m，盘在甲板上的长度依各港口规定通常为 36.6 m，以备应急情况时用。

（十一）白天悬挂"B"旗，夜间悬挂红灯

油船在港期间，应在白天悬挂"B"旗，夜间悬挂红灯。

（十二）会同商检人员进行验舱

大副应陪同商检人员进行验舱工作，验舱合格后由商检人员签发给船上干舱证书（Dry Certificate），其格式如表 15-10 所示。如发现舱内残存货油或水分，要签发 OBQ（on Board Quantity）和货舱适货证书。

OBQ 系指装油前留在船舱内及管路系统中可测量的残油物质，包括水、油、油水、油气混合物等。

通常 OBQ 的计算仅包括货油舱底部的自由流动的油、水以及残渣，而不考虑舱内壁附着的油泥、沉淀物及管路油泵内自由流动的油和水等。

表 15-10　干舱证书

M/T:_____ 船名:_____ Port:_____ 港口:	Voyage Number:_____ 航次:_____ Date:_____ 日期:
DRY CERTIFICATE （BEFORE LOADING) 干舱证书 （装货前） The undersigned certifies that the vessels tanks have been inspected and found clean, dry and in good order to receive the designated cargo. 下面署名确认船舶货油舱已检验并发现清洁、干舱、适于接收所承载货物。 Tank No. _____ 检验舱别:	
The Terminal Representative:_____ 码头代表: C/O: 船舶大副:	Surveyor:_____ 商检:

（十三）进行船/岸安全检查

船方应派人陪同港方主管人员按照"船/岸安全检查项目表"的内容对船舶情况进行检查、确认，并由双方主管人员签字。"船/岸安全检查项目表"共有三部分：A部分适用于普通散装液体货，油船、散化船、液化气船必须填写；B部分为散装液体化学品增加检查项目，散化船应加填该部分；C部分为散装液化气增加检查项目，液化气船应加填该部分。

三、油船装油过程中的注意事项

1.掌握装油速度

装油全过程中应掌握"慢－快－慢"的装油速度。开始送油时速度要慢，检查输油管臂是否有油流入、管线连接处是否有泄漏、货油是否已进入拟装的货舱、泵浦间是否有货油泄漏、船边是否有油迹、透气系统是否处于正常状态等。当检查、确认一切情况正常时，通知岸方加速至双方商定的最大装货速度，为防止静电积聚过多，该速度应加以控制。装油结束前要放慢速度，通知岸方做好准备，及时停泵以免溢油。

2.注意装油进度

装油过程中要经常测定各舱装油进度，避免货油溢出舱外。值班驾驶员应严密监视各舱液位变化，通常每小时记录一次并计算装货速率，每两小时实测货舱液位与船舶所配备的固定液位测量系统及装载仪相比较。

3.正确进行换舱操作

应按规定的装油顺序进行换舱操作，当进油的一舱接近满舱（距离空当高度约为1 m）时，应及时通舱，避免造成油管爆破事故。

4.继续进行压载水的排放工作

继续进行压载水的排放工作，力争将所有压载水排空，以保证最大装货量。

5.严格执行装载计划

严格按照装载计划进行装货，保证船舶装载过程中各剖面的剪力和弯矩不超出允许的范围。

6.注意装油过程中船舶稳性的变化

通常情况下，船舶稳性报告书只记录了船舶到/离港的稳性状态，事实上，在船舶装/卸货或货物内部转驳过程中也存在稳性问题。货舱较宽的大型双壳油船在装、卸货油过程中会根据需要排放或打入压载水，在某一时刻压载舱内压载水产生的自由液面和货油产生的自由液面对稳性的影响可能导致船舶的 *GM* 值很小或为负值，船舶出现短暂的较大横倾。特别是多数货油舱和压载舱同时存在如图 15-12 所示的状态时，影响会更大。因此，应采取相应措施，避免出现这种危险状态。

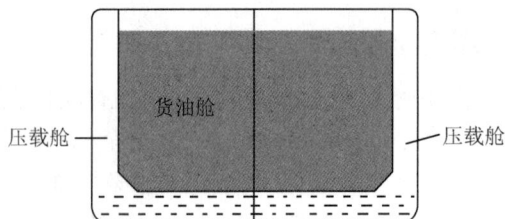

图 15-12　自由液面影响

7.调整缆绳

随着船舶吃水的增加,缆绳会出现松弛现象,值班人员应及时调整系岸缆绳,避免船舶外移,拉断或拉裂输油管臂,造成油污事故。

8.意外情况应停止作业

装油或卸油作业时,如遇以下特殊情况,则应立即停止作业,并将全部阀门关闭,以防发生意外:

(1)停止装卸作业的条件:

①风速超过 15 m/s(蒲氏风级约 7 级)、浪高 1 m 且预计将继续增大;

②雷暴天气;

③附近有火灾,危及本船;

④有船邻靠或邻驶,可能危及本船。

(2)停止靠泊作业的条件:

①6 级以上风力将穿越油区;

②风速超过 15 m/s(蒲氏风级约 7 级)、浪高 1 m;

③雷暴天气;

④油区海上能见度在 1 000 m 以下。

(3)紧急驶离的条件:

①风速超过 18 m/s、浪高在 1.5 m 以上;

②邻区有火灾,危及本船。

9.平舱作业

在进行平舱作业前 10 min 至半小时,船方应通知岸方减速到双方约定的平舱速度,并确认岸方已减速至平舱速度。关闭其他油舱阀门留待平舱。当装载即将达到规定的空当高度时,应谨慎、正确地操作阀门,通常是先打开下个预定进行平舱作业的油舱的阀门,然后关闭平舱结束的货舱阀门。平舱时通常一次平一个货舱,最多可同时平两个货舱。平舱的顺序为先边舱,再中舱,为了便于调整吃水差,一般艏部和艉部的中舱各留一个最后平舱。平舱时,至少应备一个大空距的货舱常开,以防溢油。平舱时,要注意观察已平完货舱的空当是否有变化。

10.扫线

当货油装载结束后,应进行拆管工作。在拆管之前,将进行吹扫输油管线内残油的作业。岸方借助高压气体向船舶吹管线一般可分为两种情形:一是在装完货后,只是简单地把输油臂内货油吹向船舶货舱,便于拆管;另一种情形是装完货后,岸上需把货油管内的货油全部吹到船舶货舱内。因此,在装货前大副一定要与船务人员确认清楚装完货后岸上是否吹管线,管线中有多少货油将吹到船上,防止最后完货时少装货或装不下,甚至导致货油溢出。

11. 拆除地线与输油管臂

装油结束后,应先切断地线的气密开关,然后拆除管臂,最后拆除地线。拆管前应先排出管内的残油,以防止残油泄漏到甲板上。可开启进气阀和排泄管路上的阀,利用岸上的压缩空气将管线内的残油吹入指定的油舱内。

12. 货油计量

按照规定程序计算货油装载量。

四、油船卸油过程中的注意事项

油船卸油过程中的注意事项如下:

(1)船方应在卸货前做好充分的准备工作。

(2)船岸双方进行资料信息交换。

(3)接好地线与输油管臂:先接地线,后接输油管臂。对于地线和管臂的要求同装油时的要求一样。

(4)计量货油及分析油样:在油量计算和油样分析结束前,不得进行卸货作业。

(5)掌握卸油速度:卸油开始时,应按先慢后快的速度进行。

(6)调整缆绳:随着吃水的减小,干舷不断增加,船舶缆绳出现紧绷现象。值班船员应及时调整,避免出现绷断现象。

(7)注意卸油过程中船舶总纵强度及稳性的变化,保证船舶安全。

(8)安排货油扫舱作业:货油扫舱一般与卸油同时进行。通常先普卸至卸油的1/2阶段左右时开始进入扫舱作业。为了加快卸货速度及便于卸净货油,扫舱时油船应保证较大的艉倾和一定的横倾。

(9)进行扫线作业及检查舱底油脚:在扫舱卸油完毕后,利用扫舱泵将主管线、扫舱管线与喷射泵相连管线中的货油一起扫至岸罐中。扫线完成后,利用顶水法或扫气法将输油管臂内的残油顶到岸上的油罐中去。

大副应会同岸方人员检查油舱是否卸空,签发干舱证书。

(10)做好记录:卸货结束后,若货舱内有残余物 ROB(Remainning on Board),应按照 MARPOL 1973/1978 的要求将其记录在货物记录簿上。

ROB 指卸货后留在船上的、可测量的油状残留物,包括油泥渣、沉淀物、油、水以及附在舱底的油状残留物。

五、原油洗舱

原油洗舱系指利用船舶所载货油中的一部分原油作为洗舱介质,在卸货的同时通过洗舱机以较高的压力喷射到货油舱内表面,依靠原油本身的溶解作用,将附着在舱壁、舱底及各构件上的油渣清洗掉,并同货油一起卸到岸上。

根据 MARPOL 1973/1978 的规定:总载重量为 2 万吨及以上的新建原油船和 4 万吨及以上的现有原油船应装有原油洗舱系统并备有原油洗舱系统操作与设备手册。

1. 原油洗舱的特点

(1)减少残油量:比较传统的卸油方法,利用原油洗舱后货舱内残油量大幅度减少。

(2)消除油脚,增加载货量。

(3)防止海洋污染。

(4)减少进坞前海水洗舱时间和费用。

(5)卸油时间变长。

(6)船员劳动量增加:因为在卸货期间额外增加了原油洗舱作业,所以导致船员的劳动量增加。

2. 原油洗舱的方式

原油洗舱主要有两种方式:一段式和多段式。选择哪种方式应以卸油时间延迟最短为前提,同时根据卸货港的受货能力、卸货港的数目、卸货港的顺序及原油洗舱机的型式等来确定。不管选用哪种方式,洗舱的顺序都是从最前油舱开始向后洗。

(1)一段式:在油舱卸空后,由舱顶洗到舱底,即上部和底部一起连续进行清洗的方式。

(2)多段式:在卸油作业的同时,随着油舱内油位下降,同时从上部向下部进行清洗的方式。

3. 原油洗舱的注意事项

因为原油洗舱是与卸货同时进行的,所以较海水洗舱而言原油洗舱是一项危险的作业,操作者应严格按照相关规范的要求进行。

(1)通常情况下,每个货油舱每四个月进行一次原油洗舱或每航次洗舱的数目为货油舱总数的四分之一。

(2)根据 IMO 的要求,采用原油洗舱的油船必须装设惰性气体系统,目的是防止油船因原油洗舱而发生爆炸事故。

(3)进行原油洗舱的油船必须装设固定洗舱机和固定的附属管路,并与货油管系和机器处所隔离。原油洗舱时必须使用上述固定设备,防止因洗舱系统承受高压而发生漏油。

(4)原油洗舱不应在装货港和最后的卸货港进行,即不应在压载航行中进行。

(5)当决定在卸货港实施原油洗舱后,船长应及早向港方以电报方式申报。申报的内容主要包括船舶安全构造与设备证书,IOPP 证书的号码、有效期限和签发地点等;主管操作人员的相关信息;船舶具备的经船级社批准的原油洗舱系统操作和设备手册,等等。抵港后应向港方提交一份"原油洗舱与卸货计划"。

(6)原油洗舱应由主管操作人员根据本船原油洗舱系统操作和设备手册,并结合本航次货载情况、港口卸货速率、预定洗舱数目及洗舱目的等编制"原油洗舱与卸货计划",交由船长或监督员审核签字后实施。

(7)原油洗舱主管操作人员一般由大副或船长担任,且持有主管机关签发的"原油洗舱监督员资格证书"。当该船主管操作人员不具备任职资格或该船为一艘新接船舶时,船务公司或码头应指派一名监督员到船负责指导、监督原油洗舱作业。

其他参与原油洗舱的作业人员,至少应有 6 个月的油船工作经历,而且在船期间应从事过原油洗舱作业或经过原油洗舱的训练,并熟悉船上原油洗舱操作和设备手册的相关内容。

(8)洗舱作业的时间一般为日出到日落。洗舱油尽可能是新鲜原油,一般应将预定用作洗舱油的油舱首先卸掉 1 m 舱深的货油,然后才能用来洗舱。

(9)控制油舱内和惰性气体中的氧气浓度。原油洗舱过程中,舱内氧气浓度应始终保持在 8% 以下,充入的惰性气体中氧气含量不超过 5%。

(10)防止大气污染问题。为防止发生燃烧、爆炸以及保护人身健康,从货油舱放出的气体应尽可能少。

(11)防止船体及设备损坏。应注意不要因原油洗舱使船体和船上任何设备受到损坏。

(12)在原油洗舱过程中,如果发生意外情况,必须立即中止原油洗舱作业。若要重新开始原油洗舱作业,必须确认危险局面已经消除,原油洗舱作业和条件已经恢复,必要时须征得港方的同意才能重新开始。

(13)在进港前、原油洗舱开始前、原油洗舱过程中及原油洗舱结束后这四个阶段,应按照 MARPOL 1973/1978 及 IMO 的要求进行安全检查、确认。

任务七 油船的安全运输和防污染

为了确保油船安全生产及防止油船对海洋环境的污染,在油船的装卸、运输及洗舱过程中应做好防火、防爆、防毒及防污染工作。

一、油船防火、防爆、防毒的安全措施

1. 严禁烟火

禁止外来人员随身携带火种和易燃物品上船;在指定房间内吸烟;厨房不得使用明火;烟囱要定期捅灰,防止冒火。

2. 防止金属摩擦或碰击发生火花

严禁使用钢丝绳;甲板和泵舱不得使用铁器工具;装、卸油或压载水时,禁止在甲板上烤漆;洗舱时洗舱机不能碰击金属舱壁或构件;船上严禁穿带铁钉的鞋子。

3. 防止电器火花

禁用明火,必须使用防爆式灯具;未经许可不得随意开启电器设备,在装卸、压载、除气作业时,不准进行无线电通信(可收不可发)并禁止电瓶充电。

微课:
案例321

4.防止静电放电

防止静电放电的措施是减少静电积聚和防止尖端放电：

（1）减少静电积聚的措施：装油前排尽舱内残水；防止油水混合；装卸前接好地线；控制装油速度；切忌采取灌装作业方式；禁止工作人员在装卸油现场穿着和更换尼龙化纤服装；装载挥发性油品时，不用压缩空气将管内残油吹入油舱内（扫线）；洗舱时洗舱机接地良好。

（2）防止尖端放电的措施：装油结束后，应静置一段时间后再进行量油工作，且必须使用非导电及不吸油和水的量油工具；伸入油舱的金属构件必须与油舱绝缘；消除舱内漂浮的金属物体。

5.防止人员中毒

人员进入油舱或其他封闭场所前要进行彻底通风，并经仪器测定确认舱内氧气浓度足够（一般要在18%以上）；下舱工作时，应戴好防护手套、口罩，穿好工作靴及工作服；进入未经排气的舱内工作，还必须戴好呼吸面具，带齐保险带和救生索具。

二、油船防污染

（一）船舶造成海上油污的原因

1.操作性排油

（1）向海上排放含油的压载水；

（2）向海上排放含有大量污油的洗舱水；

（3）向海上排放机舱含油污水。

2.事故性溢油

（1）油船发生搁浅、触礁等海事事故，造成大量货油流入海中。

（2）油船在装卸过程中，由于气候条件、设备及管系等的技术原因或工作疏忽而造成的跑、冒、滴、漏油事故，导致水域污染，主要包括气候因素、设备因素、油品因素、船员因素等。具体原因可能有以下几条：

①卸油中，海底阀未关或未关紧。

②输油管系内的压力过高，导致输油软管爆裂或法兰头脱落造成跑油。

若装油刚开始就发生，原因可能是：受油方的进油阀门尚未开启；由于天气寒冷，输油软管中残油冻结；输油管受损或老化，经受不起压力；输油软管法兰头连接不善。若装载过程中发生，原因可能是盘舱失误。

③另一舷装油管阀门盲盖未关或未关紧造成跑油。

④油舱或空气管冒油。

这种情况常分为满舱冒油和未装满而由空气带出两种。

满舱冒油常见的原因有：供油量超过受油方的申请，造成冒油；受油方值班人员擅离职守；受油方量油不及时，造成满舱；装油中开错或关错阀门，导致满舱冒油；舱容未弄清楚或油舱中存油未测准，造成超量冒油。

货舱未满冒油的原因有:泵压过大,造成气体来不及排出;船体倾侧,导致量油不准;空气管堵塞,造成透气不良;油温太高,油料产生气泡;船员责任心不强,相互联系不当。

(二)防止船舶污染海洋的措施

1.严格执行有关的防污染公约和规定中对船舶排油的控制

现行的公约及规定是 MARPOL 1973/1978、各国对有关油类和油性混合物的排放规定。增加船舶及港口接收与处理含油污水的设施和装置。

油船具备的防污染设施及装置如下:

(1)专用压载舱 SBT(Segregated Ballast Tank):应与货油及燃油系统完全隔绝,并固定用于装载压载水。总载重量为 2 万吨级及以上的新建原油船和 3 万吨级及以上的新建成品油油船;总载重量为 4 万吨级及以上的现有原油船和 4 万吨级及以上的现有成品油油船;必须设置足够大的专用压载舱。

(2)污油水舱:专用于收集舱柜排出物、洗舱水和其他油性混合物的舱柜。油船应设置足够容量的污油水舱,一般不小于液货舱容积的 3%。

(3)滤油设备及排油监控装置:400 GT 及以上但小于 10 000 GT 的船舶应装有经主管机关认可的、保证排出物含油量不超过 15ppm 的滤油设备;10 000 GT 及以上的船舶除滤油设备外,还应装设当排出物的含油量超过 15ppm 时能报警并自动停止排放的装置。

(4)原油洗舱 COW 系统。

2.防止操作性排油及事故性溢油对海洋的污染

(1)防止操作性排油污染的措施

防止操作性排油污染的措施如下:

①使用专用压载舱。

②使用清洁压载舱 CBT(Clean Ballast Tank)。

清洁压载舱是现有油船作为专用压载舱的临时替代措施。该舱系指船舶在营运中根据船型、航区特点及吃水要求,划定的某几个经清洗后专门用来装载清洁压载水的货油舱。

清洁压载水系指一个舱内的压载水,该舱自上次装油后,已清洗到如此程度,以致倘若在晴天从一静态船舶将该舱中的排出物排入清洁而平静的水中,不会在水面或邻近的岸线上产生明显的痕迹,或形成油泥或乳化物沉积于水面以下或邻近的岸线上。如果压载水是通过经主管机关认可的排油监控系统排出的,而根据这一系统的测定查明该排出物的含油量不超过 15ppm,则尽管有明显的痕迹,仍应确定该压载水是清洁的。

③采用续装法。续装法称装于上部法 LOT(Load on Top):油船卸油后,直接向未经清洗的油舱内打入压载水,在压载航行中将货油舱底部含油量较低的压载水排放入海,将剩余的含油量较高的压载水和洗舱水集中到污油舱中。经静置后,靠自然的重力达到油水分离,再将含油量低于 100ppm 的水排出舷外。经过两三次静置处

理后剩下的含油量高的污油水保留在污油舱内,在装货港将货油直接装在它的上部,一起在卸油港卸掉。

④采用原油洗舱法。

⑤在装油港把污油水排到岸上的污油处理中心。

⑥在卸油港洗舱,洗舱后打入清洁压载水。

(2)防止事故性溢油的措施

防止事故性溢油的措施如下:

①油船设置双层底和双层侧壁;

②设置专用压载舱保护位置 SBT/PL(Segregated Ballast Tank/Protection Location):它将专用压载舱合理地布置在船舶易损坏的部位,在油船发生事故时,能最大限度地起到保护油舱的作用,是一种减少或防止溢油的重要措施。它同专用压载舱是一个整体,也是双层底的一种替代措施。

③正确进行装卸油、加油及驳油作业,防止货油的跑、冒、滴、漏;

④谨慎驾驶,防止海事事故的发生。

(三)发生船舶污染事故的处理

1.污染事故报告

(1)按国际公约要求:第一是发生或可能发生排油的船舶的船长或其他人员,应及时将该事件报告给最近的沿海国;第二是船长或船上其他人员发现其他船舶或海上平台排油,或发现海面出现油渍,应及时报告最近的沿海国。

(2)按我国《防止船舶污染海域管理条例》的规定:船舶在我国管辖的海域发生污染事故,应尽快向就近的海事局报告,在船舶进入第一港口后,应立即向海事局提交报告书,并接受调查处理。

(3)船长在向主管部门报告的同时,也应尽快向会员公司和中国船东互保协会报告。报告的内容包括发生污染事故的时间、地点及事故发生前后附近海域气象、潮流等;货油/燃油的名称、特性;跑油或误排油数量以及污染情况;污染的范围和污染程度以及采取的措施;船舶及当地代理的联系方式。

2.船舶污染的控制

(1)船舶发生污染事故后,应迅速有效地向主管部门报告,并立即采取控制和消除污染的有效措施,将污染损害减小到最低程度。

(2)本船造成污染事故,船长应当立即指示有关船员,按"溢油应变部署表"中规定的职责,防止污染扩散,清除、回收污染物。如属于严重污染事故,则中国船东协会将派员或聘请专业人员、律师赴现场协助处理。

3.消除污染的措施

消除污染的主要措施有:

(1)围栏法:用围栏设备将海面浮油阻隔起来,以防油面蔓延,然后用吸油设备把浮油吸回。它适用于少量油污染事故。

(2)燃烧处理法:适用于大量溢油事故。

（3）化学处理法：使用消油剂来消除浮油。因为某些消油剂含有毒性，使用后会造成二次污染，所以不得擅自使用化学剂，如必须使用时，应事先向主管部门申请，经批准后方可使用。

（4）生物处理法：利用天然存在的微生物具有较大的氧化和分解石油的能力来消除浮油。它适用于被污染的海岸和水域的净化和复原。

任务八　散装液体化学品运输

本任务主要介绍散装液体化学品的主要特性，其运输船舶的主要结构特点及运输注意事项。

一、散装液体化学品的定义及其特性

目前，与散装运输危险化学品有关的规则有：《国际散装运输危险化学品船舶构造及设备规则》（简称《IBC 规则》）、《散装运输危险化学品船舶构造及设备规则》（简称《BCH 规则》）、MARPOL 1973/1978 附则 Ⅱ "防止散装有毒液体物质污染规则"及中国船级社《散装运输危险化学品船舶构造及设备规范》（简称《散化船规范》）。

（一）定义

根据上述相关规则："散装液体化学品（简称散化品）系指温度为 37.8 ℃时，其蒸气压力不超过 0.28 MPa（绝对压力）的液体化学品。"它主要包括石油化工产品、煤焦油产品、碳水化合物的衍生物（糖蜜与酒精制品、动植物油）、强化学剂等。其具体货名列于上述《IBC 规则》的第十七章和《散化船规范》的第十八章，但不包括石油及上述所指的货物以外的物品。

（二）散装液体化学品与海上运输有关的特性

1. 易燃性

该特性可用散化品的闪点、燃点、自燃点、沸点（汽化点）及可燃范围来衡量。

2. 毒害性和腐蚀性

毒害性分为直接接触毒害性与间接接触毒害性。可用半数致死量 LD_{50} 及半数致死浓度 LC_{50} 来衡量其直接接触毒害性；用紧急暴露限值 EEL（指一次临时性接触的允许浓度）、货品的水溶性、挥发性等来衡量其间接接触毒害性。

散化品的毒害性和腐蚀性将会造成人员由于直接接触而产生的健康危害性，或由于货品溶于水中或混入空气中造成间接接触而产生的水污染或空气污染的危害性。

散化品对海洋污染的危害性包括：对水中生物或人类健康产生危害的生物积聚或造成海洋食品的腐坏；对生物资源的破坏；对人类健康的危害；环境舒适程度的恶化。

3.化学反应性

化学反应性主要包括散化品自身的分解、聚合、氧化、腐蚀反应并产生毒气和大量热量,散化品与水发生反应,散化品与空气发生反应,散化品与其他化学品发生反应作用等。

二、散装液体化学品的分类

MARPOL 1973/1978 附则Ⅱ"防止散装有毒液体物质污染规则"中,根据散化品的毒性和操作排放对环境污染造成的影响将其分为四大类:

1.X 类

X类指排放入海后将会对海洋资源或人类健康造成严重危害的有毒液体物质。因此,有必要严禁将此类物质排入海洋环境。

2.Y 类

Y类指排放入海后将会对海洋资源或人类健康造成严重危害,或对舒适性或其他合法利用海洋造成损害的有毒液体物质。因此,有必要对排入海洋环境的此类物质的量加以限制。

3.Z 类

Z类指排放入海后将会对海洋资源或人类健康造成较小的危害的有毒液体物质。因此,有必要对排入海洋环境的此类物质的量加以限制。

4.OS 类

《IBC 规则》第十八章污染类栏中所示的物质 OS 经评估后发现其并不属于 X类、Y类或 Z类,将其排放入海后不会对海洋资源或人类健康造成危害,或不会对舒适性或其他合法利用海洋造成损害。因此,排放含有 OS 类物质的舱底污水、压载水其他残余物或混合物不受附则Ⅱ和《IBC 规则》要求的约束。

三、散装液体化学品船的种类及结构特点

《IBC 规则》《散化船规范》规定:凡从事运输本任务所述的液体危险化学品的船舶称为散装化学品船(简称散化船)。

根据所运输散化品的危险程度,散化船分为以下三种类型。

1.Ⅰ 型船舶

Ⅰ型船舶适用于运输对环境或安全有非常严重危险的散化品,该船舶的结构要求能够经受最严重的破损,并需要用最有效的预防措施来防止货物的泄漏。因此Ⅰ型船舶的液货舱舱壁与船舶的外板之间要求的间距最大,左、右间距不小于 $B/5$ 或 11.5 m,取小者;下边与船底板的间距不小于 $B/15$ 或 6 m,取小者;离船体外壳的任何位置处的距离都不得小于 760 mm,见图 15-13(a)。

2.Ⅱ 型船舶

Ⅱ型船舶适用于运输危险性次于Ⅰ型船舶运输对象的散化品,它需要用有效的

预防措施来防止泄漏。因此，Ⅱ型船舶的液货舱舱壁与船舶的外板之间的左、右间距不小于 760 mm；下边与船底板的间距不小于 $B/15$ 或 6 m，取小者；离船体外壳的任何位置处的距离都不得小于 760 mm，见图 15-13(b)。

3. Ⅲ型船舶

Ⅲ型船舶适用于运输危险性最小的散化品，它需要用中等程度的围护来增加破舱条件下的残存能力。船上液货舱的位置没有特殊要求，基本上与油船相同，见图 15-13(c)。

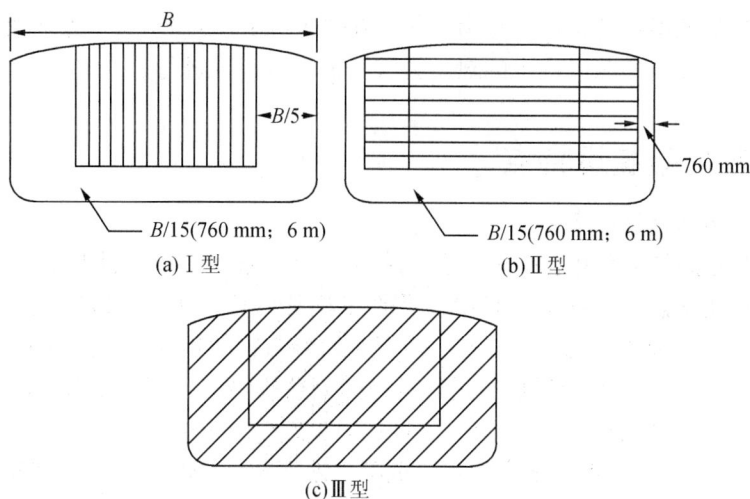

图 15-13　散化船

四、液货舱的种类及特点

散化船液货舱的种类根据《IBC 规则》的规定，从不同的角度分为两组四类。

(一)从与船体结构的关系的角度划分

1. 独立液货舱

独立液货舱系指不与船体结构相连接或不是船体结构的组成部分的货物围护容器。建造和安装独立液货舱是为了在所有可能的时刻，能够将因相邻船体机构的应力或移动对液货舱所造成的应力消除或降至最小。独立液货舱对船体结构的完整性来说并不是必需的。

2. 整体液货舱

整体液货舱系指构成船体结构的一部分的货物容器，且以相同方式与邻近的船体结构一起承受相同的载荷。它对船体结构的完整性是必需的。

（二）从舱顶设计表压力大小的角度划分

1. 重力液货舱

重力液货舱系指舱顶设计压力不大于 0.07 MPa 的液货舱。它既可以是独立液货舱,也可以是整体液货舱。对重力液货舱的建造和试验应按照认可的标准进行,且应考虑货物的载运温度和相对密度。

2. 压力液货舱

压力液货舱系指舱顶设计压力大于 0.07 MPa 的液货舱。它只能是独立液货舱,对其结构的设计应按照经认可的对压力容器的设计标准进行。

五、散化船装运特点

散化船装运特点如下:

(1)散化船应具备规定的适装条件,持有有效的满足《IBC 规则》要求的"国际散装运输危险化学品适装证书"、货物记录簿等有关文书,并按要求如实记录有毒货物装卸作业、转驳,液货舱的洗舱、压载、压载水及残余物的排放等作业情况。

(2)承运前,货主必须提供所托运货物的完整资料。对于需要散装的任何货物,应在运输文件上使用《IBC 规则》中所列的名称或暂定的名称予以标明。如果是混合物,则还应标明使货品产生危害的主要危险因素;若有可能,应有一份完整的分析,制造厂家或经主管机关认可的专家对此分析进行核证。

(3)船上应备有安全载运货物所必需的资料,以供一切有关人员查阅。例如,所载运货物的物理化学性质(包括反应性)的详细说明;发生溢出或泄漏事故时,需要采取的措施;对各种货物的相应消防程序和灭火剂;货物输送、清除、压载、清洗液货舱和变更货物的程序;防止人员由于意外接触而造成伤害的防范措施;安全装卸特定货物所需特殊设备的有关资料;应急措施,等等。

如果得不到安全运输货物所需的足够资料,则对该货物应予拒运。

(4)凡是能放出察觉不到的剧毒蒸气的货物,除非在货物中放入了能觉察到的添加剂,否则一概予以拒运。

(5)对于易改变形态或化学特性的散化品,应加入稳定剂延缓反应速率、保持化学成分平衡、防止氧化、保持颜色和其他成分的乳化状态或防止胶状颗粒受到冲击。对于加入稳定剂的货品在托运时,托运人应提供稳定剂证书。

(6)装货前,应对液货舱进行环境控制。其方法有:

①惰化法:用不助燃也不与货物反应的气体或蒸气充入液货舱及其管系、液货舱周围空间,并维持这种状态。

②隔绝法:将液体、气体或蒸气充入货物系统,使货物与空气隔绝。

③干燥法:将无水气体或在大气压力下其露点为 −40 ℃ 或更低的蒸气充入液货舱及其管系。

④通风法:进行强制通风或自然通风。

(7)各舱装货量不超出其最大允许载货量:Ⅰ型船舶的任一液舱所装货物体积

不得超过 1 250 m³；Ⅱ型船舶的任一液舱所装货物体积不得超过 3 000 m³；Ⅲ型船舶的任一液舱所装货物体积不得超过 5 000 m³。

（8）装卸开始时应以低速进行（1 m/s 以下），待经检查确认作业正常后才能按正常流速进行。为防止产生静电，装卸的正常流速应限制在 3 m/s 以下。

（9）当风速超过 1.5 m/s、浪高超过 1.5 m 时，不得进行靠泊和装卸作业。

（10）装卸前准备好应急缆，放置危险标志，与其他船舶保持 30 m 以上的安全距离。

（11）散化船在装卸散装液体危险化学品期间禁止进行以下作业：

①检修和使用雷达、无线电发射机和卫星导航仪；

②从事可能产生火星的作业及明火作业；

③供受油（水）作业；

④进行吊运物件及其他影响安全的作业；

⑤其他影响船舶靠离泊及船舶装卸货安全的作业。

（12）为保护从事装卸作业的船员，船上应有合适的保护安全设备，包括大围裙、有长袖的特别手套、适用的鞋袜、用抗化学性材料制成的连衣裤工作服和贴肉护目镜或面罩、自给式空气呼吸器、防爆灯具等，用于保护人体的衣服和设备应围罩人体全身皮肤，使人体受到全面保护。保护安全设备应放置在易于到达的专用储存柜内。进入作业现场的船员，应按照规定穿好防护服和配置安全设备。

（13）2007 年 1 月 1 日或以后建造的散化船，经排放压载以后的舱内或有关管系内的残留物的最大允许残留量，对 X 类、Y 类和 Z 类物质均为 75 L。

（14）凡散化船在港期间进行洗舱、污水排放、冲洗甲板、驱气等可能导致污染的操作，均需向主管机关提出申请，批准后方可作业。

（15）船方应逐项检查并填写"船/岸安全检查项目表"中的 A 部分和 B 部分。

六、散化船装货量的计算

散装化学品的液舱装载量的计算方法与油船货油装载量的计算步骤基本相同，即：

（1）根据实测液舱空当高度查液舱容量表查得实际装货体积；

（2）实测货液温度和密度；

（3）将实测温度时的货液体积换算成标准温度时的数值；

（4）考虑空气浮力的修正，求得货液装载量。

任务九　液化气体运输

一、液化气的定义及其特性

液化气系指在常温常压下为气体，通过冷却或在临界温度以下加压或冷却而变成液态的物质,其主要成分是含 3 个或 4 个碳原子的碳氢化合物。

与液化气海上运输有关的规则有:《国际散装运输液化气体船舶构造和设备规则》(简称《IGC 规则》)、《散装运输液化气体船舶构造和设备规则》(简称《GC 规则》)及中国船级社《散装运输液化气体船舶构造和设备规范》(简称《液化气船规范》)。

(一)定义

根据上述规则和规范:"船运液化气系指温度为 37.8 ℃ 时,其蒸气绝对压力超过 0.28 MPa 的液体化学品。"其具体货名列于《IGC 规则》《液化气船规范》两个规则的第十九章。

(二)液化气体具有以下特性及危险性

1. 易燃易爆性

由于液化气的沸点低,挥发性强,一旦泄漏,危险性比石油类物质更大。因此,液化气必须在其可燃范围以外的状态下进行运输和装卸作业。

2. 毒害性

液化气体的蒸气与人的皮肤、眼睛接触或被吸入人体会引起中毒。

3. 腐蚀性

有的液化气本身具有腐蚀性,有的液化气能与容器、船体材料及其他物质发生反应产生不同程度的腐蚀性。腐蚀性不仅对人体有害,还会对船体结构产生损伤。

4. 化学反应性

化学反应性包括货物自身的分解、聚合反应,货物与水的反应,货物与空气的反应,货物与货物之间的反应,货物与冷却介质之间的反应,以及货物与船体材料之间的反应。

5. 低温和压力危险性

低温运输液化气时,低温会对船体、设备造成脆性破坏,对人员则会有冻伤危害。

二、液化气的分类

1. 根据液化气的主要成分划分

(1)液化石油气(LPG):主要成分为丙烷。

(2)液化天然气(LNG):主要成分为甲烷。

(3)液化化学气(LCG):主要成分除了碳氢化合物外,还有氧化丙烯和聚氯乙烯单体等。

2. 根据液化气的沸点和临界温度划分

(1)高沸点液化气体:沸点不低于 -10 ℃ 的物质,如丁二烯、丁烷、二氧化硫等。

(2)中沸点液化气体:沸点在 -55 ~ -10 ℃ 且临界温度在 45 ℃ 以上的物质,如氨、丙烷等。

（3）低沸点液化气体：沸点低于－55 ℃或临界温度低于45 ℃的物质,如甲烷、乙烯、氮等。该类物质必须采用低温或低温加压方式贮运。

三、液化气船的分类及其结构特点

《IGC规则》《液化气船规范》规定:从事运输温度为37.8 ℃、蒸气绝对压力超过0.28 MPa的液体的船舶为液化气体船舶(简称液化气船)。

微课:
船舶种类与物点-液化气船

(一)根据其所运货物的危险程度划分

1. ⅠG型船舶

ⅠG型船舶适用于运输危险性最大的货品,《IGC规则》中要求采取最严格的防漏保护措施。对液货舱的位置有严格的要求,对这种船破损后的残存能力要求最高,要求达到相邻两舱(包括机舱)同时破损情况下仍有一定的残存能力,即要满足有关破舱稳性的要求。该船舶的结构要求能够经受最严重的破损,船舶的液货舱舱壁与船舶的外板之间要求的间距最大,横向上距离舷侧外板的距离不小于$B/5$或11.5 m,取小者;垂向上距离船底板的间距不小于$B/15$或2 m,取小者;但其任何部位与外板的间距都不得小于760 mm。结构图示基本同Ⅰ型散化船一致。

2. ⅡG型和ⅡPG型船舶

ⅡG型和ⅡPG型船舶适用于运输危险性次于ⅠG型船舶运输对象的货品。船上的液货舱舱壁与船舶外板之间要求的垂向上间距不小于$B/15$或2 m,取小者;其他部位与外板的间距不小于760 mm。结构图示基本同Ⅱ型散化船一致。其中,ⅡPG型船舶系指船长不超过150 m的具有C型独立液舱的船舶。

3. ⅢG型船舶

ⅢG型船舶适用于运输危险性最小的货品的液化气船。其货舱在船上的位置与ⅡG型相同,但其船体结构经受破损的能力略低于ⅡG型船舶。

(二)根据其运输对象被液化的方式划分

1. 压力式液化气船

压力式液化气船(亦称全加压式液化气船)主要用于运输液化石油气和氨。其液舱为圆柱形或球形,亦或具有纵隔壁的双圆柱形或三圆柱形。

该型船舶的优点是:液舱管系不需要绝热,船上不需要设置再液化装置,操作简便。

该型船舶的缺点是:船舶的空间利用率低,载货量较少,液舱的厚度随设计压力的增大而增大。因此,这种船舶的规模一般较小。

2. 低温式液化气船

低温式液化气船(亦称冷冻式液化气船)系指在常压下将气体冷却至其沸点以下而使气体液化的船舶。该型船舶用于运输液化石油气时,其冷却温度为－55 ℃;

用于运输乙烯时,其冷却温度为 – 104 ℃;用于运输液化天然气 LNG(只能采用常压低温方式运输)时,其冷却温度为 – 162 ℃。目前,世界上专门运输液化天然气的船舶根据货舱围护系统的不同共有三种形式,即薄膜液舱型(Membrane Type)、球形液舱型(Moss Type)、SPB 棱形液舱型(Self-supporting Prismatic Shape IMO Type"B")。

低温式液化气船的优点是:液舱形状多为棱柱形或梯形,使船舶的空间利用率提高;低温使液货的密度增大,使船舶的载货量增加,从而提高其经济性。缺点是:液货舱必须采用耐低温材料,并要求采取相应的绝热措施;液舱周围需用惰性气体保护且需设置再液化装置。

3. 低温低压式液化气船

低温低压式液化气船(亦称半冷冻式液化气船)是压力式和低温式两种液化方式的折中方案。它采用在一定的压力下使气体冷却液化的方法。一般设计压力为 0.3 ~ 0.7 MPa,冷却温度则随运输对象不同而异,较多的是在 – 10 ℃。由于设计压力减小,液舱舱壁厚度可以相应减小,对材料的耐高压和耐低温的要求也可降低,从而使建造成本降低。其液舱形状有圆柱形、圆锥形、球形或双凸轮形。

四、液化气船液货舱围护系统的种类及其特点

液化气船的液货舱有以下五种类型。

1. 独立液货舱

独立液货舱即自身支持的液货舱系统,系指液货舱本身是独立的,它不构成船体机构的一部分。液货舱本身并不直接固定于船体的结构上,而是在受热时可自由伸长滑行于支撑座上,并由支撑座将力传递至船体,对船体强度不起作用。根据其设计蒸气压力的不同,又可分为以下三种类型:

(1)A 型独立液货舱:它是自身支持的棱柱型,属于重力液舱,其围护系统如图 15-14(a)所示。其设计蒸气压力不超过 0.07 MPa,货物在常压下以全冷冻方式运输。

(2)B 型独立液货舱:它是自身支持的球形罐,可以是重力液舱,也可以是压力液舱,其设计蒸气压力可以不大于 0.07 MPa 或大于 0.07 MPa,前者用于运输液化石油气,后者用于运输液化天然气,其围护系统如图 15-14(b)所示。

(3)C 型独立液货舱:它是设计蒸气压力高于 0.2 MPa 的球形或圆柱形压力容器,主要用于半冷冻式或全加压式液化气船上,其围护系统如图 15-14(c)所示。用于全加压式船上时,其设计的最大工作压力应不小于 1.7 MPa;用于半冷冻式或冷冻式船上时,其设计压力为 0.5 ~ 0.7 MPa 及 50% 的真空。

2. 整体液货舱

整体液货舱构成船体结构的一部分,并且以相同方式与相邻船体结构一起受到同样载荷的影响。整体液货舱可用于载运其沸点不低于 – 10 ℃ 的货品,设计蒸气压力通常不应超过 0.025 MPa,如果船体构件尺寸适当加大,则可增加,但不超过 0.07 MPa。

3. 薄膜液货舱

薄膜液货舱是非自身支持的液舱,是船体结构的一部分,液舱结构直接固定在船体上,船体直接承受液舱及货物的重量,其围护系统如图 15-14(d)所示。在船体和液货舱之间设置一层薄膜,液货舱依靠此隔热薄膜支撑。薄膜厚度一般不超过10 mm。其设计蒸气压力通常不超过 0.025 MPa,如果船体尺寸有适当增加,并对支持的绝热层做了适当的考虑,则设计压力可增至 0.07 MPa。

4. 半薄膜液货舱

该液舱在空载时为自身支持,在装载状态下为非自身支持,其围护系统如图 15-14(e)所示。其设计蒸气压力通常不超过 0.025 MPa,如果船体尺寸有适当增加,并对支持的绝热层做了适当的考虑,则设计压力可增至 0.07 MPa。

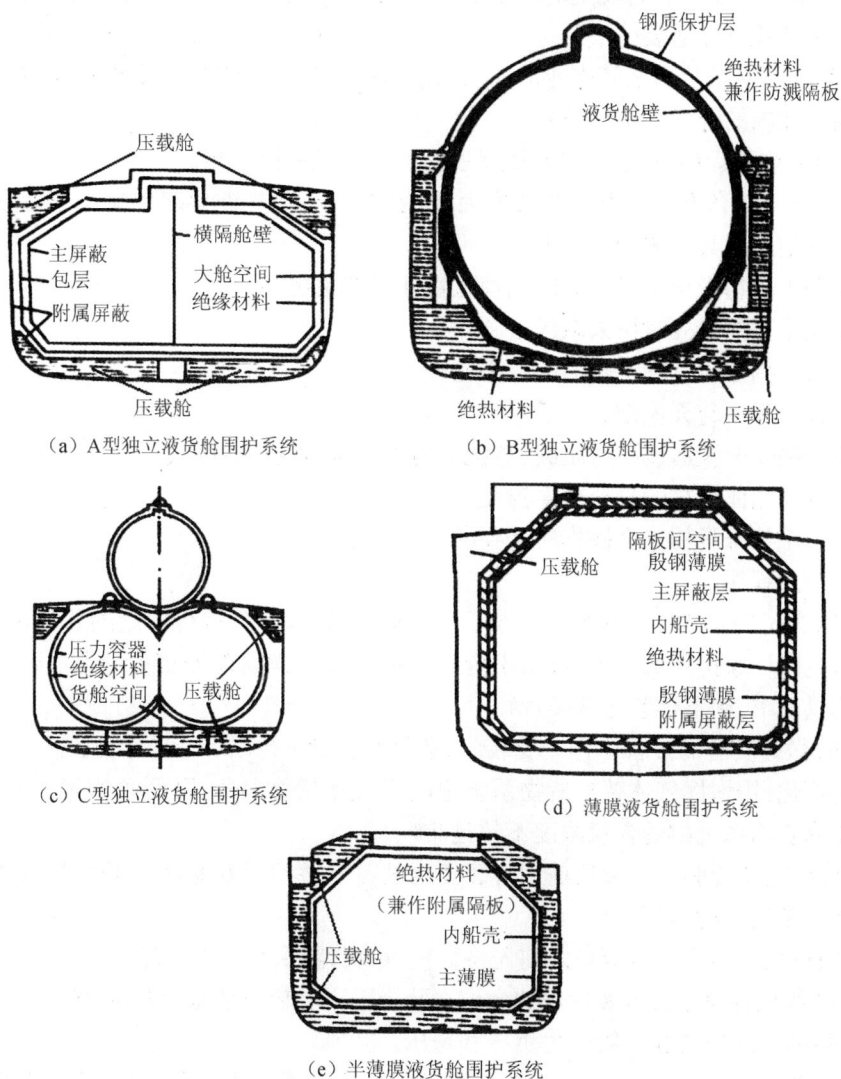

（a）A型独立液货舱围护系统

（b）B型独立液货舱围护系统

（c）C型独立液货舱围护系统

（d）薄膜液货舱围护系统

（e）半薄膜液货舱围护系统

图 15-14　液货舱围护系统

5.内层绝热液货舱

它是非自身支持液舱,由适合货物围护的绝热材料组成,受其相邻的内层船体结构支持。其设计蒸气压力通常不超过 0.025 MPa,但对货物围护系统在设计时做了考虑。如果内部绝热液舱是由内部船体结构支持的,则设计压力最大可增至 0.07 MPa;如果内部绝热液舱是由独立液货舱结构适当支持的,则主管机关可以接受设计蒸气压力大于 0.07 MPa。

五、液化气船的装运特点

液化气船的装运特点如下:

(1)液化气船应具备规定的适装条件,持有有效的满足《IGC 规则》要求的"国际散装运输液化气体适装证书"。

(2)为了保护从事装卸作业的船员,在考虑了货品的特性后,应对船员提供包括保护眼睛在内的合适的防护设备。

(3)船舶承运前,托运人必须提供所托运货物的完整资料。

(4)船上应备有可供所有有关方面使用的资料,这些资料能为安全装运货物提供必要的信息。其具体项目如下:

①关于货物安全围护所必需的理化特性详细说明书;

②发生溢漏事故时所采取的措施;

③人员偶尔与货物接触的防范措施;

④灭火程序与灭火剂;

⑤货物安全驳运、除气、压载、清洗货舱剂更换货物的程序;

⑥内层船体钢材的最低所需温度;

⑦用于特殊货物安全操作所需要的特殊设备;

⑧应急程序。

(5)为了防止货物发生聚合反应,保证安全,装运需要进行抑制的货物时,船上应备有生产厂家提供的证书,证书中应说明所添加的抑制剂的相关情况。若托运人不能提供证书,则不得装运该类货物。

(6)做好货舱的准备工作。受载前,必须对货舱进行以下特殊作业:

①惰化:用惰性气体替换货物系统中的空气或货物蒸气,降低含氧量。惰化后,一般要求货物系统中的含氧浓度不超过 5% 。

②除气:亦称驱气。装货前用待装货物的蒸气替换货物系统中的惰性气体或上一航次装载货物的蒸气。

③预冷:在装载低温液货之前先将液货舱及管路系统慢慢冷却。

(7)装载时应注意各液货舱的允许充装极限不要超过液舱容积的 98% 。

(8)卸货时应防止液舱产生负压和超压。

(9)装卸作业应在白天进行,装卸期间应禁止一切明火作业,并注意附近水域的安全。

(10)当风速超过 15 m/s、浪高超过 0.7 m 时,应停止装卸作业。

（11）船舶白天应悬挂"B"字旗,夜间显示红色环照灯,装卸作业时显示国际信号"RY"旗,甲板两舷醒目处放置告示牌。

（12）船舶生活区面向货物区域的门、窗与空调,通风入口应予关闭。烟囱上的火星熄灭器或金属网处于良好状态。

（13）卸货完毕后,必须进行扫线作业,把液货从所有甲板管路、岸上管路和软管或装卸臂中吹扫掉,然后才能排空和拆管。

（14）船方应逐项检查并填写"船/岸安全检查项目表"中的 A 部分和 C 部分。

参考文献

[1] 高等学校交通运输类专业教学指导委员会,航海技术教学指导分委员会. 船船结构与货运(大副)[M]. 大连:大连海事大学出版社,2018.

[2] 中国海事服务中心组织. 船舶结构与货运[M]. 北京:人民交通出版社,2012.

[3] 徐邦祯. 船舶货运[M]. 大连:大连海事大学出版社,2011.

[4] 邱文昌,吴善刚. 海上货物运输[M]. 大连:大连海事大学出版社,2010.

[5] 杜嘉立. 船船原理[M]. 大连:大连海事大学出版社,2016.

[6] 夏国忠. 船舶结构与设备[M]. 大连:大连海事大学出版社,1998.

[7] 薛满福,李伟. 船舶结构与设备(二/三副用)[M]. 大连:大连海事大学出版社,2011.

[8] 中国船级社. 钢质海船入级规范(2015)[S]. 北京:人民交通出版社,2015.

[9] 中国船级社. 钢质海船入级规范(修改通报 2010)[S]. 北京:人民交通出版社,2010.

[10] 中国船级社. 材料与焊接规范(2012)[S]. 北京:人民交通出版社,2012.

[11] 中国船级社. 泵与管系布置指南(1999)[S]. 北京:人民交通出版社,1999.

[12] 中国船级社. 集箱检验规范(2016)[S]. 北京:人民交通出版社,2016.

[13] 中华人民共和国海事局. 船舶与海上设施法定检验规则:国内航行海船法定检验技术规则(2014 年修改通报)[S]. 北京:人民交通出版社,2014.

[14] 中华人民共和国船船检验局. 船舶倾斜试验与静水横摇试验实施指南(1996)[S]. 北京:人民交通出版社,1996.

[15] 国际海事组织. 国际海上人命安全公约(综合文本 2009)[S]. 北京:人民交通出版社,2009.

[16] 于群利. 国际海运危险货物规则(2008 修订版)[M]. 北京:知识产权出版社,2010.

[17] 《舰船标准术语词典》编写组. 舰船标准术语词典通用术语[M]. 北京:中国标准出版社,1996.